Emil Blösch

Geschichte der schweizerischreformierten Kirchen

Emil Blösch

Geschichte der schweizerischreformierten Kirchen

ISBN/EAN: 9783742869791

Hergestellt in Europa, USA, Kanada, Australien, Japan

Cover: Foto ©Lupo / pixelio.de

Manufactured and distributed by brebook publishing software (www.brebook.com)

Emil Blösch

Geschichte der schweizerischreformierten Kirchen

GESCHICHTE

DER

SCHWEIZERISCH-REFORMIERTEN KIRCHEN

VON

DR. E. BLOESCH

PROFESSOR DER KIRCHENGESCHICHTE AN DER UNIVERSITÄT BERN
OBERBIBLIOTHEKAR AN DER BERNER STADTBIBLIOTHEK

BAND I

BERN
VERLAG VON SCHMID & FRANCKE
1898

Inhalt von Band I.

	Seite
Einleitung	1— 8
I. Die Gründung der reformierten Kirchen (1531—1560):	
1. Die Lage	9— 59
2. Inneres Erstarken	59— 88
3. Innere Einrichtungen	89—123
4. Verlust und Gewinn	123—183
5. Innerer Streit	183—239
II. Ausbildung der Staatskirchen (1560—1600):	
1. Der Abschluss der dogmatischen Grundlagen	240—258
2. Schulanstalten	258—270
3. Der Gottesdienst und das kirchliche Leben	271—300
4. Die Sekten	300—308
5. Die Gegenreformation:	
a. bis zum Konzil von Trient	309—351
b. bis zum Abschluss des borromäischen Bundes	352—366
c. bis zum Ende des Jahrhunderts	367—381
III. Das Staatskirchentum des 17. Jahrhunderts (1600—1698):	
1. Der Beginn des 17. Jahrhunderts	382—397
2. Die Dortrechter Synode	397—403
3. Der 30jährige Krieg	403—423
4. Das innere Leben	424—439
5. Unionsbestrebungen	439—448
6. Bauernkrieg und Religionskrieg	448—468
7. Pestzeiten und Hexenwesen	468—485
8. Formula consensus	485—500

Einleitung.

Die Aufgabe, die wir uns gestellt haben, ist keine leichte, aber der Versuch ihrer Lösung bedarf kaum einer Rechtfertigung. Die reformierten Kirchen der Schweiz sind ihre eigenen Bahnen gewandelt. Die Eidgenossenschaft, die sich kurz vor dem Ausbruch der Reformation, im Jahre 1499, politisch von dem bisherigen grössern Ganzen, dem römisch-deutschen Reiche, abgetrennt hatte und sich damals als ein eigenes Staatswesen zu betrachten begann, hat mit der religiösen Neubildung auch kirchlich Wege eingeschlagen, die, mit denjenigen der Nachbarländer verwandt, doch wesentlich und durchgreifend von ihnen abwichen. Die Schweiz ist bei all ihrer räumlichen Kleinheit nicht nur politisch ein Land für sich, sie trägt auch in ihrem religiösen Leben und in ihren kirchlichen Einrichtungen einen besondern Charakter an sich, sie repräsentiert einen eigenen Typus, der, in der Natur des Landes und des Volkes in letzter Linie begründet, sich durch die Jahrhunderte hindurch beinahe unverändert erhalten hat, und diese Eigentümlichkeit, die schon in den Formen der mittelalterlichen Katholizität mehr als einmal sich bemerkbar machte, ist in der Entstehung der reformierten Kirchen zur offenen Entwicklung gelangt.

Das specifisch-reformierte Bekenntnis hat sich im Gebiete der Schweiz nicht, wie in Frankreich und in Ungarn, im Gegensatz gegen Staatsgewalt und Volksmehrheit, nur mühsam und unter Bedrängnissen forterhalten; nicht, wie in England und Schottland, unter mancherlei modifizierenden Einflüssen und Rückschlägen geltend gemacht, sondern da, wo dasselbe überhaupt zur Kirchenbildung gelangte, hat es in der engsten Verbindung mit den Staatsgewalten und dem gesamten bürgerlichen, geistigen und sittlichen Leben der betreffenden Bevölkerungen sich seine besondere Gestalt gegeben, durch die Volkssitte bestimmt und diese wieder bestimmend.

Damit haben wir nun aber bereits die Schwierigkeit der Aufgabe angedeutet: Wir haben es nicht mit einer einheitlichen reformierten Kirche zu thun, sondern mit einer Vielheit von Kirchen, von welchen keine in ihrem Wesen ganz der andern gleich ist. Das Nationalitäts-Princip, das im Gegensatz zur römisch-katholischen Uniformität seit dem 15. Jahrhundert anfing sich geltend zu machen und beim Durchbruch des Reformationsgedankens nicht zum wenigsten mitgewirkt hat, führte in der Schweiz nicht allein zur kirchlichen Trennung von Rom, vielmehr, ganz konsequent, zur weiteren Zersplitterung nach den verschiedenen kleinen republikanischen Staaten, aus denen die Eidgenossenschaft zusammengesetzt war. Jede der im Anschluss an die reformierte Lehre neu entstandenen Kirchen beschränkte sich deshalb zunächst auf das enge Gebiet eines Kantons oder, wie man damals sagte, eines Standes oder „Ortes". Da die weltlichen Obrigkeiten es waren, denen die Reformatoren, von Zweckmässigkeitsgründen geleitet, die thatsächliche Durchführung der Kirchenreinigung überliessen, so fand die reformierende und organisierende Thätigkeit ganz naturgemäss auch ihre Schranke da, wo eben die Macht, das Recht und die Pflicht dieser kleinen Staaten aufhörte: an den Grenzen der Stadt oder ihres Landesgebietes.

Wenn nun auch die Einrichtungen der einen dieser kantonalen Staatskirchen den andern jeweilen gewissermassen als Vorbild dienten und von diesen mehr oder weniger nachgeahmt wurden; wenn auch, namentlich im Anfang der Reformations-Periode, der Versuch gemacht worden ist, eine Art von Einheit und Gemeinsamkeit herzustellen, eine kirchliche Eidgenossenschaft zu bilden, so blieb es doch bei blossen Versuchen, und in Wirklichkeit hat jede Kirche ihre Selbständigkeit und Eigentümlichkeit bewahrt. Wir haben nicht eine schweizerische reformierte Kirche, sondern eine Mehrheit von reformierten Kirchen, deren Geschichte zu erzählen ist.

Von der Gemeinsamkeit blieb indessen gerade so viel übrig, dass wir neben der Darstellung der einzelnen Kantonskirchen in ihrer besondern Entwicklung auch noch ihre beständige gegenseitige Wechselwirkung zu beobachten haben. Die Linien laufen nicht bloss parallel neben einander her, sondern fortwährend ineinander und durcheinander, so dass wir uns nicht damit begnügen könnten, etwa zuerst die Schicksale der Züricherkirche, dann diejenige von Basel, Bern, Schaffhausen u. s. w. zu erzählen, sondern stets zugleich die Einwirkung der einen auf die andere ins Auge fassen müssen. Wenn zu Zeiten das Gefühl der kirchlichen Uebereinstimmung fehlte, so drängte die Einheit der politischen Interessen zu immer wieder erneuter Verbindung mit den Anhängern des nämlichen religiösen Bekenntnisses hin.

Doch damit nicht genug!

Mit der Reformation haben einige Stände der Eidgenossenschaft sich von dem Zusammenhang mit der katholischen Kirche losgesagt und sind dadurch in einen tiefen Gegensatz geraten zu denjenigen ihrer Nachbarn und Miteidgenossen, die den hierarchischen Gewalten und dem römischen Papste unterthan blieben. Ein furchtbarer Abgrund trennte von da an den Glauben der einen vom Bekenntnis der andern. Allein das staatliche Band hat der Krisis stand gehalten. Wenn auch im ersten Augenblicke die Inner-Schweiz es als eine Unmöglichkeit betrachtet hatte, den Bund mit Zürich fortbestehen zu lassen, nachdem dieses vom „wahren Glauben" abgefallen war, wenn auch die Bundesbriefe in bitterm Unmut zerrissen worden sind und Blut vergossen werden musste, so hat das Gefühl der natürlichen Zusammengehörigkeit, die Einsicht in die absolute Notwendigkeit, nach Aussen zu einander zu stehen, sich doch wieder kräftig eingestellt. Die Eidgenossenschaft blieb, staatlich betrachtet, ein Ganzes. Die Wechselwirkung zwischen den verschiedenen Kantonen, von welcher wir geredet, beschränkte sich daher keineswegs auf die Bundesgenossen der reformierten Konfession, sondern die Zustände und Entwicklungen der katholischen Mitstände übten ebenfalls ihren Einfluss aus auf die Geschichte der schweizerisch-reformierten Kirchen. Wir können die letztern nicht darstellen, ohne wenigstens zeitweise Rücksicht zu nehmen auf die bei der römischen Kirche gebliebenen Teile der Schweiz. Besonders stark tritt dies hervor, wo von Anfang an beide Konfessionen in einem staatlichen Verbande zusammenwohnen.

Allein die politische Form, welche die Eidgenossenschaft zusammenhielt, so unzerreissbar stark sie sich auch damals bewiesen hat, sie war doch noch keineswegs eine feste und staatsrechtlich fixierte. Es gab keine Bundesverfassung. Die gegenseitigen Bundesverträge waren nicht übereinstimmend abgefasst und in ihren Bestimmungen unklar. Die sichtbare Einheit bestand nur in den Zusammenkünften der Gesandten, die je nach geschäftlichen Bedürfnissen bald hier, bald dort sich nach Verabredung vereinigten, berieten und Beschlüsse fassten, ohne dass doch die Grenzen und der Umfang ihrer Kompetenzen irgendwie geregelt waren, ohne dass man je darüber klar geworden wäre, in wie weit Beschlüsse der Mehrheit auch für die Minderheit verbindlich sein müssten.

Aber nicht nur die Grenzen der Befugnisse der Tagsatzungen waren unbestimmt, sondern, was uns jetzt noch viel mehr sonderbar vorkommen muss, auch die Grenzen des Landes selbst. Erst die neueste Zeit ist sich wieder recht bewusst geworden, wie wenig Klarheit auch darüber herrschte. Man lese die Forschungen von Oechsli im Jahrbuch für Schweizergeschichte, Bd. XIII, von Hilty in seiner Geschichte der Schweizerischen Bundesverfassungen (Festschrift von 1891) und von H. Weber im Jahrbuch für Schweizergeschichte, Bd. XVII; man wird sich überzeugen von der geradezu unbegreiflichen Natur des durch gemeinschaftliche Interessen und gemeinsame Geschichte zusammengebackenen Konglomerates, welches man mit dem Namen „Eidgenossenschaft" bezeichnete. Neben den 13 eigentlichen Kantonen oder „Orten" noch die „Zugewandten" und „Verbündeten", von welchen nur dann und wann Gesandte zu den Tagsatzungen berufen wurden, und deren Schicksale, trotz des lockeren Zusammenhanges, doch an der gegenseitigen Wechselwirkung mit teil nahmen. In die Geschichte der schweizerischen reformierten Kirchen gehört auch die Kirche von Genf, das sich eben erst von Savoyen befreit und mit einigen Kantonen verbündet hatte; — von Neuenburg, das fremden Fürsten unterthan, aber von den Eidgenossen zu Zeiten besetzt und beherrscht war; gehört diejenige der Städte St. Gallen und Biel, aber auch von Mülhausen und teilweise von Konstanz, die mit der Eidgenossenschaft in Bündnissen standen, und nicht minder die Republik der drei Bünde in Rätien, welche wieder eine Welt für sich darstellte.

Wir müssen aber auch Rücksicht nehmen auf die Verhältnisse des Abtes von St. Gallen, welcher Toggenburg und das Rheinthal besass, des Bischofs von Basel, als Landesfürsten im Jura, und auch des mitverbündeten Wallis. Nicht am wenigsten kommen aber endlich in Betracht die gemeinsamen Herrschaften im Thurgau und Rheinthal, in der Grafschaft Baden, Sargans, im Tessin, in Murten, Grasburg u. s. w.

Das Ausland ist, politisch wie kirchlich, weniger scharf von unserm Land getrennt, als dies heute der Fall ist. Die Schweiz ging ihre eigenen Wege, allein die Beziehungen mit den Nachbarstaaten waren unendlich viel stärker und zahlreicher und deshalb die Wechselwirkung intensiver, als wir uns dies gegenwärtig vorzustellen pflegen. Abgesehen von dem noch lebhaft nachklingenden Einheitsgedanken der katholischen Christenheit und des römisch-deutschen Kaisertums, lag gerade in dem neuen evangelischen Bekenntnisse wieder ein Motiv der Gemeinschaft, welches über alle staatlichen Abgrenzungen hinaus die Glaubensgenossen zu innerer Lebens- und Geistesverwandtschaft verband. Wir werden daher genötigt sein, nicht nur beständig nach Deutschland zu blicken, dessen Oberhaupt, teils als Kaiser, teils als Fürst von Oesterreich, von der grössten Wichtigkeit blieb, sondern wir werden durch unsern Gegenstand auch nach Frankreich, Italien, Ungarn, England, Schottland, Holland und Polen geführt werden, mit welchen die schweizerisch-reformierten Kirchen noch lange Zeit die engsten persönlichen Verbindungen und regen geistigen Verkehr unterhielten und deren Geschicke in der Schweiz ihren deutlich empfundenen Einfluss ausübten.

Daher ist die Aufgabe, im Gegensatz zur Kleinheit des Gebiets, eine ausserordentlich verwickelte und ihrer Natur nach wenig übersichtliche.

Einigermassen haben wir uns dieselbe allerdings dadurch erleichtert, dass wir die eigentliche Uebergangsperiode der Reformation von unserer Darstellung ausgeschlossen haben. In Wirklichkeit bildet die Zeit des ersten Emporringens neuer religiöser Ueberzeugungen und der daraus hervorgegangenen Kämpfe bis zu ihrem, wenn auch nur vorläufigen, Abschlusse eine Aufgabe für sich. Wir nehmen unsern Ausgangspunkt von dem Tag, an welchem der Reformation im engern Sinne ein Ende gemacht worden ist, bei der Errichtung des II. „Landfriedens"; denn dieser hat, durch den Verzicht auf gemeineidgenössische Ordnung der kirchlichen Verhältnisse im einen oder andern Sinne, ebensosehr einerseits die Bildung und Existenz eigener reformierter Kirchen innerhalb der bereits gewonnenen Gebiete ermöglicht, wie er auf der andern Seite der natürlichen Ausbreitung der evangelischen Grundsätze Schranken setzen musste. Das Bekenntnis hörte damit auf, eine Sache rein persönlicher Ueberzeugung zu sein, und die äussere Zugehörigkeit zu diesem oder jenem Lande begann von da an entscheidend zu werden. Es gibt auch für das religiöse Bekenntnis jetzt nicht mehr bloss reformiert gesinnte Leute, sondern reformierte Territorien und reformierte Kirchen. Durch den Landfrieden von 1531 ist ein neuer Zustand geschaffen worden, eine neue historische Entwicklung, die zwar weniger spannendes Interesse bietet, als die Geschichte der vorhergehenden zehn Jahre, aber, gerade weil weniger bekannt, vielleicht nur um so mehr eine zusammenfassende Untersuchung und Erzählung verdient; für unsere Gegenwart wenigstens ist sie unstreitig wichtiger als die

Periode allgemeiner Gärung und noch gänzlich unabgeklärter Verwirrung, in welcher sich die Aufmerksamkeit in erster Linie auf die Persönlichkeit der Träger reformatorischer Gedanken richtet.

Die Geschichte der schweizerisch-reformierten Kirchen fängt für uns erst nach dem Tode Zwinglis an, und alles was vorausgeht, kann nur einleitungsweise zur Sprache kommen.

Die Schwierigkeiten, welche für die Reformationsjahre selbst als zur Stunde kaum überwindbar angesehen werden müssen, bleiben auch für die Zeit der verhältnismässigen Ruhe noch gross genug. Sie werden auch, so wie sie eben angedeutet sind, keineswegs vermindert durch die Beschaffenheit der Quellen, die uns bei der Bearbeitung zu Gebote stehen.

Und gewiss ist es nicht etwa der Mangel an solchen, welcher erschwerend wirkt, sondern umgekehrt die grosse Menge, da wir fast ausschliesslich auf vereinzelte Monographien und Quellenwerke uns angewiesen sehen. Eine Vorarbeit, an welche wir uns halten könnten, fehlt vollständig. Joh. Jak. Hottingers „Helvetische Kirchengeschichte" geht nur bis zum Jahre 1720 und beurteilt zudem die erzählten Dinge so durchaus vom einseitig-konfessionellen Parteistandpunkt aus, dass sie, auch abgesehen von ihrer Art rein chronikalischer Behandlung des Stoffes, für uns, trotz der grossen Verdienste des Werkes, nur in sehr beschränktem Sinne als Vorarbeit dienen kann und mehr nur den Wert einer Notizen- und Materialien-Sammlung, als einer geschichtlichen Darstellung hat. Die Neubearbeitung durch Wirz und Kirchhofer geht vollends nur bis zu dem Punkte, wo wir anfangen wollen, während Gelpkes „Schweizerische Kirchengeschichte", die schon im 12. Jahrhundert stecken geblieben ist, uns überhaupt nichts bieten kann. Das Gleiche gilt natürlich auch von Eglis „Kirchengeschichte der Schweiz bis Karl dem Grossen". Alles musste deshalb, soweit es nicht in den grössern allgemeinen Schweizergeschichten, als Teil der politischen Geschichte, enthalten ist, im einzelnen zusammengesucht und zusammengesetzt werden aus den Geschichtswerken der einzelnen Kantone, den Biographien der einzelnen Männer und den Specialarbeiten über einzelne Perioden oder Ereignisse. Mehr als man aus den Titeln zu erwarten berechtigt ist, bieten einerseits A. Schweizers Protestantische Centraldogmen (Zürich 1856, 2 Bände), anderseits Finslers Kirchliche Statistik der reformierten Schweiz.

Wir zogen es vor, diese Quellen jeweilen an ihrer Stelle zu nennen, und zwar geschieht dies aus einem besondern Grund, über welchen wir hier gleich Rechenschaft geben müssen. Wir möchten die Quellencitate weniger als Beweise betrachten für die Richtigkeit unserer Behauptungen, vielmehr als Verweisungen auf die ausführlicheren Darstellungen, welche nicht vollständig aufgenommen werden können, aber Genaueres enthalten für denjenigen, der über einen Gegenstand noch Näheres zu wissen wünscht. Wir hoffen durch eine solche historisch geordnete Zusammenstellung der so überaus reichen, aber eben deshalb schwer übersehbaren Litteratur den aufmerksamen Lesern einen grössern Dienst zu leisten, als durch die Berufung auf Wahrheitszeugen, welche doch nur selten nachgeprüft werden.

Solche Berufungen können wohl hier um so eher entbehrt werden, weil der Verfasser nichts eigentlich Neues, bisher Unbekanntes bringt und keine Beweisführungen aufzustellen hat. Dass er nichts behauptet, ohne Beweise dafür zu haben, das möge man ihm für ein- und allemal glauben. Er hat aus eben diesem Grunde im allgemeinen sich auf gedruckte Quellen beschränkt. Ungedrucktes Material zu verwerten, war einzig für die Berner Kirche möglich; allein er hat im Vorliegenden fast ganz darauf verzichtet. Es geschah dies — wie nicht verhehlt werden soll — nur mit einiger Selbstüberwindung, aber es schien notwendig zu sein, um nicht ein gewisses Ebenmass zu stören und Bern nicht mehr hervortreten zu lassen, als es in der Natur der Verhältnisse liegt und durch die Ausdehnung seines Gebietes sich rechtfertigen lässt.

Eine ganz ungeheure Masse von Thatsachen und Einzel-Notizen findet sich in der grossartigen Sammlung der Eidgenössischen Abschiede, in welchen, namentlich für den Anfang unserer Aufgabe, sich nahezu alles mehr oder weniger direkt um die kirchlichen Fragen bewegt. Dass diese Sammlung als Hauptquelle in Betracht gezogen wird, bedarf kaum einer ausdrücklichen Erwähnung, viel weniger einer Begründung. Es ist unseres Wissens das erste Mal, dass der so überaus reichhaltige Urkundenschatz, der dem eidgenössischen Volke hier geboten ist, für den Zweck der Kirchengeschichte konsequent zu Rate gezogen wird. Die eigentümliche Beschaffenheit dieses Werkes nötigt hier ausnahmsweise auch zu direkten Citaten.

Die Haupteinteilung unserer Arbeit ergibt sich von selbst Wir haben zu berichten:

1. Von der Gründung und Befestigung der reformierten Kirchen. 1531—1600.

2. Von der weitern Ausbildung des Staatskirchentums. 1600 bis 1720.

3. Von der Auflösung der alten Kirchen. 1720—1804, und

4. Von der Neubildung der kirchlichen Formen. 1804—1870.

Innerhalb dieser vier Perioden eine systematische Einteilung durchzuführen ist ohne Zwang und Unnatur nicht möglich; wir müssen uns mit einer gewissen Gruppierung begnügen, welche die Uebersicht erleichtert und zugleich den Zeitfortschritt erkennen lässt.

Der Verfasser hat sich aufrichtig bemüht, unparteiisch und ohne Voreingenommenheit zu berichten; eine Objektivität dagegen, welche ihrem Gegenstande gleichgültig und teilnahmslos gegenüber steht, hat er nicht angestrebt. Die Kirchengeschichte ist so wenig Selbstzweck, als die Geschichte überhaupt, als das menschliche Wissen es ist. Von Selbstzweck zu reden, halten wir für eine Selbsttäuschung.

Die Geschichtschreibung darf nicht nur, sie soll einen Zweck haben, so gewiss als die Geschichte selbst einen solchen hat. Das vorliegende Werk hat den lebhaften Wunsch, die Liebe zur vaterländischen Kirche zu nähren bei denen, die ihr dienen, bei denen, die ihr angehören, und — vielleicht — auch bei denen, die sie aus dem einen oder andern Grunde geringgeschätzt haben. Damit verbindet sich aber ein zweiter Wunsch: daran zu erinnern, dass auch unsere Kirchen geschichtliche Gestaltungen sind, deren Formen wechseln, — wechseln müssen, weil die Vorsehung nicht zu allen Zeiten mit den nämlichen Werkzeugen an den Menschen arbeitet.

        Alles Ding währt seine Zeit,
        Gottes Lieb' in Ewigkeit!

Bern, im August 1897.

I. Die Gründung der reformierten Kirchen.

1. Die Lage.

Am Abend des 11. Oktober 1531 lag Ulrich Zwingli mit einer grossen Zahl seiner eifrigsten Freunde und Anhänger tot auf dem Schlachtfeld bei Kappel. Der Tag bezeichnet den Schluss der eigentlichen Reformationsperiode für die Schweiz. Seit dem 1. Januar 1519 hatte Zwingli in mündlicher und schriftlicher Arbeit den Gedanken einer gründlichen sittlich-religiösen Erneuerung der Kirche zur Durchführung gebracht, zunächst unter seinen Pfarrkindern in Zürich, aber auch bereits mit der weiter ausblickenden Rücksicht auf die gesamte Eidgenossenschaft, welche er durch Unbildung und rohen Aberglauben, namentlich aber durch den Missbrauch der fremden Pensionen und Jahrgelder, im Innersten gefährdet, ja geradezu verwüstet sah. In Zürich hatte er unglaublich rasch bedeutenden Einfluss gewonnen; der Rat hörte seine Stimme, die Bürger liessen sich von seinen Worten leiten. Schritt um Schritt war es ihm gelungen, seine Pläne zu verwirklichen, auf der Kanzel wurde das Neue Testament gelesen und in populärer Sprache ausgelegt; was mit den Vorschriften des Gotteswortes nicht übereinstimmte, war abgeschafft oder doch als unverbindlich erklärt worden. Seit 1523 wurden die Fastenzeiten nicht mehr gehalten, seit 1524 die Messe eingestellt und durch die neue Feier des Abendmahls nach den einfachen Stiftungsworten des Herrn ersetzt. Die persönliche Energie des begeisterten und zielbewussten Mannes begegnete jedem Bedenken, besiegte jeden Widerstand; die meisten wurden überzeugt, wer es nicht war, musste schweigen. Wenn Zwingli nicht die Menge für sich hatte, so überredete er doch den Rat, und wenn der Rat nicht seiner Meinung war, da wusste er die Menge für sich einzunehmen, um seinen Neuerungen Eingang zu verschaffen. Dem Bischof wurde der Gehorsam aufgesagt, das Band gelöst, das die Züricher Kirche mit dem Papste und durch ihn mit der übrigen Christenheit verbanden hatte. Zürich stand plötzlich für sich allein da, allein seines Glaubens, seines Rechtes vor Gott sich bewusst und sicher des Sieges für die Zukunft.

Mit wachsendem Unmut hatte der grösste Teil der übrigen Eidgenossen von diesen Aenderungen vernommen und den Verwickelungen entgegengesehen, die daraus entstehen mussten. Schon 1521 hatten die Züricher, bereits unter Zureden des Reformators, den Zorn ihrer Bundesgenossen erregt, als sie sich allein dem Abschluss des Bundes mit Frankreich widersetzten; sie wurden damals „Päpstler" gescholten; jetzt isolierten sie sich wiederum in ihrem Gegensatze gegen den Papst und die hergebrachte christliche Sitte. Zwingli wurde als der Störefried betrachtet, der an allem schuld sei. Die Gesandten von Luzern und der Waldstätte, die von „Lutherischer Lehre" nichts wissen wollten, schlossen Zürich von den Tagsatzungen aus, wollten nicht mehr neben dessen Boten sitzen und sie nicht mehr zu den Versammlungen laden. Nur der geduldigen Vermittlung der Berner, welche sich entschieden weigerten, etwas gegen Zürich zu thun oder geschehen zu lassen, hatte es diese Stadt zu verdanken, dass sie nicht 1524/1525 von den Erbitterten bekriegt und mit Gewalt zum alten Glauben zurückgebracht wurde.[1]

Allein im Sommer 1529, nachdem erst Bern, dann auch Basel sich der Lehre Zwinglis angeschlossen hatten und der blinde Ingrimm der Gegner in der abscheulichen Hinrichtung des Pfarrers Jakob Kaiser offenbar geworden war, schien der Bürgerkrieg doch unausweichlich zu sein. Als Feinde standen sich die Eidgenossen gegenüber, ein mächtiges und wohlgerüstetes Heer der Züricher und Berner, und eine kleine, wenig geübte Schar aus der innern Schweiz. Noch einmal war es damals gelungen, einen mörderischen Kampf zu vermeiden, zum grossen Verdrusse Zwinglis, der in diesem Augenblick die Möglichkeit vor sich zu sehen glaubte, die nur aus Missverständnis noch am Alten Hängenden zu ihrem eigenen Heile zur Annahme des neuen Glaubens zu zwingen, und so eine einige, auf Grund des Evangeliums reformierte Eidgenossenschaft zustande zu bringen, ein freies und einfaches christlich-republikanisches Volk zu schaffen, welches in den schlichten Tugenden der Väter weder das Blut seiner Söhne aus dem Lande hinaus, noch das Geld der fremden Fürsten in das Land hinein trage.[2]

---

[1] Stürler, R.-A. I, 359. Anmerk. Vergl. Anshelm (n. Ausg.) V, 46.

[2] *Hundeshagen*, Das Reformationswerk U. Zwingli (Beiträge zur Kirchenverfassungs-Geschichte, Bd. I).

Escher, H., Die Glaubens-Parteien in der Eidgenossenschaft 1527—31. Frauenfeld 1882. Vergl. Kap. I u. II und S. 89, mit Berufung auf Zwinglis Brief nach Bern. Zw. epp. Nr. 47.

I. 1. Die Lage, Zürich.

Der Friede hatte diese Hoffnungen zerstört. Der Reformator beugte sich, aber ungern. Der Gedanke, dass nur vor allem aus, so oder anders, der Widerstand besiegt werden müsse, um der Wahrheit freie Bahn zu machen, blieb bei ihm herrschend; er benützte jede Gelegenheit, dem Eingang zu schaffen, was er für das allein Richtige hielt. Im Thurgau hatte seine Lehre vielfach Anklang gefunden; er wusste bald hier bald dort in einer Gemeinde die Mehrheit zu gewinnen und zur Annahme der neuen gottesdienstlichen Gebräuche zu bewegen.[1]) In St. Gallen, wo die Stadt schon längst zu ihm hielt, schien er auch dem alten Gotteshause eine neue Gestalt geben und dessen ausgedehnte Herrschaftsgebiete, darunter das Toggenburg, das Thal seiner Geburt, dem Evangelium zuführen zu können. Die inneren Kantone beschwerten sich über Gewaltthätigkeiten, die den Verträgen zuwiderlaufen; die Freunde des Friedens sahen unwillig zu, wie Zwingli verfahre, und dieser ging immer rücksichtsloser auf sein Ziel los. Die Stimmung verbitterte sich; das gegenseitige Misstrauen wuchs.

Hatten die Altgläubigen Schutz gesucht beim Kaiser und bei Ferdinand von Oesterreich, um gegen einen befürchteten Ueberfall von seiten Zürichs einen Rückhalt zu haben, so suchte seinerseits Zwingli seine Stellung zu stärken durch das „christliche Burgrecht" der evangelischen Städte, nicht allein mit Bern, Basel, Schaffhausen, St. Gallen und Biel, sondern auch mit Strassburg und Konstanz. Ja, als ein grosser Bund aller durch die kirchliche Neuerung geschädigten oder doch bedrohten Fürsten sich zu sammeln schien, von Spanien über Savoyen nach Oesterreich und in die deutschen Lande hinüber,[2]) da hielt es Zwingli für nötig, bei dem alten Widersacher Karls V., bei König Franz I. von

---

[1]) Pupikofer, Gesch. d. Thurgaus, II, 48 u. ff.

[2]) Zürich schickte Ende August einen Brief nach Bern mit Berichten aus St. Gallen, vom 27. August 1529: In Schwyz sei in offener Gemeinde eine Missive der kaiserlichen Majestät verlesen worden, worin der Kaiser die Absicht ausspreche, den alten Glauben mit Gewalt wieder einzuführen. Murner schrieb am 24. Februar 1529 in einem nach Strassburg gerichteten und wahrscheinlich aufgefangenen Briefe: „Wir sind jetz hantvester den unser lebtag nie. Unsere lender sind zu Feldkilch uf dem tag gsin und kennen den herzog von Savoien wol. Wir geben nit ein pfifferling nm die Zürcher und Berner, die evangelischen Sackpfyffer. Gott wirt uns nit verlassen; es ist kein erschrockener man under uns; das blut im lib wallet inen wider die unglänbig schelmerey." (Original im Staats-Archiv Bern, Kirchliche Angel. 1530—33.)

Frankreich und bei der Republik Venedig Hülfe zu suchen, um sich mit ihnen zu allfälliger Beistandspflicht zu verbinden.[1]

Hüben und drüben fand man jetzt seine Freunde jenseits der Grenze des Vaterlandes; bisherige Bundesgenossen wurden als Feinde, bisherige Gegner als Verbündete betrachtet um der grossen Frage willen, die auf einmal alle andern in den Hintergrund gedrängt hatte. Die Erbitterung stieg aufs höchste; unsäglich rohe Beschimpfungen wurden gewechselt. Scharf beklagten sich die Boten der V Orte auf der Tagsatzung zu Baden am 9. Januar 1531 über Friedensbruch und Unbilligkeiten; noch heftiger im März.

Die Beschwerden wurden nicht abgestellt, sondern nur durch andere zurückgewiesen, indem man reformierterseits erwiderte, dass die katholische Partei ganz ebenso willkürlich und herrisch verfahre, da wo sie die Gewalt dazu habe. Die gegenseitige Stimmung wurde dadurch nicht besser. Die Ueberfälle des abenteuerlichen Kastellans von Musso in die Graubündner Gebiete dienten nicht wenig dazu, die Verhältnisse noch zu verwirren.[2]

Zwingli kann von dem Vorwurf nicht freigesprochen werden, dass er jetzt den Krieg gegen die V Orte gewünscht, ja dass er dazu hingedrängt hat. Er kann nur entschuldigt werden durch die Erinnerung, dass ihm der Krieg als providentielle Notwendigkeit erschien, um aus einer unhaltbaren Stellung herauszukommen und einen bessern Zustand schaffen zu können. Vor dem grossen Ziele müssen kleine Bedenklichkeiten weichen, sind doch die Leiden und Schäden eines offenen Krieges weit weniger schlimm, sogar weniger grausam, als die Verlängerung eines solchen Zustandes der gegenseitigen Ueberlistung und Uebervorteilung, der abscheulichen Verlästerungen und der Gewaltakte im kleinen! „Nur keine Halbheit! kein Kleinmut, wenn doch einmal ohne Waffen kein rechter und dauernder Friede möglich ist."[3]

In diesem Sinne sprachen, von Zwingli ohne Zweifel beeinflusst, die Zürcher Boten am 24. April vor der versammelten Tagsatzung.[4] Zwingli selbst hatte geschrieben: „*Darum ist von nöten, dass man ein tapfer arzny zu Handen neme, die doch dem übel,*

---

[1] Escher, Die Glaubensparteien, S. 129—145. Mörikofer, Zwingli, II, 261—63.

[2] Escher a. a. O. S. 217 u. ff.

[3] Vergl. dazu die Behauptung von Salat, dass Zwingli die Berner beständig gegen die Unterwaldner aufgereizt habe. (Archiv d. Pius-Vereins, I, 207, u. bes. 212.)

[4] E. A. IV, 1b, S. 957. 960.

das si begangen, nit ungemäss und aber zu yuleitung Gottesworts und abthun der tyrannei und unsinnigen Lebens stark und fest genug sye. Dann Gott Fahrlässigheit strafen wird, wie sich in sinem wort erfindt." [1]) Der Plan eines kriegerischen Einfalls gegen die V Orte wurde ernstlich erwogen. Vertrauensmänner kamen heimlich in Aarau zusammen, um die erforderlichen Verabredungen zu treffen; mit dem Landgrafen von Hessen wurde ein Einverständnis gesucht. Die Berner wollten erst nichts davon wissen: „Räte und Burger" — so erklärten ihre Boten instruktionsgemäss am 3. Mai — „empfinden zwar auch das höchste Bedauern und wollen sich die Sache nicht weniger angelegen sein lassen, als Zürich; weil aber dieselbe weit aussehende Folgen hat, so wollen sie Zürich kraft der Bünde und des christlichen Burgrechts ernstlich gebeten und ermahnt haben, zu diesem Zweck nichts Gewaltthätiges wider die V Orte anzufangen, sondern stille zu bleiben und abzuwarten. Sollte Zürich dennoch etwas Thätliches beginnen, so wolle man hiermit erklärt haben, dass Bern dabei keine Hülfe beweisen würde..."[2]) Allein nur durch die dringlichsten Vorstellungen konnten die Zürcher auf einer Konferenz der reformierten Städte zu Aarau, am 13. Mai, vom sofortigen Ausbruch abgehalten werden.[3])

So war, wenige Tage nach jener Beratung, in Zürich der verhängnissvolle Beschluss gefasst worden, der Innerschweiz die Lebensmittelzufuhr abzuschneiden, durch Not und Hunger sie zum Nachgeben zu zwingen.[4])

Man hoffte so die Ungeduld der zornigen Züricher zu befriedigen, und doch den Krieg zu vermeiden. Das war nun wirklich eine Halbheit, eine Halbheit der bedenklichsten Art; denn die Rechnung war falsch: der Erfolg war der entgegengesetzte.[5]) Nicht demütige Nachgiebigkeit, sondern Verzweiflung stellte sich ein bei dem armen Volke im Gebirge, verzweifelter Ingrimm über solche grausame Behandlung, die man nicht allein als ungerecht, sondern durch die Bünde ausgeschlossen erklärte. Grenzenlose Wut durchzuckte alle und trieb sie jetzt erst, in Verbindung mit religiösem Fanatismus, zur äussersten Anstrengung ihrer Kräfte.

Das wurde sofort empfunden: statt eines fröhlichen Krieges hatte man jetzt eine unwürdige Quälerei gegen Unschuldige,

---

[1] E. A. IV, 1b, 963, Art. 12.
[2] E. A. IV, 1b, 971.
[3] E. A. IV, 1b, 982.
[4] E. A. IV, 1b, S. 985. (15. u. 16. Mai.)
[5] Escher, a. a. O., p. 255.

hungernde Weiber und Kinder. Das Mitleid regte sich, das Gefühl des begangenen Unrechts machte sich geltend, niemand war mit einer solchen Wendung zufrieden. Unbehagen und Unsicherheit, Besorgnis und Misstrauen nahmen überhand. Zwingli selbst musste jetzt Vorwürfe hören, dass er dazu eingewilligt habe. Nur mit Mühe wurde das Murren beschwichtigt. Schreckhafte Vorzeichen am Himmel trugen dazu bei, die Aufregung zu unterhalten und das Gefühl kommenden Unheils zu wecken.[1]

In der Stadt Zürich selbst beugte man sich der Ueberlegenheit Zwinglis, seiner Einsicht, seinem hohen edlen Sinn; hier, wo seine Stimme gehört wird und sein Auge blitzt, hier wagt sich kein Widerspruch hervor, aber auf dem Lande, am Züricher-See, wo in täglichem Handel und Wandel die Leute mit Zugern und Schwyzern verkehren, da trägt man den Zustand mit steigendem Unmut. Der Reformator selbst fühlt diese Spannung der Luft. Am 26. Juli tritt er vor den Rat und fordert, von seinen Aemtern entlassen zu werden, da man ihm nicht mehr vertraue wie sonst.[2] Grösser als das Murren ist jetzt die Bestürzung unter den Bürgern. Wie konnte man den Mann in diesem Augenblicke entbehren, den einzigen, der alles wusste, alles that, alles vermochte! Man versprach ihm von neuem willigen und allgemeinen Gehorsam.

Noch ist die Hoffnung auf das Gelingen einer Vermittlung nicht aufgegeben. Eine ganze Reihe von Tagsatzungen finden statt, um wo möglich doch das Aeusserste zu verhüten. Im Juni und Juli, noch im August, werden unglaubliche Anstrengungen gemacht; aber Zwingli, der zum Proviantabschlag sich nur mit Widerwillen verstanden, wollte jetzt von keiner Nachgiebigkeit wissen. Ist man so weit gegangen, so muss der Zweck jetzt auch erreicht werden. Ein Abstand kommt jetzt zu spät, er würde nur den noch möglichen Nutzen, nicht den bereits gestifteten Schaden verhindern.

Die V Orte drohen, mit den Waffen in der Hand sich Brot holen zu wollen. Tag um Tag wird der Ausbruch erwartet, aber dumpfes Missbehagen, lähmende Uneinigkeit hält von jeder ernstlichen und kräftigen Rüstung zur Abwehr zurück. Die nämlichen Männer, die kurz zuvor vor Kriegslust brannten und nicht warten mochten in ihrer Siegeszuversicht, sie sind auf einmal, niemand weiss warum, unthätig und stumm geworden und lassen die Dinge

[1] Mörikofer, Zwingli, II, 376.
[2] Escher, a. a. O., 251 u. ff. Egli, Zwinglis Tod. Zürich 1893. S. 9.

I. 1. Die Lage. Zürich.

kommen, die man als unvermeidlich erwartet. Bereits wird das Wort: „Verrat" gehört; Zwingli selbst ist von trüber Todesahnung heimgesucht.

Endlich erklärten die V Orte den Krieg. Am 9. Oktober zogen sie über die Grenze mit 9000 Mann. Unbeschreiblich war in Zürich die Verwirrung und Ratlosigkeit, als das doch längst Erwartete kam. Endlich verliessen 600 Mann, mangelhaft geordnet und in aller Eile ausgerüstet, die Stadt, um dem Feinde entgegenzutreten. Es ist eine kleine Schar, dem zehnmal stärkern Feinde gegenüber, aber in unbeschreiblichem Fanatismus und Fatalismus beschliesst sie, eine zu hoffende Verstärkung nicht abzuwarten, sondern sogleich loszugehen zum Angriff. Den Ausgang des Kampfes zu Kappel brauchen wir nicht zu erzählen. Die treffliche Monographie von E. Egli ist bekannt[1]; sie hat den Verlauf in allen Teilen klar gelegt. Die Niederlage der Zürcher war so vollständig, trotz der kleinen Zahl der wirklich Kämpfenden doch so entscheidend, wie es von wenig andern Schlachten gesagt werden kann. Vierzehn Tage später, am 24. Oktober, wurden die Zürcher mit ihren Verbündeten am Gubel bei Zug in einem weit weniger bekannten und beachteten, aber eigentlich bedeutenderen Treffen zum zweitenmale geschlagen. Unordnung und Entmutigung, Mangel an wahrem Glauben an die eigene Sache sind auch hier die Ursachen des traurigen Ausganges gewesen.[2]

Der moralische Schlag war unter solchen Umständen weit schwerer, als der augenblickliche, in Ziffern auszudrückende Menschenverlust. Nicht nur war Zwingli selbst unter den Toten, auf dessen Person das ausschliessliche Vertrauen der Neuen, der ungeteilte Hass der Alten sich vereinigt hatte, und der als schlechthin unersetzlich angesehen werden musste; die ganze Haltung der Reformierten war derart gewesen, dass man nicht an ein zufälliges kriegerisches Missgeschick denken konnte. Man sah darin nichts Geringeres als ein Gottesgericht, in welchem nun einmal der Allmächtige sichtbar und deutlich vor aller Welt offenbar gemacht habe, ob die Prediger der neuen Lehre Wahrheit geredet, wenn sie sich allein den echten Christenglauben zugeschrieben und triumphierend behauptet hatten: „Das Wort Gottes

---

[1] Egli, E. Die Schlacht bei Kappel. Zürich 1873. Vergl. dazu: Anzeiger f. Schw.-G. III, 171 u. ff.

[2] Vergl. die Darstellung von Bullinger, Ref.-Gesch. (hsg. von Hottinger u. Vögeli) III, 195 bis 202, welche darüber keinen Zweifel übrig lässt. Dazu: Anz. f. Schw.-G. III. 451, und Uttinger. Jahresbericht des Gymn. in Zug. 1876/77.

ist auf unserer Seite!" Jammervoll war diese Siegeszuversicht zusammengesunken, während der vorher fast demütig resignierte Trotz der Verteidiger der alten Kirche sich auf einmal wunderbar fest und kräftig bewies.[1])

Unter solchem Eindruck wurde von den Zürichern am 20. November in Zug der Friede geschlossen.[2]) Die Bedingungen waren verhältnismässig schonend, wenn auch viel weniger günstig für die Sache der Reformation als der erste Kappelerfriede, doch weit erträglicher, als sie nach einer solchen Katastrophe hätten sein können. Der kirchliche Zustand, wie er vor dem Kriege war, blieb äusserlich erhalten. Nicht nur Zürich selbst durfte ungestört bei seinem Gotteswort bleiben, auch in den Gebieten, in welchen die V Orte als Mitherrscher regierten, sollte keine gewaltsame Rückbekehrung stattfinden; wo die Messe abgeschafft war, da blieb sie beseitigt; wo zwinglisch gepredigt wurde, da durfte auch fernerhin die evangelische Lehre verkündigt werden. Dass die früher bezahlten Kriegskosten zurückverlangt wurden, war nur natürlich, und dass der übermächtige Einfluss der Züricher auf ihre Nachbarn vernichtet war, lag in den Verhältnissen selbst.

Das war nun die Lage in dem Vororte der Reformation in Zürich. Die Freunde Zwinglis waren niedergeschlagen, zerschmettert; seine offenen und geheimen Feinde, deren wohl mehr waren, als er selbst geahnt hatte, erhoben das Haupt. Die Unentschiedenen, die bisher Recht und Unrecht auf beiden Seiten gesehen, erkannten jetzt den — wie ihnen scheinen musste — deutlichen Ausspruch der Vorsehung an, und die grosse Masse, die bisher dem Erfolg der Zwinglischen Mehrheit zugestimmt hatte, beugte sich jetzt ebenso vor dem Erfolge der nunmehrigen Sieger. So in der Stadt; wie viel mehr auf dem Lande, das sich nicht allzugern dem raschen Gange der Zwinglischen Neuerungen gefügt hatte und jetzt noch weniger willig war, die Last der Folgen mitzutragen.[3]) Die Autorität der Züricher Regierung über ihr Gebiet, namentlich über das schon vorher widerspenstige Seegelände, war aufs höchste gefährdet[4]); die Verbündeten im Thur-

---

[1] Einen Beitrag zur Stimmung der Parteien geben die bezüglichen Lieder, vergl. Strickler, Littr.-Verz. Nr. 137—146. Namentlich hervorzuheben ist Johann Salats „Tanngrotz". Neudruck von Bächtold, Basel 1876, auch in Anshelms Chronik (n. A.), Bd. VI.

[2] E. A. IV, 1b, S. 1211. Der Vertrag selbst als Beil. 19 auf S. 1567. Eine sehr klare und brauchbare Zusammenfassung gibt Finsler, K. Stat. S. 1—5.

[3] Strickler, Akten, IV, S. 339, N. 1035, 349, N. 965.

[4] Strickler, IV, S. 318, N. 933.

gau, im St. Gallischen, im Rheinthal, in Bünden konnten Zürich nicht helfen; sie hatten selbst all ihren Halt verloren. So endete die Zürcher Reformation, — und doch war das der Anfang der reformierten Kirche in Zürich.

In Bern stand es am Tage der Schlacht bei Kappel mit der Sache der Reformation wesentlich anders, aber keineswegs besser. Die Niederlage wurde weit weniger direkt empfunden als in Zürich, dessen beste Männer auf dem Schlachtfeld lagen; der Rückschlag auf die Stimmung war weniger heftig als dort, aber er war darum nicht weniger gefährlich für den weitern Fortgang der Dinge.

Die kirchliche Aenderung hatte sich in Bern nicht unter dem übermächtigen Eindruck eines genialen und zielbewussten Mannes vollzogen, sondern unter vielfach sich widersprechenden und widerstreitenden Einflüssen aller Art. Eine lebhafte und geistig regsame Stadtbürgerschaft, welche vornehmlich die negative Seite der neuen Lehre mit Begierde aufgenommen hatte, den kirchlichen Aberglauben verlachte, über die Laster der Geistlichkeit spottete und nichts mehr vom Papst wissen wollte, aber aus der Predigt des schüchternen Berchtold Haller nur wenig religiöse Begeisterung schöpfte; ein Rat, welcher schon seit Jahrzehnten, von einem kräftigen Staatsgedanken erfüllt, auch das Kirchenwesen seines Unterthanengebiets in die Hand zu nehmen begonnen hatte, dann aber, als die Lehre Luthers sich verbreitete, eben so sehr die möglichen Nachteile solcher religiösen Ueberzeugungen, als deren Vorteile zu erwägen sich veranlasst sah; ein verhältnismässig grosses Gebiet, von den höchsten Alpen bis zum Jura hinüber und bis an den Rhein hinunter[1]), ein Gebiet, das teilweise noch in ziemlich lockerem Zusammenhang mit der beherrschenden Hauptstadt stand, und dessen Bewohner, im allgemeinen wenig berührt von der kirchlichen Bewegung, mit zäher Gewohnheit an den hergebrachten Sitten und Vorstellungen hingen, die Priester zwar meistens verachteten, aber ihre Gewalt über die Seelen gläubig verehrten; — das waren die Elemente, die sich hier auseinander setzen mussten.

Die Rücksicht auf die Stimmung dieses Volkes, das keinen verfassungsmässigen Anteil hatte an der Regierung, von dessen gutem Willen aber doch alles abhing, gebot den Bernern Behutsamkeit und Zurückhaltung auch da, wo die Notwendigkeit von Neuerungen nicht mehr zweifelhaft war, und zwang von selbst

---

[1]) Zeenders hdschr. K.-G. von Bern schätzt die Bevölkerung, freilich sehr approximativ, für die damalige Zeit bereits auf 200,000 Seelen.

zum langsamen Vorgehen.[1]) Die Kirchenreform war in Bern nicht Sache des religiösen Idealismus, sondern der vorsichtigen Erwägung, nicht des Glaubens, sondern der Zweckmässigkeit, und zwar der Zweckmässigkeit für den Fortbestand des Staatswesens, für die Erhaltung von Ordnung, Ruhe und bürgerlicher Wohlfahrt.

Während einer Reihe von Jahren schien bald die neue, bald die alte Lehre mehr Bürgschaften für eine gesunde Fortbildung des kirchenpolitischen Staatsgedankens zu verheissen. Bald die eine, bald die andere Strömung überwog, bei wesentlich immer gleichen Zielen.

Nach langem Schwanken und Zögern, das für den Fernestehenden nicht selten befremdend aussehen mochte, wurde infolge von fast zufälligen Vorkommnissen endlich der Entscheid gefasst. Die Disputation vom Januar 1528 war mehr dazu bestimmt, diesen Entschluss öffentlich zu rechtfertigen, als ihn erst herbeizuführen. Der Ausgang war gemacht, ehe man zu disputieren begann. Mit ausserordentlicher Raschheit und Energie wurde dann die Ausführung vollzogen und das Nötige für die gewaltige und tiefgreifende geistige Umwälzung angeordnet. Am 7. Februar 1528 war das grosse Reformationsmandat erlassen worden, welches bereits die Grundzüge einer neuen Kirchenverfassung und Kultusordnung feststellte.[2]) Nicht Schritt für Schritt wie in Zürich, sondern sozusagen mit einem Schlage, wurde hier reformiert, nachdem einmal die Zweifel und Bedenken überwunden waren.

Damit war die Regierung zur Reformation übergetreten, die Masse des Volkes aber noch lange nicht. Man täuschte sich keineswegs über die vorhandene Stimmung; viele, die zuvor am lautesten über die kirchlichen Missbräuche gescholten und die Priester verhöhnt hatten, schalten jetzt noch mehr über die neuen religiösen Einrichtungen, die ihnen einen viel lästigeren Zwang auferlegten. Sie waren geneigt, noch frecher zu höhnen über die neuen „Prädikanten", die keine abergläubische Furcht um sich verbreiteten. Ueberall wagten sich die Symptome geheimer Abneigung gegen die neue Lehre hervor. Diejenigen, welche aus den jetzt streng verpönten „Pensionen" Vorteile gezogen hatten — und deren gab es viele in Bern — schuten sich wieder nach dem „Kronensack" des französischen Gesandten, und wer früher mit

---

[1]) Nichts ist hierfür belehrender als die Antworten, welche der Rat auf seine Anfragen auf dem Lande erhalten hat, bei Stürler, Bd. I, 326—345 u. 377—416.

[2]) Stürler, Ref.-Akten. I, 253—262.

einem Ablasszettel sein lockeres Leben hatte zudecken können, ärgerte sich jetzt über das neu eingesetzte Chorgericht, das unerbittlich die Spieler, Ehebrecher und Trunkenbolde bedrohte. Nicht am wenigsten Verlegenheiten bereiteten die, welche vor kurzem noch kirchliche Stiftungen gemacht hatten und jetzt, enttäuscht über die Nutzlosigkeit der gebrachten Opfer, ihr Geld wieder zurückverlangten.[1]) Diese Unzufriedenen alle verbündeten sich mit den vielen, welche eben doch in ihrem Innern nicht ganz sicher waren, ob nicht die ganze Neuerung ein Abfall sei vom wahren Christentum, und die sich darum nicht loswinden konnten aus der geheimen Furcht vor der übernatürlichen Wirkung des priesterlichen Fluches.

Plötzlich sah man wieder auf den Strassen Paternoster, d. h. Rosenkränze, in den Händen der Bürger, längst bei Seite gelegte Andachts- und Frömmigkeits-Zeichen, die nun Erkennungszeichen der Unzufriedenheit und Oppositionslust wurden. Wiederholt mussten gegen diese ärgerliche Demonstration Verbote erlassen werden.[2]) Zehn Pfund Busse wurden den Uebertretern auferlegt; diese Strafe erschien natürlich erst recht als überflüssige Plackerei und Unduldsamkeit.

So war es in der Stadt, unter der Bürgerschaft, welche einst Manuels Fastnachtsspielen mit Vergnügen zugeschaut und längst ungeduldig die Reformation verlangt hatte; wie viel mehr in den Dörfern und einsamen Höfen, in den abgelegenen Thälern. Die Rats-Protokolle sind voll von Reklamationen und Beschwerden.[3]) An einem Orte sah man nachts in der Kirche wieder die heilige Lampe brennen, anderswo vor einem noch nicht beseitigten Heiligenbild eine Wachskerze aufgesteckt, in Thun wurden zu verbotener Tagesstunde die Glocken geläutet, aus Frutigen, wo man den evangelischen Prediger verjagte, aus Aeschi und Adelboden kamen Nachrichten ähnlicher Art; im obern Simmenthal wurde am Fronleichnamstag in alter Weise die Prozession abgehalten, und der Kastellan von Zweisimmen, der Vertreter der Obrigkeit, hatte selbst daran teilgenommen, ja den sogenannten „Himmel" über

---

[1]) Stürler, R.-A., I, 270 (11. März), II, 44 2. Juli 1528).

[2]) Stürler, Ref.-A., II, 172 (7. Juni 1529). Anshelm (V, 251), vergl. Salat z. Jahr 1534.

[3]) Vergl. dazu Stürler, R.-A., I, 89—93 u. II, 1—84. Siehe besonders die Beschwerden der Pfarrer des Landes: „Artikel, so gemein pfarrer in Statt und Land von unseren Herren begerend." O. Dat. St.-A. Bern, (Kirchl. Angel. 1530—33).

dem Allerheiligsten getragen. Die Bewohner dieses Thales forderten die Wiedereinführung der Messe, und der Rat fand es für klüger, nachzugeben und den abgeschafften katholischen Kultus einstweilen wieder zu gestatten.[1])

Allein es war nicht dabei geblieben. Den ganzen Sommer hindurch kamen Gewaltthaten vor, welche die Ruhe und Sicherheit des Landes empfindlich störten; bald waren es die Anhänger des alten Glaubens, wie in Brienz und Oberhasle, welche sich gegen die ihnen aufgedrungenen und ungewohnten gottesdienstlichen Formen empörten und geradezu den Gehorsam aufsagten[2]); bald waren es wilde Neuerungslustige, welche die Klöster und Klosterstiftungen als herrenloses Gut ansahen, die fernere Zahlung der Abgaben verweigerten und, aller Bande ledig, zuchtlose Plünderungszüge veranstalteten gegen die Gotteshäuser, wie zu Frienisberg und Gottstatt, zu Erlach und Interlaken.

Anfang Mai war die Unruhe so gross, dass der gewohnte Wochenmarkt abgestellt und Schliessung der Stadtthore angeordnet wurde.[3]) Der lang genährte und wohl auch geflissentlich gestachelte Ingrimm gegen die einst als Heiligtümer verehrten Stätten liess sich nicht so leicht wieder bändigen, wie man gehofft; Freunde und Feinde der Reformation waren vielfach darin einig, dass sie die Stadtregierung keineswegs, wie diese es für selbstverständlich hielt, als Rechtsnachfolger in den abgeschafften Gotteshäusern anerkennen wollten.[4])

Das Oberland war in offenem Aufstand. Hatte sich hier schon 1346, dann wieder 1444 und 1445 ein stark rebellischer Geist geregt gegen das alles beherrschende und alles aufsaugende Kloster Interlaken und die hinter diesem stehende Stadt Bern, so meinte man jetzt erst recht, mit der Befreiung von Bern, und namentlich der Befreiung von allen Steuern, die richtige Konsequenz der Aufhebung des Gotteshauses ziehen zu dürfen. Nach manchen vergeblichen Vermittlungs- und Beschwichtigungsversuchen hatte mit Gewalt die Ordnung hergestellt werden müssen. Nur ein kleiner Teil des Landes stand damals noch treu und zu-

---

[1]) Stürler, R.-A., II, 65, vom 3. Sept. 1528, und das bezügliche Schreiben: Deutsche Miss. R. fol. 15 vom 4. Sept.

[2]) Zeenders bernische Kirchengeschichte, Ms. des Staatsarchivs und — in Kopie — der Stadtbibliothek, gibt über den Aufstand im Oberhasle sehr gute Nachrichten, meist nach Stettler. Siehe dazu: Anshelm, Berner Chronik (n. A.), Bd. V.

[3]) Stürler, R.-A., II, 26.

[4]) Stürler, R.-A., II, 18/19, 28, 31.

verlässig zu Bern. Der kühne Zug nach Unterseen am 2. November, unter N. Manuels Führung, hatte die hülfreichen Unterwaldner über den Brünig zurückgetrieben und dem gefährlichen Aufstand ein Ende gemacht. Es ging nicht ohne Strafgerichte, nicht ohne Hinrichtungen ab, und die Oberhasler vergassen ebenso wenig die roh verletzende Art, wie ihre Reichsfahne vom Berner Schultheissen in den Staub getreten worden war, als die Berner ihren Bundesgenossen von Unterwalden es verzeihen konnten, dass sie in diesem äusserst kritischen Augenblicke den Empörern Beistand geleistet. Nur die Akten selbst, in ihrer Unmittelbarkeit, wie sie in der Sammlung der Eidgenössischen Abschiede zum Teil abgedruckt sind, vermögen uns eine Vorstellung zu geben von der schweren Verbitterung, welche die Berner über die Haltung ihrer Miteidgenossen erfüllte.[1]

Dass die „unparteiischen" Schiedleute, die nach Bundesrecht angerufen wurden, ihnen nicht so weit Genugthuung schaffen wollten, als sie gefordert, vermehrte nur das Gefühl erlittener Unbill. Trotzdem hatten sie, in Anbetracht ihrer von innen und aussen so sehr gefährdeten Lage, gegen den Rat der Zürcher, am 28. Januar und 27. Februar 1529 den Friedensvertrag angenommen.[2] Man wird die Lage und Stellung Berns in den folgenden Jahren nie richtig beurteilen können, wenn man vergisst, dass es von ganz andern Nachbarn umgeben gewesen ist als z. B. Zürich. Mit der ganzen Ostgrenze an Luzern und Unterwalden anstossend, war es im Süden von Wallis bedroht; das früher so eng befreundete Freiburg hielt sich jetzt zu einem leidenschaftlichen Katholizismus und war immer bereit, die noch im Bernerland sich zeigenden Sympathien zu ermutigen. Hinter beiden aber, Wallis und Freiburg, stand im Waadtlande Savoyen, das sich im Interesse des gemeinsamen Glaubens mit diesen frühern Gegnern ausgesöhnt hatte.

Dieser Umstand macht es erklärlich, dass Bern so gerne die Hand zum Frieden bot, als die beiden Konfessionen im Juni 1529 auf der Ebene von Kappel sich kriegsgerüstet gegenüber standen.

[1] Wie sehr man sich — wohl von beiden Seiten — durch Gerüchte und Voraussetzungen leiten liess, ergibt sich am deutlichsten aus der Art, wie Salat das Verhalten der Unterwaldner begründet: „Ein solcher Anschlag war zu Bern gemacht, nemlich, dass die Alten überzogen solten werden, und das uf ein bestimpt Zit, *als den wol zu mutmassen.*" (Salat, Archiv des Piusvereins, I. 188.) — Vergl. auch das Memorial der Unterwaldner über ihren Zug nach Hasle, von 1534, ibid. Bd. II, 103.

[2] Der Spruch steht, mit dem Datum vom 22. März, in den E. A. IV, 1b, S. 86.

Mit einem starken Heere von 10,000 Mann war die Stadt ausgezogen, als man sich endlich genötigt sah, zu den Waffen zu greifen[1]); allein als jetzt die Friedensfreunde um jeden Preis, am 14. Juni, den Entwurf einer Vermittlung vorlegten, da war, trotz allem, der Wunsch nach friedlicher Ausgleichung grösser als das Verlangen nach gänzlicher Unterwerfung der Inner-Schweiz. Im Gegensatz zu Zwingli, dessen hoher staatsmännischer Blick die Unhaltbarkeit des faulen Friedens erkannte, haben die Berner im ersten Kappelerfrieden ein sehr erfreuliches Mittel zur Verhinderung des Bürgerkrieges gesehen.[2])

Dass dadurch die Schwierigkeiten nicht gehoben seien, sollte freilich bald genug deutlich werden. Nach wie vor hielten beide Parteien nur ihre Art der Gottesverehrung für die richtige und sahen es als gebieterische Pflicht gegen Gott und Vaterland an, dem andern Glauben ans Leibeskräften, bei jedem Anlass und auf jede Weise, Abbruch zu thun.

Wie Zürich im Osten, in St. Gallen, im Thurgau und Toggenburg sich in endlosen Streitigkeiten bewegte, so Bern im Westen, in den mit Freiburg gemeinsamen Herrschaften, in Neuenburg und in den unter Oberhoheit des Bischofs von Basel stehenden Gebieten von Biel und im Jura. Am 13. April 1530 schrieben die Freiburger her: Die von Merlach (bei Murten) verlangen von Bern einen Prädikanten, nun habe aber die Mehrheit entschieden, bei der Messe zu bleiben, man solle ihnen daher keinen geben; wer aus Merlach nicht die Messe hören wolle, möge nach Murten in die Predigt gehen. Der Prädikant Farel habe den Kirchherren zu Merlach, weil dieser die Messe liest, einen „Seelenmörder" gescholten. Das sei gegen den Landfrieden; die Berner sollen dafür sorgen, dass solche Schmähungen sich nicht wiederholen.[3])

Solche Dinge waren es, mit denen man sich herumschlug: es handelte sich darum, hier eine Kanzel zu erobern, dort ein Heiligenbild stehen zu lassen oder eine Verleumdung zurückzuweisen; kleinliche Reibereien; aber die Lage war so, dass wirklich jeder einzelne Mann, den man überzeugen konnte, eine Mehrheit entscheiden, jede einzelne Gemeinde, in der man die Mehrheit erlangte, eine Gegend bestimmen, einen Sieg erringen hiess, durch

---

[1]) Am 10. Juni. Stürler R.-A., II, 175.
[2]) Die Befriedigung gibt sich sogar im Rats-Man. in sehr auffallender Weise kund: „Mär (Gerücht) komen wie der Frid gemacht. Gott wöll, dass es also sye!" „Grosse Fröud;" „Die Artikel des Friedens gevallen Mn. Hrn. wol, Gott hab Lob!" (25. und 27. Juni 1529.) Stürler R.-A., II, 181.
[3]) Bern. St.-A. (Kirchl. Angel. 1530—33.)

den die ganze Stellung gestärkt und zu grösserm Erfolg befestigt werden konnte. Es galt buchstäblich, jeden Fussbreit Boden zu verteidigen und dem Gegner abzuringen.

Neben Freiburg kam für Bern ganz besonders Solothurn in Betracht. Zwischen bernische Lande und das Münsterthal hineingeschoben, die Strassen nach Basel meistens beherrschend, dazu mit einem Teil seines Gebiets, dem auf dem rechten Aarufer liegenden Bucheggberg und Stücken der alten Grafschaft Wangen, sogar unter bernischer Oberhoheit stehend, war Solothurn seit Jahrhunderten der treueste Bundesgenosse Berns gewesen und hatte, zuverlässiger noch als das zu Zeiten feindliche Freiburg, am allermeisten dazu beigetragen, die Hegemonie der Stadt Bern in der Westschweiz zu begründen und ihr dadurch auch in der Eidgenossenschaft ein bedeutendes Gewicht zu verleihen. Mit sehr begreiflichem Eifer musste das Bestreben der bernischen Staatsmänner darauf gerichtet sein, diesen treuesten Freund auch in den Glaubenskämpfen an der Seite zu behalten, ihn also, wenn irgend möglich, ebenfalls für die neue Lehre zu gewinnen. Das politische und das religiöse Interesse drängten in gleichem Masse dazu. Eine grosse Thätigkeit wurde in dieser Richtung entwickelt; allein der Boden war schwierig, die Stimmung zweifelhaft; die Bürgerschaft war geteilt, und grosse Vorsicht war bei diesen Anstrengungen geboten, wenn sie nicht der Sache schaden sollten.

Die Verhältnisse hatten auch die Berner gezwungen, ausserhalb der Eidgenossenschaft Stützen zu suchen, wo solche sich irgend fanden. Schon während der Tage der Disputation, am 6. resp. 31. Januar 1528, war die Stadt dem „Christlichen Burgrecht" beigetreten[1]); die alte Freundschaft mit Strassburg wurde auf Grund des religiösen Bekenntnisses erneuert, aber auch mit dem Landgrafen von Hessen liess Bern sich in Verbindung setzen durch die Bemühungen Zwinglis. Die entgegenstehenden Bedenken wurden mit der schwer zu widerlegenden Bemerkung geschlagen: man habe früher „um eigens nutzes willen" sich ebenso weit in die Fremde gewagt, habe in Frankreich, in Italien Kriege geführt, warum nicht auch einmal um des Evangeliums willen![2]) — So betrat Bern diesen abenteuerlichen Weg, sich neuerdings, gegen

---

[1]) Stürler, R.-A., I, 74. Der Bund mit Biel vom 28. Januar 1528 in E. A., IV, 1b, S. 27, mit Mülhausen vom 17. Februar ibid., S. 48, mit der Stadt St. Gallen (1529), mit Konstanz, Basel und Schaffhausen (1529), in D. Miss. Q. 332, 390, 415 u. 446.

[2]) Zuschrift von Zürich, Basel und Strassburg, zu Basel versammelt, an Bern, vom 16. Juni 1530, St.-A. Bern („Kirchl. Angel.").

den Rat des Friedensstifters von Stanz und der ersten Schriften Zwinglis, in „fremde Händel" zu mischen und die nationalen alten Bünde durch neue kirchliche Bünde durchkreuzen zu lassen.

Allein es war den Bernern doch nicht wohl dabei. Sahen die Leiter des Staates sich zu solchen Schritten genötigt, so wussten sie doch sehr gut, dass der gemeine Bürger nichts davon wollte, und der Bauer und der Hirte noch viel weniger. Diese waren ferne von solchem religiösem Idealismus, der die nächsten Lebensinteressen preiszugeben schien. Die Volksanfragen, welche während der Reformationsjahre an die Berner gestellt worden waren, hatten alle stets mit auffallender Uebereinstimmung die Antwort erhalten, die Regierung solle thun, was sie für gut finde, aber — nur sich nicht von den Eidgenossen trennen, nur keine Spaltung aufkommen lassen!1) — Dieser Ton blieb der herrschende. Das Gotteswort in Ehren, aber es darf die Eidgenossenschaft nicht in ihrer Lebenskraft schwächen. Sei es aus Liebe zum Frieden, sei es aus Achtung vor dem Recht der Andersgläubigen, sei es auch aus blosser Zaghaftigkeit jedem unsichern Wagnis gegenüber: die Berner wollten sich nicht von ihren Bundesgenossen isolieren, keinen Bürgerkrieg um des Bekenntnisses willen aufkommen lassen.

Gewissenhaft wollte man deshalb hier den Landfrieden beobachten. Manche Massregeln, zu denen Zürich sich von Zwingli hinreissen liess2), wurden hier als mutwillige Friedensstörungen betrachtet und missbilligt, ja man brachte sich selbst aus Friedensliebe beinahe in eine schiefe und unhaltbare Stellung, in den Schein einer gewissen Zweideutigkeit, indem nach beiden Seiten stets versichert wurde, dass das gegebene Wort nicht gebrochen werden solle. Aber: Zürich beistehen gegen die V Orte wider jede Ungerechtigkeit, über die es sich beklagte, und zugleich die V Orte

---

1) Stürler, R.-A., I. 378 u. ff. (1526), siehe namentlich die Antworten von Spiez (390), Niedersimmenthal (392), Aarberg (396), Nidau (398), Burgdorf (401) etc.

2) Lüthi, Die bernische Politik in den Kappelerkriegen. Escher ist hier in seiner Polemik gegen Lüthi, trotz allem, dem bernischen Standpunkt nicht gerecht geworden (S. 293, Anmerk.). Der religiöse Idealismus Zwinglis hat gewiss sein Recht; aber für eine *Staatsregierung* musste der patriotische Realismus massgebend sein, wie er sich in den oben angeführten Stimmen des gesamten Landes so unzweideutig ausgesprochen hat. Wenn Escher (S. 100) geradezu von Zwingli, im Jahre 1529, sagen muss: „*Thatsächlich existierten die Grundlagen der Eidgenossenschaft für ihn kaum mehr*", so sollte man es den Bernern nicht verdenken, dass sie eben *anderer* Meinung waren als er.

beschützen gegen alles, was diesen als Unterdrückung erschien, das erwies sich je länger je mehr als eine Unmöglichkeit.

Der Ausgang des Krieges war für Bern nicht weniger verhängnisvoll als für Zürich.

Zwar hatte man in Bern keine Toten zu beweinen; aber gerade dieser Umstand, gerade das Gefühl, dass man doch vielleicht etwas kräftiger, des eigenen Ruhmes würdiger den Bundes- und Glaubensgenossen hätte beistehen, die gemeinsame Sache unterstützen dürfen, wirkte ausserordentlich demoralisierend auf Heer und Volk, auf Unterthanen und Regenten zurück.

Schon vorher scheint im bernischen Heere arge Unordnung zum Vorschein gekommen zu sein. Die Truppen verweigerten vielfach den Gehorsam in einem Krieg, den sie als Bürgerkrieg verabscheuten, als einen ungerechten nicht billigen konnten. Die Erbitterung gegen die Züricher, welche zur Gewalt gereizt hatten, war bei sehr vielen grösser als der Zorn gegen die Feinde, welche man bekämpfen sollte. Die ganze Widerspenstigkeit der Bevölkerungen, die sich, bei ungeschwächter Anhänglichkeit an den alten Glauben, nur dem Machtgebot gebeugt hatten, spiegelte sich auch bei den Bewaffneten wieder. Es bedurfte keines Verrates von seiten ihres Führers, des Sebastian von Diesbach; — das ganze Heer war ebenso ungeneigt als ungeeignet, den Kampf mit den Streitern aus der Innerschweiz zu bestehen. Der Eindruck zahlreicher Fälle von Desertion aus dem Lager und völliger Disciplinlosigkeit trug wohl ebenso viel als der eigene Widerwille dazu bei, den Feldherrn von jedem kräftigen Schritt zurückzuhalten, von dem Schlachtfeld fernzubleiben und die Züricher ihrem Schicksal preiszugeben.

Die Folgen waren um nichts weniger schwer. Die siegreichen Truppen der V Orte wandten sich von Kappel gegen die Berner. Unzufrieden und geschwächt zogen diese sich zurück, überliessen Bremgarten und Mellingen ohne Schwertstreich dem Gegner und mussten in Bremgarten am 24. November den Frieden abschliessen. Die sonst so selbstbewusste Stadt sah sich, von ihrem Lande im Stiche gelassen, ohne Möglichkeit ernsterer Abwehr. Die Bedingungen, die man sich gefallen liess, waren auch hier verhältnismässig günstige. Die Religionsfreiheit wurde nicht angetastet.[1]

Das Gefühl der selbstverschuldeten Schande war allgemein. Das Verhältnis zu Zürich war ernstlich gestört. Jede Stadt schrieb

---

[1] Der Vertrag ist abgedruckt in E. A., IV, 1 b., als Beil. 196 auf S. 1571.

der andern — und jede mit einem gewissen Rechte — die Ursache des Unglücks zu; bittere Vorwürfe entzweiten plötzlich die bisher so eng und einig zusammenstehenden Brüder. Das Ansehen Berns, an dem seine Nachbarn einen Halt gesucht hatten, war ins Gegenteil verkehrt. In Freiburg, in Solothurn triumphierten diejenigen, die davon abgeraten hatten, dem Beispiel der Berner zu folgen.

Am schlimmsten aber sahen die Dinge aus im Innern des eigenen Landes. Die kaum durch den kräftigen Zug ins Oberland wieder hergestellte Staatsautorität war aufs tiefste erschüttert. Der Rat war an allem Unheil schuld. Niemand war mit seinem Vorgehen zufrieden. Wiesen die einen darauf hin, welch eine gefährliche Bahn man mit der kirchlichen Neuerung beschritten habe, so lästerten die andern, dass die Obrigkeit den Glauben verleugnet, das Gotteswort und seine Freunde preisgegeben habe. Während alle diejenigen, die sich nur widerwillig den Anordnungen der Reformation gefügt hatten, in dem Geschehenen die Strafe des Himmels erblickten und laut erklärten, Gott habe die verlassen, welche ihn zuerst verlassen; die Heiligen haben nicht zum Siege geholfen, weil man ihre Bilder geschmäht; während viele den Augenblick gekommen glaubten, um den alten Zustand herzustellen, sahen die andern die Wurzel alles Unglücks in der Lauheit des Rates, im Mangel an Entschiedenheit zur Verteidigung des Evangeliums.[1]) Keine Geringeren als der so beliebte Reformator Franz Kolb und der erst vor drei Jahren auf Zwinglis Empfehlung herberufene Kaspar Megander waren es, welche mit tief empörter Leidenschaftlichkeit die letztere Meinung vertraten und den Rat mit jener derben Offenheit, wie sie auf den Kanzeln nur damals möglich war, mit ihrem Tadel trafen.[2])

Alles war uneins, einig nur darin, dass man ein Unglück erlitten und dass der Rat dafür verantwortlich sei.

Auch für das bernische Land schien nach der Kappeler Schlacht der öffentliche Zustand ein geradezu verzweifelter, und als ein Wunder muss es angesehen werden, dass aus solchen Geburtswehen heraus eine neue Glaubensgemeinschaft, eine gesunde, lebensfähige reformierte Bernerkirche hat entstehen können.

---

[1] Noch 1553 kam es wegen einer bez. Schmähung des Rates zu einem Strafprozess. (Haller-Müslin, Handschr. Chronik der Stadtbibl. Bern.)
[2] Siehe hiernach.

In ganz eigentümlicher Lage war die dritte Stadt der Reformation. Basel, erst seit 1501 im ewigen Bunde mit den Eidgenossen, die ihm Schutz und Sicherheit gegen ausländische Bedrohung, zunächst gegen die unbequemen Zumutungen der Reichsgerichte gewährten, war Sitz eines Bischofs, Sitz der einzigen schweizerischen Universität, gerade damals Wohnort der grössten Humanisten der Zeit, eines Desiderius Erasmus und Heinrich Glarean, dazu eine der ersten Stätten des eben aufblühenden und zum Bewusstsein seiner Wichtigkeit erwachenden Buchdrucks. In sonderbarer Weise wirkten diese Faktoren ein auf die Bevölkerung der schon damals reichen Handelsstadt.[1])

Der Bischof Christoph von Uttenheim, ein schon älterer Herr, war den Gedanken der Reformation persönlich sehr zugeneigt. Er gehörte zu den milden, aufgeklärten Geistlichen, deren es im Anfange des 16. Jahrhunderts nicht wenige gab, welche die Unhaltbarkeit des kirchlichen Zustandes klar erkannten und von der Berechtigung der Forderungen Luthers innerlich überzeugt waren, wenn sie auch nicht in allen Teilen seinen Standpunkt teilen konnten. Uttenheim hätte wohl bei stärkerer Charakteranlage sein Bistum zur reformierten Lehre hinübergezogen und den Kampf mit den unausweichlichen Schwierigkeiten aufgenommen. Das ist nicht geschehen, aber er hat der Ausbreitung der Lehre Luthers von Basel aus, durch Wort und Schrift, in der Nähe und in die Ferne hinaus, kein Hindernis in den Weg gestellt; er hat geduldet, dass seine Residenz sich mehr und mehr zu einem Brennpunkt der neuen Ueberzeugungen gestaltete und die „Basler Büchlein" wie zündende Funken in die Welt hinaus flogen.

Wenn man dagegen annehmen möchte, dass die Universität, als Bildungsstätte für die studierende Jugend, den Ruf der Befreiung von mittelalterlichen Vorurteilen mit freudiger Begeisterung begrüsst haben müsse, so würde man irren. Das noch junge Institut war sich seines Ursprungs aus päpstlicher Stiftung bewusst, und die theologische Fakultät zeigte sich als entschiedene Gegnerin aller Bestrebungen, welche am Gewohnten rüttelten.[2]) Das Ansehen der gelehrten Körperschaft hat den Fortgang und Sieg der evangelischen Predigt nicht wenig aufgehalten, was freilich auch zum Teil daraus erklärlich wird, dass

---

[1]) Ochs, Geschichte der Stadt und Landschaft Basel. Berlin und Basel 1786—1832. 7 Bde.

[2]) Vischer, Geschichte der Universität Basel. (Basel 1860.) S. 231, 261.

die Neuerer gerade in Basel bald eine starke Neigung zu roher Bildungsfeindlichkeit verrieten.¹)

Ein einziger Mann ist uns aus diesem Kreise bekannt, der den Namen eines Reformators verdient, indem er dem Kommenden vorgearbeitet hat: es ist dies Doctor Thomas Wyttenbach aus Biel, der als Hochschullehrer in Basel die biblische Wissenschaft, als Grundlage alles theologischen Studiums, im Gegensatze gegen die Scholastik, hochschätzte und seine Schüler — unter ihnen Zwingli — auf diese Quelle der reinen Gotteserkenntnis hinwies. Allein Wyttenbach stand in Basel eben deshalb vereinzelt und zog es, vielleicht aus diesem Grunde, vor, sein Lehramt niederzulegen und die Predigerstelle in Biel anzunehmen, mit welcher er dann zugleich ein Kanonikat an dem Berner Vinzenzenstift verband.²)

Wenn die Hochschule in Basel direkt wenig gethan hat, um dem neuen Lichte Eingang zu schaffen, so hat sie doch mittelbar dazu beigetragen durch Männer, welche das geistige und wissenschaftliche Leben pflegten. Hier hatte Erasmus seine Ausgaben des neutestamentlichen Originaltextes besorgt und die griechische Sprache wieder in ihre Rechte als unentbehrliche Vorbildung des Theologen und Predigers eingesetzt. Von hier ist die neue Bibelkenntnis ausgegangen; hier auch hat Erasmus, als anerkanntes Haupt aller Freunde klassischer Litteratur, die Gesinnung gepflegt, die zwar nicht bei ihm selbst, wohl aber bei der Grosszahl seiner Schüler mit Naturnotwendigkeit zum Bruch mit dem Katholizismus hindrängte. Und diese Konsequenzen, die er selbst nicht ziehen wollte, vor denen auch Glarean zurückbebte, sie wurden, wie von seinen Verehrern und Schülern, so ganz besonders von den Buchdruckern und Buchsetzern gezogen, welche seine Schriften hergestellt hatten. In den zahlreichen Druckereien, welche neben diesen Werken auch noch die Schriften Luthers durch Nachdruck verbreitet haben, war ein grosses Personal beschäftigt, von Setzern und Korrektoren, die alle, vom neuen aus diesen Büchlein redenden Geiste erfüllt, zu den eifrigsten Anhängern der Kirchenreinigung gehörten und in ihrem engern Kreise ansteckend wirkten.³)

---

¹) Siehe des Erasmus Aeusserung darüber: Ubi regnat Lutheranismus, ibi interitus literarum. Vergl. Lexis, Die deutschen Universitäten. Bd. I, S. 22.

²) C. A. Blösch, Thomas Wyttenbach u. d. Ref. in Biel. Bern. Taschenb. 1873, S. 161.

³) G. Rettig, Buchdrucker und Reformatoren. Bern. Taschenb. 1880, S. 28—45.

Aber neben diesen aufgeklärten und aufklärenden Elementen hatte Basel auch seine positiven Reformatoren, welche das Evangelium verkündigten und es an die Stelle der verlachten Heiligenlegenden zu setzen versuchten. Wolfgang Fabricius Capito aus Strassburg, seit 1512 Prediger am Basler Münster, erklärte hier schon 1517, dass er nicht mehr Messe lesen wolle, und gab deshalb seine Pfründe auf. Caspar Hedio lehrte im Sinne der Reformation; Wilhelm Röubli, Prediger zu St. Alban, verbreitete die Grundsätze Luthers, wobei er freilich schon früh durch seine eitle Demonstrationssucht manchem Ernstgesinnten Anstoss und Bedenken erregte und dann, nicht ohne seine Schuld, aus der Stadt weichen musste. Vorsichtiger, dem Sinne des Evangeliums besser entsprechend, arbeitete neben ihm Wolfgang Weissenburger, Prediger am Spital. Alle aber erhielten erst den rechten Halt und eine feste Richtung für das was sie wollten, als der eigentliche Reformator Basels seine Wirksamkeit begann, Johannes Oecolampad, der schon 1515 vorübergehend hier thätig, 1522 sein Amt zu St. Martin antrat.[1]) Mit diesem ebenso gelehrten als frommen, ebenso gemässigten als charakterfesten Mann trat die Sache der Reformation in Basel in die Bahn eines ruhigen und besonnenen Fortschritts ein, die über kurz oder lang zum Siege führen musste.

Nicht lange freilich hat diese Ruhe dauern dürfen. Die Freiheit der Predigt, soweit sie aus dem Gotteswort bewiesen werden könne, war 1523 durch ein Mandat proklamiert[2]); aber diese Freiheit wurde von allerlei Leuten für sich beansprucht. Wie ein Sturmwind war 1524 Farel nach Basel gekommen und hatte mit der Herausforderung zu einem Religionsgespräch eine grössere Bewegung der Gemüter, einen raschern Gang der Dinge veranlasst. Dann aber waren die Wiedertäufer erschienen; auch sie beriefen sich auf das Wort Gottes; allgemeine Gärung und Unruhe ergriff die Bewohner der Stadt. Die leidenschaftliche Ungeduld der einen und der harte, zähe Widerstand der andern steigerte sich fortwährend[3]), und, anders als in Zürich und in Bern, sollte in Basel die Reformation durch Aufstand und Gewaltthat eingeführt werden. Im Februar 1529 kam es zum offenen Tumult, zur bewaffneten Empörung gegen den noch immer vor-

---

[1]) Hagenbach, J. Oecolampad und Oswald Myconius. Elberfeld 1859.
[2]) Hagenbach, a. a. O., S. 59. Das Mandat ist undatiert, aber ohne jeden Zweifel das Vorbild des bernischen vom 15. Juni 1523.
[3]) W. Vischer, Aktenstücke zur Gesch. d. Ref. in Basel. Baseler Beiträge z. Ref.-Gesch. V, 299 u. ff.

sichtig zurückhaltenden Rat.¹) Eidgenössische Vermittlungs-Gesandte erschienen und brachten eine Einigung zu stande. Das Resultat war die gesetzliche Anerkennung der neuen Lehre, nach deren Grundsätzen nun die gesamte Staatsordnung neu eingerichtet wurde.²)

Noch war indessen der Zustand nichts weniger als gesichert. Der Widerspruch der katholisch gesinnten Bürger war zum Schweigen gebracht, die Umtriebe der Wiedertäufer dagegen dauerten fort, weniger in der Stadt selbst, als in den damals der Stadt unterworfenen ländlichen Bezirken, wo es zum Teil recht bedenklich aussah. Zu Läufelfingen wurde im Jahre 1530 Oecolampad von den Wiedertäufern, die daselbst die Mehrheit für sich hatten, bei Gelegenheit einer Kirchen-Visitation bedroht und beinahe misshandelt. Der treffliche Bürgermeister Adelberg Meyer that im Verein mit jenem sein möglichstes, um die Gemüter zu beruhigen und eine nicht bloss äusserliche religiöse Einheit zu gewinnen, aber die Gegensätze der aufgeregten Zeit standen noch unversöhnt wider einander. Mit den Zürichern gerieten auch die Basler in ärgerlichen Zwist. Sie waren ausgezogen nach Kappel, um ihren Bundesgenossen zu helfen, aber sie kehrten zurück in bitterm Unmut über dieselben. Am Gubel hatten sie mit in den Kampf eingegriffen und schwere Verluste erlitten und behaupteten nun, die Züricher hätten sie auf die Schlachtbank geliefert.³) So endete auch hier die unglückliche Schlacht mit einer allgemeinen Missstimmung, die schlimmer war als die Niederlage selbst und wenig Aussicht bot zu einem Wiederauframmen für die Zukunft.

Das Unglück wollte zudem, dass jetzt gerade, wenige Wochen nach Zwingli, derjenige Mann dahinging, der nicht allein für die Kirche von Basel unentbehrlich war, sondern der, wenn irgend einer, Zwingli nahe stand an allgemeinem Ansehen und im Genuss unbestrittener Hochachtung im ganzen Gebiete der Eidgenossenschaft, und der deshalb am ehesten geeignet schien, die drohende Zertrennung unter den Reformierten wieder zu heilen und das Gefühl der gemeinsamen Sache zur Geltung zu bringen. Mitten in der Kappeler Krisis, am 23. November, starb Johann

---

[1] Fr. Fischer, Der Bildersturm in Basel, im Basler Taschb. 1850.
[2] Jak. Burkhardt, Kurze Geschichte der Ref. in Basel. Basel 1818. Dazu zu vergl.: Gasts Tagebuch von 1531—52 und Chronik des Carthäusers Georg. Uebersetzt mit Anmerk. v. Buxtorf. Basel 1849, und Basler Chroniken (1499—1532), Bd. I.
[3] Ochs, Gesch. v. Basel, VI, 53. 140 Basler sollen bei dem Anlass umgekommen sein.

Oecolampad, mit ihm nicht nur der Reformator Basels, sondern einer der edelsten und geistig bedeutendsten Vertreter der neuen Kirchenlehre in der Schweiz.

In der andern eidgenössischen Grenzstadt am Rhein, in Schaffhausen, welches fast gleichzeitig mit Basel durch die Aufnahme in den Bund seine Unabhängigkeit gesichert hatte, war es der 1520 als Doctor der Theologie aus Paris zurückgekehrte Schaffhauser Bürger Sebastian Hofmeister, genannt Wagner, welcher einen Teil der Bewohner für das Evangelium zu gewinnen vermochte. Nach Ueberwindung einer seit 1525 eingetretenen längern Krisis war die Stadt, vorzüglich infolge der Predigt des erst katholisch gesinnten, dann aber bekehrten Erasmus Ritter, im Laufe des Jahres 1529 (Ende September) ganz an die Seite von Zürich getreten, und die Landschaft folgte ihr ohne Schwierigkeiten nach.[1]) Im Dezember 1530 hatte sich Ritter mit dem nach Luther neigenden Benedikt Burgauer verständigt, und trotz einiger noch fortdauernder, die Stadt beunruhigender Meinungsverschiedenheiten war doch der Sieg der neuen Lehre nicht mehr zweifelhaft.[2])

In dem Hochlande von Appenzell war zwar der Pfarrer des Hauptortes, Theobald Hutter, ein eifriger Gegner des Zwinglischen Wesens von Anfang an gewesen und hatte ihm aus Leibeskräften den Eingang gewehrt; der Pfarrer zu Hundwyl dagegen wie derjenige zu Teufen predigte seit 1521 offen und ungehindert im Sinne der Reformatoren für Beseitigung aller blossen Menschenlehren und Menschengebote, und im Flecken Herisau verkündigte eine Zeit lang Ambrosius Blaurer die Lehre der heil. Schrift. Im Jahre 1524 wurde hier mit Mehrheit der Beschluss gefasst, dass auf den Kanzeln alles, aber auch nur das, gelehrt werden dürfe, was der Prediger aus Gottes Wort zu beweisen vermöge.[3]) Von diesem Augenblick an standen die Appenzeller Boten meistens auf Seite der Zwinglischen Städte, wenn auch die starke katholische Minderheit ihnen zu Seiten eine gewisse Zurückhaltung und neutrale Stellung gebot. Die Prediger der evangelischen Gemeinden nahmen teil an den grossen Synoden, welche auf Veranlassung

---

[1]) Kirchhofer. Schaffhauser Jahrbücher von 1519—29. Zürich 1819. — Hottinger, III, 455. — Sulzberger, Die Ref. in Schaffhausen. 1877.

[2]) Ueber Schaffhausen finden sich wertvolle Einzelheiten in Mezgers Gesch. d. Bibelübersetzungen. Siehe S. 172.

[3]) Zellweger, Geschichte des App. Volkes, III, 1, S. 81. — Historischer Bericht, was sich zur Zeit der sel. Reformation im Lande App. zugetragen, durch W. Klarer, Pfarrer zu Hundwyl, abgedruckt in Simlers Samml. I, 3, S. 803.

Zwinglis gemeinsam mit den ref. Geistlichen von Zürich, dem Thurgau, Toggenburg und Rheinthal im Jahre 1526 zu Rheineck, 1529 in St. Gallen und in Frauenfeld, und 1530 wieder in St. Gallen stattgefunden hatten.

In Glarus hatte der Reformator Zwingli selbst manches Jahr lang als Priester gewirkt, hier den Ruf eines mächtigen Predigers, eines ernst-patriotischen Geistlichen sich erworben. Bei vielen hatte er ein gutes Andenken und persönliche Anhänglichkeit hinterlassen, die sich nicht leicht verwischen liess. Valentin Tschudi, Fridolin Brunner in Mollis wirkten noch in seinem Sinne; Aegidius Tschudi ehrte ihn als seinen Lehrer. Aber das Volk war geteilt[1]); wenn die einen Gemeinden des Thales reformierte Predigt forderten, so verlangten andere mit nicht geringerem Nachdruck die Messe zu hören. Die Not der Zeit, wie die Enge des Berglandes, drängt hier gebieterisch zu friedlicher Auseinandersetzung und gegenseitiger Duldung zu einer Zeit, da man einen solchen Zustand anderswo noch als unmöglich ansah. Es ist beinahe sprichwörtlich symbolisch geworden, wie Valentin Tschudi gleichzeitig beiden Bekenntnissen diente, beide zu befriedigen imstande war.[2]) Damit war auch die Stellung des Landes nach aussen bezeichnet; es verhielt sich in eidgenössischen Dingen neutral, und bekannt ist es, dass die Bemühungen um Annahme des ersten Kappelerfriedens in erster Linie einem Glarner zu verdanken waren, der in guten Treuen und fast um jeden Preis das Blutvergiessen zu verhindern suchte und glücklich die gegeneinander gerüsteten Heere zum Abzuge brachte.

Von Solothurn ist schon beiläufig die Rede gewesen. Der Schullehrer Macrinus (Dürr) und der Leutpriester Grotz galten hier als Anhänger Zwinglis, und starke Neigung zu eingreifenden kirchlichen Neuerungen zeigte sich bei einem Teile der Bevölkerung der Stadt und fast noch mehr in den dazu gehörenden Dörfern. Die Vorbedingungen zur Reformation schienen hier vollständig vorhanden zu sein; Kultur- und Bildungsstand schien Solothurn dahin zu treiben, und mit einer gewissen Zuversicht durfte man die Annahme der neuen Lehre als bevorstehend betrachten. Der Rat der Stadt war selbst durchaus dieser Meinung

---

[1]) Val. Tschudis Chronik der Reformationsjahre 1521—33, herausgegeben von Strickler im Jahrbuch des hist. Ver. Glarus, Heft 24 (1888), auch in Sep.-Ausg.

[2]) Sulzberger, die Reformation in Glarus. St. Gallen 1877. Schuler, Geschichte des Landes Glarus. Zürich 1836.

zu sein und den förmlichen Entschluss nur aus Vorsicht so lange zu verzögern, bis die Kenntnis des Wortes Gottes und die Ueberzeugung von der Schriftgemässheit dessen, was die Prädikanten sagten, allgemein geworden sein würde.[1])

Am 16. Oktober 1529 erliess der Rat ein Mandat im Sinne der Glaubensfreiheit, und damals hiess es, dass 34 solothurnische Gemeinden für das Evangelium, nur 11 für die Messe sich entschieden hätten. Stettler behauptet, damit in Uebereinstimmung, dass von 44 Priestern in den Landkirchen 34 aufgehört hätten, die Messe zu lesen, und Salat selbst bekennt ausdrücklich: „*In Solothurn sind die Sekten zu zilen meister gsin.*" Durch ein obrigkeitliches Schreiben wurde Bern am 16. Januar 1530 ersucht, seinen Prediger, Berchtold Haller, den Solothurnern für einige Zeit zu überlassen[2]), und drei Tage später ging dieser wirklich dorthin in der Absicht, während seines Aufenthaltes in einer Art von öffentlichem Religionsgespräch die Nichtigkeit der Messe und der Bilderverehrung darzuthun, um den grossen Schritt der Glaubensänderung in den Gemütern vorzubereiten.

Der Aufschub dieser Disputation war verhängnisvoll. Hallers Auftreten am 26. Januar hatte keineswegs den gewünschten Erfolg.

Die Spannung der Parteien entlud sich in einem Strassentumult am 7. Februar 1530. Die Bevölkerung wurde aufgeregt durch allerlei Gerede; die Weiber namentlich kamen in Aufruhr, als das Gerücht herumgeboten wurde, der heil. Ursus, der Schutz-

---

[1]) Die Geschichte der Solothurner Reformationsversuche ist wenig behandelt worden; es ist dies erklärlich, da die Solothurner Lokalgeschichtschreiber als Katholiken kein Interesse dafür hatten und wohl auch nicht gerne daran erinnerten, die andern aber mit den Verhältnissen der Stadt wenig vertraut und nicht im Besitze der erforderlichen Quellen waren. Erst in unserem Jahrhundert, im Jahre 1816, ist von Glutz-Blozheim in dem in Aarau erscheinenen «Schweizerischen Museum» eine historische Arbeit darüber veröffentlicht worden: Darstellung des Versuchs, die Reformation in S. einzuführen. Seither sind nun neue Quellen eröffnet, aber keine zu einer neuen Erzählung verarbeitet worden, mit Ausnahme der kleinen Studie von H. Vigier, die Ref. in Sol. 1875. Im Archiv für Reformationsgeschichte, herausg. vom Pinsverein, Bd. I, ist eine Anzahl einschlägiger Aktenstücke aus dem Luzerner Archiv abgedruckt, welche genauen Aufschluss geben. In Meilis Theolog. Zeitschrift aus der Schweiz (Jahrgang III, 1886, p. 178) habe ich selbst einen kleinen Beitrag zur Aufhellung geliefert aus unbekannten Briefen Bercht. Hallers, und weiteres Material liegt in den Eidg. Abschieden und der diese ergänzenden Aktensammlung von Strickler. Eine neue Untersuchung wäre eine nicht undankbare Aufgabe. Hier müssen wir rasch darüber hinweggehen.

[2]) Pestalozzi, B. Haller, S. 47.

patron der Stadt, habe vor Angst Blut geschwitzt wegen der Lästerungen des bernischen Ketzers. Haller wurde bedroht und nach Bern, wo man für seine Sicherheit in Sorge war, von Amtes wegen zurückberufen. Noch gab der Rat in Solothurn die Hoffnung nicht auf, seinen Plan durchzuführen; er bat um Ersatz für den Reformator; „*damit unser Burger der göttlichen Schriften nit in mangel gestellt*", sei man rätlich geworden, zwei Prädikanten anzunehmen; und zwar wurde nun neben dem Leutpriester Philipp Grotz, der bereits in Zwinglischem Sinne predigte, aber, wie es scheint, persönlich kein grosses Ansehen genoss, ausdrücklich Niklaus Schürstein gewünscht, der gewesene Karthäusermönch und Prior des Klosters Thorberg, jetzt Pfarrer zu Lützelflüh. Man gestattete ihm die Annahme des Rufes, am 4. März ging er nach Solothurn; allein er blieb nicht lange in der Stadt, predigte vielmehr lieber auf dem Lande, bald zu Oensingen, bald zu Kriegstetten, wo er der Reformation geneigte Bevölkerungen fand, die ruhig und friedlich nach der neuen Lehre zu leben sich bereit zeigten. Nachher folgte ihm in Solothurn der Pfarrer Leu aus Grindelwald.[1]) Die Kirche des von den Mönchen bereits verlassenen Barfüsserklosters in der kleinen Stadt, auf dem rechten Ufer der Aare, ward dem reformierten Gottesdienste eingeräumt und zu diesem Zweck von allen Bildern gereinigt.

Alles schien im besten Gange zu sein, um die Bewohner allmählich durch Belehrung zu gewinnen. Nach Glutz war der Einzug des französischen Gesandten von bedeutendem Einfluss, indem dieser Vertreter Frankreichs, welchem das obengenannte Barfüsserkloster als Residenz angewiesen worden war, zwar nicht für den alten Glauben, wohl aber für die alten Sitten und Unsitten, d. h. für das Reislaufen eintrat und die an französische Pensionen gewöhnten vornehmen Familien Solothurns gegen die Zwinglische Strenge aufreizte. Wo der Glaube eine Einigung möglich gemacht hätte, da standen nun Geldinteressen, Existenzfragen der gewichtigsten Art zwischen den Parteien.

Wiederum war jetzt von einer Disputation die Rede. Auf Martinstag wurde das Gespräch festgesetzt; Grotz hatte schon seine Thesen abgefasst und dem Rate zur Einsicht vorgelegt. Man erwartete die Beteiligung von Oecolampad auf der einen,

---

[1] Auch dieser auf den ausdrücklichen Wunsch von Schultheiss und Rat von Solothurn, siehe Schreiben vom 3. Febr. 1531 im St.-A. Bern (Kirchl. Angel., 1530:33). „Diewyl wir noch eines predikanten, zu dem, so wir jetz haben, notdürftig und mangelbar sind." Vgl. ebendaselbst die zahlreichen Berichte der bernischen Boten aus Solothurn.

von Pater Treyer aus Freiburg auf der andern Seite. Haller
bemühte sich, auch Zwingli dafür in Bewegung zu setzen. Allein
auch diesmal wurde im lezten Augenblick die Abhaltung hinter-
trieben durch allerlei Ausreden und Vorwände; statt des friedlichen Gespräches kam es zu Aeusserungen der Ungeduld und
gegenseitigen Beschuldigungen. Das Landvolk strömte in die
Stadt hinein, angeblich um die Disputation anzuhören, aber in
einer Stimmung und mit Gebärden, die das Schlimmste fürchten
liessen für Ruhe und Ordnung. Aufgeregt durch Drohungen
verliessen plötzlich, am 20. Nov. 1530, die Führer der evangelischen Partei und 40 Mann mit ihnen die Stadt und suchten
Zuflucht auf bernischem Gebiet. Eidgenössische Vermittlung, die
sofort eintrat, verschaffte ihnen zwar Amnestie und Wiederaufnahme, aber die Ruhe wurde nicht hergestellt, und die Ereignisse
des Jahres 1531 waren nicht geeignet, die Gemüter zu besänftigen. Die Reibungen und Reizungen hörten nicht auf. Immerhin
durfte man glauben, dass früher oder später auch die Schwester-
stadt Berns sich entschliessen werde, dem gegebenen Beispiel
zu folgen. Die Niederlage zu Kappel hat diese Hoffnungen zerstört und Solothurn für einige Zeit in arge innere Wirren gestürzt.

Rascher ging es in St. Gallen.[1]) Die Stadt stand an
Reichtum und Handelsverkehr in der Ostschweiz wohl im ersten
Rang. Die Bevölkerung zeichnete sich durch entsprechende Welt-
bildung und Regsamkeit aus. Allein sie besass kein Landgebiet
und gehörte nicht zu den eidgenössischen Orten, sondern zu den
zugewandten. Das Kloster, dem die Stadt ihre Entstehung verdankte, der Abt, der innerhalb der Stadtmauern residierte und
als Fürstabt ein ziemlich ausgedehntes Land weltlich zu regieren
hatte, brachte den Bewohnern manchen Vorteil und einen gewissen
höfischen Glanz: allein als die Fragen der Kirchenänderung auf-
tauchten, erwies sich dieses Verhältnis doch vielfach als störend
und hemmend.[2]) Zwinglis Altersgenosse und Studienfreund, der
Dr. Joachim v. Watt, Vadianus genannt[3]), war hier in seiner
Vaterstadt zuerst Stadtarzt, dann Bürgermeister geworden und
begann, als hochgebildeter und allseitig überlegener Mann seine
Umgebung beherrschend, mit starker und einsichtiger Hand in
der Kirche abzuschaffen, was er als dem wahren Gottesdienst

---

[1]) Näf. Chronik oder Denkwürdigkeiten v. Stadt u. Landschaft St. Gallen.
1856. — Haltmeyer, hist. Beschreibung der Stadt St. Gallen. St. Gallen 1683.

[2]) Wolfgang Haller in Simlers Sammlg. I, 2, S. 410. — Kesslers Sabbatha.
1523—39. (Mittheilungen d. hist. Ver. v. St. Gallen. Heft V—X.)

[3]) Siehe Götzinger, Einleitung zu Vadians Schriften. St. Gallen 1875.

hinderlich erachtete, und den neuen Formen nach dem Vorgang seines Züricher Freundes Eingang zu bereiten.¹) Dass es hierbei nicht ohne widerwärtige Rücksichtslosigkeiten abging, zeigt die Erzählung der Klosterfrau von St. Leonhard bei St. Gallen.²)

Als Prediger standen ihm zur Seite, nicht immer völlig mit ihm einig, aber doch in seinem Sinne arbeitend, die Stadtpfarrer Burgauer und Wetter, von welchen der erstere auch an der Berner Disputation — teilweise als Gegner von Hallers Thesen — sich beteiligt hat. Viel eifriger indessen, als diese beiden Geistlichen, bereitete ein Laie die St. Galler Bürgerschaft auf die religiöse Umwälzung vor, Johannes Kessler, welcher einst in Wittenberg bei Luther und Melanchton studiert hatte, dann aber zurückgekehrt war und nun den Beruf eines Sattlers betrieb. Ein lauterer und einfacher Charakter, ein einsichtiger Mann ohne Vorurteile, wusste er durch seine Bibelauslegungen rasch gewaltigen und tiefgehenden Einfluss zu gewinnen. Schon im Dezember 1526 wurden durch Ratsbeschluss in der Lorenzenkirche die Bilder entfernt, im Februar 1528 geschah das nämliche auch zu St. Mangen, und jetzt war St. Gallen eine vollständig reformierte Stadt. Am 4. Februar 1529 hatte hier eine grosse reformierte Synode stattgefunden, zu welcher die Prediger aus Zürich, dem Rheinthal, dem Toggenburg, dem Thurgau und dem Appenzellerlande sich zu gemeinsamer Beratung vereinten.³)

Das Verhältnis zum Abte freilich, von welchem ein Teil der Bürger, die Handwerksmeister u. dgl., materiell abhängig war, und die sociale Stellung des reichen Kapitels mit all den vielfältigen Beziehungen zu den Bürgerfamilien, mit den verschiedenartigen Rechten der alten geistlichen Stiftung, führte manche Reibungen herbei und verhinderte nicht wenig eine ungestörte und natürliche Einigung der Interessen bei der Neubildung des Kirchenwesens; um so mehr, weil auf der andern Seite gerade hier die aufreizende Predigt der Wiedertäufer mit ihren socialistischen Tendenzen einen empfänglichen Boden gefunden hatte und das so notwendige Vertrauen zu der Obrigkeit und zu den Geistlichen immer von neuem bei der Menge untergrub.⁴)

Zum Herrschaftsgebiete des Abts von St. Gallen, von dem wir gleich hier reden wollen, gehörte das untere Rheinthal und die grosse Landschaft Toggenburg, die Heimat Zwinglis.

---

¹) Wegelin, die Pfarrkirche St. Lorenzen. St. Gallen 1882.
²) Neujahrsbl. von St. Gallen. 1868.
³) Wolfgang Haller, a. a. O., S. 426.
⁴) Egli, die St. Galler Täufer. Zürich 1887. S. 16–40.

Grosse Teile der Bevölkerung zählten hier zu den Anhängern des letztern, aber ihre abhängige Stellung gestattete keine freie Bewegung. Zürich zeigte sich geneigt, hier politische und religiöse Befreiung zu begünstigen und auch diese Länder in seine weit aussehenden reformatorischen Pläne hereinzuziehen, die freilich nur zu sehr geeignet waren, die Zahl und die Kraft der Gegner zu mehren. Die Bestimmungen des I. Kappelerfriedens hatten grosse Hoffnungen geweckt, und die Duldung der evangelischen Predigt, ja das Recht der Gemeinden, ihren Glauben frei zu wählen, festgestellt. Doch ehe diese Grundsätze ihre Folgerungen ziehen konnten, stellte der Ausbruch der neuen Zerwürfnisse alles wieder in Frage.

Die Vogtei Sargans[1]) im obern Teile des Thales schickte sich an, von der auch hier verkündeten kirchlichen Selbständigkeit Gebrauch zu machen. In Flums war im Sommer 1529 die Messe abgeschafft worden. Allein das stürmische und unbedachte Wesen des Prädikanten Martin Mannhardt liess die Gemeinde nicht zur Ruhe kommen und erfüllte nicht nur den seit 1530 anziehenden Vogt aus Glarus mit entschiedenem Widerwillen gegen die Zwinglische Richtung, sondern veranlasste ihn auch bereits zu einem Einschreiten, welches den Rückschlag vorbereitete. In Ragaz war die Aenderung verhältnismässig ruhig vor sich gegangen, während Walenstadt im Sommer 1530 mit einer freilich bestrittenen Mehrheit sich für Beibehaltung des alten Glaubens entschieden hatte.

Von der Landschaft Uznach und Gaster ist wenig zu sagen. Nur im Städtchen Wesen war reformiert worden. Die Predigten des eifrigen Jakob Kaiser hatten die evangelische Lehre verbreitet, und seine Hinrichtung die einen eingeschüchtert, die andern gereizt, somit die Gärung vermehrt und die Gegensätze geschärft. Je nach dem Eindruck des Erfolges mussten sich diese Gegenden zur einen oder andern Partei hinstellen, und dieser Eindruck war im November 1531 nicht mehr zweifelhaft. Alles hing noch davon ab, wie die Dinge sich weiter entwickeln würden.

Nirgends gestalteten sich die Verhältnisse schwieriger, als in diesen „gemeinen Herrschaften", welche nicht selbst über ihr Schicksal entscheiden konnten, sondern einem mit recht zweifelhaften Kompetenzen ausgerüsteten, von zwei zu zwei Jahren wechselnden politischen Regenten, als Vertreter seines — bald katholischen, bald evangelischen — Ortes, unterworfen waren.

---

[1]) Fäh, Die Glaubensbewegung in Sargans, Jahrbuch für Schweizergeschichte. Bd. XIX u. XX.

Unter diesen war die wichtigste die Landgrafschaft Thurgau. Das erst seit dem Ausgang des Schwabenkrieges definitiv als Unterthanenland[1]) der Schweiz angefügte Gebiet scheint unter Steuerdruck und Verwaltungsmissbräuchen gelitten zu haben. Sociale Verstimmungen und politische Unzufriedenheiten verbanden sich deshalb hier in höherm Grade noch als anderswo mit dem Wunsche nach religiösen Neuerungen. Zwinglis weitgehende Reformpläne mussten hier ganz besonders Anklang finden und Hoffnungen erregen. Es ist bekannt, wie hier zuerst die kirchliche Bewegung zu tumultuarischen und revolutionären Ereignissen führte. Die rohen Ausschreitungen von Winingen und Stammheim[2]), die Flammen der Karthause Ittingen[3]) und die illoyale Bestrafung, welche Unschuldige traf, haben in der Schweiz das Zeichen zu derjenigen so bedenklichen Phase der Reformation gegeben, welche durch den Bauernkrieg bezeichnet wird, und dienten dazu, viele aufrichtige Freunde Zwinglis stutzig zu machen vor dem, was sich als Folgerung aus seinen Grundsätzen ausgab. Nirgends war die Gärung so gefährlich, die Lust zu völligem Umsturz von Kirche, Staat und Gesellschaft so mächtig, wie im Thurgau, wo des Reformators Worte zu stacheln, aber nicht zu zügeln vermochten, und die eifrigen katholischen Landvögte, Amberg aus Schwyz (1524), Wirz aus Unterwalden (1526) und Stocker aus Zug (1528), durch ihre Massregeln die Neuerungsfreunde zwar zu verletzen und zu verbittern, aber nicht zu unterdrücken imstande waren.

Eine Versammlung zu Weinfelden hatte 1528 Aufhebung alles kirchlichen Zwanges beschlossen, und im folgenden Jahre war die neue Lehre im obern Thurgau herrschend geworden, im untern so stark verbreitet, dass der Landvogt sich entfernte und das Volk sich eine selbständige staatliche Gestaltung zu geben anschickte. Im Kriege von 1529 besetzte Zürich den Thurgau, und dieser zeigte sich bereit, sich Zürich und Bern als Schirmorten zu unterwerfen. Im ersten Kappelerfrieden wurde dem Lande freie Religionsübung zugesichert; in Frauenfeld versammelten sich die reformierten Prediger der Ostschweiz zu einer Synode, am 10. Dezember 1529; aber der Eifer für das Evangelium war kühler geworden, seitdem die Aussicht auf Unabhängigkeit als freies Glied der Eidgenossenschaft wieder aufgegeben werden musste.

---

[1]) VII Orte, Bern hatte damals keinen Teil daran.
[2]) Eidg. Absch. IV, 1ᵃ, S. 359, 360.
[3]) Pupikofer, Geschichte des Thurgaus, 2. Aufl. II, 53—56. — Vetter, die Ref. in Stein a. Rh., im Jahrbuch für Schw. Gesch. IX, 213 und folg.

Die Entstehung einer widerstandsfähigen kirchlichen Ordnung war im Thurgau dadurch ausserordentlich erschwert, dass hier die öffentliche Gewalt, durch keine starke Staatsmacht zusammengefasst, noch grösstenteils in den Händen der sog. Gerichtsherren lag; viele dieser Gerichtsherrschaften aber, und mit ihnen zahlreiche Kirchen-Kollaturen, waren Eigentum des Bischofs von Konstanz oder des Abts von St. Gallen.

Auch im zweiten Bürgerkrieg von 1531 wurde nicht am wenigsten gerade um das Schicksal des Thurgaus gekämpft, und als die Nachrichten aus Kappel ankamen, war die Furcht vor Vergewaltigung durch die eidgenössische Mehrheit die Ursache allgemeinster Beunruhigung.

Kaum weniger wichtig, namentlich vermöge ihrer geographischen Lage, zwischen Zürich und Bern, war die Grafschaft Baden mit den Freien Aemtern. In der Stadt Baden selbst, wo im Mai 1526 das Religionsgespräch stattgefunden hatte, scheint der Einfluss der mit Vorliebe hier tagenden eidgenössischen Boten und der von ihnen gekräftigte Wille der katholischen Vögte die Stimmung vollständig beherrscht zu haben. Im nahen Kloster Wettingen dagegen hatte der Abt Georg Müller sich nicht allein für seine Person, sondern für sein Gotteshaus der reformierten Lehre angeschlossen. Seine Zuversicht stand dabei auf die Hülfe der Berner, die ihm, wie er selbst erklärt, durch den Venner Manuel zugesagt worden war. Er hoffte, auf diese Weise in seiner Stellung als Vorsteher der Stiftung verbleiben zu können.

Das Städtchen Bremgarten war durch seinen Pfarrer, Heinrich Bullinger, des Reformators Vater, und dann durch diesen letztern selbst (seit 1. Juni 1529) von der Wahrheit der neuen Lehre überzeugt worden und hatte sich den Zürichern gleichförmig gemacht.[1] In Mellingen, dann in den Städten am Rhein, in Kaiserstuhl, Zurzach [2] und Klingnau, war die gleiche Wendung eingetreten, und selbst in den Dörfern des obern freien Amtes bereiteten sich die Bewohner, dem Beispiel zu folgen.[3]

Entschieden reformiert hatte auch das kleine, unter eidgenössischem Schutze stehende Rapperswyl am Zürichsee. Am 11. September 1529 hatten sich die Bürger zur Annahme der Zwinglischen Lehre entschlossen, die Bilder aus der Kirche entfernt und den um seines Glaubens willen 1522 aus Luzern vertrie-

---

[1] Weissenbach, Die Ref. in Bremgarten, in „Argovia", VI.
[2] Huber, Die Ref. in Zurzach, im „Archiv" des Piusvereins, Bd. III.
[3] Wind, Die Ref. im Kelleramt, im Aarg. Taschenbuch, 1896.

benen Jodocus Kirchmeyer, der zuerst in Mels thätig gewesen war, im August 1530 als Prediger des Gotteswortes berufen.[1])

Die Innerschweiz. Wir können die im Jahre 1531 geschaffene Lage nicht richtig beurteilen, wenn wir nicht auch einen Blick auf diejenigen Kantone werfen, in welchen die katholische Kirche nie ernstlich erschüttert worden und bis heute unbedingt herrschend geblieben ist. Dass das so sein würde, war damals keineswegs mit Sicherheit vorauszusehen; denn noch waren die Konfessionsgrenzen nicht abgesteckt. Man hat einmal den Satz aufgestellt, der Abfall von Rom habe sich da am vollständigsten und unwiderstehlichsten vollzogen, wo reiche Klöster und mächtige kirchliche Stiftungen die katholische Kirche in ihrem höchsten Glanze zeigten. Eine Bestätigung der paradox erscheinenden Behauptung könnte darin liegen, dass die innere Schweiz dem katholischen Glauben treu geblieben ist. Es waren arme Thäler mit einfacher Hirtenbevölkerung, und ihre geistlichen Hirten waren ebenso arme und einfache Leute, und an Klöstern zählten die Waldstätte nur Einsiedeln und Engelberg, welche beide von der herrschenden Verderbnis sich ziemlich rein erhalten hatten. Alle die Missbräuche und abscheulichen Aergernisse, über welche die christliche Welt damals um so mehr seufzte, je frömmer sie war, waren in Uri, in Schwyz und Unterwalden so zu sagen unbekannt. Was andern den Glauben an die Kirche raubte, dafür hatte man hier wenig Verständnis, weil keine Erfahrung, und das aus tiefer sittlicher Entrüstung hervorgehende Auftreten Zwinglis und seiner Freunde konnte hier als unberechtigte Auflehnung gegen göttliche Gebote und ehrwürdige christliche Sitten erscheinen. Diese einfache und schlichte Pietätsgesinnung gegenüber der Kirche erklärt uns die Hartnäckigkeit, mit welcher diese Bevölkerungen sich gegen alle Versuche zum Besseren stemmten, und wir haben nicht einmal nötig, daneben an die Ueberredungskünste einiger Machthaber zu denken, welche als Söldner aus den fremden Kriegen Vorteil zogen und in Zwingli den Gegner der Pensionen hassten.[2])

Von Luzern allerdings gilt das Gesagte nur mit Einschränkung. Es war hier das erstere, die religiöse Anhänglichkeit an die Kirche, weit schwächer, die finanzielle Abhängigkeit von der Reisläuferei weit stärker vertreten. Daher denn auch bei den Besseren und Aufrichtigen nicht geringe Empfänglichkeit für die

---

[1]) Rickenmann, Geschichte der Stadt Rapperswyl. St. Gallen 1855.
[2]) Vergl. Odermatt, Nidwalden zur Zeit der Ref. 1528—1657, im Archiv f. Ref.-Gesch., Bd. III.

lutherischen Büchlein, wenigstens bei der Stadtbevölkerung. Allein es ist bekannt, wie schon im Jahre 1524 alle dieser Gesinnung Verdächtigen, Myconius, Collin, Xylotectus und andere aus Luzern verdrängt wurden[1]) und nun gerade hier eine Anzahl leidenschaftlicher und ehrgeiziger Männer an die Spitze der Widerstandspartei traten.[2]) Mehr aus politischer Berechnung als aus religiösen Motiven wurde von hier aus die gesamte Innerschweiz in fanatisch-katholischem Sinne terrorisiert, der fromme Patriotismus, der sich hier fand, missleitet und zur blindesten Wut gegen Zürich und dessen Freunde gestachelt. Das war die Gesinnung, die nun den Hass gegen die Reformierten als wichtigste aller Christenpflichten ansehen liess.

Die Westschweiz. Im Anfang des Jahres 1527 war Wilhelm Farel, erst als Schulmeister dann als Prediger, auf Veranlassung der Berner nach Aelen[3]) gekommen, dem kleinen Stück savoyischen Landes, welches Bern nach den Burgunderkriegen für sich behalten hatte. Dies war der Beginn der religiösen Reformation in französischer Sprache. Noch war die Berufung dieses feurigen Feindes des Klerisei und des ‹Götzendienstes› ein Wagnis und ein Geheimnis zugleich: der Name wurde in griechischen Buchstaben im Rats-Protokoll eingetragen,[4]) die Behörde selbst sollte nicht wissen, welches gefährliche Werkzeug kirchlicher Umwälzung angestellt wurde; denn noch war der Entscheid in Bern nicht gefallen, und noch war in der abgelegenen Vogtei jenseits der Alpen keine Seele vorbereitet auf Lehren, wie sie jetzt der eifrige Franzose vorbrachte. Im Januar 1528, im Anschluss an die Berner Disputation, wurde sodann auch ein Gespräch mit einigen welschen Priestern abgehalten.[5]) Der nämliche Farel hatte es zu leiten, erklärte seine Gegner für überzeugt oder doch überwunden, und das Reformations-Mandat wurde, gegen den Willen der Bewohner, doch ohne Widerstand, auch in Aelen eingeführt.[6]) Hier war die erste und lange Zeit einzige französische reformierte Gemeinde.

[1]) Siehe Furrer, R. Collin, in der Zeitschrift für wiss. Theologie. Halle 1862.
[2]) Chronik von Hans Golder von Luzern bis 1534, im Anzeiger für Schw.-Gesch., III, 436.
[3]) Stürler, R.-A., I, 48.
[4]) Stürler hat an oben angeführter Stelle auf die merkwürdige Thatsache aufmerksam gemacht.
[5]) Fischer, die Ref. und Disput. in Bern. S. 306.
[6]) Wie schwer es hielt, zeigt eine grosse Menge von Notizen bei Stürler, R.-A., Bd. II.

Das ganze Waadtland war in der Mitte des 13. Jahrhunderts unter savoyische Herrschaft gelangt. Die Stadt Lausanne, mit Avenches, Lutry, Lucens u. s. w., war im Besitze des Bischofs und seines Kapitels; alles übrige Land wurde nach mittelalterlicher Weise von grossen Feudalherren beherrscht, die als Lehensträger Savoyens auf ihren Schlössern sassen. Die gemeinsamen Interessen wurden gewahrt durch eine Art von landständischer Verfassung, in welcher Städte und Herren vertreten waren. Nach den Siegen über den Herzog Karl von Burgund war der grösste Teil der Waadt von Bern und Freiburg eingenommen und besetzt worden, da die Herzogin Jolantha als Bundesgenossin Karls den Zorn der beiden Städte sich zugezogen hatte und nun zunächst büssen musste. Doch beim Friedensschluss wurde alles zurückgegeben mit Ausnahme kleiner Teile. Bern behielt für sich nur das oben erwähnte Gouvernement Aigle, sodann Burg und Stadt Erlach mit wenigen zugehörenden Dörfern am obern Bielersee, und endlich gemeinsam mit Freiburg die Städte Murten, Grandson, Orbe und Echallens. In eigener Stellung war die Propstei Peterlingen, mit beiden Städten durch Burgerrechte verbündet.

Doch es musste dieser Zustand nur als ein provisorischer betrachtet werden, der keine lange Dauer versprach. Seitdem die Stadt Bern ihre Grenzen gegen Osten bis an die Linie vorgeschoben hatte, wo sie sich mit Luzern berührt, hörte nach dieser Richtung hin jede Möglichkeit einer Erweiterung auf; unwiderstehlich drängte seine Expansionskraft von da an nach Westen hin, wo ungeordnete und wenig entwickelte Rechtsverhältnisse zu jeder Einmischung Anlass gaben. Eine ganz abscheuliche Geschichte, der sogenannte Furno-Handel von 1509—1511, wo ein elender Schwindler mit Hülfe falscher Aktenstücke wiederholt imstande war, die gesamte Eidgenossenschaft, Bern und Freiburg voran, zu eigentlichen Erpressungsfeldzügen gegen Savoyen zu verleiten, führte dazu, dass die Herzoge dieses Landes ihre Souveränitätsrechte über das Waadtland als Pfand einsetzen mussten für die Bezahlung gewaltiger Geldsummen. Nachdem die Stadt Lausanne im Jahre 1525 mit Bern und mit Freiburg ein Burgrecht abgeschlossen, war die Lage nur noch verwickelter geworden. Das Auftreten des Löffelbundes, der Vereinigung der waadtländischen Edelleute zur Behauptung ihrer feudalen Rechte konnte keine Ordnung schaffen, ebenso wenig aber auch der gewaltige Zug der Berner ins Waadtland und der berühmt gewordene Vertrag von Saint-Julien vom Februar 1530, durch welchen man den steten Beunruhigungen glaubte ein Ende

zu machen, oder die spätern Konferenzen und Verhandlungen zu
Thonon und zu Aosta, welche zum Zweck der Grenz- und Kompetenz-Ausscheidung einander folgten.

In dieses politische Chaos hinein kam nun noch die religiöse
Frage, und die letztere musste sich hier um so schwieriger gestalten, weil auf diesem Boden die politisch einig gehenden Städte
Bern und Freiburg vollständig ihre Wege trennten, ganz entgegengesetzte Tendenzen verfolgten.

Die Stadt Lausanne zeigte nicht wenig Neigung zum Abfall
von der Kirche. Lausanne war eine bischöfliche Stadt und Sitz
eines reichen Dom-Kapitels mit zahlreichen Chorherren. Die
Missachtung der Priesterschaft stand in geradem Verhältnis zum
Glanze dieser Herren. Man lese in den Eidgenössischen Abschieden die Liste der Klagen, in welcher die Bewohner von
Lausanne sich über das ärgerliche Treiben ihres Klerus beschwerten.[1]) Entsetzlich, wahrhaft himmelschreiend ist, was da
aktenmässig erzählt wird über die Liederlichkeit und den brutalen
Uebermut, die Frivolitäten, Bestechungen, Entehrungen, Entführungen und Greuelthaten, bald auf der Strasse, bald in den
Häusern der Bürger, bald raffinierter und bald unglaublich roher
Natur, unter denen die Bewohner der Bischofs-Residenz zu leiden
hatten, oder von denen sie doch Zeugen sein mussten. Glaube an
solche Leute, Glaube an das, was sie lehrten und vertraten, war
eine Unmöglichkeit. Der streng katholisch gesinnte Pierre de
Pierrefleur in Orbe seufzte im Blick auf die Klostergeistlichkeit
seiner Stadt, „qu'il n'y a pires gens que les gens de religion." [2]) Aber
wo der Glaube fehlt, da stellt sich der Aberglaube ein; vor dem
Bannstrahl des Priesters, vor einem Tode ohne seine Absolution
fürchtete man sich; sein Segen war doch das einzige Mittel, sich
vor den Schrecken des Fegfeuers zu sichern. Und da, wo selbst
dieser Aberglaube zerstört war, da blieb wenigstens die Furcht
vor dem öffentlichen Skandal und vor dem Namen eines ausgestossenen Ketzers, oder auch nur die irdische Abhängigkeit von
einem Brodherrn. Die Stadt lebte vom Bischof und seinem Hof,
dieser allein verlieh ihr Glanz und Bedeutung, verschaffte den
Bürgern Erwerb und Gewinn. Die ungeistliche Verschwendung
der Domherren war ein Aergernis für die Kirche, für den Handwerkerstand war sie ein Vorteil; das verprasste Geld berei-

---

[1]) E. A. IV, 1 c, 85 (von 1533). Ruchat. Hist. de la réf., III, 269.

[2]) Mémoires de P. de P., où sont contenus les commencements de la réforme dans la ville d'Orbe et du pays de Vaud, publiés par Verdeil. Lausanne 1856.

cherte diejenigen, die sich nicht scheuten, es in ihre Hände zu leiten. So liess man sich die Dinge gefallen: man verachtete die Kirche und ihre Vertreter, aber die Mehrzahl wünschte keine Aenderung. Mit Bern und mit Freiburg verbündet, hoffte die Bürgerschaft sich von der weltlichen Herrschaft des Bischofs unabhängig zu machen, die Privilegien anderer Städte erlangen zu können. Die Freiheitslust regte sich, aber kein Anzeichen deutete darauf, dass ein Verlangen nach besserer Gotteserkenntnis, nach christenwürdiger Gottesverehrung laut geworden sei.[1]

Ganz ähnlich stand es in Genf. Auch Genf war Bischofsstadt. Der geistliche Herr war zugleich Grund- und Gerichtsherr; die oberste weltliche Gewalt im Namen des Reiches führte der Herzog von Savoyen. Seit Jahrzehnten aber wurde der Bischof eben aus dem Geschlechte dieser Grafen gewählt, und dadurch hatte die Stadt den Vorteil verloren, bei dem geistlichen Obern Schutz zu suchen gegen den weltlichen und umgekehrt. Der Freiheitstrieb der Bürger wandte sich jetzt gegen beide zugleich, da beide zugleich die Stadt bedrückten. Unter heftigen innern Kämpfen, in denen es weder an Verfolgung, noch an Märtyrern fehlte, gelang es der Bevölkerung von Genf, sich allmählich eine gewisse politische Unabhängigkeit zu erringen und diese zu stützen durch ein Bündnis, welches sie im gleichen Jahre wie Lausanne, 1525, mit Bern und Freiburg abschloss. Es kann nicht in unserer Aufgabe liegen, die Geschichte dieser bürgerlichen Freiheitskämpfe zu erzählen[2]), allein sie standen zu sehr im Zusammenhang mit dem Streben nach kirchlicher Freiheit, als dass wir ganz darüber hinweggehen dürften. Der Bischof war der Tyrann über die Seelen und über die Leiber zugleich; wer ihm den Gehorsam aufsagte, die kirchlichen Gebote verhöhnte, galt als Patriot und als Held; und diejenigen, welche sich vom Herrn der Stadt emancipieren wollten, mussten alles begrüssen, was die Gewissen von den Lehren der Priester, von der Autorität der Geistlichkeit lossprach. Es lag in diesem Zusammentreffen geistlicher und weltlicher Freiheitsbestrebungen unstreitig eine Förderung für die Verteidiger des neuen Glaubens, aber sicher auch eine grosse Gefahr, denn zunächst fehlte es der Kampflust der Genfer ganz an religiösem Charakter. Als Repräsentant dieser Gesinnung

---

[1] Ruchat, Hist. de la réf. Genève 1727, 6 vols. Neue Ausgabe von Vulliemin, Nyon 1835-38. — Chavannes, Extraits des manuaux du conseil de Lausanne, 2me part. 1512-35, in Mém. et doc. de la Suisse romande, tome XXXVI.

[2] Le Fort, l'Emancipation de Genève. Genève 1883.

kann der bekannte Bonivard betrachtet werden, Prior zu St. Victor in Genf und Abt zu Pignerol.¹) So war es in Genf, wo die kirchliche Reformation erst noch beginnen sollte.

In den kleinen Städten an den Ufern des Genfer-Sees und im Innern der Waadt, in Vivis²), Lutry, Morsee, Neuss, Milden, Iferten u. s. w. zeigte sich bis dahin nichts, was als Beweis erwachenden Reformationsbedürfnisses gedeutet werden könnte; eine Ausnahme bildeten einzig diejenigen Gegenden, welche als gemeine Herrschaften unter Bern und Freiburg standen; von ihnen soll die Rede sein, nachdem wir zuvor uns nach Freiburg selbst umgesehen.

Die Stadt **Freiburg**³), seit dem 13. Jahrhundert im österreichischen Besitz, war im 15. Jahrhundert an Savoyen gelangt und hatte dann als eifrigster Bundesgenosse der Bernischen Politik in den Kriegen gegen Burgund mitgekämpft und sich zum Lohne für diese Thätigkeit die volle Unabhängigkeit von aller Fremdherrschaft und im weitern auch die Aufnahme in den ewigen Bund der Eidgenossen erstritten. Lebhafte, gewerbfleissige Leute bewohnten die Stadt; die Blüte ihrer Fabriken übertraf um vieles diejenige Berns.⁴) Geistiges Leben im engeren Sinne scheint dagegen wenig vorhanden gewesen zu sein. Die früher stark verbreitete Neigung zum Waldenserglauben war vollständig erloschen. Der Schultheiss Peter Falck zwar, der einflussreiche Staatsmann und Jerusalemfahrer, war ein Freund Zwinglis und gehörte zur antipäpstlichen Partei. Vielleicht war es auch im Zusammenhang mit den Kämpfen zwischen den französischen und den kaiserlich-päpstlich Gesinnten, dass Freiburg in den zwanziger Jahren auf einmal gänzlich auf Seite des unduldsamsten Katholizismus sich stellte. Die Prediger, deren Wirken einen Anklang an die Sprache Luthers verrieten, wurden aus der Stadt vertrieben; wir finden die Namen eines Hans Cymo, Kaplan zu St. Niklaus, und Johannes Hollard, Dekan der Stift⁵); aber auch Laien, welche dieser Gesinnung verdächtig waren, entschlossen sich lieber zur Auswanderung: so zog Peter Cyro nach Bern⁶) und wurde hier als Stadtschreiber ein in der Stille mäch-

---

¹) Vergleiche über ihn Galiffe in Herzogs R. Enc., dazu die neuesten Forschungen in Rossel, hist. litt. de la Suisse rom. 1889. Tom. I, 219.
²) De Montet, Hist. de la ville de Vevey. Turin, 1884.
³) Berchtold, Hist. de Fribourg. Fribg. 1841-52, 3 vols.
⁴ Ochsenbein, Aus dem schweiz. Volksleben. Bern 1881. Einzig
⁵) Berchtold, Hist. de Frib., II, 157.
⁶) Seit 1525. Starb 1564.

tiger Förderer des neuen Glaubens. 1527 kam auch Franz Kolb sehr gerne, auf Einladung des Rates, von Freiburg her wieder nach Bern.[1]) Einen bedeutenden Vertreter des Katholizismus hatte die Stadt in dem Augustiner-Provinzial Treyer (Tregarius [2]), der an der Berner Disputation als einer der geschicktesten Verteidiger der Kirchenlehre auftrat. Für Bern bedeutete es einen schweren Verlust, dass Freiburg sich in so entschiedener, jede Hoffnung auf Aenderung ausschliessender Weise von der Reformation abgewendet hat, und nun auf lange Zeit aus einem enge verbundenen Freunde ein offener Widersacher geworden ist, mit dem man, innerlich getrennt, auch geschäftlich nur schwer zu verkehren vermochte.

Diese geschäftlichen Beziehungen waren freilich sehr zahlreich; denn beide Städte besassen und beherrschten eine Reihe von kleinern Besitzungen gemeinsam, und gemeinsam mussten sie nun auch die kirchlichen Verhältnisse derselben ordnen. Es sind dies: die Sadt Murten mit ihrem östlich bis an die Saane reichenden Stadtgebiet, Echallens — in Bern mit dem deutschen Namen Tscherlitz genannt, — ferner Grandson, Orbe, Schwarzenburg, und in etwas anderem Verhältnisse auch Peterlingen. Abwechselnd sass ein Freiburger, dann ein Berner, als Vogt in diesen Herrschaften, und jeder wusste die Zeit seiner Verwaltung nach Kräften zu benützen, um seinem Glauben Eingang zu verschaffen und den andern möglichst zu verdrängen.[3])

In Schwarzenburg, das beide Städte einst gemeinsam Savoyen abgenommen und abgekauft hatten, gab es deshalb endlosen Streit in den Kirchen zu Guggisberg und zu Wahlern.[4]) In Murten hatte Farel, von Bern dahin berufen und gegen jeden Angriff geschützt, während einiger Zeit gepredigt, bis es ihm endlich 1530 gelang, die Stimmung der Bewohner in ihrer Mehrheit zu gewinnen.[5]) In Grandson war es besonders das Barfüsserkloster,

---

[1]) 4. April. Stürler, R.-A., I, 49.

[2]) Vergl. über ihn: Trois lettres du P. Conrad Tregarius, im Archiv des Piusvereins, I, 795, leider ohne biogr. Angaben.

[3]) 1528, im März, war in Bern sogar von einem gewaltsamen Auszug zur Besetzung von „Tscherli und Granson" die Rede. Stürler, R.-A., II, 145.

[4]) Vergl. darüber beispielsweise aus dem Jahre 1529: Stürler, R.-A., II, 112, 118, 127, 155.

[5]) Oechsenbein, Der Kampf zwischen Bern und Freiburg um die Ref. zu Murten. Bern 1885. „Die von Murten heut ungenot Mr. Herren Reformation angenommen; die von Kerzers trungenlich ankert; hin gottswort schirmen, ob schon die andern die mess hören." Rats-M. vom 29. Jan. 1530. In Kerzers fiel der Entscheid erst am 11. April 1530, angeblich mit einer Mehrheit von 5 Stimmen.

welches allen Anstrengungen der bernerisch gesinnten Prediger eine äusserst leidenschaftliche Abwehr entgegenstellte. Jakob von Wattenwyl, Freiherr zu Colombier, den Bern damals nach Grandson sandte, um Farel an die Seite zu stehen, meldete in einem Schreiben vom 25. Juni 1531 davon, wie die Mönche dem Prediger in der Kirche mit Aexten auflauerten, um ihm den Zugang zur Kanzel zu versperren. Eine Magd hatte, wie sich später aus den Verhören ergab, auf Befehl eines hochgestellten Beamten in Grandson, in ihrem „Fürtuch" Sand und Asche herbeigetragen, um dem Prädikanten damit den Mund zu verstopfen, und wiederholt musste auch der Berner Rat dem ungestümen Reformator Mässigung empfehlen [1]), aber kurz vor dem Ausbruch des 2. Kappelerkrieges, am 28. September 1531, war es doch zu einem vorläufigen Entscheide im Sinne der kirchlichen Neuerungen gekommen.

Während wir aus Echallens bis dahin sehr wenig vernehmen, sind wir dagegen über die kirchlichen Kämpfe in Orbe genau unterrichtet.[2]) Noch war es ungewiss, wer siegen würde, doch unverkennbar stand der Druck, den Bern ausübte, im entsprechenden Verhältnis zu der Grösse seines Gebiets und seiner kriegerischen Macht. Freiburg musste sich meistens fügen und schweigen, auch wo es nach den Verträgen das gleiche Recht hätte beanspruchen können. Zwei Brüder Hollard waren hier besonders thätig und wurden seit dem Mai 1531 von dem jungen, aus Orbe selbst gebürtigen P. Viret unterstützt.

Peterlingen (Payerne) war keine gemeine Herrschaft, es gehörte noch zum savoyischen Gebiete, war aber sowohl mit Freiburg als mit Bern durch Burgrechte verbunden, so dass auch hier der Einfluss der beiden in kirchlichen Dingen feindlichen Städte sich aufs heftigste und zäheste bekämpfte und die Bewohner bald nach dieser, bald nach jener Seite zerrte.

Die Grafschaft Neuenburg war beim Aussterben des angestammten Hauses erst an die Grafen von Freiburg, dann an die Markgrafen von Baden zu Röthelen bei Lörrach durch Erbrecht übergegangen. Zu Anfang des XVI. Jahrhunderts aber (1504) kam sie durch die Ehe der letzten Erbin mit Louis von Orléans an diese französische Familie[3]) und wurde erst 1529 der Witwe

---

[1]) Bähler, Jean le Comte de la Croix, Biel 1895.
[2]) Durch die oben (S. 43) erwähnten Mémoires von Pierre de Pierrefleur.
[3]) de Chambrier, Hist. de Neuchatel et Valengin. Neuch. 1840, p. 256 und folg. — F. Godet, Hist. de la réformation et du refuge dans le pays de Neuchatel 1859.

des Herzogs Louis von Longueville, Johanna von Orléans, zurückgegeben. Bern war mit den Grafen zur Erleichterung der nachbarlichen Beziehungen durch Burgrechtsverträge verbunden und hatte dieses Verhältnis auch auf die Markgrafen von Baden übergetragen. Von den Bernern aufgefordert, wollten die Eidgenossen das wichtige Land nicht bedingungslos an eine französische Prinzessin kommen lassen; im Jahre 1512 wurde Neuenburg besetzt und während einer Reihe von Jahren gewissermassen unter vormundschaftlicher Regierung der Tagsatzung von einem eidgenössischen Landvogt verwaltet.[1])

Der staatsrechtliche Zustand war hier derart, dass er zu jeder Willkür Anhalt bot, ja geradezu zu solcher einladen musste. Mit aller Wucht machte das zunächst gelegene Bern seinen Einfluss geltend für die Lösung vom römischen Kultus; Farel, der überall als Sturmbock dienen musste, um die Mauern des alten Kirchentums einzurennen, predigte in Neuenburg mit einigen Unterbrechungen seit 1529 und hatte hier einen Hauptsitz seiner reformatorischen, mehrmals auch recht revolutionären Wirksamkeit.[2]) Die Bewohner nahmen ihn nicht ungerne auf, doch ging es nicht ab ohne heftige Kämpfe; aber Drohungen, Schmähungen, Misshandlungen und Faustschläge haben bekanntlich Farel nie abgeschreckt, ein gelegentliches Untertauchen in Bäche und Brunnen das Feuer seiner Sprache nie abgekühlt. Wenn es zu arg wurde, so schickten die Berner ein ernsthaft lautendes Schreiben. Die unglaubliche Energie und Ueberzeugungskraft des tapferen Mannes blieb nicht ohne Eindruck, und so gelang es, nebst der Stadt auch ein Dorf nach dem andern zu gewinnen, einzig mit Ausnahme des kleinen Städtchens Landeron und der Ortschaft Cressier. Am 23. Oktober 1530 war in Neuenburg mit Mehrheit beschlossen worden, dass hinfort die Messe abgeschafft sein und bleiben solle.[3]) Bald folgte das Land, und dann auch Valangin mit dem Val de Ruz. In Dombresson drang die neue Lehre den Verboten zum Trotz von Biel aus ein. Nur im Schloss des Gouverneurs wurde noch die Messe gefeiert.[4])

Biel, das zwar zur deutschen Schweiz zählt, aber doch besser erst hier erwähnt wird, zog damals trotz seiner Kleinheit in hohem

---

[1] de Chambrier, a. a. O., p. 265 und folg.
[2] Schmidt, W. Farel und P. Viret. Eberfeld 1860.
[3] Vollständige Erzählung der Vorgänge in Vulliemins Chroniqueur 1855, p. 81.
[4] La réformation dans la Seigneurie de Valangin, im Musée Neuchatelois, tome XXII (1885), p. 172.

Grade die Aufmerksamkeit auf sich.¹) Seit dem 13. Jahrhundert mit Bern verbündet und im Anschluss an diese grössere Stadt jeweilen eine Stütze findend zur Behauptung seiner Privilegien gegen seinen Oberherrn, den Bischof von Basel, hielt es auch in der religiösen Krisis fest an diesem Bundesgenossen. Es war die Stadt in der höchst sonderbaren, aber gerade für diese Uebergangszeit recht vorteilhaften Lage, dass sie politisch zum Fürstbistum Basel, kirchlich dagegen zur Diözese Lausanne gehörte, daher bald der einen, bald der andern Macht sich zu entziehen Gelegenheit fand.

Biel hatte aber auch seinen eigenen Reformator, und nicht einen der geringsten. Der schon genannte Dr. Thomas Wyttenbach entstammte einer angesehenen Bieler Bürgerfamilie, und als er 1507 seine Professur an der Universität in Basel niederlegte, zog er als Pfarrer und Seelsorger nach Biel, um hier das praktisch in einer Gemeinde zu lehren, was ihm im Christentum längst als die Hauptsache erschien. Von 1515 an auch Chorherr am Vinzenzenstift in Bern, versah er wenigstens seit 1517 doch wieder persönlich die Pfründe zu Biel. Er gewann bedeutenden Anhang, wurde aber, als er sich 1524, einer der ersten, zur christlichen Ehe entschloss, durch den Rat seines Amtes entsetzt. Allein auf der Strasse setzte er seine Predigten fort, trotz der Anstrengungen seines entschiedensten Gegners, des Stadtschreibers Ludwig Sterner aus Freiburg, und des bischöflichen Meyers Römerstall, der im Rat den Vorsitz führte. Die Menge war für ihn, der widerstrebende Magistrat wurde gestürzt, und Biel war nun das „Ketzerstädtchen", wie es in der ganzen Schweiz herum hiess. Wiederholt war in der Tagsatzung davon die Rede, dass dieses Zwinglische Nest ausgenommen und mit Feuer und Schwert zerstört werden sollte.²) Es wäre das leichter gewesen, als Zürich zu bezwingen, aber die Uneinigkeit der Stände und vor allem die schützende Hand der Berner liess es nie zu einem Beschluss, viel weniger zur Ausführung kommen. Wyttenbach starb schon 1526, aber sein Werk überdauerte ihn. Nach der Disputation von Bern wurde die neue Ordnung des Gottesdienstes ganz nach bernischem Muster begründet.³) Farel predigte hier, aus Murten herberufen, während einiger Zeit in der Kirche, und ohne sich nur um seinen Herrn, den Bischof, zu kümmern, trat

---

¹) Bloesch, C. A., Gesch. der Stadt Biel. Biel 1855—56. 3 Bde., hier Bd. II.
²) Bloesch, a. a. O., II, 92. — E. A., IV, I*, S. 480).
³) Bern, D. Miss.-Buch, R. 333 und 335.

Biel dem christlichen Burgrecht bei.[1]) Jakob Wurben, der 1528 eine Schrift gegen den Wiedertäufer L. Hätzer herausgegeben haben soll, wurde am 14. März 1529 als erster reformierter Pfarrer eingesetzt, und auf ihn folgte, wenn auch nur für kurze Zeit, der bekannte Georg Stähelin (Chalybaeus). Biel hatte aber auch ein kleines Gebiet, das von ihm abhing, das Thal von St. Immer oder das Erguel. Das ganze langgestreckte und verhältnismässig schon damals stark bevölkerte Gelände von den Quellen der Schüss bis nach Pieterlen und Meinisberg bei Büren bildete, als Teil des Fürstbistums Basel, das sogenannte „Pannergebiet" der Stadt Biel, d. h. der Rat dieser Stadt, in welchem der Meyer des Bischofs den Vorsitz führte, verwaltete in St. Immer das Mannschaftsrecht mit allen den Befugnissen, die nach mittelalterlichem Begriffe damit verbunden waren, namentlich mit einer gewissen Macht über die Meyer der einzelnen Dorfgemeinden des Thales.[2]) Als geistlichen Mittelpunkt besass das Thal, das, wie Biel, nicht zur Diözese Basel, sondern zu Lausanne gehörte, das alte Stift des hl. Imerius, die Propstei mit ihrem grossen Grundbesitz, den Kirchenpatronaten und dem Anspruch auf mancherlei Gefälle und Zinse.[3])

Es war ein äusserst verwickeltes staatsrechtliches Gebilde, das in einer Zeit des Uebergangs nach allen Seiten zu Konflikten Anlass bieten musste, so dass notwendig das Recht des Stärkeren zur Anwendung kam. Wo sich Schwierigkeiten zeigten, da halfen die Berner; wo die bischöflichen Beamten Lust hatten, sich zu widersetzen, da wurden sie eingeschüchtert. Die Bewohner sahen in der Lösung vom Glauben des Bischofs die willkommene Gelegenheit zur Befreiung von Steuern und zur Erlangung weiterer politischer Selbständigkeit. Die Abgeordneten des Erguel wurden nach Biel berufen und bearbeitet, am 13. März 1530 wurde die Beseitigung der Bilder anbefohlen, das Chorherrenstift als aufgehoben erklärt und am 7. Oktober (23. Dez.) 1535 im ganzen Thale der Anschluss an die bielische, resp. bernische Kirche durchgeführt. Weder von Basel, noch von Lausanne aus vermochte man dies zu verhindern.

---

[1]) Bern, St.-A. Deutsch. Miss. B. 128, 168, 180, 194. — Stürler, R.-A., II, 128 (28. Jan. 1529). E. A. IV, 1 b, S. 37, vergl. IV, 1 a, S. 1522.

[2]) Stouff, le pouvoir temporel des évêques de Bâle. Paris 1891. 2 vols.

[3]) Montandon, Notice historique sur la réformation de la partie française de l'ancien évêché de Bâle. Neuchâtel et Paris, 1895, p. 45. Vergl. (vom streng kath. Standpunkt aus): Vautrey, Histoire des évêques de Bâle. Einsiedeln 1884-86. 2 Bde.

Im anstossenden Tessenberg, ob dem Bielersee, waren die Herrschaftsrechte zwischen dem Bischof und den Bernern, als Besitzern der Grafschaft Nidau, geteilt. Der Vogt zu Nidau, damals Hans Schleif, hatte auf seine Kompetenzen gestützt und ohne den Bischof zu fragen, die als nötig betrachteten Aenderungen in den Kirchen eingeführt, und die Bewohner liessen es sich gerne gefallen.[1]) In Neuenstadt ging es ähnlich. Farel predigte und riss die Bewohner mit sich fort. Der Bischof musste geschehen lassen, was geschehen wollte, weil die Berner sich einzumischen drohten[2]), und eine Abstimmung ergab zu Ende 1530 (12. Dezember) eine Mehrheit für den neuen Glauben, welcher mit der Befreiung von lästigen Kirchengebräuchen auch grössere Selbständigkeit gegenüber dem Bischof versprach.

Ein grosser Teil des heute bernischen Juragebietes war, unter der geistlichen und weltlichen Oberhoheit des Bischofs von Basel, im Besitz der reichen Propstei Münster in Granfelden (Moutier-Grandval). Am Ende des XV. Jahrhunderts (1486) hatte jedoch dieses Gotteshaus selbst und die Bewohner des Münsterthales sich gegen den Willen des Bischofs, der sie nicht zu hindern vermochte, mit der Stadt Bern verbündet, und diese bot nun, im Interesse ihres Einflusses und ihrer allmählichen Herrschafts-Ausdehnung, allem Widerstand gegen den geistlichen Fürsten einen stets willigen Anhaltspunkt. Die Reformationsgedanken waren geeignet, das Band mit dem Bischof noch weiter zu lösen und die Verbindung mit Bern noch fester zu schliessen. Die Bevölkerung erkannte dies ebenso rasch als die Berner selbst, und als sich die letztern für die neuen Glaubensformen entschlossen, lag es in ihrem höchsten Staatsinteresse, auch das Münsterthal durch die Gemeinschaft des Bekenntnisses dauernd an sich zu fesseln. Eifer für die Ausbreitung des Gotteswortes und für die Bekehrung der Seelen ging mit politischen Berechnungen zusammen, und eines stützte das andere.

Wilhelm Farel schien das geeignete Werkzeug zur Erreichung des doppelten Zweckes. Auf Veranlassung und unter dem Schutze der Berner predigte er im Sommer 1530 in Münster.[3]) Die Beamten

---

[1]) Montandon, a. a. O., p. 147 ff.
[2]) Herminjard, Corresp. des réformateurs. IV, 442, 445.
[3]) Zuerst in Dachsfelden (Tavannes). Vergl. auch die zahlreichen Schreiben des Vogtes von Nidau im St.-A. Bern vom Juli und Aug. 1530. (Kirchl. Angel. 1530-33.) Am 28. Juli beschwert sich der Bischof von Basel in Bern: „Es strycht in unsern oberkeiten und gepieten einer, der sich nempt Farellus."

des Bischofs mussten schweigend zusehen, wie die freiheitslustige Bevölkerung nun auch religiös sich von ihrem Herrn lossagte und in der neuen Lehre die Rechtfertigung fand für ihre rebellische Haltung. Ziemlich rasch gelang das Werk; Propst und Kapitel zogen mit den Kirchenzierden nach Solothurn und später nach Delsberg. Die Berner sorgten, von Farel beraten, so weit dies möglich war für regelmässige Predigt, und es hatte bereits von hier aus die Organisation der Kirchgemeinden begonnen, als der Wendepunkt vom Jahre 1531 eintrat.

Im Südosten an das Propsteigebiet von Münster anstossend und in teilweiser Abhängigkeit von dem Stift lag ein anderer Bezirk von Gotteshausland. Auf der hochgelegenen Ebene des Jura, oberhalb Dachsfelden, war im XII. Jahrhundert das Prämonstratenser Kloster Bellelay gestiftet worden.[1]) Seinen Grundbesitz ausdehnend, erstreckte es seinen kirchlichen Einfluss über eine Reihe von Pfarrgemeinden, noch weiter aber seine ökonomische Macht über Pächter und Zinsleute der Gegend. Mit Bern und Solothurn, aber namentlich mit Biel, stand die Stiftung in Bürgerrecht und vielfachen Beziehungen, während der Bischof von Basel auch hier Landesfürst war.

Die Herrschaft über die Gotteshausleute war, wie es scheint, eine ziemlich drückende. Als die Bauern vernahmen, dass nach der Bibel alle Menschensatzungen abgeschafft werden, dass die Klöster keine heilig zu verehrende Gotteshäuser seien, wie man sie bisher gelehrt, lautete ihnen dieses Evangelium sehr verführerisch. Sie zeigten Lust zur Zehntverweigerung.[2]) Die Berner wiederholten hier ihr politisches, durch religiöse Motive vor sich und andern beschönigtes Spiel: sie nährten den Widerstand im Interesse der eigenen Macht und erklärten endlich 1531 dem Abt von Bellelay geradezu, sie werden das Kloster in allen seinen bisherigen Rechten und Einkünften schirmen, wenn es sich zur reformierten Lehre entschliesse und in den von ihm abhängigen Kirchen evangelische Prediger wähle; andernfalls entschlagen sie sich jeder fernern Verpflichtung und lehnen jede Verantwortung für eine allfällige Plünderung ab.

Im nördlichen Teile des Bistums, in der zwischen den Gebieten von Solothurn und von Basel liegenden Gegend, war von letzterer Stadt her die Kunde von dem neuen Glauben einge-

---

[1]) Schwab, Das Kloster Bellelay, im Berner Taschenb. 1892.
[2]) Montandon, a. a. O., p. 179.

drungen, aber es fehlte hier die Möglichkeit eines festen Haltepunktes, und Aenderungen hatten keine stattgefunden.

Noch nennen wir dagegen drei Städte, die heute ausserhalb der Schweizergrenzen liegen, damals aber mit in Betracht fielen. Mülhausen hatte im Anschluss an Basel ebenfalls seine Kirche reformiert und sich, obwohl von Oesterreich bedroht und von der Mehrheit der eidgenössischen Stände verlassen, auf diesem Standpunkt behauptet.[1]) In Konstanz war das nämliche der Fall [2]), während dagegen das verbündete Rotwyl nach äusserst heftiger innerer Aufregung die Bekenner des evangelischen Glaubens vertrieben und gerade durch diesen Akt des Fanatismus die Ursachen der Parteiung unter den Eidgenossen nicht wenig vermehrt hatte.[3])

Unsere Uebersicht über die kirchliche Lage würde unvollständig sein ohne die Erwähnung eines Landes, das trotz seiner geographischen Abgeschlossenheit doch eine bedeutende Wichtigkeit für jene Zeit besessen hat: das Wallis. Sein Zusammenhang mit der Eidgenossenschaft war zwar noch ein äusserst lockerer; es stand nicht im ewigen Bunde und hatte keine Vertreter an den Tagsatzungen; aber es war sowohl der Bischof von Sitten als das Walliser Volk beinahe mit allen Kantonen durch Freundschaftsverträge verbündet, die eine starke Wechselwirkung in politischer wie in kirchlicher Hinsicht begründeten.

Das Wallis, das zu den erstbewohnten Alpenthälern gehört, zur Zeit der Römerherrschaft eine sehr starke Bevölkerung hatte und die erste christliche Kirche innerhalb der Schweizergrenzen besass, zeigte auch im Laufe des XIV. und XV. Jahrhunderts ein Volk von starkem Freiheitsdrang, aber auch bemerkenswerter geistiger Regsamkeit und verhältnismässig hoher Bildung. Nach den burgundischen Kriegen, als die lateinische Schule in Bern ihren höchsten Ruf erlangt, und zu Zeiten nur auf Kosten des Schultheissen Wilhelm von Diessbach über 100 fremde Schüler unterhalten wurden, sollen auch viele Walliser Jünglinge unter ihnen gewesen sein.[4]) Von Basel, von Zürich wird Aehnliches berichtet. Zwei dieser Walliser Studenten sind berühmte Männer geworden: Thomas Platter [5]), der als fahrender Schüler die halbe

---

[1]) Hottinger, Helvetische Kirchengesch., III, 377.
[2]) Hottinger, III, 380.
[3]) Eidg. Absch. von 1529.
[4]) Fetscherin, Gesch. des Bern. Schulwesens, im Bern. Taschb. 1853 (p. 48).
[5]) Boos, Thomas und Felix Platter. Leipzig 1878.

Welt durchwandert hat, während der Badener Disputation als geheimer Bote den Verkehr der reformierten Redner mit Zwingli in Zürich vermittelte, dann in Basel als Gelehrter und Lehrer eine erfolgreiche und anerkannte Wirksamkeit fand. Der zweite aber war Matthäus Schinner, der Bischof von Sitten, welcher, humanistisch gebildet, ursprünglich ein Freund und Gesinnungsgenosse Zwinglis, zum Reformator bestimmt schien, aber ein katholischer Reformator wurde, d. h. einer jener Prälaten, welche die Kirche durch die Kirche reinigen wollten und jedes Zeichen des Neuerungsgeistes verabscheut haben. Schinner hat in der berüchtigten Jetzergeschichte in Bern die Meinung verfochten, dass die Ehre und Würde der Kirche die grösste Strenge erfordere gegen jeden Missbrauch ihrer Autorität und allen angeblich frommen Betrug, wie er hier vorgekommen war.[1]) Er stand als päpstlicher Kommissär der Berner Regierung wacker zur Seite in ihrem Eifer für Aufdeckung und Bestrafung des Frevels.

Das Wallis war ein kleiner Kirchenstaat, in welchem der Bischof die oberste weltliche Gewalt thatsächlich mit der kirchlichen verband. Dass ein Mann wie Schinner Bischof wurde, konnte die besten Hoffnungen erwecken. Allein in der Folge hat die politische Stellung Schinners, als Kardinal und Legat des Papstes, und als diplomatischer Agent für die kaiserliche Politik gegen Frankreich, sein Zwiespalt mit dem Walliser Volke, der bis zu seiner Flucht aus dem Lande und zum kirchlichen Interdikt über dasselbe sich steigerte, eine derartige moralische Empörung gegen ihn wachgerufen, dass seine Thätigkeit das Ansehen des Papstes weit mehr geschädigt als gehoben hat. Dieser tief aufgewühlte Volkszorn gegen den Vertreter der kirchlichen Interessen konnte dem Reformationsgeist zu gute kommen, und wirklich schien eine Zeit lang das Walliser Volk nicht wenig geneigt, dem Katholizismus den Rücken zu wenden. Selbst der Stolz auf seinen grössten Sohn, der nahe daran war, den päpstlichen Stuhl zu besteigen, schmeichelte dem Walliser nicht genug, um ihn in dieser Gesinnung irre zu machen. Im Jahre 1531 war das Wallis noch zu den unentschiedenen Kantonen zu rechnen.[2])

---

[1]) Anshelm (n. A., III, S. 115. Akten des Jetzerprozesses im Archiv des hist. Ver., Bd. XI.
[2]) Ueber die Stellung d. W. im Kappelerkrieg siehe Hottinger, III, 574; — "" "• Eidg. Absch.

Selbst in der italienischen Schweiz, den eidgenössischen Vogteien jenseits des Gotthard, hatten lutherische Bücher und lutherische Gedanken schon im Jahre 1531 Eingang gefunden. Was dort sich zu regen begann, diente jedoch, ehe es zu wachsen vermochte, nur dazu, in den um ihre Herrschaftsrechte bangenden katholischen Kantonen die Wut gegen die gottlosen Neuerer aufs äusserste zu reizen.[1])

Noch bleibt uns übrig, die kirchliche Lage des Bündnerlandes anzusehen. Dieses eigentümliche Gewirr von Thälern, dessen Flussläufe nach drei verschiedenen Meeren fliessen, dessen Bewohner drei verschiedene Sprachen sprechen, bildete eine Eidgenossenschaft für sich und war noch nicht ein Glied des Schweizerbundes. Dennoch müssen wir das Land hier mitberücksichtigen, weil schon damals die Wechselwirkung gerade in kirchlicher Hinsicht eine sehr intensive gewesen ist. Graubünden war nicht ein einfacher Staat, wie die Städtekantone oder wie in ihrer Art „die Länder", sondern es bestand aus drei Teilen, für sich unabhängig dastehenden Bünden, deren jeder seine besondern Einrichtungen besass, und die sich nur im Interesse gegenseitigen Schutzes nach Aussen aneinander angeschlossen hatten. Jeder dieser Teile war aber selbst nur ein Bund von selbständigen Ortschaften und Thalgemeinden, die sich in sehr lockern politischen Formen geeinigt, und jedes dieser Dörfer, jedes dieser Thäler machte Anspruch auf weitgehende Freiheit und Autonomie. Grosse Teile, so der ganze Gotteshausbund, standen formell unter der Herrschaft des Bischofs von Chur, andere waren im erblichen Besitz des österreichischen Hauses. Keine Gesamtregierung hatte hier für das Ganze zu entscheiden; der Entscheid lag fast ganz innerhalb der einzelnen Kirchengemeinschaft.

Von einer gemeinsamen Reformationsgeschichte kann deshalb hier kaum die Rede sein[2]); wie in der Eidgenossenschaft jede der regierenden Städte ihren eigenen Reformator hatte, so in Bünden jede einzelne Kirche ; nur die moralische Einwirkung, die geistige Ansteckung, trug eine Entscheidung zu den Nachbarn hinüber. So konnte am einen Orte die reformierte Lehre festen Fuss fassen und eine Kirche für sich gewinnen, während daneben im nämlichen Thale kaum je eine reformierte Predigt gehört worden

---

[1]) Hottinger, III, 559. E. A. IV, 1b.
[2]) Einen sehr verdienstlichen Versuch hat H. G. Sulzberger gemacht: Gesch. d. Ref. im Kt. Graubünden. Chur 1880.

war. Zur politischen Vielgestaltigkeit des Landes kam die kirchliche hinzu, aus jener erklärlich und sie wieder steigernd. Vielfach waltete der historische Zufall, ob ein evangelischer Prediger auf die Kanzel trat oder nicht. Doch war eines gemeinsam, und das schien anfänglich ein Band bilden und einen engern Zusammenschluss begründen zu sollen: die Abneigung gegen die Missbräuche der Priesterschaft und namentlich gegen jede hierarchische Einmischung vom Auslande her. Früher selbst als anderswo war hier bereits eine Art von Reformation zu stande gekommen. Als die übrige Welt umsonst nach einem allgemeinen Konzil der Christenheit seufzte, als im deutschen Reiche vergeblich das Verlangen wenigstens nach einer kirchlichen Nationalsynode zur Beseitigung der anerkannten Schäden laut wurde, da haben die Bündner — am 4. April 1524 — ihren Artikelbrief aufgestellt und angenommen, und dieser forderte: Die Geistlichen sollen ihre Pfründen selbst versehen; die Priester sollen sich eines ehrbaren Wandels befleissen, sonst werden sie unnachsichtlich wie jeder andere Verbrecher bestraft; jede Testamentserschleichung von seiten des Klerus für angeblich gottesdienstliche Zwecke ist untersagt und ungültig erklärt; die geistliche Gerichtsbarkeit ist auf die engsten Grenzen beschränkt; die kirchlichen Taxen für Dispense und Bussen werden heruntergesetzt.

Das war ein kräftiger Anfang, der dem freiheitsstolzen und bei aller Frömmigkeit doch so trotzigen Selbstgefühl der Rätier den besten Erfolg für die Zukunft versprach; — allein es lag darin doch nur die eine Seite der Reformation: der Zwiespalt begann bei den im eigentlichen Sinne religiösen Fragen.

In Chur wirkte im evangelischen Sinne Jakob Salzmann, gewöhnlich Salandronius genannt, Schullehrer der Stift, neben ihm als Prediger Johannes Dorfmann (Comander). Der Abt von Dissentis, Martin Winkler, wie der Abt von Pfäffers, Jakob Russinger[1], verkannten keineswegs die Notwendigkeit einer gründlichen kirchlichen Verbesserung. Ulrich Bolt zu Fläsch bei Mayenfeld, Johann Blasius zu Malans, Philipp Galicius, erst in Camogask, dann (seit 1526) in Langwies, verbreiteten die neue Lehre; im Bündner Münsterthale gab es zahlreiche Anhänger der Reformation, und im Prättigau predigte Jakob Spreiter mit solchem Erfolg das Evangelium, dass er die Mehrheit der Bevöl-

---

[1] Dessen Brief an Zwingli vom Oktober 1522. (Zwingli, op. VII, 238.)

kerung gewann und die Prämonstratenser Mönche in Davos ihr Kloster verliessen.[1]

Es schien verhältnissmässig rasch vorwärts gehen zu wollen. Aber darüber, wie weit zu gehen sei, wie tief geschnitten werden solle, darüber gingen die Meinungen, wie überall, weit auseinander. Als Johannes Dorfmann noch 1524, nicht zufrieden mit der blossen Abstellung äusserlicher Missbräuche und Anmassungen, auf die tiefern Grundlagen des Glaubens hinwies und persönliche Bekehrung verlangte, da regte sich sofort der Widerstand, und als vollends der Anabaptismus sein Wesen zu treiben begann, da zeigte sich dieser Widerstand auch bei solchen, die bisher der neuen Lehre zugestimmt hatten. Der berühmte Wiedertäufer Blaurock aus dem Hause Jakobs war bekanntlich ein Churer[2]) und hatte dort zuerst seine Ansichten zu verbreiten begonnen. Jetzt hatte auch der Bischof Gelegenheit gefunden, solchen bedenklichen Grundsätzen gegenüber zu Verfolgungsmassregeln zu schreiten; denn angesichts der drohenden Auflösung aller Ordnung und Sitte hatten diejenigen recht, die von Anfang an vorausgesagt hatten, dass es gefährlich sei, die kirchliche Macht anzuzweifeln, dass die Neuerer nicht nur den Papst, sondern alle menschliche und göttliche Autorität umstürzen werden.

Immerhin zählte man im Jahre 1525 im Bündnerland schon 40 Gemeinden, deren Prediger[3]) als evangelisch galten und die zu den ersten auf den neuen Glauben förmlich organisierten Pfarrgenossenschaften gehörten.

Nach dem Religionsgespräche zu Ilanz, am 7. Januar 1526, wo Comander seine 18 Thesen aufgestellt und verteidigt hat, wurde sogar durch einen gemeinsamen Beschluss der Bünde der zweite Artikelbrief vom 25. Juni 1526 angenommen[4]), welcher die Macht der Priesterschaft noch mehr beschränkte und eine Art von Glaubensfreiheit proklamierte, somit die Möglichkeit gab, der neuen Lehrform Eingang zu verschaffen da, wo nicht die Bevölkerungen selbst sich dagegen stemmten.

In Chur, wo der Bischof schon 1515 seine Residenz verlassen hatte, wurden im Januar 1527 die Bilder aus den Kirchen entfernt.

---

[1]) Fient, Das Prättigau. 1896.
[2]) Fritz Jecklin, Jörg Blaurock vom Hause Jakob, im Jahresbericht der hist. ant. Ges. in Chur, XXI (1891).
[3]) So nach einer Angabe von Comander. Siehe Sulzberger, S. 20.
[4]) Sulzberger, S. 35.

Alles war hier noch im Werden und in unklarer Gärung; die Prediger kamen und gingen wieder; die Gemeinden hörten sie an und schickten sie wieder. Manche Gegenden waren auch noch gänzlich unberührt. Als solche werden genannt das Misoxer Thal, das Bergell, das Puschlav und das ganze grosse Thal des Engadin.[1]

Das Ende eines einflussreichen Gegners, des Abtes Schlegel von St. Lucien in Chur, der 1529, politischer Umtriebe wegen, als Landesverräter hingerichtet wurde, und der Gegensatz zum Feinde der rätischen Freiheit, dem Kastellan von Musso, im Sommer 1531, stärkte Zahl, Macht und Selbstvertrauen der reformierten Partei.

Alles hing davon ab, wie in der übrigen Schweiz die Dinge sich gestalten würden; um so verhängnisvoller wirkte, bis in diese Gebirgsdörfer hinein, die Nachricht vom Tode Zwinglis und der Niederlage bei Kappel.

So war damals die Lage. Das Bedürfnis nach Reinigung der Kirche war nicht die Forderung einer Partei, sondern Aller; es entsprang der allgemeinen Einsicht in eine Reihe schwerer Abirrungen und wurde von keiner Seite geleugnet. Die heftigsten Gegner Zwinglis wollten, wie dieser, die vorhandenen Missbräuche abstellen, aber auf anderem Wege, durch die Kirche, auf Grund der kirchlichen Institution und Tradition, wie jene durch den Glauben der Einzelnen, gestützt auf die heil. Schrift. Noch war aber auch das Bekenntnis für oder wider die neue Lehre durchaus Sache der persönlichen Ueberzeugung, abhängig von Einsicht und Erfahrung, von Bildungsgrad und Charakterrichtung, vom freien Willen und selbständigen Entschluss. Noch stand trotz aller Bitterkeiten keine Mauer da, und Tag für Tag fanden Uebertritte statt von der einen Seite auf die andere.

Gerade darum war der moralische Schlag der Kappelerschlacht so verhängnisvoll; denn von jetzt an hörte dieses natürliche Durcheinander von reformierter und katholischer Gesinnung auf. Die Grenzlinien wurden gezogen; jeder Kanton, jede Stadt musste sich auf ihr Machtgebiet beschränken und sich, zunächst mit Verzicht auf weitere Ausdehnung, je nach Stimmung der Mehrheit, entweder für die neue Lehre oder für den alten Glauben entschliessen. Wer diesem Entscheid der Mehrheit sich nicht fügen wollte oder konnte, wurde zum Wechsel der Heimat gezwungen. Es beginnt die Periode, wo die Geburt und Herkunft,

---

[1] Sulzberger, S. 15.

nicht mehr die Ueberzeugung, das Bekenntnis bestimmt. Aber noch ist das Gleichgewicht leicht verschiebbar; noch werden Versuche gemacht zur Wiederherstellung der vollen kirchlichen Einigkeit, während die Wiedertäufer die Folgerungen des extremsten Individualismus zum Siege zu bringen versuchen. Es brauchte bewunderungswürdigen Mut, um in solcher Lage an den Bau der reformierten Kirchen heranzutreten, und mehr als gewöhnliche Geisteskraft, um denselben zu stande zu bringen.

II. Inneres Erstarken.

Zürich vor allem hatte am 11. Oktober den schwersten Schlag erlitten und unsägliche Trauer und Schrecken erlebt, aber Zürich war es auch, das zuerst sich wieder erholte, und sobald der Friede geschlossen und dadurch einige Sicherheit nach Aussen eingekehrt war, an die Heilung des entsetzlichen Schadens ging. Es darf nach allem, was vorausgegangen, als ein starker Beweis von Zuversicht auf die gute Sache angesehen werden, dass ein ernstlicher Zweifel an dem einmal unternommenen Werke gar nicht aufgekommen zu sein scheint. Ob man etwa zurückgehen wolle auf den frühern Zustand, ob man die eingeführten Aenderungen aufgeben wolle, nachdem der Urheber, Zwingli, gestorben, diese Frage wurde vielleicht von einzelnen erwogen, öffentlich wurde sie nicht gehört, noch weniger förmlich gestellt. Einige Ratsherren mussten dem Unwillen des Volkes weichen, aber die Richtung des öffentlichen Geistes blieb die nämliche, wie vorher. Selbst in dem ersten amtlichen Erlass, der Zwinglis letztes Wirken ziemlich unverblümt missbilligte, ist von einem Abweichen von der Zwinglischen Lehre in keiner Weise die Rede. Während der Rat hier, als Antwort auf die Beschwerden des Landes, versprach: „*von den heimlichen räten, auch verlauffnen pfaffen, ufrüerigen schreyern und Schwaben abzustan,*" und dafür zu sorgen, dass „*die pfaffen sich der weltlichen sachen weder in statt noch land ganz und nützit beladen*", verpflichtet er sich ebenso bestimmt „*zu handhabung des heiligen Gotteswortes und Christenlicher begründter Evangelischer ler und warheit, derer wir uns umb sines heiligen Namens willen underfangen.*"[1])

---

[1]) Bullinger, R.-G., III, 284—91. Die Beschwerde der Verordneten der Landschaft, vom 28. Nov. 1531, steht bei Egli, Ref.-Akt., Nr. 1797, Bd. II, S. 768.

Am 10. Dezember 1531, somit nur zwei Monate nach der grossen Niederlage, wurde diese Erklärung den versammelten Bürgern vorgelegt. Alle waffen- und stimmfähige Mannschaft gelobte in feierlichem Schwur, an der erkannten seligmachenden Wahrheit festzuhalten und dem Evangelium treu zu sein.[1]) Um diesen Beschluss sicher zu stellen, wurde sofort auch der erste und für den Augenblick wichtigste Schritt gethan: es wurde Zwingli ein Nachfolger gegeben im Amt eines Leutpriesters am Grossmünster, als dem obersten Pfarrer der Stadt und Leiter des gesamten Kirchenwesens. Der Reformator hatte vermöge seiner persönlichen Bedeutung eine solche Stellung eingenommen, dass die Züricher Kirche von selbst gewissermassen eine thatsächlich monarchische Gestaltung erhalten hatte und es ganz als natürlich erschien, dass ein Nachfolger mit dem Predigeramt an der Hauptkirche des Landes zugleich dasjenige eines „Fürstenders" der Landeskirche oder des „Antistes"[2]) auszuüben hatte. Daher die grosse Wichtigkeit, die man dieser Wahl beilegte. Sie fiel, nachdem Oecolampad abgelehnt hatte, auf Heinrich Bullinger, und mit ihm erhielt allerdings nicht bloss die Züricher Kirche, sondern es erhielten alle von der Zwinglischen Bewegung ergriffenen reformierten Kirchen, selbst weit über die Grenzen der Eidgenossenschaft hinaus, ein geistliches Haupt, welches Zwinglis Werk fortsetzte, vielfach sogar sehr glücklich, teils beschränkend, teils erweiternd, ergänzte.

Heinrich Bullinger[3]) wurde am 18. Juli 1504 geboren und war ein Sohn des gleichnamigen Pfarrers zu Bremgarten, der mit seiner „Jungfrau" eine jener beim bessern Teil des Klerus üblichen, nicht gesetzlich anerkannten, aber gewissenhaft gehaltenen Ehen geschlossen hatte. Er kam dann, vielleicht als fahrender Schüler, nach den Niederlanden und wurde in Emmerich bei den Brüdern

---

[1]) Dem entspricht der Sinn eines amtlichen Schreibens nach Bern vom 25. März 1532: „Dan wir und die unsern nach ergangenem unfall uns vestentlich zusamen verbunden hand, bim gottes wort und begründeter Evangelischer warheit zu genesen und zu stärken, und daran lib und gut und was uns Gott verliehen, zu binden; hand ouch von unserer landschaft nie keines gehört, der etwas anderes sinnes, . . . oder von jetzgemelter Christenlicher warheit mit dem mynsten wörtli abzutreten oder darin zu lugen." Orig. im Staatsarch. Bern (Kirchl. Angel., 1530-33.)

[2]) Diese Bezeichnung ist erst viel später üblich geworden.

[3]) Sein Leben wurde zuerst beschrieben von seinem Freund, dem gelehrten Tobias Simler (1575), zuletzt von Pestalozzi in der Sammlung der Väter und Begründer der ref. Kirche. Elberfeld 1858.

des gemeinen Lebens erzogen, jener merkwürdigen, mystisch-religiösen Gemeinschaft, die in der tiefern Vorbereitung auf die Reformation eine so wichtige Stellung eingenommen hat. Hier lernte er unterscheiden zwischen Kirche und Christentum, zwischen dem Papst und Gott, noch ehe man von einer Aenderung des Glaubens sprach.¹) So vorbereitet ging er 1519 auf die Hochschule von Köln, wo er nun, gerade in den Jahren, als die theologische Fakultät daselbst sich durch ihre leidenschaftliche Parteinahme gegen Luther hervorthat, ganz in der alten scholastischen Methode in die Kenntnis der Kirchenväter eingeweiht wurde, aber doch auch Gelegenheit fand, sich mit dem Neuen Testamente vertraut zu machen. Im Jahre 1522 magister artium geworden, scheint er bereits entschieden für die nun viel besprochenen Gedanken der Reformation gewonnen worden zu sein. In die Heimat zurückgekehrt, wurde er 1523 Schulmeister in der Klosterschule zu Kappel, da er, möglicherweise mit Bewusstsein, die Priesterweihe verschmähte. In dieser Stellung, wo er sich trefflich bewährte, blieb er, bis ihn 1529 ein Ruf an die Kirche zu Bremgarten, als Nachfolger seines kurz zuvor um seines Glaubens willen vertriebenen Vaters, versetzte.

Die Schlacht bei Kappel, infolge deren Bremgarten von den Truppen der V Orte eingenommen, besetzt und zur Messe zurückgeführt wurde, hatte auch Bullinger zur Flucht gezwungen nach Zürich. Nun wusste man hier keinen Bessern zu finden, als Zwingli zu ersetzen war. Und man hatte wirklich, trotz seiner Jugend — er war erst 27 Jahre alt — den Besten gefunden für diese ausserordentlich verantwortungsvolle Aufgabe in der denkbar schwierigsten Zeit. Dass er allgemein als solcher erkannt worden ist, nicht in Zürich allein, geht daraus hervor, dass gleichzeitig mit der Wahl vom 9. Dezember auch von einem Ruf nach Basel und nach Bern die Rede war.²)

Bullinger hatte in seltener Weise gerade diejenigen Eigenschaften, die an dieser Stelle und in dieser Zeit die notwendigsten waren. Er verband grosse, vielseitige Gelehrsamkeit mit praktisch-organisatorischem Talent; ungeheure Arbeitsamkeit mit ruhigem, besonnenem Wesen; warme, eifrige Frömmigkeit mit einfach-gesundem Menschenverstande; milde und weitherzige

---

¹) Krafft, K., Aufzeichnungen über Bullingers Studien. Elberfeld 1870.
²) 6. Dez. 1531, Miss. T., Fol. 273, mit Berufung auf bereits vorher gepflogene Unterhandlungen. Am 10. Dez. erfolgte eine förmliche Erwählung durch den Rat der 200. Siehe Rats-Man., 231, p. 315.

Gesinnung — wenn auch in den Schranken des Jahrhunderts — mit Beharrlichkeit und Charakterfestigkeit, wo es sich nach seiner Meinung um das Wesentliche handelte; weitsichtige Klugheit und Gewandtheit mit sanfter Liebenswürdigkeit im persönlichen Verkehr, und besass dazu eine bei der Mannigfaltigkeit seiner Aufgaben bewunderungswürdige Gewissenhaftigkeit und Treue auch in den scheinbar kleinen Obliegenheiten seines Predigt- und Seelsorgeramtes.

Die Not der Zeit, der Mangel an gehörig vorbereiteten Männern, zwang ihn, zu allem andern, noch gleichzeitig als Professor zu dienen an der theologischen Schule, die für geeignete Bildung von Geistlichen zu sorgen hatte. In der Seelsorge und im Jugendunterricht hatte er Leo Judae an seiner Seite, der ihm bis zu seinem Tode (19. Juni 1542) in ungetrübter Freundschaft und Ergebenheit diente, wie er vorher Zwingli gedient hatte [1]), und mit ihnen arbeitete getreulich der frühere Chorherr Heinrich Engelhardt (geboren 1482, gestorben 1551), jetzt Leutpriester am Fraumünster. Nach zwei Seiten hatte Bullinger die Stellung seiner Kirche zu wahren. Noch war die Bewegung der Wiedertäufer keineswegs unterdrückt. Die schwärmerischen Idealisten, welche im Interesse der christlichen Freiheit jeder gemeinsam aufgestellten Ordnung widerstrebten und, den Eingebungen ihres innern Lichtes folgend, die Schranken der irdischen Unvollkommenheit und der menschlichen Natur nicht berücksichtigen wollten, hatten sich besonders in der Grafschaft Kyburg, d. h. der Gegend um Winterthur, eingenistet und in der Kappeler Niederlage nur die Strafe des Himmels für die Halbheit des bisherigen Vorgehens, nicht die Mahnung zum Zusammenhalten, gesehen.

Daneben zeigte sich doch hier und dort im Landgebiet auch Neigung zum Papsttum. Es wurde dem Rate berichtet, dass im geheimen Messe gelesen werde in Kellern und andern Schlupfwinkeln, von solchen, die entweder dieses gewohnte Gnadenmittel nicht entbehren wollten, oder dasselbe als Aufreizungsmittel gegen die Regierung anwandten.[2]) Auch dagegen glaubte der Rat einschreiten zu müssen; schon im März, dann wieder im Mai (29.) 1532 wurden Mandate verkündet, welche das Messe lesen verboten, Messe hören mit Strafe bedrohten.[3]) Wie schwer musste es sein,

---

[1]) Biogr. von Pestalozzi. Elberfeld 1860.
[2]) Egli, A.-S., N. 1839 u. a.
[3]) Egli, A.-S., Nr. 1832 und 1853. — Strickler, Litt. N. 451. — Bullinger III, 315 bis 318, im Auszuge bei Salat. (Arch. f. Schw. R.-G. I, 354, 355).

die Anforderungen der öffentlichen Ordnung zu befriedigen, ohne sich den Vorwurf der Härte, der tyrannischen Gewissensbedrückung zuzuziehen und durch Strenge zu erbittern. Ob Bullinger, an dessen Rat in diesen Dingen die Obrigkeit sich hielt, die richtige Linie getroffen habe, das konnte nur die Folgezeit lehren, und sie hat es gelehrt; denn in Wirklichkeit sind im Gebiete der Züricher Kirche die Regungen des Anabaptismus, die anfänglich noch viel Störung und Verlegenheit brachten, von da hinweg allmählich stille geworden, während sie in Deutschland erst recht sich bis zum Wahnsinn und zu ernstlicher Gefährdung der christlichen Sitte zu steigern begannen. Vollends von Ueberresten katholischer Kirchengebräuche, von Anzeichen noch vorhandener Heiligen- oder Bilderverehrung u. dgl. ist später keine Spur mehr vorhanden. Der katholische Glaube fand in dem heranwachsenden Geschlecht keine Anhänger mehr und wird auch innerlich nicht mehr entbehrt. Zu einer Wiederholung der Mandate war kein Anlass; gewiss unter jenen Umständen ein Beweis ihrer Zweckmässigkeit und der hohen Einsicht, von der sie eingegeben waren. Ohne wesentliche und gefährliche Schwankungen ging die Züricher Kirche nunmehr ihren gesicherten Gang.

Nicht am wenigsten verdankte sie dies der volkstümlichen Bibelübersetzung, an deren Bearbeitung Leo Judae das Hauptverdienst zukam, und deren erste Ausgabe schon 1531 bei Froschauer herausgekommen war.[1])

Schwieriger war die Stellung nach Aussen. Davon musste Bullinger sich bald überzeugen. Schon jenes Mandat, durch welches die Messe verboten worden, enthielt einen Ausdruck, der die altgläubigen Miteidgenossen ärgerte und zu Beschwerden bewog.[2]) Der Züricher Rat entschuldigte sich deshalb in einem Schreiben nach Bern vom 25. März 1532; er erklärte: *„Dann wir mit göttlicher gnade und unverhindert der trübsal und des unfals, so Gott villicht unserer sünden halb über uns verhängt, des steifen sinnes und gemütes sind, bi erkannter warheit zu bliben und in unser stat und land die mäss weder zu wissen noch zu gedulden."*[3]) Noch unter dem frischen Eindruck der erlittenen Demütigung, und voll bewusst der augenblicklichen Schwäche, war

---

[1]) Metzger, die deutschen Bibelübersetzungen in der Schweiz. Basel 1876. S. 89.
[2]) E. A., IV, 1b, S. 1357. — Bullinger, Ref.-Gesch., III, 345. Hier ist die Anstoss gebende Stelle abgedruckt.
[3]) Siehe oben S. 60, Anm. 1.

man doch fern von dem gemeinen Sinn, der den Erfolg oder Misserfolg als den einzigen Massstab der Wahrheit ansieht. Die katholischen Stände brachten die Sache vor die Tagsatzung, und schon wieder schien der Friede bedroht.[1]) Die Gegensätze waren unvereinbar, und man konnte sich nur nutzlos ereifern. Schliesslich gab Zürich formell nach, beharrte aber um so mehr bei der Sache, dem Ausschluss des Messgottesdienstes im ganzen Bereiche seines Staates.

Die neue Glaubensüberzeugung war jetzt schon so fest begründet, dass der Versuch des römischen Legaten, Ennius Filonardi, Bischof von Verulam, die Zürcher durch das Versprechen der Bezahlung ihrer alten Geldansprüche an den Papst zum Abfall zu verleiten (1533), beinahe unbeachtet geblieben ist.[2]) Er hatte Grosses von diesem Plan gehofft. Als er im Sommer 1532 wieder in die Schweiz kam, rechnete er dem heiligen Vater vor, dass er wenigstens 2000 Florin brauche, um die Zürcher wieder zum Glauben zurückzuführen und die Prädikanten zu vertreiben. Das sei nicht schwer, meinte er, wenn man ihnen den rückständigen Sold von 22,000 Florin in Aussicht stelle und etwas daran zahle. Seine Freunde in Zürich und alle, welche nur zum Schein lutherisch geworden seien, haben ihn schon öfters gebeten, sie zu befreien. Sei aber Zürich umgekehrt, dann müssen die andern nach, so oder anders, Konstanz, z. B., wenn es not thue, mit Gewalt. Ohne Geld dagegen sei alles umsonst.[3])

Die Berechnung ist misslungen und hat nur den Abscheu gemehrt gegen einen Papst, der seine Schulden zu zahlen verweigert, und gegen eine Kirche, die so offen Seelen um Geld kaufen wollte.

Ohne Störung konnte nun an den innern Ausbau des Kirchenwesens geschritten werden. Zuerst wurden die Visitationen abgehalten, die Untersuchung des sittlich-religiösen Zustandes der einzelnen Pfarr-Kirchen und Gemeinden, um demnach zu entscheiden, welche Anordnungen hier und dort zu treffen seien; damit zugleich begann die noch schwierigere Prüfung der wissenschaftlichen Bildung, der Fähigkeit, der moralischen Haltung und Tüchtigkeit der einzelnen Pfarrer, die ja zunächst aus der katholischen Priesterschaft herüber genommen werden mussten. Die einen

---

[1]) Eidg. Absch., IV, 1b, S. 1451. (16. Dez. 1532.) — Bull., III, 329—348.
[2]) Egli, A.-S., Nr. 1952, Bd. II, 860.
[3]) Wirz, K., der Nuntius Ennio Filonardi. Zürich 1894, S. 81.

wurden beseitigt, die andern bestätigt, noch andere belehrt und für das Amt, das man ihnen liess, neu instruiert.

Es führte das im weitern zur Besammlung aller Geistlichen zu einer grossen organisatorischen Synode, und hier wurde am 22. Oktober 1532 das Aktenstück beraten und mit dem Namen der Obrigkeit als kirchliches Grundgesetz proklamiert, das dann in Wirklichkeit mehr als zwei Jahrhunderte lang beinahe unverändert das Fundament der Zürcher Staatskirche geblieben ist: *„Bewilligung und Confirmation eines Bürgermeisters und ersamen kleinen und grossen Rathes der Statt Zürich über die restitution und verbesserung etlicher mängeln und missbräuchen, so sich bi den dieneren des Worts Gottes zugetragen, jetz von dem ganzen Synodo Zürich, 22. Octob. im 1532 jahr gehalten, angesächen und angenommen."* Das Dokument, die erste Zürcher Kirchen- und Prediger-Ordnung, wie man sie später nannte[1]), hat die Form eines Synodal-Beschlusses als Eingabe an die Landesobrigkeit, mit den Unterschriften von H. Bullinger und Leo Jud, von welchen ohne allen Zweifel der erstere als Verfasser anzusehen ist; der Eingang aber bezeichnet es als vom Rate bestätigt und darum als öffentliches staatliches Gesetz.

Es wird darin erklärt: *„dass die gemelten diener der christlichen Gemeinden, diewyl etwas mangel und unordnungen ingerissen, uss schuldiger trüw bevolhens amptes, in bisin, auch mit hilf und gunst unserer dazu verordneten ratsfründen, solich, ouch künftig mängel und gebresten damit zu verbessern und zu verkommen, zu mererem ufwachs guter christlicher sitten und tugenden, ouch bekehrung unseres sündlichen lebens und versünung göttliches zorns, im jetz gehaltenen gemeinen synodo diss nachfolgend erber göttlich Artikel, Restitution und verbesserung, uf wier unser gefallen, uss gutem ifer, mit bistand und grund heiliger und göttlicher gschrift, angesehen, geordnet, in schrift verfasst und uns — den Räthen — die zu verwilligen und zu bestäten fürbracht."* *„Und so denn all unser gemüt und fürnämen, syd bekannter warheit her — bezügen wir vor Gott — allweg und noch dahin gereicht, dass wir vorab Gottes wort und sin ewige warheit, und damit ein frommes, erbares, gottseliges leben bi und under den Unseren fürderen und zächten, und die gotzverletzlichen laster abstellen möchten, und wir uns anders nit*

---

[1]) Zürich 1532 fol., abgedruckt in Simlers Samml. z. K.-G., II, 25—73. Vergl. dazu auch Pestalozzi, Bullinger, S. 132—140, u. Egli, Aktensamml., Nr. 1899 (Bd. II, S. 825).

finden können, denn das soliche nachvermerkt christenlich ordnung
und verbesserung göttlicher gschrift und warheit gemäss, mit derselben begründet, ouch zu üfnung und pflanzung eines göttlichen,
christenlichen lebens hoch dienlich syge", so sollen wir sie uns
gefallen lassen „mit guter vorbetrachtung und wolerwogenem rat,
gunst und willen darin zu geben", und „haben si us ordent-
licher obrigkeitlicher macht bekräftiget, confirmirt und bestätiget;
wollend und gebietend ouch daruf zum ernstlichsten gemeldten dienern des wortes und sust allen denen, so in unserer stat gerichten
und gebieten wonhaft und dise ding belangend sind, dass si sölich
gut erber anschungen, ordnungen und christenlich Artikel haltind,
daby belibind, denen strax und styf gelabind und nachkomind, ouch
dawider nit thüind, redind noch handlind, so lieb inen Gottes
huld sygg, und si unser schwere straff vermiden wöllind." Da
wurde dann zuerst die Wahlform der Prädikanten geordnet:
„ungesächen, das uns Gott nit allein bevelch abzubrechen, sunder
ouch uffbauens gegeben hat." Die Erwählung soll, um jede Willkür und alles eigenmächtige Wesen abzustellen, durch die Obrigkeit nach dem Vorschlag des Dekans vorgenommen werden.

Ein zweiter Abschnitt sagt das Nötigste über Leben und Lehre
der Prediger, wobei diese namentlich ermahnt werden, die Laster
schonungslos und freimütig zu tadeln, „aber mit dapferem ernst,
nit mit lächerlichem gspei, schmützen, schimpfen und spätzlen, ja
dass die warheit selb, die lutere und kläre der händlen, me
tringe, züche und überwinde, dann das unbegründt gschriftlos, hädrig
balgen; dann nüt stärkers denn die warheit ist."

Selbstverständlich wird auf den eigenen Wandel der Geistlichen selbst nicht geringes Gewicht gelegt. Bemerkenswert und
ein besonderer Beweis echter Einsicht ist die Aufforderung „dass
man sich vor allem falsch, lügen und vertragen hüte; im richten,
lichen, konften nit verrucht sye; was man schuldig ist, bezahle, nie-
mands nüt verunträuwe, recht gewicht und maass habe und gebe,
dann gemeldte stück nit minder dann das papstum zu beschälten
und zu verwerfen sind." Die Obrigkeit wird die Prediger in allen
bezüglichen Bemühungen schützen. Im weitern wurde die Form
des Gottesdienstes bestimmt, Predigt, Unterricht und Sakraments-
verwaltung. Jedes Jahr soll am 1. Montag im Mai und wieder
im Oktober ein allgemeiner Synodus in Zürich stattfinden, zu
welchem sämtliche Pfarrer sich einzufinden haben.

Eine der Hauptaufgaben dieser ersten Zürcher Predigerordnung war aber die Einrichtung eigentlicher Kirchgemeinden
und deren Abgrenzung und Einteilung in Bezirke. So enthält

denn der Erlass eine Aufzählung der Kapitelsbezirke und der Pfarrkirchen jedes Bezirks. Jedem Kapitel steht ein Dekan als oberster Berater und verantwortlicher Aufseher vor, der über die Beobachtung der Ordnung zu wachen hat und als Mittelsperson gegenüber der Obrigkeit dasteht. Der Dekan hat auch für die regelmässige Abhaltung der Visitationen zu sorgen und dieselben zu leiten.[1] „Und in allen diesen Artikeln", heisst es zum Schlusse, „wo sich ein füglichers, warers und bessers erfunde, wöllen wir allezit der warheit underworfen sin und das dankbarlich an hand nemen."

Das ist die Gründung der Züricher Landeskirche, wie diese im wesentlichen, mit ganz unbedeutenden Abänderungen, in ihrer Form und Gestalt sich bis in unser Jahrhundert hinein erhalten hat. Ein Hauptpunkt tritt hier vor allem hervor, nämlich das Verhältnis zum Staate, zur weltlichen Obrigkeit. Jeder Bürger und Unterthan des Zürichergebiets ist auch Mitglied der Züricher Kirche, und hat sich als solches allen ihren Anordnungen und Vorschriften zu fügen. Es ist daher etwas ganz Natürliches und Selbstverständliches, dass der aus freier republikanischer Wahl — allerdings nach dem Standpunkt der Zeit nur der Stadtbürger — hervorgegangene Rat auch in den kirchlichen Dingen regiert, für Zucht und Sitte das Nötige thut. Eigene Kirchenbehörden sind überflüssig; aber ebenso ist es auch selbstverständlich und in der Natur der Dinge begründet, dass die Obrigkeit ihrerseits in allen kirchlichen Fragen — im damaligen weitgehenden Sinne des Wortes — sich an den Rat der Geistlichen hält; denn die Obrigkeit, als „christliche Obrigkeit", soll thun, was das Wort Gottes gebietet, und die Prediger allein, als Fachmänner, können darüber zuverlässige Auskunft geben. Die kirchlichen Gesetze werden, wie die bürgerlichen, vom Staate erlassen; aber der Staat richtet sich in seinen — und zwar weltlichen und kirchlichen — Gesetzen nach der heiligen Schrift. Das ist die Züricher Theokratie.[2]

---

[1] Egli, Akten, Nr. 1899 (II, 825 bis 837). — Wirz, J. J., Kirchen und Schulen in Zürich, II, 103—115. Zürich 1793—94, 2 Bde. Hier steht auch der Eid der Dekane vollständig.

[2] Vergl. Hundeshagen, Beiträge zur Verfassungsgeschichte und Kirchenpolitik des Protestantismus. Wiesbaden, 1864. Dazu auch J. J. Hottinger, Die Ausbildung der konfessionellen Verhältnisse in Zürich nach Zwinglis Tod, in der Monatsschrift des wissensch. Vereins in Zürich. Bd. I (1856: „Die geistige und allgemeine Kirche Christi, keiner irdischen Macht bedürfend und keine fürchtend, stand über dem Staate; der organisierte, äussere Kirchen-Verband, die Landeskirche, stand im Staate."

Vom ursprünglichen Ideale Zwinglis weicht diese Einrichtung insofern ab, als der Begriff der „Kirche" nicht mehr auf die einzelnen Kirchgemeinden, sondern auf das zürcherische Gesamtstaatswesen angewandt, somit in Wirklichkeit auf die herrschende Stadtbürgerschaft beschränkt wurde, eine Verschiebung, welche Zwingli selbst schon eingeleitet hatte, und deren Konsequenzen erst in spätern Zeiten zum Bewusstsein kamen.

Wie einst Zwingli die Seele des Züricher Rates gewesen ist und alle Fäden leitete, so hat auch Bullinger das Recht für sich in Anspruch genommen, zu jeder Zeit „an die Ratsstube anklopfen zu dürfen", um seine Meinung zu sagen, auch dann, wenn sie nicht direkt verlangt worden war. Zum Unterschied von Genf und von Bern wurde dies in Zürich als Sitte durchgesetzt und festgehalten.

Man war in Zürich so sehr von den Folgen des geistlichen Regimentes erschreckt, dass Bullinger schon im Dezember 1531 bei Uebernahme seines Amtes Veranlassung hatte, in sehr ernsthafter Weise die Freiheit des Wortes und seine Pflicht als Prediger wahren zu müssen.[1]) Der Angriff gegen Leo Judäs scharfe Predigt vom Juni 1532 lässt die Empfindlichkeit der Ratsherren in dieser Richtung erkennen.[2])

Eine Synode im Mai 1533 brachte die Frage zur Erörterung. Das bereits erwähnte Messverbot hat dazu die Veranlassung gegeben. Aus politischen Motiven hatte der Rat sich zur Zurückziehung der anstössigen Ausdrücke entschlossen. Die Geistlichkeit war nahe daran, dies als einen Abfall vom evangelischen Glauben zu erklären. Bullinger selbst trat mit grosser Entschiedenheit, ja Heftigkeit auf. Er hat in einer eigenen Denkschrift über die Verhandlungen jener Synode berichtet, die für das Verhältnis von Kirche und Staat in Zürich charakteristisch und bedeutungsvoll geblieben sind.[3]) Martin Bucer hatte sich aus Strassburg eingefunden, um zum Frieden zu raten, und einige Berner Theologen eilten herbei. Als Bullinger in langer Rede den Vorwurf aussprach: der Rat habe sich in seiner begütigenden Antwort an die V Orte der Verleugnung Christi schuldig gemacht, erhob sich lautes Murren in der Versammlung. Man hörte den Ruf: das sei zu arg! die Geistlichkeit deute alles zum ärgsten

---

[1]) Egli, A.-S. Nr. 1803. — Pestalozzi, Bullinger, S. 72 u. ff.
[2]) Egli, A.-S., Nr. 1861.
[3]) Bullingers Bericht in Hess, Samml., S. 101—117. — Egli, A.-S., Nr. 1941. Vergl. auch Pestalozzi, Bullinger, S. 116. Ueber Leo Judäs Neigung zur Trennung von Kirche und Staat vergl. Hundeshagen, s. a. O., S. 282.

aus; das habe sie immer gethan; sie allein sei schuld, wenn Aufruhr und Krieg entstehe, wie schon früher, und nicht die Regierung! — Andere entgegneten: man solle die Pfarrer reden lassen; es sei ein Glück, dass es Männer gebe, welche reden dürfen! — Schliesslich gelang es, die Gemüter zu beruhigen. Der Antistes erklärte uneingeschüchtert: „Ihr habt uns schon mehrmals Winke gegeben, dass wir das Politische unberührt lassen, und uns nur mit dem Geistlichen beladen sollen. Dies — die Frage der Messe — wird aber doch wohl eine geistliche Angelegenheit sein; also dürfen wir sprechen!" Er verlangte für alle Zukunft, dass die Landvögte zu genauerer Ausführung der Reformations-Mandate aufgefordert und dass der Grundsatz anerkannt werde, dass solche Sachen, die den Glauben betreffen, nicht sollen gerichtet werden nach Gutdünken der Menschen, sondern nach Gottes geoffenbartem Worte. Solches wurde zugestanden und damit das enge Verhältnis, ja das principiell untrennbare Zusammenfallen der staatlichen und kirchlichen Autorität, die Identität der Ziele und der Mittel, für die Züricher Kirche proklamiert. Der Staat steht nicht über der Kirche, die Kirche nicht über dem Staat; beide stehen auch nicht nebeneinander: es sind zwei konzentrische Kreise.[1]) Bullinger selbst schrieb den günstigen Ausgang der Verhandlung vorzüglich der Besonnenheit der beiden Bürgermeister, Rüust und Walder, zu.

Bern. Wir haben das gegenwärtige Kapitel mit der Erwähnung von Zürich begonnen, weil hier ein hervorragender Kirchenmann und Reformator, das nunmehrige anerkannte Haupt der gesamten schweizerisch-reformierten Kirchen, an der Spitze stand, und Zürich schon um dieses Umstandes willen fortfuhr, als reformierter Vorort zu gelten; allein der Zeit nach eigentlich früher, als Zürich, hat Bern sich eine neue kirchliche Verfassung gegeben.[2]) Es geschah dies durch den Beschluss und Erlass

---

[1]) Vergl. dazu die kurzen, aber äussert treffenden Andeutungen in Finsler, Zürich in der 2. Hälfte des 18. Jahrh. Zürich 1884. (Die Kirchenverfassung, S. 89.)

[2]) Eine Geschichte der Berner Kirche schrieb zuerst Ottius, Joh. Heinr., Conspectus historiae ecclesiasticae Bernensis magna tabella pro more suo descriptus; dann Gruner, Joh. Rud., Kurze und summarische Bernische Kirchenhistorie vor und nach der Reformation, geschrieben 1727, in 3 Büchern, aber furchtbar dürftig (214 S.); endlich Zeender, Joh. Jak., Kurzgefasste Kirchengeschichte deutscher Länder hochlöbl. Stadt und Republik Bern, von der Reformation bis auf die gegenwärtigen Zeiten fortgeführt, 1758, 4 Bde. fol. Letzteres ein sehr verdienstliches und besonders durch Mitteilung von Urkunden nützliches Werk; alle drei sind ungedruckt geblieben. Brauchbar

des „grossen Synodus" vom Januar 1532, der specifisch bernischen Bekenntnisschrift, von welcher Hundeshagen gesagt hat, dass es „eine Kirchenordnung war, wie sie damals nur wenige evangelische Länder besessen haben, auch für unsere Zeit noch ein Meisterwerk" [1]; und welche der Züricher Pestalozzi in seiner Biographie Berchtold Hallers eine Kirchenordnung nennt „von unvergleichlicher Art, durchweht von christlich warmem Hauche freiesten Geisteslebens, der aber in die notwendigen Schranken der Zeitlichkeit willig eingeht.[2])

Betrachten wir zunächst deren Entstehung. Der Rückzug aus dem Kappelerkriege war eine schwere Anklage gegen die Regierung, und schon ehe das Heer nach Bern zurückkehrte, kamen die lautesten Beschwerden vor den Rat. Noch am 22. November gelangte ein Schreiben von Aarau her [3]), welches eine jammervolle Schilderung macht von der heillosen moralischen Auflösung und der geistigen Verwirrung, in welche das Land durch eine gänzlich verkehrte Politik hineingeführt und die schlimmsten Prophezeiungen der Gegner wahr gemacht worden seien. Im Dezember aber kamen 120 Abgeordnete des ganzen Landes in die Stadt, forderten Gehör vor dem Rat und brachten ohne Rückhalt ihre Klagen vor. Sie lauteten in ihren die Kirche betreffenden Artikeln:

1. Es seien unter den Predigern viele Fremde, denen Wohl und Weh des Landes gleichgültig sei und die nun doch das grosse Wort geführt haben.
2. Die Prediger seien schuld an dem unglücklichen Kriege, welcher Bern mit allen seinen Miteidgenossen entzweit, jetzt auch sogar mit Zürich in Unfrieden gebracht und dazu schwer gedemütigt und geschädigt habe. Man habe ihnen viel zu viel Gehör gegeben.
3. Der Abschluss des christlichen Burgrechts sei ein schwerer Fehler gewesen, denn darin liege der Grund zu den argen Verwicklungen, in die das Land hineingeraten sei; man habe die alten Freunde verlassen, um neue zu suchen, die doch nicht zu helfen vermögen oder nicht helfen wollen.

---

ist namentlich in biogr. Hinsicht das gedruckte Werk von Lohner, die ref. Kirchen des Kt. Bern und ihre Diener. Thun 1861, 2 Bde. — Tillier, Geschichte des Freistaates Bern, 1838—39, 5 Bde., enthält jeweilen am Ende jedes Bandes (Jahrhunderts) eine Uebersicht über die kirchlichen Ereignisse.
[1] Siehe Billeter, in Nippolds Berner Beiträgen. Bern 1884, S. 166.
[2] S. 54. Vergleiche auch das damit übereinstimmende Urteil von Mezger, a. a. O., S. 183.
[3] Orig.-Schreiben aus dem Lager, im St.-A. Bern (Kirchl. Angel.).

4. Die eingesetzten Chorgerichte massen sich ganz unleidlichen und ungehörigen Einfluss an und nehmen eine Stellung ein, welche nach allen Seiten Anstoss gebe durch die Einmischung in das Leben der Bürger.
5. Mit der Bevogtung der Klöster sei niemand zufrieden. Man hätte entweder deren Beibehaltung oder dann völlige Aufhebung und Beseitigung gewünscht, nicht aber Umwandlung in obrigkeitliche Schaffnereien und Vogteien, deren Beamte fortfahren, die Zinsen und Gefälle wie vorher zu beziehen zu Handen des Staates. Man hätte sich die Sache ganz anders gedacht und wünsche jetzt die alte Zeit wieder zurück.
6. Dagegen werde allgemein die Aufhebung der Zehntpflicht verlangt; die Abgabe sei im Worte Gottes nicht begründet, sei eine Menschensatzung, wie so vieles andere; solle sie nicht mehr der Kirche bezahlt werden, so noch viel weniger dem Staate, der gar kein Recht darauf habe.
7. Endlich werde noch besonders bitter geklagt über die Gehässigkeit der durch die Pfarrer geübten Sittenzucht und Tyrannei, welche die geringsten unschuldigsten Vergehen als schwere Sünde bezeichnen und mit Strafen belegen.[1])

Der bernische Kirchenhistoriker Dekan Joh. Jak. Zeender macht bei Mitteilung dieser Klagepunkte die richtige Bemerkung, diese Eingabe allein genüge zum Beweise, wie notwendig es gewesen sei, den Frieden zu Aarau anzunehmen. Man beachte zudem die Gleichzeitigkeit der Bewegung mit derjenigen im Züricher Gebiet.

Nachdem der Rat diese drohende Haltung des Landes am 6. Dezember mit bedeutenden politischen Zugeständnissen beschwichtigt hatte, deren Urkunde bezeichnend genug „der Kappelerbrief" genannt worden ist, gab er am 16. Dezember der Geistlichkeit eine eigene Antwort, indem er die Zusage erteilte, in nächster Zeit die sämtlichen Pfarrer zu einer grossen Synode zu versammeln, die gerügten Missbräuche zur Sprache zu bringen und Abhülfe zu schaffen.

Es lagen zu einer solchen Versammlung noch andere Beweggründe vor. Wenn unverkennbar der Rückschlag von Kappel manche Gelüste nach Wiederherstellung der alten kirchlichen Zustände geweckt hatte bei all den vielen, welche von der Re-

---

[1]) Stadtbibl. Bern, Miss. H. II, III, 120 ff. (Bd. I, S. 197). Etwas anders lauten diese Beschwerden bei Anshelm (n. A. VI, und wieder bei Stettler. Siehe auch Tillier, Geschichte des Freistaates Bern, III, 310 und 311.

formation sich ganz andere Hoffnungen gemacht, so fand der Rat nicht bessern Dank bei seinen Freunden und bisherigen Beratern.

Franz Kolb hatte schon im Lager bedenkliche Reden geführt.[1] Kaspar Megander aber war der Wortführer einer Stimmung, welche den Magistrat offen beschuldigte, Zwingli und Zürich verraten zu haben: „Ihr Ratsherren und Burger habt schändlich und unehrlich gehandelt, wie ihrs vor Gott und der Welt nit möget verantworten."[2] Solche Rede wollte aber die Obrigkeit sich nicht gefallen lassen. Noch ehe die Truppen, mit denen Megander ausgezogen, wieder heimgekehrt waren, gab man am 20. November Befehl: Die Chorrichter sollen mit Meister Kaspar reden, dass er *nit ufrürisch, sondern Gottes Wort und was zu frieden und rue dienet, predige.*[3]

Der durch seines Freundes Zwingli Tod ausser sich gebrachte, von Natur heftige Mann liess sich aber nicht beruhigen; er scheint jede Zurücknahme oder Abschwächung seiner Worte verweigert zu haben. Am 2. Dezember heisst es im Protokolle: „*Ist Meister Caspar sines predigens stillgestellt bis uf den Synodum.*" Es war das eine provisorische Absetzung des verdienten Gelehrten, den man unmittelbar nach der Disputation als Professor der griechischen Sprache aus Zürich berufen hatte. Megander behauptete, dass er als Prediger des Gottesworts Recht und Pflicht habe, ohne Ansehen der Person auch den Ratsherren die Wahrheit zu sagen und ihr Verhalten zu tadeln, wenn es mit den Forderungen der heiligen Schrift im Widerspruche stehe. Der Konflikt ging weit über einen persönlichen Zank zwischen Beleidiger und Beleidigten hinaus, es handelte sich, genau wie später in Zürich, um die wichtige grundsätzliche Frage, wie weit die Freiheit des Wortes gehe bei den Predigern; es handelte sich um das Verhältnis zwischen geistlicher und weltlicher Autorität, zwischen Kirche und Staat.

Der Rat selbst anerkannte diese Bedeutung des Streites. Die bereits in Aussicht genommene Synode sollte also mit der Erörterung der Frage sich befassen; es musste Klarheit darüber herrschen, wie das Verhältnis richtig zu gestalten sei, und was

---

[1] Hottinger, Gesch. d. Eidg. (Joh. v. Müller), VII, 2.
[2] Hallers Brief an Bucer, vom 16. Jan. 1532. Baum, Capito, Bucer teilt diesen Brief mit, leider ohne die Quelle anzugeben. Es ist das wichtigste Aktenstück für die Entstehungsgeschichte des „Synods." Siehe auch Billeter a. a. O.
[3] Bern. Rats-Manual.

angeordnet werden müsse, um solche ärgerliche Vorkommnisse unmöglich zu machen, ohne doch den Gehorsam gegen Gottes Wort zu verleugnen. Keinem machte der böse Zwist, der die Not der Zeit vermehrte und allen Erfolg der Kirchenreinigung zu zerstören drohte, grössern Kummer, als Berchtold Haller.[1]) Er wandte sich, da sein Ratgeber Zwingli ihm fehlte, in seiner Herzensangst an Martin Bucer und, dessen Ansicht folgend, auch an Wolfgang Capito in Strassburg, und letzterer entschloss sich sofort selbst zur Reise nach Bern. „Siehe", schreibt Haller später in einem dankenden Briefe an Bucer: „Siehe, da kam von Basel her, mitten unter diesen Wirren und Stürmen, vom Herrn gesandt, wie mit uns Predigern die ganze Stadt freudig und dankbar bezeugt, derjenige, der in der That und Wahrheit ein Vater geworden ist unserer gesamten Kirchen. Es war am Tage nach dem Unschuldigen Kindlein Tage (29. Dezember), als nach deinem Rat ein Reitersmann abstieg in meiner Wohnung: es war Capito. Aber mein Herz dachte so wenig an eine solche Erscheinung, dass ich ihn im Augenblick, als er mich um Herberge ansprach, nicht einmal erkannte. Einen Moment nachher lag ich mit Thränen der Freude in seinen Armen."

Haller erzählt weiter, wie nun Capito vor dem Rate predigte, und dann, von der Regierung förmlich eingeladen, bis zum Beginn der bevorstehenden Synode in Bern bleibt, um sich selbst an der Verhandlung zu beteiligen. Bei der Eröffnung, am 9. und namentlich am 10. Januar 1532, fand der treffliche Mann, der bekanntlich einer der ersten, aber auch weitherzigsten unter den Reformatoren gewesen ist, so sehr das richtige Wort, dass es ihm gelang, die heftig erbitterten Parteien zu rühren und von der Notwendigkeit geistigen Zusammenhaltens zu überzeugen.

„Am 11. Januar handelte Capito zuerst vor der Gemeinde in einer Predigt, und dann vor der Synode und dem ganzen Rate von kirchlicher Zucht, Besserung und Ordnung, von dem Masse und Ziel, welche dabei zu beobachten, und von der Art und Weise, sie anzuwenden. Er zeigte, wie weit und inwiefern die weltliche Obrigkeit dem Amte, das wir Prediger führen, Achtung und Nachsicht schuldig ist, und hinwiederum die Prediger der

---

[1]) Wie leicht übrigens politische Rücksichten auf die Freiheit der Predigt Einfluss auszuüben vermochten, das konnte Haller selbst noch persönlich erfahren. Vergl. was Frikart, Gesch. der Kirchengebräuche im Kt. Bern, nach einem in Zofingen vorhandenen Bde. handschriftl. Predigten des Reformators darüber erzählt. (S. 57.)

weltlichen Obrigkeit, damit die Freiheit des Wortes und der Predigt in Mahnung und Strafe ungeschmälert bleibe, sowie die Autorität des Magistrats." — „Als er am 13. Januar die Synode schloss und mit bewegten Worten der Liebe und des Friedens, der Zucht und Vermahnung Abschied nahm von der Kirche und sämtlichen Brüdern, da brachen die 300 versammelten Männer in Thränen aus, so dass niemand der Rede mächtig war."

Nicht leicht hat Capito diesen Erfolg errungen; der erste Versuch, die entgegenstehenden Standpunkte zu vermitteln, hatte gänzlich fehlgeschlagen. Megander blieb ebenso hartnäckig dabei, dass er Ursache und Recht gehabt habe zum Tadel, als der Magistrat darauf hielt, solche Ungebärdigkeit nicht zu dulden. Das Rats-Protokoll gibt darüber einigen, wenn auch nur sehr kurzen, Bericht, und die betreffenden Stellen[1]) zeigen deutlich genug, wie schwer es sein musste, eine Einigung zu stande zu bringen. „Seinen (d. h. Capitos) Bitten", schreibt Haller, „verdanken wir die Versöhnung Meganders mit den Herren der Stadt, ein Handel, den kein Fürst hätte durch sein ganzes Ansehen beilegen können, so verbittert war derselbe. Er hat alles erlangt, was er nur gewollt: Er hat die Kirchen, die Brüder und Prediger und den Rat so gründlich ausgesöhnt mit einander, dass auch die Rohesten und Gottlosesten unwillkürlich ausgerufen haben: Gott hat den Mann hergeschickt!"

Von den Verhandlungen und Beratungen der Versammlung, die übrigens schon am 14. Januar mit einer freiwilligen Kollekte für die durch den vorjährigen Krieg aus ihrem Aemtern vertriebenen Geistlichen geschlossen wurde, ist sonst nichts bekannt. Das Endresultat aber war die Erklärung, welche die Grundsätze der Berner Kirche zusammenfasste in einem Glaubensbekenntnis und einer Gottesdienst- und Predigerordnung, welche dann — vollständig wie nachher die Züricher-Erklärung — vom Rate als Gesetz proklamiert und durch sofortigen Druck verbreitet worden ist.

Das Dokument, gewöhnlich einfach der „Berner Synodus" genannt, ist ein ziemlich umfangreiches Schriftstück, das in 44 Kapiteln alles enthält, was man als notwendig erachtete, um die Grundsteine der neu zu erbauenden Berner Kirche zu legen. Es ist zunächst, wie aus dem Gesagten hervorgeht, eine Gelegenheitsschrift, bestimmt, den kirchlichen Frieden zu sichern, das Verhältnis zwischen Staat und Kirche nach zu beiden Seiten

---

[1]) Bei Billeter a. a. O. zusammengestellt.

befriedigenden Regeln zu ordnen und die Klagen des Landvolkes abzustellen; allein seine Bedeutung geht weit darüber hinaus.

Wir fassen hauptsächlich ersteres ins Auge, da wir von der Kultus-Ordnung später im Zusammenhang berichten müssen. Hier ist es der Grundsatz der „christlichen Obrigkeit", welcher mit aller Klarheit einerseits der wiedertäuferischen Anarchie und allen damit verwandten Tendenzen gegenüber festgestellt, anderseits den Behörden selbst ans Herz gelegt wird. Eine menschliche Obrigkeit ist unentbehrlich; eine Leitung der Kirche durch die innere Führung des heiligen Geistes ist eine Illusion. Die Verdorbenheit des menschlichen Gemütes bei Geistlichen und Laien ist schuld, dass die Pfarrer und Diener des göttlichen Wortes keine äusserlichen Anordnungen aufrecht zu erhalten vermögen ohne Unterstützung durch die weltliche Macht. Darum geziemt es einer christlichen Obrigkeit, allen Fleiss anzuwenden, dass ihre Gewalt Gottes Dienerin sei, und dass sie christliche Lehre und Leben — insoweit es äusserlich ist und bleibt — bei ihren Unterthanen erhalte, worüber sie dereinst Rechenschaft zu geben hat. Die Wirkungen der Gnade, wo sie sich im Leben äussern, soll die Obrigkeit fördern, doch inwieweit sie im Herzen entstehen und gefördert werden, stehen sie nicht in der Menschen Gewalt und hängen weder von einer menschlichen Obrigkeit, noch von irgend einem Geschöpfe ab. Daher soll sich keine Obrigkeit in die Gewissen einlassen, noch von aussen etwas gebieten, wodurch die zarten Gewissen beschwert und dem heiligen Geist Schranken gesetzt werden.

Christus allein ist Herr der Gewissen: „deshalb sind Papst, Bischöfe und Priester mit ihrem ganzen Anhang Widerchristen, indem sie sich unterstehen, das Gewissen zu meistern, etwas zur Sünde zu machen, das Gott nicht verboten, und zu vergeben was vor Gott Sünde ist." Solche „Gotteslästerung" sollen die weltlichen Herrscher vermeiden; deshalb aber sollen sie von ihrer von Gott angeordneten Regierung nicht abstehen, so weit dieselbe das Aeussere betrifft, sondern den freien Gnadenlauf durch ihre Gewalt als Gottes Mithelfer befördern, das heisst: „sie sollen auf die gesunde Lehre halten, Irrtum und Verführung abwenden, alle Gotteslästerung und öffentliche Sünde im Gottesdienst und Leben abthun, und Wahrheit und Ehrbarkeit beschützen."

Da nun die Obrigkeit das Evangelium „als ein Munizipal- und besonders Stadtrecht zu handhaben" geschworen hat, so ist dasselbe wie ein anderes weltliches Gesetz zu betrachten und kann auch von der Obrigkeit nicht mehr verleugnet werden.

„Freilich ist es wahr, dass die offizielle Einführung des Evangeliums nur Heuchler macht, wenn nicht Christus selber dabei wirkt, denn manche haben die Messe nur auf Befehl und Edikt der Obrigkeit hin aufgegeben; doch schadet das nichts, denn auch das Gesetz Mosis hat nichts Weiteres vermocht." Aufgabe der Obrigkeit ist die Verkündigung der Wahrheit, die Ermahnung zur Frömmigkeit, die Bestrafung der Laster sowohl der Unterthanen als der Obern, und die Aufrechthaltung der äussern Ordnung im Gottesdienst.

Aus diesen Sätzen ergibt sich nun auch die Stellung der Prediger, als Personen und in ihrem Amte, zur weltlichen Gewalt. Der betreffende Artikel[1]) hat die Ueberschrift: „Dass die Wahrheit ohne Rücksicht auf irdischen Schutz, nur aus der Schrift und nicht aus Befehl der Obrigkeit zu sagen sei." Es sollen die Pfarrer die Wahrheit ohne Ansehen der Person predigen, auch die Obern nicht verschonen, wenn es not thut, ohne darauf zu sehen, ob es gefalle oder missfalle. Sie sollen sich hüten, sich selbst weltliche Anhänger zu gewinnen oder Parteiungen anzustiften. Hingegen soll auch niemand seiner Predigt durch die Autorität der Obrigkeit Glauben zu verschaffen suchen, „indem sie etwa sagen: das oder das haben die Herren erkannt und geboten, darum sollen es die Unterthanen glauben und halten; denn der Glaube auf irdische Autorität hin ist eben gerade ein Grundsatz des Papismus; die Geistlichen sollen sich nicht unterstehen, die Obrigkeit an des Papstes Stelle zu setzen, der die Gewissen gemeistert hat."

Allem eigentlichen Caesaropapismus sollte damit der Eingang in die bernische Kirche verwehrt sein, und es ergab sich folgerichtig für die Magistraten die Mahnung:[2]) „Wenn nun wider Euch selbst, gnädige Herren, sei es wider Euere eigene Person, oder wider die Vögte und Beamten auf dem Lande, heftig und übermüttig geredet würde, so wird es Euch zur grössten Ehre und zum Ruhm gereichen, Euch dessen gar nicht zu beschweren, sondern zu bedenken, aus wessen Auftrag und in wessen Namen der Pfarrer oder Prediger spricht, nämlich dass er als ein Bote und Gesandter seines Herrn das Wort Jesu Christi vorträgt." — *„Gott will unser weltweysheit uf mangerlei wis brechen, zu zîten durch einen einfältigen und ungelerten Menschen, ein solichen ungeachten Dorfpfarrer."* — *„Es soll Euch, Euer Gnaden, nicht so*

---

[1]) Art. 27.
[2]) Art. 30.

bald dünken, dass Euer achtung zu nahe getreten werde, denn unsere natur ist so beschaffen, dass ein jeder seine mängel gern rechtfertiget und ungern auch verdiente und billiche straf annimmt. Niemand will gern unrecht haben." „Zudem so ist eine hohe obrigkeit in grossem unrath, von ires hohen standes wegen, dan ir binah jederman under ougen liebkoset, und was si gern höret, zuredet, aber nit jederman im herzen so wol und gut meint, als die wort fürgeben." „Welch eine Ehre ist es einer Obrigkeit, mit Grossmut geringe zu achten, was wider sie geredet wird, und nicht jede Kleinigkeit aufs schlimmste aufzunehmen"; darum solle, wenn je eine Strafe notwendig würde, diese mit der Erklärung ausgesprochen werden, dass man viel lieber einem zu groben Menschen eine zu gelinde Strafe auferlegen wolle, als einem „stummen Hunde", der, wie der Prophet sagt, zu allen Lastern schweigt.

Um so mehr sollen aber hinwiederum die Prediger die gottgeordnete Notwendigkeit einer weltlichen Obrigkeit anerkennen und gegen alle idealistische Schwärmerei, wie gegen staatsfeindliche, gesetzlose Willkür rechtfertigen. „Weil von Natur die Unterthanen wider ihre Obrigkeit, und die Armen gegen die Reichen aufrührisch, ungehorsam und widerwillig sind, die Zwietracht aber der christlichen Liebe ganz zuwider ist, muss man allen Fleiss anwenden, dem unwissenden Volk die Obrigkeit in ihrer Würde, in die Gott sie eingesetzt, zu erhalten und vorzustellen, als deren Gewalt von Gott ist und die man fürchten soll, auch um des Gewissens willen." — „Es ist ein Irrtum, zu meinen, weil unser Bürgertum ein himmlisches ist und wir keine bleibende Stätte auf Erden haben, gehe uns die weltliche Obrigkeit nichts an. Gott hat eben zwei Regierungen eingesetzt, die geistliche, himmlische, darin Christus der Herr ist durch seinen Geist, die christlichen Prediger aber seine und des Geistes Diener, und die weltliche Regierung, welche unsre Obrigkeit vertritt. Unter beide gehört der Christ um des Gewissens willen; darum soll er sich der irdischen Obrigkeit nicht entziehen, obschon er derselben täglich entwachsen und stets himmlischer werden soll."

Speciell wird hier die Institution des Zehntens besprochen.[1]) Den Zehnten ist man zu geben schuldig; denn er ist eine äussere Ordnung und der Liebe nicht entgegen, ist auch in der heiligen Schrift vorgesehen, im Alten und im Neuen Testamente; nicht unpassend wird zu weiterer Begründung der Satz aufgestellt, dass es keine billigere, gerechtere Steuer gebe, als den Zehnten,

---

[1]) Kap. 32.

indem beide Teile, der Geber wie der Empfänger, vom Segen des Herrn abhängen, und nehmen und geben müssen in dem Masse, wie die Frucht gewachsen sei, zu gleichem Gewinn und gleichem Verlust.

Wir haben hier die für den Augenblick, wie für die Folgezeit, so überaus wichtigen Anschauungen über das Verhältnis von Geistlichkeit und Obrigkeit in der grundsätzlichen Erfassung und persönlichen Anwendung zunächst betrachtet. Im „Synodus" selbst gehen die andern Kapitel voran, in welchen eine Art von Glaubensbekenntnis niedergelegt ist. Auch da begegnet uns ein hoher, weitsichtiger Geist, der sich von dem einreissenden Dogmatismus des Buchstabenglaubens und der äussern Rechtgläubigkeit vorteilhaft unterscheidet.

Nachdem Kap. 1 als Pflicht der Prediger bezeichnet hat, Verwalter der Geheimnisse Gottes zu sein, geht Kap. 2 direkt auf die Lehre ein „Die ganze Lehre ist nichts anderes, als das einzige ewige Wort Gottes, die väterliche Güte und Herzlichkeit, die er uns in Christo mitgeteilt hat, d. h. nichts anderes, als Jesus Christus selbst, der um unserer Sünden willen gekreuzigt und um unserer Gerechtigkeit willen — das will sagen, damit wir gerechtfertigt werden — von den Toten auferstanden ist." Kap. 3 hat den Titel: „Dass Gott dem Volk allein in Christo verkündigt werden soll." Hier wird die christliche Gotteserkenntnis in Gegensatz gestellt gegen die heidnische Art, von Gott zu reden, die sich als nutzlos erweist, und durch welche das Volk nur ärger und ungläubiger wird; deshalb wird im Kap. 4 wiederholt, dass „Christus das erste Fundament" sei, und im 5. bezeugt, dass „ohne alle andern Mittel, durch Christus allein, der gnadenreiche Gott erkannt wird; denn alle Schätze der Weisheit und Erkenntnis liegen verborgen in ihm." — „Deshalb", heisst es dann im 6. Kap., „sollen wir (Geistliche) einander treulich ermahnen, dass wir als Diener Christi einzig und allein diesen unsern Herrn predigen, auf welchem der ganze Ratschluss Gottes beruht, damit wir nicht erfunden werden als Gesetzesprediger oder sonst weltliche Prediger, die ihre eigenen Vernunftgedanken lehren und als falsche Diener vom Herrn verworfen werden."

Die praktische Folgerung daraus wird in Kap. 7 gezogen: „Dass die christliche Lehre und das christliche Leben beim Tode und der Auferstehung Christi anzufangen und zu vollenden sei." „Es ist nicht genug, dass die Pfarrer die Worte: Christus ist unser Heiland! und dergleichen oft aussprechen und dem Volke hersagen"; denn das Evangelium vom Reiche besteht nicht in leerem Schall und blossen Worten, sondern in wahrer Kraft Gottes, welche der Gläubigen Herz ergreift, verändert, erneuert und aus armen Sündern Gottes Kinder und wahrhaft himmlische Menschen macht."

Es ist bemerkenswert und entspricht ganz der sonst bekannten religiösen Denkungsart Capitos [1]), dass neben dieser centralen Stellung der Person Christi und seines Heils alles andere bei ihm, seine übernatürliche Geburt, seine Wunderthaten, sogar die leibliche Auferstehung beinahe als nebensächlich erscheint. Auch unsere Sünde wird, wie Kap. 8 ausführt, nur in Christo richtig erkannt und verstanden. Hier findet sich nun auch der Uebergang ins ethische Gebiet, die Lehre von der Busse. Im Kap. 19 folgt die Lehre von den Sakramenten im allgemeinen, im 20. und 21. das Nötige von der Taufe, mit den Vorschriften zur Feier derselben, und im 22. die Lehre „von des Herrn Nachtmahl und dessen Gebrauch." Bereits war diese Frage zum Zankapfel geworden und zum Trennungszeichen zwischen dem schweizerischen und dem Lutherischen Protestantismus. Mit grosser, weil wirklich religiöser Klugheit wusste auch in diesem Punkte der „Synodus" sich in einer Weise auszusprechen, welche ohne Polemik und ohne Spitzfindigkeit die Hauptsache trifft. „Die Sakramente sollen uns zur Vollkommenheit, nicht zur Geltendmachung eines aufgeblasenen, fleischlichen Sinnes dienen. Sie sind nicht bloss Ceremonien und Kirchengepränge, sondern Geheimnisse Gottes, oder Geheimnisse der Kirche Christi, wodurch den Gläubigen äusserlich vorgestellt wird der nämliche Christus, der im Geiste zugegen ist und die Herzen durchdringt und erfüllt." [2])

Hieran schliesst sich sodann eine längere Reihe von Vorschriften und Ratschlägen speciell für das kirchliche Amt, über den Gebrauch des alten Testamentes in der Predigt, über das richtige Mass in der Bestreitung des Papsttums, über die Vorsicht in Ermahnungen und Strafen. „Die Pfarrer sollen in allen Predigten zu Christo und zu den Früchten der Gerechtigkeit ermahnen und die Sünden strafen, aber nicht nur die sichtbaren Sünden und groben Laster, sondern auch die geheimen, verborgenen Tücken des Fleisches, als Selbstgefallen, Heuchelei, geistlichen Hochmut, Mangel an Bruderliebe, Unfreundlichkeit, und was dergleichen im Herzen wider Gott wütet, damit auf diese Weise die Gemeinden ermahnt werden, die Quelle und den Ursprung aller Sünde, das

---

[1]) Baum, W. Capito u. M. Bucer. Elberfeld 1860.
[2]) Art. 19.

Herz und die geheimen Gedanken desselben, zu erforschen und zu bessern." — „Unsere Strafrede soll aber nicht leichtfertig und weltlich, sondern beständig, tapfer und ehrbar sein, denn von Christen soll in der Kirche alles mit Anstand gethan werden."[1]) Das 34. Kap. spricht von der Erziehung der Jugend und dem Katechismus-Unterricht, mit weiterer Ausführung von den „Hauptstücken", den 10 Geboten, dem Glauben und dem Vater Unser im 35. und 36; das 37. vom Studium und der Abfassung der Predigt und von der Pflicht des Predigers in seinem Wandel unter der Gemeinde, mit einer Anleitung zur speciellen Seelsorge und zum Besuchen der Kranken, auch von der Haushaltung des Predigers, welche andern zum Vorbild dienen soll.

Die ganze Schrift, welche kaum das Resultat einer längern Verhandlung war, sondern, wie aus der Kürze der Zeit, und wohl auch aus der Form der Redaktion hervorgeht, eher von Capito selbst als Ganzes abgefasst und von der Versammlung unverändert angenommen worden ist, erhielt auch hier die staatliche Sanktion und dadurch Gesetzeskraft. Als eine Art von Vorwort steht diese Deklaration voran: „Nachdem wir vor vier Jahren, nach abgehaltener öffentlicher Disputation, das Papsttum samt seinem falschen Vertrauen und Irrglauben aberkannt und das heilige Evangelium für uns und unsere Unterthanen angenommen und geschworen haben, dasselbe gleich andern bürgerlichen Gesetzen und Rechten des Landes zu handhaben u. s. w., so haben wir dies zu Herzen genommen und ernstlich bedacht, um so mehr, da wir weit mehr Gottesfurcht, Besserung des Lebens, Tugend und Sittlichkeit, sowohl von Euch Seelsorgern, als auch vom gemeinen Mann erwartet haben. Um diesem und andern Uebeln zu steuern, haben wir die kürzlich abgehaltene Synode zusammengerufen." — „So haben wir uns denn Euere Synodal-Verhandlungen allgemein gefallen lassen und bestätigen und bekräftigen sie, als dienlich zur Förderung der Ehre Gottes und des Fortganges des heiligen Evangeliums. Wir wollen ihnen, so viel an uns liegt, allgemeine Beachtung verschaffen und Euch, Pfarrer und Prediger, schützen und schirmen" u. s. w. — „Endlich ist unser Wille, dass diese Verhandlungen jeweilen von den künftigen Synoden, welche jährlich auf den Maitag gehalten werden sollen, revidiert werden." — „Würde jedoch", heisst es am Schlusse, „von Euch Pfarrern oder andern etwas vorgebracht, das uns noch näher zu Christo führt und allgemeiner Freundschaft und christlicher Liebe noch zuträglicher

---

[1]) Art. 23—26.

wäre als die vorliegenden Verhandlungen, so werden wir es gerne annehmen und wollen dem heiligen Geist seinen Lauf nicht hemmen, indem er nicht zurück auf das Menschliche führt, sondern immerdar vordrängt auf das Ebenbild Jesu Christi, unseres Herrn. Er bewahre uns alle in seiner Gnade!"

Das Schriftstück wurde sofort auf obrigkeitlichen Befehl in Basel gedruckt.[1]) Die spätern Prediger-Ordnungen sind auf dasselbe gegründet und nur verkürzte oder ergänzte Modifikationen. Der ursprüngliche und vollständige Text wurde 1608 in Bern zum zweiten Male herausgegeben, und dann zum dritten Male wieder 1728, zur Jubelfeier der Reformation. Neue Ausgaben sind von 1775 und eine von 1830. Ganz neulich ist in den Niederlanden eine holländische Uebersetzung erschienen.[2]) Das Urteil bedeutender Kirchenhistoriker haben wir zu Anfang mitgeteilt. Die Wirkung, welche der Erlass auf das Berner Volk ausgeübt hat, kann kaum hoch genug geschätzt werden.

Es war damit eine Grundlage geschaffen, auf welcher die bernische Kirche sich ausbauen konnte. Der Dank gegen Capito war allgemein und aufrichtig. Die zwanzig Goldgulden, die ihm der Rat als Geschenk mitgeben wollte, hat er nicht angenommen; doch wurde er ehrenvoll über Zürich nach Konstanz begleitet und ein Schreiben des Rates nach Strassburg gerichtet, das seine lange Abwesenheit entschuldigte und rühmend Zeugnis gab von dem Verdienste, das er sich um Bern erworben. Man hatte alle Ursache zu dieser Gesinnung, denn durch das Zustandekommen des „Berner Synodus" ist Wolfgang Capito recht eigentlich der zweite Reformator Berns geworden.

Durch einen Erlass vom 8. November 1534 wurde die Kirchenordnung neu eingeschärft: „*Wer sich dem widersetzt, der soll das land rumen von stand an und daruss ziechen mit ir lib, hab und gut.*"

Basel. Auch die dritte reformierte Stadt, die freilich etwas weniger direkt betroffen war, hat sich verhältnismässig rasch von dem Schlage von Kappel erholt.[3]) Die erste Aufgabe war auch hier die Bezeichnung eines Nachfolgers für Johann Oecolampad, der am 24. November 1531, am gleichen Tage, an welchem Bullinger

---

[1]) Basel 1532. 4o. Siehe den vollständigen Titel in Hallers Bibl. d. Schw. Gesch., III, 388, und im Litt. Verz. v. Strickler, Nr. 433.
[2]) In der Zeitschrift: „Geloof en vrijheid", 23. jaarg. Rotterdam 1889. Französische Ausgabe von 1735.
[3]) Ochs, P., Geschichte der Stadt und Landschaft Basel. Berlin und Basel 1786—1822, 7 Bde., enthält verhältnismässig sehr viel kirchenhistorische Nachrichten.

zum ersten Mal in Zürich predigte, an der Pest gestorben war. Sein milder und feiner Geist, sein edler und selbstloser Charakter hatten ihm grosses Vertrauen zugebracht und nicht leicht war es, ihn zu ersetzen.

Die Wahl war keine unglückliche, sie fiel auf Oswald Myconius, den gewesenen Luzerner Schulmeister. Im Jahre 1488 geboren, war derselbe schon früh als Student nach Basel, dann nach Zürich gekommen. Nach Luzern zurückgekehrt, wurde er 1522 seiner Hinneigung zu Zwingli wegen wieder vertrieben und fand zuerst in Einsiedeln, dann wieder in Zürich, eine seiner Tüchtigkeit als Gelehrter entsprechende Wirksamkeit, nahm aber, nach Zwinglis Tod, nicht ungern einen Ruf nach Basel an — an die Kirche zu St. Alban, — dem sodann im August 1532 die Wahl zum Oberstpfarrer am Münster folgte.[1]

Schon bei Gelegenheit des Augsburger Reichstags von 1530 hatte Oecolampad, zum Teil in Gemeinschaft mit Zwingli, ein Glaubensbekenntnis aufgesetzt und dasselbe kurz vor seinem Tode, am 26. September 1531, seiner zu einer Synode versammelten Geistlichkeit vorgetragen. Myconius nahm dann diese Arbeit wieder auf, und so kam, vielleicht schon 1532, jedenfalls aber 1534, die sogenannte erste Basler Konfession zu stande, welche gedruckt und auch den Predigern in Strassburg mitgeteilt worden ist.[2] Die Bürgerschaft wurde auf dieses Bekenntnis beeidigt und beschloss, diese Verpflichtung künftig jedes Jahr am Mittwoch vor Ostern feierlich zu erneuern. Nur fünf Mann sollen sich dem Eid entzogen haben. In Mülhausen erhielt diese Erklärung später (1537) ebenfalls gesetzliche Gültigkeit.[3] Capito, der von früherer Zeit her in Basel noch Ansehen und Einfluss besass, war von Strassburg aus mit thätig bei der Festsetzung der Kircheneinrichtungen.

Wir werden nicht vergessen dürfen, dass die Stadt Basel damals noch ein recht ansehnliches Gebiet, seine Landschaft, besass und regierte, und dass diese sich den Kirchenformen der

---

[1] Das Leben des O. M. (wohl zu unterscheiden von dem Thüringer Friedr. M.) wurde zuerst von Melchior Kirchhofer beschrieben, dann vollständiger, in Verbindung mit demjenigen Oecolampads, von K. R. Hagenbach (Elberfeld 1859).

[2] Hagenbach, Kritische Geschichte der ersten Basler Konfession. Basel 1827. Ein Werk, das weit mehr enthält, als der Titel andeutet. Der Text des Bekenntnisses ist als Beilage abgedruckt in Hagenbach: Oecolampad u. Myconius.

[3] Sie wird deshalb mitunter auch Mülhauser Konfession genannt.

Obrigkeit selbstverständlich anzuschliessen hatte. Das Verhältnis von Kirche und Staat wurde wie in Zürich und Bern geordnet.[1]

Der Stadt Schaffhausen, welche am 2. Dezember 1531 dem Landfrieden beitrat[2]), gelang es erst nach längern, zum Teil heftigen Kämpfen, die kirchlichen Neuerungen in eine feste und geordnete Bahn zu bringen. Gerade das Jahr 1532 war hier eine Zeit der Konflikte innerhalb der Geistlichkeit. Burgauer setzte der von anderer Seite dringend gewünschten Einführung eines gleichförmigen Kultus nach Zwinglischem Vorbild entschiedenen Widerstand entgegen, so dass Ritter und seine Freunde dessen Entfernung verlangten. Im Januar 1534 befahl endlich der Rat, das Abendmahl so zu begehen *„wie der göttlichen und biblischen Gschrift und ordnung am allernächsten ist."*[3]) Doch erst im Jahre 1536, nachdem nicht nur Burgauer, sondern auch Ritter hatte weichen müssen, wurde an Stelle der frühern Kapitelsversammlungen und der seitherigen freien Zusammenkünfte der Prediger eine förmliche Synode abgehalten, mit amtlicher Autorität im Namen der „Schaffhauser Kirche".

In den übrigen Kantonen, soweit überhaupt die neue Lehre geduldet blieb, kam es nur zur Bildung einzelner reformierter Gemeinden ohne festen kirchlichen Verband, weil ohne staatlichen Schutz und staatliche Leitung.

St. Gallen, Glarus, Appenzell. Der Versuch, die evangelisch gesinnten Gemeinden vom Thurgau, Toggenburg, Rheinthal, Appenzell nebst der Stadt St. Gallen zu einer grossen ostschweizerischen Kirche mit gemeinsamer Synode und gemeinsamer Kirchenordnung zu vereinigen, kam nach hoffnungsvollen Anfängen[4]) nur sehr unvollständig zur Ausführung. Die einzelnen Gemeinden blieben meistens sich selbst überlassen.

Die Stadt St. Gallen hatte trotz ihrer innern bürgerlichen Unabhängigkeit einen schweren Stand. Die Ursache lag an dem in ihren Mauern liegenden Gotteshaus. Am 7. Dezember 1531 schon wurde Jakob Am Ort aus Luzern als Schirmhauptmann eingeführt und das Kloster wieder hergestellt[5]), und zu Wyl fand am

---

[1]) Oecolampad hatte hierüber, wie die Einführung des Bannes zeigt, eine andere Ansicht gehabt.
[2]) Eidg. Absch., IV, 1b, als Beil. 191, S. 1227.
[3]) Mezger, a. a. O. Vergl. auch Leonhard Meyer, Ref. d. löbl. Stadt Schaffhausen, 1836.
[4]) Ueber diese Synoden von 1528—31 siehe Finsler, Kirchl. Statistik, S. 224, u. die Berichtigung S. 619—20.
[5]) E. A., IV, 1b, S. 1232.

28. Februar 1532 eine Zusammenkunft statt, um das Verhältnis zu ordnen.¹) Bern und Appenzell waren als Schiedsrichter bezeichnet. Der Kauf des Klosters durch die Stadt wurde rückgängig gemacht, der erwählte Abt, Diethelm Blaarer, musste anerkannt werden, und die Stadt hatte ihm noch 10,000 Gulden als Entschädigung zu entrichten.²) Am 1. März hielt der Prälat mit dem gesamten Konvent seinen Einzug; alles wurde in den alten Stand zurückversetzt, die abgetragenen Altäre in der Stiftskirche wieder aufgerichtet, die Bibelsprüche an den Wänden ausgestrichen.

Darunter hatte die Stadt mitzuleiden. Der Fortbestand des Klosters liess die Gemüter nicht zur Ruhe kommen. Durch ein Mandat vom 16. April wurde den Bürgern die Teilnahme an der Messe verboten, aber schon drei Monate später war dessen Wiederholung nötig geworden. Natürlich verbot der Abt den Gotteshausleuten in gleicher Weise, in der Stadt die Predigt zu hören. Zudem waren die Prediger in der Frage nach der Einführung des Kirchenbannes nicht einig und die Bewohner immer noch durch wiedertäuferische Agitationen in Aufregung erhalten. Immerhin vermochten wackere Männer, unter denen der fromme Johannes Kessler immer mehr Bedeutung gewann, die Bürger um das Evangelium zu sammeln und den reformierten Glauben nach dem Muster der Züricher Kirche zu befestigen. Nicht wenig half dazu eine Predigt, welche Martin Bucer am 29. April 1533 in St. Gallen hielt.³) Die Stadt hatte schon seit 1526 ein Ehegericht, erhielt aber erst 1544 eine eigentliche Synodalordnung mit Toggenburg und Rheinthal zusammen.

Trotz aller Verträge war und blieb das Verhältnis zum Stift eine Quelle fortwährender mannigfacher Schwierigkeiten, wie das Verzeichnis von Beschwerdepunkten zeigt, welches der Abt der Badener Tagsatzung vom 15. Januar 1534 vorgelegt hat.⁴) Noch im gleichen Jahre stellte der Prälat das Verlangen, dass katholische Prozessionen ungehindert und öffentlich sollten durch die Stadt ziehen dürfen.⁵) So kam die Bevölkerung von St. Gallen nicht zur Ruhe und ihre Kirche nicht zum friedlich stillen Wirken.

---

¹) E. A., IV, 1b, S. 1294.
²) Daran soll Zürich 4000 Gulden bezahlt haben (Finsler, K. St., 146).
³) Wolfgang Haller, in Siml. Samml. II, 2, S. 426.
⁴) E. A., IV, 1b, S. 263—64.
⁵) E. A., IV, 1b, S. 307.

Die Geistlichen der Stadt dienten als natürlich gegebene Prüfungsbehörde bei der Aufnahme neuer Kandidaten und bei der Besetzung der Pfarrstellen. Der Dekan von St. Gallen führte in der Synode den Vorsitz. Der Prediger Jakob Rhyner starb 1532, der angesehene Dekan Herman Miles (Ritter) in den ersten Tagen (3. Januar) 1533.

Ruhig und fürs erste unangefochten schritten die zum evangelischen Glauben bekehrten Kirchen von Glarus und von Appenzell auf dem einmal betretenen Wege fort. In Glarus bekannte sich, wenn auch auf Verlangen der V Orte in der Uebereinkunft vom 8. Dezember 1531 die Duldung der Messe zugesagt werden musste[1]), doch die grosse Mehrheit des Volkes zur Reformation, und in Appenzell gaben sich die Anhänger Zwinglis durch eine Abmachung vom letzten Sonntag im April 1532 eine feste kirchliche Gestalt. Von beiden Orten her besuchten die Prediger teils die Züricher, teils die St. Galler Synoden. Das Verhältnis zu denselben konnte indessen erst nach längern Kämpfen durch Verträge geregelt werden.

So sehen wir denn auf allen diesen zur Reformation entschlossenen Gebieten ein ernstes Bemühen, die notwendig gewordenen neuen Gestaltungen in feste Formen zu giessen. Warme religiöse Begeisterung für das neu ergriffene Evangelium und praktisches Geschick sicherten merkwürdig rasch das Gelingen. Das innere Erstarken war allerdings unzertrennlich von schärferer Abgrenzung, von härterem Abschluss nach Aussen; die Verbindung mit dem Staate verbürgte mehr die zur Zeit bedrohte äusserliche Sicherheit der Kirchen als solche, als eine freie, ungehinderte und gesunde Entwicklung der individuellen Frömmigkeit. Man bedurfte der ersteren, und so viel hat man glücklich erreicht, auf eine Weise, welche für einige Zeit wenigstens auch der religiösen Freiheit noch einigen Raum übrig liess.

Die eigentlichen Träger aber der evangelischen Sache waren von jetzt an die vier Städte Zürich, Bern, Basel und Schaffhausen. In allen diesen vier Städten sind aus der Reformationsbewegung schliesslich streng typische Staatskirchen entstanden. Es war das anfangs nichts weniger als selbstverständlich; denn es entsprach diese Form weder dem Ideal der Reformatoren selbst, noch den Hoffnungen gerade ihrer eifrigsten Anhänger; aber sie entsprang dem Bedürfnisse der Zeit. Das erwachte Selbst-

---

[1]) E. A., 1b, 1234. Siehe auch Schreiben nach Bern, St.-Arch. (Kirchl. Angel., 1531—33).

bewusstsein des Staates, der seine Kulturaufgabe erkannte, und die Ausschliesslichkeit der Religion, die nur ein Bekenntnis als Heilswahrheit duldete, begegneten sich in dem Begriff des christlichen Staates, welcher als solcher zugleich die sichtbare christliche Kirche darstellt.

Gegen diese naturgemässe Wendung der Dinge erhoben nur diejenigen Leute Widerspruch, die man von dieser Zeit hinweg unter der Bezeichnung der Täufer zusammenfasst. Ohne eigentliche Organisation und ohne theoretische Begründung ihrer Ziele, aber mit instinktiver Grundsätzlichkeit bekämpften sie das Staatskirchentum als Abfall von der ursprünglichen Tendenz der evangelischen Predigt. Sie wollten eine Kirche der Auserwählten, der Bekehrten und von der Welt Ausgesonderten, daher kein Zusammenfallen der kirchlichen und der bürgerlichen Gemeinde, der religiösen und der weltlichen Sitte; sie verlangten einfach reines Christentum der That nach den Vorschriften der Bergpredigt, aber kein dogmatisch fixiertes Lehrsystem; eine Wiederherstellung der Zustände des Urchristentums, keine Erneuerung der mittelalterlichen Staats- und Gesellschaftsordnung.

Der Gegensatz war nicht zu versöhnen.

Der unerwarteten Energie Zwinglis war es gelungen, der eine zeit lang so gefahrdrohend auftauchenden Täuferbewegung fast vollständig Herr zu werden; in Zürich selbst, wie in St. Gallen, wo eine Disputation mit Marquard von Weissenhorn, einem ihrer Wortführer ohne Erfolg blieb[1]), war sie im wesentlichen unterdrückt und beunruhigte nur noch engere Kreise. In Appenzell hatte die greuliche That des Schugger das ihre gethan, um zur Nüchternheit zu ermahnen. Nachdem Bullinger, noch 1531, gegen sie seine Schrift losgelassen hatte: „*Von dem unverschämpten freveln und unwarhaften leeren der Wiedertäufer*"[2]), ist während einiger Zeit nur von vereinzelten Fällen die Rede, wo derartige Schwärmer auftraten und der Staatsordnung zu schaffen machten.[3])

Basel scheint von der Bewegung verhältnismässig wenig berührt worden zu sein. Oecolampad hatte nie in das Verdammungsurteil gegen sie eingestimmt, sich sogar des armen Haus

---

[1]) W. Haller in Siml. Samml., II, 2.
[2]) Strickler, Litt. Verzeichnis, Nr. 439.
[3]) In Eglis Aktensammlung zur Züricher Ref. sind es immerhin vom Nov. 1531 bis Dez. 1533 noch 29 Nummern, die sich mit den Täufern beschäftigen.

Denk freundlich angenommen, und vielleicht hat sein Versuch, den Kirchenbann einzuführen, mit dazu beigetragen, dem Sturm zu begegnen und den Widerspruch gegen die staatliche Leitung der Kirche weniger aufkommen zu lassen. Nur aus der Landschaft wird teilweise von tumultuarischen Auftritten berichtet, die den Täufern zugeschrieben wurden, doch handelt es sich wohl hierbei eher um den politischen Gegensatz gegen die herrschende Stadt, als um kirchliche Principien im engern Sinne.

In Bern waren die Täufer während der eigentlichen Krisis der Reformation nur wenig hervorgetreten. B. Haller hatte von Verfolgungen abgeraten, und der Rat konnte sich auf einschreitende Massregeln gegen Einzelne beschränken zur Aufrechthaltung der öffentlichen Ordnung. Nur im Aargau fanden täuferische Propheten einen empfänglichen Boden. Allein das Gespräch, das sich im Januar 1528 an die grosse Disputation anschloss [1]), scheint seinen Zweck doch nur teilweise erfüllt zu haben, denn gerade jetzt tauchen immer mehr Anzeichen auf, dass die Richtung an Umfang gewinne.[2]) Im Laufe des Jahres 1529 hatte sich der Rat sehr häufig mit Täufern zu beschäftigen. Drei dieser Unruhstifter, Sekler, Träyer und Hutmacher, wurden ertränkt[3]); den begnadigten Hans Pfister-Meyer von Aarau sollte ein zweites amtliches Gespräch, am 19. April 1531, von seinem Irrtum überzeugen[4]), und am 31. Juli gleichen Jahres musste ein neues bezügliches Mandat erlassen werden.[5])

Da man indessen gewaltsames Vorgehen scheute und den Weg der Belehrung, resp. Einschüchterung, vorzog, wurde der Beschluss gefasst, noch ein weiteres Religionsgespräch mit den Wiedertäufern abzuhalten. Es fand vom 1. bis 9. Juli in Zofingen statt, ohne Zweifel mit Rücksicht auf die Verbreitung der Sekte gerade im Aargau. Solothurn, wo viel über täuferische Umtriebe geklagt worden ist, wurde zur Beteiligung eingeladen.[6]) Die

---

[1]) Vergl. dazu Mss. H. H., III, 58 (2) der Stadtbibl. Bern.

[2]) Hierfür, wie für das folgende, vergl. Müller, Geschichte der Berner Täufer, Frauenfeld 1895, mit den Ergänzungen von Ad. Fluri im „Bernerheim" 1896, Nr. 35—38.

[3]) Anshelm, IV, 261.

[4]) „Ein christenlich gespräch gehalten zu Bern im April 1531, 8⁰.— Siehe Haller, Bibl. d. Schw.-Gesch., III, 357. — Stricklers Litt.-Verz., Nr. 431.

[5]) Mandatenbuch I, 389a. Hier heisst es von ihrer Lehre: „si habe kein grund der warheit darhinder, sunder nützit anders, den eigenrichtige, ufrürische und christenlicher gemeind ganz unlidenliche irrthumb."

[6]) Strickler, Akten, V, Nr. 155 vom 10. Juni 1532; Nr. 157, *a* und *b*.

Verhandlungen, welche für die Geschichte der Sekte nicht unwichtig sind und den Principien-Unterschied recht klar hervortreten lassen, wurden nachher von Staateswegen gedruckt[1]) und verbreitet, um geistlichen und weltlichen Behörden die Waffen gegen die Bewegung zu bieten. Als Disputatoren traten hier auf: B. Haller, K. Megander und Seb. Hofmeister mit drei Theologen aus Basel. Auf Seiten der Täufer werden 23 Namen genannt; unter ihnen Marti Weniger, genannt Zinggi, von welchem Haller in einem Briefe an Bullinger schreibt: „*Homo doctus, versipellis, eloquens et mirus hypocrita, ad imponendum aptissimus.*"

Gleich darauf, im September 1532, erliessen die evangelischen Städte gemeinsam ein Mandat gegen die Täufer.[2]) Allein noch im gleichen Jahre, und dann wieder 1533, ist von Täufern auch im Emmenthal die Rede, aus Sumiswald, Dürrenroth und Burgdorf, auch aus der Gegend von Aarburg. Darum folgte am 2. März 1533 ein neues Mandat, das aber bereits am 5. April schon wieder eine Aenderung erfuhr.[3]) Die Opposition, welche eine andere Gestaltung der neuen Kirche wollte, war zum Schweigen verurteilt, aber, wie die Folgezeit zeigte, weder innerlich besiegt noch äusserlich unterdrückt.

Aus den Verhandlungen der Tagsatzung ersehen wir, dass auch in den gemeinen Herrschaften Wiedertäufer sich zeigten. Im Mai 1532 wurde den Landvögten darüber Weisung erteilt.[4])

Eigentliche Täufergemeinden, wie sie ursprünglich angestrebt wurden, vermochten in der Eidgenossenschaft nirgends aufzukommen. Da, wo die hierarchische Kirchenform plötzlich ihre Gewalt verlor, da war — für jene Zeit — nur der volle, unbedingte Anschluss an die Staatsgewalt im stande, den neuen kirchlichen Einrichtungen die nötige Festigkeit zu verleihen gegen die Macht des Zufalls und einer systematisch vorgehenden Zerstörungsarbeit.

---

[1]) Handlung oder Acta gehaltener Disputation und gespräch zu Zofingen mit den Wiederteufferen. Zürich 1532.
[2]) Stricklers Litt. Verz., 456.
[3]) Mandatenbuch, I. 391a und 395a. „An Statt und Land."
[4]) E. A., IV, 1b, 1339.

3. Innere Einrichtungen.

Kirchgemeinden und Kirchendiener.

Auf die Gemeinde, als Kirchen- und Pfarrgenossenschaft, hatte Zwingli ganz vorzüglich seine evangelische Kirche gestellt, und es kam deshalb, wiewohl er nachher von diesem Ideal etwas abweichen musste, doch überall, wo sein Geist herrschte, nicht wenig darauf an, der Kirchgemeinde eine dem entsprechende Gestalt zu geben, das heisst die in dieser Hinsicht eingerissenen Missbräuche zu beseitigen. Es galt: den vielen allzugrossen oder allzukleinen Gemeinden, den der Pfarrkirche angehängten Kaplaneien und Filialen, den beschwerlichen aber gering ausgestatteten, ebenso wie den leichten aber reich dotierten Pfründen durch eine einigermassen rationelle Gemeindeeinteilung ein Ende zu machen, jedem Pfarrer sagen zu können, wer zu seiner Kirche gehört, jedem Gemeindeglied, an welchen Pfarrer es gewiesen sei.

Die neuen politischen Grenzen stimmten keineswegs mit den alten kirchlichen Einteilungen zusammen. Das hatte bisher keine Schwierigkeiten gehabt, jetzt aber mussten manche Grenzdörfer aus dem Verband mit ihren bisherigen katholisch gebliebenen Pfarrkirchen losgetrennt und entweder selbständig gemacht oder an andere evangelische Gemeinden angegliedert werden. An die Stelle der bischöflichen Oberbehörde traten die staatlichen oder, genauer gesagt, die städtischen Räte; im übrigen wurde das bestehende kirchliche Verwaltungssystem in seinem hergebrachten Organismus meistens beibehalten.

In Zürich forderte die Einrichtung der Kirchgemeinden ganz besonders grosse Thätigkeit:

Hausen wurde vom zugerischen Baar, Ellikon von Gachnang abgetrennt; für die reformierten Bewohner von Rheinau wurden, zum Teil erst nach längern Kämpfen, die Kirchgemeinden Laufen, Marthalen, Benken und Feuerthalen, letzteres als Filiale von Laufen, errichtet. Nicht weniger als 20 Pfarreien verdanken dieser ersten Zeit ihre Entstehung, indem sie teils völlig neu gebildet, teils aus bisherigen Filialkirchen umgewandelt worden sind; neben den bereits genannten noch: Altstetten, Bassersdorf, Dietikon, Dorlikon, Greifensee, Herrliberg, Kappel, Kyburg, Niederhasle, Oberglatt, Otelfingen, Spanweid, Stadel, Trüllikon und Zollikon.

Eine grosse Zahl von Kirchen-, resp. Patronatsrechten des Züricher Gebiets waren hinwieder im Besitz von Klöstern oder katholisch gebliebenen Familien. Einsiedeln hatte das Pfarrwahlrecht zu Brütten, Männedorf, Meilen, Stäfa und Weiningen; Wettingen ebenso in Dietikon, Höngg, Kloten, Otelfingen und Thalweil; St. Blasien im Schwarzwalde war Patron zu Lufingen und Stallikon; St. Gallen zu Stammheim und Turbenthal; Schännis zu Knonau; das Ritterhaus Bubikon zu Richterswyl und Wangen; das Domstift Konstanz zu Glattfelden und Ossingen; Petershausen bei Konstanz zu Oberwinterthur; der Spital zu Baden in Steinmaur, Stadt und Spital zu Rapperswyl zu Wildberg und Elgg; Schwyz und Glarus besassen zusammen die Kirche zu Russikon, die Grafen von Sulz diejenige von Wyl, und die Herren von Breitenlandenberg die in Wyla und Wetzikon. In Andelfingen hatte Schaffhausen den Pfarrer zu wählen.[1])

Alle diese Verhältnisse mussten durch Verträge geordnet werden, um die Ernennung evangelischer Prediger sicher zu stellen.

Die gesamte Kirche blieb eingeteilt in ihre Bezirke oder Kapitel: Zürich-Stadt, Zürich-See, Freiamt, Stein, Winterthur, Elgg, Wetzikon und Regensburg.[2]) Durch Halbierung des letztern entstanden nachher die beiden Kreise Kyburg und Eglisau.

An der Spitze eines jeden dieser Kapitel stand ein von der gesamten Geistlichkeit desselben erwählter Dekan, der die Aufgabe hatte, über Lehre, Leben und Thätigkeit der Pfarrer seines Bezirkes zu wachen und die regelmässigen Visitationen zu leiten.[3]) Neben dem Dekan wurde noch ein „Kammerer" bezeichnet als Vermögensverwalter, und ein „Notarius" d. h. Protokollführer.

Der Schwerpunkt des kirchlichen Lebens aber liegt in der grossen gemeinsamen Synode. Mitglieder derselben sind alle Prädikanten und Pfarrer zu Stadt und Land; sie versammelt sich zwei Mal im Jahre, um Ostern herum und im Herbst.[4]) Der Antistes und der Alt-Bürgermeister führen den Vorsitz; sechs Vertreter[5]) des Magistrats nehmen als weltliche Assessoren an den Verhandlungen teil. Die Hauptaufgabe der Synode besteht in der „Censur" über ihre Mitglieder. Kirchgenossen, welche eine

---

[1]) So nach den Angaben von Wirz, Kaspar, Das Züricher Ministerium. Zürich 1890.
[2]) Finsler, Kirchl. Stat., 583. — Wirz, Kirchen und Schulen, II. S. 102.
[3]) Wirz, Kirchen und Schulen, II. S. 115 ist der Eid mitgeteilt, den der Dekan dem Bürgermeister und Rat zu schwören hatte.
[4]) Der Synodaleid ist mitgeteilt in Finsler, Kirchl. Statistik, S. 41 u. 42.
[5]) So nach Wirz; nach Finsler sieben.

Klage vorzubringen haben gegen Leben oder Lehre ihrer Pfarrer, sollen sich durch Abgeordnete vertreten lassen. Zur Züricher Synode gehörten aber von Anfang an auch die in den gemeinen Herrschaften im Thurgau und Rheinthal und in den sog. Landfriedensgebieten angestellten Geistlichen, und ebenso (bis 1661) diejenigen im reformierten Teile von Glarus. Die erstern bildeten eigene Kapitelsbezirke: Franenfeld, Steckborn, Ober-Thurgau und Rheinthal.

Die Pfarrwahlen wurden für die Züricher Kirchen vom Rate getroffen, immerhin auf den Vorschlag eines kirchlichen Kollegiums, der sog. „Examinatoren beider Stände".[1]) Diese Behörde bestand seit 1532 aus dem Antistes als Präsidenten, zwei Mitgliedern des Grossen und zwei des Kleinen Rates, den Professoren der Theologie und den Pfarrern zu St. Peter und am Fraumünster. Dieser Examinatoren-Konvent, der die Prüfung und Ordination der Kandidaten vornahm, war zugleich vorberatende Behörde des Rates in allen kirchlichen Angelegenheiten; er stellte seine Anträge zu notwendig scheinenden Veränderungen oder Verordnungen und war die Aufsichtsbehörde, welche fehlbare Geistliche vor sich beschied oder zur Bestrafung dem Kleinen Rate überwies.

Der Aufnahme in den geistlichen Stand geht eine Prüfung voraus. Sie wird *also vorgenommen, dass man si für das erst locos communes* (Dogmatik) *anzüche, demnach erfahre, wie beläsen und geübt die fürgestellten in beiden Testamenten syend; was si für ein judicium in scripturis habind, wie si die bruchind, läsind und dem volke erklärind."* Die Aufgenommenen bildeten, so lange sie noch kein Amt zu versehen hatten, eine eigene Körperschaft, welche unter der Aufsicht eines besondern Dekans stand.[2]) Die Einkünfte der Pfarrkirchen dienten wie bisher zum Unterhalte ihrer Geistlichen, wobei sich freilich der Uebelstand grosser Ungleichheit und Unbilligkeit bald herausstellte und namentlich die ungenügende Dotierung der vordem durch Inkorporation an die Klöster ihrer Güter beraubten Kirchen Abhülfe verlangte.[3])

Die angeordneten Visitationen sollten bald ihre Bedeutung für das kirchliche Leben erkennen lassen. Bei der Synode im Herbst 1534 handelte es sich vornehmlich um die Disciplin der

---

[1]) Für die Kollaturpfarreien machten sie einen achtfachen Vorschlag, aus dem dann der Rat einen dreifachen zu Handen des Kollators bildete.
[2]) Wirz, a. a. O., II, 288—289, 302.
[3]) Hottinger, K.-G., III, 840. — Wirz, a. a. O., II, 330.

Geistlichkeit. Es ist natürlich, dass man im Anfange sich genötigt sah, aus Mangel an geeigneten Predigern mit den Anforderungen, sowohl in sittlicher, als in wissenschaftlicher Hinsicht, äusserst genügsam zu sein. Mancher war schon darum als ein Verkündiger des Evangeliums angesehen worden, weil er recht tapfer und derb über Papst und Götzendienst schmähte. Erst die Folge musste offenbar machen, wie viel untüchtige, wie viel rohe, unwissende und sogar gründlich demoralisierte Leute auf diesem Wege in den Kirchendienst gekommen waren trotz aller Gewissenhaftigkeit der Visitatoren.[1]) Die Synode von 1534 hatte mit der Censurierung derselben sich zu beschäftigen und mehrfache Beschwerden entgegenzunehmen. Hier ist von Zanksucht, Habsucht, Trunk und Ehebruch die Rede, und das Resultat war eine Eingabe vom 20. Oktober 1534 an die Räte. Sie ist unterzeichnet von Heinrich Engelhardt, Leo Jud und Heinrich Bullinger.[2])

Entsetzlich sind die Schilderungen, die uns da entgegentreten; sie machen es zweifellos, dass für die erste Zeit die Lossagung vom alten Bekenntnis nichts weniger als günstig auf die Sittlichkeit gewirkt haben muss, vielmehr eine arge Lockerung aller moralischen Bande daraus hervorzugehen drohte. Sagt doch in dieser Schrift Bullinger mit dürren Worten: „Die Gottlosigkeit hat zugenommen." Und er selbst, der Antistes, musste bei dieser gegenseitigen Beurteilung (1535) den Vorwurf vernehmen, dass er zu mild und sanftmütig sei, während gleichzeitig sein Bruder Johannes Bullinger beschuldigt wurde, er habe einen Mann, der zu ihm gekommen, mit der Faust ins Angesicht geschlagen. Aber gerade in dieser offenen Anerkennung der Schäden lag die Gewähr für eine Erhebung aus dem traurigen Zustand.

Ganz ähnliche Anordnungen wurden in Bern getroffen. Die Einteilung der Dekanatsbezirke war schon am 15. Dezember 1530 festgestellt worden. Es gab hier neun Kapitel: Thun, Bern, Nidau, Büren, Burgdorf, Langenthal, Aarau, Brugg und Zofingen.[3]) Die Kirchengüter und Stiftungen blieben bestimmt zur Besoldung der Pfarrer und zur Bestreitung der kirchlichen Kosten der Einzelgemeinde, der sie gehörten; nur Klostergut erhielt, zu Handen der Regierung eingezogen, eine neue nun als passend betrachtete Verwendung teils zu Bildungsanstalten, teils zur Armenpflege.

---

[1]) Vergl. die bez. Aufzeichnungen aus dem Jahre 1532—1533 bei Egli, A. S., Nr. 1811, 1911 u. 1988.
[2]) Ehrerbietige Vorstellung oder Herzenserliechterung der Zürcher Synode gegen die Obrigkeit. Abgedruckt in Hess, Samml., 141.
[3]) Sturler, Urkunden zur Bern. Kirch.-Ref., II, 11.

Die Umschreibung eigentlicher Pfarrgemeinden war keine leichte Aufgabe. Noch im Sommer 1535 machte eine Eingabe der Prediger, die zu Zofingen zusammengetreten waren, auf die vorhandenen Uebelstände aufmerksam.[1])

So war denn noch viel zu thun, wenn das Kirchenwesen den Vorstellungen der Reformation einigermassen entsprechen sollte. Das Dorf Melchnau wurde von der luzernischen Kirche zu Grossdietwyl, das Thal von Schangnau von Marbach abgetrennt, ersteres als selbständige Pfarrgemeinde, letzteres vorerst als Filiale von Trub eingerichtet.[2]) Kallnach musste ebenso von dem zu Murten gehörenden Kerzers abgelöst werden und erhielt 1530 eine eigene Pfarrkirche. Umgekehrt trennten sich die solothurnischen Dörfer Wolfwyl, Fulenbach und Neuendorf von ihrer bisherigen Mutterkirche zu Wynau, und dieser wurde zum Ersatz die Gemeinde Roggwyl als Filiale angefügt. Laupen, Diemtigen, Reichenbach bei Frutigen, bisher blosse Filialen, erhielten eigene Kirchen und Pfarrer; Albligen, das nach Ueberstorf im Kanton Freiburg pfarrgenössig gewesen war, wurde jetzt Filiale der Kirche zu Wahlern[3]), die aufgehobene Propstei Wangen (a. A.) wurde in eine Kirchgemeinde verwandelt, und in Thun entstand eine zweite Pfarrstelle.

Grössere Schwierigkeiten bereiteten die Kollaturrechte, so weit sie sich nicht schon in der Hand der Obrigkeit befanden oder durch die Aufhebung der Klöster an sie gelangten. Sie wurden zwar jetzt als grundsätzlich unzulässig betrachtet und

---

[1]) Es ist nicht ohne Interesse, diese Klagen anzuhören: „Büren sollte mit Tetzigen vereinigt werden! Langenthal gehört zum Theil nach Thunstetten, kument nit dar — d. h. die Leute kommen nicht nach Thunstetten zur Kirche — weiss Niemand, war si gand. Zu Kilchberg bi Burtolf (Burgdorf) sind etlich Dörfer nun lang nit zur kilchen gangen; weiss Niemand, war si gand. Lützelflüh ist theilt in vil höf. Das oeh die veltkilchen, als Suren, Habstetten, Riggensperg, und wo die sind, geschlissen — abgebrochen — wie usagangen mandat wisend, och die helm nf den kilchen, so nid pfarren sind, abgetan werden. An ettlichen orten lütet man den toten mit allen gloggen nach altem bruch, an etlichen mit einer gloggen; dass hierin ein ordnung gemacht werde, die allgemein und glich sye. In etlichen kilchen sind noch alt stein, götzengemäld, und sust so untätig gehalten, als wärend es silwställ." St.-A. Bern (Kirchl. Angel., 1530—33). Vergl. auch ein Schreiben der Stadt Büren vom 2. Aug. 1531, ebendaselbst (1534—39).

[2]) Am 18. März 1529 erhielt der Prädikant zu Trub den Auftrag, jede Woche einmal in Schangnau zu predigen. (Stürler, Urk., II, 146).

[3]) E. A., IV, 1ᵈ, 989.

deshalb möglichst beschränkt[1]), aber doch formell als zu Recht bestehend anerkannt. Manche dieser Patronate waren im Besitz der betreffenden Herrschaftsherren, wie Lützelflüh (Brandis), Spiez, Diessbach bei Thun, Wyl, Worb, Hilterfingen (Oberhofen), oder anderer Privaten, wie Schüpfen, Wengi, Thierachern, Blumenstein, Grosshöchstetten, Rüeggisberg. Hier war es verhältnismässig leicht, ein Abkommen zu treffen und den Einfluss des reformierten Staates zu sichern, ebenso in Lüssligen, Oberwyl bei Büren, Biglen, Stettlen, Vechigen, wo die Kollatur dem Berner Spital gehörte, oder in Leuk[2]) und Unterseen, wo die Gemeinde selbst als Kirchenstifterin das Wahlrecht ihres Pfarrers besass. Hingegen waren die Kollaturen von Herzogenbuchsee, Huttwyl und Seeberg Eigentum des Klosters St. Peter im Schwarzwald; Langenthal, Madiswyl, Roggwyl, Niederbipp und Wynau des Klosters St. Urban im Gebiet von Luzern; zu Pieterlen und Lengnau gehörte dasselbe der Abtei Bellelay im Jura; zu Dürrenroth, Sumiswald, Affoltern im Emmenthal, Trachselwald und Köniz dem Deutschen Orden, der in seine Rechte wieder eingesetzt werden musste. Die Kirche zu Messen nebst ihrer Filiale zu Balm gehörte dem St. Ursusstift in Solothurn, und ebenso befanden sich diejenigen zu Diessbach bei Büren, Limpach und Wynigen noch in solothurnischem Besitz.

Von allen diesen Kirchen konnten nur die zuletzt genannten schon bald (im Jahre 1539[3]), durch Austausch gegen bernische Rechte frei gemacht werden; für die übrigen war der Abschluss eigener Verträge notwendig, durch welche festzustellen war, dass die katholischen Kollatoren evangelische Prediger einsetzen und ohne ungebührliche Einmischung die kirchlichen Ordnungen des bernischen Gebietes einführen mussten. Die sonderbaren Verhältnisse haben dann teilweise, durch alle Perioden der konfessionellen Zerwürfnisse hindurch, bis ins XIX. Jahrhundert bestanden.

Einige Kirchen wurden jetzt mit neuerwachtem Eifer hergestellt oder völlig neu erbaut, dagegen umgekehrt alle Gotteshäuser, die nicht mehr zur Predigt dienten, namentlich die einzelstehenden Kapellen, niedergerissen oder gänzlich verändert, damit nicht der Aberglaube sich darin einnisten könne.[4])

---

[1] Die Kollatur von Wichtrach, welche dem Kloster Einsiedeln gehörte, hatte Bern schon 1527 an sich gezogen.
[2] Wurde 1533 an die Obrigkeit abgetreten.
[3] Vertrag vom 26. Juli 1539. E. A., IV, 1c, S. 1121.
[4] Ratsbeschluss vom 10. April 1530.

Diesem Schicksal verfiel nicht nur die Kirche der heiligen Gottesmutter zu Oberbüren, in welcher einst so arger Unfug vorgekommen war, sondern auch die Waldkirche bei Niederbipp, die alte Wallfahrtskirche zu Röthenbach und die Kapellen zu Uttigen, zu Fultigen und zu Opligen bei Wichtrach, so auch die ehrwürdige Kirche zu Port bei Nidau, wo nun das Verhältnis zur bisherigen Filiale umgekehrt wurde. Die Kirche zu Kleinhöchstetten bei Münsingen, eine der ersten, in der das Evangelium verkündigt worden, wurde 1534 verkauft und in ein Bauernhaus verwandelt.[1]) Auch in Thun musste 1534 das Beinhaus, 1535 der sogenannte Oelberg abgebrochen werden, und gleichzeitig wurden die Reste des Klösterleins zu Belmont bei Nidau beseitigt. Das Dorf Nods auf dem Tessenberg hörte auf, eine eigene Pfarrgemeinde zu bilden, und wurde mit der Kirche zu Tess wieder vereinigt.

Die Aufhebung der überflüssigen geistlichen Stellen war eine weitere Folgerung des Grundsatzes, dass nicht das Herkommen und die Gewohnheit, sondern die Zweckmässigkeit zu entscheiden habe. Statt der 24 Chorherren zu St. Vinzenzen blieben nur die drei Hauptprediger und ihre zwei Helfer.[2])

Dazu zwang auch die Notwendigkeit, der Mangel an tüchtigen Männern. Ueber die Prüfung der Geistlichen in Bezug auf ihre Tauglichkeit zum Amte waren schon am 3. April 1528 einige einfache und sehr bescheidene Bestimmungen aufgestellt worden.[3]) Um die ungeübten Messpriester möglichst rasch in Prediger des Gotteswortes umzuwandeln, soll Berchtold Haller eine kurze homiletische Anleitung abgefasst haben. Als Prüfungsbehörde amtierte der Konvent.

Die Wahl der Pfarrer lag übrigens ganz in der Hand der Obrigkeit, des Rates der Stadt, ohne irgend eine Mitwirkung der Gemeinden, nur in der Regel auf einen Vorschlag des betreffenden Dekans. Dieser Vorschlag galt auch da, wo die Wahl formell dem Kollator zustand.

Die Wahlen selbst, resp. die Bestätigung der Vorgeschlagenen, wurden dabei mit einer Leichtigkeit und Rücksichtslosigkeit gegen die Personen vorgenommen, welche deutlich die Nachwirkung der katholischen Zeit mit ihrer äusserst geringen Achtung vor dem geistlichen Stande, verbunden mit Beweglichkeit des familienlosen

[1]) Dieselbe ist noch vorhanden, die uralte Chorabsis dient als Backofen.
[2]) Zeender, Bern. Kirch.-Gesch., Mss. I, 161, der St.-Bibl. Bern.
[3]) Stürler, Urk., II, 17.

Priesters, verrät. Die Pfarrer wurden in den ersten Jahren im Lande herumgeschickt, wie Taglöhner oder wie gemeine Soldaten, die man aufstellt, wo man sie gerade braucht. Das Rats-Protokoll bietet Beispiele in Menge; sie beweisen aber gleichzeitig auch, wie sehr gerade in dieser ersten Zeit die kirchlichen Geschäfte als Aufgabe von der allergrössten Wichtigkeit für Wohl und Wehe des Landes, für Gegenwart und Zukunft angesehen wurden.

Die natürlichen Berater für kirchliche Fragen waren die Prediger an der Hauptkirche der Stadt, die Nachfolger der Chorherren am ehemaligen Vinzenzenstift. Allen voran der ehemalige Leutpriester Berchtold Haller, der jetzt als erster Pfarrer am Münster, wenn auch ohne den Titel eines „Antistes", als das Haupt der bernischen Kirche und offizieller Vertreter derselben betrachtet wurde.

Sein treuester Mitarbeiter blieb auch jetzt sein ältester Freund, Franz Kolb[1]), der seit 1527 auf seinen Wunsch nach Bern zurückgekehrt war. Im übrigen scheint die Zahl der ehemaligen Priester, die sich als tüchtige Pfarrer im Dienste der neuen Kirche bewährten — von der Hauptstadt abgesehen — eine recht geringe gewesen zu sein. Wir nennen Peter Kunz, Pfarrer zu Erlenbach, der 1526 mit Haller zugleich nach Baden geschickt worden war, um von seiner Lehre Rechenschaft zu geben — vielmehr, um sich eines Bessern belehren zu lassen, und der, bald nach Bern berufen, einer der einflussreichsten Männer werden sollte; ferner Urs Völmi, der gewesene Solothurner Barfüsser, der 1532 Pfarrer in Thun und 1536 Dekan wurde; Hans Leu, 1521 Kaplan zu Oberdorf bei Solothurn, 1523 seines Glaubens wegen entlassen und fünf Jahre später Pfarrer zu Wynigen und zu Grindelwald, dann während einiger Zeit wieder in Solothurn; Thüring Rust, der 1525 die Abtswürde zu Trub niedergelegt hatte, weil er nicht mehr an sein Kloster glaubte, war dann 1528—37 Pfarrer zu Lauperswyl, und Niklaus Schürstein, der gewesene Thorberger Karthäuser, wurde hier und dort zur Aushülfe gebraucht, ohne irgend wo bleibend thätig zu sein.

Regelmässige Visitationen wurden auch hier als das geeignetste Mittel angesehen, eine günstige Fortentwicklung und stetige Verbesserung, besonders aber die Fernhaltung einschleichender Missbräuche im Kirchenwesen zu sichern[2]); die erste fand unter Hallers Leitung schon im März, die zweite im Oktober 1532 statt.

[1] Eissenlöffel, F. Kolb. Zell, 1895.
[2] Kuhn, Die Kirchenvisitationen und ihr geschichtlicher Gang, in Trechsels Beitr., II. 110.

Dagegen wurden die anfänglich in Aussicht genommenen jährlichen Synoden der gesamten Geistlichkeit nur selten und nur auf besondere Veranlassungen hin zusammengerufen. Ausserordentliche Kapitelsversammlungen sollten einen Ersatz dafür bieten. Im Frühling 1538 wurden Kunz und Ritter beauftragt, in Verbindung mit dem Ratsherrn Bernhard Tillmann solche Kapitel in Brugg, Aarau und Thunstetten abzuhalten.[1])
Basel ordnete sein Kirchenwesen in entsprechender Weise. Es wurden aus den Landgebieten drei kirchliche Bezirke gebildet: Liestal, Farnsburg und Waldenburg, deren Geistliche zu Provinzialsynoden zusammentraten. Die jährlich stattfindenden Generalsynoden erhielten die Aufgabe der Besprechung der kirchlichen Lage und der gegenseitigen brüderlichen Vermahnung. Die Prediger der Stadt mit den Professoren waren als Konvent die von selbst gegebene leitende Behörde.[2])

Der Gottesdienst.

Neben der Kirchenverfassung, welche in dem Anschluss an die Obrigkeiten eine zur Zeit der Sachlage entsprechende Gestaltung erhielt, bestand der wichtigste Teil der Selbstkonstituierung in der Anordnung eines den neuen Bedürfnissen angemessenen Gottesdienstes, des kirchlichen Kultus; denn die Fixierung der Lehre, einer gemeinsamen und verbindlichen Glaubensnorm, kam auf unserm Boden erst in zweiter Linie.

Zwingli, der bekanntlich schon bei seinem ersten Auftreten auf der Kanzel des Grossmünsters in Zürich sich von dem kirchlich üblichen Perikopentext emancipiert und seine einfache Bibelerklärung begonnen, dann seit 1523 die Feier der Messe aufgegeben hatte, stellte damit die Verkündigung und Auslegung des Wortes Gottes in der Allen verständlichen Volkssprache in den Mittelpunkt des Gottesdienstes. Messe! und Predigt! waren die Parteischlagworte, nach denen man sich unterschied, der „Messpriester" und der „Prädikant" die Titel, die den Gegensatz des altoder des neugesinnten Geistlichen bezeichneten. Die Ersetzung der Messe durch die Bibelauslegung wurde darin ausdrücklich dokumentiert, dass auch letztere täglich abgehalten wurde. Zwingli, Judae und Engelhardt erklärten: „Da die menschliche Seele täglich mit Sünden betrübt wird, thut es auch not, dass sie täglich mit dem Worte Gottes gestärkt werde, darum ist unser Erbieten, dass

---
[1]) Instruktion an dieselben vom 24. April.
[2]) Finsler, K. Stat., 170.

man alle Tage zu bequemer Tageszeit eine Viertel- oder eine halbe Stunde ein Stück aus der heiligen Schrift predige und danach, wenn jemand es begehrt, dieselben speise und tränke nach Inhalt des Wortes Gottes." Im übrigen war manche äussere Sitte und Andachtsbezeugung unbedenklich beibehalten worden.[1]

Der eigentliche Gemeindegottesdienst, zu welchem nach alter Sitte alles Volk zusammenlief, fand am Sonntag Morgen und am Freitag statt. Der Besuch der Sonntagspredigt war gesetzlich vorgeschrieben, die Säumigen mussten sich entschuldigen und waren unter Umständen mit Ausschliessung vom Genuss des Bürgerrechts — von „Wun und Weid" — bedroht.[2]

Neben der eigentlichen Predigt aber hatte Zwingli noch eine andere Form der Bibelauslegung eingeführt, die von ihm so genannte „Prophezei". Er entnahm den Namen aus dem 1. Korintherbriefe, wo der prophetisch-belehrenden Rede entschieden von Paulus der Vorzug zuerkannt wird vor dem unverständlichen „Zungenreden". Der Zweck dieser Form lag ihm in der Begründung allgemeiner Bibelkenntnis und der Erfüllung der Gemeindeglieder mit Gedanken und Geist der heiligen Schrift. Zwingli, der überzeugt war, sich damit den Einrichtungen der ältesten Christengemeinden möglichst zu nähern, soll am 19. Juni 1525 zum ersten Male den bezüglichen Versuch gemacht haben. Bullinger, der nachher fortfuhr, gibt uns in seinem Kommentar zum Korintherbriefe, an der angeführten Stelle, eine Schilderung des neuen Gebrauches.[3] Jeden Tag, Freitag ausgenommen, wurde früh um 8 Uhr ein Bibelabschnitt von den Studenten in der Ursprache gelesen, dann ins Lateinische übersetzt und ausgelegt. Unterdessen kam um 9 Uhr das Volk zur Wochenpredigt in die Kirche; dann wurde der nämliche Text in populärer Sprache deutsch erklärt und auf das Leben angewendet. Zwingli selbst pflegte die griechischen Texte des neuen Testamentes so zu behandeln; die hebräischen überliess er anfangs Ceporin, später Pellikan. Die Prophezei war somit ein Mittelding zwischen einer Bibelstunde und einem exegetischen Kollegium.

Nach Zwinglis Tod wurde diese Sitte weiter gepflegt, und namentlich auch zur bessern Belehrung der unwissenden Landgeistlichkeit benützt.

---
[1] Pestalozzi, Bullinger, p. 119.
[2] Wirz, a. a. O., 5.
[3] Hess, Samml., S. 178. Eine davon etwas abweichende, aber sehr einleuchtende Schilderung gibt: Metzger, Gesch. der deutschen Bibelübersetzungen, S. 67.

Doch schon 1535 wurde in der Kirchenordnung diese Form etwas modifiziert.[1]) Diese Bibelstunden wurden öfters auch am Abend abgehalten, da man offenbar anfangs Wert darauf legte, nicht weniger kultische Akte zu feiern, als die katholische Kirche, und nur die unerbaulichen Ceremonien durch fruchtbare Erbauung ersetzen wollte. Ueber die Gottesdienstgebräuche selbst ergibt sich Näheres aus dem — undatierten — Ratsbeschluss von 1532, welcher die Verteilung der kirchlichen Funktionen unter die Stadtprediger regelte.[2])

Sämtliche Feiertage, mit Ausnahme des biblisch begründeten Sonntags, wurden als aufgehoben erklärt; doch findet sich hierin noch mancherlei Schwanken, indem in den ersten Zeiten nur die gewöhnlichen Heiligentage abgeschafft, die Aposteltage dagegen, und sogar Marientage, wie es scheint, noch begangen worden sind.[3])

Das Abendmahl, welches Zwingli geneigt war bei jedem Gottesdienste zu feiern und gleichsam als Schluss- und Höhepunkt der Predigt anzusehen, wurde nachher auf die grossen Festzeiten beschränkt, auf Ostern, Pfingsten, Allerheiligen und Weihnacht. Der Altartisch wurde mit einem weissen Tuch bedeckt, hölzerne Teller und hölzerne Becher wurden gebraucht; dagegen blieben die Oblaten üblich. Der Prediger stand am Tische und sprach die Gebete und das Glaubensbekenntnis. Die sakramentlichen Zeichen wurden alsdann den Diakonen übergeben und von diesen den Kommunikanten an ihre Plätze in der Kirche gebracht.[4])

Zwingli hatte, obwohl persönlich ein Freund der Musik, dieselbe in jeder Form aus dem Kultus verbannt, und seiner Tradition blieb man in Zürich noch längere Zeit getreu.[5])

Seit dem Beginn der Kirchenverbesserung hatte Zürich eine eigene Bibelübersetzung in der Sprache des Volkes. Im Jahre 1524 war das Neue Testament von Leo Judae und K. Grossmann bearbeitet worden, teils aus dem Urtext selbständig, teils mit Modifikationen nach Luthers Uebersetzung. Noch 1531 war die

---

[1]) Wirz, a. a. O., I., 100.
[2]) Egli, A. S., Nr. 3582.
[3]) Mandate von 1526 und 1530, bei Egli, A. S., Nr. 946 und 1656.
[4]) Wirz, a. a. O., I., 81. Vergl. dazu überhaupt: Lavater, De ritibus ecclesiae Tigurinae, 1559, und Observationes ad L. Lavateri tractatum, mit Vergleichung der Züricher, Basler, Berner und Schaffhauser Kirchengebräuche bis 1671, Mss in Zürich.
[5]) Weber, J., Geschichte des Kirchengesangs in der Schweiz seit der Reformation. Zürich 1876.

erste Gesamtausgabe erschienen, die nun in Kirche und Haus die Grundlage des religiösen Lebens bildete.

Die Führung von Verzeichnissen der getauften Kinder und der Eheeinsegnungen war schon 1526 allen Pfarrern anbefohlen worden. In diesen Büchern fand das Zusammenfallen des Bürgers und des Christen seinen charakteristischen Ausdruck.

In Bern wurden nach der entscheidenden Wendung von 1528 die Zürcher Kirchengebräuche einfach nachgeahmt. Ein „Taufbüchli" wird schon im Februar und nachher mehrmals erwähnt.[1]) Nach dem scharfsinnigen Rekonstruktionsversuch von A. Fluri[2]) enthielt dasselbe auch Vorschriften für die Eheeinsegnung und für die Anzeige in Todesfällen.

Volle Gleichförmigkeit mit Zürich wurde gewünscht, aber keineswegs für nötig befunden. Sogar der Versuch einer Uebereinkunft in der Bezeichnung der gesetzlichen Feiertage, 1538, ist unterblieben, weil man jedem „Stande" seine Freiheit lassen wollte.[3])

Auch in Bern wurde alle Tage Predigt gehalten, am Sonntag in Form einer feierlichen Rede vor der versammelten Gemeinde, Montags, Mittwochs und Freitags — nach dem Reformations-Mandat — als Wochenpredigt, und jeden Morgen im Münster-Chor in der Art der „Prophezei".[4]) Dabei wurde ausdrücklich dafür gesorgt, dass diese tägliche Andacht der Wochenarbeit nicht im Wege stehen, und umgekehrt die Arbeit niemand hindern solle, am Gottesdienste teil zu nehmen. Die Prophezei fand morgens um 6 Uhr statt, mit dem strikten Befehl: *Sollen um 7 Uhr usprediget han.*[5]) Haller war bekanntlich, was Sprachkenntnisse anbelangt, von bescheidener Gelehrsamkeit; die Prophezei wurde meist von Megander, als Professor des Griechischen, für das neue Testament, und von dem ebenfalls aus Zürich berufenen Johannes Müller (Rhellican) für das Hebräische besorgt.[6]) Auch in Thun soll die Prophezei eingeführt worden sein, und zwar durch den oben genannten Urs Völmi (Lohner, I, 349).

Doch überzeugte man sich bald, dass die Aufgabe der volkstümlichen Erbauung und diejenige der wissenschaftlichen Unterweisung besser getrennt werden. Die Auslegungen des Alten Testaments

---

[1] Stürler, Urk., I, 270; II, 11, 31.
[2] Meilis Theol. Zeitschr. 1895, S. 103—118.
[3] Frikart, a. a. O., 18.
[4] Ebenso in einem Mandat vom Sept. 1533.
[5] 16. Jan. 1531.
[6] Ueber Hallers Predigtweise siehe Frikart, S. 35.

aus dem Urtext unterblieben, ohne dass der Zeitpunkt dieser Aenderung angegeben werden könnte.

Die Festtage wurden in Bern auf den Sonntag beschränkt[1]), doch nicht konsequent, denn anfangs wurden noch gefeiert: Neujahrstag, Verkündung Mariae, Ostern, Auffahrt, Pfingsten und Weihnacht.[2]) Ueber die biblische Begründung der Sonntagsfeier gab man sich nicht genau Rechenschaft.

Es ist natürlich, dass für die erste Zeit, einem gänzlich unwissend aufgewachsenen Geschlechte gegenüber, dem man nun doch ein gewisses Mass religiöser Mündigkeit zusprach, das Moment der Belehrung von ganz besonderer Wichtigkeit erschien und im Kultus nicht nur Ausdruck fand, sondern einseitig überwog. Darum wurden zum Besuch der Kinderlehren, die zuerst seit 1532 angeordnet waren, auch Knechte und Mägde, also diejenigen, die voraussichtlich ohne Schule aufgewachsen waren, förmlich und bei Strafe verpflichtet.

Das Nachtmahl wurde in Bern anfangs jeden Sonntag gefeiert, und zwar noch ganz in der gewohnten katholischen Weise, doch mit dem Kelche auch für die Laien und mit den deutschen Einsetzungsworten und mit deutschen Gebeten.[3]) Eine eigene Liturgie für die Feier, die im Jahre 1529[4]) angenommen und gedruckt worden war, scheint in keinem einzigen Exemplar erhalten zu sein, und so fehlt uns eine ganz genaue Vorstellung davon, wie es zuging. Herminjard vermutet, er sei das erste „Kanzel- und Agendbüchli der Kilchen zu Bern", successiv gedruckt worden, nämlich zuerst das „Taufbüchli" im Februar, dann das „Nachtmahlbüchli" am 26. März.[5]) Erst im „Synodus" finden wir dann einige Bestimmungen darüber. Es heisst hier im Kap. 22: *„Des Gebrauchs halb beim Nachtmahl ist beschlosssen worden, Oblaten zu gebrauchen, doch so, dass wenn jemand nicht kleine Oblaten brauchen kann, er grosse nehmen und sie ordentlich in kleine Stücke zerschneiden may. Auch soll gepredigt werden, dass jedermann des Herrn Brot und den Kelch in die Hand nehmen möge, da das schicklicher sei, als sich dieselben eingeben zu lassen. So aber jemand der Ungewohnheit wegen daran Anstoss nehmen sollte, dem*

---

[1]) Stürler. Urk., II, 37, vom 5. Juni 1528.
[2]) Mandat vom 10. April, 1530, Mandatenbuch I, 383—387; vergl. Anshelm, VI. 48.
[3]) Siehe dagegen Stürler II. 34. vom 29. Mai 1528.
[4]) Missb. R., fol. 205, (8. März 1529,) erwähnt eine Abendmahlsordnung.
[5]) Herminjard, VI, 80, Note. — Vergl. Wyss, Geschichte der Berner Liturgie, in Trechsels Beitr. 1841, 87 ff.

wollen wir das Brot in den Mund legen und ihn tränken mit dem Kelche, bis ihm diese Scheu von selbst vergeht. Auch ist unser Brauch, dreimal im Jahr das Nachtmahl zu halten, zu Ostern, Pfingsten und Weihnacht, jedoch ohne jemand an die Zeit zu binden, da niemandes Gewissen darin beschwert werden soll, wie der Papst es thut. Es soll bei der Feier das Geheimnis erklärt werden durch Vorlesung einer passenden Bibelstelle, vorzüglich von der Einsetzung des Abendmahles, wie sie die Apostel und die Evangelisten beschrieben haben. Darauf soll ein wohlbedachtes, andächtiges Gebet folgen und hiernach die Austeilung des Brots und des Kelchs; darauf die Danksagung nach eines jeden Gabe." [1])

In einigen Gemeinden im Aargau soll schon gleich nach der Reformation das „Brotbrechen" in Uebung gekommen sein, statt des Gebrauchs der Oblaten.

Von der Taufhandlung wird im Synodus gesagt, dass sie am Sonntag und nur in der Kirche vor versammelter Gemeinde vorgenommen werden solle, andernfalls ist sie nicht ein Sakrament, sondern ein „*gemein Kinder baden*". Die Nottaufe ist ausgeschlossen; der Gebrauch des Taufsteines ist zweckmässig, aber Gleichförmigkeit keineswegs erforderlich; die Hauptsache ist, dass die Feier mit gebührendem Ernste begangen werde, mit Gebet, Schriftbetrachtung und mit Erinnerung „*an den wahren Tauf Christi, der da beschicht im heiligen Geist*".[2])

Die Kindertaufe wurde natürlich vom Gesetz gefordert und nicht vom Belieben des einzelnen Bürgers oder Gemeindegliedes abhängig gemacht. Gerade weil die Wiedertäufer sich dazu in Widerspruch stellten, wurde um so strenger darauf gesehen und jeder Ungehorsam in diesem Punkte als Zeichen und Symptom allgemeiner Widersetzlichkeit behandelt. Es hing dies mit einer weitern Anordnung zusammen, die hier erwähnt werden muss, mit der Einführung der Kirchenbücher als bürgerlicher Personenregister, die mit der Annahme der Reformation zusammenfällt. Schon am 18. Dezember 1528 wurde geboten, „*dass die Totengräber alle Beerdigungen an Herrn Berchtold* (also B. Haller) *anzeigen sollen, reich oder arm, damit sie im Register eingeschrieben werden*".[3]) Gleicherweise wurden auch die Taufen kontrolliert und die Einsegnung der Ehen eingetragen; und was anfangs nur in

---

[1]) Synodus, Kap. 22. Nach der stark modernisierten Umschreibung bei Billeter, a. a. O.
[2]) Synodus, Kap. 21.
[3]) Stürler, II, 115. (Archiv d. H. V, IX, Heft 2.) Es betraf die Verfügung, wie aus der Nennung des Hrn. B. hervorgeht, natürlich nur die Hauptstadt.

der Stadt geboten worden war, auch für das Land anbefohlen.[1]) An die bernische Kirchenordnung schlossen sich die evangelischen Gemeinden in Murten und in Schwarzenburg an. Etwas anders waren die kultischen Einrichtungen in Basel. Oecolompad war hier, persönlich viel weniger als Haller von Zwingli abhängig, seinen eigenen Weg gegangen. Der Anfang einer Kirchen- und Gottesdienst-Orduung war schon vor dem Sieg der Reformation gemacht worden in dem von Oecolompad und seinen Freunden im Jahre 1526 herausgegebenen Büchlein: *„Form und Gestalt, wie der Kinder Tauf, des Herren Nachtmahl und der Kranken Heimsuchung jitz zu Basel von etlichen predikanten gehalten werden."* [2]) Diese Form blieb nun im ganzen massgebend, als die Stadt der neuen Lehre beitrat, mit einer Abweichung nur in der Feier der Taufe. Noch aus den ersten Zeiten der kirchlichen Bewegung stammend, hat die Liturgie, mehr als diejenige Zürichs, manche Anklänge an das Ceremoniale der katholischen Kirche und damit eine gewisse Aehnlichkeit mit derjenigen Luthers bewahrt. Myconius sah darin keine Veranlassung zur Aenderung; persönlich der Einigung mit der lutherischen Kirche geneigt, blieb er gerne bei der grösseren Verwandtschaft mit den deutschen Gebräuchen. Der Unterschied von der übrigen Schweiz war am auffallendsten im gottesdienstlichen Gesang, der in Basel von Anfang an gepflegt worden ist, während ihn die Zwinglischen Kirchen abgeschafft hatten. Hussitenlieder sollen es gewesen sein, welche Oecolompad schon 1526 in der Martinskirche singen liess. Noch einige Zeit war ein Liederbuch in Gebrauch, das auch katholische Lieder enthielt.[3]) Das Abendmahl wurde in Basel nicht nur jeden Sonntag, sondern auch, auf Verlangen, in den Häusern gefeiert und den Kranken gebracht.[4]) Merkwürdig ist, aus dem Gesagten teilweise erklärlich, dass Basel lange noch keine Liturgie, kein vorgeschriebenes Gebet, besass, sondern bei den Gottesdiensten, selbst bei den Haupt- und Sonntags-Predigten, nur freigehaltene Gebete kannte.

[1]) Stürler, Die Einführung der Civilstandsregister im Kanton Bern. Mss. in der St.-B. Bern. Mss. H. H. III 81 (N. 21).
[2]) Druck ohne Datum. 8°. Neudruck von 1864.
[3]) Neues Gesangbüchli von vil schönen Psalmen und geistlichen Liedern von Dienern der Kirche zu Costanz (Vorrede von Joh. Zwick), gedruckt in Zürich 1540. Vergl. Riggenbach, Der Kirchengesang in Basel seit der Ref. Basel 1870.
[4]) Hagenbach, Oecol., S. 346. Vergl. dazu die Sammlung alter Agenden in zwei Bänden in der Bibl. d. Antistitiums, mit den Ausgaben von 1526, 1537, 1569, 1572, 1578, 1584 etc. Ausgabe von 1550 in der St.-B. Bern.

Schaffhausen, St. Gallen und die evangelischen Gemeinden in Glarus, Appenzell und der übrigen Ostschweiz hielten sich ganz an das Vorbild von Zürich; die evangelischen Kirchen im Rheinthal und im Thurgau standen, wie bereits erwähnt, zum Teil direkt unter dem Regiment der Züricher Synode, und ihre Prediger gingen aus der Schule Bullingers, meistens aus der Züricher Bürgerschaft, hervor.

Auch die neuenburgische Geistlichkeit, in ihrer „Classe" versammelt, traf Anordnungen über Taufe, Abendmahl und Ehe, über Predigt und liturgische Gebete, Krankenbesuche und Kirchenregister, alles aber noch ohne gesetzliche Grundlage und ohne Anerkennung von seite ihres Fürsten.[1]) Ratgeber und Autorität war hier Farel, daher die Genfer Vorschriften als massgebend galten.

So ist denn überall wenigstens in vorläufiger Weise der neue Kultus, zum Ersatz des früher gewohnten, geordnet. Die Versammlung der Gemeinde zur Anhörung des Gotteswortes und seiner Auslegung durch den Mund des Predigers gilt als Mittelpunkt und Höhepunkt des christlichen Lebens, zugleich als Ausdruck und als Quelle des Glaubens, aus welchem jeder einzelne für seine Erkenntnis, seine Gesinnung und seinen Wandel die stete Belehrung, Anregung und Reinigung schöpft.

Der Jugendunterricht.

Wenig geringeren Wert als auf die Predigt selbst wurde auf den Unterricht der Jugend, auf die eigentliche Unterweisung der Unwissenden gelegt. Eine Kirche, welche persönlichen Glauben verlangt, welche, grundsätzlich wenigstens, den Unterschied zwischen Priestern und Laien beseitigte und an jedes ihrer Mitglieder die Zumutung stellte, dass er von seinem Glauben solle Rechenschaft geben, ihn aus dem Worte Gottes begründen können gegen Einwürfe und Zweifel, eine solche Kirche durfte sich zur Aufgabe der Jugendbildung nicht gleichgültig verhalten.

Durch die Abfassung von Katechismen suchte man diesem Bedürfnisse entgegen zu kommen, und gewiss sind diese kleinen Büchlein, die in der Kinderlehre gebraucht worden sind, für die christliche Erziehung des reformierten Volkes nicht weniger wichtig gewesen, als Predigt, Bibel und Bekenntnisschriften.

---

[1]) Finsler, K. Stat., 483.

In Zürich erhielt Leo Judae 1533 den Auftrag vom Rat[1]), für einen Katechismus zu sorgen; derselbe wurde 1534 gedruckt unter dem Titel: "*Christlich klare und einfalte Einleitung in den Willen und die Gnade Gottes.*" Er ist in vier Artikel geteilt: Gottes Wille, Gottes Gnade, Gebet und Sakramente. Eine Eigentümlichkeit desselben ist, übrigens dem Zweck und der Sache entsprechend, dass der Schüler die Frage stellt und der Lehrer ihm die Antwort darauf gibt. Diese erste Katechismus-Arbeit Judaes wurde später durch eine andere vom gleichen Verfasser verdrängt.[2])

In Bern wurde, wie man annimmt, anfangs das Büchlein von Judae gebraucht. Schon Berchtold Haller hatte, wie aus einem Briefe an Bullinger (1530) hervorgeht, sich mit dem Gedanken an eine eigene Arbeit getragen, doch unterblieb die Ausführung. Der Pfarrer zu Aarau, Jakob Other, war es, der den Versuch wagte. Er liess, noch 1530, einen "allen glaubigen zu Aarau" gewidmeten Katechismus erscheinen, der indessen, wohl weil er zu hoch gehalten war, nicht Eingang zu finden vermochte und bald wieder verschwunden ist.[3])

Erst in der Erklärung des grossen Synodus von 1532 ist davon eingehend die Rede. "*Es sei von Nöthen*", heisst es hier[4]), "*dass ein Katechismus und Glaubenslehr angerichtet werde, darin die Einfältigen und vorab die erwachsenen Kinder, nicht mit weitläufigem Anzug der Schrift — das heisst mit gelehrten Citaten — sondern aus dem gemeinen Apostelglauben und dem Vaterunser, worüber allerlei Bücher vorhanden seien, gelehrt werden, Gott fürchten und lieben durch Jesum Christum.*" Auch die 10 Gebote müssen die Kinder wissen, denn: "*der ganze Glaubenshandel ist heiter verfasst in die drei Stücke, des Glaubens, des Vaterunsers und der 10 Gebote*", in und aus Christo verstanden. Das seien der Laien und der Kinder Bibel, während diese mit den Sakramenten nur insoweit zu behelligen seien, als sie ihnen dienen, Christum zu verstehen.

---

[1]) Nach Wirz, a. a. O., S. 17, wurde der Auftrag 1534 von der Synode wiederholt.
[2]) Hess, Geschichte des Züricher Katechismus, in Schultheiss, Beitr. V. u. VI.
[3]) "Ein kurz ynleitung in die bekanntnuss rechtschaffener, christenlicher leer und gloubens für die kinder und eynfeltigen, durch Jakob Other", Basel 1530. Die einzige Nachricht über diese bei Frikart (S. 74) nur erwähnte — Schrift verdanken wir Metzger (a. a. O., S. 186), der dieselbe aus einer in der Schaffhauser Bibliothek aufbewahrten handschriftlichen Kopie kannte. Ein Druckexemplar scheint überhaupt nicht mehr vorhanden zu sein; in Bern ist dieser Katechismus völlig unbekannt geworden.
[4]) Artikel 33.

Wirklich machte Kaspar Megander, vom Rate dazu aufgefordert, einen neuen Versuch, indem er den Katechismus Judaes, ähnlich wie es dieser selbst später gethan hat, für den Zweck der Berner Kirche umarbeitete. Seine Schrift hat den Titel: „*Eine kurz aber christliche auslegung für die Jugend, wie die zu Bärn in Statt und Land gehalten.*" (gedruckt 1536.) Die Vorrede ist vom 31. Mai datiert. Das einzige noch bekannte Exemplar liegt jetzt in der Züricher Stadtbibliothek.[1]) Jedem der Hauptstücke geht eine kurze Vorrede voraus, welche den Zusammenhang andeutet, somit ein gewisses System hineinbringt. Die oberste Forderung Gottes geht auf die Erfüllung seines Willens, so dass notwendig zuerst die Erkenntnis des göttlichen Gesetzes gewonnen werden muss. Doch führt die Bekanntschaft mit dem Gesetze nur zur Erkenntnis der Sündhaftigkeit und des Zustandes der Verlorenheit unter der Herrschaft der Sünde, wogegen nun im Inhalte des Glaubensbekenntnisses uns der Weg gewiesen ist, um zur Versöhnung mit Gott und zur Seligkeit zu gelangen. Wiederum aber ist der Glaube eine Gabe Gottes, welche erbeten sein will, weshalb nun der Abschnitt vom Gebete folgt. Eine kurze Erklärung über die Sakramente bildet einen Anhang, indem denselben teils als Erinnerungszeichen, teils als Verpflichtungszeichen, ihre Stellung angewiesen wird.

Oecolampad hatte sich mit einer ähnlichen Arbeit für die Basler Kirche befasst; sein „Kinderbericht" ist indessen nicht mehr erhalten, den Text der „Fragen und Antworten zum Verhören der Kinder" teilt Hagenbach mit in seiner Biographie von Oecolampad und Myconius (S. 295).

Die „Kinderlehren" und Katechismus-Predigten wurden überall eingeführt, in Zürich seit 1532[2]), in Bern zuerst 1532, dann im September 1533, und neu eingeschärft durch Mandat vom 26. Oktober 1536, vom 15. August 1542 und vom 9. Mai 1545. Demnach sollten sie, wenigstens zur Sommerszeit, allsonntäglich abgehalten werden. Aber gerade die häufigen Wiederholungen, welche in ihren Weisungen nicht durchwegs übereinstimmen, begründen den Verdacht, dass trotz der Einsicht und des guten Willens der Regierungen, diese unscheinbare kirchliche Funktion

---

[1]) Kopie von Herrn K. Schweizer, cand. theol., in der Stadtbibliothek Bern. (Mss. H. H. XVI 74.) Vergleiche dazu die äusserst sorgfältigen Untersuchungen von Fluri in Meilis Zeitschrift.

[2]) Hottinger, III, 688, nennt das Jahr 1544, vielleicht bezeichnet dies die Einführung in den Landgemeinden.

immer wieder vernachlässigt worden sei. Die Kinderlehren fanden meistens an den Sonntag-Nachmittagen, später auch zu anderen Zeiten statt.[1]

Von eigentlichem Volksunterricht im heutigen Sinne ist freilich noch nicht die Rede. Zwingli hatte in seiner pädagogischen Schrift auf die Notwendigkeit allgemeiner Schulen hingewiesen, allein die Anregung blieb vorerst ohne Folge. Der Unterricht beschränkte sich nicht nur ganz auf das religiöse Gebiet, sondern auch auf diesem Gebiet meist nur auf gedächtnismässiges Einüben des „Vaterunser", des „apostolischen Glaubens" und der zehn Gebote, und wenn von S c h u l e n gesprochen wird, so haben wir in dieser Zeit nur an die Gelehrten-Schulen zu denken, welche bestimmt gewesen sind, dem Kirchendienst einen angemessenen theologischen Nachwuchs zu sichern.

Darauf wurde allerdings besondere Sorgfalt verwendet, man vergleiche die eingehende „Schulordnung" für Z ü r i c h vom Oktober 1532.[2]) Diesem Zwecke diente jetzt neben der Stiftsschule im Grossmünster auch das Kloster Kappel, das am 1. Mai 1533 als Konvikt für Theologen eingerichtet wurde[3]); und mit Rücksicht darauf begann die Stadt die Errichtung einer gelehrten Bibliothek durch den Ankauf der von Zwingli hinterlassenen Bücher.[4])

Nachdem in B e r n die Berufung von drei Professoren als eines der ersten und wichtigsten Geschäfte behandelt, und sodann am 20. November 1528 eine von den Vennern vorberatene „Ordnung der Schul halb" angenommen worden[5]), war diese Angelegenheit vorläufig geordnet. Doch fehlte es auch hier nicht ganz an weiterschauenden Gedanken. Sieber auf die Bitte Hallers sandte ihm Bullinger 1532 eine eigene kleine Schrift: De ratione studii, die handschriftlich noch vorhanden ist.[6])

Der Rat gab dem jungen Simon Sulzer im Jahr 1534 den amtlichen Auftrag, das Berner Gebiet zu bereisen und für Einrichtung von Schulen zu sorgen. Simon Sulzer war ein geborener Oberhasler, Sohn eines Propstes von Interlaken und durch Berchtold Haller zum Studium der Theologie bewogen.[7]) Er hatte einige

---

[1]) Für Zürich siehe Wirz, a. a. O., I, 15; für Bern: Frikart, a. a. O., 66.
[2]) Egli, Ref.-A., Nr. 1899 und Nr. 2003.
[3]) Hottinger, III, 675, nach Zürich verlegt 1538.
[4]) Hottinger, III, 644.
[5]) Stürler, Urk., II, 104.
[6]) Cod. 657 (fol. 80ᵃ — 84ᵇ) der St.-B. Bern.
[7]) S. Linder, S. Sulzer, Heidelberg 1890. Vergl. Tschackert in der Allg. Deutsch. Biogr.

Zeit auf der Universität in Basel zugebracht, war — vielleicht — auch in Wittenberg gewesen und wurde nun als „praefectus artium", das heisst also Vorsteher des Gymnasiums, in Bern angestellt. Der Auftrag, den er erhielt, war durch ein Schreiben der beiden Strassburger, Bucer und Capito, vom 12. Oktober 1533 an den Berner Rat veranlasst, in welchem diese von der Zeit des „Synodus" her in Bern im besten Andenken stehenden und mit dem allgemeinen Vertrauen beehrten Theologen auf die Wichtigkeit der Jugenderziehung aufmerksam gemacht und auf den genannten Simon Sulzer als den geeignetsten Gelehrten hingewiesen hatten: *„einen besonders gschikten und landkind, welcher in kurzem hier durch üwer hülf zu solichem wissen und verstand kommen ist, dass er hohen für andere nutz schaffen mag; welcher neben andern lehrern kein fliss sparen wird, uff dass Bern an gelehrten und verständigen lüten bald ein überfluss, ob Gott will, haben und andern Landern gelerte lüt, zu Gottes ehr und irem lob, mitteilen soll."*[1]

Wir sehen, es ist auch hier vor allem aus auf gelehrte Schulen abgesehen, allein es war damit ein Anstoss gegeben, und der Auftrag, welchen Sulzer erhielt, das Land zu bereisen und für Errichtung von Schulen zu sorgen, ging offenbar doch über das Nächste hinaus. Die Entstehung von Landschulen durch Privatlehrer fällt nach den gründlichen Forschungen von Fluri teils vor, teils nach der Reformation.[2]

Im Niedersimmenthal war 1537 Alb. Burerius als Schulmeister thätig, der bekannte, wahrscheinlich aus Brugg gebürtige, Amanuensis des Beatus Rhenanus.[3]

Die Stadt Basel vergass nicht, dass sie durch den Besitz der einzigen Universität auf Schweizer-Boden der ganzen Eidgenossenschaft gegenüber eine gewisse Verpflichtung trug, für die höhern Stufen der theologischen Bildung zu sorgen. War auch die Hochschule in den Wirren der Reformation dem Bildersturm und dem damit verbundenen Bildungshass zum Opfer gefallen[4], so begann man bald die mutwillig aufgehobene Anstalt wieder zu vermissen. Am 12. September 1532 wurde die Universität durch Beschluss der Bürgerschaft neu begründet, erhielt ihre

---

[1] Im St.-A. Bern (Kirchl. Angel. 1530—33).
[2] Evangel. Schulblatt, Bern, 1897 Nr. 22—27.
[3] Archiv f. Schw.-Gesch., X, 186.
[4] Erasmus schrieb nicht ohne einen Schein des Rechtes: „Ubi regnat Lutheranismus, ibi interitus litterarum". Vergl. darüber Lexis, Die deutschen Universitäten, Bd. I, S. 22.

neuen Statuten an der Stelle der frühern päpstlichen Freiheitsbriefe, und der letzte Rektor, Dr. Oswald Bär, von der medizinischen Fakultät, wurde der erste, der sie im November wieder zu eröffnen hatte. Eine Aufsichtsbehörde, aus drei Mitgliedern bestehend, die sogenannten Deputaten, wurde vom Rat mit der Leitung der Geschäfte beauftragt.[1]

Paul Phrygio und der Antistes Oswald Myconius lehrten als Professoren der Theologie, der berühmte Geograph Sebastian Münster[2] war Lehrer des Hebräischen, Simon Grynäus[3], aus Heidelberg herberufen, der griechischen Sprache. Wolfgang Weissenburger, jetzt Pfarrer am St. Peter, vertrat daneben die Fächer der Mathematik, der eben so geistvolle als hochsinnige Bonifacius Amerbach[4] die Jurisprudenz, und O. Bär die Medizin. Zu Pfingsten 1533 wurde für die Studierenden ein eigenes Konvikt eingerichtet, und Amerbach, der am 1. Juni 1535 Rektor wurde, war eifrigst bemüht, eine weitere Ausgestaltung der Universität zu stande zu bringen.[5] Als Grynäus 1534 auf einige Zeit nach Heidelberg zurückkehrte, wurde auf Empfehlung Bullingers Andreas Karlstadt an seine Stelle berufen (Juni 1534), der nun endlich eine neue Wirksamkeit fand und, trotz mancher Verlegenheiten, die er auch hier bereitet hat, bis zu seinem Tode, 1541, bleiben konnte. Im November 1535 sollte auch für die Vorlesungen in der Dialektik gesorgt werden. Peter Caroli, der für diese Professur bezeichnet war, ging vor Antritt des Amtes nach Neuenburg und wurde 1536 durch Hieronymus Gemusaeus aus Mülhausen ersetzt.[6]

Als Vorschule für die Universität, als Gymnasium für die allgemeine philologische und philosophische Bildung, wurde im April 1533 die sogenannte Sapienz begründet, oder das Erasmianum[7], an welchem unter andern Oporinus, Plater und Sulzer lehrten. Der untern Stufe dienten die drei lateinischen Schulen beim Münster, bei St. Peter und bei St. Theodor in der Kleinen Stadt.[8]

---

[1] Hagenbach, Die theol. Schule Basels und ihre Lehrer, Basel 1860. — Burkhardt-Biedermann, Die Erneuerung der Univ., Basler Beitr., IV, 314.
[2] Wolf, Biographien zur Kultur-Gesch. der Schweiz, II, 1.
[3] Streuber, im Basler Taschenb. 1853.
[4] Burkhardt-Biedermann, B. Amerbach, Basel, 1894.
[5] Gutachten betr. Besetzung von Lehrstühlen bei Burkhardt-Biedermann, die Erneuerung der Univ. (B. Beitr. IV), S. 430 u. ff.
[6] Vergl. auch: Wackernagel, Das Kirchen- und Schulgut des Kt. Basel-Stadt. Basler Beiträge, III, S. 110.
[7] Burkhardt-Biedermann, Geschichte des Gymnasiums in Basel, Basel 1889.
[8] Hagenbach, Oecol., 354.

Für das Landgebiet sollen sechs Dorfschulen begründet worden sein, doch wahrscheinlich ebenfalls Vorbereitungsanstalten für diejenigen, welche man zum Kirchendienst bestimmte.

Schaffhausen blieb in dieser Richtung nicht zurück. Die Stadt erliess schon 1532 eine allgemeine Schulordnung, und zwar, wie es scheint, für die gesamte Jugend bestimmt, sogar mit Einschluss der Mädchen, für welche zwei Jahre später eine eigene Lehrerin angestellt wurde.[1])

Zucht und Sitte.

Zwingli hatte nicht eine Aenderung der Lehre, auch nicht eine Aenderung des Gottesdienstes, erstrebt, sondern eine Aenderung des Lebenswandels, und beide, Lehre und Gottesdienst, waren für ihn ausschliesslich Mittel zu diesem Zwecke; beide wurden in letzter Linie nach der Frage beurteilt, ob sie auch geeignet seien, dem praktischen Ziel der Sittenreinigung zu dienen. Was er an der katholischen Kirche beklagte, war gerade der völlige Mangel an moralischem Einflusse, der bei dem Uebermasse der äussern Ceremonien immer auffallender zurückgetreten war.[2])

Eine der ersten Aufgaben, die Zwingli sich stellte beim Fortgange der Reformation, war daher die Ersetzung der ausgearteten, teils vernachlässigten, teils missbrauchten bischöflich-kirchlichen Disciplin über Geistliche und Laien durch eine neue Einrichtung zu wirksamerer Sittenzucht in den Gemeinden. Schon 1525 hatte er in Zürich die Einsetzung einer eigenen, aus der Mitte der Kirchenglieder erwählten Behörde angeordnet, um darüber zu wachen, dass in der Gemeinde alles ehrbar und christlich zugehe, die Lasterhaften aber erst vermahnt, dann bestraft werden. Dieses Ehegericht, wie es anfänglich hiess, wurde zum erstenmale vom Rate der Stadt ernannt. Es bestand aus sechs Richtern, nämlich zwei Geistlichen, zwei Mitgliedern des Kleinen und zwei des Grossen Rates.[3]) Die Mitglieder blieben dann lebenslang im Amte und ergänzten sich selbst. In der Stadt führte ein Glied des Kleinen Rates, als „Kirchenpfleger", den Vorsitz. Da die Wahrung des ehelichen Friedens in den Häusern, die Verhütung

---

[1]) Chronik der Stadt Schaffhausen, IV, 157, 160.
[2]) Mit dem Ausdrucke „Reformation" bezeichnete man noch 1541 geradezu das Verbot des Reislaufes und das Einschreiten gegen Missbräuche und Unsitten, so in Bern, vergl. z. B.: E. Absch., IV, 1 d, S. 39.
[3]) Seit 1558 sind acht Mitglieder (Finsler, 43).

von Aergernissen und Zuchtlosigkeiten aller Art zu ihren hauptsächlichsten Obliegenheiten gehörte, so wurden sie auch „die Ehegaumer" genannt.[1]) Sie hatten keine Strafkompetenz, dagegen die Pflicht, Fehlbare, welche sich nicht warnen liessen, vor das Ehegericht der Hauptstadt, im weitern vor den Rat und die weltlichen Gerichte zu ziehen. Zu ihrer Unterstützung wurde dann, 1528, angeordnet, dass jährlich nach Ostern Visitationen stattfinden sollten, namentlich auch um den immer noch sich zeigenden Spuren von Aberglauben, der Neigung zu Zauberei und Hexenwahn und dergleichen, nach Kräften zu wehren und solche Ueberreste des Papsttums durch bessere Belehrung auszurotten.

Der Uebergang machte sich freilich nicht so leicht, wie Zwinglis Idealismus gehofft. Viele meinten eben doch, jetzt aller Schranken ledig zu sein und mit der abergläubischen Furcht vor den Menschengeboten auch die Achtung vor dem Gesetz und dem christlichen Anstand bei Seite werfen zu dürfen. Wir haben bereits die Klage erwähnt, in welche 1534 nach einer jener Visitationen die drei Zürcher Pfarrer ausgebrochen sind über die unverkennbare Zunahme der Gottlosigkeit, die Nichtbeachtung der Regierungsmandate und die Nachlässigkeit der Beamten in der Bekämpfung des Lasters. Sie forderten mit grossem Ernst zur steten Erneuerung und strengen Handhabung auf, da nur auf diesem Wege den schlimmen Schmähungen der Katholiken über die vom Christentum abgefallenen Ketzer begegnet werden könne. Mit besonderm Eifer wurde darauf gesehen, dass bei dieser Sittenzucht kein Ansehen der Person gelte, dass Ratsherren und Landvögte nur noch schärfer als andere Leute beobachtet werden, und keiner ein Ehrenamt erhalte, welcher der Gemeinde Aergernis gegeben. Es war hier viel zu thun; es ist kaum glaublich, wie sehr damals — zum Teil ohne Zweifel direkt gestützt auf das Beispiel des Klerus — die wilden Ehen eingerissen waren. Die christliche Ehe, als gesetzlich geschütztes Institut, musste beinahe neu geschaffen werden.

Zürich hatte schon 1525, dann wieder 1530 seine „Ehesatzungen" erlassen[2]); hier wurde auch die Form der Eheschliessung festgestellt und für gehörige Bekanntmachung gesorgt. Unzüchtige

---

[1] Nach Wirz, I, 151, bezeichnete dieser Titel, der bei der Synode von 1533 zum erstenmal erscheint, speciell diejenigen Männer, welche nicht schon von Amtes wegen, als Vögte, Gerichtsherren, Vorgesetzte oder Geistliche, zum Stillstande gehörten.

[2] Zwinglii opera II, 2, p. 356. Egli, A. S., Nr. 1664, vom 23. April 1530.

und Ehebrecher wurden mit Exkommunikation bedroht, die letztern im Wiederholungsfalle sogar mit Ertränken. Das öffentliche Dirnenhaus wurde auf Verlangen der Geistlichkeit entfernt. Die Ehescheidung, die eine Zeitlang auffallend leicht gemacht war, wurde nach Abhaltung eines Verhörs von dem Ehegericht ausgesprochen. An das Ehegericht der Stadt konnte auch vom Lande her appelliert werden; es war oberste Instanz in Matrimonialangelegenheiten für den Kanton und für die reformierten Gemeinden in den gemeinen Herrschaften.

Ein allgemeines Sitten-Mandat war 1530 aufgestellt worden.[1]) Die Sorge der christlichen Obrigkeit, die für das Seelenheil der Unterthanen verantwortlich ist, richtete sich, in Bestätigung früherer Anordnungen, gegen „üppige Kleider, Gotteslästerung, Schwören, Zutrinken, Tanzen oder andere Unmaassen". Es wurde noch im gleichen Jahre wiederholt eingeschärft.[2]) Dieses erste Mandat blieb Vorbild für alle späteren Erneuerungen und Erweiterungen. Besondere Verordnungen mussten daneben 1532 und 1533 die verschiedenen Formen des Aberglaubens verbieten.[3]) Zur christlichen Kinderzucht mahnten Erlasse von 1532 und 1534.[4])

Die evangelischen Gemeinden der Ostschweiz folgten auch hierin dem Vorbilde von Zürich, so weit ihre mangelhafte Organisation dies möglich machte. Nicht selten wurden eben in den gemeinen Herrschaften von Gerichtsherren und Prälaten die wohlgemeinten Anstrengungen absichtlich gehemmt.

Der Einfluss dieser Kirchenzucht war unstreitig ein bedeutender zur moralischen Erziehung des Volkes und zur Gestaltung einer neuen, auf Glauben und Gottesfurcht gegründeten Sitte. Immerhin fand dieselbe eine unübersteigliche Schranke an dem Umstande, dass bei einer alle Bewohner des Staatsgebietes ohne weiteres umfassenden Kirche ein Ausschluss Unwürdiger aus der Gemeinschaft, wie er anfangs beabsichtigt war, nicht festgehalten werden konnte[5]), und deshalb die hochgespannte Strenge in den Anforderungen in Wirklichkeit ein unerreichbares Ideal blieb.

---

[1]) Egli, Akten-S., Nr. 1656, vom 26. März 1530.
[2]) Ibid., Nr. 1801 vom 17. Dez. Vergl. auch die dort am Schlusse zusammengestellten Mandate unter Nr. 2005.
[3]) Ibid., Nr. 1832 und 1905.
[4]) Wirz, a. a. O., II, 125.
[5]) Nach Finsler, Zürich im 18. Jahrh. (S. 103) wäre die Exkommunikation doch in den Verordnungen vorgesehen und sogar ausnahmsweise geübt worden.

In Bern war man von Anfang an weit weniger idealistisch gestimmt in dieser Hinsicht und traute der Furcht vor der Strafe viel mehr Kraft zu, als den bloss mahnenden Worten oder der Kenntnis des wahren Glaubens. Es ist bekannt, wie die weltliche Regierung hier schon 50 Jahre vor dem Anbruch der Reformation begonnen hatte, sich der sittlichen Erziehung ihrer Unterthanen anzunehmen, im nämlichen Masse, wie sie sich überzeugen musste, dass die kirchlichen Organe diese Pflicht in Vergessenheit geraten liessen. Unzählbar sind die Mandate, die seit 1470 ausgesandt worden sind, um Gotteslästerung, Schwören und Fluchen, um Verschwendung und Luxus in Kleidung und Speise, um schamlose Sitten, wilde Ehen, öffentliches Aergernis, Trunksucht und Spiel mit Verboten zu belegen und durch Bussandrohungen nach Möglichkeit zu verhindern. Die Mandate halfen wenig; es fehlte an Mitteln zur Ausführung, da die Kirche in den meisten Fällen ihre Mitwirkung versagte.[1])

Die Reformation war gerade in dieser Richtung nur die Fortsetzung und besser begründete Weiterführung einer schon feststehenden Kirchenpolitik.

Um so mehr Sorgfalt wurde jetzt darauf verwendet, eine geeignete Behörde einzusetzen, welcher die Aufgabe der Sittenzucht übertragen werden könnte; welche, mit dem nötigen Ansehen und den erforderlichen Kompetenzen ausgerüstet, vom kirchlichen Standpunkte aus thätig sein, aber zum Staat in ein direktes Verhältnis treten sollte. Es wurde das sogenannte „Chorgericht" geschaffen. Die Einrichtung eines solchen, zunächst in der Stadt, war eine der ersten Massregeln der neu reformierten Regierung.

Am 29. Mai wurde das Gericht eingesetzt[2]), das aus sechs Mitgliedern bestehen sollte, wovon zwei aus dem Kleinen Rate, zwei aus den Burgern und zwei Prädikanten. Als Sitzungszimmer diente ein Saal im Gebäude des Chorherrenstifts, und vielleicht hat dieser Umstand der Institution den Namen gegeben. Die zuerst Gewählten waren: Antoni Noll und Niklaus Manuel, Diebold von Erlach und Wilhelm Schwander, Berchtold Haller und Kaspar Grossmann. Präsidiert wurde die Behörde vom jeweiligen Amtsschultheissen. Der gewesene Chorherr Lupulus wurde (5. Juni) Chorgerichtsschreiber.

[1]) Die Vorreformation in Bern. Jahrbuch f. Schw. Gesch., Bd. IX.
[2]) Stürler, R.-A., II, 35.

Am 11. September 1528 erhielt die von Haller und Megander abgefasste „Ehesatzung"¹), die der Behörde als Norm zu dienen bestimmt war, die staatliche Genehmigung.

Die Strafgewalt war ziemlich ausgedehnt und noch mehr dehnbar, doch — wie am 31. Dezember 1529 ausdrücklich gesagt wird — *„unter Vorbehalt näheres rechts für die Burger"*, das heisst also: das Chorgericht solle sich begnügen mit der Anwendung der bestehenden Vorschriften und keine allgemein verbindlichen Mandate erlassen, da dies ausschliesslich Sache der 200 bleibt. Wohl aus der nämlichen Absicht, das Entstehen eines geistlichen Regiments zu verhindern, ging auch die Uebung hervor, dass, in Abweichung von der sonst in Bern allgemein angenommenen Gewohnheit, die Mitglieder des Gerichtes mit jedem Jahre wechseln mussten. Dagegen wurde die ursprünglich vorgesehene Appellation an den Rat wieder (18. Januar 1529) beseitigt: *„es soll bei dem, wie die Chorrichter erkannt, beliben"*.

Am 7. November 1530 wurde eine Erläuterung zu dem Mandat proklamiert, mit näherer Angabe der Gegenstände, welche vor das Forum des Chorgerichts zu ziehen seien. Auch hier ist offenbar, dass dasselbe dazu bestimmt war, das geistliche Gericht des Bischofs zu ersetzen, von dem man sich losgemacht hatte, dann aber überhaupt alle diejenigen Vergehungen zu behandeln, die man als Uebertretungen gegen Gottes Gebot betrachtete und doch nicht füglich als Verletzungen der Staatsgesetze verfolgen konnte. Es werden genannt: Luxus, Wucher, Trunksucht, Ehestreit, Impietät, namentlich der Kinder gegenüber ihren Eltern, sodann Unglaube, Aberglaube, Zauberei, Gotteslästerung und Spiel. — Alles Spielen um Geld war seit 1529 als eines christlichen Volkes unwürdig verboten. Ebenso wurde dem Chorgericht übertragen die Untersuchung und Bereinigung der auf die Jahrzeitstiftungen bezüglichen Ansprüche und Reklamationen; anfänglich sogar das „Examinieren" der Kandidaten.

Wenige Tage später, am 21. November, beschloss der Rat, die „Ehegerichtssatzung" in 500 Exemplaren zu drucken und zu verbreiten.²) Die Zahl lässt darauf schliessen, dass gleichzeitig die Einsetzung von Chorgerichten auch in allen Kirchgemeinden des

---

¹) St.-A. Bern, Spruchbuch. Vom 8. März 1529, ist die erste gedruckte „Ehegerichtssatzung".

²) Rats-Man. Es ist dies wohl die vom 13. November 1530 datierte: „Ordnung und Satzung des Ehegerichts."

Landes stattgefunden hat. Hier kam dem Pfarrer und dem Landvogt das entscheidende Wort zu; der letztere führte den Vorsitz. Das Chorgericht der Stadt wurde nun als obere Instanz betrachtet, an welche in schwierigen Fragen Weiterzug gestattet war. Diese Landchorgerichte gerieten vielfach in Konflikt mit den Befugnissen der alten Gerichts- oder Twingherren, welche bisher die niedere Polizei ausgeübt hatten. Der Rat liess sich dadurch nicht irre machen: er benutzte seine neuen Sittentribunale vielmehr geradezu als ein Mittel, jene mit der Staatsleitung in keinem organischen Verhältnis stehenden feudalen Zwischenmächte mehr und mehr zu durchbrechen und zu verdrängen, auch da, wo sie zur Zeit noch als zu Recht bestehend anerkannt werden mussten.

Die neue Behörde fand meistens gute Aufnahme, doch erscheinen auch bald Klagen über allzu weit getriebene Strenge, und man wird geneigt sein, anzunehmen, dass solches Murren nicht ganz unbegreiflich war, wenn man im Rats-Manual vom 10. April 1531 liest: *„Venner Isenschmid ist seines Venncramtes entsetzt, von wegen dass er zu des Herrn Nachtmahl nit gangen."* Am 4. Dezember 1531 (siehe oben) wurde sogar vom Lande die Aufhebung der Chorgerichte verlangt. Viel öfter freilich verlautet daneben die andere Klage, dass zwar die Mandate strenge seien, dass sie aber nicht ausgeführt werden. Am 14. Oktober 1532 verlangten die Chor- oder Eherichter vom Rate genaue Auslegung eines Artikels in der Ehegerichtssatzung betreffend die Verehelichung solcher, welche mit einander die Ehe gebrochen hatten. Sie erhielten am 8. November die Antwort, wonach solchen Ehen die Anerkennung und kirchliche Einsegnung versagt werden sollte.

Es scheint, dass man anfangs ernstlich daran dachte, auch in diesen Dingen gemeinschaftlich mit den Glaubensgenossen vorzugehen innerhalb der Eidgenossenschaft. Am 11. Juli 1533 wurde eine Vereinbarung zwischen Bern und Zürich verabredet betreffend die Eheordnung und die Bestrafung der bezüglichen Vergehungen. Am 13. Juli verhandelte darüber der Grosse Rat von Bern, dem das Protokoll der Zusammenkunft vorgelegt wurde, und am 15. gleichen Monats wurde von den vier evangelischen Ständen wirklich eine solche Uebereinkunft aufgestellt und angenommen.[1]) Allein die Schwierigkeiten liessen den Gedanken

---
[1]) Eidg. Absch., IV, 1ᵈ, 124.

scheitern, und es wurde jeder Obrigkeit überlassen, die ihr dienlich scheinenden Mittel selbständig in Anwendung zu bringen.

Gleiche Einrichtungen, wie in Bern, wurden auch in Murten ins Leben gerufen, sobald hier der Entscheid für das evangelische Bekenntnis gefallen war. Vorgesehen war hier die Appellation an den jeweiligen Landvogt als Vertreter der Oberherrschaft.

Noch merkwürdiger ist, dass damals auch Solothurn, nach dem Beispiele Berns und in den nämlichen Formen, ein Chorgericht eingeführt hat.[1])

Basel dagegen ging auch in dieser Hinsicht etwas abweichende Wege. Oecolampad setzte — den Räten Zwinglis entgegen -- den eigentlichen Kirchenbann ein; er liess den drei Bannherren jeder Pfarrgemeinde das Recht erteilen, unbussfertige, in offenen Lastern lebende Leute von der Abendmahlsgemeinschaft auszuschliessen, ja sogar als Geächtete aus der Stadt zu verweisen.[2]) Der Basler Reformator war nicht weniger als seine Zürcher Freunde enttäuscht über die nächsten Wirkungen der neuen Lehre, schrieb er doch noch 1531 in einer Eingabe an den Rat die so arg pessimistischen Worte: „*Der Glaube ist erloschen, die Furcht Gottes verschwunden, die Roheit herrscht, die Scheinheiligkeit behält das Uebergewicht, die Unbarmherzigkeit regiert und alles verschwört sich gleichsam zum Siege des Lasters.*"[3]) Um so mehr sah er sich genötigt, das Predigtwort durch eine scharfe Kirchenzucht zu ergänzen, und durch die Furcht vor der Strafe das zu erreichen, was der Glaube nicht zu wirken vermochte. Durch ein Dekret vom 9. September 1532 wurde dem Kirchenrat ein gewisses Strafrecht für kirchliche Fehler zuerkannt, durch ein späteres vom 19. November 1539 wieder eingeschränkt.

Zu welcher Kleinlichkeit und abscheulichen Gewissens-Tyrannei das freilich führte, als diese Massregel des Bannes über die Lasterhaften hinaus auch auf solche ausgedehnt wurde, welche sich aus religiösen Bedenken vom neuen Kultus ferne hielten, das lehren uns die Seufzer des edlen Bonifacius Amerbach, den man erst nach jahrelangen Quälereien endlich ruhig seines Glaubens leben liess.[4])

---

[1]) Nach einer mündlichen Mitteilung, die der Verfasser dem † Bischof Fiala verdankt.
[2]) Herzog, Oecol., II, S. 192—214. — Hagenbach, O. Myconius, 346 u. ff.
[3]) Ochs, Geschichte von Basel, VI, 115.
[4]) Burckhardt-Biedermann, Bonif. Amerbach (1495—1562) und die Reformation, Basel 1893, S. 78 u. ff.

Der Erfolg dieses Zuchtmittels scheint überhaupt nicht den Erwartungen entsprochen zu haben; es geht dies aus einem Briefe hervor, in welchem sich Myconius gegenüber Capito (19. Nov. 1539) darüber beschwert. Er ist der Ansicht, dass namentlich die persönliche Vertrauensstellung der Prediger dadurch leide, da dieselben beim Mangel an eigener Kompetenz und bei der Unlust des Rates nur als gehässige Angeber dastehen müssten.[1])

Schaffhausen hatte schon im November 1529 bei Lösung des Verhältnisses zum Bistum Konstanz ein eigenes Ehegericht eingeführt, doch hatte dasselbe mancherlei Anfechtungen zu erleiden. Der Prediger Erasmus Ritter sprach sich unzufrieden über die Urteile aus (1530) und forderte 1532 grössere Strenge in der Ausführung der Sittenmandate.[2]) Er war so heftig aufgetreten, dass er zu einem Widerruf genötigt wurde.

Wohlthätige Anstalten.

Wenn so die kirchliche Sittenzucht einen vorwiegend polizeilichen Charakter trug, gerichtet auf Unterdrückung der Laster und Verhütung der Aergernisse durch Verbot und Strafe, ohne dass dabei nach inneren, aus evangelischer Gesinnung hervorgehenden Beweggründen gefragt wurde, wenn also mehr die negative Seite der Sittlichkeit in Betracht kam, das alttestamentliche: „Du sollst nicht!", so fehlte es doch auch nicht an der Einsicht, dass, um ein christliches Volk zu erziehen, es noch anderer Kräfte bedürfe. Die Sorge für die positive Seite der christlichen Sittlichkeit, auch neben dem Kultus, von dem man die Pflanzung besserer Gesinnung erhoffte, wurde nicht vernachlässigt; es tritt im Gegenteil schon sehr frühe das Bestreben hervor, auch in Bezug auf gemeinnützige Einrichtungen und die Pflege des geordneten Zusammenlebens sich einer Christengemeinde würdig zu zeigen.

Und hier stand der Satz voran, der dem Volke des Alten Testaments gesagt worden war, den man aber für ein christliches Volk erst recht anwendbar fand: „Es soll überhaupt kein Bettler

---
[1]) Burckhardt-Biedermann, Basler Univers. (Basler Beitr. IV), S. 452.
[2]) Chronik von Schaffh., IV, 123 u. ff., 152.

unter Euch sein!" Die Kirche des Mittelalters hatte das Almosengeben so sehr als eine direkt auf Gott gerichtete Tugendübung betrachtet, dass die Rücksicht auf den Empfänger vollständig zurückgetreten war; der Arme war nur ein gleichgültiger Gegenstand geworden, der Gelegenheit gab, sich ein Verdienst zu erwerben. Der Kampf der Reformation richtete sich nun auch gegen diese Art der Werkgerechtigkeit, indem sie die Verdienstlichkeit der Almosen in Abrede stellte, dafür aber die Pflicht hervorhob, dem Bedürftigen zu helfen. „Barmherzigkeit ist besser als Opfer", hiess es jetzt wieder, und an die Stelle des Gebens um des Gebens willen wurde das Geben um des Armen willen, das zweckmässige, verständig geordnete Geben gesetzt. An die Stelle der kirchlichen Stiftungen für Lichter und Gefässe, Totenmessen und Altäre, sollten Geschenke und Vermächtnisse treten zur Bestreitung öffentlicher Bedürfnisse, zur Einrichtung wohlthätiger Anstalten, zu Gunsten der „lebendigen Abbilder des Herrn".

Den nächsten Anlass dazu boten gerade die Mittel der aufgehobenen Klöster und Gotteshäuser mit ihren zum Teil reichlichen Einkünften. Die Auflösung dieser kirchlichen Institute und die Behändigung ihres Besitzes konnte man vor sich selbst und vor den Andersgläubigen nur rechtfertigen, wenn die neue Zweckbestimmung eine der alten ähnliche, jedenfalls eine zweifellos gottgewollte war. Die Klöster wurden entweder zu Schulanstalten, oder aber zu Häusern der Kranken- und Armenpflege umgewandelt. So in Zürich, wo Zwingli schon den Anfang gemacht hatte, so in Schaffhausen und St. Gallen, in Basel und Bern.

In Zürich wurden die Anordnungen von 1525 erneuert und weiter ausgeführt.[1]) Am 15. Juni 1533 erliess der Rat eine „*Verbessserung der mängeln bei den almosen, der fremden halb.*"[2]) Im Dominikaner-Kloster wurde ein Pfrunder- und Armenhaus, in Oetenbach wurde ein Blatternhaus, in Sellnau eine Anstalt für Pestkranke eingerichtet.[3]) In den Klöstern auf dem Lande, in Töss, Rüti, Kappel, Küsnacht, sollte die Verteilung der Kloster-Suppen und Kloster-Almosen verbessert, das Rechnungswesen und die Verwaltung geordnet, die Mittel der Armen- und Kranken-Unterstützung je für einen bestimmten Bezirk dienstbar

---

[1]) Weber, J., Die Kirche Zürichs und ihre praktische Wirksamkeit (in den Verhandl. der Asket. Gesellsch., Zürich 1888).
[2]) Egli, A. S., Nr. 1357.
[3]) Wirz, I, 456, 468, 469. Vergl. Zwingli, Op. II, 2, S 327. Einleitung d. Hg. Demnach wurde in Oetenbach ein Waisenhaus errichtet.

gemacht werden.¹) Es ward ein eigenes „Almosenamt" eingesetzt, dessen Organe vier „Pfleger" waren; die Verteilung der Gaben geschah in Gegenwart zweier Stadtpfarrer durch den sogenannten „Oberklostervogt." ²)

Bern hat diese Umwandlung nicht minder konsequent durchgeführt. Das Barfüsserkloster, dessen letzter Lesemeister Berns erster Reformator geworden und dessen Kirche zur Abhaltung des Religionsgespräches gedient hatte, bot sich von selbst als Schulhaus dar; die Zellen und Säle wurden Auditorien für die neue theologische Lehranstalt. Das schon im 13. Jahrhundert vom deutschen Orden gestiftete „Niedere Spital" war längst zu klein und ungenügend geworden. Als nun das Predigerkloster 1527 bevogtet, zuletzt aufgelöst wurde, entschloss sich der Rat, die vorhandenen Gebäude für die Krankenpflege in Anspruch zu nehmen. Es fand eine allmähliche Uebersiedlung in die Häuser an der Zeughausgasse, die von da an „das Grosse Spital" genannt wurden, statt.³) Einige Jahre später wurden dessen Mittel namhaft vermehrt, als man ihm das ebenfalls aufgehobene Kloster auf der St. Petersinsel als Geschenk zuwies. Erster Verwalter des „Grossen Spitals", oder Spitalmeister, war Lienhard Tremp, der, ursprünglich ein Schneider von Handwerk, mit einer Schwester Zwinglis verheiratet, als eifriger Parteigänger dieses seines Schwagers sich hervorgethan hat und ein sehr angesehener und einflussreicher Mann in Bern geworden ist, der auch politisch seine Rolle spielte als Mitglied des Rates der Zweihundert (gestorben 3. Februar 1561).

Das von Ursula Zur Kinden 1524, als erste Frucht evangelischer Gesinnung, gestiftete „Grosse Pfennig-Almusen" (6410 Pfund Kapital)⁴) wurde 1528 einer Revision unterworfen, und nachdem es durch freiwillige Gaben rasch angewachsen war, mit der Verwaltung des Grossen Spitals vereinigt.

Das Kloster „zum heiligen Geist", ursprünglich schon zum Spital bestimmt, hatte zu Ende des 15. Jahrhunderts das allergrösste Aergernis gegeben. Nun wurden auch hier die Ordensleute entlassen, in üblicher Weise entschädigt, Haus, Garten

---

¹) Vergl. Schweizer, P., Die Behandlung der zürcherischen Klostergüter in der Reformationszeit. Meilis Theol. Zeitschr. 1885.
²) Wirz, I, 436, 437.
³) Messmer, das Burgerspital, Bern 1811.
⁴) Anshelm (N. A.), V, 65, „uss anwisung evangelischer ler."

und Kirche aber hergestellt und darin ein Ersatz geschaffen für die 1531 aufgehobene alte „Elenden-Herberge", das heisst eine Unterkunft für fremde Bettler und Pilger. Der Bettel sollte nicht nur verboten, er sollte unnötig gemacht werden. Das Haus der „Grauen Schwestern", deren Ordenszweck der Zeit nicht mehr diente, wurde 1534 verkauft; die „Weissen Schwestern" liess man in ihrer Wohnung an der Herrengasse unbehelligt aussterben, doch wurden sie angehalten, je eine Anzahl von Studenten zu ernähren.

Jenseits der Aarebrücke, in der sogenannten „Sandfluh", war ein Siechenhaus für arme Blatternkranke. Auch dieses wurde neu geordnet und jetzt mit einem eigenen Arzte versehen, der die Kranken pflegen sollte.

Die weitaus wichtigste derartige Stiftung für die Folgezeit war aber diejenige des „Inselspitals".[1]) Zwei kleine ältere Gotteshäuser wurden mit einander verschmolzen. Das eine war das Frauenkloster, das einst Mechtild von Seedorf zu Brunnadern gegründet hatte, und das schliesslich an der nach ihm so genannten Inselgasse stand. Das andere war ein eigentliches Spital, das 1354 die reiche Witwe Anna Seiler gestiftet hatte zur Aufnahme von je 13 kranken Personen in einem kirchlichen Verband von Pflegerinnen. Beide Häuser entsprachen längst nicht mehr ihrem ursprünglichen Zwecke und nahmen teil am allgemeinen Verderben. Mit Einsicht und Entschiedenheit wurde eingegriffen. Ein Beschluss des Grossen Rates der Zweihundert vom 10. Juli 1531 vereinigte die beiden Anstalten zu einer einzigen, die nun, mit den nötigen Mitteln und Einrichtungen ausgestattet, ein Krankenhaus wurde, so gut wie man es eben damals verstand. Grossartige Schenkungen und Vermächtnisse, die sich, auf die wirksame Empfehlung der Prediger hin, an Stelle der Jahrzeiten und Seelenmessen diesen humanitären Einrichtungen zur Linderung der Leiden zuwandten, haben bald die mächtige Entwicklung und Vergrösserung des Inselspitals ermöglicht; denn hier war man überzeugt, Gott wohlzugefallen.

Deutlicher als irgend eines der neuen Glaubensbekenntnisse zeugen diese Veranstaltungen zu Gunsten der Kranken und Armen für die gründliche Umwandlung der religiösen Begriffe, welche die Reformation zustande gebracht hat.

---

[1]) Imobersteg, Das Inselbuch, Bern 1878.

Ganz in der gleichen Weise wurde übrigens auch mit den Klöstern auf dem Lande verfahren. In Frienisberg und Interlaken, wie in der Karthause Thorberg, wurden jetzt ebenso viele arme Pfründer verpflegt, als früher Mönche unterhalten worden waren.[1]) In den eben genannten Gotteshäusern, ebenso in Königsfelden, errichtete man daneben kleine Spitäler für Notfälle aus der Umgegend.[2]) Die alten stiftungsgemässen Almosen und Brot-Austeilungen wurden zwar gewissenhaft aufrecht erhalten, aber doch soweit geordnet, dass die Spenden zweckmässiger verwendet, Unwürdige dagegen ferngehalten werden konnten. Ueberall wurden in diesem Sinne Instruktionen erteilt, Reglemente erlassen, Vorschriften eingeschärft und Anordnungen getroffen. Die umfassendste ist die sogenannte „Klosterreformation" von 1533, welche 43 beruische Klöster und Stifte betraf.

Eine Veranstaltung haben wir noch besonders zu erwähnen, die dahin gehört. Am 15. November 1528 ist vom Berner Rat beschlossen worden: *„Es haben M. HH. geraten, ein Mushafen anzurichten in St. Jakobs Spital. Soll verkündet werden, wer daran gän wolle."* Und acht Tage später: *„Ist der Mushafen und die Ordnung auch der Schul halb bestätet, wie es M. HH. die Venner geordnet und M. H. Stadtschriber das schriftlich gestellt."* Es handelt sich hier um eine öffentliche Speisung für Arme und Familienlose. Ein solcher „Mushafen", das heisst die Austeilung einer gemeinsam gekochten Suppe, hatte schon früher bestanden zu Gunsten der fremden fahrenden Schüler, und zwar in ziemlich grossem Massstabe, als Privatwohlthat des Schultheissen Wilhelm von Diesbach. Jetzt wurde die Anstalt erweitert und auf alle ausgedehnt, die davon Gebrauch machen wollten. Es wurde zu diesem Zwecke im Schlosse zu Neuenburg ein mächtiger Kochhafen angekauft, der dort überflüssig geworden, wie es heisst von 16 „Brunnenzuber" Inhalts, und aus diesem jeden Tag, des Morgens 9 Uhr, eine öffentliche Speisung angerichtet, zuerst im Spital der Jakobsbrüderschaft, nachher im Barfüsserkloster. Die 4 Venner, als bestellte Armenpfleger ihrer Stadtbezirke, sollten Aufsicht halten, dass alles ordentlich zugehe, niemand Unrecht geschehe und niemand bevorzugt werde. Die Kosten wurden

---

[1]) Stettler, Historische und rechtliche Darstellung der Spendverhältnisse, Bern 1841.
[2]) Stettler, a. a. O., erwähnt eine Spitalordnung für Interlaken vom 12. April 1532.

durch freiwillige Gaben aufgebracht, da man auch hierin die Einrichtungen des Urchristentums nachzuahmen trachtete. Als Anfang diente ein Teil des Klosterguts, bald aber wuchs die Stiftung durch Vermächtnisse und Geschenke. Ein solches ist verzeichnet schon von 1529 von Frau Magdalena Willading, mit 100 Gulden, und es ist bemerkenswert, dass es auch in der Folgezeit ganz vorzugsweise Frauen waren, welche in der Mehrung dieser Anstalt ihrem religiösen Gefühle Ausdruck gaben.

Es scheint indessen, dass sich bald Uebelstände erzeigten. Man fand, dass eine solche allgemeine Speisung Müssiggang, Begehrlichkeit, Nachlässigkeit und gegenseitige Missgunst pflanze; so wurde denn die weitere Verfügung getroffen, dass der Mushafen nur bestimmt sein solle für den Unterhalt der Studierenden. Das Bedürfnis, einen geistlichen Stand heranzubilden, dazu aus dem ganzen Lande, vorzüglich aus der Bürgerschaft der kleinen Landstädte, alle tauglichen Jünglinge heranzuziehen, diesen den Aufenthalt an einer gelehrten Schule zu ermöglichen und doch das früher übliche, sittlich sehr bedenkliche Betteln der fahrenden Schüler zu vermeiden, führte dazu, dass der Mushafen speciell diese Bestimmung erhielt und später das Stiftungsvermögen zur Errichtung eines Alumnats herangezogen wurde[1]), und so diente denn auch die Mushafenstiftung wieder direkt einem kirchlichen Zwecke, wie sie aus dem neuen religiösen Geist hervorgegangen ist. Wir sehen auch in diesen Anordnungen für gemeinnützige Anstalten ein intensives, von kräftigem Opfersinn belebtes und im ganzen von glücklicher Einsicht getragenes Wirken und Schaffen, nur nach allen Seiten die neu gegründeten Kirchen als ihres Ideals nicht unwürdige christliche Gemeinschaften darzustellen, in welchen jeder Einzelne sich als ein notwendiges Glied fühlen sollte, mit berufen zum Dienste des Reiches Gottes im vollsten sittlich-religiösen Sinne des Wortes.

In Basel scheint in dieser Hinsicht kein besonderes Bedürfnis empfunden worden zu sein, so dass die verfügbaren Kirchengüter ausschliesslich für Kirchen und Schulen zur Verwendung kamen.[2]) Auffallender ist, dass in Schaffhausen eine bezügliche Anregung gar keinen Anklang gefunden hat. Im Februar 1532 wurde der Vorschlag gemacht, eingezogene

---

[1]) Ochsenbein, Der bernische Mushafen, in der Zeitschrift: „Der barmherzige Samariter", Jahrg. 1891, S. 7 und S. 26.

[2]) Lichtenhahn, K., Die Säkularisation der Klöster und Stifte in Basel, Basler Beitr., I, S. 94.

Pfründen und Gottesgaben zu kirchlichen und wohlthätigen Zwecken zu bestimmen, aber „der Rat wollte nicht eintreten". [1] Dafür erhielten arme Leute die Bewilligung, für sich Almosen zu sammeln. [2]
Hierbei durften auch die Glaubensbrüder ausserhalb des engern eigenen Gebietes nicht vergessen werden. Die treuen Strassburger, Capito und Bucer, die insbesondere mit den Bernern in beständigem Verkehr blieben, mahnten in schönen Worten auch an diese Pflicht: „*Dan in aller gschrift ervorderet Gott zwey ding, syne erkenntniss und Liebe gegen den Nächsten. Das ihr Gott erkennen, haben ir von ussen bewisen in abthuung der bilder und messen, sampt der Menschen gebott über die gewissnen und ufrichtung eines geschriftlichen (schriftgemässen) Gottesdiensts und lebens. Das ander, die christlich lieb, mögen ir, als ein loblich christlich herrschaft, nit anderst bewisen, dan so ihr üweren verwandten und nachpuren stät handreychung und bistand thuend, uf dass si nit von der warheit Gottes us frevlem gwalt des gegentheils abgetriben werden, welche köstlicher ist und einn Christen lieber sin solle, denn alle zitlicher güter besitzung.*" [3]

4. Verlust und Gewinn.

Die bereits über eine gewisse Grenze der Entschiedenheit hinausgeschrittenen Städte und Stände, bei denen die Rückkehr zum alten Glauben eine Unmöglichkeit geworden war, vermochten sich auf ihrem neuen Boden zu halten und durch eine zum Teil geradezu bewunderungswürdige moralische Konzentration sich so zu befestigen, dass der Fortbestand ihres Kirchenwesens auch von Aussen kaum mehr angetastet wurde. Um so mehr aber machte sich der Rückschlag der Kappeler Niederlage auf denjenigen Gebieten geltend, welche von dem starken Schutz einer weltlichen Obrigkeit ausgeschlossen, sei es als vereinzelte Gemeinden, sei es als Unterthanenländer, den wechselnden Einwirkungen weit mehr preisgegeben waren, oder wo ein Entscheid im einen oder

[1] Chronik von Schaffh., IV, 152.
[2] Ibid., 160.
[3] Original-Schreiben vom 26. November 1532, im St.-A. Bern (Kirchl. Angel., 1529—33).

andern Sinne überhaupt noch gar nicht stattgefunden hatte: in den gemeinen Herrschaften und in einigen wenigen Kantonen, in welchen die Stimmung noch schwankte, weil eine starke, zur moralischen oder physischen Unterdrückung der Minorität hinlängliche Mehrheit nicht vorhanden war.[1]

In den gemeinen Herrschaften hatte man die Wendung zuerst zu fühlen, um so mehr, da gerade sie den Gegenstand des Streites bildeten und die Bestimmungen des Friedens von 1531 sich in erster Linie auf sie bezogen; nannte man doch diese Gebiete geradezu die „Landfriedensgebiete" oder „im Landfrieden". Mit dem Fehlschlagen zuerst des gemeineidgenössischen Reformations-Mandats vom Januar 1525, und dann der Disputation zu Baden vom Mai 1526, hatten die katholisch gebliebenen Stände die Hoffnung aufgegeben, die Tagsatzung so weit in ihrem Sinne zu beherrschen, dass ein auch für die reformierten Städte verbindlicher Beschluss zu stande kommen könnte. Sie mussten es gestatten, dass jeder Kanton nach seinem Gutdünken die kirchliche Frage löste, als eine rein kantonale Angelegenheit, in welche die Mitverbündeten nicht drein zu reden hatten.

Allein um so mehr hatten diese Stände nun ihre ganze Anstrengung darauf gerichtet, dass wenigstens die gemeinen Herrschaften ihrem Machteinfluss sich nicht entziehen sollten. Hier hatten sie vertragsgemässe, wohl verbriefte Rechte, die ihnen niemand streitig machen durfte; hier standen den kleinen Kantonen so viel Befugnisse zu als den grossen; hier waren sie sogar weit im Vorteil, da in den meisten ostschweizerischen Gebieten dieser Art, in Sargans, Gaster, Uznach, im Toggenburg und namentlich auch im Thurgau, Bern wenig oder gar keinen Anteil besass. Abwechselnd hatten die Stände in diesen Ländern ihre Landvögte einzusetzen, Beamte, deren Kompetenzen zwar in der Verwaltung fest umgrenzt, aber für die ganz neuen kirchlichen Fragen völlig unbestimmt und daher sehr dehnbar waren. Der Landvogt hatte die oberste polizeiliche Gewalt, und in seiner Hand lag es daher, religiöse Regungen entweder gewähren zu lassen, oder unter dem Vorwande der öffentlichen Ruhe zu verfolgen. Die Ausbreitung oder Ausrottung des neuen Glaubens hing fast gänzlich von dem Zufall ab, ob in den Uebergangsjahren ein Landvogt aus Zürich, oder einer aus Schwyz, Luzern u. s. w. eingesetzt war. Zwinglis Bestreben in den letzten, politisch

---

[1] Biel, W., Die Folgen des Kappelerkrieges, im Archiv f. Ref.-Gesch., Bd. III, 641.

so bewegten Jahren seines Wirkens war dahin gegangen, mit Hülfe der Volksstimmung in etwas revolutionärer Weise die gemeinen Herrschaften wenigstens moralisch für Zürich zu gewinnen und die Macht der katholischen Landvögte lahm zu legen; es war ihm dies bis zu einem gewissen Grade auch wirklich gelungen. Der erste Kappeler-Friede hatte ihm insoweit freie Hand gelassen, als hier bestimmt worden war, dass in gemeinen Herrschaften die Reformation da geduldet werden solle, wo sie bereits Eingang gefunden, und dass der Predigt des Gottesworts überhaupt keine Schwierigkeit bereitet werden dürfe. Hatte dann der Missbrauch dieser günstigen Bestimmung die Anhänger des alten Glaubens zur Verzweiflung und zum zweiten Bürgerkrieg getrieben, so waren nun die Artikel des zweiten Kappelerfriedens, oder des „allgemeinen Landfriedens", der Sachlage entsprechend ganz anders gefasst; sie stellten zwar auch jetzt die Duldung der Predigt in den bereits reformierten Gemeinden, nicht aber die Gestattung des freien Gottesworts in den übrigen Kirchen als Grundsatz auf. Aber auch ersteres, die Aufrechthaltung des reformierten Kultus, war an die Zustimmung der Mehrheit der Gemeindegenossen gebunden, und hier war nun jedem Druck durch Gewalt und Einschüchterung selbstverständlich freie Bahn geöffnet. Ein Vogt, der für seine Person die Zwinglische Lehre als verabscheuungswürdige Ketzerei betrachtete und die Verfolgung derselben als eine religiöse Pflicht ansah, fand auch Wege genug, dieser Ueberzeugung Ausdruck zu geben, eine Mehrheit zur Minderheit herabzudrücken, umgekehrt eine Minderheit zu ermutigen und zu verstärken. Dies ist nun hundertfach wirklich geschehen.

Waren die Katholischen jetzt siegesgewiss und kühn, so waren die Reformierten unentschlossen und entmutigt und wagten auch gegen offenen Rechtsbruch kaum ernsthaft aufzutreten. Wo Lust und Ernst dazu sich zeigte, da störte die Uneinigkeit und Eifersucht der Evangelischen selbst, die sich gegenseitig die Schuld für das Unglück zuschrieben. Und es fehlte nicht an Leuten, welche diese Missstimmung geflissentlich durch allerlei Verdächtigungen nährten. „*Worauf aber die luginen erdacht werden*", schrieb Zürich in einem Rechtfertigungsbriefe an Bern, am 25. März 1532, „*het üwer lieb gut zu gedenken. Möchte man vil unrats zwischen uns und üch sägen, achten wir wol, man funde lüt, die dess sunder fröud hättend*".[1]

---
[1] Originalschreiben, Bern. Staats-Arch. (Kirchl. Angel., 1530—33).

Hier kommt vor allem die Landgrafschaft Thurgau in Betracht, wo die einzelnen Gemeinden völlig auf sich selbst angewiesen waren und von Zürich aus nicht mehr unterstützt werden konnten. Schon nach dem ersten Kappelerfrieden musste Thurgau auf die kaum zuvor errungene politische Freiheit wieder verzichten, und jetzt vollends standen die Anhänger Zwinglis schutzlos da.

Eine Abordnung von Boten der V Orte durchreiste das Land mit dem ausgesprochenen Zwecke, mit der Unterthänigkeit gegen ihre Herren, die „Eidgenossen", auch den katholischen Kultus der „wahren christlichen Religion" wieder einzuführen.[1]) Als nun der neue Landvogt Zigerli aus Zug im Schlosse zu Frauenfeld einzog und Gehorsam verlangte, konnte man ahnen, welche Wendung jetzt eintreten werde. Die Thurgauer erklärten: „In allen weltlichen Dingen wollen wir den regierenden Ständen und ihren Vertretern treu und unterthan sein"; allein wo war damals die Grenze zwischen weltlichen und geistlichen Dingen?

Die Klöster Ittingen, Dänikon, Kreuzlingen und Kalchrain wurden hergestellt; die vorher allerdings mit abscheulicher Rohheit aus ihrer Heimstätte vertriebenen Nonnen der Klöster Katharinenthal[2]), Münsterlingen und Fischingen kehrten im Triumph zurück. Aber es hielten auch andere Dinge wieder ihren Einzug. Als Martin Hauser von Eglisau, Pfarrer zu Märstetten, sich missbilligend aussprach über drei der evangelischen Predigt feindselig in den Weg tretende Männer, wurde er vom Landvogt zum Tode verurteilt und nur mit Mühe zu ewiger Verbannung begnadigt.[3]) Der Pfarrer von Steckborn musste ausziehen, weil er in der Predigt die Messe gelästert habe.[4]) Der Prediger zu Diessenhofen, Heinrich Seiler, wurde (Juli 1537) mit Absetzung und mit einer Busse von 20 Pfund bestraft. Er hatte auf der Kanzel gesagt: *Ach Gott, wie gros jammer und not ist jtz uf erden von unser sünd wegen! und wil es niemand sähen. Unsere Hirten sind al wölf worden, unsere seelsorger, die sich des regiments der kilchen annemend, sind verräther worden, die d'warheit niderdrucken; unsere schutzherren sind fiend, unsere lerer sind müt dan verfärer worden! Wie wil es doch zuletzt gan? — wan wil doch der götliche zorn*

---

[1]) Finsler, K. St., 323.
[2]) Bannwart, Denkschrift von St. Katharinenthal in der Ref.-Zeit. Archiv d. P.-V., Bd. III, 86.
[3]) Pupikofer, Thurgau, II, 167.
[4]) E. A., IV, 1b, 1255 (8. Jan. 1532).

*ufhören? — Darum sölten wir Got on underlas päten!*¹) Schon 1532 und 1534 war der nämliche Mann heftig angefochten worden²); jetzt galt nur noch Stillehalten und Schweigen. In Frauenfeld gab es endlose Reibereien der kleinlichsten Art, und immer mussten die Evangelischen die Ungunst der Beamten und Richter empfinden.

Der Abt von St. Gallen, der im Thurgau viele Güter besass, drohte seinen Gotteshausleuten mit Einziehung ihrer Lehen, wenn sie nicht die Messe besuchen. Nur wenige hatten Ueberzeugungstreue genug, um solchen Mitteln auf die Dauer zu widerstehen; die Menge war ja nur dem herrschenden Winde gefolgt, sie gab jetzt ebenso dem andern Winde nach, und ungefähr der vierte Teil der Gemeinden, so rechnet Pupikofer, fiel wiederum ab von dem zuvor ergriffenen Glauben. Der Anschluss an die Züricherkirche, nicht nur in Kultus und Predigtamt, sondern auch in der Beobachtung der Sittenmandate und Ehegesetze, wurde dem reformierten Thurgau von der Tagsatzung untersagt³), und Synoden durften nicht mehr abgehalten werden.

Die Zurückführung zur alten Lehre war hier um so leichter, weil die Gemeinden meist auch finanziell in übler Lage sich befanden im Kampf gegen die katholische Kirche und die reichen Mittel, die dieser zu Gebote standen. Der katholische Gottesdienst war eingerichtet und dotiert, die Priester wurden aus den Kircheneinkünften erhalten; für die Reformierten fehlten Kirchen und Prediger; sie mussten meist auf eigene Kosten beschafft und angestellt werden. So konnte Salat wohl spotten: *„Des sektischen Hudelvolks armut was an mängem ort so gros — denn merteils alles unglöd und unnüz, liechtfertig volk der sekt anhieng -- dass im Thurgäw an vilen Orten si nit vermochtend, predikanten zu haben. Dann fuorend die Constanzer zu, schikten einen predikanten zu vil ziten, das gotzwort inen zu verkündigen, das sust ir nottdurft halb erspart, wo die Constanzer nit gsin weren."* ⁴) So wurde der Wettstreit nicht mit gleichen Waffen geführt, und eine rücksichtslose Vergewaltigung und Bearbeitung vermochte nicht allzu schwer

---

¹) E. A., IV, 1ᵈ, 885.
²) E. A., IV, 1ᵇ, 230, 273; IV, 1ᶜ, 324.
³) E. A., IV, 1ᵇ, 1261/62. Das Verhältnis des ref. Teils des Thurgau zu Zürich ist kurz und treffend dargestellt in Metzgers Geschichte der deutschen Bibelübersetzungen in der Schweiz, S. 282. Vergl. auch des nämlichen: Die kirchl. Beziehungen Zürichs zu seinen Nachbarn, insbesondere zu Schaffhausen. Verhandl. der Askat. Gesellschaft in Zürich 1868.
⁴) Salat, S. 371 zum Jahr 1534 (vergl. E. A., IV, 1ᶜ, 1237).

die Stimmung zu leiten. Festigkeit im Glauben wurde als Eigensinn und Widerspenstigkeit bezeichnet, Nachgiebigkeit zu immer weitergehenden Forderungen missbraucht; Begünstigung unwürdiger Prätensionen erschien als pflichtgemässer Schutz berechtigter Interessen. Es gab tausend kleine Mittel, um die Anhänger der Reformation zu ermüden und ohne direkte Verletzung des Rechtes doch nach allen Seiten den Priestern wieder die Thüren zu öffnen.

An manchen Orten war doch auch die reformierte Gesinnung so stark eingewurzelt, dass man nicht zur Ruhe kommen konnte, und nicht ganz fehlte es an Beispielen, dass die Verfolgung den Charakter stählte und der Reformation Herzen zufielen, die sich vordem fern gehalten hatten; so wird von Weinfelden berichtet, dass Benedikt Bornhauser, Vater von 13 Söhnen, auf den Landfrieden gestützt die Wiederherstellung des seit 1531 aufgehobenen evangelischen Gottesdienstes verlangte und durchzusetzen vermochte. Ein glücklicher Zufall wollte es, dass schon 1532, somit gerade im gefährlichsten Augenblicke, der Züricher Edlibach als Landvogt erschien. Dadurch wurde der Thurgau wenigstens teilweise dem reformierten Bekenntnisse gerettet, so weit, dass die später folgenden Beamten, Stoffel Sonnenberg von Luzern, Mansuet Zum Brunnen aus Uri und Hans Fassbind aus Schwyz, dasselbe, bei doch wieder etwas veränderter Lage, nicht mehr auszurotten imstande waren.[1]

Aehnlich war der Zustand im untern Rheinthal, wo der Unterwaldner Sebastian Kretz wieder als Vogt eingesetzt wurde. Der Pfarrer in Thal wurde entsetzt und nachher sogar aus dem Lande verjagt, weil er die Messe „gescholten".[2] Die evangelischen Prediger durften hier erst die Kanzel besteigen, wenn sie für die Vermeidung aller „Schmähungen" besondere Bürgschaft geleistet hatten.[3] Später wurden sie alle aus ihren Häusern verdrängt, die nun wieder dem katholischen Priester eingeräumt werden mussten.[4] Die Bemühungen um Aufhebung dieser harten Massregeln waren ohne Erfolg, da man sie von katholischer Seite als Repressalien für das beanstandete Züricher Messmandat hinstellte

---

[1] Pupikofer, Geschichte des Thurgaus. Vergl. auch Geschichte der Stadt Steckborn, Thurg. Neujahrsblatt für 1880.
[2] E. A., V, 1 e, 1324, 1374.
[3] Mandat der eidg. Orte vom 10. Juli 1532. E. A., IV, 1 b, 1376.
[4] Zu den aus ihren Pfarrstellen Verdrängten gehörte auch Andr Karlstadt, der von hier nach Zürich und Basel ging.

und nur die gleichzeitige Zurücknahme beider als möglich erklärte (16. Dezember 1532).

Eine Vermittlungs-Konferenz in Einsiedeln am 22. April 1533[1]) brachte Ruhe, aber keine Beruhigung, und ebenso vergeblich blieben die Beilegungsversuche, die bei Anlass der „Jahrrechnung" zu Baden, am 25. Juni 1533, gemacht worden sind.[2])

Nicht anders war es in den übrigen Herrschaften des Rheinthals. In der Vogtei Sargans, wo die Reformation so entschieden Fuss gefasst hatte, war es der Geschichtschreiber Aegidius Tschudi, welcher, von Glarus als Vogt dorthin gesetzt, mit kluger, aber harter und unerbittlicher Konsequenz jede Spur von Hinneigung zum evangelischen Kultus niederzuhalten verstand. Die Prediger zu Ragaz und zu Mels waren seit 1532 beständig mit Entsetzung bedroht[3]); der Rat von Pfäfers musste um Verzeihung bitten und eine Kirche nach der andern wieder die Messe annehmen. Wer sich nicht fügen wollte, war genötigt, das Land zu verlassen.

Sogar in der Grafschaft Sax wurde der evangelische Gottesdienst von dem nämlichen Freiherrn Ulrich, der ihn begünstigt hatte, von 1532 an wieder verboten.[4])

Eine Ausnahme machte allein die kleine Gemeinde Wartau, die sich vom einmal angenommenen Evangelium nicht mehr abbringen liess.

Das gleiche Verfahren und mit dem gleichen Erfolge wurde auch in Uznach, in Wesen und Gaster eingeschlagen. Die Landschaft Gaster, von Schwyz und Glarus gemeinsam regiert, hatte durch ihr reformiertes Bekenntnis den höchsten Zorn der Herren von Schwyz gegen sich erregt und musste nun die Rache des Siegers empfinden, da hier die nicht direkt beteiligten Eidgenossen sich ausser stande sahen, die Friedensbedingungen geltend zu machen. Trotz einer demütigen, aus 12 Mann bestehenden Abordnung, die dem Landvogt zu Füssen fielen, wurde die Reaktion schonungslos durchgeführt und die angesehensten, geistlichen und politischen Führer des Volkes wehr- und ehrlos gemacht, als

---

[1]) E. A., IV, 1c, 63.
[2]) E. A., IV, 1c, 105.
[3]) E. A., IV, 1c, 1291, 1349.
[4]) Sulzberger, Die Reformation in der Grafschaft Sax. Mittl. des hist. Vereins von St. Gallen, XIV, S. 176—182.

Hochverräter „gethürmt", zum Teil sogar verbannt, und dann die
hülflose Masse mit leichter Mühe zu allem gebracht, was man von
ihr wollte. Das Land wurde seiner bisher behüteten Freiheits-
rechte, seiner selbständigen Gerichte, selbst seines Panners beraubt, und die Priester rückten wieder ein, um die Messe zu
lesen.

Besonders schwer machte sich der Umschwung fühlbar in
den aargauischen Freiämtern und der Grafschaft Baden.[1])
Die Städte Bremgarten und Mellingen waren ausdrücklich vom Landfrieden ausgeschlossen worden, damit sie ihrer Strafe nicht entgehen. Von Kappel aus stürzten sich die V-örtischen Truppen
dahin. Bremgarten rief die Berner zu Hülfe, aber die Berner
konnten nicht helfen. Die Bewohner ergaben sich am 20. November. Die beiden Bullinger mit Gervasius Schuler wurden zur
Flucht genötigt; der alt-Schultheiss Werner Schodeler, als
Chronikschreiber bekannt, versprach beim Anzug der katholischen
Macht die Rückkehr zum alten Glauben als Kapitulationsbe-
dingung, die Stadt zahlte 1000 Gulden als Busse, und am Anfang 1532 war Bremgarten wieder eine vollständig katholische
Stadt.[2])

Mit ihr fiel aber auch ein Teil der Umgegend, das sogenannte
„Kelleramt", in welchem Bremgarten die untere Gerichtsbarkeit
besass: die Dörfer Oberwyl, Jonen, Ober- und Unter-Lunkhofen.
Wie diese vorher, Bremgarten folgend, die evangelische Predigt
eingeführt hatten, so mussten sie jetzt mit ihm zur Messe zurück;
nicht ohne Widerstreben: der Prediger in Oberwyl, Konrad Schorer,
verliess seine Kirche erst im Frühling 1534.[3])

In Mellingen wurde der katholische Kultus hergestellt. Das
Städtchen verlor aber sogar seine Thore und, wie Bremgarten,
das Recht, seinen Schultheissen selber zu wählen. Seine Bitte,
dass man ihm wenigstens einen gelehrten Prädikanten lassen
möchte, wurde schroff abgelehnt.[4]) Kaiserstuhl und Klingnau
mussten sich die Messe gefallen lassen. Zwölf Personen aus
letzterer Ortschaft, die „sich der christlichen Ordnung nicht fügen",

---

[1]) Küssenbergs Chronik im Archiv des Pius-V., Bd. III, 418. — Fiala,
Ref. und Gegenref. in den freien Aemtern. Ibid., Bd. II, 529. — Liebenau, Ref.
und Gegenref. in Hitzkirch, in „Kathol. Schweizerbl.", IX.
[2]) Weissenbach, Die Reformation in Bremgarten, Argovia, VI. Vergl.
Salat, S. 177, und Strickler, Akten, V, Nr. 163.
[3]) Wind, Die Ref. im Kelleramt, Aarg. Taschenbuch 1886.
[4]) E. A., IV, 1b, 1252, 1265.

sollen nach Beschluss der Tagsatzung hierzu gezwungen werden (14. März 1534).[1]

Der Prediger in Zurzach wurde noch im Dezember 1531 zur Rechenschaft gezogen, weil er „wider die Messe geredet"[2]; am Osterdienstag 1532 kehrte das „Heilthum" der Stadt, das Bild der heiligen Verena, zugleich mit der Messe zurück und wurde in altüblicher Weise wieder verehrt; sah man doch in dieser Rückkehr den deutlichsten Beweis, dass eben dieses Bild es sei, das Glück und Segen verbürge, und dass man schweres Unrecht gethan, als man auf Zureden einiger Prediger die Heilige missachtet hatte.[3] Mit der heiligen Verena kamen auch die Chorherren wieder, freilich nicht ohne die Mahnung, dass sie künftig anständig leben sollen, das heisst „ohne Metzen".[4]

Der Komtur von Hitzkirch, der Berner Albrecht von Mülinen, der die Flucht ergriffen hatte, erklärte sich jetzt bereit, sein Haus an die V Orte zu übergeben. Der Abt von Wettingen schrieb schon am 26. November 1531 nach Bern, durch seine Freundschaft für sie habe er den Unwillen der V Orte erweckt. Der Landvogt zu Baden habe nun aus eigener Willkür in sein Kloster eine Besatzung gelegt und das Silbergeschirr in Verwahrung genommen.[5] Abt und Abtei mussten dem Feinde preisgegeben werden, und jede Spur von dem, was Georg Müller versuchte, ist in Wettingen ausgetilgt worden.

Alle Kirchen der Freiämter wurden neu geweiht[6]; trotzdem wollten auf einer katholischen Konferenz in Luzern (9. November 1535) die Eiferer wissen, dass „die Luthery" in den Freiämtern wieder in Zunahme sei.[7]

Kleine evangelische Gemeinden vermochten sich nur in Zurzach und in Degerfelden zu erhalten. Die erstere übergab, um bessern Schutz zu erlangen, ihre Kollaturrechte schon 1532 an die Stadt Zürich.

Selbst dem von Zürich zu erwählenden Landvogt in Baden suchte man seitens der katholischen Stände die Anerkennung zu

---

[1] E. A., IV, 1 c, 307.
[2] E. A., IV, 1 b, S. 1229.
[3] Huber, Geschichte d. Ref. in Zurzach, im Archiv des Pius-V., Bd. II, 533.
[4] E. A., IV, 1 b, 1230.
[5] Orig. im St.-A. Bern (Kirchl. Angel., 1530—33).
[6] E. A., IV, 1 b, 1241
[7] E A., IV, 1 d, 584.

verweigern, weil derselbe seinen Antrittseid nicht „bei den Heiligen" schwören wollte.¹)

Salat sagt in seiner Chronik äusserst bezeichnend: *„By den Zugewandten musst man stets mit gwalt weren und abstöuchen, damit die sekt nit wieder überhand nähm, und hielt die sekt sich noch jemerdar stät embor, als well si no fürfaren, das dann die alt part mit höchstem flyss wyslich widerhielt, one beduren costens und arbeit, des auch nit wenig darüber gieng.*²)

Nicht anders war es auch bei den Verbündeten.

Wie in St. Gallen der um das Kloster zu stande gekommene Kaufvertrag ungültig erklärt, die Stadt zur Entschädigung verurteilt und dann der Abt in sein Gotteshaus wieder eingeführt wurde, ist bereits erzählt worden. Vollkommen rücksichtslos machte der Prälat nun von seiner Macht Gebrauch in seinem ursprünglichen Gotteshausland.

Abgeordnete von Gossau, von Rorschach und Waldkirch beschwerten sich im Mai 1532 vor den eidgenössischen Boten, dass ihre Prediger vertrieben und Messpfaffen wieder eingesetzt würden, während sie beim Gotteswort verbleiben wollen. Die Antwort des Abtes auf die Anfrage, wie es damit stehe, war die: Er habe das Recht, mit seinen Unterthanen so zu verfahren; er gebe ihnen fromme Priester.³)

Der Grundsatz des Landfriedens, dass in den Gemeinden die Mehrheit zu entscheiden habe, wurde so ausgelegt, dass in Gossau 1500 reformierte Bewohner vergeblich einen Prediger für sich verlangten neben dem für 30 Katholiken amtierenden Priester.⁴) In Rorschach hatten zwar beide Bekenntnisse ihre Geistlichen; der Messpriester wurde aus dem Kirchengute besoldet, den Evangelischen wurde gesagt: „*Wer Predikanten haben will, soll sie selbst bezahlen.*"⁵)

In Waldkirch stand ein evangelischer Prediger im Amte; aber nun behauptete der Kirchenfürst, Taufe und Eheeinsetzung müssten, um gesetzlich Geltung zu haben, vom katholischen Priester verrichtet werden⁶), und Zürich, das sich fortwährend als den

---

¹) E. A., IV, 1c, 505 (Juni 1535).
²) Salat, im A. P.-V., I, 281. Vergl. überhaupt die treffende Schilderung der neu geschaffenen Lage auf S. 380.
³) E. A., IV, 1b, 1341. Für die Stadt Wyl siehe Götzinger, in St. Galler Mitteil., XIV, 111.
⁴) E. A., IV, 1c, 1256.
⁵) Ib, 1378, 1425.
⁶) 18. Feb. 1533. E. A., IV, 1c, 23.

kirchlichen Schirmherrn dieser Gegenden betrachtete, musste sich schliesslich um des Friedens willen solches gefallen lassen.[1]) Das grosse Thal der obern Thur, das Toggenburg, musste sich vollständig wieder beugen unter den Abt, seinen geistlichen und weltlichen Herrn. Die Bewohner waren die ersten gewesen, die unmittelbar nach der Schlacht am Gubel einen Separatfrieden mit den V Orten abschlossen. Es half ihnen wenig. Nachdem der von Zwingli zu stande gebrachte Loskaufsvertrag ungültig erklärt war, wurde am 19. April 1532 unter eidgenössischer Vermittlung eine neue Uebereinkunft festgesetzt, infolge deren die Hälfte der Gemeinden zur katholischen Kirche zurücktrat.[2]) Auch die Stadt Wyl war zum gleichen Entschlusse gezwungen.[3]) Die das nicht thaten, mussten es büssen: Die evangelischen Prediger zu Peterzell, St. Johann und Nesslau wurden schwer angefochten und in ihrer Amtsführung beeinträchtigt.[4])

Dass das alles gegen den Willen der Bewohner geschah, die ihre Anhänglichkeit an die erkannte und bekannte Wahrheit schlecht verhehlten, das veranlasste den bissigen Salat zu dem boshaften Wortspiel: „Als denn nach dem rechten Englischen vocabulo Togus heisset „ein Hund", so sind die Toggenburger zu deutsch „Hundsburger"."

Noch rascher ging es in Rapperswyl. Diese ganz reformierte Stadt fiel schon dem Kriege selbst zum Opfer, noch ehe der Friedensschluss einen festen Zustand und einen gewissen Schutz bringen konnte. Am 17. Nov. 1531 verlangten die Truppen der V Orte die Auslieferung des Predigers Jodocus Kirchmeyer. Mit Not und mit Lebensgefahr wurde derselbe zu Schiff nach Zürich gebracht[5]); schon am folgenden Tage bemächtigten sich die Katholischen der Stadt, in welcher Wortbruch und Verrat die Thore öffneten, und jetzt wurden alle Anhänger des neuen Glaubens zur Flucht und Auswanderung gezwungen, die Messe und Heiligenverehrung wieder hergestellt und alle lutherischen Bücher feierlich verbrannt. Ein Handwerksmann, der sich dieser Massregel zu widersetzen suchte, büsste seine Kühnheit am

---

[1]) E. A., IV, 1c, 129, vom Juli 1533.
[2]) Wegelin, Geschichte der Landschaft Toggenburg, St. Gallen 1830—33, 2 Bände. — Sulzberger, Toggenb. Kirchengeschichte, in Mittlg. d. h. V. St. Gallen, III, 16.. Der Vertrag wurde im März 1537 bestätigt.
[3]) Götzinger, Die Ref. d. Stadt Wyl, Mittlg. d. h. V. St. Gallen, XIV, S. 141.
[4]) E. A., IV, 1c, 54, April 1533.
[5]) Bullinger, Ref.-Gesch., III, 257 u. ff.

21. November mit dem Leben.[1]) Der förmliche Uebergabs-Vertrag ist vom 20. Dezember.[2]) Das Recht des Kirchensatzes behielten die V Orte vorsichtig für sich.[3])

Am 20. Dezember 1531 glaubte der Bischof von Konstanz sogar den Augenblick gekommen, der die volle Unterwerfung der Abtrünnigen in seinem Bistum gestatten sollte; er wandte sich an die Tagsatzung mit dem Begehren, dass überall die Messe wieder eingeführt werde[4]); ein Gesandter des Römischen Königs unterstützte dieses Verlangen. Konnten auch die Abgeordneten demselben nicht direkt willfahren, so sahen doch die katholischen Beamten darin eine deutliche Aufforderung, wo irgend möglich in solchem Sinne vorzugehen, da sie sicher sein konnten, von kirchlichen und weltlichen Obern in dieser Tendenz geschützt und begünstigt zu werden.

Dass jetzt die Parteien sich immer schroffer gegenüber standen, innerhalb der katholischen Kantone jede Hinneigung zu einer freien religiösen Regung, jede sittliche Kritik gegenüber den früher als solche anerkannten kirchlichen Missbräuchen schwand, ist natürlich. Die Zeit der Unbefangenheit, da man einer Reformation rufen konnte, ohne ein Feind der Kirche zu sein, da die Forderungen des Reformations-Mandats vom Januar 1525 noch als selbstverständlich galten, war vorüber; wer katholisch sein und heissen wollte, musste jede Notwendigkeit einer Aenderung leugnen, jeden Wunsch danach als einen Verrat an der heiligen Sache der Kirche betrachten. Werner Steiner, ein Anhänger des reformierten Bekenntnisses in Zug, wanderte aus und liess sich in Zürich nieder.[5])

In Luzern war längst jede Stimme in diesem Sinne zu Boden terrorisiert, in Freiburg nicht minder. Die letztere Stadt erhält von Salat das ehrende Zeugnis: „*sich hielt Friburg wol, hantfestiglich in allen dingen, glich den V Orten, befundend auch wenig gunst der Berner.*" In mehreren Klöstern war der alte Kultus eine Zeitlang fast ganz ausser Uebung gekommen, da man die Beseitigung der Heiligen-Bilder und selbst die Aufhebung der Klostergelübde allgemein als nahe bevorstehend ansah und

---

[1]) Eidgenössisch - Schweizerische Märtyrer, mit Anmerkungen von H. Bullinger, abgedruckt in Miscellanea Tigurina, tom II, p. 1.
[2]) E. A., IV, 1ᵇ, 1225.
[3]) E. A., IV, 1ᵇ, 1245 (1. Januar 1532), vergl. auch Strickler, Akten, V, Nr. 180 (vom 23. Juni 1528.
[4]) E. A., IV, 1ᶜ, 1238.
[5]) Hottinger, III, 642. Seine Geschichte s. Mss. H. H. V, 57, der St.-B. Bern.

nur des Augenblicks gewärtig war. Es wird aus dem Kloster Einsiedeln, aus Engelberg und Fahr im Kanton Luzern berichtet, dass im Jahre 1532 auf einmal die alten aufgegebenen Kirchensitten wieder aufgefrischt worden seien.

Das Appenzellerland war fortwährend geteilt. Ein Druck von Oben konnte hier, im freien, rein demokratisch sich regierenden Volke nicht vorkommen, um so heftiger und giftiger war aber der Hader und die gefährliche Zwietracht der sich befehdenden Parteien, von denen keine die andere zu überwinden sich im stande sah. Salat sagt von diesem Lande: „*Appenzell hat die Mess und auch predikanten, und stand noch parteiisch bi inen, doch hieltend si sich wol und in allen dingen mittlens halb.*"

In Glarus führte ein ähnlicher Zustand zu dem Vertrag vom 21. November 1532[1]), nachdem zuvor der evangelische Pfarrer zu Mollis mit brutaler Gewalt überfallen und vertrieben worden war. Die Abhaltung einer doppelten Landsgemeinde im Mai 1532 lässt den tiefgehenden Riss erkennen, der die Bewohner trennte, und macht es begreiflich, dass eine Gesandtschaft von Uri und Schwyz nicht ohne Eindruck zur Rückkehr zur „alten Gleichförmigkeit" auffordern konnte.[2])

Die erwähnte Uebereinkunft bestätigte die frühere Zusage (vom 8. Dezember 1531), dass in vier Kirchen des Thales katholischer Gottesdienst begangen werden sollte: zu Linththal, Schwanden, Näfels und Glarus. Fridolin Brunner, Pfarrer zu Betschwanden, galt als die geistige Stütze der Zwinglischen Partei; er hielt durch sein Ansehen und seine Beliebtheit die Sache des neuen Glaubens auch in schlimmer Zeit aufrecht. Eine Zeitlang versah er die Predigt auch noch zu Schwanden und zu Matt, bis er zuletzt in den Hauptort Glarus selbst berufen wurde.[3])

Bern blieb von diesem allgemeinen Rückschlag keineswegs unberührt. In seinen mit Freiburg gemeinsamen Vogteien hatte es jetzt einen schweren Stand, insbesondere da, wo die Neuerung noch nicht gesichert war. Nach einer Konferenz vom 8. Januar 1532 wurde am 30./31. Januar über die kirchliche Ordnung in Orbe, Echallens und Grandson eine Uebereinkunft abgeschlossen.[4])

---

[1]) Abgedruckt als Beilage 21 in E. A., IV, 1 b, 1584.
[2]) E. A., IV, 1 b, 1591.
[3]) M. Schuler, Geschichte des Landes Glarus, Zürich 1836. Vgl. Tschudis Chronik, hrg. von Strickler.
[4]) E. A., IV, 1 b, 1278. — Herminjard, II, 401—404. — **Ruchat**, III, 47.

Demnach sollte die Mehrheit in den Gemeinden über Glauben und Kultus ihrer Kirchen entscheiden; aber nur in den Dörfern Giez, Provence, Champagny und Novalles fiel die Abstimmung nach dem Sinne der Berner aus.[1]) Erst später gelang es, die Anfrage zu wiederholen und teilweise eine andere Antwort zu erhalten.

Selbst in Schwarzenburg (Guggisberg) war die Lage wieder zweifelhaft geworden und erforderte neue Anstrengungen, um die ruhige Einrichtung reformierter Kirchgemeinden zu sichern.[2])

Im bischöflich-baselschen Münsterthal erhob der Fürst wieder seine Reklamationen; er erklärte, es nicht dulden zu wollen, dass der Prediger von Dachsfelden im Lande herum reise und selbst nach Pruntrut komme. Wenn er auch ausserhalb des mit Bern verburgrechteten Landes sich zeige, so habe er sich allfällige Widerwärtigkeiten selbst zuzuschreiben. Bern, das sich seinerseits über das unbefugte aufreizende Eindringen der „Messpfaffen" beklagte, verlangte dagegen, dass ihm das Präsentationsrecht für die evangelischen Geistlichen und die Ehegerichtsbarkeit im Münsterthal zugestanden und die Gemeinden in den Verband der Berner Kirche gegliedert werden, damit lasterhafte Priester nicht ungestraft bleiben.[3]) Aus Furcht vor Unruhen verlegten die Chorherren ihre Residenz nach Delsberg.[4]) Am 19. Mai 1534 kam endlich eine erste vorläufige Ordnung des neuen Kirchenwesens zu stande[5]), am 3. September des gleichen Jahres auch für das Gebiet der Propstei St. Immer.[6]) Sogar das Burgrecht mit Genf hätte man jetzt gern aufgegeben, um ängstlich alle Verwicklungen fernzuhalten.[7])

Aber selbst innerhalb der eigenen Grenzen musste Bern die demütigende Erfahrung machen, wie sehr die allgemeine Lage sich verändert habe und wie sehr die Klugheit zur Zeit das Nachgeben und Schweigen gebiete. Im Schlosse Biberstein bei Aarau war ein Haus des Johanniterordens. Die Berner Regierung hatte dasselbe mit allen übrigen Klöstern aufgehoben und eingezogen. Allein der Orden protestierte, von den VII Orten unterstützt, mit solcher Energie, dass Bern um des Friedens willen, um sich nicht

---

[1]) E. A., IV, 1 b, 1297, 1329.
[2]) St.-A. Bern, Miss., R., 114, 225, 256, 420.
[3]) E. A., IV, 1 b, 1448, 49 (Dez. 1532, Biel).
[4]) Quiquerez, Le chapitre de Moutier-Grandval depuis 1534, in den Actes de la soc. d'émul. du Jura, XV (1863), 135.
[5]) E. A., IV, 1 d, 329. — Ruchat, III, 222.
[6]) E. A., IV, 1 d, 384, u. Ruchat, III, 323.
[7]) E. A., IV, 1 b, 1217 (8. Jan. 1532).

noch mehr Feinde zu machen, im Jahre 1535 eine Uebereinkunft abschloss, wonach es die Stiftung dem Orden zurückgab und eine Entschädigung zu zahlen sich bereit erklärte. Ein gleiches Ansinnen stellte der Deutsche Orden in betreff der Häuser Köniz und Sumiswald, und nur mit grosser Mühe konnte dasselbe einstweilen abgelehnt werden. Einen dem Kloster Königsfelden gehörenden Zehnten bei Waldshut im österreichischen Schwarzwaldgebiet machten die Berner Miene, mit Gewalt holen zu wollen; allein die Bundesgenossen weigerten sich — begreiflicherweise — den verlangten Beistand zu leisten, und der Rat sah sich genötigt, in einem Vermittlungsvertrag auf sein Recht zu verzichten.[1])

Solche schwachmütige Nachgiebigkeit, mochte sie noch so sehr jetzt geboten sein, solches Preisgeben der bisher aufgemunterten Freunde war wenig geeignet, das Ansehen der Reformation zu heben. Der Abfall wurde allgemein, nicht allein da, wo weltliche Berechnungen zur Annahme der neuen Lehre geführt hatten, sondern selbst bei denen, welche in innerster Ueberzeugung den Anfang einer schönern Zeit zu erleben gehofft. Auch Einzelne wandten sich wieder zum siegreichen Glauben zurück, wie zwei „Pfaffen", welche kirchliche Absolution verlangten, da sie zwar zur Ketzerlehre übergetreten seien, aber nicht geheiratet hätten.[2])

Mehr als an den gemeinen Vogteien hing für die Zukunft des reformierten Bekenntnisses in der Schweiz an der Stadt Solothurn, von der nun noch zu reden ist.[3]) Sie gehörte zu den eidgenössischen Orten, mit Stimme an der Tagsatzung. Das Uebergewicht in dieser die Einheit repräsentierenden Behörde war im einen oder andern Sinn entschieden, je nachdem sich Solothurn an die vier evangelischen Städte und ihre Genossen, oder aber an die V — mit Freiburg VI — katholischen Orte anschloss. Zudem hatte Solothurn, das eben erst 1532 die Stadt Olten vom Bischof von Basel erwarb, ein ziemlich ansehnliches Gebiet, einen Kanton, der zu den volkreichsten gehörte und deshalb auch mit einer beträchtlichen Macht ins Feld rücken konnte. Für die Stellung Berns war der Entscheid der Stadt jetzt um so wichtiger, seitdem der andere Bundesgenosse, Freiburg, sich zur feindlichen Sache hielt.

Im Kriege von 1531 hatten sich die Solothurner noch den Bernern angeschlossen und waren mit dem reformierten Heere

---

[1]) 11. Juli 1534.
[2]) E. A., IV, I b, 1324 (2. April 1532).
[3]) Vergl. die oben angeführte Arbeit von Glutz-Blotzheim im Schweizer Museum, Aarau 1816.

nach dem Aargau gezogen, freilich nur 600 Mann stark, statt der 1200, welche aufgeboten worden waren. In den Kampf selbst kamen sie nicht, so wenig als die Berner selbst, aber schwer mussten sie nun ihre Haltung büssen. Kaum war die Nachricht vom Siege der innern Schweiz nach Solothurn gelangt, so gab es, am 25. November, einen Auflauf in den Strassen; die Wohnung des reformierten Predigers wurde gestürmt und geplündert; der Rat beschloss, unter dem Druck dieser tumultuarischen Ereignisse und um Aergeres zu vermeiden, man wolle wieder einen Leutpriester haben, der wie ehemals die Messe lese. Doch das war nur die Einleitung zum Kommenden.

Beim Friedensschlusse sollte Solothurn als Strafe einen Teil der Kriegskosten zahlen; doch wurde erklärt, man sei bereit, ihm diese Busse zu erlassen, wenn die Stadt sich entschliessen würde, den evangelischen Prädikanten Grotz fortzuschicken.[1]) Dem zu begegnen, traten seine Freunde zusammen und wollten den Betrag von 1000 Gulden[2]) an Stelle der Bürgerschaft auf sich nehmen, in der Hoffnung, dann unbehelligt zu bleiben. Das Opfer war umsonst gebracht; am 30. April 1532 gab es neuerdings einen Auflauf; der Rat musste nachgeben; der Prediger musste weichen; die Barfüsserkirche wurde geschlossen, der evangelische Gottesdienst innerhalb der Mauern nicht mehr geduldet und in die Kirche von Zuchwyl vor den Thoren verlegt. Da gerade in diesen Tagen ein neuer Schultheiss zu ernennen war, und der Mann, der auf die Wahl den grössten Anspruch zu haben vermeinte, Hans Hugi, ein eifriger Anhänger der neuen Lehre, in verletzender Weise sich übergangen sah, so standen sich die Parteien mehr als jemals feindlich gegenüber. Hugi stellte sich jetzt entschieden als Führer an die Spitze seiner Glaubensgenossen und trat mit der Forderung freier Predigt vor den Rat. Noch immer war es ungewiss, auf welcher Seite sich die Mehrheit zeigen werde, um so grösser die Versuchung, durch Gewaltmassregeln nachzuhelfen. Mit dem nämlichen Ungestüm, mit welchem die Reformierten verlangten, dass man die Gleichberechtigung ihres Kultus anerkennen und ihnen eine Kirche in der Stadt öffnen solle, schrien die Katholiken, dass sie die Ketzerei auch in Zuchwyl nicht mehr dulden und dass sie nicht ruhen werden, bis alle Zwinglischen totgeschlagen oder aus der Stadt verjagt seien.

[1]) 8. April 1532. — E. A., IV, 1ᵇ, 1321.
[2]) E. A. ist von 800 Kronen in Rede.

Wenn die Evangelischen dabei auf die Berner bauen konnten — Gesandte von Bern waren seit dem 23. Juli anwesend [1] —, so erhielten nun ihre Gegner neuen Mut durch eine Einmischung von Freiburg her; jede Anstrengung der Besonnenen war vergeblich, jeder Vermittlungsversuch wurde zurückgewiesen, und die Lage war um so bedenklicher, weil über die Stimmung des Landvolks jede Gewissheit fehlte und beide Parteien auf Zuzug rechneten. Alles stand in Waffen, zu einem Gewaltstreich bereit, weil jeden Augenblick einen solchen vom Gegner besorgend.

Am 1. September 1533 kam der Seckelmeister Stark von Solothurn in aller Eile nach Bern, um Mitternacht, um Rat zu suchen und Vermittlung zu erbitten. Am 29. Oktober 1533, unmittelbar vor einem angeblich von der evangelischen Partei geplanten Handstreich, war sogar die gesamte Tagsatzung wegen dieser Angelegenheit versammelt, und zwar nicht nur die gewohnten Boten der Orte, sondern verstärkt durch die nur in wichtigen Ausnahmsfällen berufenen Abgesandten von Bischof und Landschaft Wallis, vom Bischof von Basel, der Stadt Konstanz und den zugewandten Städten St. Gallen, Mülhausen und Biel.

Ein Ausbruch hier war fast unfehlbar das Zeichen zum Wiederbeginn des allgemeinen Bürgerkriegs, zu welchem man sich bereits rüstete.[2] Berns Regierung gab sich eine unendliche Mühe, einen solchen Ausgang abzuwenden. Zwar wurde der aus Freiburg herbeigerufene Mönch, Hieronymus Milan, seines fanatischen Auftretens wegen bald wieder von Solothurn entlassen, allein sein Wirken war damit nicht ungeschehen gemacht, und die Aufregung stieg. Seit dem Sommer 1532 war wieder fast ununterbrochen eine Abordnung aus Bern in Solothurn, um vor Gewaltthaten zu wehren. Wir besitzen eine ganze Reihe von Berichten über ihre Verhandlungen und den wechselnden Stand der Dinge. Beinahe ein Jahr lang dauerte dieser bedenkliche Zustand.

Mit Mühe brachte man endlich die katholischen Orte dazu, auf ihre Forderung zu verzichten, die dahin ging, dass Solothurn sich schriftlich verpflichte, alle evangelischen Prädikanten zu vertreiben.[3]

Am 30. Okt. 1533, nachmittags Schlag 1 Uhr, so glaubte man, wollten die Evangelischen — ihre Zahl wird auf 1500 angegeben — sich des Zeughauses bemächtigen, das Basler Thor besetzen und

---

[1] E. A., IV, 1 b, 1379.
[2] Jan. 1533. E. A., IV, 1 c, 12, 24, 31.
[3] E. A., IV, 1 b, 1450, u. IV, 1 c, 7 (21. Jan. 1533).

eine Schar aus dem nahen Dorfe Flumenthal, die im Walde verborgen die Stunde abwartete, in die Stadt hineinlassen. Sie hatten geschworen, niemand ein Leid zuzufügen und die Waffen niederzulegen, sobald eine eigene Kirche und ungestörte Ausübung des Gottesdienstes ihnen für alle Zeiten zugesichert sei. Nach 12 Uhr, wird uns erzählt, war der Schultheiss Niklaus von Wengi auf der Strasse, als man ihm diesen Anschlag verriet. Rasch entschlossen liess er die Uhr um eine Stunde zurückriehten, um Verwirrung zu veranlassen, und rief einige der Ratsherren zu seinem Beistande herbei. Doch bereits rückten die Verschworenen heran; er vermochte nicht, sie aufzuhalten, und in kurzer Zeit waren sie Meister des Zeughauses und der Thore. Unermüdlich zur Besonnenheit mahnend, brachte endlich doch der wackere, von beiden Parteien geachtete Schultheiss, erst nachmittags 4 Uhr, einen Vergleich zu stande, vermöge dessen die Niederlegung der Waffen und ruhiges Abwarten weiterer Verhandlungen zugesagt wurde. Allein der Zweifel, ob dieses Versprechen auch gehalten werde, verführte die Reformierten dazu, selbst gegen die Abrede eine Stellung zu suchen, wo sie sich sicherer glaubten, und jetzt kannte die Wut der Gegenpartei keine Grenzen. Da war es, wo nun die schöne, von Poesie und Kunst verherrlichte That des Schultheissen den Ausbruch eines blutigen Strassenkampfes und eine voraussichtlich grausame Vernichtung der Evangelischen verhütete.[1]) Die That machte Eindruck und stellte für den Augenblick die Ruhe her. Der Waffenstillstand wurde zu weitern Verhandlungen benützt.[2]) Allein noch einmal trugen Leidenschaft und Misstrauen den Sieg davon. Die Reformierten verstärkten, eines Angriffs gewärtig, ihre Schanzen und zogen Hülfe heran aus den Dörfern, auch aus dem Berner-Gebiet, wo man sie weder zurückhalten konnte noch wollte, und jetzt stellten sie allen Aufforderungen zur Nachgiebigkeit um so hartnäckigeren Trotz entgegen. Die Katholiken, ihrerseits durch Gerüchte aufgereizt, scharten sich von neuem zusammen und verbanden sich durch einen Eid „dem heil. Römischen rych, dem Himmelfürsten St. Urs, den Herren Rüthen, burgern und ganzer Gemeinde und dem Mehr der Stadt Solothurn" gehorsam zu sein. Sie wählten einen eigenen Regierungs-Ausschuss mit ausserordentlicher Vollmacht, um den Krieg gegen die abgefallenen Bürger zu eröffnen und sie zur Unterwerfung zu zwingen (2. Nov. 1533).

---

[1]) Vergl. die Darstellung in E. A., IV, 1c, 201 2.
[2]) Vom 31. Okt. bis 17. Nov. — E. A., 175, 202.

Die Bundesgenossen, auch Bern, wurden um Hülfe gemahnt; die Reformierten zogen nach Wiedlisbach, den Kampf zu erwarten; allein schliesslich begann ihre Zahl abzunehmen, als sich der Entscheid verzögerte; die meisten hatten ihre Familien in der Stadt und wollten diese nicht dem Pöbel preisgeben; sie erklärten sich zum Nachgeben bereit. Umsonst suchten jetzt die eidgenössischen Boten annehmbare Bedingungen zu erwirken. Der Solothurner Rat, der jetzt ausschliesslich aus heftigen Katholiken bestellt war und aufs höchste erbittert über den erfahrenen Widerstand, gab ihnen die Antwort: Da der Streit aus dem zweifelhaften Glauben entstanden und die Mehrheit der Bürger sich für die alte Lehre erklärt habe, so wollen sie keine reformierte Kirche dulden. Die Landschaft, welche sie gekauft und nach ihrem Gutdünken beherrschen zu können hoffen, habe durch die den Widerwärtigen geleistete Hülfe ihre Glaubensfreiheit ebenfalls verwirkt. Wohl sei ihre Stadt klein, die Zahl der Bürger gering, aber sie wollen an dem kleinen Orte bleiben und entweder für ihre Freiheit sterben oder mit Ehren siegen. Sie bitten, die Stadt Solothurn mehr zu lieben, als die ungehorsamen Leute. Alle Gegenvorstellungen blieben umsonst.[1]

Acht Männer aus der Stadtburgerschaft und vier vom Lande wurden von jeder Verzeihung ausgeschlossen; es waren alt Venner Hugi, Urs Stark, der gewesene Seckelmeister, Heini Winkeli, Heini von Arx, Hans Hubler, und namentlich die beiden Brüder Hans und Rudi Roggenbach, die sich durch besondere Wildheit hervorgethan hatten. 31 andere Bürger wurden mit schweren Geldbussen belegt, von 25 bis 500 Gulden, und 19 Landleute mussten von 50 bis 200 Gulden Strafe bezahlen. Fremde sollten überhaupt nicht und nie zurückkehren dürfen. Auf dringendes Zureden der bernischen Boten wurden vier der oben Genannten nachträglich, zu Anfang 1534, begnadigt; allein die andern, namentlich „die Roggenbach", wie man von jetzt an diese Geächteten und ihre Freunde hiess, blieben für alle Zeiten verbannt und haben, ohne andern Erfolg als gegenseitige Zerstörungen, die kleine Welt ihrer nächsten Umgebung noch einige Jahre durch Plünderungszüge in Atem gehalten.

Das Aergste aber war, dass nun den Zurückgekehrten die alte Lehre unbedingt wieder aufgezwungen werden sollte. Bei

---

[1] Vergl. E. A., 212—213. Die Schlusserklärung der Vermittler vom 16. (17.) Nov. siehe im Archiv d. Pius-V., I, S. 644.

70 Familien zogen Auswanderung vor[1]), manche mit Zurücklassung ihrer Häuser und liegenden Güter. Die Vollziehung war auch jetzt nicht überall leicht; nicht in allen Kirchen liess man sich die Messe wieder gefallen. In Biberist ging es nicht ohne Gewalt. Noch im Dezember schrieb der Solothurner Rat nach Luzern: *„Haben etlich vil unser landlüten den gesagten eyd noch nit geschworen, und die, so glichwol schwerren müssen, so unwillig, dass wir inen noch diser zit nit vil trauen können."* [2]) Die Berner konnten nicht mehr helfen. Es ist, wie Salat gesagt hat: *„In Solothurn sind die sekten zu ziten meister gsin, aber ward mittel und weg funden, dass sie zerfielend."*

Die Berner waren mit diesem Ergebnis in hohem Grade unzufrieden und machten ihren Vermittlungsboten Vorwürfe, dass sie es nicht abgewendet. Es ist ein Schreiben vorhanden, datiert vom „6. Nov. 1533, um die neunte Stunde morgens", worin Schultheiss und Rat von Bern an ihre Abgeordneten nach Solothurn melden: sie haben ihren Bericht erst um die dritte Stunde nach Mitternacht erhalten und *„haben gros missfallens und bedurens"* wegen der Ausschliessung von acht Personen aus der Amnestie. Die Boten sollen nochmals zu vermitteln suchen und alles anwenden. *„Kein Mensch weiss, was daraus entstehen könnte, wenn das nicht beigelegt wird."* Einer der Gesandten, Bernhard Tillmann, wurde deshalb abgesetzt.

Es ist natürlich, dass die Berner dem Entscheid solche Wichtigkeit beimassen, hatten sie doch die evangelische Partei in Solothurn ermutigt, vielleicht sogar gereizt. Ein katholisches Solothurn war für Bern ein Pfahl im Fleische, der für die Zukunft höchst gefährlich werden, eine gesunde Entwicklung der bernischen Verhältnisse aufs empfindlichste bedrohen konnte. Wenn wir ein bezügliches Aktenstück richtig verstehen, so wurde sogar der Gedanke erwogen, mit Waffengewalt einzuschreiten. Vielleicht haben die Gerüchte hiervon dazu beigetragen, dass das jetzt fanatisch erbitterte Solothurn um so entschiedener neue Freunde suchte und am 5. Januar 1534 samt Freiburg und Wallis ins Burgrecht mit den V Orten eintrat.[3])

Von nun an werden sieben katholische Orte gezählt. Solothurn ist endgültig für die reformierte Kirche verloren. Es gilt dies zunächst von der Stadt, welche trotz allen Drängens der

---

[1]) 57 Personen, sagt Haller in einem Briefe an Bullinger vom 30. Dez. 1533. — Hott., III, 667.
[2]) E. A., IV, 1c, 227 (19. Dez.).
[3]) E. A., IV, 1c, 237.

Berner Boten weder die Kirche des Barfüsserklosters noch diejenigen zu Zuchwyl vor den Thoren den reformierten Bürgern einräumen wollte.¹) Nicht ganz in gleichem Masse gilt es von den Kirchgemeinden des solothurnischen Landes, wo es nicht so rasch ging. In Egerkingen im Buchsgau erklärten zwar die Bewohner, sie wollen sich keine Prediger von den Bernern aufdrängen lassen und verlangten die Messe; allein in grossen Teilen solothurnischen Gebiets standen den Bernern anerkannte Rechte zu, und sie wussten diese aufs beste zu nützen.

Der Bucheggberg mit seinen Kirchen zu Aetigen, zu Messen und zu Lüssligen gehörte, was die untere Gerichtsbarkeit betrifft, der Stadt Solothurn, die sie von den letzten Grafen von Kyburg gekauft; die obere Jurisdiktion dagegen, die staatliche Hoheit im Namen des Reichs, lag in der Hand der Stadt Bern, als Nachfolgerin in der Landgrafschaft, und diese führte ohne Widerspruch hier die Reformation ein.²) Aehnlich verhielt es sich aber auch in der Gemeinde Kriegstetten, welche solothurnisches Land war, aber einen Teil der alten Grafschaft Wangen bildete, die den Bernern eigen geworden. Darauf gestützt, wussten letztere auch hier, wo die Bevölkerung entgegenkam, der neuen Lehre Eingang zu verschaffen. Kriegstetten erklärte den Solothurner Herren, sie werden in der Kirche nur einen Messpriester dulden, wenn man ihnen auch einen Prediger des Wortes Gottes lasse. Hier fanden die in Solothurn Geächteten einen Hauptstützpunkt für ihre wiederholten Versuche, sich die Rückkehr in die Stadt zu erzwingen; hierhin richtete sich gleicherweise der Hauptangriff der Solothurner.

Ulrich Wäber, genannt Stampfer, war hier seit dem 4. März 1530 zum Prediger gewählt worden. Nach katholischen Berichten³) hätte nach dem Wegzug dieses Wäber (1532) Bern die Erklärung abgegeben, dass es das Messelesen hinfort als eine „Malefizische Handlung" betrachte und jeden in der Kirche zu Kriegstetten celebrierenden Priester mit harter Strafe bedrohe. So blieb die Kirche während längerer Zeit vollständig geschlossen.

Im September 1534 sollte die Kirchweihe in Kriegstetten gefeiert werden. Diesen festlichen Anlass, der mit Zusammen-

---

¹) E. A., IV, 1c, 255—258 (7.—15. Jan.).
²) „Das Religionswerk im Bucheggberg", eine Zusammenstellung der kirchlichen Verträge zwischen Bern und Solothurn bis 1676. Mss. H.-H., XIII, 155 (Nr. 3) der St.-B. Bern.
³) A. Schmid, Die Kirchensätze des Kts. Solothurn, S. 18.

strömen vieler Leute verbunden war, wollten die Solothurner benützen, um einen Messpriester mit Gewalt in die Kirche zu führen. Die Berner vernahmen davon, machten in Solothurn dem Rate Anzeige, rüsteten sich aber auch zur Gegenwehr. 4000 Mann standen an der Grenze, um auf den ersten Ruf herbeizueilen. Als niemand kam, zogen sie schliesslich wieder heim.[1]) Salat selbst erzählt uns: *„Etlich redlich tapfer Gesellen machtend den anschlag"*, aber der nämliche Salat freut sich auch darüber, dass der Solothurner Rat in amtlichem Schreiben nach Bern gemeldet hat: *„dass nüt an einem sölichen anschlag sig"*. So hielt man es damals mit der Wahrheit, wenn man mit einem kirchlichen Gegner verkehrte. Bald von Bechburg oder Oensingen, Kriegstetten oder Lüsslingen, bald von Biel, Büren, Landshut, Utzistorf oder Burgdorf aus bekriegten die Roggenburg Solothurn und alles, was von Solothurn herkam. Noch im August 1535 machten die Reformierten einen Ueberfall auf den Pfarrer zu Biberist, die Katholiken einen Sturm auf denjenigen zu Lüsslingen, bis schliesslich der an mittelalterliches Fehdewesen gemahnende Unfug so arg wurde, dass auch die Berner sich schämen mussten, sich länger der „Banditen" anzunehmen. Als diese die Unterwerfung unter den Ausspruch eines Schiedsgerichts trotzig ablehnten, da gaben die Berner sie auf und erteilten ihrem Vogt zu Landshut gemessene Instruktion, jeder fernern Ruhestörung ernstlich zu wehren und die Sache seiner Obern von der Sache dieser angeblich evangelischen Abenteurer zu trennen. Es war hohe Zeit dazu: Diese Art von Freibeutertum, bei dem von religiösen Interessen schliesslich gar nichts mehr zu sehen, war wenig geeignet, dem reformierten Glauben Achtung zu schaffen. Wo noch ein Rest von Neigung dazu vorhanden gewesen in den solothurnischen Dörfern, da wurde sie durch den Schreck vor den „9 Mannen" erstickt, der die ganze Gegend erfüllte.[2]) Mit dem Preisgeben dieser Leute gab freilich Bern ein gutes Stück seines eigenen Ansehens preis; es verzichtete auf jede fernere Hoffnung, in Solothurn je den alten Einfluss wieder zu gewinnen. Das Verhältnis blieb auf lange Zeit hinaus gestört. Auch Kriegstetten kehrte allmählich zum

---

[1] Vergl. den in Luzern darüber von kath. Seite vorgelegten Bericht (E. A., IV, 1c, 365), der dazu führte, dass davon die Rede war, den Bund mit Bern aufzulösen (E. A., 386).

[2] Ein Kollektaneenband von der Hand Mich. Stettlers, Mss. H.H. XII, 20, der Berner Stadtbibliothek enthält eine Menge von Aktenstücken über diesen Handel, Auszüge aus dem Berner St.-Archiv.

I. 4. Verlust und Gewinn. Solothurn. 145

katholischen Kultus wieder zurück¹) und die reformierte Predigt
blieb vom solothurnischen Boden — Bucheggberg ausgenommen —
verbannt. Erst im Mai 1536 erzwang ein eidgenössisches Schiedsgericht die Wiederaufnahme der „9 Mannen" ins Solothurner
Bürgerrecht.

Den Schluss der ganzen Episode bildeten zahlreiche Aus-
wanderungen. Hans von Rütti, der dramatische Dichter und
Verfasser der 1. bernischen „Gerichtssatzung", ist damals von
Solothurn nach Bern gekommen. Neben ihm wird noch der
frühere Landvogt Heinrich Winkeli genannt, der erst nach Bern,
dann nach Basel zog.²)

Fragen wir nach der Ursache dieser unglücklichen Wendung
so finden wir keine andere Antwort als die: Der Entscheid wurde
hier erst getroffen, als die frische, fromme Begeisterung für das
neu entdeckte Evangelium bereits verflogen war; die weltlichen
Motive aber vermochten die gemeine Menge ganz ebenso gut
gegen, als für die Reformation zu bestimmen.

Dabei blieb es nicht: Der Landfriede hatte die Lösung des
Ferdinandischen Bundes als Bedingung aufgestellt. Der Brief
wurde wirklich von den V Orten herausgegeben, aber sofort
hernach ein neuer vereinbart. Es verstiess dies zwar gegen den
klaren Sinn und Laut des Friedens, wurde indessen durch den
gleichzeitigen Fortbestand des „Christlichen Burgrechts" entschuldigt.

Es kennzeichnet trefflich die übermütige Parteisucht, mit
welcher jetzt die Sieger verfuhren, wenn Salat die Schlauheit der
katholischen Gesandten auf der Tagsatzung rühmt:

*„Also die boten von den V Orten für und für die sach us-
redtend, dass das nüw püntniss den sektern nit vorglesen ward.*³)
Man scheute sich also nicht, den Vertrag abzuleugnen und die
bundesgemäss geforderte Verlesung und Genehmigung durch die
andern Stände zu umgehen, da man den „Sektern" keine Wahrheit schuldig war und Lüge erlaubt, wo es sich um den Sieg des
Glaubens handelte. Die Kunde von diesen Verhandlungen war
aber trotzdem laut geworden, und vielleicht war das Misstrauen

---
¹) Schmidlin. Die Gemeinde Kriegstetten, 1885. Vergl. die Verteidigung
der Vertriebenen vom 21. Dez. 1535 und die: Warhaftige Verantwortung unser,
Schultheiss, Klein und Gross Räth der Stadt Solothurn, 1536, 4°. Beide
Schriften abgedr. Anz. f. Schw.-Gesch., I, 17.
²) Ruchat, III, 165.
³) Salat, u. a. O. — S. E. A., IV, 1c, 5, vom 21. Jan. 1533.

Bloesch, Gesch. der schweiz.-ref. Kirchen. 10

und die Spannung nur um so grösser, weil es gegenseitig an jeder Aufrichtigkeit fehlte und man sich von beiden Seiten das Schlimmste zutraute. Schon im Jahre 1533 stand es so, dass der Wiederausbruch des Krieges unvermeidlich schien und jede Partei aus Furcht vor einem Ueberfall durch die andere sich zu rüsten begann und dem Gegner zuvorzukommen im Begriffe war. Im August war alles vorbereitet. Unstreitig hätten sich damals die V Orte weitaus im Vorteil gefunden, da sie zielbewusst und einig dastanden. Die katholische Chronik, der wir hier um ihrer charakteristischen Urteile und treffenden Beobachtungen willen mit Vorliebe unsere Nachrichten entnehmen, sagt uns darüber: *„Um die V ort stand es von gots gnaden treffenlich wol, in guter einigkeit und früntschaft, dann wann glichwol etwan ein ufrürisch lüftli herwäyt, hattend des nit besunder grad acht, dann si ir anschleg und fürsorg tan, dass man inen nit bald abbrechen mocht. Zu denen dann consentirend in allen Dingen die fromen hantfesten erulüt, ir mitburger und landlüt von Wallis.*[1])

Allerdings vermochten die katholischen Orte ihre Stellung zu verstärken durch ein Bündnis mit dem Bischof von Sitten und mit dem Volke von Wallis, im Dezember 1533, ein Bündnis, das den Ausdruck: „*pro conservanda fide catholica*" an die Spitze stellte, somit direkt religiösen Charakter tragen sollte.[2]) Ein Bund mit dem Papst wurde im Sommer 1533 vielfach besprochen und trug im Zusammenhang mit vielen umlaufenden Kriegsgerüchten zur Beunruhigung bei.[3])

Die katholischen Stände konnten jetzt die Hoffnung hegen, dass es gelingen werde, auch Zürich zur Zurücknahme seines Messverbotes zu zwingen[4]); wurde doch dem päpstlichen Legaten Ennius, Bischof von Verulam, das gewünschte Geleit mit der Begründung erteilt: „*ut nos ac confœderatos nostros dilectos ad pristinam concordiam, unionem et fidem redigere possit.*"[5])

Der Legat scheint diese Hoffnungen vollständig geteilt zu haben, meldete er doch (1532) nach Rom: Mehr als 20,000 Seelen seien in der Schweiz zum Glauben zurückgekehrt; täglich bessern sich die Verhältnisse in allen Beziehungen.[6]) Er erwartete bestimmt,

---

[1]) Salat, a. a. O., siehe E. A., IV, 1c, 31, am 26. Feb. 1533.
[2]) Hottinger, III, 675, Abschluss 5. Jan. 1534 in Luzern, E. A, IV, 1c, 257.
[3]) E. A., IV, 1c, 131, 140, 160.
[4]) E. A., IV, 1c, 51.
[5]) E. A., IV, 1c, 1304.
[6]) Wirz, Ennio Filonardi, S. 77.

dass es gelingen werde, mit Hülfe einiger Freunde und mit Geld die Lutherischen von ihrer verkehrten Meinung abzubringen.[1] Schlimm genug stand es damals, aber doch nicht so, wie er meinte. Ganz so käuflich, wie die Leute, mit denen der italienische Prälat zu verkehren gewöhnt war, waren doch die Schweizer nicht. Auch die Verhältnisse zu der verbündeten Stadt Rottwyl drohten mehrmals die konfessionelle Spaltung zum Ausbruch zu bringen, als jene alle evangelisch gesinnten Bürger vertrieb und dann (1534) die V Orte um Beistand anrief gegen eine Einmischung, der man gewärtig sein musste.[2]

Im März 1534 verbanden sich die nunmehr VII Orte auch noch mit Savoyen, das mit Bern auf gespanntem Fusse stand, und in Luzern hiess es ungescheut: *die Berner seien trefflich ufrürerisch und kuzlich; es wäre besser, Erstmann zu sein*, d. h. ihnen zuvorzukommen.[3]

Ein Jahr später sah es deshalb noch bedenklicher aus. So viel auch möglicherweise auf blosse Prahlerei oder absichtliche Uebertreibungen zurückzuführen ist, war doch zweifellos die Spannung ausserordentlich gross, und der kleinste Umstand hätte den Ausbruch herbeiführen können.

Am 25. März meldete der Schultheiss von Zofingen nach Bern, er vernehme beunruhigende Gerüchte über Bewegungen von der luzernischen Grenze her. Bald war von Geheimnissen die Rede, bald wieder von offener Drohung: „*Die Berner*, hiess es, *werdend zusammenlaufen!*" Er habe nun gemeinschaftlich mit den Vögten von Schenkenberg und von Lenzburg einen vertrauten Mann nach Luzern geschickt, um zu erkunden, was daran sei.[4] Am Tage darauf schrieb der Vogt zu Aarwangen: es sei Einer von Melchnau ins „Luzerner Biet" gekommen; dort sei alles in geheimer Rüstung begriffen gegen Bern; und in einem zweiten Schreiben vom 28. März heisst es noch genauer: Ein Melchnauer habe seinen Knecht nach Willisau geschickt; derselbe sei angehalten worden und man habe ihm gesagt: „Wir wissen, warum du kommst; du willst sehen, warum wir uns rüsten und was wir thun." Allgemein werde in Willisau gesagt: „Die Berner wollen

---

[1] Wirz, Ennio Filonardi, S. 78.
[2] Das Hülfsgesuch der Vertriebenen an die ref. Stadt ist abgedruckt in Simlers Samml., I, S. 517, auch im Archiv des hist. V. Bern, Bd. XI, 410.
[3] E. A., IV, 1c, 285.
[4] Originalbericht im Berner, St.-A

Luzern überfallen." Im Wirtshause habe er 40 Mann in Waffen gefunden; immerhin habe man ihn laufen lassen, und so sei er glücklich wieder über die Grenze gelangt.

Eine Meldung vom 2. April 1535 (ohne Ortsbezeichnung) schreibt wieder, dass überall Unruhe herrsche; die Solothurner haben die Bechburg vor der Klus besetzt; die Luzerner drohen, aber Bestimmtes wisse man eigentlich nicht. Am 5. April heisst es vom Landvogt von Interlaken her, es sei auch im Oberland sehr unruhig, ein angesehener Unterwaldner sei dagewesen, und er, der Vogt, habe mit ihm gesprochen. Es werde viel gelogen und verleumdet, um den Frieden zu stören: *„Wenn man etwan söllich lüt zu beyden syten, by uns und by inen, strafti und nit alles glaubti, so stünd es etwan bass."* Trotzdem konnte auch dieser Beamte sich des Misstrauens nicht ganz entschlagen und liess jenen Mann auf seinen Gängen durch einen Spion beobachten. Am 6. April meldete der Dorfschreiber von Hasle: *„Man hört schröcklich vil dröwen; aber ich mein, das tröjen triegen niemen, dann vil gelten- und gleserleerer, die tag und nacht bim wyn sitzen; dann ich vernim so vil und mengerlei; sol ich des als wegen üwer gnaden schriben, ich müsst ein eygen bost uf der strassen han. Man köst keys guts wort nit vor vilen falschen her, dan ali unzucht; aber Got wirds vertragen untz uf sin zit. Darum, Gn. HH., sind guter dingen, um ir trüwen schlafen ich nät das minder; dann soll ich allwegen mich bekämeren, ich wer wol dubgraw, sittdem das si mich wollten reichen; das tröwen ist täglich brot bi inen; die helden, die in das wirtzhus gand und uf allen rieren schnaaggen, wand sie gern heim weren, die vol säw, deren leider vil ist."* Wir schliessen die Reihe dieser Zeitbilder mit einem Schreiben, wieder vom 6. April, vom Vogt von Interlaken: Der Späher ist aus Unterwalden und Luzern zurück, er hat nichts gehört, als dass man auf den Ostertag einen Ueberfall von seiten der Berner und Züricher erwartet hat. Die Leute, welche dieses Gerücht ausgestreut, hat man entdeckt und gefangen, den einen in Zug, den andern in Zürich.

Dieser Schlusssatz könnte glauben lassen, als ob das Gerücht einfach erfunden und die ganze Kriegsbesorgnis nur aus böswilliger Absicht verbreitet worden sei.

Während so die Wirkungen der Kappeler Schlacht den weitern Fortgang und die Ausbreitung der Reformation nicht allein plötzlich hemmten, sondern auf einigen wichtigen Gebieten geradezu zurückstauten und die Grenzsteine wieder zu Gunsten der alten Kirche versetzten, zeigte sich gleichzeitig auf einer andern Seite ein ungeahnt wichtiger Zuwachs und ein Gewinn, der die moralische Uebermacht in der Schweiz wieder der Sache des Protestantismus zuwandte.

Ehe wir dieses neu eröffnete Gebiet betreten, erinnern wir zuvor noch an eine Verstärkung, welche die reformierte Sache erfuhr durch die in Württemberg sich einstellende kirchliche Wendung, die auch für die Schweiz fühlbar wurde. Durch die ergreifende und doch besonnene Predigt Ambrosius Blaarers[1]) waren nicht allein in Konstanz, sondern in mehrern andern süddeutschen Städten die Bevölkerungen von der katholischen Kirche abgelöst worden. Esslingen, Lindau, Isny, als Reichsstädte über eine gewisse Freiheit verfügend, waren 1532 in nähere Verbindung mit Zürich und dem christlichen Burgrecht getreten; nun aber, infolge der Zurückführung des angestammten Herzogs Ulrich von Württemberg in sein Land durch die Vertreibung der österreichisch-bayerischen Macht, erhielt 1534 das ganze weite Land die Möglichkeit zur Annahme der Kirchenreform, die nun, vom Herzog begünstigt, sich ziemlich rasch vollzog. Da aber auch das an das Bistum Basel angrenzende Mümpelgard dem württembergischen Fürstenhause gehörte, so konnte jetzt auch hier der schon von Farel ausgestreute Same zum Aufgehen kommen. Schweizerisch-reformierte Prediger wirkten hier und in andern elsässischen Herrschaften mit Erfolg im Geiste der Kirchenreinigung[2]); und dieser Gewinn in der Nachbarschaft war nicht wenig geeignet, den gesunkenen Mut der evangelischen Städte wieder zu heben und ihrer Stimme in der Eidgenossenschaft selbst ein gewisses Gewicht zu verleihen.

Viel bedeutender wurden aber in dieser Richtung die Ereignisse in Genf.[3]) Im Augenblick, da Zwinglis Stern gesunken war und auch bei Luther selbst eine stark pessimistische und ängstliche Stimmung vorzuherrschen begann, da aber namentlich der

---

[1]) Pressel, Ambr. Blaarer, Stuttgart 1860.

[2]) Duvernoy, Ephémérides de Montbéliard, Besançon 1832. Abschaffung der Messe am 17. November 1538. Der erste Prediger war Petrus Tossanus Herzogs, R. E., XV, 726.)

[3]) Ruchat, Hist. de la réformation de la Suisse, où l'on voit tout ce qui s'est passé de plus remarquable depuis 1516 jusqu'en l'an 1556. Genève 1727. 6 vols. Nouvelle édit. par Vulliemin. Nyon 1835—38. In dieser letztern Ausgabe bis 1567 fortgesetzt, hätte das Werk eigentlich als eine der wichtigsten und meistbenutzten Quellen unter den Vorarbeiten schon in unserer Einleitung genannt werden sollen. Besonders reichhaltig ist es natürlich vor allem aus für die Kirchengeschichte der Westschweiz.

Zwiespalt zwischen den beiden protestantischen Parteien ihrer gemeinsamen Sache unsagbaren Schaden zufügte, — in diesem Augenblicke tauchte nun mit wunderbarer geistiger Klarheit und sittlicher Energie die dritte Grundform protestantischen Christentums auf, welche nicht bloss ganz neue Gebiete in kühnem Eroberungszuge gewinnen und den evangelischen Glauben in bisher noch fast unberührte Völker, über die deutsche Sprache hinaus, tragen sollte, sondern auch in mancher Hinsicht geeignet war, als Bindeglied zwischen Luther und Zwingli die schlimmsten Folgen dieser innern Glaubensspaltung überwinden zu helfen, indem sie zwar zu spät kam, um die Einheit wieder herzustellen, aber doch eine gewisse Annäherung wieder erleichterte.

In Genf hatte die kirchliche Bewegung noch 1531 einen vorwiegend revolutionären Charakter.[1] „Die Reformierten hassten die Priester und assen an den Fasttagen Fleisch", wird uns gesagt, und damit ist die Gesinnung gezeichnet. Das war noch keine Reformation im Sinne Luthers und Zwinglis. Aber auch dafür sollten sich die Männer finden. In den ersten Tagen September 1532 kam Wilhelm Farel nach Genf[2], begleitet von Anton Saunier, Pfarrer zu Payerne. Er entschloss sich zu predigen, redete indessen, wie immer, so heftig, dass er misshandelt und verjagt wurde.[3] Doch er veranlasste nun, überzeugt von der grossen Wichtigkeit der Stadt, seinen Freund Antoine Froment, sich nach Genf zu begeben (3. Nov. 1532). Froment war, wie Farel, aus der Dauphiné gebürtig, aber eine viel besonnere und klügere Natur, die Farel selbst deshalb für geeigneter erachtete, unter den Genfern zu wirken.[4] Froment trat zunächst nicht als

---

[1] Gaberel, Histoire de l'église de Genève. Genève 1858—62. 4 vols. — Roget, Hist. du peuple genevois. Genève 1870—75. 3 vols. — Mignet, Die Einführung der Ref. in Genf. Uebers. Leipzig 1843. Zu vergleichen sind auch die vom katholischen Standpunkte urteilenden: Le levain du Calvinisme ou commencement de l'hérésie de Genève, fait par sœur Jeanne de Jussie. Chambéry 1611. Neudruck Genf 1853. — Lettres certaines d'aucuns grands troubles et tumultes advenus à Genève 1534. — Le rôle de Berne et de Fribourg dans l'introduction du protestantisme à Genève, im Archiv d. Pius-V., Bd. I. — Balard, Journal de 1525—35 de Genève, éd. p. Chaponnière in Mém. et doc. de Gen., X. — Chronique du Marchand de Genève, 1532—34, éd. p. Revillod in Mém. et doc. d. Gen., XIII.

[2] Biogr. Farels von Schmidt, Elberfeld 1860. — Goguel, Hist. d. G. Farel. Montbéliard et Neuchâtel 1873.

[3] Im November, siehe die Schilderung bei Gaberel, a. a. O., I, p. 117.

[4] Froment, Actes et gestes merveilleux. Genève 1855.

Prediger auf und vermied alles, was Aufsehen erregte; er eröffnete eine Schule an dem in der Reformationsgeschichte Genfs so viel genannten Molard-Platz, und begann an der Jugend zu arbeiten, die ihm arglos anvertraut wurde, und diese auf neue religiöse Gedanken zu führen. Erst nachher entschloss er sich auch zur Predigt, und zwar auf den Strassen, da er selbst nicht Priester war und nicht auf die Kanzel treten durfte. Eine Rede auf dem Molard-Platze selbst [1]), am 1. Januar 1533, zog zwar auch ihm Verfolgungen zu; er musste für einige Zeit die Stadt wieder verlassen. Doch war bereits der Kern einer evangelischen Gemeinde vorhanden, und zwei Laien, der Kappenmacher Jean Guerin und Peter Masori, hatten Eifer und Hingebung, auch Tüchtigkeit genug, um das angefangene Werk wenigstens nicht untergehen zu lassen.

Als die Zahl der Anhänger zunahm, schärfte sich, wie immer, auch der Gegensatz; es kam zu heftigen Parteikämpfen, zur Bewaffnung von beiden Seiten, selbst zur Aufpflanzung von Geschütz in den Strassen. Am 24. März 1533 war die Stadt dem Ausbruch eines Bürgerkrieges nahe, als die Berner, auf die Bündnisartikel gestützt, ihre Vermittlung anboten. Am 28. März wurde der Friede hergestellt; Hauptbedingung war die freie Predigt des Gotteswortes, die weder von den Behörden, noch durch den Pöbel gestört werden dürfe. Die Vermittler brachten aber auch gleich den rechten Mann mit sich, den Prediger Farel, der nun unter dem mächtigen Schutz des bernischen Gesandten unbehelligt blieb; der Berner Gunst konnte man ja nicht entbehren, wenn die Stadt nicht wieder von Savoyen unterdrückt werden sollte. Diese Rücksicht galt um so mehr, weil der andere Bundesgenosse, Freiburg, verstimmt durch die kirchliche Haltung der Genfer, sein Burgrecht aufzugeben drohte und den Beistand verweigerte. Mit Farel zugleich kam auch Peter Viret nach Genf.

Doch am 4. Mai entstand schon wieder ein Auflauf auf dem Molard, bei welchem der Freiburger Peter Wernly durch den reformiert gesinnten Goulard getötet wurde. Wernly war ein Domherr aus Freiburg; zur evangelischen Ueberzeugung bekehrt, hatte er sich, durch die Saane schwimmend, aus der Stadt geflüchtet, dann aber plötzlich wieder gewendet und war in Genf als fanatischer Gegner des Luthertums aufgetreten. In den Strassentumult sich einmischend, hatte er den Tod gefunden, ohne dass

---

[1]) Dieselbe ist im Auszuge nach einer Niederschrift des Predigers mitgeteilt bei Ruchat, III, 361 u. ff.

der Hergang ganz genau festgestellt werden konnte. Das vergossene Blut diente selbstverständlich nicht dazu, die Leidenschaften zu beschwichtigen.

Wiederum schickten die Berner ihre Abordnung, um die Ruhe herzustellen und weitere Gewaltausschreitung zu verhindern (16. Mai). Sie verlangten unparteiisches Gericht. Lange wurde darüber verhandelt, welche Formen zu beobachten seien.[1]) Es galt auf der einen Seite, Genugthuung zu bieten für den Mord, auf der andern Seite aber, keine Rachegeister zu wecken. Merkwürdig war die Ratsversammlung vom 26. Juni. Noch war kein Entscheid gefasst, als am 1. Juli der Bischof von Genf selbst seinen feierlichen Einzug hielt und nun behauptete, dass es ihm allein zustehe, Untersuchung und Bestrafung zu leiten. Da weder die Bürgerschaft noch die Berner ihm dieses Recht zugestehen wollten, verliess er am 14. Juli wieder die Stadt, in Unwillen und Entrüstung über den offenbaren Abfall. Er sollte nicht zurückkehren.

Die Zahl der Evangelischen, die sich zur Gemeinde der Prediger hielten, wurde bereits auf 400 geschätzt, indessen erklärte die Mehrheit im Oktober 1533, beim alten Glauben bleiben zu wollen.[2])

Im Dezember aber erschien ein merkwürdiger Fremder in Genf, der Franzose Guido Furbity, Doktor der Sorbonne, der nun mit ebenso viel Gewandtheit als Leidenschaft, unter derben Lästerungen gegen seine Gegner, die Verteidigung der katholischen Kirche, ihrer Lehren und Gebräuche unternahm und die eine zeitlang etwas beruhigte Stimmung neu in heftige Erregung brachte. Die Feinde der Reformation wurden dadurch wieder ermutigt, zu einer Sache zu stehen, die sie beinahe schon als verloren betrachtet hatten. Die eingetretene Wendung glaubte auch der Bischof wieder benützen zu dürfen. Er sandte am 1. Januar 1534 einen Erlass nach Genf, worin er alles Predigen ohne seine Erlaubnis untersagte, ein Verbot, das direkt den beiden Prädikanten Farel und Froment galt. Gleichzeitig befahl er, dass sämtliche Bibeln, deren man habhaft werden könne, verbrannt werden sollen, hatte doch eben Olivetan seine französische Bibelübersetzung für die Waldenser zu verbreiten begonnen und diese gewaltige Waffe gegen die katholischen Einrichtungen vielen in die Hände gelegt.

[1] Verhandlungen vom 19.—27. Mai zwischen Boten der Berner und Freiburger (E. A., IV, 1c, 76); dann wieder vom 5. Juli bis 8. August 1533 (E. A., 114).
[2] E. A., IV, 1c, 195.

Doch die einmal in Bewegung gesetzte Bevölkerung liess sich durch solche Massregeln nicht mehr zurückhalten, um so weniger, da fremde Einmischung sich dazu gesellte, zwar in entgegengesetztem Sinne, aber eben deshalb stachelnd und die Parteisucht reizend. Seit dem 5. Januar 1534 waren von beiden verbündeten Städten Gesandte anwesend. Durch einen Ausspruch in den polemischen Predigten des Furbity fühlten sich die ja bereits reformierten, deshalb in den Augen jenes Mannes vom Glauben abgefallenen und ketzerischen Berner unerträglich beleidigt. Sie verlangten Genugthuung, ansonst sie den Bund mit Genf aufzuheben, d. h. der Stadt ihren Schutz zu entziehen drohten. Allein mit derselben Heftigkeit und unter der nämlichen Drohung verlangten die Freiburger, dass den Ketzern der Mund geschlossen, ihre Lästerung der Kirche nicht länger geduldet werden solle.[1] Dabei war schon die Rede von Rüstungen des Kaisers, der sich mit Savoyen verbinden wolle zum Krieg gegen Bern.[2] In den Strassen von Genf kam es zu Totschlag, vor den Gerichten zu Verurteilung und Hinrichtung. Vermittlungsgesandte eilten wiederum herbei, am 24. Januar, und das oft bewährte Mittel eines Religionsgespräches wurde auch in Genf versucht. Es sollte Furbity am 29. Januar Gelegenheit geboten werden, seine Behauptungen zu erhärten und seine Beweise gegen diejenigen Farels und seiner Freunde zu messen. Der Ausgang war auch diesmal kein entscheidender; jeder blieb bei seiner Meinung und war überzeugt, dass der Verfechter seiner Ansicht Sieger gewesen.[3] Immerhin scheint das Resultat die Fortschritte der Reformation eher gefördert zu haben. Die Mehrheit neigte sich auf Seite der Neuerungslust.

Am 15. Februar sollte endlich Furbity den Bernern öffentlich Abbitte thun für seine Schmachreden; er weigerte sich dessen, wurde darum ins Gefängnis gesteckt[1]), dann aber gegen einen aus Anlass der Tumulte ebenfalls in den Kerker geworfenen Evangelischen (Ant. Saunier) ausgewechselt, ohne dass ihm etwas weiteres geschah, ein Verfahren, das man wohl gerne einschlug, um der Verlegenheit eines Prozesses und einer Bestrafung zu entgehen. Dagegen setzten jetzt die Berner, die mit dem vollen

[1] E. A., IV, 1 c, 239-247.
[2] Warnungsbrief von Conrad Zwick an Bern, vom 12. Januar 1534. Orig. im St.-A. Bern, Kirchl. Angel. 1534-39.
[3] Dispute tenue à Genève l'an 1534 entre Guy Furbity et un prescheur du st. évangile. Genève 1534, in-8°. — Ruchat, III, 255-275.
[4] E. A., IV, 1 c, 250.

Gewicht ihrer Macht und ihres Einflusses auftraten, es durch, dass für die Predigt aus der heil. Schrift ein eigenes Gotteshaus eingeräumt wurde. In der Kirche des Barfüsserklosters an der Rive begann Farel am 1. März 1534, jetzt unter obrigkeitlichem Schutz und öffentlicher Anerkennung, seine Predigt.[1]

Die nächste Folge war, dass die Stadt Freiburg ihre Drohung ausführte. Ihre Gesandten zerrissen den Bundesbrief und verliessen die Stadt.[2] Freiwillig oder unfreiwillig mussten die Genfer um so mehr sich ausschliesslich an die Berner halten, ohne deren Beistand sie ihre Freiheit nicht zu behaupten vermochten. Und die Berner wussten diese Stellung im Sinne des neuen Glaubens zu nützen; sie erklärten offen: Wer denen von Bern befreundet sein wolle, dürfe sich denen, welche das Wort Gottes verlangen, nicht widersetzen.[3] Sie hielten diesen Standpunkt fest, obwohl die eidgenössische Tagsatzung an sie das Ansuchen richtete, dass sie Genf seinem Schicksal überlassen und sich nicht in ihre Händel mischen sollten.[4]

Der Wille der Berner Boten regierte jetzt in Genf. Sie mahnten zur Ruhe, sagten aber Hülfe zu gegen Savoyen.[5] Allein das Volk von Genf schritt rascher von den Worten zu den Thaten, als es in Bern üblich war: Es kam am 21. Mai 1534 zu einer nächtlichen Bilderzerstörung, welche, wie alle derartigen Ausschreitungen, die Besten an der eigenen Sache irre machte und die Rohesten unter den Gegnern ermutigte.

Gegen Farel wurde ein Mordanschlag geplant, der freilich nicht zur Ausführung kam. Der Bischof selbst wurde beschuldigt, wenn nicht Anstifter, so doch Mitwisser gewesen zu sein. Ein von seiten des Herzogs versuchter Ueberfall, am 1. August 1534, dem Verrat aus Genf entgegenkam, reizte die Gemüter noch mehr.[6] Der Abfall von der Kirche war so wenig mehr zweifelhaft, dass am 22. August 1534 der Bischof über die ketzerische Stadt den Bann verkündigte.

Bedenklicher als dieser Bannstrahl des Kirchenfürsten, der dem Gewissen der Genfer wenig Sorgen machte, war die ihn unterstützende Massregel, welche der Herzog von Savoyen gleichzeitig anwandte. Er verbot nämlich alle Zufuhr von Lebens-

---

[1] E. A., IV, 1c, 250.
[2] Am 30. März und endgültig am 1. Mai 1534. E. A., IV, 1c, 298, 324.
[3] E. A., IV, 1c, 253.
[4] So selbst Zürich 15. Sept. 1534. E. A., IV, 1c, 394.
[5] E. A., IV, 1c, 382.
[6] Verhandlungen vom 1.–11. Aug. E. A., IV, 1c, 357.

mitteln aus seinem Lande in die Stadt, deren Unterhalt ganz vom Verkehr mit der Umgebung abhängig war.

Die Genfer schlossen sich um so enger an ihre einzigen Freunde. Sie baten am 15. September in Bern um Hülfe, „da sie solche nur bei Gott und bei den Bernern finden könnten." — „Es werde Kinder und Kindeskinder gereuen, wenn man sie jetzt in ihrer gefährlichen Lage verlasse."[1]) Das war denn auch keineswegs die Absicht der Berner, welche die wichtige Grenzstadt, den Schlüssel der Westschweiz, um keinen Preis wieder an Savoyen durften fallen lassen.

Aber gerade die kirchliche Frage, die sich mit der politischen verwickelte, brachte es mit sich, dass es in Genf selbst nicht an savoyischen Parteigängern fehlte. Die eifrigsten unter ihnen verliessen jetzt ebenfalls die Stadt und sammelten sich in der Nähe, auf dem Schloss Peney, einer Besitzung des Bischofs, und von diesem festen Angriffspunkte aus wussten die Verbannten oder „Banditen" einen verzweifelten Kampf zu führen gegen die Stadt. Sie schnitten sie ganz von der Aussenwelt ab, beunruhigten sie durch fortwährende Ueberfälle und kühne Handstreiche, Handel und Wandel störend und immer zur rechten Zeit in ihre Burg zurückkehrend. Ein Ausfall, den die Genfer gegen Peney versuchten, misslang und brachte ihnen zum Schaden nur Spott und neue Bedrängnis.

Verhandlungen der Boten aus Zürich, Bern, Freiburg und Solothurn mit dem Herzog von Savoyen in Thonon, vom 21. November bis 16. Dezember 1534, führten zu keinem Ergebnis[2]), so wenig als die Fortsetzung in Luzern, im Anfang 1535[3]), und später in Bern.[4]) Von Zürich her kam zudem wieder das Gerücht, dass der Kaiser sich bereit mache, Savoyen zu helfen gegen seine abtrünnige Stadt.[5])

Diese änderte darum ihre Meinung nicht. Die Einsicht, dass eben nur die kirchliche Reform, wie Farel sie proklamierte, ihrem Unabhängigkeitskampf die nötige moralische Grundlage zu bieten, ihr die religiöse und damit auch die bürgerliche Freiheit zu

---

[1] E. A. IV, 1c, 383, 308.
[2] E. A., IV, 1d, 431—436.
[3] Ibid., 448.
[4] Ibid., 467.
[5] Ibid., 479. Ein bez. Versprechen der kaiserl. Gesandten an die V Orte siehe E. A., IV, 1d, 536. Vergl. auch die Klagen der Genfer vor der Jahrrechnung zu Baden, 8. Juni 1535 (E. A., IV, 1d, 501). — Herminjard, Corresp., I, 302, 316, 317.

bringen im stande sei, wurde immer allgemeiner. Farel und sein junger Freund Viret erhielten jetzt im Kloster an der Rive eine gemeinsame Wohnung angewiesen, und der Umstand, dass gerade jetzt ein Vergiftungsversuch gemacht wurde, welchem der, noch mehr als Farel, persönlich beliebte Viret beinahe erlag — er blieb noch lange an den Folgen krank — erhöhte nur ihr Ansehen und steigerte den Hass gegen die altgläubige Priesterschaft, die man, sei's mit Recht oder Unrecht, auch diesmal als schuldig bezeichnete.[1]

Auf das Verlangen des Domherrn Jacques Bernard, dem es ernst um die Wahrheit zu thun war, wurde eine neue Disputation veranstaltet. Es war im Juni 1535: Farel stand hier vor einem gewandten Gegner. Pierre Caroli, ein gelehrter Italiener, gewesener Professor an der Pariser Sorbonne, ein Mann von Geist und feuriger Beredsamkeit, stellte sich ihm gegenüber. Volle 14 Tage lang wurde vor zahlreichem Volke die ganze Glaubenslehre durchgesprochen und ein Streitpunkt nach dem andern untersucht. Das Ende war ein vollständiger Sieg Farels, indem — ein seltener Fall — wie Bernard, so auch Caroli, sich als überzeugt und überwiesen erklärten und nun selbst zur Reformation übertraten.[2]

Damit schien nun der letzte Zweifel beseitigt und der Boden vorbereitet zu den als notwendig erachteten Aenderungen. Der Bevölkerung ging es jetzt nicht rasch genug; die Ungeduld drängte, stürmisch sollte es jetzt vorwärts gehen, und jeder meinte Recht und Pflicht zu haben, gegen den „Antichrist" aufzutreten, die „Menschensatzungen" auf die Seite zu werfen, die „Götzenbilder" zu stürzen und den Priestern auf jede mögliche Weise Hass und Missachtung zu zeigen. Nur mit grosser Mühe wurde die Ordnung aufrecht erhalten.

Am 8. August 1535 hielt Farel eine gewaltige Predigt in der Hauptkirche der Stadt, im Dom von St. Pierre. Jetzt liess man sich nicht länger halten; die Bilder wurden zerstört, die Gemälde zerschlagen, die Altäre abgebrochen und am 13. August[3] auch die Messe förmlich abgeschafft. Am 27. August aber folgte das eigentliche und feierliche Dekret der städtischen Obrigkeit, welche

---

[1] Vergl. die Schilderung des Berner Boten. Ant. Bischof, vom 14. Mai 1535. E. A., IV, 1 d, 489.

[2] Le résumé des actes de la Disputation de Rive le 24 juin 1535, publ. par Dufour, in den Mém. et doc. d. l. soc. d'arch. Genève, XXII, p. 201, auch separat 1885. Die Thesen bei Ruchat, III, 357.

[3] Hottinger, III, 694, nennt den 12. Aug.

nun im Namen der gesamten Bürgerschaft erklärte, dass jede Gewalt der kirchlichen Hierarchie, jede Autorität der römischen Kirche dahinfalle und die Stadt ihre Lehre und ihren Kultus umgestalten werde auf Grund der Aussprüche der heil. Schrift, die hinfort in Glaubenssachen allein gelten solle.[1])

Die Messe wurde jetzt, wie die Bilderverehrung, verboten; die wenigen Bewohner, welche ihren angestammten Glauben nicht aufgeben wollten, verliessen die Stadt, und gleichzeitig erklärte Genf sich völlig unabhängig von ihrem weltlichen Herrn, dem Herzog von Savoyen. Farel war jetzt der Ratgeber des Stadtmagistrats. An der Rive wurde unter der Leitung von Antoine Saunier eine Schule eröffnet und die aufwachsende Generation in der neuen religiösen Erkenntnis erzogen.

Allein damit waren keineswegs alle Schwierigkeiten gehoben: das Beharren und Ausführen erwies sich auch hier als schwerer, denn der Entschluss. Farel musste sehr rasch die Erfahrung machen, dass die grosse Zahl der Genfer nur sehr oberflächlich sich die Konsequenzen dieser Bekehrung klar gemacht habe, dass sie mehr Befreiung von lästigen Schranken und unbequemen Gewissensskrupeln suchte, als wahre Gotteserkenntnis und Gottesverehrung. Die schonungslose Strenge des Reformators, der mit den Grundsätzen der heil. Schrift vollen Ernst machen, keinerlei Zuchtlosigkeit aufkommen lassen wollte und Bestrafung aller Uebelthäter und Gottesverächter verlangte, auch dann, wenn sie dem Rate selbst angehörten oder als Hauptstützen des neuen Glaubens zu gelten Anspruch machten, erregte bald einmal Anstoss. Farel war nicht der Mann der klugen Nachgiebigkeit; er kannte sie auch da nicht, wo sie unbedingt geboten war. Die Genfer fanden, dass das Joch des Evangeliums viel schwerer zu tragen sei, als dasjenige des nachsichtigen katholischen Klerus, der sich meistens mit dem Schein begnügte und mit Geld zufrieden stellen liess; man merkte, dass Farel nicht mit Peitschen, sondern mit Skorpionen züchtige: es hiess, man habe einen üblen Tausch gemacht.

Bald zeigten sich Anzeichen einer gewissen Missstimmung. Und doch war Einigkeit und moralische Zucht, Selbstbeherrschung und festes Vertrauen auf die gute Sache notwendiger als je, denn noch immer war die Stadt hart eingeschlossen. Die Ueberfälle von Peney wurden immer häufiger und lästiger. Die Zahl der freiwillig Verbannten hatte zugenommen; die Erschwerung der Lebensmittelzufuhr, die absolute Unsicherheit bis vor die Thore

---

[1]) Herminjard, I, 339.

der Stadt machten sich immer empfindlicher fühlbar und ermüdeten auch die Beharrlichsten. Wenn die Berner helfen wollten, so drohten die VII Orte, mit ihnen zu brechen.[1]) Der Herzog von Savoyen rückte jetzt mit einem Heere heran und begann die ausgehungerte Stadt einzuschliessen und zu belagern.[2]) König Franz I. von Frankreich, der mit dem Kaiser und mit Savoyen im Kriege war, bot den Genfern seine Hülfe an, aber diese mussten sich sagen, dass sie damit einen gefährlichen Schritt thun würden. Sie widerstanden der Versuchung, aber die Lage begann unerträglich zu werden.

Die Anhänger der evangelischen Sache in der westlichen Schweiz, den Gegenden, wo einst Farel gepredigt und die Gemüter ergriffen hatte, sahen mit wachsender Besorgnis, dass Genf sich nicht mehr lange würde halten können. Aus Biel und Neuenburg machte sich im Herbst 1535 eine Schar Freiwilliger auf und durchzog das Waadtland, um den Genfern zuzueilen. Allein der Plan gelang nur teilweise; nur wenige kamen nach Genf[3]), und dieses schien unrettbar verloren.

In Aosta wurden wieder Unterhandlungen versucht, vom 27. November bis 10. Dezember.[4]) Das bernische Volk, das diesmal weniger zaghaft war als seine Führer, begann ernstlich zu murren über „les gros", wie Jean Beaudichon schreibt.[5]) Aber es geschah nichts.

Das Jahr 1536 begann, und noch war alles unverändert; plötzlich hiess es: „die Berner kommen!"

Mitte Januar waren sie aufgebrochen, um Genf zu entsetzen. In wenigen Tagen rückten sie heran, ohne Widerstand zu finden, ohne sich irgendwo aufzuhalten. Die Belagerungsarmee, die nie sehr zahlreich gewesen war, zog sich schleunigst zurück, und am 2. Februar 1536 hielten die Berner, angeführt von Hans Franz Nägeli, unter ungeheuerm Jubel der dankbaren Bevölkerung ihren Einzug in Genf. Es war für die Stadt ein unvergesslicher Tag. Man muss die Beschreibung in den Quellen, in den Berichten der

---

[1] 9. Sept. 1535, E. A., IV, 1 d, 563. Das Misstrauen war wieder derart, dass von katholischer Seite Spione ins bernische Gebiet ausgeschickt wurden (E. A., IV, 1 d, 584).

[2] Seine Forderungen, welche Freiburg jetzt unterstützte, s. E. A., IV, 1 d, 582, 83.

[3] Ueber diese Kämpfe vom 10. Okt. siehe den amtlichen Bericht, E. A., IV, 1 d, 569, 572. Einige Einzelheiten auch bei Ruchat, III, 414–418, und Anshelm, Bd. IV. Ihr Führer war Jakob Wildermuth von Biel.

[4] E. A., IV, 1 d, 589.

[5] Herminjard, I, 375.

Zeitgenossen lesen, um eine Vorstellung zu erhalten von dem
Gefühl der Errettung, welches alles Volk nun ergriff, des innigsten
Dankes für die Retter aus der Not [1]; die Berner selbst empfanden
die lebhafteste Freude, dass es ihnen gelungen sei, den glücklichen Zug rechtzeitig auszuführen und die Stadt, deren Wichtigkeit
man wohl erkannte, durch dauernde Freundschaftsbande an sich
zu fesseln.

Dadurch war äusserlich der Bestand der Reformation in Genf
gesichert. Das Dringendste wurde sofort in die Hand genommen.
Schon im Februar 1536 erfolgte die Aufstellung einer neuen
Gottesdienstordnung, mit täglicher Predigt aus der heil. Schrift,
dreimaliger Abendmahlsfeier im Laufe des Jahres mit gewöhnlichem Brot, Abschaffung aller Festtage, sofern sie nicht auf einen
Sonntag fallen, Beseitigung der Taufsteine aus den Kirchen und
mit strengen Strafverboten gegen alle weltliche Lustbarkeit. Am
21. Mai wurde von der gesamten Bürgerschaft das neue Glaubensbekenntnis feierlich angenommen und beschworen, Unterwerfung
unter die evangelische Lehre und Lossagung vom Gehorsam des
Papstes erklärt. Auf Befehl des Magistrats wurden auch die von
der Stadt abhängigen Landbezirke in gleicher Weise reformiert.
Die Umwandlung des geistlichen Stifts von St. Viktor in ein
Almosenamt nach dem Vorgange der andern evangelischen Städte
und die Verwendung seiner Einkünfte für die Armenpflege war
ein selbstverständlicher weiterer Schritt. [2]

Eine allgemeine Amnestie für früher Vorgefallenes sollte die
innere Ruhe verbürgen.

Widerstand und Hindernisse von Aussen her waren einstweilen
nicht zu besorgen. Allein innerlich zeigten sich noch viele Uebelstände: die Missstimmung gegen Farel hatte in den Tagen der
Bedrängnis keineswegs abgenommen. Ihm aber mangelte es nicht
nur an kluger Nachgiebigkeit, sondern ebenso sehr an Ruhe und
an organisatorischem Geschick. Er war der Mann, der eine Mauer
einzurennen vermochte, aber still zu bauen und zu pflegen, das
war seine Sache nicht; er wusste hinzureissen mit seiner Rede,
aber nicht zu sammeln und zu ordnen. Jetzt aber sollte in Genf
eine Kirchenordnung aufgestellt, es sollten Behörden erwählt,
Vorschriften abgefasst, kurz, eine Gemeinde gegründet werden.

[1] So z. B. La guerre et deslivrance de la ville de Genéve. Abgedruckt in Mém. et doc. de la soc. d'hist. et d'arch. de Genéve, tom. XX,
p. 300—381.
[2] Ueber diese Massregeln vom Sommer 1535 bis zur Ankunft Calvins
s. Ruchat, III, 107—127.

Farel wusste es selbst, dass er nicht im stande sei, die Aufgabe zu lösen, die jetzt seiner wartete.

Allein auch dafür sollte gesorgt werden. Ein Jahr war seit der Annahme der neuen Lehre verflossen; im August 1536 kam ein junger Mann auf der Reise nach Genf und besuchte Farel. Dieser kannte bereits seinen Namen, er hiess Jean Calvin. Kurz vorher hatte derselbe von Basel aus ein Buch veröffentlicht, das ihn, den 27jährigen, mit einem Schlage unter die ersten Schriftsteller, unter die grössten Geister aller Zeiten stellte, die allgemein bewunderte Institutio religionis christianae [1]), welche mit so erstaunlicher Klarheit und logischer Schärfe die Grundgedanken der auf die heil. Schrift gebauten Lehre der Reformation aussprach und mit so unvergleichlichem Freimut dafür eintrat, dass jedermann fühlte, hier habe das reformierte Bekenntnis seinen treffendsten und reinsten Ausdruck erhalten.

Calvin kam — „zufällig" müsste man sagen, wenn der Ausdruck hier sich nicht von selbst verbieten würde — nach Genf auf einer Reise aus Italien, um wieder nach Basel zu gehen.[2]) Im Vorbeigehen nur suchte er seinen Landsmann auf, der ebenso zufällig wenige Tage zuvor nach Genf zurückgekehrt war[3]), kam mit ihm in ein längeres Gespräch, und Farel erkennt auf einmal, wie durch eine Offenbarung, dass das der Mann ist, dessen er bedarf, dass der die Eigenschaften besitzt, die ihm selbst abgehen, um das für die Zukunft so wichtige Werk der religiösen Umgestaltung von Genf zu stande zu bringen, und hier ereignete sich nun jene hochdramatische Scene, wie Farel seinen um 20 Jahre jüngern Freund aufforderte, bei ihm zu bleiben als sein Gehülfe und Berater; wie Calvin, verwundert über diesen unerwarteten Vorschlag, erschreckt von der Grösse dieser Aufgabe, der Zumutung auszuweichen sucht, bald seine Jugend, bald seine litterarischen Studien vorschützt, um sich dem Ruf zu entziehen, wie Farel ihn immer eindringlicher beschwört und, seiner selbst kaum mehr mächtig, gleich einem Racheengel Calvins Wissen und Können verflucht, wenn er sich weigerte, die Gabe Gottes auch im Dienste

---

[1] Ueber die Entstehung des Buches, dessen Geschichte und litterarische Bedeutung vergl. Corpus Reformat., tom XXIX. Einleitung p. IX u. ff., dazu die neuen Forschungen von V. Rossel, Hist. litt. de la Suisse, tom I, p. 103—110. Ein Verzeichnis der gedruckten Werke Calvins bis 1539 gibt Herminjard, VI. 3. Biographien Calvins von Henri. Stähelin, Kampschulte etc.

[2] Vergl. dazu die feinen Bemerkungen von Herminjard. IV, p. 77, N.

[3] Herminjard. IV, p. 75, N.

Gottes anzuwenden, — und wie endlich Calvin, ergriffen, eingeschüchtert, überwältigt von den Worten Farels, denen sein eigener innerer Ruf zustimmt, sich gehorsam beugt und, alle seine selbstgemachten Lebenspläne von sich werfend, zum Bleiben entschliesst in der ihm fremden und in ihrem dermaligen Zustande sehr wenig einladenden Stadt Genf. Zuerst nur provisorisch seinen Aufenthalt verlängernd, erhielt Calvin zu Ende November eine bestimmte amtliche Anstellung als öffentlicher Lehrer der Theologie und Hülfsprediger, aber ohne Gehalt. „*Iste Gallus!*" — jener namenlose Franzose, heisst es im bezüglichen Ratsprotokoll.[1] Niemand ahnte damals, dass dieser Franzose eine Macht in dieser Stadt ausüben werde, wie sie ein einzelner Mensch nur äusserst selten ausgeübt hat, so dass man sie einst „die Stadt Calvins" nennen würde.

Calvin hat damit seinen Lebensberuf gefunden, einen festen Punkt seiner Thätigkeit, von dem aus ihm nun in konzentrischen Kreisen immer weiter hinaus zu wirken vergönnt war während beinahe 30 Jahren. Genf aber hatte seinen Reformator gefunden, der nun in beispielloser Willenskraft und Zähigkeit die Geister zu bändigen, die auseinandergehenden Meinungen zu sammeln, die egoistischen Leidenschaften zu zügeln und auf ein gemeinsames hochideales Ziel hinzulenken, die ganze Bevölkerung umzumodeln und umzugiessen, aus einer nichts weniger als sittenstrengen Stadt eine Gemeinde der Heiligen, voll asketischer Selbstverleugnung und Zucht, voll heldenmütiger Aufopferung und moralischer Tapferkeit zu machen verstand, — und zwar nicht etwa für kurze Zeit, in einem Anfall von schwärmerischer Verzückung — wie Savonarola einst in Florenz —, sondern für die Dauer von Jahrhunderten, so dass nun Genf, mit voller Benützung seiner geographischen Lage zwischen deutschem, französischem und italienischem Lande, eine Leuchte feuriger Frömmigkeit und strenger Sittlichkeit geworden ist in die weiteste Ferne hinaus, und die engen nationalen Schranken Zwinglis und Luthers durchbrechend, das reformierte Bekenntnis erst zum Rang einer universellen Religionsform auch für andere christliche Völker — von Polen und Siebenbürgen bis nach Schottland — erhoben und neben die beiden ältern Typen der Reformationskirchen mit siegreicher Gewalt die dritte Form begründet hat.

---

[1] Galiffe, Matériaux pour l'hist. de Genève, 1829—30, 2 vols. — Grenus, fragments biograph. et hist. extraits des régistres du conseil, 1535—1792. Genève 1815.

Dass im Januar 1536 Genf durch die Berner der Reformation und im August des gleichen Jahres Calvin durch Farel für Genf erhalten wurde, das war ein Gewinn, der in unverhofft grossartiger Weise die Verluste des Jahres 1531 zu ersetzen vermochte und für den Fortbestand der reformierten Kirche, namentlich der Schweiz, von der allergrössten Wichtigkeit geworden ist.

Das Waadtland. Die Befreiung der Stadt Genf brachte unmittelbar noch einen zweiten Gewinn für die reformierte Sache und eine mächtige Stärkung dieser kirchlichen Partei innerhalb der Eidgenossenschaft.

Die religiöse Bewegung war im Waadtland nicht stillgestanden.[1] Namentlich wussten die Berner ihre Macht mit grosser Rücksichtslosigkeit auszunützen. Die noch erhaltenen Berichte aus dem Lande lassen keinen Zweifel darüber. Solche Macht aber stand ihnen in doppelter Beziehung zu, als Besitzer der mit Freiburg gemeinsam regierten Herrschaften Orbe, Grandson und Echallens, und als Pfandbesitzer über das übrige noch savoyische Gebiet, ebenfalls in Gemeinschaft mit der Stadt Freiburg.

Jost von Diesbach, damals Vogt zu Echallens, schrieb im Dezember 1531 nach Bern, wie infolge eines Auflaufes zu Orbe, in welchem Evangelische verwundet wurden, die übrigen Anhänger des Bekenntnisses zu ihm nach Echallens geflohen seien. Der Rat solle helfen: *„Es ist mir nimmer möglich, das ich alein fürkomen möge, wan si über einander erzörndt sind, das da kein ufhören wird. Darumb ist not, das Ir ein dapfer insehen darin düyen, wen die armen lüt sust gar verlassen wären."* [2]

In Grandson wirkte seit dem März 1532 der wackere Franzose Jean Le Comte de la Croix, ein Schüler des frommen Le Fèvre d'Etaples in Paris und Bourges.[3] Er hatte aber unendlich viele kleine Kämpfe zu bestehen, weil die beiden Herrschermächte sich in allen Dingen entgegenarbeiteten und die Bürgerschaft in ihrer grossen Mehrheit noch am alten Glauben hing. Der Berner Landvogt, der 1535 den Freiburger ablöste, stand dem Reformator bei, aber freilich in seiner Weise, wie es scheint, denn in einem Schreiben nach Bern, wo er von den Erfolgen seiner Predigt berichtet, fügt Le Comte noch die Bitte bei: der Châtelain möchte doch am nächsten Sonntag mit seinem „jeu de paume" (Ball- oder

---

[1] Ruchat, Abrégé de l'hist. ecclés. du pays de Vaud. Berne 1707. — Archinard, Histoire de l'église du pays de Vaud. Lausanne 1862.
[2] Orig. im St.-A. Bern „Kirchl. Angel.". Vergl. dazu Pierrefleur, a. a. O.
[3] Bähler, Jean le Comte. Biel 1895.

Kegelspiel) wenigstens so lange warten, bis der Gottesdienst beendet sei. Das Städtchen Orbe, wo Jean Hollard in trefflichster Weise die evangelische Sache vertrat [1]), war von heftigem Parteistreit zerrissen.

Ueberall, wo Farel auftrat, da gab es Tumult; aber dabei verfehlte die heldenmütige Unerschrockenheit des Wahrheitszeugen doch selten, gewaltigen Eindruck zu machen. In Domdidier wurde er 1533 von den Freiburgern verhaftet, auf Verlangen der Berner aber wieder frei gelassen. [2])

Sogar in Lausanne selbst, unter den Augen des Bischofs, brachen in der Fastnachtszeit 1533 Unruhen aus in den Strassen [3]); ein Priester wurde misshandelt, Freiburg drohte mit Entziehung seines Schirms; Bern schützte umgekehrt die Neuerer, welche man „die Gutwilligen" nannte, während ihre Gegner stets „die Böswilligen" hiessen. Eine Konferenz zu Peterlingen, am 8. April [4]), bei welcher Bern die Abhaltung einer Disputation verlangte, brachte keinen Erfolg; im Mai kam es schon wieder zu wüsten Auftritten zwischen der Bürgerschaft und dem Kapitel. [5])

Die dem Bischof von Lausanne gehörende Stadt Wiflisburg (Avenches) wurde von Bern aufgefordert (April 1534), niemand wegen seiner Lehre zu strafen und niemand zur Messe zu zwingen. [6])

Am heftigsten wogte der Zwiespalt in Peterlingen. Seit 1532 wirkte hier eine äusserst rührige evangelische Partei.[7]) Im Mai 1533 war hier die öffentliche Ruhe so arg gestört, dass beide mit ihr verbündeten Städte, Bern und Freiburg, ihre Boten zur Vermittlung absenden mussten.[8]) Die Erneuerung des Bündnisses mit Bern, am 31. Mai 1534, war ein Beweis zunehmenden Anschlusses an diese Stadt und hob den Mut, vielleicht sogar den Uebermut ihrer Anhänger. Im März 1535 gelangte von hier ein Schreiben nach Bern, unterzeichnet von einigen „*humbles Serviteurs et amys, les frères de Payerne, qui désirent oyr et vivre selon la parole de*

---

[1]) Ruchat, Hist. de la réf. en Suisse, III, 37.
[2]) E. A., IV, 1c, 60.
[3]) E. A., IV, 1c, 55. Vergl. Extraits des Manuaux du conseil de Lausanne 1512—51, publ. par Chavannes in Mém. et doc. de la Suisse romande, vol. XXXVI u. 2e sér. I.
[4]) E. A., IV, 1c, 56, 57.
[5]) E. A., IV, 1c, 81—87.
[6]) E. A., IV, 1c, 306.
[7]) Schreiben derselben an Bern vom 23. Juli 1532 bei Herminjard, II, 433. — Ueber die Ereignisse daselbst Ruchat, Hist. de la réf., III, 136—140.
[8]) E. A., IV, 1c, 95, 97.

Dieu". Sie beschwerten sich über Beeinträchtigungen; sie glaubten, in ihrer Stadtkirche — „*la quelle est nostre et l'arons fait batir*" — ruhig ihre biblische Predigt hören zu dürfen; sie werden aber beständig von den Mönchen gestört, welche absichtlich mit allen Glocken läuten lassen und sie plagen, im Vertrauen auf den Beistand, den sie von Seiten der Freiburger geniessen. Schliesslich mussten hier die Berner nachgeben[1]), denn es fehlte nicht an mächtiger Gegenwirkung.

In der Hoffnung, dem wachsenden Einflusse der Berner Einhalt zu thun, hatte der Herzog von Savoyen im Mai 1532 den Versuch gemacht, die V Orte — zugleich mit dem Anerbieten eines gegen Bern und die Reformation gerichteten Bündnisses — zur Uebernahme der Pfandschaft auf das Waadtland zu bewegen.[2]) Noch im März 1534 erklärten übrigens „die Stände" des Landes, dass sie gesinnt seien, beim alten Glauben zu bleiben[3]), und der Bischof gab sich alle Mühe, „*seine Burger und bisthumslüt zu bewaren vor der schädlichen lutherischen sekt und si zu behalten und zu schirmen in unserm heil. christenlichen glouben.*[4])

So kam der Winter 1535/36 heran. Jetzt stand das Schicksal von Genf auf dem Spiel. Es war ein Akt rascher Entschlossenheit, der hier zum Ziele führte. In aller Eile versicherte sich der bernische Rat, dass das Landvolk einverstanden und bereit sei, die nötigen Opfer zu tragen. Der Augenblick war günstig. Der Herzog von Savoyen war nicht im stande, ernstlich sich zur Wehr zu setzen, da er selbst sich mit Frankreich auf dem Kriegsfusse befand; das Waadtland war von Truppen entblösst, weder politisch noch militärisch organisiert, das Volk eher den Bernern geneigt, die es wenigstens zum Teil als Freiheitsbringer und Retter aus mancherlei Nöten begrüsste. Am 10. Januar 1536 beschloss der Rat der Zweihundert, Genf, als Bundesgenossen, Hülfe zu leisten; er erliess eine Kriegserklärung an den Herzog und ein Manifest an sämtliche eidgenössische Orte, worin die Gründe zu dem Entschlusse dargelegt und gerechtfertigt wurden; am 16. Januar wurde eine Truppenabteilung von 6000 Mann unter Hans Franz Nägeli zum Feldzug bestimmt, und am 22. des nämlichen Monats trat die wohlausgerüstete und gut geführte Schar auf der Strasse nach Murten ihren Marsch an.[5])

[1]) E. A., IV, 1c, 639, 471. 179.
[2]) E. A, IV, 1b, 1317.
[3]) E. A., IV, 1d, 292.
[4]) E. A., IV, 1d, 441.
[5]) Tillier, Geschichte des Freistaates Bern. III, 318—361. — Ruchat, IV, 1—58.

Die Ortschaften Cudrefin, Wiflisburg, Peterlingen, Milden, Romont, Rue ergaben sich ohne Verteidigungsversuch, öffneten die Thore und schwuren Gehorsam. Am 26. Januar wurde Claudius von Glana zum bernischen Landvogt über diesen bereits besetzten Teil des Landes erwählt[1]) und damit schon die Absicht kundgegeben, dass es sich diesmal nicht um einen blossen Durchzug durch die Waadt, sondern um bleibende Besitzergreifung handle. Dann ging es weiter, an den See, und wieder unterwarfen sich die Städte Morges, Rolle, Nyon, Gex; am 1. Februar war Genf erreicht und am Tage darauf fand der bereits erzählte Einzug in Genf statt.

Bis dahin war alles ohne Blutvergiessen erobert. Allein die Geufer glaubten sich für die Zukunft noch nicht genugsam gesichert; noch war ja die ganze Umgegend bis nahe an die Thore heran unter savoyischer Herrschaft. Auf ihre Bitten setzten die Berner daher ihren Zug fort, nach dreitägiger Ruhe in der dankbar fröhlichen Stadt, die damals die Devise in ihr Wappen genommen hat: „Post tenebras lux". Am Südufer des Sees gingen sie weiter, nahmen die Stadt Thonon[2]), dann die reiche Abtei Ripaille, in welcher einst Papst Felix V. seine Ruhetage zugebracht hatte, und das Schloss Ternier, südlich von Genf, um letzteres um so sicherer gegen jeden Angriff schützen zu können.[3])

Es war ein Wagnis, die Eroberung so weit auszudehnen. Von mancher Seite wurden ernstliche Bedenken dagegen geäussert, dass man über den ursprünglichen Zweck der Entsetzung Genfs hinausgehe und sich in Abenteuer einlasse. Man wusste in Bern, dass die andern Eidgenossen diese Vergrösserung des bernischen Gebietes mit scheelen Blicken ansahen, dass die VII Orte Besorgnisse empfanden über den plötzlichen Machtzuwachs eines protestantischen Standes und damit der reformierten Partei, dass aber namentlich Freiburg alles aufgewendet habe, um den Zug zu verhindern und ihm Schwierigkeiten zu bereiten.[4]) Am

---

[1]) E. A., IV, 1 d, 612. Grenus, Doc. p. l'hist. du pays de Vaud, 196.

[2]) Hier wirkte zuerst Farel, dann an seiner Stelle Christoph Fabri (Libertet). Ruchat III, 64. Die zahlreichen Briefe des letztern an erstern s. Herminjard. Seit 12. Juli 1537 war Antoine Froment Helfer in Thonon (Herminjard, IV, 257).

[3]) Piccard, Hist. de Thonon et du Chablais. Annecy 1881. — La réf. en Chablais, invasion bernoise, in Mémoires de l'Acad. Salésienne, Bd. V.

[4]) E. A., IV, 1 d, 612, vom 3. Febr. Auch der Kaiser mahnte ab durch einen eigenen Gesandten (ibid. 615).

19. Februar ergaben sich noch die Städte Vivis[1]) und Tour de Peilz, sodann auch La Sarraz, wo das Schloss in Feuer aufging. Romont und Rue wurden jetzt an Freiburg überlassen, um diese Stadt wieder günstiger zu stimmen. Die Gegend von Monthey bis an die Dranse wurde gleichzeitig von Wallis eingenommen[2]); dann ging es nach Norden, gegen Iferten, welches von Truppen besetzt war, so dass hier ein Kampf erwartet wurde. Doch die Verteidigung war mehr scheinbar als ernstlich gemeint; die Stadt mit ihrer festen Burg kapitulierte am 24. Februar, und am 27. betrat das glückliche Heer, ohne einen einzigen Mann verloren zu haben, wieder die Thore von Bern.

Noch fehlte indessen Lausanne, die Bischofsresidenz, die man absichtlich bei Seite gelassen, und ebenso die Festung Chillon, der starke Stützpunkt der savoyischen Macht am obern Ende des Sees. So fand denn nach kurzem Zaudern, am 20. März, ein neuer Auszug statt. Chillon, die als uneinnehmbar geachtete Burg, war schon am 29. in den Händen der Berner, die bekanntlich in den unterirdischen Gewölben den gefangenen Franz Bonivard von Genf aus den Ketten befreiten[3]); und nachdem der Bischof Sebastian von Montfaucon schon am 22. März Lausanne und sein Besitztum verlassen, wurde am 31. auch diese Stadt eingenommen und besetzt.[4]) Am 1. April nahm Nägeli in aller Form im Namen der Stadt Bern die weltlichen Herrschaftsrechte des Kirchenfürsten zu Lausanne, Lutry, Cully und Wiflisburg in seinen Besitz, wie er im übrigen Lande in die Rechte des Herzogs von Savoyen eingetreten war.[5])

Ueberall, wo die Berner einzogen, wurde sofort die Messe in den Kirchen abgeschafft, der katholische Gottesdienst eingestellt und die kirchliche Ablösung vom Diözesan-Verbande und aus dem Gehorsam der hierarchischen Gewalten ausgesprochen. Es galt dies als eine selbstverständliche Massregel, und umsonst versuchte Freiburg, wenigstens das Kloster Romainmôtier im alten Glauben zu erhalten.[6]) Die Bevölkerung war grösstenteils auf die Umgestal-

---

[1]) Die Unterwerfungsakte von Vivis siehe Ruchat. IV, im Anhang, p. 517.
[2]) Walliserblätter 1897.
[3]) Urkunden zur Gesch. von F. B. von 1506-1567, in den Mém. et doc. de Genève, Bd. IV.
[4]) Extraits des Manuaux de Lausanne 1512—54, publ. par Chavannes, Mém. et doc. S. Romande, vol. XXXVI, pag. 212.
[5]) Hidber, Hs. Franz Nägeli und die Eroberung der Waadt. Neujahrsblatt. Bern 1861.
* E. A., IV, I d, 654.

tung vorbereitet, und diese kirchliche Eroberung stiess ebenso wenig auf Widerspruch als die kriegerische Unterwerfung. Fast in jeder Ortschaft fand sich eine starke Partei, welche die Berner herbeigewünscht hatte, weil sie die religiöse Aenderung brachten, und die andern begrüssten die Sieger, obschon dieselben die neue Lehre einführten, oder beugten sich ins Unvermeidliche, das man unter den gegebenen Verhältnissen und nach der Sitte der Zeit nicht anders hatte erwarten können. Wo der Wille der Bewohner den neuen Ordnungen entgegenkam, da stützten die Berner sich gerne darauf; wo dies nicht der Fall war, da fragten sie nicht und verfügten ohne weiteres, was man für das einzig Richtige hielt, wozu man Recht und Pflicht zu haben meinte, weil die Obrigkeit auch für das Seelenheil der Unterthanen zu sorgen hat und auch die Unwilligen willig sein müssten, wenn sie ihr wahres Wohl erkennen würden.

Immerhin hatte man in Bern Einsicht genug, um sich zu sagen, dass mit dieser militärischen Reformation die evangelische Gemeinde noch nicht vorhanden, die neue Kirche noch nicht gebaut sei; man täuschte sich trotz aller Oberflächlichkeit in diesen Dingen nicht darüber, dass die Schwierigkeiten der Aufgabe jetzt erst beginnen, und sah ein, dass man mit der Entfernung des katholischen Gottesdienstes auch die Verpflichtung auf sich genommen habe, für dessen Ersetzung Sorge zu tragen in Lehre, Kultus und Sitte, damit die Bekehrung zum evangelischen Glauben eine Wahrheit werde. In dem widerwilligen Iferten wurden die bewährten Le Comte und Thomas Malingre als Prediger bestellt; ein Religionsgespräch, am 17. März, sollte die Bevölkerung von der Richtigkeit der neuen Lehre überzeugen. Schon im Monat April war auch in Lausanne die Kirche St. François für die reformierte Predigt eingerichtet worden, damit von hier aus die Ueberzeugung von der Schriftgemässheit der neuen Lehre und die ihr entsprechende Gesinnung gepflegt und begründet werde. Als wirksamstes Organ zu dieser Arbeit erschien in Bern auch diesmal Farel; er wurde für einige Zeit aus Genf nach Lausanne gerufen und mit ihm sein junger Freund Viret, der dazu bestimmt war zu bleiben.

Peter Viret[1]) war deshalb besonders zu dieser Aufgabe geeignet, weil er selbst Waadtländer war. Geboren 1511 zu Orbe, durch Farel für den reformierten Glauben gewonnen, hatte er, kaum 20 Jahre alt, aber ausgezeichnet durch Wissen und Mässigung,

---

[1]) Biogr. mit Farel zusammen von Schmidt, s. oben. — Cart, Pierre Viret, le réformateur vaudois. Lausanne 1861.

durch Beredsamkeit und warme Frömmigkeit, namentlich aber durch einen aufrichtigen, lautern Charakter, zu predigen begonnen, erst in Grandson und Orbe, in Wiflisburg und Peterlingen, dann, von Farel zu seinem Beistand berufen, eine zeitlang neben Froment in Genf. Jetzt glaubte man mit Grund, in ihm den rechten Mann gefunden zu haben, um das Waadtländer Volk zur Reformation zu bekehren.

Im Juni erklärten Stadt und Land von Bern den feierlichen Entschluss, dass sie das eroberte Gebiet in Besitz nehmen, behalten und verwalten wollen. Dasselbe wurde sofort nach Art des alten Bernerlandes in Aemter und Landvogteien eingeteilt, und ohne weitere Rücksicht auf die grossen Freiherren, welche hier sassen, die Vögte erwählt und eingesetzt [1]; und jetzt zeigte es sich natürlich als unausweichliche Folgerung, dass das Kirchenwesen ganz in gleicher Weise nach dem Muster des bernischen organisiert werden müsse.

Am 5. Januar 1537 kam von Bern der ausdrückliche Befehl, sich an die Berner Kirchengebräuche zu halten, doch wurde dies Gebot absichtlich nicht strenge durchgeführt.[2]

Es lag eine möglichst rasche und vollständige Assimilierung im dringendsten Interesse der neuen Herrscher. Ein sichereres Mittel gab es nicht, das Land politisch vom bisherigen Zustand abzulösen, als die Durchführung der Reformation. Jeder reformiert gesinnte Bürger war auch ein guter Berner, ein treuer Anhänger der neuen Ordnung; und katholisch gesinnt sein, hiess nichts anderes, als sich nach der alten Herrschaft zurücksehnen, mit Savoyen sympathisieren.

Und es fehlte nicht ganz an solchen, die, sei's aus Ueberzeugung, sei's aus Berechnung oder auch aus blossem Widerspruchsgeist, mit den Neuerungen unzufrieden waren. In Thonon hatte noch im April 1536 eine katholische Prozession stattgefunden, an welcher sich nicht weniger als 600 Personen beteiligten.[3] Auch Milden hatte den evangelischen Predigern keinen freundlichen Empfang bereitet.[4] In Iferten hatte es einige Mühe gekostet,

---

[1] Erster Vogt zu Thonon, seit 13. Mai 1536, wurde Hans Rud. Nägeli. Die — sicher sehr einträgliche — Verwaltung von Ripaille wurde dem Claude Farel, einem Bruder des Reformators, anvertraut, im April 1537 (Herminjard, IV, 212).
[2] Herminjard, IV, p. 151.
[3] Herminjard, IV, p. 31.
[4] Herminjard, IV, p. 35.

das Misstrauen zu überwinden, das die Bürger gegen die neugläubigen Prädikanten hegten.¹) Auch in Avenches zeigte sich die Bevölkerung wenig geneigt, sich die Heiligenbilder aus den Kirchen nehmen zu lassen.²) Namentlich aber unter den Bürgern von Lausanne war ein ausgesprochener Widerwille gegen die Berner stark verbreitet. Grossen Kreisen waren durch die Entfernung des Bischofs die Existenzbedingungen abgeschnitten. Die Berner sahen in der ihnen kundwerdenden Missstimmung freilich nur einen Beweis, dass es nötig sei, die Bekehrung gründlich zu vollziehen.

Noch im April 1537 sandte die Lausanner Bürgerschaft Boten nach Bern, in der Meinung, mit letzterm das alte Burgrecht zu erneuern, somit als Bundesgenossen, nicht als Unterthanen, mit ihm in Verbindung zu treten. Sie weigerten sich, dem bernischen Landvogt zu huldigen, und forderten sogar, dass der Bischof seinen Sitz nicht verlegen, sondern nach Lausanne zurückkehren möchte. Sie drohten, sich in ihrem Widerstande, bei welchem, neben dem Glauben und der politischen Selbständigkeit, auch die Sprache in Betracht kam, mit andern altgesinnten Ortschaften zu vereinigen, und erst nach längerem Markten kam am 12. September und 1. November 1537³) eine Uebereinkunft zu stande, vermöge deren Lausanne die Oberherrlichkeit von Bern anerkannte, dagegen die volle Freiheit des Gerichtes — die letzte Appellation allein ausgenommen — sich vorbehielt. Bern nahm nur die Besitzungen des Bischofs für sich, alles übrige Kirchen- und Klostergut dagegen sollte der Stadt Lausanne verbleiben.

So gelang es denn durch Nachgiebigkeit, die Abneigung zu versöhnen.⁴) Aber auch mit den Nachbarn war manches zu bereinigen, damit wieder Ruhe eintreten könnte. Am 22. Okt. 1536 wurde die Grenzteilung mit Wallis vollzogen.⁵) Mühevollere Unterhandlungen erforderte die Ausscheidung der Grenzen und Rechte gegenüber Freiburg, am 20.—22. November und 5. und 20. Dezember 1536⁶); dann wieder vom 9.-14. April 1537.⁷) Die Ein

---

¹) Siehe darüber Bähler, Le Comte, und Crottet, Hist. d'Yverdon.
²) Von Tumulten daselbst im Sommer 1536 erzählt Ruchat, IV, 151.
³) E. A., IV, I d, 877. — Ruchat, IV, 157.
⁴) Doch suchten die Lausanner noch 1538 Hülfe in Freiburg gegen die Berner, E. A., IV, I d, 941.
⁵) E. A., IV, I d, 884.
⁶) E. A., IV, I d, 788, 789, 794, 801, 808.
⁷) Ibid., 824.

künfte des Stiftes Peterlingen blieben vorerst den Freiburgern, mit Ausnahme des dazu gehörenden Dorfes Wyleroltigen; Romainmôtier dagegen wurde von Bern behändigt; Wiflisburg, jetzt Bern unterthan, löste sein Burgrecht mit Freiburg; über den Besitz der bischöflichen Stadt Bulle wurde der Entscheid noch verschoben; die Grafschaft Greyerz, ebenfalls ein bisher savoyisches Lehen, liess man noch fortbestehen, und damit auch die Herrschaft Aubonne.

Die Hauptsorge musste freilich die sein, evangelische Ueberzeugung zu pflegen, da nur diese allein auch treue Ergebenheit an die neue Herrschaft verbürgte.

Die ersten Vorbereitungen zur kirchlichen Organisation wurden am 8. Juni 1536 in einer Synode zu Iferten getroffen, wo Peter Kunz und Simon Sulzer aus Bern anwesend waren.[1]) Wichtiger war der Beschluss, eine Disputation abzuhalten, um die noch bestehenden Zweifel zu beseitigen und durch einen mächtigen Eindruck von der siegreichen Wahrheit der reformierten Lehre entscheidend auf die öffentliche Stimmung zu wirken. Am 16. Juni 1536 erklärte der bernische Rat, dieses bewährte Mittel in Anwendung bringen zu wollen.[2]) Auf 1. Oktober wurde das Gespräch angeordnet, und trotz der Einsprache des Kaisers, der auch diesmal sowohl in Bern als auch in Lausanne Vorstellungen gegen die Rechtmässigkeit einer derartigen Ordnung in kirchlichen Dingen erhob und wieder einmal auf ein allgemeines christliches Konzil vertröstete, ging man sofort an die Vorbereitungen. Farel, wahrscheinlich in gemeinsamer Arbeit mit Viret, der von andern als Verfasser genannt wird, redigierte die Thesen, die er verteidigen wollte, und es wurde anbefohlen, dass alle Geistlichen des Landes beiwohnen und alle Kirchspiele ihre Abgeordneten zur Anhörung hersenden sollten. Jede Meinung sollte frei geäussert werden dürfen, aber kein Beweis gelten, der sich nicht gründe auf die heil. Schrift.

Noch im September schickten die Lausanner, von einigen andern Gemeinden unterstützt, eine Abordnung nach Bern[3]), um von dem Plan abzuhalten; aber man liess sich hier nicht irre machen, gab möglichst freundliche Antwort und setzte seinen Weg fort.

---

[1]) Herminjard, IV, p. 61. — Ruchat, III, 152.
[2]) Das Ausschreiben und die Thesen im Druck: Stadtbibl. Bern. Miss., H.H., III, 35, N. 6 u. 7, abgedruckt (französisch) bei Ruchat, IV, 500—503 u. 505—507.
[3]) Hott., III, 711, nennt den Domherrn Aimé Guillet als Sprecher.

Ohne Störung oder Anfechtung konnte am 1. Oktober, einem Sonntag, die Versammlung eröffnet werden, und am folgenden Tage begannen die eigentlichen Verhandlungen. Als Vertreter des bernischen Rates waren anwesend: der alt-Schultheiss Johann Jakob v. Wattenwyl und die uns bereits als eifrige reformierte Parteigänger bekannten Jost von Diesbach und Hans (Peter) Schleif mit zwei andern Ratsherren. Als Präsidenten amteten der Stadtschreiber Peter Cyro und Niklaus von Wattenwyl, der gewesene Probst am St. Vinzenzenstift, welcher diese Würde 1525 niedergelegt hatte, ferner Christoph Fabri, Domherr zu Lausanne und jetzt Pfarrer zu Thonon, und Girard Grand, Dr. der Rechte und Ratsherr der Stadt.

Als Disputatoren traten auf: Farel, Viret, Calvin[1]) aus Genf und Peter Caroli, der zum Evangelium bekehrte Gegner Farels in Genf. Als Verteidiger der alten Kirche stellte sich eine ganze Reihe von Männern, von welchen indessen kein einziger einen sonst bekannten Namen trug[2]), jedenfalls keiner den Freunden der Reformation auch nur von ferne an Geist und Wissen ebenbürtig war. Die Protokolle des Gespräches sind, in einer amtlichen Kopie erhalten, in der Stadtbibliothek von Bern aufbewahrt[3]), sie bieten aber wenig Interesse; wurden auch alle Streitfragen während der sechstägigen Dauer zur Sprache gebracht und erörtert, so war doch die Bestreitung der Thesen zu schwach und unbedeutend, als dass irgend welche neuen Gegengründe wären vorgetragen worden.[4]) In aller Ruhe wurden am 8. Oktober die Verhandlungen wieder mit einer Predigt von Farel geschlossen, wie sie begonnen hatten, worauf der alt Schultheiss die Versammlung unter gebührender Verdankung entliess. Der Besuch hatte freilich nicht ganz den Wünschen entsprochen. Aus den 45 (?) Pfarrkirchen des Bezirks Thonon waren nur 12 in Lausanne anwesend, und alle schlossen sich nachher einem schriftlichen Protest an gegen die gefassten Beschlüsse.[5])

---

[1]) Ueber dessen Beteiligung s. Herminjard, Corresp., IV. 80.
[2]) Claude Blancherose, Jean Mimard, Jacques Drogy etc.
[3]) Acta Lausannensis disputationis, 1536. Einen Bericht von Calvin, unter dem Pseudonym Martianus Lucanius, besitzen wir in einem Briefe an Fr. Daniel in Orleans, Kopie in Cod. 141 der St.-B. Bern, abgedruckt bei Herminjard, IV. 86.
[4]) Sehr vollständig berichtet über die Verhandlungen Ruchat, IV. 180 bis 353.
[5]) Herminjard, IV. p. 135, N.

Immerhin war es für die Berner nicht eben schwer, sich als unbestrittene Sieger in diesem gelehrten Wortstreit zu betrachten. Sie glaubten annehmen zu dürfen, dass jetzt jedermann überzeugt sei von ihrem Recht und von der Heilsamkeit ihres Bekenntnisses. In Lausanne selbst war dieser Erfolg ausser Zweifel. War es nun der Eindruck, den die Reden der Disputatoren selbst hervorbrachten mit ihrer Eindringlichkeit, logischen Schärfe und Zuversicht, oder war es mehr die Ueberzeugung, dass es den Bernern ernst sei, vorwärts zu gehen, und deshalb jede Hoffnung auf Rückkehr der savoyischen und bischöflichen Herrlichkeit aufgegeben werden müsse, — genug, hier war die Bekehrung gelungen. Einer der Hauptführer der Gegenpartei, Ferdinand Loys, der selbst als Disputator aufgetreten war, erklärte sich am Ende für überzeugt, und sofort fing die Bevölkerung an, die Bilder aus den Stadtkirchen zu entfernen. Caroli und Viret wurden als Pfarrer in Lausanne angestellt und begannen (5. Nov.) ihre Thätigkeit als Prediger.[1])

Schon zu Anfang November entschied sich die Mehrheit für das Evangelium, und ein Uebertritt riss andere mit sich; in Lütry und St. Saphorin gab es vorübergehende Tumulte[2]), doch nur wenige widerstrebten ernstlich und entschlossen sich zur Auswanderung. Der neue Vogt zu Lausanne, Sebastian Nägeli, zerstörte schon Ende Oktober alle Bilder auch in den Landkirchen des Amtes; die gleiche Massregel wurde in Moudon angeordnet; dann in Nyon, Morges, Aubonne, Cossonay, Coppet u. s. w. Witlisburg hatte sich schon im August zur neuen Lehre entschlossen, und Vivis verlangte die Erwählung eines reformierten Predigers.[3])

Bevor das Jahr zu Ende ging, am 24. Dezember 1536, hielt man in Bern bereits den Augenblick für gekommen, wo ein Reformations-Mandat für das Waadtland erlassen werden könne[4]), um, wenn auch mit aller Vorsicht und Behutsamkeit, zur Schonung der Gewissen, das neue Gebiet dem alten im Glauben möglichst zu nähern. Oberster Grundsatz war: Wir zwingen niemand zur Annahme der Reformation, aber wir dulden in unserem

---

[1]) Die Schreiben von Bern an die neuerwählten Pfarrer, vom 19. Okt. 1536, s. Herminjard, IV, p. 92.
[2]) Zeender, Bern. K.-G., I, 252.
[3]) Dagegen wehrten sich die Gemeinden Chardonne und Corsier bei Vivis heftig (Herminjard, IV, p. 138 N.).
[4]) Zeender, Bern. K.-Gesch., I, 252 u. ff. — Ruchat, IV, 389, und vollständig im Anhange (französ.), 522—531.

Lande und bei unsern Unterthanen keinen katholischen Gottesdienst, ein Grundsatz, der freilich toleranter lautet, als er in Wirklichkeit ist, und weniger hart ist, als er in der Durchführung sich gestaltete.

Der Zweck wurde erreicht: zu Anfang 1537, als die bernischen Kommissäre das Land bereisten, hatten 120 Pfarrer und 80 frühere Mönche die reformierte Lehre angenommen.[1]) Wo es nötig schien, wurde freilich auch jetzt das Alte belassen. Iferten, welches bei der Eroberung die Abschaffung der Messe als Bedingung hatte zusagen müssen, erhielt für längere Zeit noch den Fortbestand derselben gestattet, weil die Mehrheit der Bürger dies wünschte und es klüger schien, durch solche Rücksicht die Bevölkerung um so eher mit dem neuen Zustand auszusöhnen. Es ist dies denn auch im allgemeinen in sehr bemerkenswertem Grade und verhältnismässig grosser Raschheit geschehen.

Am 14. Mai 1537 konnte in aller Ruhe eine organisierende Synode abgehalten werden[2]) von der gesamten Geistlichkeit des Waadtlandes, mit Einschluss von Nord-Savoyen, das in allen diesen Massregeln selbstverständlich mit begriffen war. Megander und Kunz von Bern führten den Vorsitz. Das Ergebnis wurde zusammengefasst in den später als massgebend betrachteten: réglements ecclésiastiques adoptés par le synode de Lausanne du 13 mai 1537.[3]) Die Kirchgemeinden wurden abgegrenzt und eingerichtet, das ganze Gebiet in sieben Dekanate geteilt[4]) und die Dekane — „surintendants des classes" oder „modérateurs" — ernannt[5]); und die bernische Gottesdienstordnung, natürlich in die französische Sprache übersetzt, auch hier eingeführt, ebenso die Sittengerichte nach bernischem Vorbild. Die Kirchengüter wurden teils dem Spital übergeben, teils zum Unterhalt der Geistlichen bestimmt.[6]) Die Einkünfte des Domstifts in Lausanne

---

[1]) Herminjard, IV, 363, Note.
[2]) Hundeshagen, Konflikte, S. 116 u. ff. — Herminjard, IV, 235, wo auch der Bericht Meganders in einem Briefe an Bullinger, vom 22. Mai. — Ruchat, IV, 417 u. ff. (nennt den 13. Mai).
[3]) Ruchat, IV, 117, vergl. Herminjard, IV, 111, N.
[4]) Yverdon, Romainmotier, Lausanne-Vivis, Orbe-Grandson, Morges-Nyon, Payerne, Mondon; dazu Thonon, Ternier und Gex Ruchat, IV, 113. Später fanden Abänderungen statt, Finsler, K.-Stat.
[5]) Jean Le Comte wurde Dekan von Iferten.
[6]) Siehe darüber die ausführlichen Angaben bei Ruchat, IV, 401—413, sowie die schliessliche Zusammenstellung im Anhang, IV, 531.

dienten meist zur Einrichtung einer theologischen Akademie, die mit Anfang 1537 ins Leben trat.[1])

Die grösste Schwierigkeit lag in der Wahl der Prediger. Es war nicht leicht, die aus irgend einem Grunde als untauglich erfundenen Priester durch dazu wirklich geeignete Männer zu ersetzen; war doch die Zahl der französischen reformierten Geistlichen noch eine äusserst geringe, während diejenigen des deutschen Landes nicht verwendet werden konnten. So sah man sich vielfach vor die bedenkliche Alternative gestellt, entweder unpassende Leute zu erwählen, welche die evangelische Lehre nur in falsches Licht bringen mussten durch Unwissenheit oder zweifelhaften Charakter, oder aber die Kirchen unbesetzt zu lassen und dadurch der religiösen Unbildung oder der Agitation abergläubischer Menschen preiszugeben. Die Heranbildung einer brauchbaren Geistlichkeit für diese neuen Kirchen musste eine der wichtigsten Aufgaben sein.[2])

Wenn so die Kirchenreform ziemlich leicht durchgeführt werden konnte, da wo ihr das volle Gewicht des obrigkeitlichen Ansehens, wenn nötig auch die staatliche Gewalt, zur Seite stand, so war die Sache weit weniger einfach in denjenigen Teilen des Landes, welche nicht von Bern allein abhingen, sondern gleichzeitig auch vom katholischen Freiburg. Hier gerade hatte die Glaubensbewegung frühe begonnen; aber hier fand auch der Einfluss der Berner eine starke Gegenwirkung, so dass jeder Schritt nur äusserst langsam gethan werden konnte. Was vom einen Landvogt geschützt wurde, sah sich vom andern verfolgt; was der eine gesäet, ward vom folgenden wo möglich wieder ausgerissen.[3]) Eine bezügliche Uebereinkunft von Ende Januar 1532 [4]) wurde wenig beachtet; dass die Störung oder Beschimpfung des Kultus bei strenger Strafe untersagt war, vermochte nicht, einen friedlichen Zustand zu schaffen. Die Wirksamkeit des braven Jean Le Comte in Grandson und Orbe war durch beständige kleine Konflikte, durch immer sich erneuernde Plackereien und Prügeleien gehemmt, bei welchen die Schuld wohl auf beide Seiten verteilt werden muss.

[1] Herminjard, IV, 166, N. — Vuilleumier, l'académie de Lausanne, 1537 so. Lausanne 1891.
[2] Die wichtigsten der schon am 19. Oktober 1536 getroffenen Wahlen siehe bei Ruchat, IV, 365; Herminjard, IV, p. 92.
[3] Strickler, Akten, V, N. 116
[4] Herminjard, II, 401.

Erst nach der Eroberung des übrigen Waadtländer-Gebiets war dann das Uebergewicht des evangelischen Glaubens so sehr entschieden, dass die katholisch-freiburgisch Gesinnten allmählich in ihrem Eifer erlahmten. Der letzte Tag des Jahres 1536 war in Grandson durch Auftritte roher Bilderstürmerei bezeichnet.[1]) Am 27. November 1537 forderte Bern die Abschaffung der Messe [2]), doch waren die Dinge noch nicht so weit. Die einzelnen Gemeinden wurden immer wieder zur Abstimmung aufgefordert, bis eine nach der andern [3]) den katholischen Kultus einstellte. Der Berner Vogt zu Grandson erhielt im März 1538 die Weisung vom Rate, die Bewohner des Dorfes Giez über den Glauben „mehren" zu lassen; doch nur dann, „*wo es dich dünkt, dass das Mehr auf die besser siten fallen werde.*"[4]) Nach dieser Regel wurde meistenteils verfahren.

In Münchenwyler, das sich mit Murten zur neuen Lehre bekannte, wurde am 10. Januar 1538 der Kirchenschatz des Klosters zwischen Bern und Freiburg geteilt [5]); das Gleiche geschah — nicht ohne Widerspruch — am 27. März in der Karthause La Lance bei Grandson. Neue Grenz- und Kompetenz-Teilungen mit Freiburg fanden im Mai und Juni 1539 statt.[6]) Die lange streitig gebliebene Herrschaft Oron wurde jetzt der Grafschaft Greyerz überlassen, doch unter der Bedingung, dass das Gotteswort daselbst gepredigt werde.

Orbe entschied sich am 30. Juni, die Stadt Grandson endlich am 16. November 1554 für die Annahme der Reformation.[7]) Die evangelischen Gemeinden der gemeinen Herrschaften wurden in den Organismus der bernisch-waadtländischen Kirche eingefügt, als „Classe" von Orbe. Nur in Echallens dauerte das Schwanken noch längere Zeit fort.

Durch diese Wendung der Dinge im Waadtland war natürlich die Befestigung des Protestantismus auch in N e u e n b u r g mächtig gefördert worden. Doch sind die wiederholten Versuche, die einzig noch katholisch gebliebenen Bevölkerungen von Landeron und Cressier (Grissach) durch Einführung eines reformierten

---

[1]) Bähler, Le Comte, S. 45.
[2]) E. A., IV, 1 d, 807.
[3]) Concise war schon am 25. Januar 1537 vorangegangen. (Herminjard, IV, 216.)
[4]) E. A., IV, 1 d, 952.
[5]) St.-A. Bern. (Kirchl. Angel., 1531—39.) — E. A., IV, 1 d, 924.
[6]) E. A., IV, 1 c, 1083, 1107, 1110.
[7]) Näheres bei Bähler, a. a. O., 93 u. ff.

Predigers zum evangelischen Glauben zu bringen, gänzlich misslungen[1]); sie scheiterten noch 1546 an der drohenden Intervention der mit jenen Ortschaften verburgrechteten Stadt Solothurn.

In Neuenburg kam die Gründung der reformierten Kirche unter bernischem Schutz, aber im Gegensatz zu dem landesfremden Fürsten und dessen katholischen Statthaltern zu stande.[2]) Die Konsequenz war eine Freiheit und Selbständigkeit des kirchlichen Lebens, die weit grösser war, als in irgend einem andern reformierten Schweizerkanton. Die Prediger organisierten hier, an der Spitze ihrer Gemeinden, nach eigenem Ermessen, und es gestaltete sich eine zwar das ganze Land umfassende, alle Bürger in sich schliessende, aber von der weltlichen Gewalt ziemlich unabhängige Geistlichkeitskirche, eine Landes-, aber keine Staatskirche. Farel galt als ihr unbestrittenes Haupt und übte mächtigen Einfluss, obwohl sein schroffes Temperament ihm auch hier mancherlei Feinde erweckte und die Berner ihn bald schützen, bald wieder zurechtweisen mussten.

Die reformierte Partei in der Eidgenossenschaft war jetzt, wenn auch noch immer schwächer in der Vertretung bei der Tagsatzung der XIII Orte, so doch weitaus stärker an Volkszahl und an wirklicher Macht.

Gewinn ergab sich auch im Land der 3 Bünde. Auf die eigenartige Gründung der reformierten Kirchen daselbst haben wir bereits hingewiesen; die Autonomie der einzelnen Gemeinden war so ausgebildet und festgehalten, die gemeinsame Form so ausserordentlich locker und nur auf Abwehr aller äussern Eingriffe gerichtet, dass für das kirchliche Gebiet den Bundesregierungen beinahe jede Kompetenz abging. Eine Uebertragung der kirchlichen Anordnungen auf die Obrigkeit, wie sie Zwingli und nach ihm alle seine Freunde für zweckmässig gehalten hatten, war hier von selbst ausgeschlossen, weil keine entsprechende Behörde da war.

---

[1]) 13. Juni 1536 (E. A., IV, 1c, 707). 4. April 1538 (E. A., IV, 1c, 955). Am 11. März 1537 ersuchte Bern, das die Kollatur in Landeron besass, die Bürger daselbst: „de délaisser les traditions humaines" (Herminjard, IV, 201). — Vergl. dazu: Soleure et le Landeron, 1523–72. Mus. Neuch., VIII, 88. Gagnebin, Tentative d'établir un pasteur à Cressier. im Musée Neuchât., tom. XVII (1889), p. 285, u. tom. XVIII (1881), p. 15 u. 43. Ebenso Humbert, V., im Mus. Neuch., XXVII (1890). Ruchat, IV, 415–448.

[2]) „La réforme s'est établie sans le souverain, sans les seigneurs, sous leurs yeux et malgré eux." (Chambrier, Hist. de Neuch., p. 239). Vergl. für einen Teil des Landes: de Pury, Développement de l'église réformée du Val de Travers. Musée Neuch., IX (1872, 305).

Niemand vermochte eine Gemeinde zu hindern, wenn sie dem neuen Glauben folgen wollte, niemand eine solche gegen ihren Willen zur Reformation zu zwingen. Etwas anders verhielt es sich nur mit dem Unterthanenlande Bündens, den Thälern von Cleven und Veltlin, wo allerdings die gemeinsame Bundesregierung, beziehungsweise deren Landvogt, eine gewisse Macht auch in diesen Dingen besass.

Daraus erklärt sich der teils sehr rasche, teils auch sehr langsame Gang der Kirchenverbesserung in den rätischen Gebirgen, indem einige Gemeinden zu den ersten reformierten gehörten, während andere daneben ihren bezüglichen Entscheid erst fassten zu einer Zeit, da überall sonst die Bewegung längst zum Abschluss oder Stillstand gekommen war.[1])

Die Wirkung der Kappelerschlacht war hier eine ausschliesslich moralische, der Landfriede hatte für dieses Gebiet keinerlei Geltung, die V Orte kein Recht zu irgend welcher Einmischung; denn der Bund, welcher Rätien mit den Eidgenossen verband, hatte selbstverständlich nicht Bezug auf die kirchlichen Dinge. Dass aber in der Niederlage von Kappel, im Tode Zwinglis, ein Gottesurteil liege, das war ein Gefühl, welchem nur die stärksten Charaktere sich zu entziehen vermochten. Wie viele mussten irre werden in ihrem Glauben, in ihrer Hoffnung! Dieser Eindruck musste um so stärker wirken, da gerade im angrenzenden st. gallischen Oberlande, d. h. in der Vogtei Sargans, die Sache der evangelischen Partei vollständig rückwärts ging und niemand mehr an die Möglichkeit ihres Sieges glauben mochte. Wenn hier der Abt Russinger von Pfäfers seine Ueberzeugung aufgab und zum Katholizismus zurücktrat, um seine Würde im Kloster nicht zu verlieren, so musste umgekehrt der Abt von Disentis, Martin Winkler, sein Kloster verlassen, um nicht seinen Glauben verleugnen zu müssen, da die V Orte auf seine Absetzung drängten. Wehmütig schrieb der Reformator von Chur, Joh. Comander[2]), im Dezember 1531 an Bullinger nach Zürich: „Alles ist krank und wird bald zusammenfallen, wenn nicht Christus, unser Herr, uns stützt", und, etwas weniger pessimistisch, im Januar 1534: „Christi Partei hat weder Zunahme noch Abnahme". Comander

---

[1]) Ausser der oben schon angeführten Arbeit von Sulzberger verweisen wir auf: Anhorn, Heil. Wiedergeburt d. ev. K. in d. 3 Pfinden, Brugg 1680. — Dom. a Porta, Hist. ref. eccl. rhæt. Curiæ, 4°, 1771—76. — Ulr. Campell. Historia Rhætica, hg. v. Kind, in Quellen z. Schw.-Gesch., Bd. VIII—IX. Basel 1887—90. Dok. zur Ref.-Gesch. Graubündens, Archiv d. Pius-Ver., I, S. 790.

[2]) Herold, in Meilis Zeitschr., VIII, 129.

selbst übrigens erhielt jetzt einen Gehülfen und Freund, der ihm in seiner Thätigkeit beistand, Johann Blasius, den Reformator des Dorfes Malans, der, von der Churer Gemeinde an die Kirche St. Felix und Regula berufen, dorthin kam und nun gemeinsam mit Comander das Predigtamt in Chur bis zu seinem Tode versah. Diese Unterstützung durch einen tüchtigen und, wie uns bezeugt wird, braven und wohlgelehrten Mann war nicht überflüssig. Der Kampf scheint noch immer nichts weniger als leicht gewesen zu sein gegen alles das, was dem Wirken des neuen Glaubens entgegenstand und dessen natürlichen, die Gemüter ergreifenden Fortgang erschwerte. Einige Thäler, so namentlich das ganze Prättigau, standen noch unter österreichischer Herrschaft, und diese fand Mittel und Wege genug, um den reformierten Predigern Hindernisse zu bereiten oder doch einen kräftigen Entscheid der Bewohner zu hemmen; besonders wird auch die grosse Armut der Berggemeinden als Ursache langsamen Fortschrittes genannt, und hier zeigte sich nun der Nachteil der Gemeinde-Autonomie, da den einfachen Leuten jede Stütze von Oben, von einem gebildeten Centrum aus, fehlte, und jedes Dorf nur seinen eigenen Massstab für sich hatte. Der katholische Priester war vom Bischof eingesetzt, von den kirchlichen Stiftungen erhalten, ohne dass nur irgend jemand etwas davon merkte; die Bedürfnisse für den familienlosen Mann waren bescheiden, von dem Ausbeutungssystem der höhern Priesterschaft hatte man wohl hier nur wenig gespürt, vorkommendenfalls es kräftig abgewehrt. Wo man jetzt aber einen reformierten Prediger begehrte, da mussten die Gläubigen selbst die Kosten aufbringen und den Mann unterhalten, der zudem nun auch für eine Familie zu sorgen hatte. Wie wenige der schwer mit eigener Not ringenden Thalbewohner fanden sich zu solchen Opfern bereit! Wie wenige waren auch bei gutem Willen im stande, solche zu bringen! Es ist nicht unglaublich, wenn berichtet wird, dass aus diesem Grunde katholische Messpriester angestellt wurden auch in Gemeinden, die sich bereits zu den evangelischen zählten. Andere aber besoldeten ihre Geistlichen so karg, dass manche derselben, nach dem Wegfall der frühern Sporteln, sich gezwungen sahen, noch ein Handwerk zu betreiben. Philipp Galicius, der, aus Schanfigg vertrieben, eine zeitlang im Domleschg als Pfarrer wirkte, hatte hier ein so geringes Einkommen, dass er mit seinem kinderreichen Hause hätte darben müssen ohne die Unterstützung durch benachbarte Freunde. Nicht nur die Arbeitskraft, auch Ansehen und Autorität der Geistlichen litt unter derartigem Druck, wie denn auch jedes Begehren um Besserstellung übel ausgelegt wurde von denen, die in wiedertäuferischem Sinne überhaupt kein höher gebildetes Predigt- und Pfarramt notwendig fanden, sondern Laienpredigt als allein dem wahren Christentum entsprechend darstellten. Bei einer nur die allergeringsten Bedürfnisse des Lebens kennenden Bevölkerung kamen solche Umstände doppelt schwer in Betracht.

Dazu wirkte aber noch ein anderes mit. Nach dem Vorbilde Zwinglis hatte auch Comander in Chur heftig gegen das Reislaufen gepredigt und gegen alles, was damit zusammenhing; allein auch in den Bündner Thälern gab es viele, unter den Grossen wie unter den Geringen, die von diesem fremden Gelde lebten und, daran gewöhnt, diesen Geldstrom ungerne vermissten. Jedes Wort dawider wurde als persönliche Beleidigung, ja als Vermögensschädigung empfunden, und der Hass gegen die Prediger, die solches zu tadeln wagten, kehrte sich auch gegen ihre Lehre. Reisläufer und Pensionenherren waren überall Gegner der Reformation, oder sie wurden es doch, sobald sich der Prediger ernsthaft gegen jene Unsitte wandte. „Jene verdammte französische Freundschaft", schrieb Comander einmal nach Zürich[1]), „verbindet die Vornehmen von Rätien auch mit den V katholischen Kantonen und macht sie gegenseitig zu guten Freunden, natürlich zum grössten Schaden des Evangeliums und seiner Freunde. Möge dieser feindselige Jebusaeus, den ich in dieser verhängnisvollen Zeit mehr als alle andern Feinde fürchte, aus unserer Kirche ausgeschlossen werden!" Comander wurde noch 1542, als er längst das Werk der Reformation in Chur begründet und dieses sich eingelebt hatte, um dieser Frage willen verfolgt und eines Teiles seiner Besoldung beraubt. Er machte die Erfahrung, dass viele seiner früher eifrigsten Förderer, zufrieden mit dem Evangelium, soweit es das Land vom Bischof befreite, dem Gotteswort den Rücken wandten, als es die tiefere Reinigung des Lebens und der Sitten forderte und an ihre eigene Person religiöse Zumutungen zu stellen begann.

Und dennoch machte sich im allgemeinen eine Zunahme der evangelischen Gesinnung bemerkbar, grösserer Eifer und ein Wiederaufleben frischen Glaubensmutes, besonders im Engadin, mit dem Auftreten des eben genannten Phil. Galicius von Malans, eines der geistigsten und charaktervollsten unter den Bündner Reformatoren.

[1]) Sulzberger, S. 52.

Galicius war am 1. Februar 1504 im rätischen Münsterthale geboren, seit 1524 Kaplan in Camogask im Engadin, eine zeitlang in Schanfiggerthale, im Dorfe Langwies, dann, von dort vertrieben, seit 1531 wieder im Engadin, um nun hier eine sehr erfolgreiche, aber freilich auch äusserst mühevolle Thätigkeit zu entfalten. Comander und Blasius, nun auch Galicius, das waren die Männer, welchen vor allem die evangelische Kirche Bündens ihre Entstehung und ihren Fortbestand durch Zeiten schwerer Stürme verdankte.

Ihnen verdankt sie aber zugleich auch die ersten Einrichtungen, Ordnungen und Lehrschriften, indem sie nicht allein zu predigen und zur Abkehr von Messe und Bilderdienst aufzufordern, sondern ebenso auch das Neue zu bauen verstanden. Zürich diente ihnen natürlich als Vorbild; besonders das Haupt der dortigen Kirche, der Antistes Bullinger, half mit Rat und That zur Ausführung mit, wenn auch stets mit weiser Berücksichtigung der besondern Verhältnisse, der Verfassung und der Sitten der Bünde.

So konnte denn der Versuch gemacht werden, eine Verbindung der bereits bestehenden reformierten Gemeinden unter sich zu verwirklichen, eine evangelische Kirche Bündens zu begründen, und zwar durch die erste, mit Zustimmung des Bundestags angeordnete gemeinsame Synode zu Chur, am 14. Januar 1537. Durch zwei wichtige Thatsachen ist diese Versammlung ausgezeichnet, so dass sie als würdige Parallele der grossen Synoden zu Bern und Zürich von 1532 genannt werden darf: durch die Vorlegung und Einführung eines eigenen bündnerischen Katechismus, welchen Comander, jetzt das anerkannte Haupt der rätischen Reformierten, nach demjenigen von Leo Jud bearbeitet hatte und der nun auch in die rätoromanischen Sprachen übersetzt worden war; sodann durch die Grundlegung zu einer höhern Unterrichtsanstalt für das Bündner Land, namentlich, wie überall, zunächst zur Bildung von Theologen. Comanders langgehegte Absicht zwar, nach Aufhebung des Bistums die reichen Besitzungen des Kapitels und der Domkirche zu ausgiebiger Dotierung der evangelischen Kirchen und zur Stiftung von Schulen zu verwenden, konnte nicht ausgeführt werden, da der Bischof seine Stellung zu behaupten vermochte; doch fand sein Bestreben soweit Unterstützung, dass 1539 die Gebäude und die Einkünfte eines kleinen, nun aufgehobenen Klosters in Chur bestimmt wurden zur Errichtung einer gelehrten Schule, an welcher es bisher vollständig fehlte. Für Studierende aus dem Gotteshausbund wurden Freiplätze errichtet, damit auch ärmere Söhne des Landes veranlasst würden, sich dem Dienste der vaterländischen Kirche zu widmen. Bullinger, welcher auch darin seinen Freunden an die Hand gegangen war, sorgte für einen tüchtigen Lehrer, den Johannes Pontisella, den Sohn eines frühern Domherren von Chur, der daher der Landessprache mächtig und mit den Bedürfnissen des Volkes vertraut war. Dieser brachte, obwohl er eben erst selbt seine gelehrte Bildung abgeschlossen hatte, die Anstalt so rasch zur Blüte, dass die Wahl eines zweiten Lehrers notwendig wurde; Simon Lemnius wurde dazu ausersehen, der bündnerische Philologe und Dichter[1]), aus dem Münsterthal gebürtig und ein Vetter des Galicius. Er hatte in Wittenberg studiert und war mit Melanchthon befreundet. In Deutschland hatte er ein ziemlich unstätes Leben geführt und eine abscheuliche Schmähschrift gegen Luther[2]) geschrieben, kehrte aber jetzt als tüchtiger Gelehrter in die Heimat zurück.

Das gleiche Jahr 1537 ist für Bündens kirchliche Geschichte noch denkwürdig geworden durch die Abhaltung eines zweiten Religionsgesprächs, der Disputation zu Süss im Engadin. Es hatte eine eigentümliche Veranlassung. Die angesehene Familie Campell in Süss war seit langem bekannt durch ihre Anhänglichkeit an die Bestrebungen der Reformatoren, obschon sie damit ziemlich allein stand. Ein Sohn dieses Hauses, Ulrich Campell, widmete sich, bereits verheiratet, dem Studium der evangelischen Theologie auf auswärtigen Hochschulen. Während seiner Abwesenheit wurde ihm ein Kind geboren. Dasselbe war schwächlich, so dass man sein baldiges Ende besorgte; weit und breit wohnte kein evangelischer Geistlicher, die Familie aber wollte einen katholischen nicht in Anspruch nehmen, und so entschloss sich der Grossvater des Kindes, Kaspar Campell, es selber zu taufen, gestützt auf seinen Glauben an das allgemeine Priestertum und sein Recht als christlicher Laie. Der Vorgang wurde bekannt und erregte nicht wenig Aufsehen, so dass er zum Ausgangspunkt einer zweiten Reformations-Epoche in Bünden geworden ist. Stürmische Gemeindeversammlungen wurden deshalb im Thale abgehalten, welche Bestrafung des Frevlers verlangten, und die Sache kam auch bei den Abgeordneten des Gotteshausbundes zur Sprache. Diese gaben Auftrag, die Sache zu untersuchen, doch — wie es merkwürdigerweise ausdrücklich heisst — „nicht nach dem kanonischen Rechte, sondern nach der Bibel". Der beauftragte Dekan,

---

[1]) Ueber ihn: Placidus Plattner im Vorwort zur Ausgabe der Rhaeteis, Chur 1874.
[2]) Monachopornomachia, wahrscheinlich von 1538, mit Recht äusserst selten geworden.

selbst ein Eiferer für die katholische Kirche, glaubte aller Neigung zu Neuerungen am besten ein Ende zu machen durch ein öffentliches Religionsgespräch, und es fand dasselbe vom 27. Dezember 1537 an während sieben Tagen statt.

Wie der Ankläger, so hofften nicht minder auch die Evangelisch-Gesinnten, dass der Ausgang ein entscheidender sein würde. Galicius, der die Landessprache des Engadin redete und deshalb unentbehrlich schien, damals noch Pfarrer zu Malans, eilte mitten im Winter über die schneebedeckten Alpenpässe, um sich nach Süss zu begeben und auf dem Kampfplatz zu stellen, mit ihm Blasius von Chur, auch Laien in grosser Zahl, vor allem aber die Abgeordneten des Bundes. Das Gespräch beschränkte sich nicht auf die zunächst vorliegende Frage der Taufe; es wurden auch die übrigen Streitpunkte der Parteien berührt und so der Erörterung eine allgemeine Bedeutung gegeben, indem die Thesen der Disputation zu Ilanz von 1526 als Grundlage dienten.

Das Resultat war (4. Januar 1538) ein eigentliches Urteil von seiten der anwesenden weltlichen Richter; es lautete in betreff der Hauptfrage dahin: Neugeborne Kinder sollen gewöhnlich nur durch Geistliche getauft werden; in Notfällen könne dies aber auch durch einen Mann von gesetztem Alter geschehen, oder, sofern auch dies nicht möglich wäre, auch durch eine Frau. In Bezug auf die andern Punkte aber entschieden sie, es könne jeder glauben, was er vor Gott zu verantworten sich zutraue. Es war das eine ziemlich ausweichende Antwort, ein Verzicht auf gemeinsamen kirchlichen Boden, durch welchen aber doch der freien Predigt alle Wege geöffnet wurden und die Möglichkeit zu neuer Ausbreitung gegeben war. Ulrich Campell selbst, der Vater des damals getauften Kindes, hat als späterer Geschichtsschreiber seines Vaterlandes über das Gespräch berichtet: „Die Evangelischen wurden in ihrer Ueberzeugung gestärkt, Zögernde und Zweifelnde aufgeklärt und beruhigt und manche Gegner zum Nachdenken gebracht. Auf der andern Seite aber fehlte es auch nicht an solchen, die nur um so hartnäckiger an der alten Lehre festhielten und derselben den Sieg in Süss zuschrieben. Sie hatten sich geschmeichelt, die evangelisch gesinnten Geistlichen im Engadin samt ihrer Ketzerei gänzlich aus dem Thale vertreiben zu können, und nun traten dieselben viel freier und kräftiger auf und nahmen immer mehr und mehr zu.[1])

---

[1]) Campell, Quellen z. Schw.-Gesch., IX. p. 275. Das Gespräch selbst und dessen Veranlassung werden p. 224—275 erzählt.

Allerdings nahm die Predigt des Gottesworts jetzt einen neuen und energischen Aufschwung; derselbe fällt jedoch schon in den folgenden Teil unserer Darstellung. Von den rätischen Unterthanenländern Cleven, Veltlin und Worms ist ebenfalls erst später im Zusammenhange zu berichten.

5. Innerer Streit.

Das innere Erstarken, das bald nach der Kappeler Katastrophe in den reformierten Kirchen der Schweiz sich eingestellt hatte und eine glückliche und geordnete Entwicklung verhiess, indem es sogar zu neuem Zuwachs nach aussen und zur Erlangung eines gewissen Uebergewichts in der Eidgenossenschaft führte, wurde leider furchtbar gestört durch Uneinigkeit, durch persönliche und theologische Meinungsdifferenzen. Die Reformatoren selbst gingen in ihren Ansichten auseinander, ohne sich gegenseitig verstehen zu können, und in einem Augenblicke, wo volles einträchtiges Zusammenstehen allein imstande gewesen wäre, die Zukunft des Protestantismus sicher zu stellen gegen die alle Kraft zusammenfassende Gegenströmung, zeigte sich jetzt der traurigste Zwist, der, ein doppelter Schaden, die bisherigen Anhänger der Kirchenverbesserung entsetzlich erniedrigte, aber es auch möglich machte, dass neue Einbussen zu verzeichnen waren, weil je ein Teil der Protestanten zusah, wenn der andere angegriffen wurde.

Es ist der Sakramentsstreit, der dafür die Verantwortung tragen muss. Luther hatte seine Abendmahlslehre ausgesprochen im klaren Gegensatze gegen die Transsubstantiationslehre, indem er die Gegenwart Christi bei der Feier in geistigem Sinne fasste. Zwingli hatte seinerseits seine Auffassung kundgegeben, ohne im geringsten zu ahnen, dass er damit in Widerspruch zu Luther trete. Das tiefe Misstrauen gegen Karlstadt, dessen Abendmahlslehre Luther mit derjenigen Zwinglis als verwandt oder doch gleichwertig ansah, und der zufällige Umstand, dass dann Karlstadt bei den Schweizern eine Zuflucht gefunden hat, brachte den sächsischen Reformator, der hier ganz als reiner Gefühlsmensch empfand, dazu, sich in der heftigsten Weise gegen die Schweizer als vermeintliche „Schwarmgeister" zu stellen. Der unglückliche Ausgang des Marburger Gespräches im Oktober 1529 hatte Luther in der unklaren, aber nur um so unheilbareren Ueberzeugung befestigt, dass die Schweizer „einen andern Geist" haben als er, einen Geist, mit welchem er sich nicht vertragen könne. Es war eine böse Stunde, als Luther auf die Nachricht von dem Tode Zwinglis seine unfreundlichen, unchristlich richtenden, ja fast schadenfrohen Aeusserungen niederschrieb, die gerade in diesem Augenblicke schwer empfunden werden mussten da, wo man Zwingli besser kannte, wo man wusste, was man ihm verdanke. Nicht bloss Karlstadt wollte antworten, auch Leo Jud glaubte den Märtyrertod seines unvergesslichen Freundes gegen so üble Auslegung in Schutz nehmen zu sollen. Nur mit Mühe wurden sie zurückgehalten. Im Interesse des Friedens und der so notwendigen Eintracht bewog man Judae, seine Schrift nicht drucken zu lassen.[1]) Das hielt nun freilich Luther nicht ab, bei jedem Anlass den Gegensatz gegen die Anhänger Zwinglis hervorzuheben. Vielleicht redete und schrieb er um so gereizter, weil er sah, dass ein grosser Teil der Evangelischen seinen Abscheu gegen die Schweizer nicht teilte, so dass der milde Myconius von ihm sagen konnte: „Saevit immanissime, condemnat nos, tanquam Deus sit." Am schwersten wurde dieser verhängnisvolle Zwiespalt aber im südlichen Deutschland empfunden, vor allem in Strassburg, welches den Ausschluss vom Religionsfrieden als eine Gefahr für die eigene Sicherheit erkannte und in seiner isolierten Stellung durchaus darauf angewiesen war, dass die beiden Flügel der protestantischen Armee zusammen wirken. Dem Strassburger Prediger Martin Bucer fiel deshalb die Vermittlerrolle von selbst zu; sie war aber auch in seiner Persönlichkeit begründet, in seinem Charakter und in seiner eigenen Ansicht über das Sakrament, welche zwischen den Parteien in der Mitte stand, oder vielleicht besser: die Differenzpunkte für unerheblich ansah.

Allein seine Mahnung zur Nachgiebigkeit, 1532, hatte wenig Erfolg. Bereits hatte man sich daran gewöhnt, den Satz der „sola fides" so auszulegen, dass die Dogmatik als die Hauptsache erschien, das richtige Glaubensbekenntnis als „die Gerechtigkeit, die vor Gott gilt". Das Bestreben des Vermittlers, den Unterschied in den Formeln als gering darzustellen, erregte nur Misstrauen gegen seine Aufrichtigkeit. Auch Bullinger meinte, das geschmähte Andenken seines verstorbenen Freundes nicht so leicht preisgeben zu dürfen und nahm Anstoss an der Zumutung Bucers, sich den Worten Luthers anzuschliessen. Eine Einigung kam nicht zu stande, wenn man auch beiderseitig alle Polemik zu vermeiden versprach. Strassburg und Ulm sahen sich im Interesse ihrer

---

[1]) Darüber die beiden ältern Werke: Lud. Lavater, Hist. de origine et progressu controversiae sacramentariae, Tiguri 1563 (deutsch 1564), u. Rod. Hospinianus, Historia sacramentaria, Tiguri 1598—1602. 2 vols.

Existenz gezwungen, das Augsburger Bekenntnis zu unterschreiben, um die Garantie des Friedens zu geniessen.

Allein schon 1534 begann Luther von neuem den Streit. In einer Zuschrift an die Frankfurter liess er scharfe Worte gegen den Schweizer Reformator einfliessen, welcher nicht auf die klaren Aussagen der heil. Schrift, sondern auf eigene Einbildungen seine Glaubenslehre gründe und darum in die Zahl der Schwarmgeister gehöre. Bucer selbst sah sich jetzt zu einer Antwort veranlasst, um ein solches Missverständnis zu beseitigen. Wolfgang Musculus in Augsburg, Frecht in Ulm, Myconius aus Basel mischten sich in den Streit, um Zwinglis Meinung zu rechtfertigen, während Osiander, Amsdorf, Brenz im Sinne Luthers polterten, ihn wo möglich noch überbietend.

Bucer kam jetzt selbst in die Schweiz, um zum Frieden zu raten. Am 8. Mai 1534 fand in Bullingers Haus eine Konferenz statt, die zur Verständigung führen sollte. Bullinger liess sich bewegen, statt einer öffentlichen Verteidigungsschrift gegen Luther nur eine Erklärung an den Rat von Frankfurt zu erlassen, um die Angriffe auf Zwingli zurückzuweisen. Allein auch damit war wenig gewonnen. Luther warf in seiner Schrift „Ueber die Winkelmesse" wieder heftige Ausfälle gegen Zwinglis Abendmahlslehre hinaus, und nun wurde auch der Kampf schon allgemein; er verbreitete sich namentlich nach Württemberg, wo die beiden Reformatoren, Ambrosius Blaarer und Erhard Schnepf, seit 1534 mit der Einrichtung des Kirchenwesens vom Herzog beauftragt, sich nicht einigen konnten und den unglücklichen Zwiespalt auch in dieses neu dem Evangelium gewonnene Land hineintrugen, den Fortschritt dadurch unendlich erschwerend.

Der unermüdliche Bucer, überzeugt, dass doch nur Missverständnis vorliege, brachte zu Ende Dezember 1534 eine neue Zusammenkunft zu Konstanz zu stande, bei welcher ausser den reformierten Schweizerstädten auch Augsburg, Ulm, Memmingen, Kempten, Isny und Lindau vertreten waren; aber der Versuch blieb ohne Erfolg. Gleich darauf vermochte Bucer auch Melanchthon zu bewegen, dass er an einer Versammlung sich beteilige; sie trafen sich in Kassel. Melanchthon war völlig durchdrungen vom Glauben, wie an die Notwendigkeit, so an die Möglichkeit einer gemeinsamen Formel, welche ohne Zwang für die Gewissen den religiösen Bedürfnissen beider Teile Rechnung tragen könnte. Mit Melanchthon war es leicht, einig zu werden; aber was half das, so lange Luther nichts davon wissen wollte, so lange sein Protest dagegen erwartet werden musste, den man in Deutschland als höchste Instanz in Sachen des Glaubens ansah, und der sich auch wenig scheute, diese seine Autorität in Wirklichkeit geltend zu machen. Man war nicht weiter als vorher.

Und doch durfte das Ziel nicht aufgegeben werden. Wie früher Bucer, so kam jetzt, im Frühling 1535, Wolfgang Capito, der zweite Strassburger, nach Zürich, um alles aufzubieten, damit doch ja Luther nicht durch Widerspruch gereizt würde. Die Schweizer sollten noch einmal versprechen, keine polemische Schrift, auch keine Vertheidigung erscheinen zu lassen. Vor allem war jetzt nötig, zu verhindern, dass nicht in der Schweiz selbst Uneinigkeit entstehe, indem die einen mehr, die andern weniger nachgeben wollten, und diese jenen Charakterlosigkeit, jene diesen aber Starrköpfigkeit und Unverstand vorzuwerfen begannen. Megander aus Bern und Judae aus Zürich traten deshalb am 29. April 1535 zu Brugg zusammen, um unter sich gemeinsames Handeln zu besprechen. Es war dies seit Zwinglis Tode der erste, durch die Abwehr nach aussen veranlasste Versuch zu einer nähern Verbindung der schweizerischen reformierten Kirchen, welche hier über ihre kantonalen Grenzen hinausgingen.

Im Dezember des gleichen Jahres wurde derselbe wiederholt in Aarau, wo nun die Züricher Bullinger, Judae und Pellikan mit den Baslern Myconius und Simon Grynaeus sich persönlich und sachlich näher traten. Es wurde eine Formel über die Abendmahlslehre abgefasst, welche beiden Städten als der richtige Ausdruck ihres Glaubens erschien und doch Luther, wie man hoffte, keinen Anstoss geben sollte. Allein diesmal war Bern nicht vertreten; die Berner Geistlichen verweigerten die Annahme der Formel, weil die Furcht vor Luther dieselbe viel zu sichtlich beherrsche. Anders als ihre Theologen dachte freilich die Regierung; sie wünschte aus Rücksicht auf die Weltlage und die gefährdete Stellung des Protestantismus dringend eine Einigung und sah in den Worten „essentialiter" oder „substantialiter" kein unbedingtes Hindernis. So fand denn schon im Anfang des folgenden Jahres, Januar 1536, eine neue Zusammenkunft statt, diesmal in Basel, und jetzt waren Abgeordnete anwesend von Zürich, Bern, Basel, Schaffhausen, St. Gallen, Biel, Mülhausen, und auch von Strassburg. Am 30. Januar — gerade in den Tagen, da die Berner Truppen Genf befreiten — wurde im Basler Augustinerkloster eine Formel gefunden, welche dem Zwecke zu entsprechen schien und allgemein befriedigte. Das Abendmahl war in der aufgesetzten Erklärung als eine „coena mystica" bezeichnet, nicht als bloss natürliches Mahl. Brot und Wein sind Sinnbilder, nicht zur Nahrung des Leibes, sondern zum ewigen Leben nährend. Es ist dies die 2. Basler oder 1. Helvetische Konfession.¹) Die Schrift „*fidei confessio ecclesiarum Helveticarum, anno 1536 Basileae composita*" wurde nicht sofort gedruckt; man wollte zuvor der allseitigen Zustimmung sicher sein. Erst am 22. März fand die Unterzeichnung statt. Die Bitte, welche die Konstanzer und Strassburger bei einer neuen Konferenz in Basel, 27. März, aussprachen, dass auch die reformierten Eidgenossen sich dem Augsburger Bekenntnis anschliessen möchten, konnte nicht mehr berücksichtigt werden.²)

Der vornehmste Gesichtspunkt der Konfession war der, Luther zur Einsicht zu bringen, dass auch die Reformierten gute Christen seien und nicht Wiedertäufer oder sonst Schismatiker, so dass es ihm möglich sein solle, ohne Gewissensbedenken mit ihnen zusammenzustehen. Bucer hatte, nimmer ruhend, Luther jetzt wirklich bewogen, dass er zu einer Besprechung einwilligte. Die Stadt Eisenach wurde ausersehen und alle Vorbereitungen dazu getroffen. Luther erwartete Bullinger und Vadian dabei zu sehen, welche beide sich zur Reise anheischig machten; allein die Schweizer Städte lehnten es schliesslich ab, eine Abordnung zu senden; man gab Bucer, der sich umsonst darum mühte, statt der Theologen nur die Bekenntnisschrift mit. Dagegen beteiligten sich die süddeutschen Städte, die sich zu Zwinglis Lehre neigten und die Einigung am dringendsten wünschten. Sie sandten ihre Gelehrten auf den Weg nach Sachsen. Aus Augsburg kam Wolfgang Musculus, durch dessen Bericht wir von dem Gang der Verhandlungen sehr genau unterrichtet sind.³) Die Reisenden waren bereits in Eisenach, als sie die Meldung erhielten, Luther könne nicht dorthin kommen, sie möchten sich zu ihm nach Wittenberg verfügen. Sie fanden für gut, auch diesen Schritt zu thun, und so kam denn vom 22. bis 27. Mai in einer Reihe von Sitzungen die als Resultat von Bucer und Melanchthon abgefasste **Wittenberger Konkordie** zu stande, zu welcher Luther nach einigem Zögern

---

¹) Hagenbach, Kritische Geschichte der 1. Basler Konfession u. der auf sie begründeten Kirchenlehren. Basel 1827. – Vergl. auch E. A., IV, 1 d, 618—625, wo die Reden von Bucer u. Capito u. auch der Text des Bekenntnisses abgedruckt sind. Eine französische Uebersetzung gibt Ruchat, IV, 61—77.
²) E. A., IV, 1c, 639.
³) W. Musculus Dusanus, Diarium itineris, Mss., Cod. A 74 der Berner Stadtbibliothek. Abgedruckt bei Kolde, Analecta Lutherana, wo auch eine Anzahl anderer Nachrichten und Dokumente; s. Streuber, W. M., im Berner Taschenb. 1860.

seine Zustimmung gab; mit Zögern, denn dass die Zwinglianer einverstanden seien, wie Bucer ihm versicherte, das war genug, ihm die Formel als höchst verdächtig erscheinen zu lassen. Die Unterschrift wurde ihm von Bucer abgedrungen, und doch war dieser schon bedeutend über den Sinn des schweizerischen Bekenntnisses hinausgegangen. Wurde doch hier gesagt, dass der Leib Christi im Abendmahl „vere et substantialiter" gegenwärtig sei, und zwar so buchstäblich genommen, dass auch die Unwürdiggeniessenden dennoch den Leib Christi empfangen.

Glücklich, durch so weitgehende Nachgiebigkeit das grosse Werk vollbracht zu haben, reiste Bucer zurück und brachte die Konkordienschrift nach Basel. Myconius und Grynaeus brachten sie nach Zürich und nach Bern (am 12. August), und nun bot sich die grosse Frage, ob man die Formel auch hier annehmen werde. Es war dies nichts weniger als selbstverständlich, so wünschenswert es auch erscheinen mochte. Ueber dogmatische Schwierigkeiten ging man nicht so leicht weg, wie im 19. Jahrhundert. Es gab viel Reisens, viel Redens, viel Schreibens.[1]) Grynaeus und Karlstadt — der sich noch in Basel befand — hatten sich selbst nach Strassburg begeben (Ende Juli), um darüber zu verhandeln. Bucer konnte sie nach acht Tagen zur Annahme bewegen. Anders in Zürich und in Bern. In Bern musste Myconius selbst, als er das Bekenntnis empfahl, offen zugestehen, „die Wahrheit werde hier mit seltsamen Worten gelehrt". Man wollte sich nicht zur Unterzeichnung entschliessen, wenigstens nicht ohne die andern Gesinnungsgenossen. Es fand deshalb am 25. September eine dritte Konferenz in Basel statt[2]), bei welcher Bullinger, Megander, Vadian, Myconius, Grynaeus, Karlstadt, Capito, Bucer und Zwick — letzterer im Namen von Konstanz — anwesend waren. Sie blieb ohne Entscheid, da man Annahme und Ablehnung für gleicherweise bedenklich ansah. Nur ein langes Antwortschreiben an Luther wurde abgefasst, aber auch dieses nicht abgeschickt.[3])

---

[1]) E. A., 743—745, sind einige bezügl. Aktenstücke abgedruckt: Zürich an Bern vom 15. Aug. — Erklärung der Diener zu Bern vom 17. Aug. — St. Gallen an Zürich vom 21. Aug. — Konstanz an Zürich vom 21. Aug. — Bern an Zürich vom 23. Aug. — Zürich an Schaffhausen vom 24. Aug. — Schaffhausen an Zürich vom 25. Aug. — Basel an Zürich vom 28. Aug. Alle diese Akten nur allein aus dem Züricher Staatsarchiv.

[2]) E. A., IV, 1 d, 764.

[3]) Ein Entwurf, von der Hand Bucers geschrieben, ist im Berner Staatsarchiv vorhanden. Vergl. Stettlers Annalen, II, 95—102, u. Acta Concordiae. im St.-A. Bern.

Bern namentlich wollte nichts thun, ohne das Land anzufragen. Es wurde deshalb am 19. Oktober 1536 eine allgemeine Synode zusammenberufen. Auch Calvin wurde veranlasst, von Genf her zu kommen, da man ihn kurz zuvor in Lausanne kennen gelernt hatte und jetzt seinen Rat zu hören begehrte. Die Versammlung verlangte Aenderungen in den Artikeln der Konkordie, da sie in der vorliegenden Fassung unannehmbar sei; 296 Geistliche waren beieinander, aber die Stimmung zeigte sich so wenig günstig, so entschieden für die streng Zwinglische Weise, dass sich sogar ein ziemlich deutlicher Unwille gegen Bucer wandte, den man der Zweideutigkeit beschuldigte: er habe um des angeblichen Friedens willen die Wahrheit und seine eigene Ueberzeugung verleugnet und von den reformierten Schweizern Dinge behauptet, an welche er selber nicht glaube.

Zürich folgte dem Beispiel von Bern; am 24. Oktober wurde auch dort die gesamte Geistlichkeit angefragt, und die Antwort lautete nicht weniger verwerfend. Man veranstaltete deshalb am 12. November in Basel eine neue Besprechung, — die vierte — und hier wurde nun von den sieben vertretenen reformierten Städten eine neue Erklärung vereinbart, welche Luther eingesendet werden sollte.[1])

Doch auch das ging nicht so leicht vor sich. In einem Schreiben an Zürich meldeten die Räte von Bern noch am 30. November, sie haben die Erklärung an Luther wegen der Concordia mit ihren Geistlichen „erduret" und mit den Disputationsthesen „gleichförmig" gefunden; sie seien also einverstanden, „doch mit dem geding", dass dieselbe nicht an Luther gesendet werde, der „nützit bisher mit uns, noch wir mit ihm gehandelt", sondern an Capito und Bucer, welche sie dann an Luther mitteilen mögen. Ist Luther damit nicht zufrieden, so wollen sie, die Berner, die Erklärung durch den Druck verbreiten, um sich vor aller Welt zu rechtfertigen, „und uns damit der warheit und unschuld, wider alle gedicht, klügden, argwon und verdacht zu entschuldigen.[2]) Die Basler baten die Berner (2. Dezember), von der Bedingung abzustehen; die andern Städte hatten alle für die freundlichere Form einer direkten Einsendung an Luther gestimmt; allein die Berner wollten nicht nachgeben. Der Grund ist offenbar: Man weigerte sich, Luther als protestantischen Papst anzuerkennen,

---

[1]) E. A., IV, 1d, 784.
[2]) Auf der Originalnotiz ist die Bemerkung am Rande beigefügt: „Hat gar nüt bschossen" (genützt). Vergl. E. A., IV, 1d, S. 786, vom 25. Nov. 1537.

als höchste Autorität in Glaubenssachen, welche angefragt werden müsse, was man glauben dürfe oder nicht. Seine Zustimmung konnte man nicht entbehren, weil in Deutschland allerdings der Wittenberger Reformator thatsächlich diese Stellung einnahm, auf eine kirchliche Verbindung und Verbrüderung somit nicht gerechnet werden konnte, so lange Luthers Stimme fehlte; allein durch direkten und amtlichen Verkehr mit ihm auch formell ihm diese Autorität einzuräumen, dazu mochte man sich nicht verstehen. Deshalb wurde jener Ausweg gewählt, zu dem dann auch die andern sich bequemen mussten und der vielleicht auch Bucer selbst nicht unlieb war, weil er dadurch Gelegenheit erhielt, den Eindruck des Schreibens durch seine Auslegung wieder zu mildern.[1])

So ging denn endlich die Erklärung im Namen der sieben Städte ab, welche Luther der vollsten Hochachtung der schweizerischen Reformierten und der Uebereinstimmung im Glauben versicherte, aber dabei die Differenzpunkte hervorhob und die Gründe klarlegte, welche die einfache Zustimmung zu dem Wortlaute der Wittenberger Konkordie und die Unterschrift zu derselben ihnen gewissenshalber unmöglich machen. Zu Schmalkalden hat Bucer das Aktenstück an Luther übergeben.

Der Streit ruhte nun scheinbar einige Zeit, d. h. es wurden keine Streitschriften gewechselt und keine weitern Verhandlungen gepflogen, weil man Luthers Antwort abwarten musste; aber eben diese Antwort blieb so lange aus, dass man in der Schweiz anfing, ernstlich ungeduldig zu werden und Luthers Schweigen als unfreundliche Rücksichtslosigkeit bitter zu empfinden. Die Stimmung wurde deshalb, trotz eifrigen Zuredens der Basler[2]), durch die Zeit keineswegs gemildert, wie dies sonst hätte angenommen werden dürfen; man begann vielmehr, sich an den Gedanken eines faktischen kirchlichen Bruches zu gewöhnen. In diesem Sinne schrieben nach fast einem Jahre, am 28. November 1537, die Zürcher Kirchendiener nach Bern: *„Dahin reicht all unser fürnemen, das wir nit getrennt und von andern geschupft werdind. Wir haben ein mal die warheit bekant, nun ist es an dem, das wir styf daby blibind und wartind, ob uns jemand wölle unser Confession widerlegen und eines besseren berichten. Wir söllend wir billich mit allen denen zufrieden sein, die mit uns zufrieden sind und uns um unser Confession (willen) nit verschupfind."*[3])

[1] Verhandl. d. Konf. zu Basel vom 11. Nov. E. A., IV, 1 d, 784—787.
[2] Schreiben von Bürgermeister Ad. Meyer vom 28. Mai 1537 im St.-A. Bern (Kirchl. Angel., 1534—39).
[3] St.-A. Bern (Kirchl. Angelegenheiten, 1534—39).

Erst am 1. Dezember 1537 langte endlich Luthers Erwiderung ein. Allein nun war sie erst nicht so gehalten, dass der ungünstige Eindruck des langen Wartens verwischt worden wäre. Sie wurde zwar mit einer Entschuldigung eingeleitet für die Zögerung, und an Versicherungen guten Willens fehlte es nicht, aber es war ein Ton von tief eingewurzeltem Misstrauen und zugleich von Selbstgefühl darin, der den Schweizern unmöglich behagen und der Absicht nicht förderlich sein konnte: „*Nun, heisst es da, ist's wol war und kann ouch nit anderst sin, dass solche grosse zweitracht nit kann so licht und bald wider ganz on ritz und narben geheilet werden, dan es werden bi üch und uns etliche sin, welchen solche Concordia nit gefellig, sondern verdächtig sin wird. Aber so wir zu beden teilen, d-e wir es mit ernst meinen, rest und flissig anhalten, wird der liebe Gott und vatter wol sin gnad geben, dass es sich bi den andern mit der zit ouch zu tod blute und das trübe wasser sich widerum setz. Ist derhalben mine fründtliche bitt,* (dass) *Euer lieb darzu tun und mit ernst zu verschaffen, dass die schreier, so wider uns und die Concordi bolderen, sich ires schreiens enthalten und das volk einfältiglich leren, darneben dise sach der Concordi las en anbefolen sein denen, die darzu berüft und tüchtig sind. dieselben nit hindern; glich wie wir allhie beides in schriften und predigen uns ganz stil halten und mässigen, wider die Euern zu schreien, damit ouch wir die ursach nit syen, die Concordi zu hindern, welche wir zwar von herzen und gern sehen, das weiss Gott! Es ist des fechtens und schreiens bis daher gnug gewesen, wo es hätt sollen etwas usrichten.*" Dass Luther selbst es war, der es mit „poldern und schreien" am schlimmsten getrieben, das wusste man nur allzu gut. Wenig würdig sah es aber namentlich aus, wenn Luther geradezu das Misstrauen Anderer schien vorschieben zu wollen: „*Und ob ich schon an vielen reden, die man Eures theils gebrauchen mag, zufriden sein wollte — wie ich dan mehr zu gut haben kann, denn etlich Andere, ja ich kann mer gedulden denn noch viele, wie Ihr wisset — so hab ich doch die Andern nit in miner hand, die ouch grosse kirchen haben.*"[1]

Die Strassburger sandten Luthers Schreiben nach Basel mit einem eigenen Begleitbrief, der dann, sicher absichtlich, von hier im Original auch nach Bern mitgeschickt wurde. Dringend baten sie darin, Luthers Worte gut aufzunehmen und sich zur Einigkeit

---

[1] De Wette, Auserlesene Briefe Luthers, Bd. V, 83. Auch abgedruckt bei Hottinger, III, 709. — Stettlers Annalen, II, 102.

zu halten. Die Basler standen ganz auf ihrer Seite und schrieben immer wiederum, zur Annahme ratend.[1])

Erst im Frühling 1538 sollte endlich ein Entscheid gefasst werden. Nach Zürich wurde eine geistliche Tagsatzung angeordnet, zu welcher sich am 28. April neuerdings die Deputierten der beteiligten Städte, Bucer und Capito wieder mit ihnen, über das weitere Verhalten besprechen sollten. Mehr als jemals war die allgemeine Lage so, dass besonders die Staatsmänner zu einer Vereinbarung drängten, damit man nicht wehrlos dem Ansturm der Gegner preisgegeben sei. Allein die Theologen hatten einen andern Standpunkt; ihnen war nun einmal kein äusseres Zusammenstehen denkbar ohne völlige dogmatische Einheit, und unerlaubt schien es ihnen, von gemeinsamen Interessen zu reden und sich Hülfe zu leisten, wo die Bekenntnisformel nicht die nämliche ist. Bern und Basel waren für teilweise Annahme der Konkordie, Zürich und Biel sprachen sich dagegen aus. Die beiden Strassburger Prediger verwahrten sich gegen den Vorwurf, als ob sie darauf ausgehen, „Christus und Belial zu vereinen". In der gleichen Versammlung brachte Bern auch die Entlassung Calvins und Farels aus Genf und die missliche Lage der dortigen Kirche zur Sprache; dazu wurde die Frage nach der Beschickung des angekündigten allgemeinen Konzils erörtert.

Fünf Tage lang wurde beraten; endlich, am 4. Mai, kam ein Schreiben zu stande im Namen aller reformierten Schweizer, welches nun, so weit als möglich in der Nachgiebigkeit gehend, eine kirchliche Union und damit auch ein staatliches Bündnis aller Protestanten schien begründen zu können.[2]) Luther selbst schrieb am 27. Juni, wie sehr er sich freue, dass seine Antwort gefallen habe: *„Mir kein zwifel ist, das bi Üch ein seer from völklin ist, das mit ernst gern wolt tun und recht faren woll; darum ich nit geringe fröid und hofnung hab zu Gott"* — Hoffnung, dass ihr euch noch weiter zu meiner Ansicht bekehren werdet, so musste man es verstehen; das war der Hintergedanke, den Luther nicht los werden konnte, und den man deshalb auch durch alles hindurch empfand. Vom 3. Juli ist ein Schreiben des Kurfürsten Johann Friedrich von Sachsen, der ebenfalls zur Annahme der Konkordie mahnte. Die süddeutschen Städte schickten sich an,

---

[1]) Schreiben vom 22. Jan. und vom 6. März 1538. Bern. St.-A., (Kirchl. Angel. Zettel Nr. 72). Vergl. die bez. Verhandl. bei Anlass eines Tages zu Baden am 3. Febr. 1538, E. A., IV, 1 d, 933, 34.

[2]) E. A., IV, 1 d, 957, 958. — Stettlers Annal., II, 107.

aus der unglücklichen Lage, von beiden Seiten, von Luther und von
der Schweiz, abgestossen zu sein, in die schöne Stellung natürlicher
Mittelglieder zu treten und sich mit beiden Teilen zu einigen.
Luther und Bullinger wechselten jetzt einige freundschaftliche
Briefe, und die Zukunft einer grossen, durch ihren Umfang nicht
allein vor der Feindschaft der römischen Hierarchie, sondern
namentlich auch vor der Enge der kleinen Staatskirchen geschützten
protestantischen Gemeinkirche deutscher Nation schien gesichert
zu sein. Bei aller Bewunderung für den deutschen Reformator
und seine religiöse Genialität muss es doch ausgesprochen werden,
dass es Luther war, dessen Temperament den Frieden nicht zu
bewahren vermochte. Er scheint anfangs die Erklärung der
Schweizer gut aufgenommen und sich aufrichtig erfreut darüber
geäussert zu haben; aber das aus instinktiven Gefühlen hervorgehende, nicht aus Gründen entstandene und deshalb mit Gründen
nicht zu besiegende Vorurteil, verbunden mit dem unstreitig stark
entwickelten Autoritätsbewusstsein, brach in kurzem wieder in
derben Schmähungen über die Anhänger Zwinglis hervor, die sich
— wie er nun einmal meinte — dem Worte der Schrift nicht unterwerfen wollen.[1])

Schon 1539 hatte man in Zürich Mühe, die Empfindlichkeit
zu unterdrücken über Aeusserungen dieser Art; besonders aber
fühlte man sich reformierterseits verletzt, als verlautete, dass auch
Bucer, um dem hoch herunterfahrenden Luther zu gefallen, mit
eingestimmt habe in die allgemein gehaltenen Verdammungsurteile
über die eigensinnigen Leute, die sich der höhern und in Auslegung der hl. Schrift allein kompetenten Einsicht Luthers nicht
fügten.

So entschloss man sich denn zum Verzicht auf eine Einigung
und begnügte sich damit, das eigene Bekenntnis zu behalten, nach
dem Rat der Züricher, die (am 28. September 1538) ihre oben
schon erwähnte Ansicht wiederholten, es sei am besten: „es jetzt

---

[1] Eine handschriftliche Darstellung des Handels, von Bullinger selbst,
besitzt die Züricher Stadtbibliothek: Acta aller Handlungen, so auf Tagen zu
Basel, Aarau und Zürich in der Religion und Concordi mit dem Luther verhandelt sind. Confessio, declaratio und summarischer begriff, 1538. Zu den
zwei oben schon erwähnten Werken nennen wir hier noch: Heidesheim, Cyr.
Acta concordiae, das ist, was sich in dem Traktat und Handel von der concordi zwischen Hrn. Luthero und den evangelischen Städten der Schweiz ver-
loffen. Heidelberg 1572, 4°. — Löscher, Val. Ernst, Ausführliche Historia
motuum zwischen den Evang. Lutherischen und Reformirten. Frankfurt 1723,
letztere als Widerlegung von Lavaters obgenannter Schrift.

zu lassen, wie es ist". Allein auch das war nicht mehr möglich. Die einmal bestehende Kluft wurde noch erweitert, die Stimmung noch verbittert durch eine Schrift Luthers vom Jahre 1543, welche gegen Leo Jud, den treuen Helfer Zwinglis, gerichtet war[1]; und diesmal wollten auch die Züricher nicht mehr schweigen. Selbst Calvin, den man darüber beriet, war der Ansicht, dass es ihre Pflicht sei, den Angriff nicht ohne Abwehr zu lassen. Eine solche erfolgte zwar erst 1545 in deutscher und lateinischer Sprache.[2] Damit wurde freilich auch nichts Gutes gewirkt.

Als nun aber Luther 1546 aus dem Leben geschieden, als der kurz hernach ausgebrochene schmalkaldische Krieg das Bedürfnis nach gemeinsamem Wirken und Handeln wieder lauter und handgreiflicher predigte, als alles, was vorhergegangen, da wachte der Wunsch wieder auf, den dogmatischen Boden zu finden, auf dem man sich die Hände reichen könnte, und mit ihm die Hoffnung, dass es jetzt gelingen möchte. Unterdessen war ja nun Calvin mit einer Abendmahlslehre hervorgetreten, welche weder mit derjenigen Luthers, noch mit der Zwinglischen ganz übereinstimmend, von selbst eine Art von Vermittlungsstandpunkt darstellte und als Grundlage zu neuen Versuchen schien dienen zu können. Calvin selbst machte diesen Versuch, und zwar aus besonderer Veranlassung. Grausam hatte Franz I. von Frankreich die Bekenner des protestantischen Glaubens seit 1545 verfolgt, während er zu gleicher Zeit die Protestanten des deutschen Reiches als Feinde Karls V. seiner Freundschaft versicherte, um sie gegen diesen seinen Nebenbuhler zu gebrauchen. Er berief sich ausdrücklich darauf, dass hier und dort der Glaube nicht der nämliche sei, dass er in Frankreich nur Schwärmer und Rebellen ausrotte. Wollte Calvin, dass die deutschen Anhänger des augsburgischen Bekenntnisses ihm eintreten helfen zu Gunsten der in Frankreich Verfolgten, so musste die Einheit des Glaubens hergestellt und öffentlich dargethan sein. Daher seine Bemühung, die abgebrochenen Verhandlungen wieder aufzunehmen.

Zuerst wünschte er sich mit den Zürichern zu verständigen. Er begab sich im Juli 1549 zu Bullinger, und aus der Besprechung mit ihm ging dann am 1. August eine Art von Bekenntnisschrift der reformierten Kirchen der Schweiz hervor, welche zwar nie eigentlich symbolisches Ansehen erlangt hat, aber doch in der

---

[1] Hottinger, III, 758. Abgedruckt im Schweiz. Museum, 706.
[2] Warhafte Bekanntnuss der dieneren der kilchen Zürich, was si uss Gotteswort gloubind und leerind, mit antwort uf das schelten Lutheri. Zürich 1545.

Geschichte der reformierten Dogmatik und der schweizerischen Kirchen eine wichtige Stellung einnimmt; es ist dies der sogenannte „Consensus Tigurinus". Diese Schrift spricht sich in der Hauptfrage noch sehr scharf gegen Luthers Auffassung aus, denn Calvin war kein Bucer, der um des Zweckes willen die Wahrheit verhüllte. Die geistige Gegenwart Christi im Sakrament kräftig betonend, lehnte die Formel alles Abergläubische und an die Verwandlungslehre Erinnernde rein und unzweideutig ab durch den Satz: „perversa et impia superstitio est, ipsum Christum sub elementis includere".[1]

Der Hauptzweck, den Calvin dabei im Auge hatte, wurde nicht erreicht, die Kirchentrennung nicht beseitigt; dagegen führte der Consensus Tigurinus wieder einen nähern Zusammenschluss der schweizerischen Kirchen unter sich herbei. Zwar nahmen es anfangs die Basler übel auf, dass man ein neues Bekenntnis abfasse, statt bei ihrer (2.) Basler Konfession zu bleiben, und ebenso wollten zuerst die Berner nichts von dem Consensus wissen, weil sie überhaupt allen dogmatischen Formulierungen misstrauten, die erfahrungsgemäss, statt zu versöhnen, stets nur Hader und Verbitterung stiften.[2] Erst später erklärten, auf eine neue Einladung, sämtliche reformierte Schweizerstädte, Basel, Bern, St. Gallen, Schaffhausen, Biel, Mülhausen, und mit ihnen auch die Grafschaft Neuenburg und die reformierten Gemeinden in den drei Bünden, ihre Zustimmung zu dem, was Genf und Zürich unter sich abgemacht hatten. Als „Consensio mutua de re sacramentaria ministrorum Tigurinae ecclesiae et domini Joannis Calvini, ministri genevensis ecclesiae" wurde die Schrift 1551 in Zürich lateinisch und gleichzeitig in einer von Bullinger besorgten deutschen Uebersetzung gedruckt.[3]

Damit war freilich die Gründung einer reformierten Kirche, im Unterschiede von der lutherischen, erst recht anerkannt und gewissermassen proklamiert, so dass auf jede fernere Einigung Verzicht geleistet werden musste. Aber auch so konnten die Dinge nicht bleiben. Der Streit brach schon im Jahre 1549 und gerade aus Anlass des Züricher Verständnisses von neuem los. Der Ultra-Lutheraner Westphal fiel in einer Schrift wütend über die Abmachung her und erneuerte damit über Christi Liebes- und

---

[1] Text in Niemeyer, Collectio confessionum ecclesiae ref., p. 218—310.
[2] Hundeshagen, die Konflikte, S. 251/252.
[3] Vergl. Schweizer, Prot. C. D., I, 231. Eine französische Uebersetzung gibt Ruchat, V, 370.

Gemeinschaftsmahl den leidigen Zwist, „welcher", so sagt der biedere Hottinger in seiner Helvetischen Kirchengeschichte, *dem Teufel grosse Freud, den Frommen herzliche Traurigkeit, den Schwachen schweres Aergernis, den streitenden Parteien anstatt Erbauung ungeheure Verbitterung verursachet.* [1]
Der polemische Schriftenwechsel war damit wieder eröffnet, ohne dass irgend ein anderes Resultat, als das oben angedeutete, dabei herausgekommen wäre.[2] Die Anknüpfungsversuche, die von Beza und Farel ausgingen, wurden diesen in der übrigen Schweiz sogar ernstlich verdacht.[3] Eine neue Wendung erfuhr der Streit erst wieder 1562, als Joh. Brenz durch die Lehre von der Ubiquität die Argumente der Reformierten betreffend die Person Christi meinte widerlegen zu können. Er hat damit, nach dem Urteil des Ambrosius Blaarer, eine unselige Rolle gespielt, und die persönliche Entzweiung zwischen Hieronymus Zanchi und Joh. Marbach in Strassburg[4] machte die Kluft, wenn nicht grösser, so doch unheilbarer.

Der Sakramentsstreit im Innern.

Der Streit um die richtige Auffassung der Bedeutung des heil. Abendmahles war für die Schweiz um so bedenklicher, weil auch in ihrer Mitte selbst keine volle Einigkeit herrschte und die Frage in mancherlei persönliche Reibereien und Parteidifferenzen hineinspielte.

Teilweise wurde die Kirche von Basel dadurch heftig erregt, die ja ohnehin vermöge ihrer natürlichen Mittelstellung zwischen Strassburg und den Schweizerstädten mehr als andere in der Lage war, sich mit der Angelegenheit zu beschäftigen, und die, sowohl durch ihren Reformator Oecolampad, wie nachher durch Myconius geleitet, sich nicht ausschliesslich von Zwingli abhängig fühlte. Als Myconius am 15. Oktober 1552 starb, wünschte man Ambrosius Blaarer, damals Pfarrer in Biel, nach Basel zu ziehen; als dieser ablehnte, folgte der Berner Simon Sulzer als Antistes nach, der nun Basel noch entschiedener in eine lutherische Strömung leitete.

[1] Hottinger, III, 786.
[2] Vergl. Bullingers: Apologetica expositio qua ostenditur, Tigurinae ecclesiae ministros nullum sequi dogma haereticum in coena Domini. Tiguri 1556. 1°.
[3] Hundeshagen, a. a. O., II, 35.
[4] Schweizer, C. Dog., I, 125—135.

Diese Gründe treffen in Bern nicht zu, und doch ist es neben Basel ganz vorzüglich Bern, welches durch die zur Parteifrage gewordene Abendmahlslehre in gefahrdrohendem Grade im Innern beunruhigt wurde. Es gab in Bern eine Partei, welche Luther über Zwingli stellte und dies in einer Weise betonte, dass heftige Fehden daraus entstanden und der Bestand der Berner Kirche bedenkliche Erschütterungen erlitt. B. Fr. Hundeshagen hat diesem innern Zwist eine ausgezeichnete Monographie gewidmet, welche, auf gründliche archivalische Forschungen und zahllose Briefurkunden gestützt, den Gang der Dinge bis in alle Einzelheiten klar gelegt hat.[1]) Er beginnt mit einer allgemeinen Bemerkung, die wir hier nicht unterdrücken dürfen, obwohl wir im übrigen eben um der Vollständigkeit jener Arbeit willen kurz über den Verlauf hinweggehen können. „Nirgends, sagt er, war im Grunde mehr Sprödigkeit gegen die Forderungen der Schule, d. h. die scholastisch-systematische Dogmatik, vorhanden, als in Bern. Merkwürdigerweise aber sollte keinem Staat weniger das Ringen mit allen Gegensätzen derselben erspart werden, als gerade Bern." — Wir dürfen vielleicht begründend beifügen, dass gerade weil die Politiker in Bern sich die rein dogmatischen Fragen vom Leibe zu halten versuchten, sie in einer Zeit, die eben doch diesen Fragen eine einzigartige Wichtigkeit beimass, nur um so mehr abhängig sein mussten von den Theologen ihres Vertrauens und allen ihren kleinen Leidenschaften. Und klein waren ja auch die Theologen selbst. B. Haller war kein Gelehrter und überliess die Lösung schwieriger Probleme lieber andern. An den Verhandlungen betreffend das Marburger Gespräch hat Bern nur sehr indirekt Anteil genommen, und beinahe ebenso fremd stand es anfangs der Konkordienfrage gegenüber. Im März 1535 zwar wollte sich Haller mit Bullinger in Zürich besprechen, als der Zank mit Luther ungemütlich zu werden begann; allein die Zusammenkunft unterblieb und der Berner Reformator empfand persönlich wenig Interesse dafür; er hatte sein Lebenswerk, die Kirchenreinigung von Bern, zu stande gebracht und wurde frühe alt und lebenssatt. Zudem kannte er die Stimmung in Bern, die jeder verbindlichen Erklärung über den Glauben gern auswich, die Disputationsthesen und die Artikel des grossen Synodus für genügend ansah und namentlich nicht geneigt war, Luther zu grosse Nachgiebigkeit zu beweisen. Bei der Konferenz in Basel, im Jahre 1536, bei der Redaktion der ersten helvetischen Konfession, war Bern nicht durch Haller, sondern

---

[1]) Trechsels Beiträge zur Kirchengeschichte der Schweiz. Bern 1841–42.

durch Kaspar Megander vertreten, welcher als Züricher und als „Zwinglis Affe", wie seine Gegner ihn spöttisch nannten, Luthers Lehre scharf von sich wies. Es mag wohl seinem Einfluss zuzuschreiben sein, dass in Bern Geistliche und Weltliche wenig Freude hatten an der Vermittlungswut Bucers, der doch vor allem uns Luther befriedigen wollte.

Allein die Lage änderte sich. Am 11. November 1535 starb Franz Kolb, der in der einfach praktischen Art der ältern Kämpfer für das Evangelium so wenig als Haller die dogmatischen Spitzfindigkeiten liebte. Am 25. Februar 1536, kurz nach dem siegreichen Zuge der Berner nach Genf, folgte ihm, erst 44 Jahre alt, Haller selbst, und beide, bis dahin ausschliesslich Ratgeber der Obrigkeit in allen kirchlichen Fragen, mussten jetzt ersetzt werden. An des erstern Stelle trat Peter Kunz, der Simmenthaler Landmann, der als Pfarrer zu Erlenbach weit herum ein grosses Ansehen genoss, einer der wenigen eingebornen Landreformatoren. Das Vorleben von Kunz ist nicht bekannt, doch nimmt man an, dass er vielleicht in Wittenberg Luther selbst gehört habe. Jedenfalls fühlte er unbegrenzte Hochachtung und Bewunderung für ihn, so sehr, dass er sich in allen Dingen an dessen Auffassung hielt; er galt als ein unbedingter Lutheraner.

Neben ihm wurde an Hallers Stelle ein Mann gerufen, welcher in Bern wohlbekannt war, der gewesene Lesemeister des Barfüsserklosters, Dr. Sebastian Meyer, welcher einst gleichzeitig mit seinem katholischen Gegner um des Friedens willen aus Bern vertrieben worden war, aber bei den Freunden der neuen Lehre ein gutes Andenken hinterlassen hatte. Meyer gehörte — geboren 1467 — ebenfalls einer ältern Generation an, welche, von grimmiger Empörung gegen die Ausartungen der päpstlichen Kirche erfüllt, gegen Bilderdienst und Ablasskram mit heiligem Eifer, mit Aufopferung ihrer ganzen Lebenskraft aufgetreten war, aber in der eigentlich religiösen Denkungsart noch den alten Standpunkt teilte. Der fromme Franziskaner-Mönch war von der Adoration des Allerheiligsten tief durchdrungen und wollte deshalb, gerade wie Luther, die Empfindung der unmittelbarsten, sinnlichen Gottesgegenwart im Sakramente sich nicht nehmen lassen. So war auch er ein streng überzeugter Anhänger Luthers.

Als dritter Prediger wurde noch gewählt Erasmus Ritter, aus Bayern gebürtig, zuletzt in Schaffhausen, wo er sich erst später der reformierten Lehre zugewandt hatte.[1]) Ritter war ein tüchtiger

---

[1]) Vergl. oben, S. 31.

Gelehrter, ein gewandter und gern gehörter Redner auf der Kanzel, der es verstand, in polemischen Schriften seine Ansicht zu verfechten und den Gegner zu bekämpfen. Er galt als Zwinglianer, allein er trat anfangs mit seiner Ansicht wenig hervor. Als Fremder war er nicht im stande, persönlich auf die Ratsherren zu wirken, und er war klug genug, neben Kunz und Meyer sich still zu verhalten. Megander stand als decidierter Zwinglianer allein, als nun die Frage der Konkordie die Gemüter erfüllte, als die rechte Abendmahlslehre plötzlich als das wichtigste Erfordernis zur Seligkeit galt und alles davon abhing, ob Bern sich zur Annahme der Uebereinkunft mit Luther entschliessen werde oder nicht.

Anfänglich wirkten die Erinnerungen an Zwinglis Person so mächtig nach, dass die übergrosse Zahl der Landgeistlichkeit und auch die Staatsmänner ohne nennenswerte Ausnahmen durchaus auf dieser Seite standen, und dass namentlich die Masse des Volkes, so weit es überzeugungsvoll dem neuen Bekenntnis anhing, nichts von fremden Einflüssen von Deutschland her wissen wollte, jedenfalls einer dogmatischen Konzession an Luthers Meinung ganz entschieden widerstrebte. Bern ging darin viel weiter als Basel, aber es war selbst zwinglischer als Zürich. Erst die Rücksicht auf die allgemeine Lage machte die Festhaltung dieses Standpunktes unmöglich und gab Anlass dazu, dass die lutherischen Sympathien der Stadtgeistlichkeit auch in der Bekenntnisangelegenheit offener hervortraten. „Berns abstrakter Zwinglianismus, sagt Hundeshagen, darf sich mit voller Schärfe den von Basel und Zürich begünstigten Vereinigungsbestrebungen Bucers gegenüberstellen, selbst auf die Gefahr hin, Bern zu isolieren. Sobald aber dem Konkordienzank eine steigende Bedeutung zuwächst, zieht das obrigkeitliche Kirchenregiment die Sache mehr und mehr in seine Hand und leitet einen förmlichen Umschwung ein. Die Rücksichten der Staatslenker, denen die Sicherheit des Landes näher lag, als die Tragweite der dogmatischen Formeln, berührten sich jetzt mit den persönlichen Ueberzeugungen der kirchlichen Ratgeber, eines Kunz und Meyer, um im Gegensatz gegen die Mehrheit des bernischen Volkes eine ganz lutherische Richtung einzuschlagen, und es ergeben sich daraus eine Reihe sehr ernsthafter Parteikämpfe." Kunz und Meyer, als Freunde der Konkordie, scheinen auch in ihrer Lehre sich von da an von der durch Disputation und Synodus als offiziell aufgestellten kirchlichen Sitte entfernt zu haben, um der Einigung den Weg zu bahnen.

Am 14. Mai 1537 denunzierte Megander und mit ihm Ritter ihren Kollegen Meyer wegen lutherischer und päpstlicher Lehren.

in einer Eingabe an die Kapitel Büren und Thunstetten (d. h. Langenthal), wo sie wohl am meisten Anklang zu finden sicher waren. Es ist ein übles Schreiben, das uns in arge persönliche Gehässigkeiten und Intriguen hineinblicken lässt und den Vorstellungen von der Idealität jener Männer und jener Zeiten schmerzliche Enttäuschung bereitet. Uebrigens kann bezweifelt werden, ob das Aktenstück wirklich abgegeben worden ist, da es uns nur im Originalentwurf vorliegt.[1]) Jedenfalls fand am genannten Tage wieder eine allgemeine Synode der bernischen Geistlichkeit statt, wo diese Angelegenheit zur Sprache kam. Es scheint sogar eine Art von Disputation zwischen den verschiedenen Standpunkten stattgefunden zu haben. Das Resultat war ein unentschiedenes, die Verlegenheit hinausschiebendes. Es wurde strengstens geboten, sich in *Predigt und Unterricht aller ungewöhnlichen Ausdrücke zu enthalten*[2]) *und fest zu bleiben an den genügend klaren Worten der Disputationsthesen und der bereits angenommenen Konfession;* es ist klar, dass diese Bestimmung sich direkt auf die Sakramentslehre bezieht.

Allein damit war wenig gewonnen für die Zukunft. Der Einsicht in die Wünschbarkeit einer kirchlichen Einigung, welche doch nicht möglich war ohne dogmatische Uebereinstimmung, konnte man sich immer weniger verschliessen. Am 1. September 1537 schrieb Capito nach Bern, er werde mit Bucer am 9. oder 10. des Monats selbst nach Bern kommen, *„und sofern uns der Allmächtige beständig, wollen wir unser entschuldigung und verantwortung also thun, dass es zu besserung und friden und keiner Zerrüttung dienen und Uwer Gnaden besonders gefallen sin sol.“* Farel, Calvin, Viret und *„wer sonst us der Savoiischen kilchen ein ansehen hätt“*, sollen wo möglich dann auch da sein. *„Dann wir wissen, wie der Satanas ein zank über den andern anrichten und die kilchen ouch bi inen und Uch gern undereinander verwirren wöllt.“*

Mit einer dringenden Empfehlung von der Hand des Strassburger Bürgermeisters Jakob Sturm versehen, langten die beiden Theologen in Bern an. Bucers sanfte, einschmeichelnde Beredsamkeit wusste die am 22. September versammelte Synode vollständig einzunehmen und von der Ueberzeugung zu erfüllen, dass es im Interesse des Fortbestandes protestantischer Kirchen unbedingt

---

[1]) St.-A. Bern. (Kirchl. Angel., 1531-39.)
[2]) „Die bösen Worte: substantialiter, corporaliter, carnaliter, supernaturaliter soll man vermeiden.“

geboten sei, die Sonderstellung der zwinglischen Abendmahlsauffassung aufzugeben und um jeden Preis das Misstrauen und die Abneigung Luthers zu besiegen. Bucer, von Kunz und Meyer unterstützt, ging nun einen Schritt weiter, bezeichnete als eines der Hauptbindernisse der Verständigung den Katechismus, welchen Megander aus Auftrag des Rates kurz vorher abgefasst, gedruckt und eingeführt hatte, und der offenbar den Deutschen schweren Anstoss biete. Hier sei eine Veränderung nötig. Dieser Katechismus hatte durchaus nichts Auffallendes, nichts ausdrücklich Polemisches in seiner Auslegung des Abendmahls, wenn auch natürlich der zwinglische Gedanke eines von der versammelten Gemeinde zur dankbaren Erinnerung an den Kreuzestod Christi gefeierten symbolischen Gedächtnismahles darin in unzweideutigen Worten hervortritt.

Der Rat, von Bucer überredet, ging auf den Wunsch einer Modifikation ein und gab Megander die Weisung, in Gemeinschaft mit Bucer das notwendig Scheinende anzuordnen. Allein der Strassburger begnügte sich nun nicht damit; vielleicht aus persönlicher Abneigung gegen Megander, mit dem er fürchtete, nicht einig werden zu können, vielleicht aus rücksichtsloser Hast und im Vertrauen auf die Gunst des Rates, änderte er selbst und gab den geänderten Text von sich aus, ohne Megander zu fragen, zum Druck.[1]) Am 7. November wurde das also umgearbeitete Büchlein amtlich eingeführt. Es ist nur zu begreiflich, dass Megander aufuhr und Protest erhob gegen ein so unerhörtes Verfahren. Allein es half ihm nichts; je entrüsteter er sich gegen Bucer äusserte, je mehr er in seinem Zorn selbst über die Grenzen des Anstandes hinausging, um so mehr verlor er das bisher ihm zugewendete Vertrauen. Er wurde unhaltbar und erhielt, entschieden in Ungnade gefallen, zu Ende des Jahres seine Entlassung. Er kehrte nach Zürich zurück und wurde hier durch eine Wahl zum Archidiakon und Chorherrn entschädigt. Bern hatte mit ihm nicht nur die letzte Stütze bewussten zwinglischen Sinnes verloren, sondern auch durch die sicher unverdiente Kränkung des zuvor so geschätzten Gelehrten sich in Zürich wenig Freunde erworben. In doppelter Weise trug somit diese Wendung, welche Bern jetzt Strassburg und den Lutheranern nahe brachte, zur Trennung bei

---

[1]) Frikart (Seite 95) gibt den Titel vollständig an und nennt als Datum der Einführung den 6. Wolfmonat (Dezb.) 1537. (16°). Ein Druck von 1538 ist: Ein kurzer christenlicher Bericht für die Jugend von neuem mit einigen mehreren erläuterungen getruckt. Bern, Matth. Apiarius.

von dem Vororte der schweizerischen Reformation. Zürich selbst begann jetzt zu empfinden, dass man in der Verleugnung Zwinglis nicht zu weit gehen dürfe, wenn man sich nicht selbst aufgeben wolle, und nahm von da hinweg die Stellung steifer Ablehnung an, wie sie vorher Bern behauptet hatte.

Allein auch in der bernischen Landgeistlichkeit regte sich ein entschiedener Unwille über die unwürdige Nachgiebigkeit, die in der Behandlung Meganders ihren Höhepunkt erreicht hatte. Namentlich im Aargau, wo Zürichs Nähe fühlbar war, äusserte man sich tief empört, nicht allein über das Ergebnis selbst, sondern auch über die Ursachen, nämlich über den ungebührlichen Einfluss, welchen die Stadtgeistlichkeit, die „Herren der grossen Kirche", wie eine hierarchische Körperschaft, in dieser Angelegenheit sich angemasst hätte. Am 22. Januar 1538 fand deshalb in Aarau eine stürmische Versammlung statt, welche Einspruch zu erheben beschloss. Es wurde eine Deputation nach Bern an den Rat abgesandt, um Vorstellungen zu machen. Am 29. und 30. Januar wurde sehr ernst darüber verhandelt[1]), und die Opposition der Pfarrer vom Lande gegen die Alleinherrschaft einiger Hoftheologen war dabei unverkennbar.

Dass der Unwille über die Haltung Bucers nicht unberechtigt und eben deshalb so allgemein und mächtig war, zeigt am besten ein Brief von Calvin, der, vom 12. Januar 1538 datiert und an Bucer selbst gerichtet, diesem schwerwiegende Vorwürfe machte. Mit Luther selbst zeige er sehr wenig Aehnlichkeit, so wenig, dass dieser selbst nicht ohne Grund erzürnt werden dürfte, mehr noch jetzt über Bucers Zweideutigkeit und Unaufrichtigkeit, als früher über Oecolampads und Zwinglis Meinungen. „Wir sind alle, schrieb Calvin, überzeugt, dass du alles in guter Meinung gethan hast, aber die Sache selbst missfällt uns höchlichst" — „*sed consilium hoc magnopere nobis reprobatur.*" — Ganz besondern Zorn warf der Genfer auf Peter Kunz, dem er ein gutes Teil der Schuld scheint beigemessen zu haben. — „*Conzensus autem, qualis sit, vix audeo effari.*" — Megander hat man schmählich zum Fortgehen gezwungen, aber was werden nun die einfachen Leute thun, wenn sie sehen, dass man ihre Lehrer durch Verbannung bestraft, aus deren Munde sie bisher die Wahrheit gehört! Angenommen, Megander hätte besser gethan, der Aenderung im Katechismus zuzustimmen, wäre es nicht dennoch richtiger gewesen, einen solchen Mann zurückzuhalten, lieber ihm einen so kleinen Fehler zu

---

[1]) Frikart sagt „am 27. verlesen". S. 70.

vergeben, als ihn aus der Berner Geistlichkeit auszustossen, zu grossem Verdruss, zur Verachtung Gottes, zum grossen Nachteil und unendlicher Gefahr für die Kirche. Er sei, bezeugt Calvin, über den Weggang Megauders erschrocken, nicht anders, als ob man ihm berichtet hätte, ein Teil der Berner Kirche sei zusammengestürzt — „ac si Bernensem ecclesiam majori ex parte collapsam audissemus." [1])

Allein das half nichts; denn in diesem Augenblicke langte nun die Antwort Luthers an, welche endlich die Union schien der Verwirklichung nahe zu führen. Die lutherische Partei wurde Meister, die Opposition musste schweigen, der Friede zwischen Stadt- und Landgeistlichkeit wurde geschlossen und Megander kam nicht wieder. Ja, er wurde nun in einer Weise ersetzt, welche das Uebergewicht der Lutheraner auch in den Persönlichkeiten verstärkte und Bern noch weiter in der eingeschlagenen Richtung fortriss. Megander erhielt als Nachfolger den Simon Sulzer und den Thomas Grynaeus. Der letztere war ein Neffe des Baslers Simon Grynaeus, und als solcher stand er der lutherischen Lehre sehr nahe. Er trat indessen persönlich wenig hervor. Viel wichtiger ist Simon Sulzer geworden.

Simon Sulzer war vielleicht der bedeutendste Theologe und einer der hervorragendsten Männer überhaupt, welche das bernische Land hervorgebracht hat. Es war bereits von dem Auftrag die Rede, der ihn auf besondere Empfehlung Capitos und Bucers in Bezug auf das Berner Schulwesen von Strassburg in seine Heimat zurückrief. Sein Einfluss machte sich aber bald auch auf andern Gebieten bemerkbar. Er stand entschieden auf Seite der Anhänger Luthers, den er selbst gehört und gesprochen haben soll, an dessen Meinung ihm deshalb vor allem aus gelegen war. Der Charakter Sulzers wird in der Regel nicht vorteilhaft geschildert, jedenfalls verband er mit einem herrischen und schroffen Wesen zugleich viel Klugheit und Mässigung, die ihn veranlasste, langsam und vorsichtig zu handeln, da, wo die Lage dies notwendig machte. Unmerklich wusste Sulzer, seit 1549 zum Professor der Theologie vorgerückt, mancherlei kleine Aenderungen in Kultus und Liturgie einzuführen, die als Annäherungen au lutherische Gebräuche betrachtet werden müssen. Er suchte zu einer Art von Beichte zurückzukehren, den Bann, als Ausschluss vom Abendmahl, gegen die von ihm als Unwürdige betrachteten zu üben, und, was am

---

[1]) Herminjard, III, 388. Ob vielleicht der oben (Anmerk.) genannte Druck von 1538 dieser Stimmung Rechnung tragen sollte, muss dahingestellt bleiben.

meisten auffallen musste: er begann die bei der Feier nicht gebrauchten Abendmahls-Elemente als etwas Geheiligtes aufzubewahren, was nur aus dem Glauben an eine Art von Verwandlung erklärt werden konnte.[1]) Ohne Zweifel hatte er dabei die Absicht, im Sinne der kirchlichen Union die Unterschiede allmählich auszugleichen und schwinden zu machen.

Auch Rhellikan, der einst mit Megander auf Zwinglis Empfehlung gekommen war und als tüchtiger Lehrer sich bewährt hatte, fühlte sich nicht länger wohl und verliess Bern, um wieder nach Zürich zu weichen. Später, 1541, übernahm er wieder das Pfarramt in Biel, wo er aber bald nach seiner Ankunft gestorben ist.

Sebastian Meyer, weniger klug als Sulzer und Kunz, begann nun aber auch in der Predigt polemisch gegen die zwinglische Lehre zu reden; die Sache kam vor den Rat und dieser entschied, wie er meinte, in Sulzers Sinne, da letzterer sich den Schein gab, einverstanden zu sein, in Wirklichkeit jedoch ganz gegen seinen Willen: *es dürfen keine Neuerungen eingeführt werden. Die Predigt ist frei, einzig gebunden an die Thesen der Disputation, als die alleinige Bekenntnisnorm.* Sulzer verhehlte sich nicht, dass er eine Niederlage erlitten; noch weniger konnte Meyer sich darüber täuschen; unzufrieden ging letzterer 1541 fort von Bern und wieder nach Strassburg zurück.

Da nun in eben dieser Zeit die Hoffnung auf Annahme der Konkordie endgültig aufgegeben werden musste, somit auch für den Rat die politische Rücksicht auf Luther ausser Betracht kam, so wuchs den Freunden Zwinglis wieder der Mut. Erasmus Ritter wagte es jetzt, offen aufzutreten gegen die Partei der Lutheraner und sie ungescheut des Rückfalles zum päpstlichen Aberglauben zu beschuldigen. Der Rat, der keine Neuerungen wollte, schärfte wiederum strengste Einfachheit in Lehre und Gottesdienst ein. Kunz unterwarf sich, allein am 11. Februar 1544 ist er gestorben, grimmig verfeindet mit seinem Kollegen Ritter sowohl, als auch mit Calvin, der äusserst hart über ihn geurteilt, in einem Briefe sogar ihn eine „Bestie" genannt hat.[2]) Zwar wurde Sulzer, der sich im Vertrauen der Räte zu behaupten verstand, an seiner Stelle zum Pfarrer gewählt, allein die Gegenpartei erhielt eine Verstärkung durch die Wahl des Johannes Weber, genannt Textor,

---

[1]) Hierin glauben wir, im Gegensatz zu Schweizer (Centrald. I, p. 254) doch eine Neigung zum Luthertum entschieden erkennen zu sollen.
[2]) In obigem Brief an Bucer, vom 12. Jan. 1538, Herminjard, IV, 338.

aus Merischwanden im Kanton Luzern, der zuletzt, seit 1531, Pfarrer in Aarau gewesen.[1])

Der Streit unter der Berner Geistlichkeit war nachgerade unerträglich geworden. Der Rat fand für nötig, eine neue Synode anzuordnen. Sie versammelte sich am 20. November 1544, und bei diesem Anlass traten nun die Dekane des Landes im Namen ihrer Kapitel nochmals sehr ernsthaft auf mit ihrer Beschwerde über das Verfahren der Herren vom Münster-Konvent, welche versucht hätten, päpstlichen Götzendienst und Aberglauben in die Berner Kirche einzuschwärzen.[2]) Jetzt gingen auch den Magistraten die Augen auf über die Konsequenzen ihrer Vertrauensseligkeit und über den Missbrauch, den man mit ihnen getrieben hatte. Wichtiger als alle Union mit Luther und seinen Kirchen war doch zuletzt das einige Zusammengehen mit den gleichgesinnten Eidgenossen, mit Zürich vor allem und mit Genf; und von beiden hatte man sich durch das listige Verfahren Sulzers trennen lassen.

So fand denn jetzt wieder eine volle Wendung statt. Als Erasmus Ritter am 1. August 1546 mit Tod abging, da sah man sorgfältig darauf, dass wieder ein zwinglisch gesinnter Mann ihn ersetze. Die Wahl fiel auf Jodocus Kilchmeyer, den gewesenen Chorherrn von Luzern, der nach seiner oben erzählten Flucht aus Rapperswyl als Pfarrer zu Küsnacht bei Zürich wieder ein Amt gefunden hatte. Gegen Sulzers Vorschlag wurde er von dort nach Bern berufen, starb aber hier schon am 2. Oktober 1552, ohne dass er besonders hervortrat.[3])

Allein der Rat musste dabei die Entdeckung machen, dass die zwölf Jahre lang herrschende Strömung nicht so leicht wieder zu beseitigen sei. Nach der Niederwerfung des schmalkaldischen Bundes und der Einführung des Interims in Deutschland durfte Bern sich unmöglich länger von Zürich getrennt halten. Thomas Grynaeus wurde am 6. November 1547 als *professor linguae graecae* entsetzt; aber eine weitere gründliche Reinigung der Geistlichkeit von allen ungeeigneten Elementen schien notwendig zu sein. Die Studenten wurden vor dem Schultheissen auf ihre Dogmatik geprüft und alle Prädikanten am 22. November angehalten, durch ihre Unterschrift die Zustimmung zu einem Bekenntnisse mit der zwinglischen Abendmahlslehre, d. h. den Disputationsthesen, zu

---

[1]) Sammlung Bern. Biogr., II, 375.
[2]) Peter Huber, Pfarrer zu Wichtrach, wurde sogar im Predigen eingestellt, weil er gelehrt hatte, dass Christus „substantive in coena mitgeteilt werde, so wie er auf Erden bei uns gewesen". (Lohner, I. 158.)
[3]) Zeender, K.-G.

bezeugen. Selbst Sulzer war klug genug, seine Unterschrift nicht zu verweigern, so wenig als seine der gleichen Gesinnung verdächtigen Kollegen. Dagegen stellte es sich heraus, dass unter seinen Schülern 13 völlig in lutherische Ansichten eingeführt seien, nur drei von 16 Kandidaten waren zwinglisch gesinnt. Wenn nun schon dieses Ergebnis geeignet war, das Misstrauen gegen Sulzer zu bestätigen, so war das noch mehr der Fall, als derselbe, sicher gemacht, neuerdings seine Hinneigung zu lutherischen Kirchenformen zu verraten begann. Jetzt war die Geduld der Obrigkeit erschöpft; am 23. April 1548 wurde Sulzer selbst, nebst seinen zwei Freunden, Beat Geering[1] und Konrad Schmid, abgesetzt. Er ging nun nach Basel, wo er die beste Aufnahme fand und sich bald als Antistes an die Spitze der dortigen Kirche gestellt sah. In Basel, wo er uns wieder begegnen wird, hat er dann eine sehr bedeutende Wirksamkeit ausgeübt.

In Bern hat dieser Mann, merkwürdigerweise ausser Kunz der einzige unter den damaligen Theologen, der gebomer Berner war, ein übles Gedächtnis hinterlassen. Es ist nicht unmöglich, dass man ihm wenigstens teilweise unrecht gethan hat. Nach Hundeshagens Meinung hat das Erwachen der bernischen Räte aus langer Täuschung neben dem Andenken an mannigfache Erschütterungen auch den Stachel des Argwohns gegen geistliche Leitung und abstrakte Schultheologie und eine leidenschaftliche Abneigung gegen jegliche Neuerung in den einmal aufgestellten kirchlichen Einrichtungen zurückgelassen. Sicher haben diese kirchlichen Kämpfe und das beschämende Gefühl, von der Theologenlist betrogen worden zu sein, mit dazu beigetragen, den entschiedenen, traditionellen Widerwillen in den bernischen Staatsmännern zu begründen gegen jede Selbständigkeit des Kirchenregiments, wie gegen direkte Beeinflussung durch kirchliche Würdenträger und Berater.

Glücklicherweise ist es gelungen, den rechten Mann zu finden, der unter taktvoller Schonung dieses Argwohns, als neues Haupt der Berner Kirche, sie aus den schwierigen Zeiten hinauszuführen und den andern reformierten Schweizerkirchen wieder an Achtung und Ansehen ebenbürtig zu machen vermochte. Es war dies Johannes Haller.

Johannes Haller war der Sohn des gleichnamigen, aus dem Thurgau stammenden Pfarrers zu Scherzligen, Amsoldingen und

---

[1] Gebürtig aus Münster im Kt. Luzern, früher Pfarrer in Schaffhausen und in Zürich, seit 1541 in Bern.

Frutigen, der 1531 als Pfarrer zu Bülach an der Seite Zwinglis zu Kappel gefallen ist. Im Jahre 1525 als das erste in rechtmässiger Ehe eines Geistlichen entstandene Kind geboren, hatte er sich, noch sehr jung, zuerst in Zürich, dann in Augsburg, als Prediger trefflich bewährt, und war dann, als Augsburg sich dem Interim fügen musste, nach Zürich zurückgekehrt. Schon 1548, unmittelbar nach Sulzers Weggang, hatte man ihn nach Bern zu ziehen versucht, wo man ihn doch als Berner betrachtete; 1549 hatte Zürich für einige Zeit ihn zu ziehen erlaubt, aber 1550, am 8. Februar, wurde die Wahl als definitiv und bleibend angesehen, und zwei Jahre später, nach Kilchmeyers Tode, war Haller, noch nicht 27 Jahre alt, zum obersten Dekan der Berner Kirche ernannt.[1] Damit war eine lange Periode bedenklicher Schwankungen und beunruhigender Parteikämpfe glücklich abgeschlossen und überwunden. Eine allgemeine Synode, am 11. März 1549, welche bereits unter Hallers Leitung stattfand, acht Tage lang dauerte und mit einer neuen Visitation aller Pfarrer endete, bezeichnet den eigentlichen Wendepunkt zum Bessern. Die volle Heilung wurde indessen erschwert durch Konflikte anderer Natur.

Der kirchenpolitische Streit.

Die Eroberung der Waadt bedeutete eine gewaltige Machtvermehrung für Bern und für die evangelische Schweiz; aber es lag darin auf der andern Seite auch eine Quelle arger Schwierigkeiten. Der bernische Staat bildete bis zu jener Zeit ein durchaus homogenes Ganzes; es war der Stadt im wesentlichen gelungen, die in Sprache, Sitte und Denkungsart wenig verschiedenen Teile des alten Gebietes sich zu assimilieren. Mit der Einnahme der Waadt wurde es anders. Hier war das Volk andern Stammes, anderer Sprache, andern Temperaments; es hatte eine andere Geschichte und eine andere politische Verfassung; dieses Land in die einheitliche staatliche und kirchliche Form zu bringen, nach den nämlichen Gesetzen und Verwaltungsgrundsätzen zu leiten, war an sich schon kein leichtes Werk.

Auf religiösem Boden war es um so schwieriger, weil nicht nur die kirchliche Gestaltung im Jahre 1536 erst noch im Werden war, sondern weil Bern, das bis dahin Zürich als kirchlichen Vorort betrachtet, bei Zwingli seine Vorbilder geholt hatte, nun zu gleicher Zeit noch mit einem zweiten Centrum der Reformation sich

---

[1] Siehe Sammlg. bernischer Biogr., II, 22.

berührte, einem Centrum von originalem, wesentlich abweichenden Charakter in Lehre und Sitte, nämlich mit der Calvinischen Reformation. Bern war nicht bloss mit Genf verbündet, wie nach der andern Seite mit Zürich; es hatte das höchste Interesse, Genf seine Unabhängigkeit von Savoyen behaupten zu helfen und dasselbe durch Gemeinsamkeit des Glaubens möglichst nahe an sich zu ketten[1]); aber es war noch weiter sogar für das eigene eroberte Gebiet, für die Waadt, durchaus an die Mithülfe der Genfer Reformatoren gewiesen, ohne welche es nicht möglich war, das Land wirklich zu organisieren oder auch nur mit Predigern zu versehen.

Die Differenz zwischen Calvin und Zwingli kam hier auf diesem Boden zum offenen Ausdruck. Und wie gross war dieser Unterschied zwischen dem schweizerischen Humanisten und dem welschen Juristen, dem eidgenössischen Patrioten und dem französischen Flüchtling, nach ihrer Erziehung, nach der Umgebung, in der sie aufgewachsen waren, aber namentlich nach dem beiderseitigen Kirchenbegriffe und den Konsequenzen, die sie daraus zogen! Bei Zwingli der selbstverständliche Anschluss an das allgemeine Volksleben, das nur gereinigt, verklärt werden sollte; bei Calvin ein abstraktes, von der Wirklichkeit gelöstes Kirchenideal, das von oben herab dem Christenvolk aufgelegt werden sollte, mit einer rigoristischen, fast weltflüchtigen Sittlichkeit, mit einer Absonderung vom Staat, der, als irdisch-bürgerliches Institut, nur der Kirche dienen, aber sie nicht leiten durfte; mit einer Geistlichkeit, deren Bildung, deren Wahl und Amtsstellung sie als Diener Gottes und einer höhern, übermenschlichen Wahrheit, möglichst unabhängig machen sollte von der natürlichen Gemeinde und ihrem Wollen und Wünschen.

Zu diesen in den Personen liegenden und von ihnen auf ihre Kirchen übergegangenen Gegensätzen kam aber noch der doppelte Unterschied in den dogmatischen Vorstellungen, in der Sakramentslehre und dem Prädestinationsglauben, welch letzterer für Calvin

---

[1]) Dagegen fehlte es in Bern nicht an einer gewissen Neigung, die Stadt unter die eigene Oberherrschaft zu bringen. Unmittelbar nach der Befreiung, im Februar 1536, verlangte Bern in die Rechte des Herzogs, das sog. Vidomat, einzutreten, allein Genf widerstrebte (E. A. IV, 1 d, 623—635) aus allen Kräften, und am 7. Aug. wurde die Stadt durch Erneuerung des alten Burgrechts als freie Bundesgenossin anerkannt ibid., 732). Aber auch finanzielle Fragen verbitterten wiederholt das Verhältnis, so der Streit um die Einkünfte des Genfer Domkapitels in den von Bern besetzten Gebieten von Savoyen, 1537, ibid., 887 u. s. w.

nicht eine philosophische Denkfolgerung war, sondern der Hauptpunkt und das religiöse Princip des ganzen dogmatischen Systems, die wichtigste Lehre, welche nicht allein auf dem Katheder, sondern auf der Kanzel verkündet werden muss. Es ergaben sich daraus Konflikte in Genf, im Waadtlande und zum Teil in Bern selbst, welche sich mehr als 20 Jahre lang, von 1537 bis 1558, hinzogen, sich mit den bereits geschilderten Kämpfen um die Sakramentslehre berührten, aber doch noch wesentlich andere Art an sich trugen und uns deshalb hier noch besonders beschäftigen müssen.

Wir können sie nur in den Hauptphasen betrachten.[1]) Ein Vorspiel, das scheinbar leicht vorüberging, aber doch offenbar seine Folgen recht bemerkbar machte, war der Streit Calvins mit Peter Caroli.[2]) Wir haben diesen sonderbaren Mann bereits genannt. Franzose oder Italiener von Geburt und Doktor der Sorbonne in Paris, mehr ein skeptischer Scholastiker als ein an der hl. Schrift genährter Reformierter, hatte er sich seines Glaubens wegen 1534 nach Genf geflüchtet. Nach der Eroberung des Waadtlandes wurde er, von Neuenburg her berufen[3]), Pfarrer in Lausanne neben Viret und fing nun, kaum in einer festen Existenz sich sicher fühlend, mit seinem jungen Kollegen Händel an, indem er sich als ersten Pfarrer, Viret aber als seinen Gehülfen ansehen wollte. Der sanfte Viret liess sich vieles gefallen, allein nun trat plötzlich Caroli auf und denunzierte Viret, nebst Farel und mit ihm auch Calvin, vorgebend, dass sie dem „arianischen" Glauben anhangen. Aus den Schriften, namentlich Calvins, suchte er den Nachweis zu leisten, dass derselbe Christus nicht als trinitarische, mit Gott wesensgleiche Person, sondern eigentlich nur als Menschen betrachte, als historisches Werkzeug Gottes zur Erlösung der Menschheit.[4])

---

[1]) Neben der bereits erwähnten Abhandlung von Hundeshagen ist hier namentlich Ruchat sehr vollständig. Dazu diente als Ergänzung die Briefsammlung von Herminjard.

[2]) Hierüber die pseudonyme Schrift von Calvin: Defensio Nicolai Gallasii, welche auch über die historische Seite berichtet. Dazu Calvins Brief an Megander nach Bern vom Febr. 1537 (Herminjard, Correspondance des réformateurs en langue française, IV, 187) und den Bericht Meganders an Bullinger nach Zürich vom 8. März, abgedruckt in Füesslins: Epistolae ab eccles. Helv. reformatoribus. Tiguri 1742 (p. 170).

[3]) Im Nov. 1535 war er in Neuenburg Pfarrer geworden, und hier hatte ihn im Juni J. Le Comte getraut. (Herminj., IV, p. 95, N.)

[4]) Vergl. dazu die Bemerkungen von Herminj., VI, 111. 112, N.

In Bern, wo Caroli seine Amtsbrüder direkt verklagte (Febr. 1537), erschrak man nicht wenig über diesen Vorwurf, welcher die ganze Reformation in ein schlimmes Licht hätte stellen müssen und der mit allem dem im Widerspruch stand, was man bis dahin, zur Rechtfertigung des eigenen Vorgehens, vom Festhalten an den altkirchlichen Grundlehren immer und immer wieder behauptet hatte. Calvin und seine Freunde verteidigten sich; es wurde eine Untersuchung eingeleitet, zuerst vor dem Chorgerichte in Bern, am 28. Febr. und 1. März[1]), dann noch in Lausanne, am 11. Mai, und endlich sogar noch vor einer Synode, die vom 31. Mai bis 11. Juni 1537 in Bern stattfand.[2])

Das Ergebnis war, dass Calvin mit glänzender Ueberlegenheit die Nichtigkeit der Anschuldigung darthat und ein Zeugnis seiner Rechtgläubigkeit erhielt. Caroli wurde als Verleumder überwiesen, verlor sein Amt und musste auch das Land verlassen.[3]) Er ging nach Rom, wurde wieder katholisch und rächte sich durch eine öffentliche Erklärung, welche seinen Uebertritt begründen sollte und, zum grossen Vergnügen der Römischgesinnten, seine angeblichen Erfahrungen und Erlebnisse in Genf und Lausanne mit den schmählichsten Entstellungen gegen die Person seiner frühern Freunde erzählte.[4])

Auch Viret erhielt Genugthuung und blieb unangefochten in seinem Amte; allein es scheint, dass doch bei seinen Herren in Bern ein gewisses Misstrauen gegen seine Orthodoxie nicht mehr auszurotten war.[5]) Je weniger man in Bern von der theologischen Frage verstand, um so ängstlicher glaubte man an dem Buchstaben der dogmatischen Ausdrucksweise festhalten zu müssen. Calvin musste sich mit Farel und Viret noch am 22. September

---

[1]) Herminjard, IV, 190, N.
[2]) Ibid., IV, 238 n. ff.
[3]) Ueber seine Flucht s. Herminjard, VI, 84, N.
[4]) Hundeshagen, Konflikte, S. 119, 120. Das Schreiben des Caroli an den Papst Paul III., bei Herminjard, IV, p. 248. Später, Anfang 1540, nachdem im Oktober 1539 in Strassburg eine Versöhnung zu stande gebracht worden war (Actes de réconciliation, s. Herminjard, IV, 40—51), kehrte Caroli wieder zurück und verlangte von neuem als Prediger angestellt zu werden; er verleugnete das oben genannte Schreiben, als nicht von ihm verfasst, obwohl auch eine Antwort auf dasselbe, ein päpstliches Breve vom Aug. 1537, vorhanden ist, Kopie im St.-A. Bern. Vergl. Herminjard, IV, 251, N.
[5]) Vergl. ein scharfes Rechtfertigungsschreiben der Ministri ecclesiae Genevensis ministris Tigurinis, vom 29. Aug. 1537. Kopie im St.-A. Bern (Conv. Arch. Epist. tom, VI, fol. 1). Vergl. Herminj., IV, 281—285, Trechsel, Antitrinit., I. 273.

1537 vor einer Synode in Bern durch ein Bekenntnis rechtfertigen.[1] Dass Caroli zur römischen Kirche zurückkehrte, war freilich ein Glück, denn damit hat er die Wirkung seiner Angriffe zum Teil selbst aufgehoben. Wie heftig aber dieser Streit die Leidenschaften aufregte, geht aus den unglaublichen Ausdrücken hervor, mit welchen Calvin von diesem Gegner zu sprechen pflegte.[2] Der Zorn über Caroli war derart, dass er sich sogar auf Jean Le Comte übertrug, weil dieser fortfuhr, dem so Geächteten seine Freundschaft zu beweisen; es störte dies auch das Verhältnis zu dem Pfarrer von Grandson und verschärfte den Zwiespalt zwischen Genf und dem bernischen Waadtland.[3] Nicht allein Kunz, sondern auch die Basler Myconius und Grynaeus scheinen übrigens Calvins Verhalten nicht durchaus gebilligt zu haben.[4]

Allein Calvin hatte gefährlichere Gegner, als dieser Abenteurer einer war, in Genf selbst. Es gab hier eine starke Partei, welche mit den Neuerungen Calvins nichts weniger als einverstanden war. Diesen Leuten war der Franzose willkommen gewesen, als es darum zu thun war, die Bevölkerung von der hergebrachten Ehrerbietung gegen den Bischof und seine Satzungen zu befreien; allein sie begannen bald zu seufzen, als Calvin seine wahre Natur zu zeigen anfing, als er mit rücksichtsloser Schroffheit die beseitigten Menschengebote durch die viel strengeren Gottesgebote ersetzte und von den weltlichen Behörden verlangte, dass sie deren Uebertretung strafen müssten.[5]

Calvin blieb, auch nachdem er Genfs Bekehrung als seine Lebensaufgabe erkannte, in dieser Stadt ein Fremder, der für das äusserlich bürgerliche Wohl derselben wenig Sinn hatte. So sagt auch Hundeshagen: „Calvin war ein Geist, welchem in der immensen Energie des Lebens für die Idee jegliches Nationalgefühl zu einem untergeordneten Momente herabgesunken

[1] Herminjard, IV, 264. N.
[2] Er nannte ihn: „Bestia" und „Bellua". — Vergl. namentlich seinen Brief an Simon Grynaeus vom 7. 8. Juni 1537. Herminjard, IV, 240, ebenso IV, 284.
[3] Bähler, Le Comte, p. 58 u. ff.
[4] Herminjard, IV, 254. Grynaeus antwortete auf oben erwähnten Brief: „Pestis est ecclesiae nostrae una haec perniciosa maxime, quod suspicionibus valde inter nos laboramus et fratres de fratribus raro candide vereque sentimus." Ibid., 253. Auch Capito erinnert Farel, dass die Geistlichen nicht die Kirche ausmachen: „Ecclesia autem non ministri." (9. Aug. 1537.) Ibid., 275.
[5] Vulliemin, L., Les moeurs des villes suisses réformées après la réformation, 1536—55. Fragment, abgedruckt im Schweizer Museum von Gerlach etc. (Frauenfeld 1839), Bd. III, 115—133.

war."[1]) Von diesem Standpunkte aus blieb Calvin das Nationale in der schweizerischen Reformation für alle Zeiten unbegriffen. Genf sollte nicht die Stadt der Genfer, sondern die Stadt Gottes sein. Die besten Bürger waren deshalb die, welche am entschiedensten sich dem Wort Gottes unterwarfen; fremde Flüchtlinge, um ihres Glaubens willen aus Frankreich, aus Savoyen, aus Italien Vertriebene, wurden von ihm mit offenen Armen empfangen, ins Bürgerrecht aufgenommen und in einflussreiche Aemter eingesetzt. Nicht Allen konnte solches gefallen; es bildete sich eine Oppositionspartei, zu welcher die angesehensten Magistrate, zum Teil gerade Calvins frühere Freunde und Anhänger, gehörten. Er selbst nannte seine Gegner „Libertins", und die Ausdrücke, mit welchen er dieselben schildert, haben die Meinung erweckt, als ob die Partei bestanden hätte aus ungläubigen, weltlich gesinnten, moralisch leichtfertigen Leuten; er stellt sie dar als eine Art von anarchischer, religionsloser Sekte.[2]) Diese Vorstellung, die sich traditionell festgesetzt hat, ist doch schwerlich ganz die richtige. Calvin sah überall Unglauben, wo man nicht an die Höhe seines Glaubens hinanreichte; sah alle für Leichtsinnige an, die nicht ganz seine ernste Lebensaufgabe teilten. Zu den Libertinern gehörten viele der besten und redlichsten Bürger, die sich aber mit der Fremdherrschaft des Predigers nicht zu befreunden vermochten.

So erst wird es auch erklärlich, dass die Berner Regierung es offenbar weit mehr mit den Libertinern hielt, als mit Calvin, dass sie Calvin nur unterstützte, weil sie ihn nicht entbehren konnte, nicht weil sie ihn gerne sah. Die Berner hatten in Genf der Reformation zum Siege verholfen, sie forderten, dass nun Genf die bernischen Gebräuche in den Kirchen einführe. Die Libertiner waren damit einverstanden; Calvin widerstrebte. Es waren scheinbar Kleinigkeiten, um welche es sich handelte: In Bern feierte man noch einige andere kirchliche Festtage, als nur den Sonntag allein; Calvin wollte alle abschaffen, die nicht auf einen Sonntag fielen. In Bern brauchte man Taufsteine zur Taufe und Oblaten beim hl. Abendmahl; Genf hatte beides, als in der Bibel nicht begründet, abgeschafft und beim Sakrament gewöhnliches Brot eingeführt. In Bern erschienen die Bräute bei der

---

[1]) A. a. O., Beitr. II, 33. Vergleiche die prächtige Parallele mit Zwingli, ibid., S. 39.

[2]) Contre la secte phantastique et furieuse des Libertins, qui se disent spirituels (1545.) Corpus ref. tom. 35. pag. 145—252. Vergl. Trechsel, in Herzogs R. Encykl. unter „Libertiner".

Trauung im Blumenschmuck, in Genf war solches verboten. Allein diese kleinen Unterschiede sind nur die äussern Symptome für den tiefen geistigen, fast unvereinbaren Gegensatz, der immer wieder zum Vorschein kommen musste, so oft auch eine Aussöhnung versucht worden ist. Die Berner wollten ihre Kirchengebräuche vor allem aus in der Waadt einführen, wo sie Recht und Macht dazu hatten; dies war indessen kaum möglich, solange Genf abweichende Sitten behielt; es war um so schwieriger, weil Genf in 14 jetzt bernisch gewordenen Kirchen das Patronatsrecht besass.[1]) Zwei besonders zu diesem Zweck berufene Synoden, vom 17. Dezember 1537 und dann vom März 1538[2]), fanden sich bereit, diese Uebereinstimmung durchzuführen. Aber wenn die Berner es liebten, ihren Willen durchzusetzen, so war Calvin nicht der Mann, der sich einschüchtern liess. Wo ein fremder Wille ihm entgegentrat, da hielt er es erst recht für seine Pflicht, kein Haar breit zu weichen; da wurde das Gleichgültigste ihm zur Principienfrage, die kein Nachgeben gestattete.[3])

Am 29. Juli 1537 war in Genf — nicht ganz ohne Widerspruch — die von ihren Predigern aufgesetzte Konfession von den Bürgern beschworen worden.[4]) Der Gegensatz der strengen Calvinisten gegen Bern verriet sich schon bei diesem Anlasse deutlich. Dann wurde am 12. Januar 1538 die theologische Schule, das Kollegium, eröffnet und damit einer der ersten Entschlüsse der befreiten Stadt (21. Mai 1536) zur Ausführung gebracht.[5])

Allein am 3. und 4. Februar 1538 fielen die Wahlen zum Rate im Sinne der Libertiner-Partei. Einige Gegner Calvins traten in die Behörde ein, wogegen Ami Porral, der alte Freund Farels, ausschied.[6]) Calvin schilderte jetzt den Zustand der Genfer Kirche in den düstersten Farben[7]) und schrieb die Schuld den Bernern zu, wogegen z. B. Grynaeus ihr Verfahren in Schutz nahm.[8])

---

[1]) Schreiben von Bern an Calvin und Farel vom 15. April 1538. Ruchat IV, 461.
[2]) Die Verhandlungen siehe bei Ruchat, IV, 451—456.
[3]) Brief Calvins an Bucer vom 12. Januar 1538, im St.-A. Bern. (Conv. A. Epist., VI, fol. 35), bei Herminjard, IV, 338.
[4]) Ruchat, IV, 111—122. Gaberel, hist. d. l'égl. d. G., I, 120—127.
[5]) Das Programm der neuen Anstalt, den „ordo et ratio docendi", siehe Herminjard, IV, 455. Corpus ref. (Calv. X, 65). Den Gründungsentschluss ebendas., Note.
[6]) Herminjard, IV, 361, N.
[7]) Brief an Bullinger vom 21. Febr. 1538, Herminjard, IV, 367.
[8]) 4. März 1538. Herminj., IV, 379.

Soll sich Genf der Berner Kirche anbequemen? Von dieser Frage schien jetzt alles abzuhängen. Während der Rat von Genf den Predigern sagen liess: «qu'i(ls) ne se mesle(nt) poën de la politique, més qu'i(ls) préche(nt) l'évangile de Dieu!»[1]) kam von Bern das erneute Begehren: «*de vous conformer avesque nous touchant les cérémonies.*»[2]) Die Genfer zeigten sich in ihrer Mehrheit bereit, in die Forderungen ihrer mächtigen Bundesgenossen einzutreten[3]), Calvin jedoch und mit ihm Farel erklärten, dass nur die Kirche einen bezüglichen Beschluss fassen dürfe und nicht die weltliche Obrigkeit; und da sie bei ihrem Widerspruche beharrten, den Befehlen ihre Zustimmung verweigerten, so wurden beide ihrer Aemter entsetzt und vertrieben[4]); es war zu Ostern (22. April) 1538.[5])

Die beiden Prediger begaben sich zuerst nach Bern, dann nach Zürich. Eine Konferenz in Zürich, am 28./29. April, bei welcher Abgeordnete auch der übrigen reformierten Schweizerstädte anwesend waren, suchte zu vermitteln. In Bern selbst war man verblüfft über diese Wendung. Man liebte Calvin nicht, aber man erkannte seine Unentbehrlichkeit für Genf, wenn dieses nicht der Anarchie verfallen, den Umtrieben Savoyens wiederum zur Beute werden und der Reformation verloren gehen sollte.

Calvin und Farel behaupten zwar, dass besonders Kunz heftig gegen sie agitiert habe bei den Ratsherren in Bern.[6]) Trotzdem nahm man sich hier ihrer sehr ernsthaft an. Bernische Gesandte begleiteten die Beiden nach Genf zurück, in der Meinung, sie wieder einsetzen zu können. Allerdings erhielt Calvin dabei die Mahnung mit auf den Weg, „*sich etlicher ungeschickter schärpfe zu mässigen und sich bi disem unerbuwenen volk christenlicher sanftmüthigkeit ze beflyssen, guter hoffnung, si sich nummer bas gedenken*

---

[1]) Herminj., IV, 404. N.

[2]) Schreiben vom 20. März 1538. Herminj., IV, 403.

[3]) Diese stellten ihnen vor: que la dissension n'est de sy grosse importance quelle puisse nuyre á la verité. (Herminj., IV, 415.)

[4]) Corauld (gest. 4. Okt. 1538 in Orbe), der Blinde, war sogar am 20. April «pour désobéissance» gefangen gesetzt und erst am 25. wieder frei gelassen worden. (Herminj., IV, 430, N.)

[5]) Cornelius, Die Verbannung Calvins, in den Abhandl. der Münchener Akademie, hist. Klasse, Bd. XVII (1886), S. 707. Hier ist der Gang der Verhandlungen bis in die kleinste Einzelheit untersucht und erzählt. Einen eigenen Bericht gibt Calvin in einem Briefe an Bullinger vom Juni 1538. Herminj., V, 21.

[6]) Vergl. dazu Herminj., IV, 54. Dass diese Meinung ein Irrtum, erkennt Herminjard selbst an. S. die Anmerkgn. zu V, 14 und 21.

*werdent.*¹) Auch die Genfer wurden dann von gleicher Seite aufgefordert, mit ihren Predigern „Geduld zu haben".

Hier in Genf hatten unterdessen die Libertiner vollständig das Uebergewicht erlangt; die Mehrheit — Amy Perrin und Jean Péthyon bildeten allein die Minderheit — weigerte sich, Calvin in seine Stellung wieder aufzunehmen. Der Hass gegen die Prediger war stärker, als die Freundschaft für Bern.²) Das war Sonntag den 26. Mai.

Calvin ging jetzt über Basel nach Strassburg, wo er Prediger der französisch-reformierten Flüchtlingsgemeinde wurde, theologische Vorlesungen hielt und die zweite Ausgabe der Institutio bearbeitete.³) Farel musste sich von seinem Freunde trennen; er wandte sich nach Neuenburg und erhielt hier ein Pfarramt. Mathurin Cordier⁴) und Ant. Saunier, die Vorsteher des Kollegiums, wurden im Dezember 1538 ebenfalls aus Genf verwiesen.

Was man in Bern vorausgesehen, das zeigte sich in Genf nur zu rasch. Ein neuer Versuch, die Bürger zur Annahme der Berner Kirchengebräuche zu bewegen, 17. Oktober 1538, schlug fehl⁵); die Parteikämpfe dagegen dauerten fort, und niemand war jetzt da, der im stande gewesen wäre, die sich entgegenwirkenden Kräfte zu bändigen und gegen die drohenden Gefahren von Aussen und Innen zu sammeln. Die von den Libertinern beibehaltenen Geistlichen waren den Schwierigkeiten in keiner Weise gewachsen.⁶) Die Schwäche, welche sie gegen den Volkswillen gezeigt, hatte ihnen vorübergehende Beliebtheit, aber keine wahre Achtung gebracht. An der Möglichkeit, Ordnung zu schaffen, verzweifelnd, verlangten bald auch sie ihre Entlassung vom allzu schwierigen Amte⁷), und eine arge Verwirrung stellte sich ein. Schon sah man den Augenblick nahen, wo die Rückkehr zum Katholizismus und unter die Herrschaft Savoyens als einzige Rettung aus der allgemeinen Auflösung betrachtet werden musste, und es fehlte nicht an Leuten, welche schlau genug waren, diese Lage zu

---

[1] E. A., IV, 1ᵈ, 958. — Bullinger schrieb von ihnen: „Zelum habent animum sed viri sancti et docti, quibus permultum censeo donandum esse."
[2] Den Bericht über die Verhandlungen des Generalrates vom 23. bis 26. Mai in Gegenwart der Berner Boten siehe E. A., IV, 1ᵈ, 973—75.
[3] Im Aug. 1539.
[4] J. Bonnet, im Bulletin du prot. français, tom. XVII.
[5] E. A., IV, 1ᵈ, 1027 u. 1028.
[6] Jaques Bernard, Henri de la Mare, Antoine de Marcourt, Jean Morand.
[7] Das bezügliche Schreiben vom 31. Dez. 1538 bei Ruchat, als Anhang. V, 513—515.

benützen.¹) Der vertriebene Bischof von Genf, Pierre de la Beaume, wurde nicht ohne Absicht gerade jetzt zum Kardinal erhoben. Ein anderer Kardinal aber, Jakob Sadolet, einer der evangelischen Ueberzeugungen nicht ferne stehenden, einer katholischen Kirchenverbesserung geneigten Prälaten, schrieb, am 18. März 1539, seinen berühmten offenen Brief an die Genfer, worin er sie mit ebenso viel Geist und Wärme, als Klugheit und Mässigung aufforderte, sich wieder mit der Kirche zu vereinigen, welche von einigen Idealisten verleumdet worden; sie sei bereit, wirklich vorhandenen Missbräuchen abzuhelfen, aber auch allein im stande, der Welt das Heil zu vermitteln und die gesunde Wahrheit zu verbürgen.²)

Die Schrift machte Eindruck und that ihre Wirkung. Die reformierten Genfer sahen sich in Verlegenheit. Der Rat verlangte³), dass einer der Prediger antworten solle. Aber wo war der Mann, der Beredsamkeit und Geisteskraft genug besass, einen solchen Angriff zu widerlegen? Man wusste einen, der das konnte; aber den hatte man schmählich vertrieben. Man wandte sich trotzdem an ihn nach Strassburg, und Calvin liess sich bewegen, eine Erwiderung abzufassen; es geschah mit solcher Meisterschaft, dass das Vertrauen auf die gute Sache neu gestärkt und ein Rückfall Genfs verhindert wurde.⁴)

Damit war aber auch die Aufmerksamkeit wieder mehr als je auf Calvin hingelenkt und es fand (13. März 1539) die Einleitung statt zu einer Versöhnung zwischen ihm und den Genfer Pfarrern.⁵)

Bald erfolgte nun auch ein politischer Umschwung. Wieder gaben die Berner den Anlass dazu. Ein Vertrag, durch welchen sie die Genfer förmlich an sich binden wollten, erregte hier die

---

¹) Vergl. dazu namentlich: das Schreiben der Genfer Prediger nach Bern vom 31. Dez. 1538; ein Gutachten der Berner Prediger Meyer, Kunz und Ritter an den Rat vom Okt. 1538; die Berichte Farels an Calvin vom 15. Jan. 1539, bei Herminj., V, 208, 215, und Herminjard, VI, 158, vom Jan. 1540, — dazu die Schilderung bei Stähelin: Calvin, I, 280 u. 301.

²) Epistola ad senatum populumque Genevensem. Calvini responsio. Argentorati 1539, in 12°. Französisch: Genève 1540, in 16°. Neudruck: Genève 1860. Corpus Ref. Opera Calvini tom. V, 365—416. Zeitgenössische Kopie im St.-A. Bern (sog. „Unnütze Papiere", 81, N. 139) mit der Notiz: „Calvinus ei respondit." Näheres bei Herminjard, V, 261, 266, 372, N.

³) Auf Einladung der Berner, die zuerst — aber umsonst — ihre eigenen Theologen dazu aufgefordert hatten. Herminj., V, 322, N.

⁴) Stähelin, Calvin, I, 282—304. Gaberel, Hist. de l'égl. de Genève, I, 312.

⁵) Herminjard, V, 243.

äusserste Missstimmung¹) und einen Ausbruch der Parteiwut, welcher am 6. Juni 1540 mit dem Sturz der herrschenden Libertiner, mit der Flucht der Berner Freunde, der sogenannten „Articulants", und dem Todesurteile gegen ihre Führer endete.²)

Die Wendung kam den Anhängern Calvins zu gute, denn im gleichen Augenblicke regte sich jetzt auch allgemein der Wunsch, die Verbannten zurückzurufen. Zuerst sollte Viret sie ersetzen, dann, am 20. Oktober, wurden wirklich Calvin und Farel zur Rückkehr nach Genf eingeladen. Beide lehnten es ab, dem Rufe zu folgen³); allein wenige Monate später, am 4. April 1541⁴), wurde das Begehren bei Calvin dringend wiederholt, und diesmal war es unterstützt nicht nur durch seinen Freund Viret, sondern durch Schreiben aus Zürich, Basel und Bern.⁵) Calvin befand sich damals in Regensburg, wo er, wie schon vorher in Hagenau und Worms, an dem berühmten, von Kaiser Karl V. veranstalteten Religionsgespräch Anteil nahm und mit Melanchthon persönlich zusammengetroffen war. Am 31. Mai antwortete er von Regensburg aus, und zwar zeigte er sich jetzt nicht abgeneigt, sich bewegen zu lassen. Eine Gesandtschaft ging an ihn ab, und Ende August verliess er Strassburg, um über Basel, Bern, Solothurn und Neuenburg wieder nach Genf zu gelangen. Am 13. September erreichte er die Stadt, welche alle seine Bedingungen annahm; sein Eintritt war ein Triumphzug, nicht nur für ihn selbst, der als Sieger und Eroberer dastand, ebenso für die Bevölkerung, die ihn als den Retter und Wächter ihrer Freiheiten empfing.⁶)

Die Bedingung, die er stellte und deren Annahme ihm am 20. Oktober feierlichst zugesagt wurde, war in eins gefasst: die Unterwerfung unter Gottes Willen, d. h. natürlich unter diejenigen Vorschriften, welche er, Calvin, als Gottes Willen bezeichnen werde. Aus Auftrag des Rates verfasste er jetzt die *ordonnances*

---

¹) „Avant que de consentir au dict traité, mettrons plustot le feu à nostre ville." Herminj., VI, 189, N.

²) Roget, Hist. du peuple genevois, I, 210—252. Herminjard, VI, 192, N. 199, N. 242, N. — Cornelius, Die Rückberufung Calvins nach Genf. Abh. der Akad. v. München, hist. Klasse, XVIII, 379—440; XIX, 343—444.

³) Die zwei Briefe Calvins vom 23. Okt. u. 12. Nov. 1540, bei Ruchat, V. 515—517.

⁴) Schon am 10. Februar 1541 war der Berner Rat von demjenigen in Genf um Fürsprache bei Calvin angesucht worden. (E. A., IV, I ᵈ, 11.)

⁵) Herminj., IV, 346, N. zweifelt an der Aufrichtigkeit der im letzteren ausgesprochenen Gesinnung, doch wohl mit Unrecht.

⁶) Das Einzelne siehe bei Stähelin, a. a. O., I, 316; Gaberel, a. a. O., I, 343; Roget, a. a. O., I, 313 u. ff. und pièces justif., I, 113.

ecclésiastiques, welche in 168 Artikeln die Formen enthalten, in denen er sein theoretisches Kirchenideal verwirklicht sah.¹) Mit kleinen Abänderungen wurden sie am 20. November als Gesetz erklärt. Das Consistoire ist das eigentliche Organ der Kirche. Die aus den Predigern und Professoren und zwölf vom Rate gewählten Laien zusammengesetzte Behörde steht selbständig neben, ja eigentlich über dem Staate; denn, beraten von der ausschliesslich kirchlichen „vénérable compagnie" der Geistlichen, gibt sie die Principien an und bestimmt den Geist der Gesetze, welchen die Staatsgewalten Achtung zu verschaffen haben. Das Consistoire übt die Kirchenzucht, durch welche das äussere und innere Leben der Kirchenglieder geregelt wird.

Nachdem das gesamte Volk auf diese Ordonnances und alle ihre strengen Vorschriften eidlich sich verpflichtet hatte, erhielt Calvin als massgebendes Mitglied einer besondern Kommission am 21. November von den durch eine furchtbare Pestepidemie mürbe gemachten Bürgern den weitern Auftrag, auch eine neue Staatsverfassung zu entwerfen. Er entledigte sich dieser Aufgabe als Jurist, mit vollendeter Klarheit über Ziele und Mittel, alles darauf richtend, durch den Grundsatz der Selbstergänzung der Räte eine feste Staatsordnung zu begründen und innere Spaltungen unmöglich zu machen. Am 2. Januar 1542 wurde auch diese Verfassung nebst der damit verbundenen, drakonisch gehaltenen Strafgesetzgebung in artikelweiser Abstimmung vom Genfer Volke angenommen und in Kraft gesetzt.

So ist Calvin, erst 32 Jahre alt, im bescheidenen Amt eines Predigers, in Wahrheit der Diktator, der absolute Herrscher der Stadt Genf geworden. Er hatte sich in Strassburg im Juni 1539 verheiratet mit einer jungen Witwe: Idelette van Büren aus Geldern. Er hatte drei Söhne, aber sie starben alle schon in frühester Jugend, und er tröstete sich mit der Aeusserung: „Gott hat mir keine Kinder geschenkt, aber zähle ich doch meine Söhne nach Zehntausenden auf dem ganzen Erdkreis." Seine Gattin, welche wenig Einfluss auf ihn geübt zu haben scheint und von der man deshalb wenig weiss, starb schon am 6. April 1549.²)

---

¹) Cornelius, Die Gründung der Calvinischen Kirchenverfassung in Genf, 1541. Abhandl. d. Münchener Akad., XX, II (1892), und Die ersten Jahre der Kirche Calvins, 1541—46, ibid., Bd. XXI. Dazu auch Roget, A., l'état et l'église à Genève après la réforme. Biblioth. Univers., année 1865. Weber, Georg, Geschichtliche Darstellung des Calvinismus in Genf. Heidelberg 1836. — Das Neueste: Choisy, la théocratie à Genève. Genève 1898.

²) Vergl. indessen Jules Bonnet im Bulletin pour l'hist. du protest. français, 1880, p. 26.

Die Zukunft Genfs war mit dieser Neugestaltung äusserlich gesichert, aber noch blieben manche Schwierigkeiten zu überwinden, so namentlich die Kämpfe mit Bern. Schon am 12. Dezember 1541 befand sich Calvin wieder in Bern, wo die Angelegenheiten Genfs vor dem Rate verhandelt wurden und Peter Kunz seine Bedenken aussprach über den Bestand der neuen Einrichtungen.[1]) Calvins Theokratie und Berns Staatsgedanke vertrugen sich nicht miteinander, es musste zum Streit kommen, und das W a a d t l a n d war das Schlachtfeld. War Bern für dieses Land die weltliche Hauptstadt, so war Genf die geistliche. Nicht das zwinglische Bern, sondern die genferische Kirche war die Mutterkirche der Waadtländischen. Nicht nur die Nähe Genfs und die gemeinsame Sprache wirkten dahin; Viret und die meisten übrigen Prediger waren Träger der Genfer Grundsätze, Vertreter eines fremden, gewissermassen antinationalen Geistes. Ihre Thätigkeit drohte den Assimilationsprozess mit Bern eher zu hemmen, als zu fördern, den Gebietsteil in eine ganz heterogene Richtung zu bringen.[2]) Berns Obrigkeit konnte ihrerseits den Grund aller in der Waadt ihr begegnenden Widerstände und Gegenströmungen nur in dem eigenartigen herrischen Wesen der Geistlichen finden, vor allem aber desjenigen, welcher unsichtbar im Hintergrunde sie leitete: Calvins. Das Misstrauen und die Abneigung gegen diesen Mann wuchs daher nur um so mehr, je mehr man seine geistige Grösse, seine Ueberlegenheit bewundern musste.

Peter Viret, Prediger zu Lausanne und zugleich Professor an der seit 1537 errichteten Akademie, war das hauptsächlichste Organ, durch welches Bern das schwierige Werk der kirchlichen Ordnung der neuen Provinz zu stande bringen musste, ein unentbehrlicher Mann; aber gerade er war in seinen Ansichten durchaus abhängig von den Räten Calvins und wollte nicht die bernischen, sondern die Genfer Kirchengebräuche in Lausanne einführen. Eine Synode zu Vivis, im März 1542, forderte nach Genfer Vorbild Einsetzung der Kirchenzucht und des Bannes, und erhob zugleich Protest gegen die Konfiskation der Kirchengüter und deren Verwendung zu nicht ausschliesslich kirchlichen Zwecken. Die letztere Massregel gäbe den Gläubigen Anstoss, erklärte die Geistlichkeit, und sei vor Gott nicht erlaubt. Eine neue Synode, am 4. November 1542 zu Lausanne, wiederholte die Forderung des

---

[1]) E. A., IV, 14, 85.
[2]) Diese Schwierigkeiten hat Hundeshagen in seiner viel benutzten Arbeit so fein geschildert, dass es unmöglich ist, etwas Besseres zu sagen. Beitr. II, 49, 52.

Kirchenbannes als Kompetenz der geistlichen Behörde und stellte den Satz auf, dass auch die Wahl der Geistlichen nicht Sache einer weltlichen Obrigkeit sein könne.

Die Berner waren darüber höchlich entrüstet; Viret wurde zur Verantwortung gezogen und nach Bern citiert. Der Eroberer der Waadt selbst, Hans Franz Nägeli, der Viret sehr freundlich gesinnt war, wurde mit Michel Augsburger beauftragt, die Antwort als Ergebnis der Beratungen nach Lausanne zu bringen. Sie ging dahin: die Durchführung der Kirchenzucht im Sinne Calvins sei unmöglich. Die für das deutsche Land eingesetzten Chorgerichte, ohne Vollmacht zur Ausschliessung vom Sakrament, sollen auch hier den Zweck der Sittenzucht genügend erfüllen. Bei der Wahl der Geistlichen soll zwar der Rat der Prediger angehört werden, aber die Staatsbehörde entscheiden. In Bezug auf die Kirchengüter sei die Sache vollständig in Ordnung. Die Klöster Bonmont und Hauteret und — für das savoyische Land — Filly, seien zu Armenhäusern und Spitälern eingerichtet worden; damit solle man zufrieden sein.

Eine Petition, die im folgenden Jahre von Lausanne aus an die Berner Obrigkeit gerichtet wurde, konnte keinen andern Erfolg haben, als dass sie das Bewusstsein des vorhandenen tiefen Gegensatzes verschärfte und das Misstrauen der Berner Herren gegen die Waadtländer Geistlichkeit von neuem weckte. Es kam zu strengen, sogar vexatorischen Massregeln, welche nach beiden Seiten erbitterten. Anderseits thaten indessen die Berner in ihrer Weise alles, was sie für geeignet hielten, gerechte Wünsche zu befriedigen. Sie vermehrten die Zahl der Prediger, soweit die Mittel — und die Personen — vorhanden waren und kargten keineswegs mit der Zuwendung der Einkünfte.[1]

Es gab übrigens auch Waadtländer Pfarrer, welche zu der Regierung standen und der Oberaufsicht Calvins widerstrebten, so der uns schon bekannte Jean Le Comte, Dekan in Iferten, und sein Nachbar Zébédée, Pfarrer in Orbe, der, aus Brabant gebürtig, dann in Bordeaux thätig, schon seit 1536 im Berner Kirchendienste stand. Beide wurden eben deshalb von Calvin angefeindet und jeweilen in den schwärzesten Farben geschildert.[2] Das ging so weit, dass Calvins Anhänger aus ihren Waadtländer Gemeinden

---

[1] Siehe die ausdrückliche Anerkennung dieser Thatsache bei Herminjard, VI, 106, N.

[2] Vergl. dazu Bähler, Le Comte, a. a. O., S. 63 u. ff., wo auf S. 73 namentlich auch das Zeugnis zu beachten ist, das Le Comte der bernischen Verwaltung ausstellte.

sich in auffälliger Weise Sonntags nach Genf begaben, um dort die Predigt zu hören und das Abendmahl zu begehen. Solche wurden aber hinwiederum von ihren Predigern verfolgt und in Bern als Widerspenstige verklagt.¹) Es gab sogar Landvögte, welche im Uebereifer Verbote erliessen, um solchen geistlichen Verkehr mit Genf zu verhindern.

Die zahlreichen Briefe Calvins an Viret und Farel sind voll von den bittersten Urteilen über die Berner, welche ebenso oft der Falschheit, als der Brutalität beschuldigt werden.

Während dieser Zeit hatte Farel in Neuenburg durch sofortige Einrichtung seiner calvinisch-scharfen Kirchenzucht²), und dann besonders durch sein kein Ansehen der Person kennendes Auftreten gegen eine Dame aus den höhern Ständen eine solche Entrüstung gegen sich wachgerufen, dass er am 31. Juli 1541 schon wieder seines Amtes entsetzt wurde. Umsonst verwendete sich Calvin in Bern für ihn.³) Die Berner liebten weder Farels stürmische Art, noch seine Kirchenzucht. Die Bestrafte war eine Tochter des Gouverneurs von Neuenburg⁴) und eine Verwandte des Schultheissen Jakob von Wattenwyl, der früher so oftmals Farel beschützt hatte, und auch er war jetzt recht unhold gegen den rauhen Reformator gestimmt.⁵)

Doch eine ganze Reihe angesehener Prediger trat für den Abgesetzten ein, nicht nur aus Genf, sondern auch aus Basel und Zürich, aus Mömpelgard und aus Biel, wo man den tapfern Eiferer, trotz seiner unbequemen Eigenschaften, doch in hohem Grade, fast wider Willen, ehren musste.⁶) Die Neuenburger selbst schämten sich bald ihres Vorgehens. Am 28. November wurde Farel — eine fast gleichzeitige Parallele zu dem, was Calvin in Genf begegnet war — förmlich und feierlich wieder eingesetzt und am 29. Januar 1542 mit einer Mehrheit von zwei Dritteln der Stimmen neuerdings zum Pfarrer erwählt.⁷) Eingeschüchtert war er nicht, denn mit völlig ungeschwächter Energie hat er gleich darauf einen Geistlichen, der sich unordentlicherweise in

---

¹) Eine Ordnung über den Kirchgang der Berner Unterthanen wurde am 15. Sept. 1544 von Calvin in Bern selbst mit den Abgeordneten des Rates verabredet: E. A., IV, 1ᵈ, 416.
²) Synode vom 2. Okt. 1538, Herminj., V, 159, N.
³) E. A., IV, 1ᵈ, 67 (11. Sept.) u. 75 (2. Okt.).
⁴) Näheres über die Angelegenheit bei Herminj., V, 225, N.
⁵) E. A, IV, 1ᵈ, 86, 88, 91, 93, 100, 101.
⁶) Biel hatte Farel das Bürgerrecht geschenkt. Herminj., IV, 453, N.
⁷) Die Berner Instruktion an die zu dieser Verhandlung Abgeordneten bei Ruchat, V, 526.

der Kirche zu St. Aubin eingedrängt hatte und nicht weichen wollte, im Namen seiner „classe" feierlich „dem Satan übergeben".¹)

Mathurin Cordier hatte ebenfalls in Neuenburg eine neue Wirksamkeit gefunden als Vorsteher des dortigen Kollegiums.²) In Bern aber blieb eine arge Missstimmung gegen Farel; man fand sich durch sein Vorgehen nicht wenig bestärkt in der Abneigung gegen jede Form der Kirchenzucht, welche dem Fanatismus rigoristischer Geistlicher viel zu viel Macht einräume und sie in unerträglicher Weise zu Richtern mache über das Privat- und Familienleben. Man war jetzt um so weniger geneigt, im Waadtlande die Möglichkeit ähnlicher Vorfälle zuzulassen. Eine dahin zielende Eingabe der Lausanner Geistlichkeit vom 1. November 1542 erhielt am 12. Februar 1543 eine wenig gnädige Antwort.³)

Eine zeitlang dauerte nun der Kampf der beiden grundverschiedenen Strömungen in der Stille fort und gibt sich uns fast nur im theologischen Briefwechsel zu erkennen. Um so heftiger entbrannte der Streit der Parteien in Genf selbst. Von neuem regte sich seit 1547 eine gefährliche Missstimmung gegen die Prediger⁴) und wiederholt war auch das Verhältnis zu Bern ein derartig gespanntes, dass das Burgrecht nicht mehr anerkannt wurde. Die Libertiner erlangten wieder die Oberhand über die Anhänger Calvins. Doch dieser ging dem Feinde nicht aus dem Wege. Zwei Führer der Gegenpartei, Ami Perrin und François Favre, wurden wegen Lästerung der Obrigkeit und der Prediger angeklagt und verhaftet. Von Anfang Oktober bis Ende November 1547 war die Bürgerschaft Genfs wieder aufs tiefste zerrissen⁵), bis es den ernstesten Bemühungen, namentlich der Berner, gelang, die Gemüter zu beruhigen.

Aber gerade diese Vermittlungsstellung der Berner erregte Calvins Zorn⁶), und im folgenden Jahre, 1548, führte auch der Gegensatz gegen Bern selbst zu einem neuen Ausbruch.

In einer der gewöhnlichen Frühlingssynoden in Lausanne verlas Viret eine Arbeit über das Wesen der Kirche und die Aufgabe und Stellung des Predigers zum Staate. Sie war ganz

---

¹) Ruchat, V, 135.
²) Herminj., VI, 165, N.
³) Beides im Auszug abgedruckt bei Ruchat, V, 221—224.
⁴) Verhandlungen vom 11. bis 16. Aug., siehe E. A., IV, 1ᵈ, 845.
⁵) E. A., IV, 1ᵈ, 856, 857, 863 u. ff., 878. Vergl. Fazy, H., Procès et démêlés à propos de la compétance disciplinaire du consistoire (1546—47) in Mém. et doc. de l'inst. genevois, tom. XVI, in zwei Teilen.
⁶) Wie sehr er von Misstrauen selbst gegen Joh. Haller erfüllt war, zeigt sein Brief an Viret vom 21. August 1549. Corpus ref. (Calv. op.) XIII, p. 366.

im Sinne Calvins gehalten und gab den Gegnern desselben, insbesondern aber den Beamten, schweren Anstoss. Sie schrieen in grosser Empörung über geistliche Anmassung und Einführung eines neuen Papsttums, das schlimmer sei als das alte. Dass in Bern auch Simon Sulzer sich mit Viret einverstanden erklärte, trug nicht am wenigsten dazu bei, seine bereits erwähnte Absetzung mit Geering und Fabricius zu veranlassen. Viret selbst begab sich zu Anfang Mai, auf Calvins Anraten, nach Bern, um sich vor dem Rate zu rechtfertigen. Farel begleitete ihn, aber es wollte nicht gelingen, den Unwillen zu besänftigen. Calvin reiste nun mit Farel sogar nach Zürich, um für Viret zu wirken und durch Bullingers Fürsprache die Vorurteile gegen seinen Freund beseitigen zu helfen.

Dieser Schritt brachte indessen die Berner nur noch mehr gegen beide auf. Wiederholt war Farel in Vorschlag gekommen zu einer Berufung nach Lausanne, allein der bernische Rat hatte seinen Namen immer wieder gestrichen. „*Calvinus et Farellus*, schrieb Joh. Haller an Bullinger, *plerisque senatoribus nostris et noti et suspecti sunt*." Es fehlte nicht an Leuten, welche den Argwohn nährten. Der uns bereits als ein Gegner Calvins bekannte Pfarrer Zébédée, nun Virets Kollege in der Waadtländer Hauptstadt, soll namentlich diesen in Bern verleumdet, seine Strenge als übertrieben dargestellt und von Neuerungen gesprochen haben, welche derselbe im Waadtland einführen wolle. „Wir haben die Berner Disputation, schrieb Zébédée, und nach dieser beurteilen wir alles, was ihr treibt." Der Mann ging vielleicht etwas weit in der servilen Unterwürfigkeit unter die Gnädigen Herren und ihren einseitig politischen Standpunkt; doch hat er wohl kaum alles verdient, was Calvin über ihn sagte.

Calvin selbst war jetzt um so gereizter, weil sein früherer Freund und nunmehriger Widersacher, Ami Perrin, das Haupt der Libertiner-Partei, noch 1548 aus der Verbannung zurückgekehrt und wieder zum Syndic ernannt worden war. Die Stellung des Reformators in Genf war damit neuerdings unsicher geworden, seine Autorität ernstlich erschüttert, und die Berner hatten zweifellos zu diesem Ergebnis mit beigetragen.

Die bereits erwähnte Synode in Bern, im März 1549, schien endlich eine günstige Wendung herbeizuführen. Calvin gelang es wieder, durch die ausserordentliche Macht und Energie seiner Rede auch die Widerstrebenden von der Richtigkeit seiner Gedanken zu überzeugen oder doch das Urteil über ihn zu mildern. Auf seine Verwendung wurde nicht allein Viret begnadigt, sondern jetzt zu dessen Unterstützung noch Theodor Beza als Professor nach Lausanne berufen.

Beza, am 24. Juni 1519 zu Vezelay in Burgund von vornehmen Eltern geboren, von dem bekannten Melchior Volmar in Orléans und in Bourges in die humanistischen Studien eingeführt, als Jurist in Paris auf höhere Staatsämter sich vorbereitend, dabei als Schöngeist und Weltmann litterarisch thätig, hatte sich 1548 plötzlich zu einer ernsten Lebensauffassung bekehrt und, aus Frankreich fliehend, sich nach Genf gewendet, wo er nun mit seiner Gattin Aufnahme fand.[1]

Durch Bezas Anstellung in Lausanne erhielt Viret eine starke Hülfe im Sinne der Genfer Theologie, und die Nachgiebigkeit der Berner in diesem Punkte schien den Frieden ins Waadtland zu bringen. Allein schon im Herbst des gleichen Jahres wurde den Waadtländer Pfarrern die Abhaltung der üblichen Zusammenkünfte, der „Colloques", untersagt, weil man diese als ein Hauptmittel zur Unterhaltung des Oppositionsgeistes ansah[2], und im Jahre 1552, am 23. Februar, befahlen die Berner für die Waadt, trotz einer Vorstellung dagegen, in sehr ungnädigem Tone den Gebrauch der Berner Liturgie, die zu diesem Zwecke in die französische Sprache übersetzt wurde, ein Verlangen, das dann mehrmals wiederholt worden ist.[3]

Ein neuer Streitpunkt kam mitten hinein: Calvins Lehre von der Prädestination. Der italienische Arzt Hieronymus Bolsec langte 1551 in Genf an und trat am 16. Oktober in der Kirche selbst gegen Calvin auf, indem er ihn der Ketzerei beschuldigte, weil er die Verdammnis der Menschen nicht von ihrem eigenen Verhalten, sondern von dem Ratschluss Gottes abhängig mache. Bolsec wurde im Dezember (23.) aus Genf vertrieben, da man ihn des Irrtums überführt zu haben behauptete.[4] Allein seine Anschuldigungen leuchteten dem gemeinen Menschenverstand allzu sehr ein, als dass sie ohne Eindruck hätten bleiben können. In Genf selbst wagte es ein gewisser Troillet, Calvin in diesem Sinne zu bekämpfen.[5] In Bern musste vorsichtshalber allen

---

[1] Baum, Th. Beza, Leipzig 1843—51. 2 Bde.

[2] 1542 war — umgekehrt, aber wohl aus dem gleichen Grunde — den Landvögten befohlen worden, an diesen Zusammenkünften teilzunehmen.

[3] E. A., IV, 1c, 643 3., 4. Mai 1552 u. 778 (26, 27. Mai 1553. — Ruchat, IV, 491.

[4] Fazy, le procès de Jérome Bolsec à Genève. Mémoires de l'instit. de Genève, tom. X.

[5] Schweizer, Al., Prot. Centraldogmen, I, 255. — Ruchat, V, 430 u. ff.

Kapitelsversammlungen verboten werden (19. April 1553), über die schwierige Frage von der Gnadenwahl zu reden.

Im August 1553 wurde eine ausserordentliche Visitation der welschen Gemeinden für nötig erachtet und hierzu die zwei Ratsherren Hans Steiger und Hieronymus Manuel mit dem Dekan Joh. Haller abgeordnet.

Wieder regte sich die Opposition eines Teils der Waadtländer Geistlichen gegen die Strenge Calvins. In einer an den Berner Rat gerichteten Eingabe[1]) traten die Differenzen scharf hervor. Hier beschwerten sie sich: 1. Die Genfer Pfarrer und ihre Freunde nennen die Berner Kirchendiener wegen des Gebrauchs der Taufsteine schimpfweise „Lapidarii". 2. Sie nehmen bernische Unterthanen nicht mehr als Taufpaten an. 3. Sie schliessen viele übliche Taufnamen, als nicht christliche, aus. 4. Sie behaupten, das ohne Exkommunikation gefeierte Abendmahl sei nicht das rechte, von Christus eingesetzte. 5. Sie halten alle Andersdenkenden für Heiden und Türken. 6. Sie nennen alle Geistlichen Bauchdiener und Schmeichler, welche den Bann nicht für notwendig erklären. 7. Sie lehren die ewige Gültigkeit des geistlichen Amtes. 8. Sie verdammen die, welche die Wochenfesttage feiern. 9. Sie selbst, die Genfer, entheiligen absichtlich die nicht auf einen Sonntag fallenden Festtage.

Der Rat verlangte das Gutachten seiner Prediger über diese Klageschrift. Haller und Musculus, welche selbst von Calvin als Mietlinge bezeichnet wurden, weil er pflichtgemässes Eingehen in die Auffassung der Obrigkeit für unmöglich hielt, antworteten sehr vorsichtig und suchten Calvin gegen solche Vorwürfe zu rechtfertigen. Immerhin wurde jetzt wirklich den bernischen Landesangehörigen verboten, sich zur Abendmahlsfeier nach Genf zu begeben, nachdem dies zur demonstrativen sektirerischen Unsitte geworden war.[2]) Durch dieses Verbot wurden nun aber wieder die Genfer tief beleidigt. Zweimal reiste Calvin deshalb nach Bern, anfangs März und wieder anfangs April 1555, ohne viel mehr ausrichten zu können, als dass das Versprechen erneuert wurde, durch bessere Einrichtung der Chorgerichte und strengere Handhabung der Sittenmandate einen richtigen Ersatz für das Recht

---

[1]) Schweizer, Prot. Centrald., I, 251.
[2]) Schreiben vom 26. Januar 1555: „.... sont aller participer et prendre la cène de notre seul sauveur á Genève iouxte les ceremonies Calvinistes .... voulons iceux étrangers être déchassez et nos subjects être devant nous remis, pour iceux punir et chatier iouxte notre plaisir." St.-A. Bern Conv. Arch., Epist. VI, f. 432b).

der Exkommunikation zu schaffen.¹) Allein das war noch lange nicht, was der Genfer Theologe begehrte; ihm war es nicht nur um die Bestrafung der Lasterhaften zu thun, sondern viel mehr um den Grundsatz der Ausschliessung selbst, d. h. um die freikirchliche Unterscheidung zwischen Christen und Nichtchristen. Und das war es gerade, was die Berner Regierung nicht wollte, nicht wollen konnte. Deshalb vermochte auch ein Mandat von 1557, welches die Verächter des Abendmahles mit Ausweisung bedrohte, weder die Genfer, noch die Waadtländer zu befriedigen. Die Verwendung Bullingers, welche Calvin für sich in Anspruch nahm, wurde in Bern abgelehnt.

In Genf selbst war Calvins Stellung, auch nachdem 1555 ein neuer Aufruhr gestillt, ein gegen ihn gerichteter Mordplan vereitelt und die Libertinerpartei wieder gestürzt war²), doch immer noch eine äusserst angefochtene. Die Hinrichtung Servets hatte, wenn auch keine Stimme sich dagegen erhob, nachträglich doch die Furcht vor einem einseitigen ketzerrichtenden Kirchenregimente verstärkt. Das empfand man in Bern mehr als je. Vier Prediger, welche in der Klasse von Thonon, gegen das Verbot, von der Prädestination gepredigt hatten, wurden 1557 abgesetzt. Beza und Viret reklamierten, aber ohne Erfolg.³) Beide erklärten zu Ostern 1558, dass sie das Abendmahl nicht austeilen werden wegen der Möglichkeit der Teilnahme Unwürdiger. Abgeordnete von Bern suchten sie zu beruhigen. Namentlich wollte man Viret schonen, den man liebte und für welchen auch diesmal Hans Franz Nägeli warm eintrat. Viret kam selbst wieder nach Bern und setzte vor dem Rat seine Ansicht auseinander. Allein die Standpunkte waren nun einmal unvereinbar. Im Mai 1558 verlangten die Waadtländer geradezu als Ultimatum die Einführung der Calvinischen Kirchenverfassung. Die Berner antworteten mit einem Schreiben vom 27. Mai⁴), mit einer Verschärfung der Chorgerichtsordnung und einer bedeutenden Vermehrung der geistlichen Stellen. Allein Beza

¹) Ueber diese Verhandlungen vom 11. bis 16. März und vom 1. bis 6. April in Bern s. E. A., VI, 1ᶜ, 1171 u. 1175—76.
²) Ueber alle diese Dinge Ruchat, IV, 133—143, 183—188 u. 228, 229. «... certains citoyens assez détestables et ingrats envers Dieu et leur propre patrie», nennt ein amtliches Aktenstück die Gegner Calvins in den „Fragments biographiques et historiques de Genève, 1815", tom. II (1535—1792), pag. 23. Es findet sich in dieser Sammlung ein unendlicher Reichtum von Einzelheiten.
³) Projet de constitution écclésiastique proposé à L. L. E. E. par Viret et les ministres de Lausanne en mars 1558. Im Auszug bei Ruchat, VII, 302 bis 307.
⁴) Ruchat, VII, 307—310.

liess sich nicht beschwichtigen, er verliess Lausanne im August 1558, um nach Genf zurückzukehren; und da auch Viret sich nicht fügte [1]), wurde er am 20. Januar 1559 förmlich entsetzt, mit ihm aber nicht weniger als 40 andere gleichgesinnte Prediger.

Viret ging erst nach Genf zurück, dann nach Frankreich, wo er 1562 in Lyon eine Nationalsynode präsidierte; im gleichen Jahre kam er, von Johanna d'Albret, der Königin von Navarra, berufen, nach Bearn und ist 1571 gestorben. Für das Waadtland, dem er durch seine Geburt angehörte, war sein Weggang ein schwerer Verlust.

Die Folgen dieser strengen Massregel [2]), die freilich bei der Natur des Konflikts als unvermeidlicher Schluss betrachtet werden muss, waren überhaupt höchst bedauerlich. Das Waadtland musste von einem Tage zum andern seine besten geistigen Kräfte, seine charaktervollsten Männer aus seiner Kirche scheiden sehen. Eine Synode zu Morges, am 9. März 1559, an welcher die Spitzen der Berner Geistlichkeit, Joh. Haller, W. Musculus und B. Aretius, anwesend waren [3]), vermochte zwar, die Ordnung herzustellen, aber nicht, den tiefern Schaden gut zu machen, gewiss um so weniger, da der Rat an die Stelle der Vertriebenen nunmehr zwei deutsche Schweizer als Professoren erwählte, den Adrian Blauner und Hans Knechtenhofer. Die Akademie, die so glänzend aufzublühen begonnen hatte, verödete plötzlich zu Gunsten derjenigen von Genf, und in Bern entwickelte sich nun um so schrankenloser der Geist des einseitigsten Staatskirchentums, welches dem innerlich-religiösen Leben alles Recht, sogar das Recht auf Existenz und Duldung, absprach.

Die antitrinitarische Bewegung.

Sowohl der unglückliche Abendmahlsstreit, als auch der kirchenpolitische Konflikt zwischen Zwinglianismus und Calvinismus wurde nicht wenig verwirrt und verschärft durch eine

---

[1]) Er erhielt noch am 15. November 1558, da man ihn offenbar zu halten wünschte, ein sehr mild und freundlich lautendes Schreiben: «.... en priant de même vouloir continuer en la charge que Dieu vous a donnée et commise, en faisant votre devoir comme par ci-devant.» Ruchat, VII, 311, wo noch zwei weitere bezügliche Aktenstücke mitgeteilt sind.

[2]) Man vergleiche dazu für die Ereignisse: Ruchat, VI, 256—272, für die Beurteilung: A. Schweizer, Prot. C. D., I, 252. Der ganze Handel wird auch in Haller-Mülins Chronik sehr eingehend erzählt und zwar von Joh. Haller selbst. Ruchat hat dieselbe benutzt.

[3]) Die den weltlichen Kommissarien mitgegebene Instruktion siehe bei Ruchat, VI, 273.

gleichzeitig auftretende Erscheinung, welche auf die gesamte Entwicklung des Protestantismus, ganz vorzüglich aber auf diejenige in der Schweiz, einen schlimmen Einfluss ausgeübt hat. Es ist dies die Bewegung der sogenannten Antitrinitarier. Sie bildet eine merkwürdige Parallele zum Anabaptismus, dessen Fortsetzung sie in gewisser Beziehung darstellt. Sie ist mit dem Wiedertäufertum verwandt und geht teilweise in den führenden Personen in dasselbe über, insofern, als beide das Recht der individuellen Glaubensfreiheit vertreten gegenüber dem bereits sich bildenden hochobrigkeitlich anbefohlenen Kirchensystem. Die Antitrinitarier unterscheiden sich von den Anabaptisten dadurch, dass, während die Täufer mit ihrer halb spiritualistischen, halb materialistischen Schwärmerei in den Kreisen der gedrückten Bauern und des untern Handwerkerstandes der Städte am meisten Fuss gefasst haben, die Antitrinitarier dagegen gerade zu den Repräsentanten der höchsten und feinsten geistigen Bildung gehörten, zu den Denkern und Philosophen, die nicht als Masse, sondern als Einzelnstehende, auf das Recht einer eigenen Meinung und Weltanschauung glaubten Anspruch machen zu dürfen.

Es waren meist Italiener, welche dieser Richtung angehörten, dazu einige Spanier. Man kann sie auch als Fortsetzer des italienischen Humanismus betrachten. Das logisch wissenschaftliche Bedürfnis war bei ihnen ohne Frage stärker, als das religiöse; und wenn wir sie heute nicht als unfromme und gottlose Menschen beurteilen können, wie es das 16. Jahrhundert gethan hat, so ist es doch zweifellos, dass sie mehr Philosophen als Theologen gewesen sind und das Feuer ihres Auftretens mehr aus dem südlichen Temperament, als aus dem Geiste warmen religiösen Eifers stammte. Das kirchliche Gemeinschaftsinteresse fehlte ihnen fast ganz. Da sie zudem, wenn nicht in ihrer Lebensführung, so doch in ihren Theorien, wenig Rücksicht nahmen auf die Anforderungen der praktischen Moral einer Volksreligion, im Gegenteil durch Mangel an Kenntnis des Volkscharakters und in der Regel auch durch einen ihrem Wissen und ihrer philosophischen Begabung entsprechenden geistigen Hochmut und eben so viel Ueberlegenheitsgefühl als Eitelkeit den ehrlichen Schweizern vielen Anstoss gaben; da sie ferner als Verbannte aus ihrer Heimat fast alle zu einer unstäten Lebensart verurteilt, die moralischen Schädigungen eines solchen Wanderlebens an sich selbst erfahren mussten, so lässt es sich begreifen, dass in der Schweiz auch diejenigen, welche ihnen sonst wohlwollten, welche sie bewunderten, sie doch als etwas unheimliche Gesellen betrachteten und lieber gehen, als kommen sahen. Als Flüchtlinge hatte man sie aufgenommen, sie mit Wohlthaten überhäuft, zum Teil sogar auf Kosten des eigenen Volkes erhalten; ihr Benehmen als Störer des kirchlichen Friedens wurde nur zu leicht als schnöder Undank beurteilt und ihnen aus diesem Grunde vielleicht auch mehr zum Vorwurfe gemacht, als sie es verdienten.

Die ganze, so hochinteressante Erscheinung ist am eingehendsten und gründlichsten behandelt worden von dem bernischen Kirchenhistoriker und Pfarrer Dr. Trechsel.[1]) Sein Werk hat, obwohl nicht mehr neu, doch seinen Wert bis heute beibehalten und ist noch durch kein besseres ersetzt.

Wir sind um so mehr genötigt, auf diese Leute näher einzugehen, weil die meisten derselben — wie bereits angedeutet — gerade in der Schweiz den Ausgangspunkt ihres Wirkens gefunden haben. Ihr Einfluss auf das kirchliche Leben war freilich mehr hemmend als förderud.

Johannes Campanus ist — soweit bekannt — mit der Schweiz nicht in Berührung gekommen.

Claudius von Savoyen dagegen — Sabaudus, Allobrox, Gallus, wie er abwechselnd bezeichnet wird[2]) — soll ein geborner Waadtländer gewesen sein: er trat zuerst in Bern mit Ansichten auf, welche die hergebrachte kirchliche Tradition nicht bloss nach ihren anthropologischen und soteriologischen, sondern auch nach der speciell-theologischen Seite anzweifelten, hatte 1534 eine Disputation mit den Predigern und wurde dann aus dem Lande gewiesen. Ebenso ging es ihm in Basel, später in Wittenberg. Nach dem Waadtlande zurückgekehrt, das unterdessen bernisch geworden, musste er sich 1537 in Lausanne zu einem Widerruf entschliessen, begab sich nach Augsburg und nach Konstanz, wo er mit seiner Behauptung höherer Erleuchtungen zwar einige Anhänger gewann, aber wegen Unfug verbannt wurde. Schliesslich ist er verschwunden, ohne dass man sein Lebensende kennt.[3])

Hieronymus Bolsec, von welchem bereits die Rede sein musste, war nicht eigentlich ein Antitrinitarier, wenigstens ist diese Seite seiner Lehre nicht besonders hervorgetreten; aber dieser gewesene Karmeliter-Mönch, der gegen Calvins Erwählungslehre Lärm schlug,

---

[1]) Trechsel, Die protest. Antitrinitarier vor Faustus Socin. Heidelberg 1839—44. 2 Bde.

[2]) In den Briefen wird er auch Claude d'Aliod genannt. (Herminj., IV, 197, N.)

[3]) Herminjard erwähnt noch einen ihn betreffenden Beschluss der Rates von Genf vom 14. Jan. 1539. (V, 231, A.)

wurde ebenfalls als Störer des Kirchenfriedens und Irrlehrer ausgewiesen (1551); er ist später wieder katholisch geworden, als ihn die Berner auch in Thonon nicht dulden wollten (1555).[1]) Eigentliche Antitrinitarier, welche mit ihren Spekulationen über den Gottesbegriff zur Leugnung auch der mit der katholischen Kirche gemeinsamen und als schlechthin unantastbar geltenden Dogmen fortgeschritten sind, waren nun: Matheo Gribaldo, Georg Blandrata, David Joris, Michael Servede und Valentin Gentile, dann etwas später die beiden Socini.

Matheo Gribaldo oder Gribaldi aus Savoyen, ein sehr bedeutender Jurist, Rechtslehrer in Padua, dann in Tübingen und eine zeitlang in Bern[2]), war ebenfalls nach Genf gekommen, hatte dann aber, als er um seines Pantheismus willen verdächtig wurde, sich auf bernisches Gebiet begeben, in der Hoffnung, hier geschützt zu werden. Er war sehr reich und besass zum grossen Aerger Calvins nahe den Thoren von Genf die Gutsherrschaft Farges im Pays de Gex. Er ist 1564 zu Grenoble an der Pest gestorben.

Georg Blandrata (c. 1515 geboren), aus Saluzzo in Piemont, stammte aus einer Familie, die schon früher zu ketzerischer Sektirerei Neigung gezeigt haben soll. Er war Arzt, wurde Leibarzt des Königs von Polen, kam dann nach Pavia; von der Inquisition bedroht, suchte und fand er in Genf eine Zuflucht, verkehrte viel mit Calvin, den er jedoch durch seine ebenso kühn zweifelsüchtigen als rechthaberischen Disputationen so gegen sich aufbrachte, dass derselbe ihn bald als einen gefährlichen Skeptiker ansah und Genf zu verlassen zwang. Er ging 1557 nach Bern, dann nach Zürich, machte sich aber durch seine grüblerischen Fragen an beiden Orten bald lästig, begab sich 1558 nach Polen zurück und von da nach Siebenbürgen. In seinen letzten Lebensjahren — er starb 1585 — soll er ein Gegner des Protestantismus und ein Freund der Jesuiten geworden sein.

---

[1]) Vergl. Fazy, le procès criminel contre Bolsec, in Mém. de l'inst. genev., X, 1–71. — Schweizer, Prot. Centraldogmen. Bd. I, S. 205 u. ff. Seine Verteidigungsschrift siehe Trechsel, I, 283. Vergl. die Polemik von H. Bordier, Bolsec rajeuni et de nouveau réprimé pour ses vieilles calomnies, in der France protest., tom. II der zweiten Ausg. (1880), und dagegen Gaberel, Lettre d'un protestant genevois aux lecteurs de la France protestante à propos de l'article Bolsec. Genève 1880, ferner: H. Bordier, l'école historique de J. Bolsec. Genève 1880.

[2]) Hier wurde am 5. Mai 1557 durch einen Menschen aus Gex ein Mordanfall auf ihn gemacht. Im September hatte er ein Verhör vor den Prädikanten zu bestehen über seine angezweifelte Rechtgläubigkeit. (Chronik von Haller u. Müslin.)

I. 5. Innerer Streit. Die antitrinitarische Bewegung. Servet.

Eine äusserst sonderbare Persönlichkeit war der Niederländer David Joris von Delft in Holland, der sich schon 1524 zur Reformation bekannte, dann aber in wiedertäuferische Schwärmereien sich vertiefte, längere Zeit am Niederrhein einer der Hauptführer der sektirerischen Umtriebe war und durch Wort und Schrift die extremsten phantastischen Ansichten verfocht, später jedoch, als nach dem Fall von Münster der Anabaptismus von seiner Höhe herabsank und überall gleichzeitig verfolgt wurde, plötzlich verschwand. — Im Jahre 1544 kam ein fremder Herr nach Basel, kaufte das Schloss Binningen nahe bei der Stadt, lebte dort als sehr reicher, um seines ehrbaren Wandels wegen angesehener, um seiner grossartigen Wohlthätigkeit willen sehr beliebter Mann und starb 1556. Erst drei Jahre später, 1559, bestätigte sich das Gerücht, dass dieser Fremde kein anderer gewesen sei, als der Erzketzer Joris, und nun wurde von den entsetzten Baslern die Leiche ausgegraben und dem Feuer übergeben zum nachträglichen Ketzergericht.[1]

Alle diese aber hat jedenfalls an persönlicher Bedeutung weit übertroffen der Spanier Michael Servede, dessen Prozess und Hinrichtung denn auch ganz natürlicherweise am allermeisten Aufsehen erregt und bis zum heutigen Tage mehr als irgend etwas anderes dem Andenken Calvins geschadet hat. Servet war Altersgenosse Calvins, geboren 1509 in Arragonien, und zeichnete sich durch vorzüglichen Verstand, durch Scharfsinn und kritische Begabung vorteilhaft aus, daneben aber auch durch eine wunderbare Verworrenheit und Neigung zu unklarer Allegorie und Phantasterei, wie er sich denn sehr viel mit Alchemie und Astronomie abgegeben hat. In Toulouse hatte er Jurisprudenz studiert und war dann als Sekretär eines hohen Geistlichen 1530 nach Italien gekommen. Im gleichen Jahre sich nach Basel wendend, soll er schon dort mit kühnen Spekulationen über das Wesen Gottes sich beschäftigt haben, worauf er 1531 sein grosses Werk: „De trinitatis erroribus libri VII" in Hagenau im Elsass erscheinen liess.[2]

Deshalb überall gemieden, begab er sich nach Paris, wo er nun Medizin studierte bis 1534, und fand sich mit Calvin zusammen zu einer von beiden Seiten nicht sehr aufrichtigen Freundschaft[3]),

---

[1] Ueber die Person: Nippold, Zeitschr. f. hist. Theol., 1863.64. Eingehend wird die Sache erzählt bei Ruchat, VI, 295 u. ff. Vergl. die weitläufige Verteidigung dieses Verfahrens bei Hottinger, III. 841—845, siehe auch Buxtorf-Falkeisen, Basler Stadt- u. Landgeschichten. Bd. I, Heft 3, S. 23—48.

[2] Sieben Bücher von der Dreieinigkeit, übersetzt von Bernhard Spiess, Wiesbaden 1892.

[3] Servets Briefe an Calvin, gesammelt im Corp.-Ref., tom. XXXVI, p. 644 u. ff.

ging inzwischen nach Orléans und nach Lyon und kam 1537 wieder nach Paris, wo er nun Vorlesungen hielt über Astronomie und Mathematik. Als Doktor der Medizin und in der Geschichte der Naturwissenschaften berühmt durch die Entdeckung des Blutumlaufes, ging er 1538 nach Vienne an der Rhone und blieb nun dort fast 13 Jahre lang unangefochten. Während dieser Zeit veröffentlichte er sein Hauptwerk: Christianismus restitutus (Vienne 1553), durch welches er Calvins und Melanchthons dogmatische Lehren widerlegen wollte. Es ist ein Buch voll hoher und zum Teil erhabener Gedanken, aber auch voll Hirngespinste und phantastischer naturphilosophischer Theorien, in welchen nicht etwa nur Kindertaufe und Dreieinigkeitslehre, sondern auch die christliche Moral verworfen wird. Die Inquisition in Vienne liess nicht lange auf sich warten; Servet wurde verhaftet und am 17. Juni 1553 zum Tode als Ketzer verurteilt, aber nur in effigie verbrannt, denn er selbst hatte sich durch die Flucht aus dem Gefängnis gerettet.

Mitte Juli langte er flüchtig in Genf an, zwar unter fremdem Namen, doch nicht lange unerkannt. Calvin setzte den Rat von der Ankunft des Irrlehrers in Kenntnis. Absichtlich liess man ihm Zeit, in der Hoffnung, dass er wieder gehen würde; erst am 13. August entschloss man sich zur Verhaftung. Der Gang des Prozesses ist vollständig klargelegt bis in alle Einzelheiten der Verhöre, da die Akten noch vorhanden und herausgegeben sind.[1]) Trechsel urteilt darüber, dass Servets Verteidigungsweise bald ruhig disputierend, bald wieder absichtlich provozierend, bald in kühnen und gewagten Ideen sich ergehend, bald wieder halb widerrufend, den Eindruck mangelhafter Offenheit und Wahrheitsliebe mache, dass aber auch die Anklageschrift des Generalprokurators von Genf viele misstrauische und sophistische, böswillige Konsequenzmacherei zeige, welche den Worten des einmal missbeliebigen Mannes die schlimmste Auslegung gab. Calvin selbst war bei den Verhören meistenteils anwesend, da es sich ja um

---

[1]) Actes du procès, etc. im Corpus ref. XXXVI. p. 726—871. — Calvins Defensio orthodoxae fidei contra errores Serveti, im Corpus Ref., tom. XXXVI. p. 452—643. — Rilliet, le procès criminel contre Servet. Mém. et Doc. de Genève. vol. III, 1—160. — Rilliet, le procès de Servet. Genève 1844. — Roget, Hist. des Genevois (Genève 1870—85), Bd. IV, 1—131. — Pünjer, De M. Servedis doctrina. Jena 1876. — Tollin, Charakterbild Servets. Berlin 1876. — Tollin, Das Lehrsystem M. Servets. 3 Bde. Gütersloh 1878. — Dardier, Mich. Servet d'après ses plus derniers biographes, in der Revue historique, tom. X, 1—54. — Dazu die ältere Schrift: Mosheim, Neue Nachrichten v. Serveto Helmstädt 1750.

ein geistliches Verbrechen handelte, und man nimmt an, dass auch das oben genannte Gutachten des Anklägers direkt von ihm inspiriert gewesen sei. Die Verantwortlichkeit für den Gang des Prozesses ist denn auch stets auf den Reformator selbst geschoben worden, und alle Versuche, ihn von diesem Vorwurf reinzuwaschen, sind nur halb gelungen. Als gewiss muss betrachtet werden, dass Calvin den Prozess oder doch dessen tragischen Ausgang hätte hindern können, dass er aber selbst den gelehrten Spanier für einen höchst gefährlichen Ketzer und Gottesleugner ansah, als einen gemeingefährlichen Menschen, dessen Tod ein Glück für den ruhigen Fortbestand der Christenheit sein müsste.

Man wird nicht vergessen dürfen, dass Calvin mitten im Kampfe mit der immer noch mächtigen Partei der Libertiner stand, und dass gerade in den Meinungen dieser Leute manches war, was mit Servets Lehren Verwandtschaft hatte, ja dass Servet selbst noch während des Prozessverlaufes diese Gegner Calvins für sich zu gewinnen versucht hat. So galt es für den Reformator eine Art von Notwehr für sich und für sein Werk. Es ist die einzig mögliche Rechtfertigung, wenn wir sagen: Calvin hielt es für seine Pflicht, den Mann zu verderben, den er als einen Feind des Christentums ansah, auch wenn es schwer hielt, ihm das Verbrechen der Gotteslästerung in Wirklichkeit aus seinen Worten nachzuweisen.

Calvin stand keineswegs allein mit dieser Ansicht; er stützte sich nicht bloss auf das in Vienne gefällte Urteil eines katholischen geistlichen Gerichtshofes; er war vorsichtig genug, unter Mitteilung der Akten auch die Meinung seiner protestantischen Glaubensgenossen einzuholen, und sie haben sich alle, Haller in Bern und Bullinger in Zürich, wie Melanchthon in Wittenberg, für die Todeswürdigkeit Servets ausgesprochen, ohne dass eine einzige Stimme dagegen laut wurde. Nur bei wenigen und nur bei Einflusslosen fand sich der humane Sinn, der uns in den Briefen des Berner Stadtschreibers Niklaus Zurkinden an Calvin entgegentritt.[1]) Am 6. Oktober langten diese Gutachten an; vom 21. bis 23. Oktober wurden die Verhandlungen weiter fortgesetzt. Als der Tod Servets beschlossen war, bat Calvin um Hinrichtung durchs Schwert, als mildere Strafe; doch das Gericht verurteilte Servet am 26. zum Feuertod. Farel erhielt die Aufgabe, den Philosophen auf den Tod vorzubereiten, und dieser bat ihn am 27. Oktober 1553 unter dem

---

[1]) v. Gonzenbach, im Berner Taschb. 1877, nach der von J. Bonnet im Bull. du prot. franç., tom. XXIII (1874), veröffentlichten Korrespondenz.

Rufe: „Jesus, du Sohn des lebendigen Gottes!" standhaft, und wie es scheint, nicht unwürdig erlitten.[1])

Das ganze Verfahren, das uns heute so peinlich berührt, lag so sehr in den Anschauungen der Zeitgenossen begründet, dass man in Bern das Beispiel Genfs nachgeahmt hat. Die Genfer glaubten beim Auftauchen immer neuer ketzerischer Lehren die Reinheit ihrer Dogmatik dadurch schützen zu müssen, dass sie dem Glaubensbekenntnis Gesetzeskraft gaben. Sie verlangten 1558 nach einer öffentlichen Besprechung der streitigen Fragen, dass alle Fremden eine ihnen vorgelegte Erklärung unterzeichnen sollten. Gribaldo, Blandrata und andere hatten sich dieser Forderung, wenn auch ungern, unterzogen, verliessen aber nachher Genf, da sie sich doch nicht in Uebereinstimmung wussten. Da war nur noch einer: Johann Valentin G e n t i l e aus Neapel. Er hatte ebenfalls mit Widerstreben seine Unterschrift beigesetzt, allein er liess sich dadurch nicht abhalten, abweichende Lehren zu bekennen und zu verbreiten. Man behandelte ihn jetzt als Eidbrüchigen und stellte ihn vor Gericht. Statt des Feuertodes, den manche schon jetzt als billig ansehen wollten, wurde ihm Begnadigung zu teil, d. h. er musste, nur mit dem Hemd bekleidet und barfuss, durch die Strassen der Stadt wandeln, mit einer brennenden Fakel in der Hand, öffentlich für seinen Frevel um Verzeihung bitten und dann mit eigener Hand seine Schriften ins Feuer werfen. Durch einen neuen Eid musste er endlich sich verpflichten, die Stadt nicht zu verlassen.[2]) Allein auch diesmal hielt er sich nicht an sein Wort; er begab sich auf bernisches Gebiet, wurde dort gefangen gesetzt, aber, weil man nicht wusste, was man mit ihm anfangen sollte, wieder freigelassen. Er schrieb jetzt sogar eine neue Schrift, welche alle früheren anstössigen Ketzereien wiederholte, und widmete diese, sei es nun zum Hohn oder aus herausforderndem Uebermut, dem bernischen Landvogt von Gex, Simon Wurstemberger, der durch diese Kompromittierung zu furchtbarem Zorn gereizt wurde.

Jetzt begab sich Gentile nach Polen und Mähren, kam jedoch, als er vernahm, dass Calvin gestorben sei, wieder nach Savoyen

---

[1]) Wenn das Gegenteil berichtet wird, so beruht das ohne Zweifel auf tendenziöser Entstellung. Die zuverlässigsten Nachrichten wissen nichts von lästerlichem Geschrei u. dgl. Schon Gottfr. Arnold in seiner Kirchen- und Ketzerhistorie stellte den Satz auf, dass in S. „ein wahrer und tiefer Grund des Christentums gewesen sei."

[2]) Fazy, H., Le Procès de Val. Gentile et de Nic. Gallo (1558), publié d'après les documents originaux in den Mém. de l'Institut genevois. tom. XIV (1878).

zurück. Er glaubte die alten Gegner nicht mehr fürchten zu müssen; aber an einen andern hatte er nicht gedacht, und das war eben Simon Wurstemberger. Sobald Gentile die bernische Grenze überschritt, wurde er verhaftet, am 19. Juli 1566 nach Bern geführt und nach längerem Prozess und mancherlei theologischen Disputationen mit Beza und andern Gelehrten am 10. September von den bernischen Gerichten als Irrlehrer, Verführer und Meineidiger zum Tode verurteilt und an der Kreuzgasse enthauptet. Der treffliche Benedikt Arctius musste in einer eigenen Schrift aus Auftrag der Obrigkeit das Verfahren öffentlich begründen.[1]

Ausser diesen Sturmvögeln, die bald durch eigene, bald mehr durch fremde Schuld dazu verurteilt waren, von den neubegründeten Kirchen ebenso wie von der alten Christenheit ausgeschlossen zu werden, gab es noch eine Anzahl anderer, welche, harmloserer Art, sich zum Teil sogar sehr verdient gemacht haben. Die Höhe ihrer geistigen Bildung und die Freiheit ihres theologischen Denkens, das sich in die dogmatischen Schranken nicht zu finden vermochte, liess indessen auch sie als religiöse Sonderlinge erscheinen und mit mehr oder weniger Grund unter dem Misstrauen leiden, das diesen Fremdlingen entgegengebracht worden ist. Ihre Thätigkeit wie ihre Person wird heute wesentlich anders beurteilt, als es in ihrer Zeit möglich war. Nur mit Vorbehalt nennen wir sie hier mit den Antitrinitariern zusammen.

Sebastian Castellio oder Castalio, 1515 von armen Eltern geboren und ohne Gelegenheit zu geordneten Studien aufwachsend, erscheint 1540 in Lyon, dann in Strassburg als Hausgenosse bei Calvin, und wurde von diesem, als er nach Genf zurückkehrte, als Schulvorsteher dahin gerufen. Seine freien theologischen Ansichten brachten ihn indessen bald mit seinem Gönner in Konflikt; 1544 verliess er Genf und wandte sich nach Basel. Nach einer Zeit schwerer Entbehrungen[2], die der wackere Mann mutig ertrug, wurde er 1552 in Basel Professor der griechischen Sprache und hat als solcher sehr Tüchtiges geleistet. Er schrieb eine Menge von gelehrten Abhandlungen, gab eine Anzahl Klassiker heraus, veranstaltete aber auch eine eigene Bibelübersetzung, welche von den einen als „Humanistenbibel" bezeichnet, von andern als Fälschung der heil. Schrift erklärt wurde und ihm schwere Vorwürfe zuzog. Calvin namentlich hat Castellio unablässig

[1] Val. Gentilis justo capitis supplicio Bernae affecti brevis historia. Genevae 1567. 4°.
[2] Er soll einige Zeit im Rhein Holz aufgefischt haben, um seine Familie zu erhalten. (Schweizer, Prot. C. D., I, 314.)

verketzert und bei den Basler Theologen verklagt, doch haben ihn diese geduldet, bis er 1563 (29. Dezember) starb.[1]

Eine verwandte Gestalt ist die des Caelius Secundus C u r i o. Derselbe wurde 1503 als Sohn eines Edelmannes in der Nähe von Turin geboren, und früh lernte er die Schriften der Reformatoren kennen. Er wollte selbst nach Deutschland gehen, wurde aber verraten und in ein Kloster gesteckt. Er konnte fliehen, hielt sich bald hier, bald dort auf, wurde in Pavia von der Inquisition ergriffen, durch List wieder befreit, war in Venedig, in Ferrara, in Lucca, hatte sich unterdessen mit einer edlen Mailänderin verheiratet und kam endlich mit der Frau und 13 (?) Kindern, 1542, als Flüchtling über die Alpen nach Zürich und von dort mit Bullingers Empfehlung nach Bern. Hier verschaffte man ihm eine Professur an der Lausanner Akademie, wo er bis 1547 wirkte. Dann ging auch er nach Basel, wo er 1569 (24. November) gestorben ist, anerkannt als vortrefflicher Lehrer und fleissiger philologischer Schriftsteller. Auch er huldigte aber einer ziemlich freien religiösen Richtung, ohne indessen den trinitarischen Gottesbegriff direkt anzugreifen. Für Calvin war auch Curio ein Dorn im Auge.[2]

Ein noch viel merkwürdigerer Mann war Bernardino O c c h i n o. Schon 1487 in Siena geboren und früh einer streng asketischen Lebensart sich ergebend, wurde er 1525 Franziskaner und zwar im neu begründeten Orden der Kapuziner; 1536 war er in Neapel, 1539 in Venedig, wurde als hochbegabter Bussprediger zum Beichtvater des Papstes Paul III. ernannt, dann General des Kapuzinerordens, aber plötzlich der Ketzerei verdächtig, weil seine religiöse Strenge und mystische Tiefe mit der Lehre der Reformatoren nahe verwandt schien. Zur Verantwortung nach Rom berufen, entzog er sich durch die Flucht der Gefahr und begab sich nach Genf, 1542, wo er nun wirklich sich als Reformirten erklärte. Er war bald in Basel, bald in Augsburg oder Konstanz, ohne eine bleibende Stätte finden zu können, ging hierauf nach England, musste aber, als die blutige Maria dort auf den Thron stieg, neuerdings fliehen und wurde endlich 1555 Prediger der kleinen italienisch-reformirten Gemeinde, die sich in Locarno gebildet hatte. Als auch diese weichen musste, noch im nämlichen Jahre, kam er mit den Gliedern derselben nach Zürich und blieb nun dort als Pfarrer

---

[1] Buisson, Seb. Castellion. Paris 1892. 2 vol. Eine ältere Lebensgeschichte v. Mähly. Basel 1862. — Bonnet, Récits du XVIe siècle. Paris 1870 (pag. 53—169).

[2] Biogr. von Streuber im Basler Taschenb. 1853. — J. Bonnet: La famille de Curione. Bâle 1878.

und Lehrer dieser italienischen Flüchtlinge. Allein er hatte das Unglück, durch etwas gewagte Aeusserungen über die Polygamie[1]), die im alten Testament zugelassen und im neuen nicht verboten sei, sich das Missfallen Bullingers zuzuziehen, so dass er auch hier (1563) unmöglich wurde; er ging nun, 76 Jahre alt, vom Rat vertrieben, wieder nach Basel, nach Mülhausen, dann nach Nürnberg und Krakau und ist im Jahr 1565 in Mähren gestorben, wo damals alle anderswo verfolgten Ketzereien ihre letzte Zuflucht fanden. Occhino war ein durchaus edler Geist, scharfsinnig und hochstrebend und trotz seiner sonderbaren Anwandlung betreffend die Polygamie ein Mann von tadelloser Sittlichkeit, ein echter Märtyrer, der in seinem Glaubensfeuer lieber zum Flüchtling, als zum Heuchler werden wollte.[2])

Neben den eben Genannten, die wir trotz gewisser Eigentümlichkeiten doch als Mitarbeiter der Reformation betrachten müssen, stehen nun noch einige andere.

Hieronymus Zanchi aus Bergamo, geboren 1516, begann im Augustinerkloster seiner Vaterstadt die Schriften Luthers im geheimen zu studieren und floh um seiner Ueberzeugung willen erst nach Graubünden und dann nach Genf. Im Jahre 1553 wurde er Professor in Strassburg, musste aber als Anhänger der streng calvinischen Prädestinationslehre wieder weichen[3]) und kehrte noch einmal in die Schweiz zurück, indem er einige Jahre Prediger der Reformierten in Chiavenna wurde. 1568 erhielt er einen Ruf nach Heidelberg und ist 1590 (19. November) in der Pfalz gestorben. Zanchi gilt als einer der gelehrtesten Theologen des 16. Jahrhunderts. Mit der orthodoxen Lehre ist er nie in Zwiespalt geraten, hatte aber trotzdem überall mit Vorurteilen und Missverständnissen zu kämpfen.

Aehnlich verhielt es sich mit dem gewesenen Bischof von Capo d'Istria, Peter Paul Vergerius, der uns in seiner hingebenden und aufopfernden, aber trotzdem etwas zweifelhaften Wirksamkeit im Veltlin und im Engadin in späterem Zusammenhange begegnen wird.

Ebenfalls in Bünden, resp. Cleven, ist damals ein gewisser Camillus aufgetaucht, der bald als Wiedertäufer, bald als Leugner der Dreieinigkeit geschildert wird. Von Mainardus, der ihm 125 ketzerische Irrtümer vorwarf, wurde er der Bündner Synode, dann

---

[1]) In seinen XXX Dialogi. Basel 1563. Vergl. darüber Hott., III, 872.
[2]) Benrath. Leipzig 1875.
[3]) Ueber seinen Konflikt mit Joh. Marbach in Strassburg, vergleiche Schweizer, Prot. Centr. Dogmen, I, 425—436.

auch den übrigen evangelischen Kirchen der Schweiz denunziert (Juni 1548), schliesslich vor einer ausserordentlichen Kommission verhört und am 6. Juli 1550 exkommuniziert. Er vermochte sich aber noch mehrere Jahre in den Veltliner Gemeinden zu halten und soll noch 1564 daselbst gewirkt haben.[1])
Rechnen wir in diese Reihe, obwohl er keine kirchliche Stelle bekleidet hat, noch den höchst merkwürdigen Carracciola Gallacius. Als Sohn einer Schwester des Papstes Paul IV. und verheiratet mit einer Tochter des Herzogs von Nozera, schien er zu hohen weltlichen Ehren bestimmt zu sein; durch eine Predigt Peter Martyrs bekehrt, verliess er 1551 alles, um seines Glaubens zu leben; er ging nach Genf und dann nach Basel; als ein stiller, frommer Mann ist er 1586 gestorben.

Und hier ist endlich noch ein etwas bedenklicherer Konvertit zu erwähnen: Jakob Paul Spifame, der Bischof von Nevers, der, seine Kirche verlassend, nach Genf sich flüchtete, wie er sagte, um des Glaubens willen, in Wirklichkeit aber, wie sich herausgestellt hat, weil er im Ehebruch ein Kind erzeugt und dann den bezüglichen Schein gefälscht hatte. Auf diese Entdeckung hin wurde er 1566 in Genf hingerichtet.

Alle die genannten zum Teil genialen Fremdlinge haben in kleinerem oder grösserem Umkreis unstreitig manche Verwirrung angerichtet, die meisten indessen haben mehr durch das Aufsehen erregt und historische Bedeutung erlangt, was sie erlitten, als durch das, was sie thaten und lehrten, und sie haben wenig bleibende Spuren ihres Wirkens hinterlassen; sie haben keine Anhänger gefunden, keine Kirche, nicht einmal eine Sekte, gestiftet, und ihr Auftreten bezeichnet nur eine vorübergehende Episode, von Interesse für die Dogmen- und für die Gelehrtengeschichte, etwa wie die auch sonst analog dastehenden Gnostiker in den ersten christlichen Jahrhunderten.

Schliesslich sollte es aber doch noch zu einer eigentlichen Sektenbildung kommen, allerdings nicht auf dem Boden der Schweiz, die nur indirekt davon berührt war, nämlich durch die beiden Socini. In Zürich starb 1562 einer jener italienischen Flüchtlinge, Laelius Socini aus Siena, ein still für sich lebender Gelehrter, der viel mit den Züricher Theologen, namentlich mit Bullinger, verkehrt hatte, ein auf weiten Reisen hochgebildeter Weltmann und geistreicher Denker, etwas zweifelsüchtig gestimmt, doch ohne eigentlich abweichende Meinungen aufzustellen. Nach

---

[1] Hottinger, III, 780.

seinem Tode kam sein Neffe, Faustus Socinus, ebenfalls nach Zürich und gab nun die hinterlassenen Schriften des Oheims im Drucke heraus. Der Inhalt derselben erregte durch den Widerspruch mit dem Glaubensbekenntnisse, durch offenen Angriff auf die traditionelle Fassung des Gottesbegriffes, allgemeines Entsetzen. Socin verliess deshalb Zürich, hielt sich von 1562—74 am Hofe von Florenz auf, kam aber wieder nach Basel, wo man noch am meisten Duldsamkeit übte, musste indessen 1578 auch hier weichen und ging nun nach Siebenbürgen und nach Polen, wo er in Krakau 1604 gestorben ist. Erst hier sammelte sich um Person und Schriften Socins eine Gemeinde von Anhängern, die an Stelle der Trinität einen deistischen Gottesglauben, an Stelle der heil. Schrift die Vernunft als Offenbarungsvermittlung, und an Stelle der Rechtfertigung durch den Glauben die Tugend des freien Willens als Moral Princip setzend, eine rationalistische Kirche gründeten. Ihre Schicksale gehören nicht in den Kreis unserer Darstellung. In der Schweiz hat diese Denkungsart keinen Boden gefunden; die Gefahr der antitrinitarischen Richtung wurde überwunden, wie schon die anabaptistische Bewegung unterdrückt worden war, freilich auf Kosten der Glaubens- und Gewissensfreiheit, und darum auch einer tiefern persönlichen Frömmigkeit, und zu Gunsten einer alles beherrschenden Durchschnitts- und Gewohnheitsorthodoxie.

II. Ausbildung der Staatskirchen.

1. Der Abschluss der dogmatischen Grundlagen.

Die Confessio Helvetica.

Zwinglis Confessio fidei christianæ vom Jahre 1530 war eigentlich ein Privatbekenntnis, in welchem der Reformator seinen eigenen Glauben, seine persönliche Ueberzeugung aussprach, um damit den Beweis zu leisten, dass er und seine gleichgesinnten Freunde keine vom Christentum abgefallenen Häretiker seien. Die Erklärung der grossen Synode von Bern von 1532 war zwar ein kirchliches Bekenntnis, aber absichtlich in den speciell dogmatischen Ausdrücken noch äusserst kurz und gewissermassen unbestimmt und allgemein gehalten; es enthielt nur die notwendigsten Sätze als Voraussetzungen für das gemeinschaftliche kirchliche Leben des Volkes.

So war auch die erste Basler Konfession zunächst ein rein privates Selbstbekenntnis Oecolampads, das dann zwar, von Myconius umgearbeitet, 1534 von der Basler Kirche als Ausdruck ihrer religiösen Glaubensansicht anerkannt, herausgegeben und gedruckt worden ist. Hier begegnen wir bereits der Thatsache, dass das Bekenntnis auch von sämtlichen Bewohnern der Stadt in ihren Zünften als Staatsgesetz erklärt und beschworen wurde. Es spricht sich darin die Voraussetzung aus, dass man durch diesen Ausdruck des Glaubens sich und andere für die Zukunft binden wolle, oder dass das Glaubensbekenntnis zugleich Lehrnorm ist, an welche die Lehrer und Prediger in ihrem Amte sich halten, und in welche die noch Unmündigen oder noch Schwachen im Glauben hineingeführt werden sollen. Immerhin war die Konfession hier noch vorwiegend und in erster Linie wirkliches Bekenntnis des vorhandenen innern Glaubenslebens.

Eine zweite Periode begann, als man diese Bekenntnisse miteinander zu vergleichen anfing, um auf Grund der übereinstimmenden Ansichten sich auch der Gemeinsamkeit der Religion bewusst zu werden und die Möglichkeit kirchlicher Einigung zu konstatieren. Diesem Bedürfnis entsprachen die dogmatischen Erklärungen der verschiedenen Konferenzen schweizerischer Theologen im Jahre 1535, welche dann mit der Abfassung der zweiten Basler oder der ersten helvetischen Konfession vom 30. Januar 1536 ihren Abschluss fanden; dem entsprach auch die grosse dogmatische Arbeit, welche einerseits veranlasst war durch die Verhandlungen über die Konkordie zwischen Reformierten und Lutheranern, anderseits durch die Verständigungsversuche mit der katholischen Kirche in Frankfurt, in Hagenau, in Worms und Regensburg, auch durch die Rücksicht auf das erwartete allgemeine Konzil, vor dem man von seinem Glauben Rechenschaft geben wollte. Man sagte hier nicht mehr, was man wirklich glaubte, sondern, was man zu glauben wünschte oder um des Friedens willen zu glauben behauptete.

Während diese Versuche alle nicht zu ihrem Ziele führten und statt die Bedeutung einer Einigung nur diejenige einer Grenzausmarchung hatten zwischen den sich trennenden Glaubensgemeinschaften, ist dagegen in der reformierten Schweiz eine Uebereinstimmung gefunden worden: der Consensus Tigurinus vom 1. August 1549, von welchem oben schon die Rede war.

Allein gerade als diese Schrift allseitig angenommen und gedruckt worden war, 1551, erschien eine Art von Gegenschrift, eine aus Anlass des Streites mit Bolsec von den Genfer Geistlichen unterzeichnete Erklärung zur strengen calvinischen Prädestinationslehre, der „Consensus pastorum Genevensis ecclesiae, a Joanno Calvino expositus.[1]) Im persönlichen Verkehr mit Bullinger hatte Calvin sich leicht auch über diese Frage verständigt; Bullinger selbst war, wie einst Zwingli und früher auch Luther, von der Notwendigkeit einer starken Hervorhebung der Allwirksamkeit Gottes im Gegensatz zur menschlichen Freiheit durchdrungen; er hatte keinen Anstoss genommen, die Sätze Calvins auch als die seinigen anzuerkennen. Dieser Consensus Genevensis nun aber, in welchem Calvin weniger auf andere Standpunkte Rücksicht nahm und sich deshalb schroffer aussprach, erregte doch in der deutschen Schweiz nicht geringe Bedenken, und Bullinger selbst fand kein grosses Gefallen an dieser neuen Kundgebung.[2]) Und wenn die gelehrten Theologen nichts dagegen einwenden konnten,

---

[1]) Corpus ref., Bd. 36, pag. 249—366.
[2]) Schweizer, Centrald., I, 236 u. S. 255, wo Bullingers mittelbar darauf Bezug nehmende ungedruckte Schrift, Oratio quae moderatio servanda sit in negotio providentiae, von 1553, gewürdigt wird.

so machten um so mehr die praktischen Prediger, die Seelsorger der Landgemeinden, auf die möglichen, ja fast unvermeidlichen Missverständnisse aufmerksam, zu welchen diese Lehre von der Gnadenwahl Anlass gebe, und meinten, dass man sie im Interesse der christlichen Moralität, als das Gefühl der Verantwortlichkeit schwächend und die Schwachen verführend, nicht öffentlich lehren dürfe; vollends die weltlichen Obrigkeiten, die ja jetzt auch die Kirchen regierten, glaubten in der Prädestinationslehre eine sehr gefährliche Doktrin erkennen zu müssen, welche nur dazu dienen könne, den Verbrechen und der Zuchtlosigkeit des gemeinen Volkes einen erwünschten Vorwand zu bieten. Der Consensus Genevensis, der übrigens nicht die Form einer symbolischen Schrift an sich hatte, wurde weder in Zürich, noch in Bern je anerkannt. Die bernische Regierung verbot sogar, von jenem Gesichtspunkte aus, die Lehre von der Vorherbestimmung auf die Kanzel zu bringen und setzte Prediger ab, welche dieses Verbot übertraten.

Damit ist nun bereits der Uebergang erreicht zu einer dritten Periode der Konfessionsarbeit, nämlich zu denjenigen Bekenntnissen, in welchen nicht ausgesprochen wird, was man wirklich glaubt, oder was man andern zuliebe glauben will, sondern was man glauben soll und muss, woran man sich im Glauben und Lehren zu richten hat. Die Reformation war vom Grundsatze ausgegangen von der Rechtfertigung durch den Glauben, d. h. von dem unbedingten Wert und Recht der persönlichen, von Gott durch den heil. Geist in uns gewirkten Ueberzeugung. Allein die Kämpfe mit den Absonderlichkeiten der Wiedertäufer, die sich auf ihr inneres Licht beriefen, ihre subjektiven Einfälle als Offenbarungen Gottes ausgaben und damit eine greuliche Verwirrung unter den Einfältigen, wenig Gebildeten und Ungelehrten anstifteten, wiesen mit aller Deutlichkeit auf die Notwendigkeit einer festen Ordnung hin und schienen es den kirchlichen Behörden zur Pflicht zu machen, nicht jede Lehre gewähren zu lassen, sondern diejenigen Prediger, die vom gemeinsamen Glauben abwichen, in irgend einer Weise zum Schweigen zu bringen. Beschränkung der absoluten Lehrfreiheit war eine Inkonsequenz gegenüber den Anfängen der Reformationsbewegung, aber eine Konsequenz der gegebenen Verhältnisse, eine Notwendigkeit, welche sich unabweisbar aufdrängte, wenn nicht die Begründung einer protestantischen Kirche überhaupt scheitern sollte.

Und als vollends die Antitrinitarier auftraten, bald hier bald dort ein Mann erschien, welcher mit dem Ruf eines Märtyrers für den evangelischen Glauben, mit dem Gewicht überlegener Geisteskraft und Gelehrsamkeit und mit dem Feuer fremdartiger glänzender Beredsamkeit auf den ihnen geöffneten Kanzeln Lehren aussprachen, die mit den Grundvoraussetzungen des gemeinsamen Christentums in Widerspruch standen und alles in Frage stellten, was bisher als zweifellos und fest gegolten, da empfand man das Bedürfnis, solche Lehren als Irrtümer zurückweisen zu können. Das kirchliche Bekenntnis wird jetzt auf einmal der Massstab, an welchem der Glaube des Einzelnen gemessen, die Wage, mit welcher er gewogen wird, um danach zu beurteilen, ob er zulässig sei oder nicht, ob man so glauben, d. h. zunächst, ob man so lehren und predigen dürfe. Wer sich nicht nach diesem Normalmass richtet, wird, wenn er Geistlicher ist, seines Predigtamtes entsetzt, wenn er ein Laie ist, vielleicht aus dem Lande gewiesen. Der Glaube wird nicht mehr vom Einzelnen mit souveräner christlicher Freiheit aus dem Worte Gottes geschöpft, sondern er wird ihm von der Kirche gemacht und vorgeschrieben. Beza und Farel zogen sich schwere Vorwürfe zu, als sie 1557 die deutschen Fürsten durch eine willkürlich dem augsburgischen Bekenntnis genäherte Glaubenserklärung für die französischen Protestanten gewinnen wollten.[1]) Das ist die grosse Wendung, welche in der Mitte des 16. Jahrhunderts sich auf einmal vollzog, eine Wendung, die man, abgesehen vom Inhalt der Lehre, sicher als einen Rückschritt zum katholischen Princip des „Heils durch die Kirche" betrachten, die man aber doch angesichts der vorhandenen Thatsachen als geschichtlich begründet ansehen muss.

Dieser neuen Aufgabe der Konfessionen, als Norm der Lehre und des Glaubens zu dienen, entsprach nun auch eine neue Bekenntnisarbeit. Es entstand die II. Helvetische Konfession, welche die erste und alle früheren verdrängt hat. Ihre Entstehung ist eine merkwürdige, von allen bisher besprochenen ganz abweichende.

Durch den widerwärtigen Kanzelstreit zwischen dem vom Abendmahl calvinisch denkenden Diakon Klebitz in Heidelberg und dem lutherischen Eiferer Hesshusius war der aufrichtig fromme Kurfürst von der Pfalz, Friedrich III.[2], veranlasst worden, beide zu verbannen, dann aber auch sich über die streitige Frage ernsthaft zu belehren, zu untersuchen, auf welcher Seite eigentlich die Wahrheit stehe. Er näherte sich erst Calvin, den er vordem

---

[1]) Ruchat, VI, 412 u. ff.
[2]) Kluckhohn, Kurfürst Friedrich der Fromme. Nördlingen 1879.

auch als Irrlehrer betrachtet, dann Beza und namentlich Bullinger, mit dem er einen regen Briefwechsel unterhielt. Endlich entschieden zum reformierten Bekenntnis übertretend, berief Friedrich den hochgebildeten Kaspar Olevianus, einen Schüler Calvins, evangelischen Prediger zu Trier, als Lehrer der Theologie nach Heidelberg, und neben ihn den Zacharias Ursinus aus Breslau, einen begeisterten Anhänger Melanchthons und Freund der Schweizer Reformatoren, einen Mann von ebenso viel Lehrbefähigung als schriftstellerischer Begabung.[1])

Immer tiefer, gegen seinen Willen, in die theologischen Parteikämpfe hineingezogen, aber bereits entschlossen, seine Gebiete nach dem Muster der calvinisch-schweizerischen Einrichtungen kirchlich zu organisieren, wandte sich der Kurfürst 1566 mit der Bitte um ein ausführliches Gutachten an Bullinger. Dieser entsprach dem Wunsche durch Zusendung einer Schrift über die streitigen Lehrpunkte, in welcher er die wesentliche Uebereinstimmung der reformierten und der deutsch-evangelischen Lehren darthat. Diesem Gutachten fügte Bullinger noch eine kleine Arbeit bei, eine kurze und klare Darstellung des reformierten Glaubens, wie sich derselbe jetzt unter Calvins Einfluss in den Schweizer Kirchen entwickelt hatte. Es soll diese Schrift ursprünglich ein rein persönliches Bekenntnis gewesen sein; der tieffromme Mann soll es abgefasst haben in einem Augenblicke, als er von der in Zürich wütenden Pestepidemie glaubte ergriffen und dem Tode verfallen zu sein und den Drang in sich fühlte, nach allem, was er erlebt und erfahren, in einer Art von Testament schriftlich Zeugnis zu geben von dem Glauben, in welchem er gelebt habe und gestorben sei.

Diese Schrift nun fand beim Kurfürsten so entschiedene Zustimmung und solches Wohlgefallen, dass er sofort befahl, sie ins Deutsche zu übersetzen, und so kam sie, auf dem sonderbaren Umweg über Heidelberg, wieder in die Schweiz zurück. Sie wurde auch hier allgemein sehr günstig aufgenommen, indem man gerade in ihren Worten das fand, was man eigentlich dachte und sagen wollte. Thatsächlich einzig weil sie in so überaus geschickter Weise auf die bisherige theologische Entwicklung Rücksicht nahm und in der Redaktion das Richtige schien getroffen zu haben, trat sie nun als zweite helvetische Konfession an die Stelle der ersten, indem alle reformierten Schweizerstädte, mit Ausnahme von Basel, sie als den zutreffendsten Ausdruck ihrer kirchlichen Lehre zum

---

[1]) Sudhoff, Ursinus und Olevianus. Elberfeld 1857.

Hauptsymbol erklärten. Zürich ging voran und fand sogleich Zustimmung in Bern[1]) und in Genf. Beza reiste selbst im Februar 1566 nach Zürich, um im Namen seiner Kirche zu unterzeichnen. Von Zürich begab sich Rud. Gwalther auch nach Schaffhausen, Basel und Mülhausen. Während Basel vorzog, bei seinem ältern Bekenntnis zu bleiben, traten die beiden andern Städte noch im Februar bei, und nun lud Bullinger schriftlich auch Bünden, St. Gallen und Biel dazu ein; Neuenburg gab seine Erklärung am 1. März. Der Beitritt der Evangelischen in Glarus, Appenzell, im Thurgau, Rheinthal und Toggenburg galt als mitbegriffen in demjenigen der Züricher Kirche.[2])

Johannes Haller, Dekan zu Bern, nennt in seiner (handschriftlichen) Chronik insbesondere den Reichstag zu Augsburg als Veranlassung. Die Verhandlungen über die kirchlichen Angelegenheiten, welche dort stattfinden sollten, das *"verursachet die Diener der Kirche in der Eidgenossenschaft, dass sie ires gloubens Confession und bekanntniss liessend in Truck usgan."*

Gedruckt wurde das Bekenntnis übrigens erst 1568, unter dem Titel: Confessio et expositio simplex orthodoxae fidei. (Tiguri 1568, in 12°.) Die Schrift besteht aus 30 Artikeln, welche sich über alle Grundlehren des Christentums nach evangelischer Auffassung aussprechen, klar, verständlich und verhältnismässig weitherzig. Im 21. Artikel ist die Abendmahlslehre behandelt, jetzt wieder ganz zwinglisch, nur durch Calvin etwas beeinflusst, da keinerlei Ursache mehr vorlag, auf die Lutheraner besondere Rücksicht zu nehmen.

Die Konfession erhielt erhöhte Bedeutung dadurch, dass sie nun auch von den Waldensern in Piemont, von den Reformierten in Schottland (5. September 1566), in Böhmen, Polen, Ungarn (24. Februar 1567), Siebenbürgen und in Holland angenommen wurde, und somit die gemeinsame Grundlage darstellt für die reformierte Kirche überhaupt, als die Lehre, auf welche die

---

[1]) Hier immerhin in auffallend zurückhaltender Form, wie aus dem Ratsprotokoll vom 6. Februar 1566 hervorgeht. (Manual, N. 368, S. 233.) Trotz der Empfehlung von Haller, Musculus und Zurkinden, welche erklärten, dass sie „Bullingers Bekhanntnus besichtiget und dieselbe allhie gehaltener Disputation, Reformation, noch dem h. Wort Gottes kheinswegs zuwider nit sin befunden", wurde doch nur bewilligt, dasselbe anzunehmen „als für sich selbst, cum caeteris ministris, so darzu consentieren wellend, doch allweg M. H. H. ungemeint", somit nicht amtlich und im Namen der bernischen Staatskirche.

[2]) Hottinger, III, 886, und genauer Ruchat, VII, 102—104. Eine Geschichte des Bekenntnisses gibt: Fritzsche, Conf. Helv. posterior. Turici 1839.

Prediger überall beeidigt wurden. Es gibt davon zahlreiche Ausgaben und Uebersetzungen in den meisten europäischen Sprachen.[1]

Leider schien nun gerade angesichts dieses kräftigen Zusammenschlusses die unselige inner-protestantische Polemik wieder neu ausbrechen zu wollen. Es war von der Absicht der Lutheraner die Rede, die Lehre der Reformierten ausdrücklich zu verdammen. Von seiten der letztern wurde mit der Pfalz und mit Hessen eifrig darüber verhandelt.[2]

Die Basler Kirche hat die Annahme und Unterzeichnung verweigert. Zweifellos war es Simon Sulzer, der sich dagegen aussprach und die Ablehnung bewirkte, unter dem Vorgeben, dass Basel seine eigene Bekenntnisschrift besitze und keinen Grund habe, eine andere Formel aufzustellen. In diesem Sinn hat sich Sulzer in einem Briefe an Bullinger entschuldigend und erklärend ausgesprochen.[3] Selbst für die lutherische Lehre eingenommen und stets noch von der Hoffnung erfüllt, eine Einigung der beiden protestantischen Parteien kommen zu sehen, durch sein Verhältnis zur badischen Kirche, die er als Superintendent im Auftrage des Markgrafen kirchlich einrichtete, noch mehr veranlasst, mit den deutschen Protestanten zusammenzustehen, drängte dieser willensstarke und zäh auf sein Ziel hinsteuernde Kirchenmann auch die Basler Kirche immer sichtbarer in Lehre und Kultus zu Luther hinüber. Es wird ihm nachgeredet, dass er sogar an der Basler Konfession selbst noch Aenderungen in diesem Sinne eigenmächtig vorgenommen habe, indem er bei einem Neudruck derselben gewisse erläuternde Randbemerkungen wegliess, die früher als noch von Oecolampad herstammend und als dazu gehörig angesehen wurden.[4] Zwei seiner Kollegen in Basel, die Pfarrer Erzberger und Brandmüller, protestierten gegen dieses Vorgehen des Antistes, 1570. Erzberger wurde deshalb im Jahr 1571 in seinem Amte eingestellt, und energischer als je arbeitete Sulzer an der Verwirklichung seines Planes. Er bewog sogar den Rat zu dem

---

[1] Deutsche Ausgabe: „Bekanntnus des wahren glaubens, d. ist einfaltige erläuterung der rechten, allgemeinen lehr, ausgangen von den dieneren der kirche Christi in der Eidgenossenschaft. Zürich 1680, in 16⁰. — Eidgenössische Konfession, Bern 1608, 4⁰, verbunden mit der Ausgabe der Disputationsakten. Eine französische Uebersetzung gibt Ruchat, VII, 105—274. — Spätere Ausgaben: lateinische von 1676—1759, deutsche von 1701 u. 1766, französische von 1860. Genaueres in Hallers Bibl. d. Schw.-G., III, N. 435.

[2] Evangel. Konfer. in Zürich vom 3. August 1566. E. A., IV, II*, 347.

[3] 22. Februar 1566, abgedruckt bei Hagenbach, Geschichte d. II. Basler Conf. S. 88.

[4] Hagenbach, Gesch. der zweiten Basler Konf. S. 31.

Beschlusse, die alte, von allen Reformierten längst aufgegebene Wittenberger Konkordie, noch zu unterzeichnen. Nur der Widerspruch der Landgeistlichkeit verhinderte dies und machte nach langen Kämpfen, in denen Erzberger nochmals weichen musste, dem Einflusse Sulzers ein Ende, 1581 und 1882. Allein erst nach dem Tode Sulzers — er starb am 22. Juni 1585 — verliess Basel die isolierte Stellung, in welche dieser Mann es hineingetrieben hatte, indem Rat und Bürgerschaft 1589—91 endlich auch die helvetische Konfession annahm und damit in die Reihe der übrigen reformierten Kirchen der Schweiz eintrat.

Es war ein grosses Resultat, als auf diese Weise eine Einigungsformel gefunden wurde, welcher alle Reformierten der Schweiz zustimmten; vorzüglich für die Schweiz selbst war es wichtig, dass die drohende Spaltung zwischen der französisch-calvinischen Westschweiz und der deutsch-zwinglischen Ostschweiz beseitigt werden konnte. Immerhin war die Einigung eine bloss dogmatische, auf die Lehre allein begründete; eine kirchliche Einheit oder auch nur Einigung kam nicht zu stande; in Verfassung und Kultus blieben die einzelnen Staatskirchen getrennt, auf ihr kleines Gebiet beschränkt und von einander unabhängig. Selbst der eine zeitlang so rege amtliche und persöniche Verkehr der leitenden Theologen hörte nach und nach auf.[1])

Der schärfere Ton, welchen seit Aufstellung der Konkordienformel von 1577 das Luthertum wieder anschlug, gab dann den evangelischen Schweizern Anlass, engern Anschluss unter sich zu versuchen. Da man im Sommer 1580 neuerdings besorgte, es möchte am Reichstage zu Nürnberg ein den Reformierten ungünstiger Beschluss gefasst werden, sandte die evangelische Konferenz, am 29. August zu Aarau versammelt, den Professor Wilhelm Stucki von Zürich zum Pfalzgrafen Casimir, um ihn ins Interesse zu ziehen.[2])

Am 5. Oktober 1587 wurde sodann, wieder in Aarau, eine Anregung gemacht zu fleissigerem Verkehr in kirchlichen Dingen. Es wurde Abrede getroffen: „Aus jedem Orte soll etwa ein Kirchendiener samt einem Mitgliede des Rats von Zeit zu Zeit oder jährlich einmal sich zusammenfinden, um miteinander der Kirchenhändel oder etwa einreissender Mängel wegen freundlich

---

[1]) Im Jahr 1582 gaben die Züricher Geistlichen — offenbar auf geäussertes Verlangen hin — eine Art von Gutachten ab über die in Bern beobachteten kirchlichen Gebräuche. Abschrift in Cod. 122 (Nr. 27) der St.-B. Bern.

[2]) E. A., IV, II a, 722.

und vertraulich zu konferieren."¹) Doch kam es zu keinem eigentlichen Beschlusse und der Plan konnte nicht verwirklicht werden. Die sogenannten „Evangelischen Konferenzen", d. h. die regelmässigen Zusammenkünfte der Tagsatzungsgesandten aus den reformierten Kantonsregierungen, bei denen aber keine Kirchenmänner anwesend waren und innerkirchliche Fragen nicht berührt wurden, bezeichneten den einzigen und letzten Rest eines ursprünglich angestrebten kirchlichen Zusammenhangs.

Die Katechismen.

Einige Jahre vor der Abfassung der Confessio Helvetica secunda war ein anderes Werk verwandter Natur zu stande gekommen, welches, in mancher Hinsicht bekannter und volkstümlicher als die Bekenntnisschrift, in nicht geringerem Masse, wenigstens für einen Teil der reformierten Schweiz, ein wichtiges Band religiösen Zusammenhanges werden sollte: der „Pfälzische oder Heidelberger Katechismus".

Von den ersten Katechismusarbeiten der Schweizer Reformatoren ist oben die Rede gewesen (S. 105).

Je mehr man im Laufe der Jahrzehnte dahin neigte, bei dem Wort „Glauben" an das Fürwahrhalten eines dogmatischen Systems zu denken, um so wichtiger wurde gerade diese Seite der kirchlichen Aufgabe. Teils dogmatische Wandlungen, teils die Rücksicht auf die praktische Zweckmässigkeit, veranlassten mancherlei Veränderungen an den anfänglichen Lehrbüchern.

Basel erhielt einen neuen Katechismus, dessen Titel gelautet haben soll: „Unterweisung zum Abendmahl für die Katechumenen". Diese Schrift, wie die ältere Oecolampads, ist nur noch bekannt in späterer umgearbeiteter Form. Man kennt deren zwei, von 1538 und 1540, verfasst von Christoph Weissgerber, und eine noch spätere von Timotheus Sturm.²)

Auch in Zürich empfand man bald das Bedürfnis nach einer einfacheren und populärern Schrift, als es der erste Katechismus Judaes war, nicht sowohl für Erwachsene und Denkende, sondern speciell für die Kinder. Es entstand 1541: „Eine kurze christliche Unterweisung für die Jugend." Sie ist nicht nur kürzer, sie hat auch jene Stellung der Fragen bereits geändert, denn hier ist die Form der Frage durch den Lehrer und der Antwort durch den Schüler gewählt.³)

¹) E. A., V, 1ᵃ, 67.
²) Hagenbach, Gesch. d. II. Basler Konfession. Anhang B. S. 262 u. 263.
³) Geschichte des Züricher Katechismus in Hess Sammlungen, II. S. 25.

Eine neue Ausgabe dieses kleinen Katechismus erschien 1547, mit einem Anhang von Gebeten. Schon 1543 aber hatte Leo Judae noch einen andern Katechismus abgefasst in lateinischer Sprache, somit nicht zum direkten Gebrauch beim Unterricht, sondern mehr zur Vorbereitung für den Lehrer: „*Brevissima religionis Christianae formula.*" Er soll eigentlich ein Auszug sein aus Calvins Institutio, welche man allseitig als den vollkommensten Ausdruck der reformierten Dogmatik betrachtete und deshalb gerne in gekürzter, leicht verständlicher Sprache allen nach damaligen Begriffen „Gebildeten" zugänglich machen wollte.

Wieder einem andern Zweck diente ein Katechismus, welchen Bullinger 1559 herausgab: „*Catechesis pro Adultioribus*", also eine Art von Lehrbuch für die zum selbständigen Denken Erwachten.

Wie der erste Berner Katechismus Meganders durch Bucer umgemodelt worden ist, wurde oben erzählt. Als die Eroberung des Waadtlandes gelungen, wurde die Schrift sofort ins Französische übersetzt: „*Exposition chretienne des dix commandements, des articles de la foy, de l'oraison de notre seigneur, réglée et moderée selon la capacité et entendement des enfants, avec l'explication des sacrements, ecrite en forme de dialogue.*"

Dieser Bucersche Katechismus, der sich übrigens nach dem Urteil der Specialforscher nur sehr wenig und hier nicht eben vorteilhaft von der Vorlage Meganders unterscheidet, hatte durch die Art seiner Entstehung zu viel Aergernis erregt, als dass er hätte beliebt werden können. Sobald die Einigungsprojekte aufgegeben werden mussten, wurde wieder der ältere von Megander gebraucht, der den vorhandenen Anschauungen besser entsprach, und während längerer Zeit herrschte nun eine Art von Zweisprachigkeit. Ein letztes bekanntes Exemplar des Bucerschen befindet sich im Kapitelsarchiv zu Brugg, d. h. jetzt in der Aargauer Kantonsbibliothek.[1]) Einen sehr merkwürdigen Versuch eines moralischen Katechismus, mit Herbeiziehung der römischen und griechischen Litteratur, machte der berühmte Naturforscher Otto Brunfels, damals Stadtarzt in Bern: Catechesis puerorum. (Frankfurt o. J.)

Im Jahre 1542 forderte die Berner Regierung die Prediger auf, einen neuen Katechismus auszuarbeiten; allein es stellte sich dies bei den vorhandenen Meinungsverschiedenheiten in der leidigen

---

[1]) Güder, Geschichte der Berner Katechismen, in der „Kirche der Gegenwart". Jhrgg. 1880. — Vuilleumier, La religion de nos pères. Notice historique sur les catéchismes qui ont été en usage dans l'église du pays de Vaud depuis les temps de la réf. Lausanne 1888. (Revue de théol. et de philos.)

Sakramentsfrage als unmöglich heraus. Der 1543 von Mag. Heinrich Möriker zu Schinznach[1]) verfasste Katechismus scheint nicht Eingang gefunden zu haben, und der Rat befahl nunmehr, 1545, sich im Unterricht auf die Erklärung des Unservaters, des Glaubens und des Gesetzes zu beschränken und die Auslegung der Sakramente nur der Predigt vorzubehalten, also hier gewissermassen Freiheit zu lassen. Erst nach der Ueberwindung des Abendmahlsstreites, d. h. nach der Entlassung Sulzers, war wieder die Abfassung und Einführung eines einheitlichen Lehrbuches denkbar geworden.

Unterdessen hatte die Genfer Kirche ein eigenes Lehrbüchlein von Calvin erhalten, im Jahre 1537. „*Instruction et confession de foi dont on use en l'église de Genève.*" Auch dieser Katechismus ist so völlig verschwunden, dass er erst wieder bekannt geworden ist durch einen, nach dem einzigen in der Pariser Bibliothek noch aufgefundenen Exemplar gefertigten Neudruck, welchen zwei Genfer Gelehrte, die Herren Alb. Rilliet und Theoph. Dufour, 1878 veranstaltet haben.[2]) Später, 1542, gab Calvin selbst dieser Arbeit eine neue Gestalt: „*Formulaire d'instruire les enfans en la chrestienté*", und dieser Katechismus war es nun, der, wie in Genf allgemein eingeführt, so auch in den Kirchen des Waadtlandes fast überall gebraucht wurde. Viret brachte denselben nach Lausanne, und er fand vermöge seiner Klarheit und Zweckmässigkeit so leicht Eingang und Beifall, dass auch die Gegner Calvins nicht dagegen aufkommen, dass auch die Berner seiner allgemeinen Verbreitung kein Hindernis in den Weg legen konnten. So blieb es während einiger Zeit; als aber der Konflikt sich zuspitzte, glaubte man in Bern doch genötigt zu sein, die Uniformität des Waadtlandes mit dem deutschen Gebiet ernstlich, auch im kirchlichen Lehrbuch, zum Ausdruck bringen und dem als unheilvoll betrachteten Einfluss des Genfer Reformators einen Damm entgegensetzen zu sollen, indem man gegen seinen Katechismus ein Verbot erliess.

Gegen Ende des Jahres 1551 erhielten die Prediger des Waadtlandes die Uebersetzung der bernischen Liturgie und gleichzeitig eine offizielle französische Katechismusausgabe, mit dem strikten Befehl, beides in ihren Kirchen künftig in Gebrauch zu

---

[1]) Frikart, a. a. O., 76.
[2]) Le catéchisme français de Calvin, publié en 1537, réimprimé pour la première fois d'après un exemplaire nouvellement retrouvé et suivi de la plus ancienne confession de foi de l'église de Genève, avec deux notices, par A. R. et Th. D. Genève 1878.

setzen.¹) Dieselbe Weisung ging jetzt auch an die reformierten Kirchen zu Grandson und Orbe, in welchen bis dahin ein von Jean Le Comte verfasstes Büchlein üblich gewesen war: „*Afin que les enfans soyent mieux instruits en la loy de Dieu et à apprendre à prier, à cette cause ordonnons que les prédicants usent du livre appelé le catechisme imprimé à Berne.*"²) Weder von dieser Ausgabe von 1551, noch von einer neuen Bearbeitung von 1558 durch Jean Rivery, noch endlich von einer dritten von 1570 oder 1571, hat ein Exemplar sich erhalten. Ruchat, der noch ein solches von 1558 gesehen zu haben behauptet, berichtet darüber, dass das Buch klein gewesen sei, von 53 Seiten in 12°. Die Fragen und Antworten seien kürzer und klarer, für die Jugend leichter verständlich gewesen, als im später eingeführten, und in der Lehre habe dasselbe keine Abweichung vom Gewohnten gezeigt.³) Sicher war dieses Büchlein nichts anderes, als eine französische Uebersetzung des damals in Bern gebräuchlichen; ob aber hier noch das alte Megandersche oder ein irgendwie verändertes im Gebrauch gewesen, ist nicht bekannt und kann aus den Worten von Ruchat nicht mit Sicherheit geschlossen werden. Wahrscheinlich ist immerhin, dass die seitherigen dogmatischen Kämpfe, dass die Ueberwindung des Kryptoluthertums und dann das hohe Ansehen eines Joh. Haller und Wolfg. Musculus, und dass endlich auch der Consensus Tigurinus, d. h. also der Einfluss Calvins auf die Dogmatik der zwinglischen Kirche, nicht ganz ohne Wirkung gewesen sein möchte. Allein es fehlt darüber an jeder sichern Angabe. Vuilleumier nimmt an, dass es sich um eine Neubearbeitung von Meganders Katechismus gehandelt habe, da doch Calvin gegen die darin vertretene Lehre keinen Einspruch erhoben hat.

Wenn die Dogmatik für Calvin keinen Anstoss gab, so empörten sich dagegen die Waadtländer selbst gegen die Zumutung, sich von Bern ein Lehrbuch aufzwingen zu lassen. Die Prediger versammelten sich in ihren Kapiteln oder „classes", wie man sie dort nannte, und schickten eine lange Denkschrift nach Bern, um auf Zurückziehung der Verfügung zu dringen. Sie bestritten der Regierung das Recht zu einer solchen Massregel ohne Anfrage an

---

¹) Nach Frikart (S. 77) soll 1552 auch eine deutsche Ausgabe erschienen sein. Mezger nimmt an, dass damit der unveränderte Megandersche Katechismus gemeint ist. (Bibelübersetz. S. 189.)
²) Vuilleumier, la religion de nos pères, a. a. O., und vom nämlichen: A propos du catéch. français de Berne de 1551. Bericht über ein im St.-A. Bern aufgefundenes Fragment. (Revue de Théologie.)
³) Ruchat, IV, 491.

die Geistlichen und die Gemeinden, und verneinten ebenso die Zweckmässigkeit derselben mit Rücksicht auf den Eindruck, den sie im Volke hervorrufen müsse. In Bern wollte man nicht auf diesen Einspruch hören, drohte vielmehr die Pfarrer mit Absetzung zu bestrafen, welche bei der nächsten Visitation nicht als gehorsam erscheinen würden, und es scheint auch, dass der Widerspruch bald verstummte, so dass schon 1555 dieser Berner Katechismus allgemein in Uebung war und Viret und Beza selbst in ihrem Streite mit der Regierung sich auf denselben beriefen.

Daneben wurde allerdings in den französischen Gemeinden vielfach noch ein kleines Büchlein gebraucht, welches gemeiniglich als Anhang zum calvinischen Katechismus gedruckt und deshalb als ein Bestandteil desselben betrachtet worden ist, das kleine Fragenbuch: „*En qui crois-tu?*" von nur 21 Fragen.

Damit war nun die Periode einer gewissen Ruhe in dieser Richtung eingetreten, und auch die für Entwicklung der religiösen Vorstellungen so wichtige Katechismusarbeit konnte eine zeitlang stille stehen.

Gerade jetzt aber nahte auch die Zeit, da auf dem Gebiete der religiösen Pädagogik ein neues Werk geschaffen werden sollte, welches dazu bestimmt war, die ältern Arbeiten dieser Art wenigstens für einen Teil der schweizerischen Lande fast ganz zu verdrängen und in Vergessenheit zu bringen.

Als der Kurfürst Friedrich III. von der Pfalz 1559/60 zum reformierten Bekenntnis sich wandte, gab er den beiden nach Heidelberg berufenen Gelehrten, Olevianus und Ursinus, sofort den Auftrag, in einer kurzen, allgemein verständlichen Schrift den Hauptgehalt der Lehre zusammenzustellen, also eine Art von volkstümlicher Laien-Dogmatik abzufassen. Eigentlich, so scheint es, nicht ganz in Uebereinstimmung mit dieser ursprünglichen Weisung, gaben dann die beiden Theologen ihrer Arbeit die hergebrachte Form eines Katechismus. Am Ende des Jahres 1562 wurde der Entwurf vorgelegt und am 19. Januar 1563 mit einer Vorrede dem Druck übergeben.

Die hohe Bedeutung des Werkes wurde rasch anerkannt. Eine klare und nach dem Stande der Bildung logische Anordnung der einzelnen Hauptstücke, welche die christliche Ueberzeugung in ihrer natürlichen und psychologischen Entwicklung aus dem allgemeinen Sündenbewusstsein zum Erlösungsbedürfnis, dann zum Glauben an die historischen Thatsachen der Erlösungsgeschichte und der Person Christi darlegt, und aus dem Gefühle der Erlösung wieder einerseits die Dankbarkeit gegen Gott herleitet, die sich als kräftiges Motiv zur Erfüllung des göttlichen Willens nach dem Gesetze bewährt, anderseits im Gebet und im Gebrauch der Gnadenmittel stete Pflege und Stärkung sucht — diese klare und logische Anordnung, verbunden mit einer fasslichen, zwar etwas stark doktrinären, aber doch dabei auch warm religiösen Sprache und einer bei aller dogmatischen Bestimmtheit doch unverkennbaren Weitherzigkeit, lässt den Pfälzer- oder Heidelberger Katechismus jedenfalls als eine der vorzüglichsten Arbeiten dieser Art betrachten. Wohl die Krone desselben ist die mitten ins Centrum der Religion hineingreifende Einleitungsfrage: „Was ist dein einziger Trost im Leben und im Sterben?" eine Frage, durch welche allein dieser Katechismus allen andern voransteht. Sein Charakter ist treffend gekennzeichnet in dem Urteil: „Der Heidelberger Katechismus hat lutherische Innigkeit, melanchthonische Klarheit, zwinglische Einfachheit und calvinisches Feuer in Eines verschmolzen."

So erklärt sich der allgemeine Beifall, die rasche Beliebtheit, der das Schriftchen sich zu erfreuen begann, obwohl es von seiten der Lutheraner aufs heftigste angegriffen worden ist. Uebrigens blieb der Katechismus auch nicht unverändert; er hat Zusätze und Weglassungen erfahren, auch abgesehen von den Modernisierungen der Sprache, die sich natürlich von Zeit zu Zeit als notwendig erwiesen. Drei Ausgaben erschienen kurz nach einander im Druck auf Befehl des Kurfürsten, und schon dieser selbst hat Aenderungen gewünscht und veranlasst. So wurde die bekannte und viel besprochene 80. Frage, welche die katholische Messe als eine „vermaledeiete Ketzerei" bezeichnet, speciell auf Verlangen des Fürsten eingeschoben, und zwar als Antwort auf das unterdessen von dem Tridentiner Konzil proklamierte Anathema gegen die Protestanten.

Trotz der grossen und anerkannten Vorzüge dieses Buches, trotzdem, dass namentlich noch Bullinger sich sehr günstig über dasselbe ausgesprochen hat, dauerte es übrigens bis zur wirklichen Einführung und zum amtlichen Gebrauch in der Schweiz doch einige Zeit. Basel behielt vorerst, ohnehin vom kirchlichen Zusammenhang mit den reformierten Schweizerstädten noch immer abgeschnitten, seinen Katechismus von Myconius in seinen neuern Bearbeitungen bei. Schaffhausen erhielt 1592, also unmittelbar vor der Entstehung des Heidelbergischen, einen eigenen Katechismus, welchen der Dekan Konrad Ulmer abgefasst hatte; allein die Besorgnis vor Neuerungen war in dieser Zeit schon so übermächtig, dass die Geistlichkeit sich gegen dessen Annahme sperrte¹); es entstand ein arger Kirchenstreit, in welchem Bullinger als Friedensstifter eintreten musste, und es endete der Kampf 1569, nicht zwar mit der Einführung des bestrittenen Lehrbuchs, aber doch mit einer Umarbeitung des bisher üblichen von Judae durch Herübernahme einiger Wendungen aus Ulmers Arbeit. Erst 1663 fand hier der Heidelberger durch die Bemühungen des Dekans Melchior Harter allgemein Eingang.

Auch Zürich verhielt sich spröde gegen die Pfälzer Schrift. Das Bedürfnis zwar nach einem neuen Lehrmittel für den Jugendunterricht wurde anerkannt, allein man versuchte demselben ohne Einfuhr vom Auslande her zu genügen. Der Pfarrer Burkart Leemann am Fraumünster²) verfasste 1583 einen Züricher Katechismus: „Kurzer Begriff und Inhalt alles dessen" u. s. w. Er ist eigentümlich in der Sakramentslehre: Noch über Zwinglis Auffassung hinausgehend, findet sich hier der gewagte Satz: „Eigentlich bedürfen wir des Nachtmahls gar nicht." Er sieht die Feier somit durchaus nur als ein sichtbares Zeichen an, welches als Konzession gegenüber unserer am Sichtbaren hängenden Schwachheit unsere mangelnde Erinnerung unterstützen, unserer innern Gewissheit nachhelfen solle. Im übrigen soll es bemerkbar sein, dass der Verfasser den Heidelberger Katechismus kannte und teilweise benutzte.

Neben diesem Büchlein von Leemann blieb aber das ältere von Judae immer noch im Gebrauch; es erschien noch 1599 eine neue Druckausgabe desselben, und bis zum Jahre 1609 hatte Zürich überhaupt keinen amtlich anbefohlenen Katechismus. Erst jetzt hielt man es für notwendig, dem Mangel an Ordnung ein Ende zu machen, griff aber auch jetzt nicht zum Heidelberger, sondern entschloss sich lieber zur Revision des einheimischen und angestammten von Judae. Markus Bäumler, Archidiakon am Grossmünster (geb. 1555, gest. 1611³) wurde mit der Arbeit beauftragt, die denn auch im gleichen Jahre noch erschien und nun durch ein obrigkeitliches Mandat von 1609 eingeführt wurde.⁴) Sie besprach die Lehre in 131 Fragen, die später auf 110 reduziert worden sind. Der Verfasser, der sie auch in einer lateinischen Ausgabe erscheinen liess, schrieb dazu im folgenden Jahre eine eigene Erklärungsschrift. Ein neuer Versuch, durch einen damit

---

¹) Metzger, a. a. O., S. 176 u. 177.
²) Nachher, seit 1582, Antistes.
³) Wirz, Züricher Minist., 72.
⁴) Hess, Sammlungen, II, 84.

unzufriedenen Jakob Maurer, Dekan zu Winterthur, 1615 veröffentlicht, vermochte nicht durchzudringen und trug dem Verfasser nur Vorwürfe ein wegen seiner Unbotmässigkeit und der Störung des kirchlichen Friedens.

Auch in Bern beeilte man sich nicht mit der Annahme. Als im Jahre 1581 im kirchlichen Leben neue Anstrengungen gemacht wurden und die grosse Synode die bernische Landeskirche von manchem eingerissenen Missbrauch zu reinigen berufen wurde[1]), kam auch die Wünschbarkeit eines zweckmässigen Katechismus zur Sprache. Aus dieser Anregung, welcher nach Güders Meinung weniger dogmatische Rücksichten, als vielmehr formelle Mängel des bisherigen Buches zu Grunde lagen, ging dann der sogenannte „Kleine Berner Katechismus" hervor. Der Heidelberger war augenscheinlich bereits bekannt und wurde bei der Abfassung zu Rate gezogen; aber an die Einführung desselben dachte man nicht. Vermutlich ist der Dekan Fädminger von Thun der Verfasser des Büchleins, dessen voller Titel lautet: „*Kleiner Katechismus, das ist ein kurze und einfältige Kinderbericht von den fürnemsten Stucken christlicher Lehre, aus dem grössern Katechismus der Kilchen Bern gezogen zu Gunsten der Jugend.*" Die 202 Fragen Meganders sind hier auf 98 verkürzt, dagegen ist die ursprüngliche Anordnung der Hauptstücke, wie sie Megander angenommen, Bucer aber vertauscht hatte, wieder hergestellt. Ueberall zeigt sich das Bestreben, im Gegensatz zu allen theologischen Spitzfindigkeiten, sich möglichst der biblischen Darstellungsweise in ihrer religiösen Einfachheit zu nähern und alles überflüssige Hinausgehen über den nächsten Zweck zu vermeiden. Ein Befehl des Rates vom 30. Mai 1582 gebot, diesen Katechismus, und keinen andern, in Kirche und Schule zu brauchen, bei angedrohter Ungnade und Strafe.

Allein trotz dieser Verordnung scheint der Heidelberger bald gleiches Recht errungen zu haben. In der allgemeinen Landschulordnung von 1616 ist der Gebrauch desselben als allerorts üblich vorausgesetzt[2]), nachdem ihn auch im Jahr zuvor St. Gallen durch förmlichen Beschluss eingeführt hatte.

Der Katechismus des Olevian und Ursinus war von der Pfalz aus schon 1568 am Niederrhein in Uebung gekommen, 1571 wurde er bei den Reformierten in Ostfriesland eingeführt, 1580 in Jülich und Cleve, im Herzogtum Berg und in der Stadt Bremen, 1588

---

[1]) Hierüber später.
[2]) Frikart, a. a. O., 77.

durch feierlichen Entschluss in den holländischen Provinzen, dann in Ungarn, Polen und Siebenbürgen bei den Anhängern der helvetischen Konfession. Als nun 1618 die Dortrechter Synode, das grosse Konzil der reformierten Gesamtkirche, den Heidelberger Katechismus als symbolische Bekenntnisschrift anerkannte, hörte auch in Bern der Widerstand dagegen auf, und die praktische Brauchbarkeit machte sich so rasch siegreich geltend, dass der kleine Berner Katechismus in Vergessenheit geriet.

Immerhin musste noch ein Anstoss beseitigt werden. Die Berner Kirche fügte bei den hier gedruckten Ausgaben in der 27. Frage etwas hinzu, nämlich den Satz: „So ist doch Gott keine Ursache der Sünde."[1] Es galt, noch bestimmter, als dies sonst der Fall gewesen, vom Glauben an die göttliche Vorherbestimmung jede sittlich gefährliche Auslegung fernzuhalten. Durch die angeführte Wendung glaubte man einem möglichen Missbrauch vorgebeugt zu haben, und mit diesem Zusatz wurde nun der Katechismus nicht bloss gestattet, sondern als offizielle kirchliche Schrift betrachtet, wie für die deutsche, so für die waadtländische Berner Kirche. Für die letztere zog sich indessen die Einführung noch länger hin, wie daraus hervorgeht, dass noch 1652 der sogenannte „Kleine Berner Katechismus" von 1581 auf obrigkeitliche Weisung ins Französische übersetzt und neuerdings der Waadtländer Geistlichkeit zum Gebrauch anbefohlen worden ist. Es geschah dies aus Anlass der besorgniserregenden Zunahme des Aberglaubens und des Hexenwesens. Um dieser Erscheinung wirksam entgegenzutreten, wurde nämlich angeordnet, dass der Katechismus da, wo es nötig erscheine, sogar in die verschiedenen welschen Dialekte, die Patois, übertragen werden soll, damit auch die Letzten und Schwächsten nicht in Unwissenheit bleiben. Für die allgemeine religiöse Ueberzeugung, für Glauben und Gesinnung des reformierten Volkes ist der „Heidelberger" ohne Frage unendlich wichtiger geworden, als irgend eine der lateinischen Konfessionen, welche nur die Theologen kennen und auch diese nicht immer verstehen.

Der Huber'sche Streit.

Mit dieser doppelten Arbeit, der Confessio Helvetica II und dem Heidelberger Katechismus, war einstweilen die reformierte Lehre in ihre feste Form gebracht und nur zu sehr als abgeschlossene

[1] Vergl. dazu die Ausführungen von Zyro im Kirchenblatt für die ref. Schweiz. 1854. S.

und unabänderliche Wahrheit, als identisch mit dem Offenbarungsgehalte selbst, der Nachwelt als Erbe übergeben. Nur einmal wurde noch ein dogmatischer Streit aufgerührt, der, ob auch vielleicht im Grunde mehr persönlicher als principieller Natur, zuvor die Berner Landeskirche, aber auch die übrige reformierte Schweiz und sogar einen Teil von Deutschland in grosse Aufregung versetzte.

Samuel Huber[1], c. 1545 als Sohn eines Schulmeisters in Bern geboren, zum Studium der Theologie bestimmt und um seiner vorzüglichen Begabung willen auch auf fremde Hochschulen geschickt, war nach einander Pfarrer zu Büren, zu Saanen und dann in Burgdorf geworden. Seine Amtsbrüder wählten ihn zum sog. Kammerer, d. h. Vicedekan des Kapitels, und er genoss offenbar ein nicht geringes Ansehen. Aber ehrgeizig und rechthaberisch, erklärte er sich in heftigen Streitschriften, teilweise aus Gründen persönlicher Feindschaft gegen Abraham Musculus, entschieden als Anhänger der lutherischen Lehre, und zwar sowohl im Dogma vom heil. Abendmahl, als auch in demjenigen von der Gnadenwahl, dessen calvinische Fassung er leidenschaftlich bekämpfte. Den Anlass zu dieser Erneuerung des alten Streits bot zuerst der von Musculus angeregte Versuch der Einführung des Brotes im Nachtmahl, dann aber ein Religionsgespräch zu Mömpelgard, wo am 20. März 1586 Abraham Musculus und Theodor Beza sich mit dem Württemberger Theologen Jakob Andreae über die Bekenntnisdifferenzen geeinigt hatten.[2]

Huber trat dabei so bösartig auf, dass am 17. September 1587 eine Verhandlung vor dem Chorgerichte stattfand und am 20. November beide Parteien — auch Huber hatte seine Freunde — vor den Rat citiert wurden. Da Huber keine Ruhe gab, wurden einige Monate später (24. April 1588) auch andere Theologen aus der Schweiz zur Vermittlung beigezogen. Vor 3-400 Personen wurde disputiert. Als Huber die Lehre Calvins als Gotteslästerung bezeichnete, hatte man genug; der Grosse Rat wurde versammelt; es kam zur Hausdurchsuchung und Arrestation des Unruhestifters, dann zur ernsten Vermahnung und zur Verbannung. Huber ging nach Tübingen (30. Juni 1588), wurde, als er auch dort durch

---

[1] Trechsel, im Berner Taschenbuch, Jahrg. 1854, wo auch die zahlreichen Streitschriften Hubers und die übrige auf den Handel bezügliche Litteratur angegeben ist. — Schweizers Centraldog., Bd. I, 511 u. ff. Ein sonderbarer Irrtum ist es, wenn Mezger S. 180 behauptet, dass H. zuerst Katholik gewesen sei.

[2] Acta colloquii Montis Belligartensis. Tübingen 1587.

seine Streitsucht sich unmöglich gemacht[1]), im Herbst 1592 nach Wittenberg berufen; allein nach einem Auftritte mit seinen Kollegen, die er als Calvinisten verklagte, musste er noch vor Ende des Jahres neuerdings weichen und bald sah er sich auch aus Sachsen verbannt. Ruhelos, wie er gelebt hat, ist der sehr gelehrte, scharfsinnige und ehrliche, aber unglücklich angelegte Theologe, nach weitern Kämpfen wieder in Tübingen, in Weimar und Jena, in Halle, Erfurt und Dresden, und nach einer schrecklichen Flut von gewaltigen Streitschriften, zuletzt, im Jahre 1624, in Goslar gestorben. Die Erbitterung, mit der man diesen Gegner des Calvinismus zum Schweigen bringen wollte, ist um so auffallender, weil schon damals der Glaube an die strenge Prädestination eigentlich nur noch in den Bekenntnisschriften, nicht mehr in den Ueberzeugungen eingeschrieben stand, und speciell die bernische Kirche in ihrer ganzen Thätigkeit auf den Voraussetzungen eines weitgefassten Universalismus beruhte.

Mit dem Huber'schen Handel war zeitlich und teilweise sachlich noch eine zweite Angelegenheit verbunden. Claudius Albery oder Aubery (Albericus), Doktor der Medizin, vom Katholizismus bekehrt und deshalb flüchtig, war 1576 Professor der Philosophie in Lausanne geworden. Mit Beza und Musculus wurde er 1586 zum Gespräch nach Mömpelgard abgeordnet, aber wohl gerade dadurch in den Theologenstreit hineingezogen. Er lehrte, dass die Gerechtigkeit von Gott dem Menschen nicht bloss zugerechnet, sondern ihm als eine neue Eigenschaft — im Gegensatz zur Sünde — eingeflösst werde. „Die Wiedergeburt, sagte er, geht der Rechtfertigung voran; wir werden wiedergeboren, damit wir gerechtfertigt werden, und nicht umgekehrt." Die oben erwähnte Theologenkonferenz von 1588 bewog den Gelehrten zum Widerruf[2]), doch wurde er hernach 1593 dieser häretischen Ansichten wegen, zugleich mit seinem Kollegen Aemilius Portus, dem Sohn eines Griechen aus Kandia, abgesetzt und fand dann in dem unterdessen durch Heinrich IV. beruhigten Frankreich wieder eine Anstellung.[3])

2. Schulanstalten.

Noch ehe der Katechisationsunterricht sich zur eigentlichen Volksschule ausbilden konnte, wandte sich begreiflicherweise das

---

[1]) Gesandtschaft der evang. Städte zum Herzog von Württemberg wegen Schmähschriften von S. H., 4. Mai 1590. E. A., V, 1ᵃ, 203. Noch 1591 hat die evangel. Konferenz sich mit ihm zu beschäftigen, ibid. 258.
[2]) Lüthard, Christoph, Disputationis Bernensis explicatio, (1600) p. 173.
[3]) Schweizer, Prot. C. D., I, 521.

Interesse der Staats- und Kirchenleitung auf diejenigen Lehranstalten, welche zur unmittelbaren Vorbereitung auf die gelehrten Studien und zur Erziehung eines wohl ausgerüsteten Predigerstandes bestimmt waren.

Diesem Zwecke diente für die Zürcher Kirche insbesondere die im Kloster Kappel eingerichtete Schule, eine Art von Gymnasium, verbunden mit einem Konvikt, in welchem die Zöglinge neben dem Unterricht auch Wohnung und Nahrung erhielten, in gemeinsamer Zucht und klösterlicher Tagesordnung, und zwar unentgeltlich als Staatsstipendiaten. Allein im Jahre 1547 wurde diese Anstalt aufgehoben wegen mancherlei Unordnungen, welche vorgekommen zu sein scheinen.[1] Am 29. Juli 1538 dagegen war in Zürich selbst eine eigentliche Theologenschule errichtet worden, auch hier zunächst in klösterlicher Form und bei gemeinschaftlicher Wohnung. Sie begann mit 15 Studenten und wurde der Leitung des Johannes Rhellikan anvertraut, der eben wieder von Bern nach Zürich zurückgekehrt war. Das Haus der Aebtissin vom Fraumünster wurde zu diesem Zwecke eingerichtet, während die Vorlesungen in den Gebäuden des Chorherrnstifts am Grossmünster stattfanden.[2]

Als Lehrer — „Ludimoderator" — wirkte hier der hochverdiente Chorherr Johannes Fries von Greifensee, geboren 1505, der mit Konrad Gesner nach Paris gewandert war und dort den Magistertitel geholt hatte. Er war zuerst Pfarrer zu Wytikon, dann Lehrer der alten Sprachen in Basel gewesen, um zuletzt wieder in Zürich seine sehr erfolgreiche Thätigkeit zu beginnen. Sein Handlexikon erfuhr nicht weniger als 27 Auflagen; er ist 1565 gestorben.[3] Seine Mitarbeiter waren der Chorherr Georg Binder (gestorben 1545), und als Professor philosophiae moralis et naturalis eine zeitlang der wunderliche Otto Werdmüller, der, geboren 1513, vom Müllerhandwerk weg sich als Student nach Strassburg, dann nach Wittenberg begab, hier Luther und Melanchthon hörte, in Paris als Lehrer auftrat und 1540 nach Zürich zurückkehrte. Er wurde 1545 Archidiakonus am Grossmünster.

Auch der höhern, eigentlichen Theologenschule fehlte es nicht an vorzüglichen Lehrern. Neben Bullinger nennen wir den ehrwürdigen Konrad Pellikan, der seit 1526 das alte Testament auszulegen hatte und 1556, 78 Jahre alt, gestorben ist; den als Kenner des Hebräischen ebenso ausgezeichneten Theodor Bibliander

[1] Hottinger, III, 676.
[2] Hottinger, Joh. H., Schola Tigurinorum Carolina, Tiguri 1664.
[3] Wirz, Zürcher Ministerium, S. 219.

aus Bischofszell, der dann freilich 1560 (8. Februar) seines heftigen Protestes gegen die calvinische Erwählungslehre wegen aus seiner Stellung weichen musste. Seine Uebersetzung des Koran trug wohl dazu bei, ihn verdächtig zu machen. Aus Achtung vor seiner Person und seinen Verdiensten liess man ihm seine Besoldung, aber ein Jahr später, am 26. November 1564, ist er an der Pest gestorben.[1])

Pellikans Nachfolger als Professor der hebräischen Sprache war Ulrich Zwingli, der 1528 geborne Sohn des Reformators, zuerst Leutpriester am Grossmünster, nachher Pfarrer an der Predigerkirche. Mit seinem gleichgenannten Sohn, Professor der Theologie, ist 1601 der letzte seines Stammes geschieden.

Erwähnung verdient auch „der fromme, treue und gelehrte Mann", Johannes Wolf, der erst von 1563 an Professor der neutestamentlichen Theologie war, dann bis zu seinem Tode, 1572, Bibliander zu ersetzen hatte.

Als Theologe im engern Sinne des Wortes überragte aber unbestreitbar die Genannten alle der Italiener Peter Martyr Vermigli.

Er stammte aus Florenz und zwar aus vornehmem Hause. Am 8. September 1500 geboren, gehörte er zuerst dem Augustinerorden im Kloster zu Fiesole an; allein zu reformierter Lehre sich neigend und zu Lucca mit einer Predigt Anstoss erregend, floh er 1542 in die Schweiz, zuerst nach Zürich, dann nach Basel und nach Strassburg. Vom letztern Orte, wo ihm eine Professur anvertraut worden, durch den Ausgang des schmalkaldischen Krieges wieder vertrieben, wandte er sich nach England und wurde Professor in Oxford. Bei der Protestantenverfolgung von 1553 von dort verbannt, kam er 1556 wieder nach Zürich und war nun bis zu seinem Tode — er starb 1562 am 12. November an der Pest — einer der tüchtigsten und gelehrtesten Mitarbeiter Bullingers in der Pflege der theologischen Schule in Zürich. Besonders hervorgetreten ist er durch seine Beteiligung an dem berühmten Religionsgespräch zu Poissy bei Paris im Jahre 1561, wo ihn Katharina von Medicis mit ihrem besondern Vertrauen beehrte.[2]) Er war ein Vertreter des strengen Calvinismus und hat als solcher dazu beigetragen, die Verbindung zwischen Zürich und Genf auch dogmatisch fester zu knüpfen.

Doch auch Peter Martyr hatte Nachfolger von hoher wissenschaftlicher Bedeutung: Josias Simler, Bullingers Schwiegersohn,

---

[1] Ueber seine dogmatische Stellung: Schweizer, C. D., I, 278.
[2] Biographien: ältere von Josias Simler und von Schlosser, die neueste von K. Schmidt, Elberfeld 1858.

der nach praktisch-kirchlichem Wirken in Zollikon und an St. Peter seit 1560 Professor der Theologie geworden ist, war ebenso ausgezeichnet als Mathematiker und Astronom, wie als Geschichtsforscher und Schriftsteller, gestorben 2. Juli 1576. Er ist besonders berühmt geworden durch sein klassisches, unendlich oft gedrucktes — man nennt 29 Auflagen — und noch viel öfter benütztes Büchlein „De republica Helvetiorum".[1])

Ein Kirchenhistoriker und namentlich ein Polemiker ersten Ranges war Rudolf Hospinian, geboren 7. November 1547. Nach vorzüglichen Studien in Marburg und Heidelberg wurde er 1576 Rektor der Carolina, später, 1588, Archidiakon und 1594 Pfarrer am Fraumünster, gestorben 11. März 1620. Bekannt ist sein Kampf einerseits gegen die Konkordienformel der Lutheraner[2]) und anderseits gegen den Jesuitenorden in seiner Historia Jesuitica.[3])

Zu den um das kirchliche und wissenschaftliche Leben Zürichs verdienten Gelehrten ist aber auch der Pfarrer Johannes Stumpf zu rechnen. Im Jahre 1500 bei Bruchsal geboren und in der Jugend Schafhirte, trat er 1520 in den Johanniterorden und kam als Mitglied desselben in das zürcherische Ordenshaus zu Bubikon. Von Zwingli bekehrt, wurde er der erste evangelische Prediger in jener Ortschaft und siedelte 1546 nach Stammheim über. Er ist der Verfasser einer Schweizerchronik und mehrerer anderer Schriften.[4])

In Basel konzentrierte sich das Interesse auf die Universität, welche übrigens ganz natürlicherweise im engsten Zusammenhang mit dem kirchlichen Leben stand und diesem voraus zu dienen hatte. Oswald Myconius fuhr auch als Antistes fort, theologische Vorlesungen zu halten, bis er 1541 zurücktrat. Aber als er 1552 starb[5]) und durch Simon Sulzer als Haupt der Basler Kirche ersetzt wurde, folgte auch dieser dem damals als selbstverständlich angesehenen Beispiele.

Die Verbindung zwischen der Universität und der Kirche von Basel wurde sogar eine so enge, dass der Plan aufkommen konnte, die Kirche geradezu der Universität einzuordnen, d. h. die Professoren als Kirchenbehörde zu erklären (26. Juli 1539). Myconius

---

[1]) Biogr., von G. v. Wyss, im Neujahrsblatt des Waisenhauses von Zürich, 1855. — Allg. d. Biogr. Bd. 31, S. 355.
[2]) Concordia discors. Tiguri 1607. Fol.
[3]) De origine, regulis etc. ordinis Jesuitarum. Tiguri 1619. Fol.
[4]) Biogr. im Neujahrsblatt der Chorherren von Zürich, 1836. Allg. d. Biogr. Bd. 36, S. 751.
[5]) Hagenbach: Joh. Oecolampad und Oswald Myconius.

widersetzte sich dem mit Erfolg, weil er wohl mit Recht befürchtete, es möchte auf diesem Wege die Kirche nicht allein ihre selbständige Stellung verlieren, sondern auch, noch ausschliesslicher als im Rahmen der Staatsverwaltung, einseitigen Zwecken dienstbar gemacht werden, welche ihrer religiösen Aufgabe für das Volksleben ferne liegen.[1]) Der berühmte Theologe Thomas Erastus aus Heidelberg war in den letzten Jahren seines Lebens noch in Basel thätig und stiftete hier ein Stipendium.

Durch die Thätigkeit von Männern wie der Geograph und Hebräer Sebastian Münster, der Philologe Sebastian Castellio[2]) und der Jurist Bonifacius Amerbach, diente die Basler Universität auch über den nächsten Kreis der Theologen hinaus zur Verbreitung wissenschaftlichen Lebens und Strebens in der reformierten Schweiz. Die Vorschule für die Universität, das Gymnasium oder die sogenannte Sapienz, oder das „Erasmianum", wurde nach einer teilweisen Umgestaltung seit 1544 als Pädagogium bezeichnet.[3]) Eine eigentliche Lateinschule zu dem Zwecke, den Bürgerssöhnen das spätere Studium zu erleichtern, bestand schon 1540 auch in Liestal.

Späterhin ragte als Lehrer an der Universität — neben dem Antistes Johann Jakob Grynaeus — vorzüglich der scharfsinnige Schlesier Polanus von Polensdorf hervor, der 1583 nach Basel gekommen und 1610 gestorben ist.[4]) Er war Verfasser einer neuen Bibelübersetzung, die ausserordentlich rühmend genannt wird, aber neben derjenigen Luthers sich nicht zu behaupten vermochte.[5])

Auch die kleinen evangelischen Stände machten anerkennenswerte Anstrengungen zur Pflege der Bildung, so Neuenburg, Schaffhausen, Glarus.[6])

Im Bernerlande war die früher erwähnte Rundreise Simon Sulzers 1533 nicht ohne Wirkung geblieben, wenn auch die hochgehenden Vorschläge nicht durchdringen konnten. Lateinschulen

---

[1]) Burkhardt Biedermann, Basler Beitr., IV, 457.
[2]) Siehe oben S. 256.
[3]) Burkhardt-Biedermann, Geschichte des Gymnasiums in Basel. 1889. — Thommen, R., Basler Studentenleben im 16. Jahrhdt., im Basler Jahrb. 1889. — Fechter, Gesch. d. Schulwesens in Basel. Bericht d. Hum. Gym. 1837 u. 1839.
[4]) Ueber ihn: Hagenbach, Die theol. Schule Basels. S. 19—22.
[5]) Mezger, a. a. O., S. 201 u. ff.
[6]) Forel-Favre, Le collège de Neuchâtel, im Musée Neuch. IV, V, VII. — Bachtold, Schaffhauser Schulgeschichte bis 1645, in Schaffh. Beitr., Bd. V. — Heer, Gottfr., Geschichte des Glarner Volksschulwesens, im Jahrb. d. hist. V. Glarus, Heft XVIII u. XIX, und Geschichte des höhern Schulwesens, ibid., Heft XX.

gab es wenigstens in Thun, in Zofingen und in Brugg[1]), indem ältere, zum Teil schon seit dem XIV. Jahrhundert bestehende Einrichtungen ausgebaut und neu organisiert wurden; später erscheinen solche Anstalten auch in Aarau, in Lenzburg, in Burgdorf. Nach Berichten aus dem Jahre 1548 müssen sie die Bedeutung von untern Gymnasien gehabt haben, zur Vorbereitung auf die höhern Schulen der Hauptstadt. Eine genauere Vorstellung von ihrem Lehrgange erhalten wir nur aus Bern selbst. Hier bestand die Lateinschule aus fünf Klassen, welche von einem für das Ganze verantwortlichen Schulmeister, einem Provisor und einem Lektor geleitet wurden. Im Sommer wurde von 6—8, im Winter von 7—9 bei Kerzenlicht der Unterricht erteilt, und zwar in einem Hause an der Junkerngasse. Das Auswendiglernen des „Glaubens", des Vaterunsers und der Gebote war, neben der lateinischen Grammatik, in den untern Klassen wenigstens, eine Hauptaufgabe, an die sich freilich je nach Begabung und Eifer des Lehrers anderes von selbst anschliessen liess.[2])

Eine Schulordnung für „Stadt und Land" vom 6. Juli 1548 gibt schon einen eigentlichen Unterrichtsplan. Selbst regelmässige Zeugnisse für die Schüler, jährliche Prüfungen, darauf gegründete Promotionen von einer untern Klasse in die höhere, sowie eine geordnete Inspektion durch eigens Beauftragte sind hier vorgesehen. Eine besondere Schulbehörde wurde dagegen erst 1575 eingesetzt, indem bis dahin der Rat selbst die Oberaufsicht direkt geführt hatte. Welche Wichtigkeit man indessen diesen Einrichtungen zuschrieb, geht daraus hervor, dass auch jetzt noch der Schultheiss selbst von Amtes wegen im Schulrate den Vorsitz führte. In späterer Zeit erst wurde die Aufgabe dem jeweiligen Alt-Schultheissen übertragen.[3])

Auch in Bern wandte sich aber anfangs das grösste Interesse der höhern oder Theologenschule zu, welche dem Lande die erforderliche Zahl von tüchtigen Dienern des Wortes Gottes liefern sollte. Der Vorunterricht wurde in drei Stufen erteilt, welche man noch als Dialektik, Rhetorik und Exegese bezeichnete.

Als Schulmänner und Lehrer besass Bern damals ganz vorzügliche Kräfte. Den ersten Organisator, Simon Sulzer, haben wir

---

[1]) Bähler. Die Schule in Brugg im 16. Jahrhundert, im neuen schweiz. Mus. (Basel 1864), Bd. IV.

[2]) Ein sehr verdienstliches, aber freilich sehr vieler Ergänzungen und Berichtigungen bedürftiges Werk ist Schärers Geschichte der Unterrichtsanstalten im Kt. Bern. Bern 1829.

[3]) Chronik von Haller und Müslin, Mss. der Berner Stadtbibl.

bereits genannt. Unglücklicherweise hat sein Zerwürfnis mit Megander und Rhellikan viel Gutes verhindert; erst in Basel konnte Sulzer zeigen, was er zu leisten vermochte, wenn man ihn gewähren liess. Als Professor der Theologie diente eine zeitlang Bernhard Tillmann, Sohn eines bernischen Ratsherrn; er hat indessen den gehegten Erwartungen nicht entsprochen und entsagte dem gelehrten Berufe, um weltliche Staatsämter anzunehmen. Den Unterricht in der hebräischen Sprache, auf deren Kenntnis man grossen Wert legte, leitete zeitweise nach dem Weggang Rhellikans ein geborner Jude, Jakob Storch, der eigens berufen und angestellt worden war. Er scheint von 1542—46 hier thätig gewesen zu sein und wurde 1548 durch Nikolaus Artopoeus (Pfister) ersetzt.[1])

Die Aufgabe, welche Kaspar Megander als Professor des Griechischen erfüllt hatte, wurde nach seinem Weggange auf Thomas Grynaeus übertragen, einen Neffen des Baslers Simon Grynaeus. Mit Simon Sulzer gleichgesinnt, musste er mit diesem 1548 wegen Neigung zum Luthertum weichen. Der Ersatz, den man für diese beiden fand, war ein ganz ausgezeichneter. Der eine war Benedikt Aretius, eigentlich Marti, der Sohn eines Priesters zu Bätterkinden. Durch vorzügliche Begabung sich frühzeitig auszeichnend, wurde er zum Geistlichen bestimmt und auf fremde Universitäten geschickt. In Marburg, der damals beliebtesten glaubensverwandten deutschen Universität, begann Aretius, noch ganz jung, auch theologische Vorlesungen zu halten und wurde von dort 1549 (7. Februar), als der bekannte Sixtus Betulejus (Birk) Bern verliess, an die Lateinschule herbeigezogen. In Marburg hatte er indessen so gute Erinnerungen zurückgelassen, dass er bald einen Ruf dorthin erhielt und demselben auch für kurze Zeit folgte. Seit 1563 (9. Juni[2]) war er aber, jetzt an der höhern Schule, wieder in Bern und ist hier am 22. April[3] 1574 gestorben. Aretius war einer jener Vielwisser, für welche die Wissenschaft noch eine einheitliche war, die sie ganz beherrschten. Er zeichnete sich nicht allein als Schulmann, Philologe und theologischer Lehrer aus, schrieb nicht nur eine Anzahl damals hochgeschätzter exegetischer und dogmatischer Schriften, sondern er war gleichzeitig auch Mathematiker und Astronom, und hat als Botaniker und

[1] Zehender. Bern. K.-G., I. 161. Ueber A. s. Hagen in den Berner Alpenrosen, Jahrg. V.
[2] Einen Teil dieser dem Berner Ratsm. entnommenen Angaben verdanke ich der Gefälligkeit des Herrn Ad. Fluri.
[3] Nach Haller-Müslins Chronik am 22. März.

Naturforscher überhaupt, einer der ersten versucht, in die Gebirgswelt einzudringen; er hat das Stockhorn bestiegen, um dessen Pflanzenwuchs zu untersuchen.[1]) Ein solcher Mann musste, bei allen Sonderbarkeiten seiner äussern Erscheinung und seines Auftretens, mächtig anregen und unter seiner Leitung die bernischen Schulen eine Vielseitigkeit und Weitherzigkeit zeigen, die bei einer spätern Generation schwer vermisst wird. Sein Hauptwerk, die Theologiae problemata[2]), zuerst 1573 erschienen, ist später noch mehrmals neu aufgelegt worden und hat in der reformierten Kirche ein grosses Ansehen genossen. Auch seine Kommentare zur heil. Schrift waren allgemein verbreitet.[3])

Ein verwandter Charakter war dann der kurze Zeit nachher nach Bern berufene Wolfgang Müslin oder Musculus, 1497 in Lothringen von armen Eltern geboren. Als fahrender Schüler die Welt durchstreifend und bettelnd, gelang es ihm, sich eine gelehrte Bildung zu erwerben; um seiner schönen Stimme willen im Elsass in ein Kloster gelockt, wusste er auch hier seine Zeit wohl zu benützen, bis er, von der Kunde des neuen Glaubens ergriffen, dem Klosterleben entfloh. Im Jahre 1527 verheiratet und zuerst als Handwerker lebend, erhielt er nach einiger Zeit in Strassburg als Hülfsprediger Verwendung, während seine Frau in einem Bürgerhause als Magd dienen musste; nachher fand er ein Amt an der Kirche zu Augsburg.[4]) Von dort aus zum Konkordienwerke mit Luther abgeordnet, hatte er Gelegenheit, an diesen hochwichtigen Verhandlungen von 1536 sich zu beteiligen; allein infolge des Ausganges des schmalkaldischen Krieges musste auch Augsburg sich unter das kaiserliche Interim beugen, und Musculus verstand es nicht, mit seinem Gewissen zu kapitulieren; er musste 1548 weichen, zog, wieder völlig mittellos, nach Konstanz, nach Zürich u. s. w., bis er durch die Bemühung seines Freundes und frühern Augsburger Kollegen, des jetzt in Bern hochangesehenen Johannes Haller, einen Ruf dahin erhielt und 1549 seine Thätigkeit als Professor der Theologie in Bern beginnen konnte.

[1] Graf, Geschichte der Mathematik und Naturw. in bernischen Landen. — Wolf, Kulturgeschichtl. Biographien aus der Schweiz, I, 21, Anmerkg.
[2] Theologiae problemata, loci communes christianae religionis brevi methodo explicati. Bernae 1573. fol.
[3] „Cum ... egressa patriae fines, in universae fere ecclesiae Dei conspectum suo merito ac utilitate longe lateque diffundraentur", heisst es in der Vorrede zum Drucke von 1602. — Herzogs Theol. R. E. (3. Aufl., Bd. I.
[4] Ueber sein Wirken als Reformator von Donauwörth siehe Stieve, Die Einführung der Reformation in der Reichsstadt D. Sitzungsberichte der Akad. von München. hist. Klasse, 1884, S. 387, bes. 415 u. ff.

Musculus war ein ausgezeichneter Exeget, der mit vollster Beherrschung der Sprachen einen äusserst feinen und dabei ungewöhnlich freien und unbefangenen wissenschaftlichen Blick verband und bei aller Entschiedenheit seines Standpunktes weit entfernt war von der alles beherrschenden dogmatischen Aengstlichkeit, welche die Konfession über die heil. Schrift stellte und die letztere nur nach der erstern auszulegen wagte. Musculus war auch Dichter geistlicher Lieder; er ist am 30. August 1563 gestorben, nachdem er ehrenvolle Berufungen ins Ausland, so nach Heidelberg (März 1560) und nach Oxford, ausgeschlagen hatte, um in Bern zu bleiben, das ihm einst eine Zuflucht geboten.[1]) Er hat der Berner Kirche neben andern auch dadurch nicht gering zu achtende Dienste geleistet, dass von ihm eine grosse Theologenfamilie abstammte, deren Mitglieder während Jahrhunderten als tüchtige Pfarrer sich bewährt haben und die erst mit dem bedeutendsten unter ihnen, mit dem Prediger David Müslin, 1821 erloschen ist. Grösser freilich ist die Zahl seiner geistigen Söhne geworden, die Musculus in seiner Schule herangezogen hat.[2])

Blasius Marquardus, erst 1576 von Lausanne nach Bern berufen, starb schon am 25. September 1577 „zum grossen Schaden der Schule" (Haller-Müslin). Ein Mann von Ansehen war aber auch Christian Am Port (ad Portum), zuerst Schulmeister in Zofingen, seit 1566 in Bern, 1573 (30. September) an der Stelle des Valentin Ampelander (Rebmann) an die höhere Schule und 1577 (10. März) zum Professor der Theologie erwählt. Nachher hat der streng calvinisch gesinnte Westfale Hermann Dürrholz (Lignaridus) 30 Jahre lang (1598—1628) die bernischen Kirchendiener herangebildet. Als Professor des Griechischen und der Philosophie, zugleich als Präpositus im Alumnate, stand ihm seit 1598 Huldreich Herlin, früher Pfarrer zu Wynau, trefflich zur Seite. Zur Erleichterung derjenigen Studierenden, welche nicht in Bern selbst ihre Familien hatten, wurde aus den Mitteln der Mushafenstiftung im Barfüsserkloster ein Alumnat oder Konvikt errichtet für 16, später für 20 Stipendiaten. Jede Stadt des bernischen Landes hatte zwei Plätze, über welche sie zu Gunsten ihrer Bürger verfügen konnte. Mittelst dessen sollte die Möglichkeit

---

[1]) Ueber seine Beziehungen zu den Protestanten in Polen und Böhmen vergl.: Gindely, Quellen zur Geschichte der böhmischen Brüder: fontes rerum Austriacarum. Dipl. et acta. Bd. XIX. S. 186, 194, 195, 202, 207, 219, 224.

[2]) Grote, Wolfg. Musculus, Bern 1855. Vollständiger: Streuber, im Berner Taschb. 1860; auch: Synopsis concionum, hgg. von (seinem Sohne) Abrah. Musculus, Bern 1595.

geboten sein, auch den Aermsten den Weg zu den Studien zu
öffnen, sofern ihre Begabung Hoffnung weckte, dass die Opfer
durch spätere Leistungen sich lohnen. Einer der Professoren stand
als Präpositus an der Spitze dieses Institutes und hatte über die
Studierenden die Aufsicht zu führen, Fleiss und Betragen zu überwachen.
Als die alten Klostergebäude nicht mehr ausreichten, wurde
in den Jahren 1577 – 81 an der Stelle der schon 1536 abgebrochenen
Barfüsserkirche zu oberst an der Herrengasse ein neues Schulhaus nach allen damals gekannten Anforderungen aus Quadersteinen erbaut, das spätere Kantonsschulgebäude. „In dem pleinpied", wird uns darüber berichtet, „stehen sieben Schulstuben
für die untern Klassen; in dem ersten Stockwerk wohnet der
Präpositus collegii, in dem zweiten 15 (20) studiosi, welche mit
Speis, Trank und Kleidern versehen werden, und dienen für eine
Pflanzschule der Kirchen." Es war ein grosses Freudenfest, als
dieses neue Akademiegebäude am 2. Juli (8. Juni) 1582 bezogen
werden konnte. „*Die Schulknaben und Studenten zogen aus der
grossen Kirche in Prozession die Herrengasse hinauf; unterwegs
wurde der 114. Psalm gesungen: ,da Israel aus Egypten zog', dazu
wurden Posaunen geblasen. In der Schule aber sind sie von M.
Herren den Räthen und den Schulherren empfangen worden, da
auch Herr Dekan Fädminger Minen Herren gedanket um den neuen
Bau, und auch im Namen der Knaben einen neuen Fleiss inskünftig
versprochen, worauf Ihr Gnaden, Herr Schultheiss von Mülinen,
sie im Namen Miner Herren aller Gutwilligkeit gegen eine ganze
Schule versicherte, wie auch dabei ihrer Pflicht ermahnt, damit Mine
Gn. Herren den grossen kösten nit vergebens angewendet habind.*"[1])
Zum Gebrauch der Professoren und Studenten wurde 1540
eine Bibliothek begründet. Am 29. Dezember beschloss der Rat,
durch die Lehrer „Lexica und andere Bücher" anschaffen zu
lassen. Dieselben sollen im grössten Zimmer des Klosters aufgestellt und dort auch alles dasjenige gesammelt werden, was
aus den aufgehobenen Klöstern noch vorhanden wäre, namentlich
aus der Karthause zu Thorberg, dem einzigen bernischen Ordenshause, in welchem einiges wissenschaftliches Leben scheint vorhanden gewesen zu sein.
Zur Förderung der Studien, namentlich aber zur Ermöglichung
vollständiger Ausbildung auch für Vermögenslose, wurden bedeutende Vergabungen gemacht. Nachdem das Misstrauen geschwunden

---

[1]) Zehender, K.-Gesch., II, 111.

war, welches während einiger Zeit gegen die deutschen Theologen geherrscht hatte, beschloss der Rat 1557 ausdrücklich, „die Studenten wieder auf äusere Universitäten zu schicken",[1]) und jetzt zeigte sich erneuter Eifer in dieser Richtung. Im Jahre 1562 stiftete Anton Tillier ein ansehnliches Kapital (1200 Kronen) als Stipendium, damit aus dem Zinsertrage jedes Jahr ein auserwählter Theologe eine vollständige Studienreise machen könne. Von einem seiner Nachkommen wurde das Vermächtnis später noch beträchtlich vermehrt. Am 15. Oktober 1586 hat dann der oben genannte Dekan Johann Fädminger, aus Thun gebürtig, der Nachfolger des 1575 gestorbenen Johannes Haller in der Würde eines obersten Dekans und ein vorzüglicher Kirchenmann, dessen Name uns noch mehr begegnen wird, den grössten Teil seines Vermögens dem nämlichen Zwecke bestimmt.[2])

Wie lebhaft zu Zeiten der geistige Verkehr mit den glaubensverwandten Hochschulen Deutschlands sich gestaltete, zeigt als Beispiel der Briefwechsel der Brüder Rebmann (Ampelander), die ihre Studien in Heidelberg machten.[3])

Mit Sorgfalt und mit nicht geringen Opfern hatte Bern auch die am 27. Mai 1540 nach den Vorschlägen Virets[4]) neu eingerichtete theologische Akademie in Lausanne zu pflegen gesucht.[5]) Die Einkünfte des Domstifts wurden grösstenteils zu diesem Zwecke verwendet, die Domherrenpfründen in Professorstellen verwandelt. Ein Stipendium für den Unterhalt von zwölf mittellosen Studenten wurde gestiftet[6]) und ausgezeichnete Lehrer gewonnen; es sei nur an Jean Le Comte und Cölius Secundus erinnert, an P. Viret, Theodor Beza und den berühmten Züricher Konrad Gesner (1537—1540).[7]) Die hebräische Sprache lehrte anfangs der

[1] Haller-Müslin.
[2] 500 Pfund. Dazu schenkte er seine bedeutende Büchersammlung der öffentlichen Bibliothek. (Haller-Mslin.) — Siehe über ihn: Steck. R., in der Sammlung Bern. Biogr., III, 112.
[3] Briefsamml. Mss. H. H., III, III, 253, teilweise abgedruckt in Hagen, H., Briefe von Heidelberger Professoren und Studenten. Bern 1886. Festschrift zur Jubelfeier der Heidelberger Universität. — Vgl. Trechsel, Fr., Die Familie Rebmann. Sittenzüge und Kulturbilder aus dem Leben des XVI. Jahrhdts., im Berner Taschenbuch für 1883, S. 53—124.
[4] Siehe die schon angeführte Denkschrift von Vuillemier, l'acad. de Lausanne, auch Herminjard, IV, 171, A.
[5] Gindroz, Hist. de l'instr. publ. dans le pays de Vaud. Lausanne 1853.
[6] Vuillemier, Les douze escholiers de L. L. E. E., in der Revue de théol.; Herminjard, VI, 311, A.
[7] Biographien Gesners: Mörikofer, Bilder aus d. kirchl. Leben d. Schweiz. Leipzig 1861. — Wolf, Biogr. z. Kulturgeschichte d. Schweiz, Bd. I, Zürich 1858.

Südfranzose Imbert l'accolet, die griechische nach Gesners Weggang der gelehrte Spanier Peter Nunnez d'Avila. Dass Viret und Beza im Jahre 1559 aus kirchenpolitischen Erwägungen entfernt worden sind, brachte der Anstalt nicht wieder zu heilenden, aber auch nicht vorausgesehenen Schaden; dass aber 1571 B. Aretius eigens nach Heidelberg geschickt wurde, um Zacharias Ursinus nach Lausanne zu ziehen, zeugt, wenn auch der Ruf abgelehnt worden ist, wenigstens vom guten Willen der Behörden.

Neben Lausanne scheint auch Vivis eine treffliche lateinische Schule besessen zu haben.[1]) Auch in Thonon wurde eine höhere Bildungsanstalt zur Vorbildung für Theologen errichtet.[2])

Als aber die Berner Regierung selbst in ihrem plumpen Zorn gegen den calvinischen Einfluss ihre aufblühende Anstalt in Lausanne aufs empfindlichste traf, 1559, da wusste Calvin diesen Augenblick trefflich zu nützen. Er machte sofort den Genfer Bürgern den Vorschlag, selbst eine Akademie zu begründen, als höhere Gelehrtenschule überhaupt, nicht für Theologen allein. Er selbst brachte in wenigen Tagen die Mittel zusammen. Der Rat wagte den Schritt noch im nämlichen Jahre.[3]) Die geistigen Kräfte waren vorhanden; Beza wurde der erste Rektor der neuen Anstalt, welche sofort mehr als 900 Studenten zählte aus allen Ländern Europas.

Gerade seiner Akademie vorab verdankte Genf für die Folge seine ausserordentliche Bedeutung als das „protestantische Rom". War doch hier bis zum Ende des Jahrhunderts die einzige Stätte, welche Jünglingen französischer Zunge Gelegenheit bot, in aller Ruhe in das nötige Wissen eingeführt und zum Predigtamt vorbereitet zu werden, die Stätte, in welcher immer neue Scharen sich zum Martyrium des Dienstes an den Hugenottengemeinden ausrüsten liessen.[4])

Genf brachte die nötigen Opfer mit Begeisterung. Der Eifer für die Heranbildung tüchtiger Prediger und zugleich das Gefühl der Glaubensgemeinschaft selbst mit den entfernt wohnenden Völkern war mächtig genug. Wie die Genfer Akademie den

---

[1]) Ministri Genevenses consistorio Bernensi, vom 31. August 1557. St.-A. Bern, Epist. VI, P. fol. 2.
[2]) Herminj., IV, 306
[3]) Cellérier, l'Académie de Genève, im Bull. p. l'hist. du protest. français, année 1856, IV. Die von Calvin selbst entworfene Ordre du collège de G. Leges acad. Gen. vom 5. Juni 1559, in Calvini opera im Corpus ref., XXXVIII, 65. Neudruck von Le Fort, 1859. — Histoire du collège de Genève. Genève 1896.
[4]) Liste des pasteurs envoyés par la compagnie des pasteurs de Genève aux églises de France 1555–56, im Bulletin hist. du prot. français, III (1870), 72.

romanischen Ländern, so dienten übrigens in ihrer Art die Schulen von Basel, von Zürich und von Bern den Studierenden aus dem Osten, aus Böhmen, Polen, Ungarn, Siebenbürgen, wo es den unterdrückten Reformierten entweder nicht gestattet oder um ihrer ärmlichen Verhältnisse willen nicht möglich war, eigene ordentliche Bildungsanstalten für den geistlichen Nachwuchs zu unterhalten. Auch für solche fremde Studierende gab es Stipendienstiftungen; in allen drei genannten Städten flossen zahlreiche Vermächtnisse, namentlich für ungarische Studenten, und es bestand in Bern ein recht bedeutender Fundus, aus welchem Jahr für Jahr sechs bis acht junge Ungarn die zu ihren theologischen Studien erforderliche Unterstützung erhielten. Erst in unserm Jahrhundert ist das Kapital andern Zwecken zugewendet worden. Es ist nicht zweifelhaft, dass diese kirchlich-wissenschaftliche Verbindung mit dem Auslande auch vielfach befruchtend und anregend gewirkt hat. Die Schulanstalten der untern und obern Stufen sind ein Zeugnis frischer Lebenskraft und Lebensfreudigkeit in den neu begründeten reformierten Kirchen der Schweiz.

3. Der Gottesdienst und das kirchliche Leben.

Wenn die Anlehnung der Schweizer Reformationskirchen an die Staatsregierungen manches zur Folge hatte, was wir vom Standpunkte unserer Zeit nicht als günstig und dem Wesen der Kirche entsprechend ansehen können, so muss doch unumwunden anerkannt werden, dass die Obrigkeiten überall die neu übernommene Pflicht der Obsorge und des Schutzes für die Einrichtungen des religiösen Lebens mit der grössten Gewissenhaftigkeit und mit Verständnis ihres Zweckes zu erfüllen gesucht haben. Die Staatsmänner selbst waren so durchaus und aufrichtig durchdrungen von der Wahrheit der Lehren und Vorstellungen, welche die Reformatoren als Offenbarungen Gottes aus der heil. Schrift ableiteten, dass sie sich, im Grundsatze wenigstens, völlig in den Dienst des religiösen Gedankens stellten und nichts unterlassen wollten, was zum Seelenheil ihrer Unterthanen notwendig oder nützlich schien. Daher die Sorgfalt der Regierungen für die kirchlichen Gebäude, für den geistlichen Stand, für die Anordnungen des Kultus und die Feier der Festtage, nicht minder die Bemühungen für Handhabung christlicher Zucht und Sitte durch das Gesetz und, wo nötig, auch durch die Strafe.

An den gottesdienstlichen Einrichtungen wurde wenig mehr verändert. Die grossartige Auffassung der ersten Reformationszeit, welche die Kultusformen als etwas nicht durch das Wort Gottes angeordnetes und deshalb als ein Adiaphoron angesehen hatte, wich bald einer grossen Aengstlichkeit auch in dieser Richtung, namentlich aber einer Herrschaft der Gewohnheit, welche jede Neuerung als etwas ausserordentlich Bedenkliches betrachtete, so dass man sich nur nach langem Widerstreben dazu entschloss.

Den Versuch, eine für alle reformierten Schweizerkirchen gemeinsame Ordnung einzuführen, der noch 1538 bei Anlass der erwähnten Theologenkonferenz vom 29. April gemacht worden war, hatte man vollständig aufgegeben, um in diesen Dingen jeder Kirche ihre Freiheit zu lassen; doch tauchte der Gedanke an ein solches Ideal auch später wieder auf. Die Züricher Theologen schrieben 1547 der Kirchenbehörde in Bern, ob es nicht zweckmässig wäre, Gleichförmigkeit im Kultus anzustreben, indem die absolute Freiheit dem Anabaptismus Vorschub zu leisten scheine.[1]

Am 1. Juni 1581 schlossen sich die Stände Bern und Zürich wieder enger aneinander. Dem politischen Bündnis fehlte keineswegs der religiöse Hintergrund; im Blicke auf die allgemeine Lage der Konfessionen schrieb der Dekan Müslin in seiner Chronik dazu: „*Gott wolle die beede Stett in steter Lieb und einikeit erhalten, so mögend si iren fienden dester besser und beständiger widerstand thun.*" Von eigentlich kirchlicher Vereinigung war freilich damals nicht mehr die Rede. Die staatlichen Grenzen hielten auch die Kirchen völlig auseinander.

In Zürich blieb der Gottesdienst auf die allereinfachsten kultischen Formen beschränkt[2]; er bestand fast ausschliesslich aus der Predigt und diese wieder aus einer nüchternen und, wenn auch eifrigen, so doch äusserst kunstlosen und mitunter auch recht pedantischen Erklärung des Schrifttextes.[3] Für die Jugend, die derselben nicht zu folgen vermochte, waren seit 1544 die Kinderlehren als eigene Gottesdienste bestimmt.

---

[1] Epistolae Variorum ad Musculos, Ep. 27. Mss. der Bibl. in Zofingen, so nach Frikart, Die Kirchengebräuche, pag. 5.

[2] Neben den oben bereits erwähnten Schriften von L. Lavater und von Wirz seien hier noch angeführt: Breitingers historische Nachricht von den Constitutionibus der zürcherischen Kirche und wie dieselben von Zeit zu Zeit sind verbessert worden, in Simmlers Samml., I, S. 1086, und Herliberger, Heilige Ceremonien, gottesdienstliche Kirchenübungen und Gewohnheiten der ref. Stadt Zürich. Zürich und Basel 1750. Erwähnen wir hier auch: Zimmermann, G. R., Die Züricher Kirche von der Reformation bis zum 3. Ref.-Jubil. Zürich 1877—78.

[3] Hierzu: Finsler, Geschichte der Predigtweise in der zürcherischen Kirche, im Kirchenblatt 1856, S. 33 u. ff.

Im Jahre 1539 und dann wieder 1543 wurden noch einige nicht auf den Sonntag fallende Feiertage abgeschafft, die man früher beibehalten hatte; es geschah zum Teil in Anlehnung an die calvinische Bibelstrenge, zum Teil aber auch, weil man üble Erfahrungen gemacht hatte. „*Die Feiertage*, hiess es, *bringen vil Spans und Zanks, sie mehren und erhalten noch vil superstition.*" Es sollten demnach nur noch der Weihnachtstag, die Beschneidung Christi als Neujahrstag und die Auffahrt als ausserordentliche Feiertage begangen werden, während die früher noch gefeierten, der St. Stephanstag, das Fest der Allerheiligen und die beiden Marientage der Lichtmess und der Verkündigung, der Zwölfaposteltag, Johannes des Täufers-Tag und Maria Magdalena nicht mehr als Feste galten, und selbst der Tag der Schutzheiligen der Stadt, Felix und Regula, verlor jetzt seine Bedeutung. Eine schwere Teuerung im Herbst 1571 gab den Anlass zu der Anordnung eines wöchentlichen Bettages.[1]) Eine anschauliche Beschreibung der Abendmahlsfeier, wie sie sich bis zum Jahre 1563 gestaltet hatte, gibt das oben genannte Buch von Ludw. Lavater.[2])

Nur wenige neue Kirchgemeinden verdanken dieser Periode ihre Entstehung. Unter vielen Kämpfen wurde 1558 die Gemeinde Berg mit einer Pfarrkirche von der Abtei Rheinau abgetrennt, und in Zürich selbst löste sich 1591 die Dorfschaft Weiach selbständig vom Grossmünster ab.[3])

Der Kirchengesang wurde von manchen doch ungerne entbehrt, und es fehlte nicht an Versuchen zur Wiedereinführung. In den zürcherischen Städten Winterthur und Stein a. Rhein war der Gesang beim Gottesdienst schon 1559 wieder üblich geworden. Dort war es der Pfarrer Heinrich Goldschmid, der sich darum verdient machte, indem er 1546 ein eigenes Gesangbuch bearbeitete und mit den Kindern den Chorgesang übte.[4]) In Zürich selbst erschien 1588 ein Psalmenbuch für den Privatgebrauch, das aber auch andere geistliche Lieder neben den Psalmen enthielt, und der

---

[1]) Hottinger, III. 802.

[2]) Eine deutsche Uebersetzung in R. Stähelin, Zwingli, II. 65. Dazu ist zu vergleichen die Auseinandersetzung zwischen K. Christoffel und G. Finsler im Kirchenblatt 1857, S. 155 u. ff., Feuill.

[3]) Wir nennen hier noch besonders: Strickler, Gesch. d. Kirchgemeinde Horgen 1882, vorzüglich S. 285—284. — Vögelin, Sal., Geschichte der K.-G. Uster im 16. u. 17. Jahrhdt. Uster, Neujahrsblatt 1867. Ein aus etwas späterer Zeit stammendes (nicht datiertes) Kärtchen „tabula parrochiarum Turicensium" zeigt das Züricher Gebiet mit seiner Kapiteleinteilung, in welcher auch die thurgauischen, rheinthalischen und Glarner Kirchgemeinden inbegriffen sind.

[4]) Wirz, Züricher M., 163.

Wunsch wurde mehr und mehr laut, dass auch in der Kirche wieder heilige Gesänge erschallen möchten. Erst 1598 gelang dies, hauptsächlich durch die Bemühungen des jüngern Josua Mahler, Pfarrer zu Weinfelden und zu Glattfelden (gestorben 1610), und des kunstverständigen Archidiakons Raphael Egli am Grossmünster, der eine Eingabe an die Räte richtete. Infolge eines zwar noch äusserst vorsichtigen, aber doch nicht ganz ablehnenden Gutachtens der Pfarrherren wurde im genannten Jahre beschlossen, dass der Kirchengesang in der Stadt Sonntags und Dienstags vor und nach der Predigt solle eingeführt, „neben demselben aber weder Orgeln, Posaunen, noch andere Instrumente gebraucht werden." [1]) Letzteres sah man als so gefährlich an, dass sogar verboten wurde, um die Gestattung zu petitionieren. Neue Kirchenordnungen erhielt die Zürcher Kirche in den Jahren 1535, 1563 und 1581. Die liturgischen Gebete wurden jetzt als verbindlich erklärt und jede eigenmächtige Abänderung untersagt, weil man es für unschicklich hielt, dem Pfarrer zu überlassen, welche Gebete er seiner Gemeinde vorsprechen wolle, und weil man auf Gleichförmigkeit immer grössern Wert legte. Das Ehegericht der Stadt erfuhr 1538 eine Vermehrung auf acht Mitglieder; es war obere Instanz für die Stillstände des Landes; aber die letzte Entscheidung auch in diesen Fragen hatte sich der Rat vorbehalten.[2]) Eine neue Almosenordnung, welche die zweckmässige Verwendung der Spenden sichern sollte, wurde 1585 erlassen.[3])

An der Spitze der Zürcher Kirche stand als Antistes bis zu seinem Lebensende der treffliche Heinrich Bullinger, der in mehr als 40jähriger Amtsführung weit über die Grenzen des Zürcher Landes und der Eidgenossenschaft hinaus als der Vater der reformierten Kirche gewirkt hat und neben seinen daherigen Geschäften, seiner fruchtbaren theologischen Schriftstellerei und dem ausgebreiteten Briefwechsel noch Zeit gefunden hat, als Geschichtsschreiber thätig zu sein. Bullinger starb 1575, am 15. September.

Ihm folgte als Kirchenvorsteher zunächst der würdige Rudolf Gwalther, Zwinglis Tochtermann, geboren 1519 und seit 1542 Leutpriester am Grossmünster[4]); dann seit 1585 Ludwig Lavater, der Tochtermann Bullingers, der jedoch schon im folgenden Jahre aus dem Leben schied[5]) und Rudolf Stumpf zum Nachfolger hatte.

[1]) Hottinger, III. 866.
[2]) Finsler, K. Stat., 43.
[3]) Neujahrsblatt der Zürcher Hülfsges. für 1838.
[4]) S. Allg. D. Biogr., X, 239 (v. G. v. Wyss).
[5]) Allg. D. Biogr., XVIII, 83. Verfasser des oben angeführten Werkes De ritibus eccl. Tigur.

Bloesch, Gesch. der schweiz.-ref. Kirchen. 18

Nach Stumpf, der wieder schon im Januar 1592 starb, kam Burkhart Leemann, von dem nach einem Leben in ungeteilter Achtung und allgemeiner Anerkennung das unbegreifliche Gerücht in der katholischen Schweiz verbreitet und sogar geglaubt worden ist (1595), der Teufel habe ihn während der Predigt auf der Kanzel geholt. Er ist erst mehrere Jahre nachher, 1613, gestorben.[1]

In seiner Bibelübersetzung hatte Leo Judae, gestorben 19. Juni 1542, der Zürcher Kirche ein unschätzbares Erbe hinterlassen. Die Zürcher Bibel ist 1540 und 1542, dann wieder 1574, 1589 und 1597 in neuen Bearbeitungen erschienen[2] und hat nicht ohne Grund in der östlichen Schweiz ein grosses Ansehen und entsprechende Verbreitung gefunden.[3]

In St. Gallen versuchte man 1544 durch eine neue Organisation der ostschweizerischen Kirchensynode den geistigen Zusammenhang der evangelischen Gemeinden zu heben. Die neue Synodalordnung wurde für alle Mitglieder des Kreises als verbindlich erklärt. Hauptaufgabe sollte sein die gegenseitige Censur und die Entgegennahme von allfälligen Beschwerden, sowie die Aufnahme neuer Kandidaten, welche zuvor eine theologische Prüfung durch die Geistlichen der Stadt bestanden hatten. Jede Abteilung des sich zur Synode haltenden Gebietes soll einen eigenen Dekan wählen zur unmittelbaren Aufsicht und Leitung; der Dekan von St. Gallen führt in der Versammlung den Vorsitz.[4]

Die Wirren der Zeit liessen die vielversprechende Einrichtung nie voll ins Leben treten; 1589 wurden das Rheinthal und der obere Thurgau von der Synode getrennt und suchten nun Anschluss an der Zürcher Kirche.[5] Zürich war nach Mezgers Ausdruck (Bibelübersetzung, S. 183) von da an thatsächlich der evangelische Bischof im Thurgau; Geistliche aus Zürich waren es

---

[1] Vergleiche die amtliche Schrift: „Kurze u. gloubhafte Verantwortung Herr Bürgermeisters und eines ehrsamen rathes der Statt Zürich über das unverschamt und erdichtet usspreiten etlicher lugenhaften lüten, sam der Tüfel einen prediger in der Stat Zürich in der predigt ab dem canzel genommen und hinweg füret habe." Zürich 1596. 4°.
[2] Mezger, Bibelübersetz., S. 132 u. ff. – Egli, Die Zürcherbibel, Züricher T.-B. 1895.
[3] Mezger, a. a. O., S. 161 u. ff.
[4] Finsler, K. Stat., 223. Vergl.: Constitutiones synodi Sangallensis, Mss. H. H., VII. 80 der St.-B. Bern.
[5] Sulzberger, Geschichte des Kapitels St. Gallen von seiner Entstehung bis zur Lostrennung der oberthurgauischen und rheinthalischen Geistlichkeit, anno 1589, in den Mittlg. d. hist. Vereins St. Gallen, III (1868).

zumeist, welche hier die Kanzeln versahen.¹) Damit ist aber auch bereits gesagt, dass es eine thurgauische Kirche nicht gegeben hat.

In Basel hatte der Einfluss Simon Sulzers nicht nur das Orgelspiel beim Gottesdienst zu erhalten, sondern auch in andern Dingen den Kultus reicher und künstlerischer, mehr dem lutherischen ähnlich, zu gestalten gewusst. Sonntägliche Abendmahlsfeier, bei welcher der Geistliche auf den Knien administrierte, und Krankenkommunion in den Wohnungen blieb stehende Sitte; dagegen scheint der Kirchenbann nur äusserst selten angewendet worden und bald ausser Uebung gekommen zu sein. Nur der Name blieb, als Bezeichnung für die sittengerichtliche Behörde. Diese bestand in der Stadt aus den Pfarrern und Helfern, zwei Ratsherren und einem Beisitzer, in den Landgemeinden aus dem Obervogt und zwei von ihm gewählten Männern. Im Jahre 1541 führte Basel die Feier eines wöchentlichen Bettags — am Dienstag — ein.²)

Revidierte Kirchenordnungen erschienen in Basel in den Jahren 1537, 1550, 1565 und 1590, neue Agendbücher, d. h. Revisionen der Gottesdienstordnung, 1537, 1564, 1569, 1572, 1578 und 1584.³) Im Jahre 1572 wurde hier ein eigener Gottesdienst in französischer Sprache eingerichtet und damit ein Bedürfnis befriedigt, das schon 1535 empfunden worden war.⁴)

Da sich noch 1581 bei Gelegenheit einer Synode (1. Mai) Neigung verriet zur Annahme der lutherischen Konkordienformel, so hatte der mehr zwinglisch gesinnte, 1575 nach Basel berufene Joh. Jakob Grynaeus — ein Sohn des Thomas Grynaeus, am 1. Oktober 1540 in Bern geboren — anfangs einen schweren Stand. Nachdem er inzwischen zwei Jahre lang an der Universität in Heidelberg als theologischer Lehrer gewirkt, wurde er aber doch nach Sulzers Tod, 1585 (22. Juni), dessen Nachfolger als oberster Pfarrer.⁵)

Die Prediger der Stadt dienten, wie fast überall, als Kirchenrat, der mit einem, später zwei Mitgliedern des weltlichen Rates

---

¹) Sulzberger, Biogr. Verzeichnis der Geistlichen im ref. Thurgau. Thurgauer Beitr., Heft IV u. V. — Derselbe: Geschichte des Kapitels Thurgau. Thurg. Beitr., Heft XXVI.
²) Gemein andächtige Gebett, so man alle Zinstag zur Busspredig in den vier pfarrkilchen zu Basel haltet, 1541.
³) Sammlung alter Basler Agenden, in der Bibl. des Antistitiums. Bd. II.
⁴) Burkhardt-Biedermann, Basler Beitr., IV, S. 426. Vgl. die Schilderung von Buxtorf-Falkeisen: Die Stadt Basel und ihre Bewohner am Ende des 16 und Anfang des 17. Jahrhdts., im Basler Taschb. 1858.
⁵) Er ist — im Alter blind — am 13. Aug. 1619 gestorben. S. über ihn: Allg. D. Biogr., X, 71. — Hagenbach, Die theol. Schule Basels (1860), S. 15—17.

verstärkt, als „Konvent der Examinatoren" über die Annahme der Kandidaten entschied, während der Stadtmagistrat, in Verbindung mit Vertretern der bezüglichen Gemeinden, die Pfarrwahlen vornahm.[1]) Es darf hier ausdrücklich hervorgehoben werden, dass die strenge Sittenzucht, welche die Geistlichkeit unter sich übte, nicht ohne günstigen Einfluss geblieben ist auf die moralische Haltung des Standes und das Ansehen, das er genoss.[2])

Auch die Schaffhauser Kirche hatte in dieser Epoche noch einmal einen Kampf gegen eindringendes Luthertum zu bestehen. Im Jahre 1569 wurde Konrad von Ulm (Ulmer) zum Vorsteher der Kirche erwählt, und dieser, aus Deutschland gebürtig, ein unmittelbarer Schüler Luthers, Melanchthons und Bugenhagens, trat nun in einem Sinne auf, der ihm das Misstrauen seiner Amtsbrüder zuzog. Er wollte den bis dahin üblichen Katechismus Judaes durch einen neuen ersetzen, den er selbst im Geiste Luthers, und zwar in hochdeutscher Sprache, verfasst hatte; er erfuhr jedoch Widerspruch und seine Arbeit musste wieder aufgegeben werden. Ein ähnliches Schicksal hatte 1592 der Versuch, eine deutsche Liturgie einzuführen[3]); ein Jahr später war der schweizerische Dialekt auch auf der Kanzel wieder vorherrschend geworden. Das Bestreben, eine gewisse Selbständigkeit der Züricher Kirche gegenüber zu bewahren, trug dazu bei, eine Neigung zu lutherischen Einflüssen dann und wann aufkommen zu lassen.[4])

In Bern war die Idee des christlichen Staates und einer dem Staatszweck eingeordneten Kirche, in welcher der Bürger und der Christ seinem Wesen nach zusammenfallen, wohl am vollständigsten verwirklicht. Die Lenker des Staates gingen durchaus ein auf dasjenige, was ihre geistlichen Ratgeber ihnen als im Interesse der Kirche liegend vorschlugen; diese selbst aber gingen ihrerseits in weitgehendster Weise ein auf die Bedürfnisse der staatlichen Ordnung, so dass es schwer hält, zu sagen, ob der Staat der Kirche oder die Kirche dem Staate untergeordnet gewesen sei.

Es war aber auch, nach Ueberwindung der grossen Konfliktszeit, der richtige Mann als oberster Dekan der Kirche vorgesetzt worden, der schon genannte Johannes Haller, der durch Würde und Milde, durch Klugheit und Wohlwollen, durch Festigkeit und Nachgiebigkeit zugleich es verstanden hat, das erschütterte Ansehen

---

[1] Finsler, K. St. 173.
[2] Buxtorf-Falkeisen, a. a. O., I, 2, S. 85.
[3] Christenliche ordnung und brauch der Kirchen in der Stadt u. Landschaft Schaffhausen 1592. 4°.
[4] Mezger, a. a. O., 176—77.

der Berner Kirche nach innen und aussen wieder herzustellen und ohne jeden Schein aufdringlicher Herrschsucht auch vor Schultheiss und Rat seinen Einfluss geltend zu machen, der Kirche, nicht formell, aber thatsächlich, ihre selbständigen Ziele zu wahren. Als Haller, erst 50 Jahre alt, nur wenige Tage vor Bullinger, am 1. September 1575 starb, erhielt er einen kaum weniger ausgezeichneten Nachfolger, den Dekan Fädminger aus Thun, der in schwierigen Zeiten mit grosser Umsicht und besonders auch mit grosser Hingebung und Selbstverleugnung die Rechte der Kirche vertrat, bis zum Jahre 1586, wo nun Abraham Musculus, der Sohn Wolfgangs, in die Stellung eintrat, die ihm nach seiner Meinung schon längst gebührt hätte.

Zur Befestigung in der bewährten Glaubenslehre forderte die Regierung im Oktober 1570 von sämtlichen Prädikanten und Professoren neue Zustimmung durch Unterschrift zur Berner Disputation und zum helvetischen Bekenntnis.

Als Hauptaufgabe erschien die weitere Ausgestaltung der Gemeindeorganisation in den Händen des Staates. Im Jahre 1538 wurden Langenthal — bisher Filiale von Thunstetten — und Albligen zu eigenen Kirchgemeinden erhoben, 1544 auch Blumenstein, das vorher Tochterkirche von Amsoldingen gewesen war. In Aarwangen, das von der Kirche zu Bannwyl abhing, wurde 1577 das Verhältnis umgekehrt, letztere zur blossen Kapelle erklärt. Das gleiche Schicksal erfuhren auch die alten Kirchen zu Kleinhöchstetten, 1534, zu Uttigen und Scherzligen, 1536, und zu Röthenbach 1558; sie wurden teils abgebrochen oder doch geschlossen, teils auch zu anderm Gebrauche verkauft.[1]

Besonders war das Bestreben der Regierung dahin gerichtet, die Kollaturrechte an sich zu ziehen, vornehmlich dann, wenn die Besitzer Fremde oder Katholiken waren.

Mit Solothurn kam schon 1539 (26. Juli) ein Austausch zu stande, durch welchen Bern die Kirchen von Limpach, Diesbach bei Büren und Wynigen — gegen Grenchen, Selzach und Egerkingen — erwarb; später, 1577, wurde auch die Pfarre Messen mit ihrer Filiale Balm vom Solothurner Ursusstift an Bern abgetreten.

Durch einen Vertrag vom 21. Juni 1557 gelang es, die kirchlichen Rechte auf Herzogenbuchsee, Huttwyl und Seeberg dem Kloster St. Peter im Schwarzwalde abzukaufen, dem sie 1108

---

[1] Verzeichnis der in Bern seit der Reformation neu errichteten Pfarreien, von J. R. Gruner, Mss. H. H., XII, 122 (Nr. 7).

geschenkt worden waren, und eine nach langer Bemühung am 20. Mai 1579 mit Luzern abgeschlossene Uebereinkunft brachte Bern — in Austausch um Luthern und Knutwyl — einige Kollaturen des Klosters St. Urban, nämlich Madiswyl, Roggwyl und Niederbipp.

Die Kirche von Wengi wurde 1551 (resp. 1572), diejenige zu Rüeggisberg 1565, zu Kirchlindach und Kirchdorf am 16. Februar 1579 von Privatbesitzern abgekauft.

Umgekehrt überliess aber auch Bern die vom aufgehobenen Kloster St. Johannes bei Erlach übernommenen Rechte auf die Kirche zu Biel im Jahre 1540 an die dortigen Bürger.

In Bezug auf den Kultus war man anfangs in Bern weniger ängstlich als in Zürich. Wo etwas zur Verschönerung, zur Vertiefung des Eindrucks, zur Erhöhung der Andacht dienen konnte, da sah man keinen Grund, es zu unterlassen, und die Obrigkeit scheute in der Regel auch die Opfer nicht, die dazu erforderlich waren.

Unmittelbar nach der Glaubensänderung hatte der Chronist Anshelm in protestantischem Uebereifer den Turm des Vincenzenmünsters einen „steinernen Götzen" genannt, und der Bau war damals gänzlich stillgestellt worden. Jetzt war die Stimmung wieder eine etwas andere. Im Jahre 1571 fing man an, sich des nur halb ausgebauten Gotteshauses zu schämen, und die Räte beschlossen, „das Münster in vollkommenen Stand zu bringen, damit nicht der Vorwurf Haggai's uns treffe." Das Chor der Kirche war noch nicht gewölbt und im Innern stand nur „ein schlechter hölzerner Lettner". Jetzt wurde ein lombardischer Meister angestellt, um das Gewölbe zu vollenden, 1572—1573; 1574 errichtete man den steinernen Lettner, und im folgenden Jahre, 1575, am 25. November, wurde sogar der Beschluss gefasst, auch den Turm auszubauen nach seinem ursprünglichen Plane.

Dagegen musste allerdings ein früher stehengebliebenes Muttergottesbild entfernt werden, weil man bemerkt haben wollte, dass mitunter „fremde Papisten" demselben Anbetung erzeigen.[1] Mancher Kirchenschmuck war erhalten geblieben, weil er zu hoch und deshalb schwer erreichbar oder weil er versteckt und daher unbemerkt geblieben war; einiges aber auch, und dazu gehörten ausdrücklich die Glasgemälde, wurde mit Absicht geschont „ob artificii nobilitatem". Die Darstellung des jüngsten Gerichts am

---

[1] Zehender, Bern. K.-G., II, 98. Der Name des Verfassers wird verschieden, bald Zeender, bald Zehender geschrieben; wir halten uns künftig an letztere Schreibart, da sie die jetzt von der Familie angenommene ist.

Hauptportal verdankte seine Erhaltung dem Umstande, dass man es sehr erbaulich fand, wie darin gezeigt werde, dass der Papst mit der dreifachen Krone in die Hölle geworfen wird. Das Jahr 1591 brachte einige weitere Verbesserungen.

Auch die Kapelle „auf der Nydegg", welche 1492 ausgebaut, aber dann infolge der Reformation als „unnötig" wieder verlassen worden war, wurde am 1. Mai 1566 neuerdings für den Gottesdienst geöffnet und eingerichtet, wenn auch vorerst nur als Filiale für die Wochenpredigten.[1]) 1571 erhielt der Turm nach einem Brande seinen neuen, zierlich feinen Helm. Erst seit 1614 wurde alsdann auch die Abendmahlsfeier in der Kirche gestattet.

Eine eigentlich feste Gottesdienstordnung mit vorgeschriebenen Kirchengebeten erhielt Bern erst im Jahre 1545, nachdem bis dahin nur ganz allgemeine Bestimmungen die Hauptlinien angedeutet hatten. Man sah das Schlussgebet nur als einen Teil, als eine Einrahmung der Predigt an. Da aber jene Arbeit unter Simon Sulzers Eingebung entstanden war, nahm man 1551 eine Erneuerung vor im Sinne grösserer Einfachheit[2]), ebenso wieder 1586 und 1598.[3]) Am 5. und 6. Januar 1587 wurde auch die Predigerordnung, die allgemeine Instruktion der Geistlichen, wie sie schon im grossen Synodus von 1532 enthalten war, einer Revision unterworfen und in unbedeutenden Punkten modifiziert.

Ausser den Sonntagen galten nur wenige Feiertage als kirchlich geboten. Man ging in dieser Hinsicht weiter als in Zürich, da der Einfluss Calvins bemerkbar war. Der Sonntag selbst wurde strenger als früher gehalten [4])

Wenn anfangs täglich Predigten abgehalten wurden, so hat man sich doch bald auf zwei Wochengottesdienste — gewöhnlich Mittwochs und Freitags — beschränkt.[5]) Dabei fanden aber Abendpredigten statt, seit 1570 aus Bibellektur mit einfacher Auslegung und einem Gebete bestehend. Seit 1577 (12. Sept.) wurde aus Anlass der fürchterlichen Pestepidemie der Donnerstag als wöchentlicher Bettag bezeichnet, an welchem unter öffentlichem Sündenbekenntnis um Abwendung der greulichen Krankheit gebetet werden solle.[6])

[1]) Zehender, Bern. K.-G., I. 161. Der Dekan Haller selbst hielt die erste Predigt.
[2]) Eine eingehende Schilderung derselben bei Wyss: Zur Gesch. der Bern. Liturgie, in Trechsels Beitr., I, S. 88—98.
[3]) Haller, Bibl. der Schw.-Gesch., III, Nr. 744. — Wyss, a. a. O., 100—111.
[4]) Ueber die Art der Sonntagsfeier selbst und die bezüglichen Gesetzesbestimmungen s. Frikart, a. a. O., S. 9.
[5]) Frikart, S. 12.
[6]) Frikart, 12. Das bez. Gebet siehe Wyss, a. a. O., S. 107.

Der Gesang beim Gottesdienst war seit 1558 auf Anraten Joh. Hallers teilweise wieder gebräuchlich geworden, wenn auch nur in der Hauptstadt.[1]) Indessen regte sich immer von neuem der Wunsch nach förmlicher Wiedereinführung. War vorher während 30 Jahren alle Kirchenmusik aus dem Kultus verbannt gewesen, so fand man jetzt, dass vorzüglich die Abendmahlsfeier wesentlich verschönert und feierlicher gestaltet werden könnte durch begleitenden Gesang. Das bezügliche Gutachten der kirchlichen Behörde, vom 7. April 1569, erklärte: *Es sei nit allein möglich und notwendig, sondern auch den andern christlich-reformirten Kirchen-Ceremonien und dem Gottesworte selbst gleichförmig, dass der Gesang nach verrichteter Ceremonie des hochwürdigen Abendmahles zu der gewöhnlichen herzlichen Lob- und Danksagung eingeführt werde.*[2]) Am Ostertage 1569 wurde dann zum erstenmal solches versucht.

Gesungen wurden selbstverständlich nur die Psalmen, als ein Teil des Gotteswortes, keine von Menschen gedichtete Lieder. Als Text wurde bald die Uebersetzung von Ambrosius Lobwasser allgemein üblich, welche 1573 zuerst in Leipzig erschien und in Ermangelung einer bessern sich rasch einbürgerte.

In einem Schreiben an die Chorrichter war am 21. Juni 1538 angeordnet worden, dass die Jugend in den Schulen die Psalmen singen lerne[3]); 1574 wurde sodann die Anstellung eines eigenen Gesangmeisters beschlossen. Seit dem hohen Donnerstag 1581 begann man in der Stadt den Gesang, da die Orgeln noch fehlten, mit Posaunen zu begleiten[4]), was im September 1611 überall da anbefohlen wurde, wo die Mittel dazu vorhanden waren.

Die Abendmahlsfeier selbst blieb nicht ohne Modifikationen. Zwar der dogmatische Streit über die richtige Auslegung der Einsetzungsworte und die symbolische oder mystische Bedeutung der Feier war endlich verstummt; allein es drohte jetzt ein neuer Zank auszubrechen über die dabei zu brauchenden Elemente. Während sowohl in Zürich als in Genf, dort aus zwinglischer Neigung zur Einfachheit, hier in calvinisch-doktrinärer Wiederherstellung des vorausgesetzten urchristlichen Brauches, gewöhnliches Brot bei der Feier eingeführt worden war, hatte man in

---

[1]) Haller-Müslin erwähnt den Beschluss vom 24. April 1558. Gruners Del. urb. Bernae nennen das Jahr 1574, wohl mit Beziehung auf die Landkirchen.

[2]) Zehender, K.-G., II, 90.

[3]) Herminjard, V, 6.

[4]) Am 22. Juni 1585 wurden zu diesem Zwecke vier Trompeter angestellt. (Haller-Müslin.)

den bernischen Kirchen — mit Ausnahme von Zofingen und Aarau, wo von Anfang an die zwinglische Uebung als Regel galt — die alte Form der runden Oblaten aus der katholischen Sitte herübergenommen. Im Jahre 1581 nun wollte ein Teil der Berner Geistlichkeit diesen Gebrauch als papistisch abschaffen und entweder grössere Oblaten nehmen, welche den Einsetzungsworten gemäss „gebrochen" werden könnten zur Erinnerung an den gebrochenen Leib Christi, oder aber statt der Oblaten gemeines gesäuertes Brot; andere wollten nichts von einer Aenderung wissen. Die beiden ersten Kirchenmänner, Musculus und Fädminger, standen sich gegenüber.

Der Streit wurde mit ziemlicher Leidenschaft geführt, so sehr, dass der Rat daran Aergernis nahm und beiden Teilen, wie es heisst, „silentium gebot" und jede Abweichung von bisheriger Sitte als unstatthaft bezeichnet. Es war das am 18. Januar 1582, und einstweilen blieb es dabei.

Dagegen wurde jetzt — die Zeit ist nicht genau festzustellen[1]) nach einigem Schwanken endgültig bestimmt, dass die Abendmahlsfeier zu den drei grossen Festzeiten, aber jedesmal an zwei aufeinander folgenden Sonntagen, zu begehen sei. Dazu kamen dann noch hinzu die zwei ersten Sonntage des Herbstmonats. Diese sogenannte Herbstkommunion wurde, soweit es die Kirchen des Oberlandes betrifft, ausdrücklich damit begründet, dass in dieser Jahreszeit die reformierten Walliser am leichtesten über die Gebirgspässe steigen könnten, um hier an der Feier teilzunehmen, die sie in ihrem Thal entbehrten.

Die Taufe wurde in der bisherigen Weise vollzogen. Von dem Gebrauche der Taufsteine liess man sich durch das Widerstreben der strengen Calvinisten nicht abbringen, doch sind dieselben im Waadtlande verschwunden. Die Haustaufe blieb verboten, dagegen machte zu Zeiten, namentlich wenn Specialfälle dazu Veranlassung boten, die Frage einige Schwierigkeiten, ob auch Katholiken als Taufpaten beigezogen werden dürften. Da die Taufe selbst im wesentlichen die Formen der römischen Kirche beibehalten hatte und wenigstens in diesem Aufnahmeritus der gemeinsame christliche Boden zwischen den Konfessionen anerkannt wurde, so konnten Zweifel aufkommen, ob die Trennungsschranke auch hier notwendig ihre Geltung behalte. Es wurde darüber am 24. März 1569 eine eigene Verordnung erlassen, welche feste Regel machen sollte für die Zukunft.[2]) Die Hauptsache bei der Taufe war

---

[1]) Frikart nennt das Jahr 1585. (S. 99.)
[2]) Zehender, K.-G., II, 90.

Übrigens vom Standpunkte der Obrigkeit unverkennbar die Eintragung in die „Rödel" zur Konstatierung des bürgerlichen Personenstandes, und dies erklärt uns auch, wenigstens zum Teil, die Grausamkeit gegen die Wiedertäufer, die sich dieser Ordnung nicht fügten. Allerdings scheint auch umgekehrt der Kampf gegen diese Widerspenstigen die Anordnung der Taufregister veranlasst zu haben, darauf deutet ein Erlass von 1571.

Dem geistlichen Stande selbst wurde fortwährend grosse Aufmerksamkeit geschenkt. Das Bestreben der Obrigkeit ging dahin, ganz dem Wesen der Staatskirche entsprechend, die Autorität der kirchlichen Beamten auch durch ihre äussere gesellschaftliche Stellung zu erhöhen, sie durchaus als Vertreter höherer Gewalt dem Volke gegenüber, als Organe der Staatshoheit und des Staatszweckes, als Respektspersonen, betrachten zu lassen.

Die durch die Landvögte aus staatlichen Mitteln — also über das Einkommen der betreffenden Kirche hinaus — zu entrichtende Barbesoldung betrug in der Regel 200 Gulden; für die Stadtprediger wurde sie am 24. Februar 1563 namhaft vermehrt. Das Studium der Theologie war ein Privilegium der burgerlichen Familien der Hauptstadt und der sogenannten Munizipalstädte, d. h. derjenigen städtischen Gemeinwesen, welche sich eine gewisse Selbständigkeit in ihrer Verwaltung bewahrt hatten. Dafür traten nun auch Söhne der ersten regierenden Familien in diesen Beruf. Aus demselben Sinne ging ein Beschluss von 1587 hervor, wonach alle Prediger, die aus der Fremde nach Bern berufen wurden, hier für sich und ihre Nachkommen Bürger- und Heimatrecht erhielten mit allen Benefizien, ein Beschluss, der jedoch schon zehn Jahre später wieder aufgehoben wurde, weil man erkannte, dass seine Folgerungen weiter führen, als man wünschte.[1])

Gerade dieses Streben nach Hebung des Standes führte nun aber zu einem merkwürdigen Schwanken in Bezug auf die Disciplin der Geistlichen, indem bald übergrosse Strenge, dann wieder unbegreifliche Nachsicht angewandt wurde. Zur erstern fehlte es nicht an Veranlassung. Der sittliche Zustand liess viel zu wünschen. Die Zahl der im ersten Reformationsjahrhundert allein, d. h. bis zum Jahre 1600, in der bernischen Kirche (und zwar mit Ausschluss des Aargaues und des Waadtlandes) ausgesprochenen Entsetzungen von Geistlichen wegen grober Fehler und Laster, meist wegen Ehebruch oder arger Völlerei, beläuft sich auf nicht weniger als 170. Und dabei waltete, wie gesagt,

---

[1]) Zehender, K.-G., II, 177.

zu Zeiten wieder sehr grosse Duldsamkeit, wie nicht bloss aus den spätern Wiederanstellungen der Entsetzten sich zeigt, sondern auch aus dem mitunter auffallenden Gehenlassen und Hinwegsehen über abscheuliche Aergernisse. Wir werden freilich, um jene Zahl nicht misszuverstehen, daran denken, dass das genannte Gebiet immerhin über 200 gleichzeitig besetzte Pfarrstellen enthielt. Hans Wannenmacher, Pfarrer zu Nidau, wurde 1571 nach Affoltern im Amt Aarberg erwählt, mit dem Zusatz im Ratsbuch: „sobald er kommt, sollen ihm die Wirtshäuser verboten werden." Er war schon vorher 1568 von seiner Stelle zu Thierachern entsetzt worden. Ein anderer verlor 1576 seine Pfründe „wegen scheusslich ärgerlicher Reden". Der Pfarrer zu Diemtigen, Hans Hutmacher, wurde sogar 1590 hingerichtet.

Besonders empfindlich waren allerdings die Ratsherren, wenn sie selbst unsanften Tadel erfuhren. Am 3. September 1574 wurden die Prediger der Hauptstadt vor den Rat berufen, *„weil sie einiger Herren Geiz und unziemlichen Wucher zu ruch angetastet"*, so erzählt der ohne Zweifel selbst mitschuldige Dekan Haller in seiner Chronik.

Milde Beurteilung war indessen das Gewöhnliche, weil man es im Interesse des Standes für unpassend hielt, die Geistlichen durch skandalöse Prozesse zu kompromittieren; wurden aber einmal die Klagen allzu laut und allgemein über die Verweltlichung der Kirchendiener, dann ging wohl plötzlich ein Gewitter scharfer Strafen durch das Land; letzteres war insbesondere der Fall in den Jahren 1581 und 1597.

Die ausserordentliche Synode von 1581 ist so sehr charakteristisch für die nun eingeschlagene Richtung des Kirchenwesens, im guten wie im schlimmen Sinne, dass wir darauf an der Hand eines zeitgenössischen Originalberichtes etwas näher eingehen müssen.[1]) Nicht durch geistliche Behörden, sondern direkt durch Schultheiss und Rat, ja sogar ohne Vorwissen der Geistlichkeit, wurde die Synode angeordnet. Der 11. September war dazu bestimmt; aber es fehlte im Ausschreiben, und zwar mit Absicht, jede Andeutung darauf, welche Anträge vorliegen, welche Gegenstände behandelt werden sollten. Die Pfarrer fühlten sich ernstlich beunruhigt und sammelten sich in ihren Kapiteln zu Vorberatungen. *„Am Sonntag vor der Synode"*, erzählt ein dabei anwesender Pfarrer, *wurde durch H. Johannem Faldmingerum, pastorem Bernensem, ein scharfe und ernsthaftige Predigt gehalten von der gemeinen*

---

[1]) Kuhn, J. G., Die allg. Synode von 1581, in Trechsels Beitr., II, 110.

Corruption und Uebelstand der Welt, und aller Sünden und Lasteren Zunehmen, desgleichen von Hinlässigkeit der Oberkeit in Straf der Sünden und Uebertretung aller christlichen Mandaten und Ordnungen, insonderheit auch von erlöschtem Eifer im Gottesdienst und aller Gottseligkeit, mit Anzeigung, woher alles Uebel und allerlei Strafen von Gott kommen, und wie auch man denselbigen begegnen soll. Auf den Abend des bestimmten Tages fanden sich dann in ihren Herbergen alle Predikanten und Amtleut"; jedem Kapitel wurde gemeinschaftlich je in einem Gasthofe der Stadt Wohnung angewiesen und jeder Anwesende erhielt von den Gnädigen Herren zehn Gulden für seinen Unterhalt während der Zeit. „*Als sich nun der Synodus auf bestimmten Tag nach der Predigt, um 8 Uhr, auf dem Rathhaus versammelt und in der grossen Burgerstuben (dem Saal des Grossen Rates) gesetzt, trat ein ehrsamer Rat auch herein und nahm ein jeder seinen Platz, und ward dem Handel hiemit ein Anfang gegeben durch Hrn. Beat Ludwig von Mülinen, Schultheissen, welcher vor allen Dingen ein Frag that an alle Decanos, ob eines jeden Kapitels zugehörende Kirchendiener zugegen wären; und fand sich, dass allein einer aus dem Brugger Kapitel nicht gegenwärtig, sondern wegen Leibeskrankheit ausgeblieben sei. Der Gegenwärtigen aber waren 208.*"

„*Auf das ward durch genannten Schultheissen von Mülinen eines ehrsamen Raths Befehl, Wille, Meinung und Ansehen dem Synodo fürgetragen, des Inhalts, wie folgt.*" Als Veranlassung wurde nun angegeben: „*damit man Mittel, Weis und Weg finden möchte, dem verderbten Stand und gemeiner Corruption zu begegnen, oder wo möglich zuvorzukommen.*" — „*Und dieweyl nun aber nit allein in äusserlichen weltlichen Ständen vil Mangels und Brästen gefunden ward, sondern auch in dem geistlichen Stand, als bei den Predigern und Vorständern der Kirchen, ja dieselben mit ihrem ärgerlichen Wandel andern ein Anlas zu Sünden und Bosheiten geben, müsse nun an denselbigen die Reformation und Verbesserung angefangen werden.*"

Es blieb nicht bei allgemeinen Klagen; die Beschwerden gegen die Geistlichkeit wurden auch im einzelnen namhaft gemacht: Erstlich seien viele, welche statt auf einen Ruf in ein Kirchenamt in aller Stille zu warten, sich entweder durch „Mieth und Gaben", — d. h. durch Geschenke und Bestechungen, — oder „sonst durch unablässiges Nachlaufen", eine Wahl zuwenden wollen; die Kandidaten sollen ihre Zeit lieber auf ihre Studien verwenden; diese Unordnung wolle die Obrigkeit künftig nicht mehr gestatten. Zweitens: „*ist auch das bei Vielen ein Fehler* und *Ursach nachfolgenles Uebels, dass sobald einer einen Dienst erlanget, er sich dann gleich unbedacht in den Ehestand begibt oder wohl alsbald schon vorher darin begeben oder sonst versehen hat. Und fange man dann an mit kostbaren Hochzeiten, mit geborgten Kleidern und andern dergleichen Dingen, und insonderheit so müssen auch die Weiber mit allerlei Hoffahrt wohl angestrichen sein"* u. s. w. Daraus folgen Schulden, der ungeduldige Wunsch nach eine bessern Stelle, oft auch ärgerliche Prozesse. Drittens mischen sich die Prediger viel zu viel in Händel ein, die sie nichts angehen, in Rechtsgeschäfte und Gerichtsangelegenheiten, welche Anwälten und Notarien anvertraut werden sollten. „*Daraus denn auch folgt, dass man sie mehr in den Wirthshäusern finde, denn daheim in ihren Studiis.*" Viertens seien aber auch viele, „*die in offenen Sünden und Lastern liegen, als fürnämlich in Hurerei, Ehebruch, Gotteslästerung, Trunkenheit, Geiz, Wucher und was dergleichen für Sünden.*"

Mit Rücksicht auf alles das wurde der erschrockenen Versammlung der Beschluss der Obrigkeit eröffnet: die fehlbaren Pfarrer nicht nur abzusetzen, sondern sie für die Zukunft als zu geistlichen Aemtern unfähig zu erklären und unter keinen Umständen, wie dies bisher üblich gewesen, nach kurzer Bussezeit wieder auf eine andere Stelle zu wählen. Zweckmässiger als diese über das Ziel hinausschiessende und von der Geistlichkeit auch sofort beanstandete Verfügung war die Anordnung, dass künftig die Zehnten und andere Natural-Einkünfte nicht mehr von den Pfarrern unmittelbar und in eigener Person eingezogen, sondern an die obrigkeitlichen Beamten abgeliefert und die Pfarrer durch die Vermittlung des Staates besoldet werden sollten. Auch wurde bereits eine gewisse Ausgleichung zwischen den allzu reich und den zu karg dotierten Kirchen angestrebt.

Die Pfarrer sind durch ihre Dekane zu ermahnen, dass sie „etwas weniger gegen den Papst und die päpstlichen Ceremonien schreien und ihren Eifer mehr auf Besserung des Lebens wenden mögen."

Zur Verhinderung des unnötigen und unanständigen Pfarrerwechsels wurde der Wille der Obrigkeit kundgethan, künftig sei die sonst übliche Beisteuer an die Umzugskosten nicht mehr auszurichten, jedenfalls nur ausnahmsweise, wenn besondere Gründe vorliegen.

Endlich wurde angezeigt, dass am nächsten Tage der Grosse Rat der Zweihundert versammelt und hier entsprechende Mahnung an die weltlichen Beamten, namentlich an die Landvögte, gerichtet werden solle.

Auf diese Strafrede des Schultheissen erbat sich nun der Dekan Fädminger das Wort zu einer Erwiderung. Er begann mit dem Ausdruck des Dankes für den Ernst, mit welchem die Obrigkeit sich die Besserung des gemeinen Lebens und der Schäden der Kirche annehme, dennoch glaubte er einige der erhobenen Vorwürfe teilweise ablehnen zu dürfen. Die Geistlichkeit sei doch nicht allein an allem Uebel schuld, sondern die andern Stände in nicht geringerem Grade. Ja, bei dem Stande der Obern selbst, da sei auch „*der erst gut Eifer, den man zu heiliger evangelischer Lehr und christlicher Religion zur Zeit der Reformation getragen, mehrenteils dahin und ausgelöschen.*" — „*So viel dann den äusserlichen Wandel antreffe, ligend die Oberen eben so wohl in Sünden und Lastern als der gemeine Mann, denn es finde sich bei ihnen grober Geiz und Wucher, Spielen, Tanzen, Fluchen, Trunkenheit. Bei solchen Amtleuten finde dann der Pfarrer auch bei gutem Willen keine Unterstützung, sondern Hemmnisse aller Art.*" — „Desgleichen," behauptete Fädminger, sei auch das ganze Land voll Greuels, als der Zauberei, Teufelsbeschwörer, Schwarzkünste, Versegnen und dergleichen Aberglaubens und Abgötterei, und scheue sich dessen so wenig, dass man Leute aus den katholischen Landen berufe, ‚welche solche Künste verstehen‘, — und so etwa die Predikanten solichs, wie billig, gern hulfind abstellen und strafen, finden sie keine Hülf."

Daraufhin trat der Rat aus dem Saale und kam nach kurzer Beratung wieder herein, worauf der Schultheiss von Mülinen in nochmaliger Ansprache den guten Willen der Obrigkeit bezeugte, in allen billigen Forderungen den Wünschen der Geistlichkeit Rechnung zu tragen und allen Fleiss auf Handhabung einer guten Sittendisciplin zu verwenden.

Auf den Nachmittag wurden dann die Prediger zum zweitenmale auf das Rathaus beschieden, und jetzt wurde die Censur der einzelnen Pfarrer vorgenommen durch die Kapitelsdekane, „*damit einem jeden seine Fehler in der grossen Rathsstuben und ganzer Commun fürgehalten werden könne.*" — Welches also auch geschehen und einem jeden Verklagten sein Theil durch Herrn Abrahamum Musculum fürgehalten worden, darum bestraft und zur Besserung vermahnt". „Welche aber grobe Fehler begangen, wurden vor die Obrigkeit gewiesen." „Letztlich nach gethaner ernsthaftiger Vermahnung und Anrufung Gottes ward der Synodus heimgelassen." — „*Des folgenden Dienstags wurden auch alle Oberamtleute versammelt, welchen auch fürtragen ward Unser Gn. Hrn. Ansehen, was sie auf die Zit ihnen fürzehalten nothwendig erachtet.*"[1])

Die Wirkung dieses kirchlichen Reinigungsfeuers scheint übrigens keine sehr nachhaltige gewesen zu sein, wie die Wiederholung im Jahre 1597 beweist. Seine Bedeutung liegt aber darin, dass sie die klar und bestimmt ausgesprochene Wendung zum unbedingten Staatskirchentum kennzeichnet, wo Staat und Kirche, wie in ihren Grenzen, so in ihren Zwecken, teilweise sogar in ihren Mitteln, sich identifizieren. Es wird dies besonders dadurch deutlich, dass nach einer Verordnung von 1589 in den Kapiteln oder Klassversammlungen hinfort nicht nur über die Amtsführung der Geistlichen, sondern auch über die Pflichterfüllung der weltlichen Beamten und der Twingherren Umfrage gehalten werden soll; letzteres darum, weil die niedere Polizei in ihren Händen lag.

Als Kirchenrat, ohne eigentliche Kompetenzen, aber als vorberatende Behörde für alles, was in irgend einer Weise einen religiösen Charakter tragen mochte, diente fortwährend der sogenannte Konvent, d. h. die Vereinigung der sämtlichen Pfarrer und Helfer der Stadt. Den Vorsitz führte abwechselnd einer der drei Hauptpfarrer, bis man im Jahre 1588 oder 1591 diese Würde mit derjenigen des obersten Dekans zu verbinden für gut fand, was nunmehr Regel blieb bis zur Aufhebung des Konvents im 19. Jahrhundert. Auch die Vorschläge zu den Wahlen an geistliche Stellen waren Sache des Konvents, in diesem Falle aber stand derselbe seit 1581 — unter dem Vorsitz eines weltlichen Ratsherrn.

Etwas anders wurde die Sache im Waadtlande geordnet, indem hier, wenigstens seit Anfang des 17. Jahrhunderts, die Akademie in die Stellung eines Kirchenrates trat; sie besorgte seit 1604 die Ordination ihrer Schüler und von 1612 an diejenige der Prediger für die Waadt überhaupt.

Die Berner Kirche zählte übrigens damals eine Anzahl trefflicher und pflichtgetreuer Diener. Neben den bereits erwähnten Stadtpredigern und Professoren sind auch in den kleinern Ortschaften des Landes ausgezeichnete Männer zu nennen. In Aarberg starb 1577 der Pfarrer Christoph Lüthard, welchem (Haller-Müslin) das Zeugnis erteilt wird, dass der „Minister Arbergensis inter omnes ministros germanos, qui in agro Bernensi sunt, facile doctissimus" gewesen sei. Sein gleichnamiger würdiger Sohn, 1588 ebenfalls Pfarrer in Aarberg, wurde 1591 Helfer in Bern und

---

[1] Vergl. auch Zehender, K.-G., II, 106—113.

1610 oberster Dekan (gestorben 1622).¹) Der dritte dieses Namens wird uns später begegnen als Professor der Theologie. In Iferten war während längerer Zeit, 1568—1591, der berühmte Theologe Wilhelm Bucanus als Helfer und Pfarrer thätig²), der Verfasser der vielbenützten „Institutiones theologicae seu locorum communium analysis" (Genevae 1602). Er ist als Professor in Lausanne 1603 gestorben. Lausanne verlor auch am 24. Juni 1582 einen sehr geschätzten Prediger, „den hochgelehrten, frommen" Petrus Bognianus, früher Professor in Heidelberg. (Haller-Müslin.) Ein besonders hochbegabter Mann muss Blasius Hory gewesen sein, der, aus Neuenburg stammend, 1558 deutscher Pfarrer in Murten, 1561 in Erlach, 1562 in Ligerz und Dekan des Nidauer Kapitels war (gestorben 1595). Er hat sich als lateinischer Dichter bekannt gemacht.³) Als oberster Dekan der Berner Kirchen folgte, als Abraham Musculus 1591 gestorben war, der Pfarrer Samuel Schnewli (Nivinus), der dann bis 1602 im Amte blieb.⁴)

Alles das, Kirchengebäude und Kultuseinrichtungen wie den geistlichen Stand, betrachteten die bernischen Ratsherren nur als Mittel zum Zweck, zu dem Zweck, durch Belehrung, Erbauung und Zucht das Volksleben im Sinne christlicher Sitte zu heben, und wenn der Kirche als solcher die positive Aufgabe zufiel, durch Belehrung und Erbauung zu wirken, so suchten die staatlichen Behörden und Beamten die negative Seite direkt auf sich zu nehmen, durch Verbote, Drohungen und Strafen dem Laster zu wehren und unsittlichen Gewohnheiten entgegenzuarbeiten. Wir erinnern uns, dass die Berner Regierung, strikt auf dem Boden der Volkskirche stehend, im Gegensatze zur Auffassung Calvins, keine Kirche der Auserwählten haben, also keinen Ausschluss von der kirchlichen Mitgliedschaft dulden wollte.⁵) Bald nach den Ereignissen von 1559, nämlich 1561, machten die Waadtländer Pfarrer einen neuen Versuch, ihren abweichenden Grundsätzen zum Recht zu verhelfen; sie verlangten: „quelque meilleur ordre et discipline ecclésiastique"⁶), wurden aber in Bern so schroff

---

¹) Von ihm eine ungedruckt gebliebene, aber noch vorhandene, von 1578 datierte hebräische Grammatik: Cod. Mss. 636 der St.-B. Bern.
²) E. A., IV, 2c, 1409.
³) Jeanneret, Biogr. Neuchâteloises, I, p. 488—489.
⁴) Ein vorzügliches kirchliches Kulturbild aus dieser Zeit bietet Trechsel, Die Familie Rebmann, im Berner Taschb. 1883, 53—124.
⁵) Trechsel, Fr., Versuche zur Einführung der Kirchenzucht, im Archiv d. hist. Ver. Bern, Bd. V, 90 u. ff.
⁶) St.-A. Bern. Welsche Miss. D, 270—23. Nov. 1561).

abgewiesen¹), dass neue Entlassungen erfolgten und Andere freiwillig den Dienst der Berner Kirche verliessen.²) Jacques Langlois erklärte ausdrücklich, dass er es vorziehe, ein geistliches Amt zu suchen „dans d'autres églises mieux réformées.“³) Vielleicht um dieser Stimmung Rechnung zu tragen, wurde jetzt die Abhaltung der colloques wiederum gestattet, doch nur vier Mal im Jahre und unter der Bedingung, dass die Landvögte anwesend seien.⁴)

Am 1. März 1562 hatte dann eine eigens deshalb zusammenberufene Generalsynode sich über diese Frage auszusprechen, aber auch hier fanden die Calvinisten keine Unterstützung.⁵) Die Waadtländer waren übrigens keineswegs alle der nämlichen Ansicht; in Lausanne zeigten sich heftige Parteiungen; eine Zeitlang hatte die Stadt keinen einzigen Prediger mehr, bis sie am 10. Mai 1562 wieder einen Sohn des Reformators Jean Le Comte als Pfarrer erhielt.⁶)

Noch im Jahre 1580 ist ein auf calvinische Kirchenzucht abzielender Antrag vom Grossen Rate von Bern mit 100 gegen 70 Stimmen abgelehnt worden, und damit war die so viel erörterte Frage einstweilen erledigt.

Um so mehr aber war den Kirchenmännern daran gelegen, die Unwürdigen und Aergernis Erregenden, die man nicht exkommunizieren konnte, wenigstens mit aller Strenge zu strafen. Das Reislauf- und Pensionen-Verbot war 1537, dann wieder 1544 erneuert worden. Am 13. Oktober 1547 hatte der Rat das „Grosse Reformations-Mandat“ oder das sogenannte „Meyen-Mandat“ im deutschen und welschen Gebiete wiederholt verkünden lassen, mit Einschärfung der alten Sittenvorschriften und besonderer Aufforderung zur unnachsichtlichen Strenge an die Amtleute.⁷)

Unter den zahllosen Erlassen in dieser Richtung gegen Kartenspiel, Tabak, hoffärtige Kleidung, übermässigen Aufwand in Speise und Trank und gegen Luxus aller Art zeichnet sich namentlich einer aus vom 10. September 1559, in welchem speciell „zerschnittene Kleider“ und das Tragen goldener Ringe untersagt wurde, ferner alle Formen des Aberglaubens, wie das „Wahrsagen“ und „Segnen“.

---

¹) St. A. Bern, Welsche Miss. D. 288 (11. Dezember 1561).
²) Nach Zehenders K.-G. (II, 71) waren es 16 aus der Klasse von Lausanne und 10 aus derjenigen von Peterlingen, und dazu als Laien bei 100 französische Flüchtlinge.
³) Ruchat, IV, 436.
⁴) Ruchat, VI, 400.
⁵) Die Antwort im St.-A. Bern, Welsche Miss. D. 306.
⁶) Ruchat, VI, 449.
⁷) St.-A. Bern, Mandatenbuch, I, 354 s.

Bloesch, Gesch. der schweiz.-ref. Kirchen. 19

Dasselbe beschränkte zugleich auch die üblichen Zusammenkünfte der Pfarrer, da solche nicht selten Anlass zu grossartigen Gastmählern und anstosserregenden Trinkgelagen gaben.

Um diesen Entschlüssen Nachdruck zu verleihen, wurde die Einsetzung von Chorgerichten überall da anbefohlen, wo sie noch fehlten, und ausdrücklich (26. Februar 1561) auf die sogenannten Twing- oder Gerichtsherrschaften ausgedehnt; 1566 (8. Juli) entzog die Regierung sogar den Stadträten von Brugg und Zofingen die Ausübung der Sittenpolizei, um diese einem Chorgericht zu übertragen. Durch den bereits erwähnten Vertrag mit Solothurn von 1539 waren auch die Kirchgemeinden in den „bernischen Hochgerichten" des Buchegghberges in Bezug auf Sittenzucht vollständig den Berner Mandaten unterstellt, d. h. also der Berner Kirche einverleibt worden.[1])

Nachdem das grosse Mandat am Ostermontag 1560 neuerdings von allen Kanzeln verlesen worden, fand man 1573, dann 1580 (16. April) und 1587 (6. Januar) eine weitere Ergänzung und Einschärfung nötig. Das letztere: „*Christenlich Mandat, ordnung und ansehen eines ehrsamen Raths der Stadt Bern vom kilchgang und predigthören, Kindertaufe etc.*" zählt ein langes Register der mit Strafe bedrohten Laster und Vergehungen auf. Zum Schutz der Sonntagsfeier, welche nicht durch Ausgelassenheit gestört werden sollte, wurde 1583 (16. Juni) bestimmt, dass Hochzeiten nur an Wochentagen und nicht innerhalb der heil. Festzeiten stattfinden dürften.

Die Predigerordnung von 1587 hat zudem alles Tanzen und alles Spielen, besonders mit Würfeln und Karten, verboten, ebenso alles Wetten um Geld. Der Schultheiss zu Murten verklagte 1598 in Bern den „welschen Predikanten", derselbe habe seine, des Schultheissen, Töchter wegen Singen und Tanzen öffentlich in der Predigt gescholten. Er erhielt aber zur Antwort, dass er den Prädikanten in seinem Eifer gegen die Lasterhaften zu unterstützen habe.[2]) Es traf allerdings diesmal einen katholischen Freiburger Amtmann!

Ein äusserst wichtiges Geschäft war die Bücher-Censur und die Unterdrückung verbotener Druckschriften. Am meisten kamen hier täuferische Bücher in Betracht.

Zur weitern Unterstützung aller dieser gesetzgeberischen Anstrengungen für die Volksmoral war in erster Linie die

---

[1]) E. A., IV, 1c, S. 1121. In diesem Vertag wurde zu Kriegstetten, das im übrigen nicht inbegriffen war, wenigstens die Begehung der Messe untersagt.
[2]) E. A., V, 1b, S. 1770.

Ehegerichtssatzung bestimmt, von welcher am 11. Mai 1587 eine zweite, am 17. Februar 1601 eine dritte Ausgabe erlassen worden ist. An Veranlassungen zum strengen Einschreiten fehlte es nicht, erzählt doch Haller-Müslins Chronik fast auf jeder Seite von entsetzlichen Verbrechen. Unter den Hingerichteten sind freilich auch viele Hexen und — zwölfjährige Kinder.

Von Biel, das wir hier anfügen müssen, weil es eine eigene Kirche für sich bildete, ist nur zu sagen, dass es sich in Lehre und Gebräuchen an das Berner Vorbild hielt. Doch nennen wir zwei Prediger, von welchen jeder in seiner Weise sich ausgezeichnet hat: Von 1551—59 wirkte hier Ambrosius Blarer von Konstanz, der Reformator von Schwaben, nachdem er seine vom Kaiser bezwungene Vaterstadt hatte verlassen müssen. Er zog im Alter (geb. 1492) nach Winterthur und ist dort 1564 gestorben.[1]) Der andere war sein Landsmann und Gehülfe, Pfarrer Jakob Funkelin von Konstanz, der als Verfasser geistlicher Schauspiele eine Stelle einnimmt in der deutschen Litteraturgeschichte. Er kam 1550 nach Biel und ist hier am 3. November 1565 gestorben. Der Berner Zeitgenosse nennt ihn einen „gelehrten, wohlberedten und witzigen Mann", weiss jedoch von ihm zu sagen, dass er „sich zu viel weltlicher Sachen annahm", dann aber, statt grossen Reichtums, den man bei ihm zu finden meinte, nur Schulden hinterliess.[2]) Von seiner geistlichen Thätigkeit vernehmen wir nichts.

Die evangelischen Geistlichen von Neuenburg hatten 1535 in Anwesenheit von Abgeordneten von Bern ihre erste staatlich anerkannte Synode abgehalten und sich hier einen Dekan und vier Juraten zur Leitung der Geschäfte ernannt. Zucht über die Kirchendiener und Aufnahmen neuer Kandidaten wurde als Hauptaufgabe, die Abhaltung wöchentlicher Zusammenkünfte, Colloques, als wesentliches Mittel zur Erreichung dieses Zieles betrachtet. Im Anfang Oktober 1538 fand eine zweite Synode statt.

Wohl nicht ohne ursächlichen Zusammenhang mit dem zwischen Farel und seiner Kirche ausgebrochenen Konflikt entstand dann im Oktober und November 1541 eine neue Kirchenordnung, die „Articles concernant la réformation de l'église de Neuchâtel." Im Kultus sich an Genf anlehnend, zeigt dieselbe insofern eigentümlichen Charakter, als hier, im monarchisch regierten Fürstentum, nicht die Uebereinstimmung von Staat und Kirche, sondern der

---

[1]) Keim, Ambr. Bl. Stuttgart 1860. — Pressel, A. B. Elberfeld 1861.
[2]) Ueber seine Dichtungen s. Allg. deutsche Biogr., VIII., 200.

innere Gegensatz beider als Voraussetzung vorliegt. Die wichtige Funktion der Pfarrwahlen wurde daher nicht an weltliche Behörden übertragen, sondern von den geistlichen „classes" ausgeübt. Dem entsprach es, dass hier die Kirchengüter nur zum kleinern Teile kirchlichen Zwecken erhalten, auf dem Lande meistens einfach zu Handen der Herrschaft eingezogen worden sind.

Eine Synode von 1551, an welcher Calvin und Viret massgebenden Anteil nahmen, ordnete die Kirchenzucht, doch ohne eigentliche Exkommunikation, auf welche hier verzichtet werden musste. Im Jahre 1553 wurden sodann weitere Bestimmungen aufgestellt für die Begehung der Sakramente, für die Sonntagsfeier und für den Katechismusunterricht, unter dem Titel „Constitutions et ordonnances évangéliques". Einige bisher in der Woche gefeierte Tage, Himmelfahrt, Verkündung und Weihnacht, wurden bei diesem Anlass fallen gelassen, wodurch sich Neuenburg den Genfern näherte, die Berner dagegen verstimmte.[1]) Wichtiger noch für die Zukunft war die Synode von 1562, welche in Anwesenheit des Fürsten, des persönlich dem reformierten Glauben zugeneigten Prinzen von Longueville, abgehalten wurde. Hier wurde sogar die Ausschliessung vom Abendmahl als Zuchtmittel angenommen, doch nur als kirchliche Sitte und ohne bürgerliche Anerkennung. Das Kirchenregiment, das die katholische Obrigkeit nicht übernehmen konnte, kam jetzt thatsächlich ganz in die Hand der Geistlichkeit, die als „vénérable compagnie des pasteurs" das kirchliche Volk repräsentierte. Sie hielt jedes Jahr im Mai eine eigentliche Sitzung ab, stärkte den Gemeinschaftsgeist in kleinern monatlichen Vereinigungen und entschied selbständig, ohne Rücksicht auf irgend welche staatliche Behörden, über Prüfung und Aufnahme der Kandidaten des Predigtamtes, über die Wahl, die Suspension oder Absetzung der Pfarrer, über die kirchliche Lehre und über die Form des Gottesdienstes. Erst 1592 wurde diese Kirchenverfassung dahin ausgebaut, dass den Gemeinden das Recht eingeräumt war, unter Umständen den für sie erwählten Pfarrer zu verwerfen. Jede Gemeinde hat ein Konsistorium, das sich selbst ergänzt; darüber stehen vier Ober-Konsistorien, gemischt aus geistlichen und weltlichen Gliedern. Zwei Hauptehegerichte besorgen die bezüglichen Geschäfte, in welchen Kirche und Staat sich notwendig berühren.

Am 13. September 1565 war Wilhelm Farel gestorben, der Vater und Schöpfer der neuenburgischen Kirche, die er so weit

---

[1]) Ruchat, V, 425.

gefestigt hatte, dass ihre Einrichtungen fast unverändert die grössten staatlichen Umwälzungen zu überdauern vermochten.

In Genf forderte Calvin für seine Kirche eine Freiheit und Selbständigkeit, wie sie Zwingli nie gesucht hatte, eine Freiheit, welche in der Wirklichkeit der Ausführung der Kirche, als dem wegweisenden und gesetzgebenden Faktor, thatsächlich die Superiorität über die weltliche Regierung verlieh. Die von oben stammende und feststehende Wahrheit war repräsentiert in zwei Behörden: Die eine ist die „Compagnie des pasteurs", die Körperschaft der sämtlichen im Amte stehenden Geistlichen, als der gottgeordneten und mit entsprechender Autorität ausgestatteten Ausleger des Wortes Gottes; die zweite das Consistoire, dessen Mitglieder, als durch Selbstergänzung — nicht durch Volkswahl — beigezogene Laien, wesentlich gleichgesinnt und von den Geistlichen geleitet waren. Da aber der Calvinismus vermöge seiner eminent sittlichen Tendenz doch wiederum nicht nur das ausschliesslich religiöse, d. h. im engern Sinne kirchliche Leben, sondern auch das gesamte Familienleben, das Berufsleben und das bürgerliche oder politische Leben in den Bereich seiner Grundsätze hineinzog, den Willen Gottes auf alles angewendet wissen wollte, so folgte aus Calvins Kirchenverfassung eine viel konsequentere Theokratie, als diejenige des Papsttums jemals gewesen war. Auch der Bürger und der Staatsmann stand mit seinem Handeln und Wirken unter dem Gesetze Gottes, und was das Gesetz Gottes von ihm fordere oder ihm verbiete, das sagt ihm die „Compagnie des pasteurs".

Der stete Kampf mit der Libertinerpartei liess Calvin nur immer mehr gerade diese Stellung als die einzig richtige ansehen und überzeugte ihn, dass es unmöglich sei, der Staatsbehörde irgend welche Machtbefugnis über das innere Leben der Kirche zu gestatten. Dieser Kampf mit den Libertinern, der im Jahre 1541 endgültig zu Gunsten Calvins schien entschieden zu sein, wurde bald hernach mit erneuter Leidenschaft geführt, und da diese Partei die nationalen Interessen der Stadt gegenüber den kosmopolitischen Ideen Calvins, die Forderungen des gemeinen bürgerlichen und materiellen Lebens gegenüber der religiösen Abstraktion vertrat, so musste der Reformator sich immer als Einer gegen Tausende fühlen, als ein Diener Gottes gegen die ganze Masse der niedrigen Triebe, der selbstsüchtigen, eigennützigen, eiteln und weltlichen Menschen, die nur durch unerhörten Zwang geistiger Ueberlegenheit im Zaum gehalten werden konnten. Der Protektor Genfs aber, die Stadt Bern, fand sich — wie schon oben erinnert worden — mehr mit den Libertinern, als mit ihren übertrieben strengen Pfarrern verwandt; sie stand jedenfalls bei ihren immer wiederholten Vermittlungsversuchen nicht so ausschliesslich auf der Seite Calvins, wie dieser es ihr zur Pflicht machen wollte. Der Gegensatz wurde so heftig, dass Genf sogar den Bund mit Bern im Jahre 1556 aufgab und ihn erst zwei Jahre später wieder anknüpfte. Die Libertiner machten es Calvin nicht am wenigsten zum Vorwurf, dass er als Fremder die alten Genfer Patrioten mit Zurücksetzung behandle und aus den Staatsgeschäften verdränge zu Gunsten von Ausländern, die erst als Flüchtlinge eingewandert seien. Allein je bitterer Calvin sich angefeindet fand, um so mehr sah er sich eben genötigt, seine Stütze in solchen Zugezogenen zu suchen, die, von starkem Glaubenseifer erfüllt, seiner Person völlig ergeben, in seine Ideen ganz eingehend, ihm zur Seite standen und ihm mitkämpfen halfen.

Die Einwanderung nach Genf nahm in diesen Jahren eine ganz ausserordentliche Ausdehnung an, namentlich aus Italien, wo eben jetzt die Inquisition jedem der lutherischen Gesinnung Verdächtigen das Leben unmöglich machte; aber auch aus Frankreich, wo es seit 1545, wenigstens zeitweise, nicht anders war. Die Zahl der französischen Flüchtlingsfamilien, die sich damals in Genf niederliessen und das Bürgerrecht erwarben, wird auf 1400 angegeben, und es ist gewiss, dass infolge der Reformation ein vollständiger Wechsel der Bevölkerung sich vollzogen hat. Und es waren unter den Eingewanderten nicht wenige, die in kurzem zu den angesehensten und vornehmsten Geschlechtern der Stadt gehörten und herrschenden Einfluss erlangten. Es kamen damals die Familien Revilliod, Calladon, de Candolle, Pasquier, Ferriere, Turretini, Sarazin, Trembley, Etienne und andere.[1]) Die Italiener schlossen sich zu einer eigenen Gemeinde zusammen. Maximilian Martinengo war ihr Prediger.

Calvin wusste, was er that: es waren nützliche Bürger, geistig regsame und fleissige Leute, die nicht allein in religiösen Dingen die Zahl seiner Anhänger vermehrten, sondern der Stadt auch in anderer Hinsicht bedeutenden Gewinn brachten. Sie verpflanzten in die bis dahin kleine und unbedeutende Stadt ihre Kunstfertigkeit und Gewerbsthätigkeit. Seit 1544 blühte in Genf die Tuch- und Sammetfabrikation, die der Bürgerschaft Arbeit und bald auch Reichtum verschaffte. Noch wichtiger waren die Buchdruckereien. Um der massenhaften Produktion von Druckwerken zu

---

[1]) Galiffe, Le refuge italien à Genéve, 1881.

genügen, die für Frankreich bestimmt waren, aber nicht in Frankreich erstellt werden konnten, gab es in Genf nicht weniger als 38 Buchdruckereien mit zusammen 2000 Arbeitern, darunter solche von unerreichtem Weltrufe, wie diejenige, welche Robert Etienne (Stephanus) begründet hat. Das geistige und wissenschaftliche Leben der Stadt erreichte seine Höhe mit dem Jahre 1559, wo die studierende Jugend sich in Genf zu sammeln begann. Diese arbeitsfreudige Betriebsamkeit der durch Calvin erneuerten Bevölkerung Genfs war um so fruchtbarer für die Zukunft, weil sie verbunden war mit der grössten Enthaltsamkeit und Selbstzucht, welche jede Verschwendung, ja fast jede Gelegenheit zur Verschwendung, ausschloss und unmöglich machte. Es gab in Genf kein Spiel, kein Theater, keinen Tanz, keine glänzenden Gesellschaften und üppigen Lustbarkeiten, keinen Luxus in den Kleidern, in Speisen und Getränken, keine Festtage, als die streng und ernst gefeierten, durch Gottesdienst und öffentliche Gebete ausgefüllten Sonntage. 1555 wurden einige Einwohner bestraft, weil sie Weihnacht gefeiert hatten.[1]) Wer kostbarere Kleidung trug, als es seinem Stande und Vermögen angemessen war, der wurde mit Busse belegt, aber mit ihm auch der Schneider, der solche gegen das Verbot gefertigt hatte. Es war vorgeschrieben, wie viele Gänge beim Mahl auf den Tisch gebracht werden dürfen, und im Gasthofe musste der Wirt als Hauspriester mit einem Gebet die Tafel eröffnen. Jedes leichtfertige, jedes unnütze Wort war verpönt, konnte zur Anklage, zu Geldbusse oder noch schwererer Bestrafung führen.

Eine Schilderung der kirchlichen Einrichtungen, wie sie sich unter Calvins Leitung gebildet hatten, hat der Reformator selbst gegeben in einem Briefe, der sicher dazu bestimmt war, die soeben im Bekenntnis calvinisch gewordene Pfälzer Kirche auch in der äussern Ordnung zur Nachahmung einzuladen.[2]) Wir thun am besten, die eigenen Worte, nur übersetzt und an wenigen Stellen etwas verkürzt, hier folgen zu lassen:

„Die Kirchendiener werden zuerst von den Lehrern ausgewählt. Man gibt ihnen eine Stelle der heil. Schrift zur Uebersetzung, sodann werden sie über die wichtigsten Lehrstücke geprüft und zuletzt haben sie eine öffentliche Predigt zu halten. Zwei aus dem Rate sind dabei anwesend. Wenn ihr Wissen bewährt gefunden wurde, stellen wir sie mit einem Zeugnis dem Rate vor, der

---

[1] Fragments biogr. et hist. de Genève, tom. II, p. 23. (... les mettre en prison pour 24 heures)
[2] Calvinus Olivetano, Nonis Novb. 1560. Corpus ref. XLVI, p. 235.

über ihre Zulassung entscheidet. Sind sie aufgenommen worden, machen wir ihre Namen bekannt, damit allfällig unbekannt gebliebene Fehler innerhalb acht Tagen zur Anzeige gelangen könnten. Geschieht dies nicht, so empfehlen wir sie Gott und der Kirche.

Die Kinder taufen wir nie anders, als vor versammelter Gemeinde, weil es widersinnig erscheint, die feierliche Aufnahme vor wenigen Zeugen vorzunehmen. Die Väter sollen dabei anwesend sein, um ihr Gelübde abzulegen zugleich mit den Paten. Wir nehmen aber nur Glaubensgenossen zu Taufzeugen, und Exkommunizierte sind ausgeschlossen.

Niemand darf zum Abendmahl kommen, der nicht vorher sein Glaubensbekenntnis abgelegt hat. Deshalb werden viermal im Jahre Prüfungen abgehalten, um durch Fragen von dem Stande der Kinder Kenntnis zu erhalten. Denn obwohl dies teilweise schon an den einzelnen Sonntagen geschieht, erlauben wir doch den Zutritt zum heil. Tische erst nach förmlich erwiesener Reife. Die ältern Leute werden in den einzelnen Familien jährlich geprüft. Wir haben zu diesem Zwecke die Quartiere der Stadt unter uns geteilt, um diese Besuche vorzunehmen. Dabei kommt je einer der Aeltesten mit. Neue Einwohner werden examiniert, die einmal Aufgenommenen übergangen; nun wird untersucht, ob das Haus in Ordnung gehalten ist, ob Unfriede, ob Zank mit dem Nachbar oder Trunksucht herrscht und wie es mit dem Fleiss zum Gottesdienst steht.

In der Sittenzucht haben wir folgende Gebräuche: Jedes Jahr werden 14 Aelteste erwählt, nämlich zwei aus jedem Rate und zehn aus den Zweihunderten, eingeborne oder zugewanderte Bürger. Diejenigen, welche ihre Aufgabe treu erfüllen, bleiben im Amte, wenn nicht andere Staatsgeschäfte sie in Anspruch nehmen. Ihre Namen werden vorher bekannt gemacht, damit gegen Unwürdige allfällig Einwendung gemacht werden könne.

Vor das geistliche Gericht wird niemand gerufen ohne aller Zustimmung; jeder einzelne wird um seine Ansicht angefragt. Auch werden nur diejenigen vorgerufen, welche persönlichen Ermahnungen kein Gehör schenken wollten oder durch böses Beispiel die Kirche beleidigt haben: also Gotteslästerer, Säufer, Hurer, Raufer, Tänzer und dergleichen Leute. Geringere Fehler werden nur mit Worten gezüchtigt, gröbere erfordern strengere Ahndung. Bei letztern wird die Exkommunikation ausgesprochen, doch immer nur auf kürzere Zeit. Die Schuldigen werden vom Abendmahle ausgeschlossen, bis sie um Verzeihung bitten und der Prediger sie mit der Kirche versöhnt. Wenn einer das Ansehen der Kirche missachtet, so wird er vom Rate auf ein Jahr aus der Stadt verwiesen, es sei denn, dass er rechtzeitig sich bessere. Vergeht sich einer noch schwerer, so wird die Sache vom Rate behandelt und bestraft. Wer, um sein Leben zu retten, seinen Glauben abschwört oder der Messe beiwohnt, muss sich vor der Gemeinde hinstellen. Der Prediger setzt die Sache auseinander, der Exkommunizierte fällt in die Knie und bittet dringend um Verzeihung. Dabei ist die Meinung des Konsistoriums die, dass die bürgerliche Gerichtsbarkeit in keiner Weise in ihrem Gange gehemmt werden solle, und damit das Volk sich nicht über allzu grosse Strenge beklage, unterliegen die Kirchendiener nicht nur den nämlichen Strafen, sondern, wenn sie etwas der Exkommunikation würdiges begangen haben, so werden sie zugleich von ihrer Stelle abgesetzt."

Es ist kaum zu bezweifeln, dass durch dieses System von Geboten und Verboten, durch diese absichtlich gesteigerte Furcht vor Busse und Verurteilung viel Heuchelei grossgezogen werden musste bei solchen, welche sich nur unaufrichtig dem unterzogen; aber diese bildeten doch wohl nur die Minderzahl, und mächtig war bei andern die moralische Kraft, an die man sich gewöhnte, der asketische Stoicismus, das Heldentum der Selbstverleugnung und Selbstüberwindung, bei der das Leben nur noch aus Pflichten bestand, und, ohne schwächliche, weichliche Nachsicht gegen sich selbst, jeder wusste, dass alles, was er thut und ist und kann, zu dem einen Ziele dienen soll, zu dem einen, was not thut.[1]) Dass auch der Sinn für freiere Wohlthätigkeit nicht fehlte, zeigt die Stiftung des Kaufmanns Kleberger, der 200 Ellen Tuch zur Bekleidung der Armen schenkte.[2])

Der Kultus war in Genf noch nüchterner, als in Zürich, da Calvin alles fernhielt, was nicht biblisch vorgeschrieben oder biblisch begründet war. So in seiner Liturgie von 1542.[3]) Ein künstlerisches Element lag nur im Psalmensingen. Seitdem Clement Marot die Psalmen des alten Testaments ins Französische übersetzt hatte und diese Uebersetzung unter Mithülfe von Beza nebst den Kompositionen Claude Goudimels herauskam[4]), war das

[1]) Vergl. Th. Ziegler, Geschichte der christl. Ethik. S. 477—485.
[2]) Ruchat, V, 184.
[3]) La forme des prières et chants ecclésiastiques, avec la manière d'administrer les sacrements et consacrer le mariage, comme on l'observe à Genève. 1542, erneuert 1559, 1571 und 1582, alle Ausgaben stets mit beigedruckten Psalmen. Ruchat (V, 215) nennt das Jahr 1543.
[4]) 1541 erschien die erste Ausgabe in Frankreich, andere in Genf folgten nach. Ein erster Versuch, die Psalmen in Musik zu setzen, wurde 1513 durch

Psalmensingen bei den französisch redenden Protestanten äusserst populär geworden, nicht sowohl als ein Bestandteil des Gottesdienstes, als vielmehr, weil allein in diesen Weisen fromme Lebensfreude, heiteres Gottvertrauen und frohe Vaterlandsliebe überhaupt erlaubten Ausdruck finden durfte.

Die unter Calvins Mitarbeit zu stande gekommene und 1551 von ihm herausgegebene Bibelübersetzung war allgemein im amtlichen Gebrauch und wurde nachher mehrfach revidiert.

Fast unvermindert dauerte unterdessen die gewaltige Einwanderung fremder Flüchtlinge fort. Wie früher schon eine englische und eine italienische Gemeinde sich gebildet hatte, so wurde 1572 eine flamändische begründet für die Niederländer, welche dann wieder in die infolge der zahlreichen Handelsbeziehungen nötig gewordene der deutschen Nation überging.[1])

Auch die letzten Lebensjahre brachten Calvin keine Ruhe. Die Angriffe von seiten der Libertiner, die sich der Unterstützung Berns sicher glaubten, begannen immer von neuem, so dass der Reformator 1549 in einem Briefe geradezu den Ausdruck brauchte: „On me fait la guerre." Eine Vorschrift von 1560 über die Wahlen der Prediger räumte den einzelnen Gemeinden vermehrte Rechte ein gegenüber dem Rat; 1561 wurden, nach nun 20jähriger Erfahrung, mancherlei Neuerungen an den Ordonnances ecclésiastiques vorgenommen und zugleich beschlossen, dass dieser Freiheitsbrief der Genfer Kirche, dieser klassische Ausdruck weiser Selbstbeschränkung und Selbstzucht, je nach fünf Jahren allem Volke durch öffentliche Vorlesung in Erinnerung gerufen werden solle. Allein gerade jetzt erfuhren diese Einrichtungen eine scharfe Kritik, indem ein Fremder, Jean Morelli aus Paris, 1563 in seiner Schrift: „De la discipline écclésiastique" sich grundsätzlich dagegen aussprach. Das Buch wurde, nachdem der Verfasser selbst sich entfernt, am 16. September nach erfolgtem Urteil verbrannt.[2])

Damit war indessen weder der stille, noch der laute Widerspruch weggeschafft. Im gleichen Jahre hatte Calvin aber noch einen überaus ernsten Strauss mit seinen alten Gegnern auszufechten, da die Libertiner jetzt als verbannte Flüchtlinge der Stadt und ihrem Haupte gegenüberstanden. Es war dies das sogenannte „complot des fugitifs", das wie frühere überwunden

---

Wilh. Frank in Lausanne gemacht. (Frikart, S. 41.) — Bovet, F., Histoire du psautier des égl. réf. Paris 1872.

[1]) Finsler, K.-St., 510.
[2]) Ruchat, VI, 576 u. ff.

wurde.¹) Eine Sammlung der Schriften Calvins (opuscula omnia collecta) erschien 1552 in Genf in Folio-Ausgabe.²) Die grossartige Ausdehnung und mächtige Wirkung seines geistigen Einflusses erhellt am deutlichsten aus seinem Briefwechsel³); ein einzelnes Beispiel dafür bietet seine Korrespondenz mit den böhmischen Brüdern vom Mai und Juni 1560.⁴)

Der Reformator starb, nachdem er in unaufhörlichem Kampfe mit sich und mit der feindlichen Welt seine physischen Kräfte verzehrt und sich aufgerieben hatte, am 27. Mai 1564, 18 Monate vor seinem um 20 Jahre ältern Freunde Farel. Als er sein Ende nahe fühlte, wollte er sich in den Rat tragen lassen, um Abschiedsworte an die Behörde zu richten; die Herren kamen zu ihm, den jetzt die grösste Hochachtung und die Anhänglichkeit aller umgab. Mit rührenden Worten dankte er ihnen für das ihm bewiesene Zutrauen und ermahnte sie zum Ausharren auf dem eingeschlagenen Wege, auf welchem allein für den einzelnen, wie für die Gesamtheit der Stadt das Heil gefunden werden könne. Auch die Geistlichen, seine Mitarbeiter, sammelte er noch um sich und forderte sie auf: „So steht nun fest in Eurem Berufe, haltet ob der eingeführten Ordnung; habt Acht, dass das Volk im Gehorsam gegen die Lehre bewahrt werde." Es wird erzählt, dass der sonst so ernste, ja als finster geschilderte Mann unter heiterm, geistreichem Gespräche seine Freunde, darunter auch den alten Farel, zu einem Abschiedsmahl im seinem Haus vereinigt habe.⁵)

Es kann nicht geleugnet werden, dass Calvin grosse Fehler hatte; allein noch sicherer ist, dass er seine unerbittliche Strenge vor allem aus gegen sich selbst gerichtet hat.⁶) Er lebte für seine Person in spartanischer Bedürfnislosigkeit, in einem der bescheidensten Häuser der Stadt, und lehnte wiederholt ihm angebotene Gehaltserhöhungen ab. Bei seinem Tode war denn auch der Widerspruch gegen ihn beinahe völlig verstummt; man fühlte zu

---

¹) Le complot des fugitifs 1563. Mém. et doc. de la soc. d'hist. et d'arch. de Genève, tom. XX, pag. 385.
²) Gesamtausgabe seiner Werke am vollständigsten im Corpus réformatorum vol. XXIX u. ff.
³) Seine Briefe gab 1575 zuerst Beza, zugleich mit einer Lebensgeschichte, heraus: Calvini epistolae et responsa, eum vita, ed. Th. Beza, Genevae 1575. 3ª edit. Hanoviae 1597.
⁴) Abgedruckt bei Ruchat, VI, 325—334.
⁵) Henry, Das Leben Calvins, III, 582 u. ff., hauptsächlich dem Berichte Bezas folgend.
⁶) Vergl. die prächtige Studie von P. Vaucher, Calvin et les Genevois in seinen Esquisses d'histoire suisse, p. 149.

sehr, dass die Stadt nur seiner Energie allein ihre Existenz und Freiheit verdanke. Theodor Beza, sein Vertrautester, konnte ohne Schwierigkeiten seine Nachfolge übernehmen und in seinem Geist und Sinn die Bürgerschaft leiten bis zu seinem eigenen Lebensende. Genf war eine Stadt geworden, wie es keine zweite dieser Art jemals gegeben hat: eine kleine, allerdings günstig aber auch gefährlich gelegene Grenzstadt, ohne namhaftes Gebiet, aber von einem einheitlichen, eisernen und auf das Höchste gerichteten Willen beherrscht und darum weit hinausschauend und weit hinauswirkend; ein einsam dastehender Turm mitten im Meere der Welt, aber ein Leuchtturm, auf welchen sich die Blicke ganzer Länder hinwandten, um danach ihren Kurs zu lenken; das Hauptquartier, von welchem aus die geistige Eroberung der Welt geleitet wurde, wo die Berichte einliefen und die Befehle ausgingen, wo die Jünglinge hinströmten, um nach einigen Jahren als begeisterte Prediger des Evangeliums wieder auszuziehen, als Märtyrer in die Fussstapfen derjenigen zu stehen, welche unterdessen gehängt oder lebendig verbrannt worden waren. Das war Genf geworden durch den Einfluss eines einzelnen Mannes, eines einfachen Fremden, und zwar so entschieden geworden, dass es so blieb noch durch zwei Jahrhunderte hindurch.

4. Die Sekten.

Je nachdrücklicher die Staatsbehörden ihre Machtmittel in Anwendung brachten, um die Herrschaft der kirchlichen Lehren und Sitten in ihrem Sinne zu befestigen, um so schwerer musste sich der Kampf gestalten gegen diejenigen, welche, von einem mehr oder weniger idealistischen Standpunkte ausgehend, sich von dieser Kirche ferne hielten.

Abgesehen von der philosophischen Ketzerei der Antitrinitarier erscheint auch in der zweiten Hälfte des Reformationszeitalters alle sektenbildende Trennung von den Staatskirchen in der Gestalt des Anabaptismus. Alle die, welche sich mit der trockenen, dogmatisch-gelehrten Schriftauslegung der offiziellen Gottesdienste oder dem gelegentlichen Donnergepolter über die Laster und Sünden der Welt nicht begnügen mochten, welche innigere, intimere religiöse Bedürfnisse empfanden und gerade in der Verbindung der Kirche mit der Staatsmacht — mit mehr oder weniger Grund — die Quelle der Verderbnis und das Zeichen des Abfalls erblickten, schlossen sich an die Gemeinschaften der Täufer oder „Brüder" an und erscheinen stets unter diesem gemeinsamen Namen.

Aus Zürich vernehmen wir aus dieser Periode merkwürdig wenig von diesen Leuten; nur das „Bedenken der Herren Gelehrten zu Zürich, der Wiedertäufferen halb", von 1535[1]), und dann das bekannte Werk Bullingers[2]) von 1560 beweisen, dass die Gefahr, die von dieser Seite her der Kirche drohte, noch nicht als überwunden galt.

Was Basel betrifft, so scheint besonders das Landgebiet beunruhigt worden zu sein. Es werden Liestal, Homburg und Muttenz als Hauptsitze täuferischer Bewegungen genannt.[3])

In Schaffhausen, das wiederholt von Täufern beunruhigt wurde, fanden zweimal, 1543 und 1559, wieder Religionsgespräche statt, bei welchen der Versuch gemacht wurde, durch das Mittel der Belehrung und Vorstellung zu wirken. Bei letzterer Gelegenheit, wo es sich direkt um die Frage nach dem Recht der Kindertaufe handelte, wird Peter Frick, der Pfarrer zu Laufen am Rheinfall, als gewaltiger Kämpfer gegen die Sonderlinge genannt.[4]) Aehnliches erfahren wir auch aus dem Appenzellerlande.[5])

Genauere und zuverlässige Berichte besitzen wir — dank den Forschungen von Ernst Müller[6]) — nur aus dem bernischen Gebiete. Auch hier schienen die energischen Massregeln nach den Religionsgesprächen von 1528 und namentlich von 1532 (in Zofingen) ihr Ziel erreicht zu haben. Allein es war das offenbar nur Schein; im geheimen dauerte die nur äusserlich überwundene und eingeschüchterte Sekte unvermindert und fast unverändert fort. Nicht ganz unverändert, denn nach dem Falle von Münster und durch den Einfluss des Menno Simonis hatte sich der Charakter der Sekte so weit modifiziert, dass nur ihr principiell abweichender Kirchenbegriff, nicht mehr ihre sittliche Haltung, ein Einschreiten des Staates veranlassen konnte, die letztere im Gegenteil ihr viele tiefgehende Sympathien erwarb.[7])

---

[1]) Abgedruckt in Füsslis Beiträgen, Bd. III, 190—201.

[2]) „Der Wiedertäufferen Ursprung, Fürgang, Sekten, wäsen, fürnäme und gemeine irer leer artikel" u. s. w. Zürich 1560 in 4°.

[3]) Einige Einzelheiten, die aber meist schon in die frühere Periode fallen, gibt Buxtorf-Falkeisen, Baslerische Stadt- und Landgeschichten. Basel 1878, Bd. I, 1, S. 88—91.

[4]) Ottius, Annales Anabaptistici (Basil. 1672. 4°, p. 101, 102, 130, 131. — Hottinger, III, 739 u. 846.

[5]) Sektierer im Appenzell von der Ref. bis auf unsere Zeit, in Appenz. Monatsschr., I—III.

[6]) Müller, E., Die Berner Täufer.

[7]) Schilderung d. Lebens d. mährischen Täuferkolonien, bei Müller, S. 94.

Verbreitet waren diese Separatisten namentlich im Aargau und im Emmenthal. Aus Lenzburg kamen schon 1535 wieder sehr bedenkliche Berichte; in Rued hielten sich, wie behauptet wird, bei 300 Personen zu den Täufern. Die Hinrichtung von drei Lehrern vermochte nicht, die Unruhe zu dämpfen. Wegen ähnlicher Erscheinungen aus der Gegend von Signau und Höchstetten wurde im März 1538 ein drittes Täufergespräch in Bern angeordnet, dessen Ergebnisse aber so wenig als die frühern zu befriedigen vermochten.[1]) Ein Thüring Haldimann von Eggiwyl wird hier besonders genannt.

Den günstigsten Boden fand diese wildwachsende Reformation überall da, wo gemischte und deshalb unklare Herrschaftsverhältnisse die Einsetzung eines geordneten Kirchenwesens unmöglich machten und eine konsequente Behandlung erschwerten: in dem solothurnischen Bucheggberg und in den halb bernischen Gebieten des Fürstbistums Basel. Im November 1537 forderte der Rat von Bern die Solothurner auf zum Vorgehen gegen die Wiedertäufer in den Gemeinden Aetigen und Lüssligen.[2])

Vom Elsass her war das Täufertum auch ins Münsterthal eingedrungen. Der Bischof von Basel beschwerte sich darüber in Bern, und in einer Konferenz, die deshalb am 3. Oktober 1538 stattfand, erklärte sich letzteres bereit, seine Täufermandate auch in diesen Gegenden in Anwendung zu bringen „zur Abtilgung der unchristlichen verdammten Sekte", sofern der Bischof seinerseits die Ernennung evangelischer Vögte zugestehe und die Einsetzung bernischer Chorgerichte, d. h. den Anschluss des reformierten Münsterthales an die bernische Landeskirche, gestatte.[3]) Im Jahre 1540 wurde diese Aufforderung wiederholt.[4])

Ein neuer Anlauf wurde versucht. Ein Mandat vom 6. September 1538 lautete ausserordentlich scharf. Es griff zu dem grausamen Mittel der sogenannten Täuferjagden und der geheimen Denunziationen, da doch die bisherige Milde nichts gefruchtet habe. Ein noch vorhandenes Verzeichnis nennt denn auch aus dem Jahr 1538 allein nicht weniger als zwölf Blutzeugen der Sekte,

---

[1]) Der amtliche Bericht, vom 17. März, wird von Müller, a. a. O., 80, mitgeteilt.
[2]) E. A., IV, 1 c, 902 (v. 16. Nov. 1537). Das Berner St.-A. bewahrt im Bande „Wiedertäufer" eine ganze Reihe von Aktenstücken, Verhören u. dgl. speciell aus Aetigen. Vergl. auch Liebenau, Ein Wiedertäufer in Klingnau. Argovia, VI.
[3]) E. A., IV, 1 c, 1023.
[4]) E. A., IV, 1 c, 1230.

worunter auch einige Frauen.¹) Auch 1541 wurde wieder ein Todesurteil ausgesprochen wegen „Absönderung und Sekte"; doch scheint die Verfolgung nachgelassen zu haben, weil man sich überzeugen musste, dass Grausamkeit noch weniger half als Duldung, und dass namentlich die Hinrichtungen eher schädlich wirken. Auch der hochangesehene Schultheiss Nägeli forderte zur Schonung auf, und die Prediger wurden ermahnt, nicht „mit unziemlichen Lästerworten die Täufer anzufahren". Ueber das innere Leben dieser „Brüdergemeinden" erhalten wir nur ein unklares und teilweise sich widersprechendes Bild aus den zahlreichen Anklageschriften, Verhörsprotokollen u. s. w. Eine richtigere Vorstellung, wenn nicht von der erreichten Wirklichkeit, so doch von dem erstrebten Ziele und den Grundsätzen erhalten wir aus den Statuten der „Gemeinde Gottes", welche Müller (a. a. O., S. 37) aus Täuferquellen mitteilt.

Ob auch Johann Leonhardus, der 1554 von Piemont her nach Bern kam, sich hier als Prophet ausgab und als „Moses secundus" bezeichnete²), als ein Anhänger des Anabaptismus zu betrachten ist, mag zweifelhaft sein; dagegen wird der 1556 im angesehenen Vertrauensamt eines Landvogts zu Interlaken verstorbene Hans Meyer ausdrücklich als „gewesener Wiedertäufer" bezeichnet³) und dürfte somit den Beweis leisten, dass es unter diesen Leuten nicht ganz an solchen fehlte, die, sei's aus reinen Motiven oder aus blosser Klugheit, sich mit der „Welt" wieder versöhnten.

In Sumiswald wurden 1560 wieder zwei Täufer verhaftet, nach langen fruchtlosen Verhören nach Bern gebracht und hier in der „Insel" gefangen gesetzt.⁴)

Im Jahre 1566 wird dann plötzlich wieder von einer ernsthaften Ausbreitung der Wiedertäufer, namentlich im Emmenthale⁵), berichtet. Kirchliche und weltliche Behörden waren so entsetzt von dieser unerwarteten Erscheinung, dass sie sofort Massregeln dagegen ergriffen, „um", wie es heisst, „alle Unterthanen zum

---

¹) Fluri, „Bernerheim" (s. oben S. 87). Er hält es im Gegensatz zu Müller für wahrscheinlich, dass die aus Täuferquellen erhaltene Liste von 40 Hinrichtungen von 1528—71 mit den Thatsachen übereinstimme.
²) Chronik von Haller-Müslin 1554.
³) Ibid. 1556.
⁴) Ibid. 1560.
⁵) Es werden die Kirchgemeinden Signau, Röthenbach, Diesbach, Steflisburg, Wichtrach, Münsingen, Höchstetten, Walkringen, Biglen und Worb genannt. Wahrscheinlich auch täuferischen Ursprungs ist die in der Stadtbibliothek Bern (Mss. H. H., 1, 43, Nr. 1) erhaltene Schrift: Warhaftige Erscheinung des Engels Gottes des Burghansen zu Lauperswyl, 1562.

Gehorsam der Obrigkeit anzuhalten". Es wurden Ratsbotschaften in sämtliche angesteckten Gemeinden abgesendet, welche die Bevölkerungen von neuem beeidigen sollten auf die Beschlüsse der Reformation. Die Verdächtigen wurden von Haus zu Haus aufgezeichnet, dann in die Kirchen beschieden, hervorgerufen und von Person zu Person befragt, ob sie der Obrigkeit gehorchen wollten. Sagten sie „Ja", dann wurden sie zur Rechten, sagten sie „Nein", zur Linken gestellt und diesen letztern alsdann sofort der Eid vorgelesen, dass sie das Land verlassen und nie mehr in dasselbe zurückkehren wollen.[1])

Dieses „Einsehen", so sagt Dekan Zehender in seiner Berner Kirchengeschichte, „brachte eine Zeitlang viel Gutes, denn obschon nicht alle Ungehorsamen aus dem Lande gezogen, mussten sie sich doch stille halten." Einer der hervorragendsten Führer, Wälti Gerber, wurde am 30. Juli 1566 hingerichtet. Derselbe hatte sich, im Schlosse zu Burgdorf gefangen, unter Beihülfe von aussen freizumachen gewusst, hielt sich heimlich verborgen im Land auf und fing wieder an zu predigen und zu taufen. Er lehrte, dass alle Staatsordnung widerchristlich sei, dass ein Christ kein Beamter der Obrigkeit und ein Staatsbeamter — der Pfarrer natürlich mit eingeschlossen — kein Christ sein könne. Erst nachdem der Rat einen Preis auf den Kopf dieses Mannes gesetzt, gelang es, seiner habhaft zu werden, und jetzt wusste man sich nicht anders zu helfen als durch dessen Hinrichtung.[2])

Es nützte wenig: Am 20. Oktober 1571 heisst es schon wiederum, dass *„zu Bern ein berühmter alter Lehrer der Wiedertäufer, nachdem er vielfaltig eid- und glübdbrächig geworden, verstockt und beharrlich in seinem Irrtum verblieben und alles Ueberzeugen und Vermahnen vergebens war, endlich mit dem Schwert gerichtet"*[3]) worden sei. Die Verstocktheit bestand darin, dass er nicht an die biblische Einsetzung der Kindertaufe glauben wollte, das „Ueberzeugen und Vermahnen" darin, dass man ihn würgte, wenn er nicht nachsprach, was ihm vorgesagt wurde, und Eide brechen konnte er nicht, weil er keine Eide schwören wollte und sich nichts gebieten liess, was wider sein Gewissen ging.

Gleichzeitig tauchte die Sekte auch wieder in den „gemeinen Herrschaften" auf. Ein Tag in Baden sah sich 1567 zu Massnahmen

---

[1]) Täuferordnung vom 28. April 1566 in Mss. H. H., XV, 26 (20) der St. B. Bern.
[2]) Zehenders Berner K.-G.
[3]) Haller-Müslin.

II. 4. Die Sekten.

gegen die Wiedertäufer gezwungen und bestätigte zu diesem Zwecke das Mandat von 1532.[1]) Zu Altstätten im Rheinthal war 1566 von „Schwenkfeldern" die Rede, die man für gut fand, mit Rutenstreichen und Geldbussen zu strafen.[2])

Wenn dagegen im Freiamte 1578 über die Umtriebe von „Wiedertäufern" geklagt wird[3]), so könnte es zweifelhaft sein, ob nicht vielleicht die katholischen Landvögte unter dieser Bezeichnung die Anhänger des reformierten Bekenntnisses verfolgt haben, wie das zu jener Zeit in Bayern und Tirol vielfach geschehen ist.

Dass so die Sekte nicht entwurzelt wurde, kann uns nicht wundern. Ein — wahrscheinlich fremder — „Täufergelehrter", Niklaus Zedo, der 1580 im Berner Münster seinen Widerruf erklärt hatte, that nachher mehr Schaden als zuvor.[4]) Im Jahre 1585 mussten in Bern neuerdings Vorkehren getroffen werden, veranlasst durch Berichte von auffallend starker Zunahme und offenem Auftreten der Gemeinschaft, sogar der Pfarrer zu Murten, Jakob Geltbuser, war täuferischer Lehren verdächtig. Man sah ein, dass die Unterdrückung nicht so leicht sei, wie man anfangs in völliger Verkennung der principiellen Gegensätze sich eingebildet hatte; dass die Strenge in einem Kantonsgebiet zu nichts führe, wenn der Flüchtling jenseits der Grenzen Schutz und Duldung finde.

Auch Zürich hatte damals wieder Unruhen zu bekämpfen im Knonauer Amt und zu Wädischwyl am See von seiten des gedrückten Bauernstandes gegen Zehntlasten und Abgaben, und man brachte diese Bewegung in Zusammenhang mit den Lehren der Wiedertäufer, die das natürliche Reich Gottes und den Zustand der Urchristengemeinde wieder herstellen wollten.

Auf den Antrag der Berner Regierung wurde deshalb auf den 4. Juli 1585 eine evangelische Konferenz nach Aarau berufen, um sich mit einander zu vereinbaren, damit man womöglich in der wichtigen Sache gemeinschaftlich vorgehen und das Rechte treffen könne.

Die Ratsboten der IV Städte sollten sich diesmal von ihren vorzüglichsten Theologen begleiten lassen. Von Bern nahmen der Schultheiss Johannes von Wattenwyl und der alt-Venner Rudolf Sager — später Schultheiss — den Dekan Abraham Müslin und den Professor Christian Amport mit sich.

---

[1]) E. A., IV, 2ᵇ, 978. 1569) ist auch aus der Grafschaft Baden von Auswanderung nach Mähren die Rede. E. A., IV, 2ᵇ, 1103.
[2]) E. A., IV, 2ᵇ, 1067.
[3]) E. A., IV, 2ᵃ, 663.
[4]) Haller-Müslin.

Ein schriftliches Gutachten lag vor, welches von J. J. Breitinger verfasst sein soll.[1]) Es lautete dahin:

Um der Täuferei wirksam begegnen zu können, sei vor allem nötig, die Quelle zu verstopfen, aus der das Unwesen entspringe. Eine der wichtigsten Ursachen aber sei die, dass fromme und gottesfürchtige Leute, die Christum von Herzen suchen, von der Kirche sich absondern, dass alle Stände sich verschlechtern und dass es leider wenige gebe, die sich in Handel und Wandel zeigen, wie sie sollten; selbst im Predigerstande befinden sich solche, die unfleissig im Predigen seien, daneben ein ärgerliches Leben führen, der Liederlichkeit, Trunkenheit, dem Geiz und andern Lastern ergeben seien; auch im weltlichen Stande werde leider übel gefehlt von Obern und Unterthanen, denn schwere öffentliche Laster, Trunkenheit, Ehebruch, Wucher, Hoffart, Fluchen und Schwören u. dgl. seien im Schwange; deshalb glauben sie, dass wenn die Obrigkeit gute Satzungen wider die genannten Laster erlasse, sie ernstlich handhabe und das Böse bestrafe, und wenn die Prediger selbst einen musterhaften Wandel führen, dann niemand Anlass haben werde, sich als Täufer von den andern abzusondern.

Als Mittel wurde dem entsprechend angeraten: 1. Die Wiederaufnahme der früher üblichen, aber in Vergessenheit geratenen regelmässigen Kapitelsversammlungen zur Uebung gegenseitiger Censur und Handhabung der Disciplin, damit das Aergernis gehoben werde, auf das die Täufer sich berufen; 2. grössere Sorgfalt für die Förderung christlicher Erkenntnis durch fleissige Unterweisung der Jugend in Kirche und Schule in den Städten und Dörfern. Strafe gegen die Täufer sei notwendig, allein es sei ein Unterschied zu machen zwischen sonst frommen und braven Leuten, mit denen man Mitleid haben müsse, und den „abgefeimten Buben", welche die Einfältigen mit glatten Worten und falschem Vorgeben hintergehen.

Das war ein ernstes Mahnwort, das zu denken gab. Allein es kam — vielleicht gerade deshalb — zu keinem förmlichen Beschluss. Zürich erliess ein neues Täufermandat und brachte dasselbe am 6. September vor eine neue Konferenz[2]), in der Hoffnung, es möchte Nachahmung finden und überall das gleiche Strafverfahren festgesetzt werden.

---

[1]) „Bedenken, wie sich gegen die Wiedertäufer und andere in Glaubenssachen Irrende zu verhalten." Abgedruckt in Simlers Samml., II, 167—182. Vergl. dazu E. A., IV, 2ª, 879.

[2]) E. A., IV, 2ª, 886.

Allein bereits war Bern auch seinerseits vorgegangen durch ein strenges Mandat vom 3. September. Wieder sollte ein Eid allen Verdächtigen auferlegt worden: Sie müssen geloben, wenigstens alle Sonntage zur Predigt zu kommen, ihre neugebornen Kinder innerhalb acht oder vierzehn Tagen taufen zu lassen, das Nachtmahl regelmässig zu nehmen, sich der täuferischen Sekte zu enthalten und ihren Versammlungen nicht mehr beizuwohnen. Wer diesen Eid zu schwören verweigert — was die Täufer mussten — der wird verbannt; wer ihn ablegt, aber nicht hält, hat das Leben verwirkt; ihre Prediger und Lehrer werden hingerichtet, und wer zu einer Täuferversammlung in Haus oder Scheune Raum gibt, wird mit einer Busse von 100 Bernpfund bestraft.[1])

Wie gering indessen auch diesmal der Erfolg war, musste man in Bern schon 1597 einsehen. Die allgemeine Synode dieses Jahres[2]) mit ihrem obrigkeitlichen Zorn gegen die Geistlichkeit und ihren als „unwiderruflich" erklärten Absetzungen hatte diesmal, noch mehr als 1581, ihren Grund unmittelbar in der Ueberzeugung, dass die Kirchendiener nur zu sehr Vorwand bieten zu der Behauptung der Sektirer, es sei Christenpflicht, sich von einer solchen Kirche abzusondern. Die Pfarrer wurden in grossen Schrecken versetzt, auch ein neuer Anlauf genommen, aber in Wirklichkeit blieb alles beim alten, und trotz des Verdienstes, das sich die Täufer durch ihre Mahnung um die Kirche erworben hatten, trat auch in ihrer Behandlung keine Aenderung ein. Sogar in vornehmen Häusern der regierenden Familien fand die Sekte Anhänger; aus solchen Kreisen entschloss sich eine Anzahl von Leuten 1601 zur Auswanderung nach den mährischen Täuferkolonien, und 1605 wird ausdrücklich die Familie Daxelhofer genannt.[3]) Drohungen und Strafen waren die einzigen Mittel, mit denen die Sekte bekämpft wurde, und so blieb denn auch das traurige Resultat, dass man eine grosse Zahl von grösstenteils gottesfürchtigen, ehrbaren, braven, arbeitsamen, wahrheitsliebenden und gewissenhaften Menschen mit brutaler Unerbittlichkeit verfolgt und aus dem Lande getrieben hat, — gerade solche Leute, die mit wenigen Ausnahmen am allermeisten als Muster des einfachen praktischen Christentums nach reformiertem Typus angesehen

---
[1]) „Nüw mandat und ordnung von Schultheiss, Klein und Gross Räth der Statt Bern, der W. wegen", 1585. Vergl. Müller, a. a. O., S. 88.
[2]) Siehe oben, S. 287.
[3]) Müller, a. a. O., S. 98 und 100.

werden konnten. Die einen wurden zu Verbrechern gestempelt und als solche behandelt, andere aber mit Gewalt zu Verbrechern gemacht, indem sie nun erst recht in geheimen Umtrieben und in gesetzlosem Leben das Ungesunde und Schwärmerische ihrer Lehren zu ausgesprochener Staats- und Menschenfeindlichkeit und asketischer Märtyrersucht steigerten.

5. Die Gegenreformation.

Während so die Protestanten teils in unfruchtbare dogmatische Spitzfindigkeiten sich verirrten, teils, wie nun ganz besonders in der reformierten Schweiz, die äusserliche Staatsordnung an die Stelle Gottes setzten und über der Beobachtung der kirchlichen Sitte die Religion aus den Augen verloren, hier eine dogmatische Lehranstalt, dort eine strafende Polizeianstalt schufen — während so die Protestanten ihren Ursprung vergassen, machte sich nun auf einmal eine entgegengesetzte Bewegung geltend in der katholischen Kirche. Diese begann sich auf ihre Aufgabe wieder zu besinnen, die sie vordem lange verkannt, und fing an, in höchst bemerkenswerter Weise innerlich und äusserlich ihre Kräfte zu sammeln. Wir bemerken ein gewaltiges Aufraffen des religiösen Lebens im Katholizismus, eine eigentliche moralische Wiedergeburt, die nicht ohne Einwirkung bleiben konnte auch auf die Gestaltung der protestantischen Kirchen, indem sich die Katholiken in den Stand gesetzt sahen, wieder an Rückeroberung bereits verlorener Gebiete zu denken und die Grenzen der Konfessionen neuerdings zu Ungunsten der evangelischen Lehre zu verschieben. Die Gegenreformation beherrscht und charakterisiert das gesamte religiöse Leben in der zweiten Hälfte des 16. Jahrhunderts.

Mit grossartiger Wucht, welche jetzt nicht bloss die äussere Macht, sondern vielfach — wer sollte das leugnen — auch das geistige Uebergewicht einer ernsten, aufrichtigen Begeisterung, des Glaubens an die eigene Sache, für sich hatte, stürzte sich die einheitlich organisierte, zielbewusste katholische Geistlichkeit auf die innerlich schwach dastehenden, von den eigenen Grundsätzen abgefallenen Protestanten, siegesgewiss und deshalb auch fast überall siegreich.

Die Periode der Contra-Reformation ist nicht nur ein natürlicher Rückschlag gegen die Bewegung der Reformation, noch weniger bloss eine Verschwörung von Gewalt und List gegen die Glaubensfreiheit, sondern sie ist — historisch betrachtet — ein wirkliches

Strafgericht über die sich selbst untreu gewordene Reformation, und wir werden gut thun, durch unsere berechtigten Sympathien mit der evangelischen Kirche uns in der Würdigung dieser Thatsache, in dem Verständnis für die wirklich religiöse Seite der Gegenreformation nicht beirren zu lassen.

Drei Dinge zeichnen diese Erneuerung des Katholizismus aus und sichern ihr, vereinigt, eine Zeitlang unbestritten Ueberlegenheit und Sieg: Erstlich die wieder erwachende persönliche Hingabe und Begeisterung Einzelner, die, den katholischen Glauben in seiner Tiefe und Idealität erfassend und von seinem Geist erfüllt, ihre Kräfte und ihr Leben rückhaltlos seinen Zielen weihen. Wir begegnen jetzt katholischen Mystikern und Asketen, Glaubenshelden und Märtyrern, die vielleicht an richtiger Einsicht, aber gewiss nicht an religiöser Wärme und Aufrichtigkeit den protestantischen nachstehen.

Das zweite ist die Einheit und Geschlossenheit, welche die Organisation der römischen Kirche allen denen mitteilt, die in ihrem Dienste stehen.[1]) Sie bot einen unberechenbaren Vorteil über die zerfahrenen und in sich zerrissenen Protestanten, die es nie auch nur zu einem scheinbaren Zusammenhalt gebracht haben und stets, noch vor den feindlichen Schlachtreihen, um Bekenntnisworte und Kultusformen sich herumzankten.

Das dritte ist — als Resultat aus den beiden erwähnten Faktoren — die praktisch zielbewusste Arbeit, der systematisch sein Ziel verfolgende Bekehrungseifer, in welchem die katholische Geistlichkeit in dieser ganzen Periode sich der protestantischen überlegen gezeigt hat.

Das alles müssen wir ins Auge fassen, wenn wir verstehen wollen, wie auch in der Schweiz und rings um ihre Grenzen herum die protestantische Kirche eine Niederlage nach der andern verzeichnen muss und sich nur mühsam in der Verteidigungsstellung bis auf bessere Zeiten aufrecht zu erhalten vermag.

a. Vom Wiedererwachen der katholischen Kirche bis zum Konzil von Trient. 1540—1562.

Die Contrareformation hat eigentlich schon mit demjenigen Papste begonnen, der in seiner Gesinnung den Zielen der Reformatoren am nächsten stand, mit Hadrian VI; allein Hadrian, der

---

[1]) Päpstliche Schreiben an die Tagsatzung im 16. Jahrhundert im Archiv des P.-V., II, 1—90.

schon nach einem Jahre seine Arbeit verlassen musste, war nur das Organ der kirchlichen Gedanken Karls V., der ja ein Gegner Luthers und der Reformation bloss in dem Sinne gewesen ist, dass er das Autoritätsprincip der katholischen Kirche zu erhalten, aber diese von allen Auswüchsen zu reinigen begehrte. Zur Durchführung dieser Forderung verlangte er, mit allen frommen Christen der Zeit, die Berufung eines allgemeinen Konzils, damit dieses die längst als nötig erkannte Reform der Kirche vornehmen und darauf gestützt auch die kirchliche Ordnung wieder herstellen könne.

Dieser Wunsch sollte sich endlich erfüllen, aber freilich erst, als es zu spät war, um die Spaltung der Christenheit in zwei Kirchen zu hindern; erst als die protestantische sich notgedrungen getrennt, selbständig gemacht und sich ihre eigene Form gegeben hatte. Die Ausschreibung eines Konzils nach Mantua im Jahre 1537[1]) war ein blosser politischer Schachzug, um den Schein zu retten und den Kaiser für einen Augenblick zufrieden zu stellen; noch war in der Hierarchie und namentlich in Rom selbst die Einsicht in den Ernst der Lage keineswegs allgemein und stark genug, um die Mehrzahl der hohen Prälaten zur Ueberwindung ihrer kleinen Interessen und Bedenken zu zwingen.

So sah sich Karl V. wieder veranlasst, selbständig vorzugehen, indem er die Konferenzen und Religionsgespräche von Hagenau, Worms und Regensburg, 1540 und 1541, veranstaltete, damit diese, gleichsam als Ersatz für ein Konzil, die Grundlinien einer religiösen Verständigung, als Versuch zu einer gemeinsamen Kirchenverbesserung, feststellen möchten. Die Schweiz nahm an denselben nur indirekt teil. Calvin war dabei anwesend, zwar nicht als Prediger von Genf, sondern als Pfarrer zu Strassburg, ebenso der Berner Theologe Wolfgang Musculus, aber noch von Augsburg aus. Die Schweizer Theologen waren nicht zur Beteiligung geladen worden, da man damals wenigstens eine Einigung mit den Zwinglischen für schwieriger hielt, als eine solche mit der Kirche Luthers. Freilich sollte ja auch diese nicht gelingen, so oft man auch dem Ziele nahe zu sein meinte.

Erst 1543 kam es wirklich zur Berufung des Konzils nach Trient, und im Dezember 1545 sogar zur Eröffnung und zur Abhaltung einiger Sitzungen. Eine Aufforderung zur Teilnahme durch eine Abordnung erging auch diesmal an die Eidgenossen[2]), und

---

[1]) Einladung zur Beschickung an die Eidg. durch eine päpstliche Botschaft vom 29. November 1537. (E. A., IV, 1 c, 909.)

[2]) Durch Albert Rosin, einen gebornen Züricher, den Begleiter des Legaten Hieron. Franco. Siehe Wirz, Ennio Filonardi, S. 100.

die Frage wurde vor die Tagsatzung gebracht. Die reformierten Kantone waren gegen eine Beschickung, weil sie dem Konzil kein Vertrauen entgegenbringen konnten, ihm überhaupt den Charakter einer Vertretung der gesamten Christenheit nicht zuerkennen wollten.[1]) Aber auch die katholischen Stände zeigten nur sehr wenig Lust dazu, da die Gemässigten unter ihren Gesandten die Versammlung unter solchen Umständen als aussichtslos, die streng päpstlichen dagegen sie als der Kirche gefährlich ansahen. Die Teilnahme wurde somit abgelehnt. Ohne dass es zu irgend welchen wesentlichen Beschlüssen gekommen wäre, wurde dann, 1548, das Konzil vom Papste nach Bologna verlegt und dadurch faktisch aufgelöst.

Es war dies für den Protestantismus ein Glück. Der Kaiser, der eben im schmalkaldischen Kriege den Bund der protestantischen Fürsten zerschmettert hatte, wäre jetzt in der Lage gewesen, dem Konzil eine entscheidende Wendung zu geben, ihm seinen Willen aufzudrängen im Sinne einer antipäpstlichen Kirchenreform, und dabei vielleicht den Abgefallenen in einem Grade entgegenzukommen, welcher sie genötigt hätte, sich den Beschlüssen zu unterziehen, das heisst, einen starken Schritt rückwärts zu gehen. Die katholische Kirche wäre damit vielleicht halb reformiert, die protestantische wäre gewiss wieder halb katholisch geworden. Der Papst selbst hat dies unmöglich gemacht.

Die spätern Versuche, das Konzil wieder ins Leben zu rufen, scheiterten bald an diesem, bald an jenem Faktor, dessen Interessen durch dasselbe gefährdet erschienen. Auch bei der neuen Eröffnung am 1. Mai 1551 war die Schweiz nicht vertreten. Erst war man darüber verschiedener Ansicht; allein da Frankreich gegen die Versammlung protestierte und auch die Eidgenossen dawider aufreizte, so gaben die Reformierten einen entschiedenen Abschlag und auch die Katholiken verhielten sich gleichgültig und misstrauisch dagegen.

Trotz dieses Misserfolges und der daraus entstandenen Verwirrung machte sich indessen schon jetzt ein Aufschwung bemerkbar, und im gleichen Verhältnisse, wie die katholische Kirche innerlich erstarkte, begann nun auch die systematische Verfolgung der von ihr Abgefallenen, das Bestreben nach Wiedergewinn der

---

[1]) E. A., IV, 1ᵈ, 239, 248, und ebenso E. A., 657 (9. Aug.) Baden. Das bezügliche Gutachten von Bullinger (1. Aug.) ist abgedruckt in Miscellanea Tigurina, 1 T., III, S. 26. Vergl. Vögeli. Das Tridont. Konzil und Bullingers Verh. zu demselben. Anz. f. S. G., 1, 165.

in den Zeiten der geistigen Wehrlosigkeit verlorenen Gebiete. Darunter hatte nun auch die reformierte Schweiz aufs schwerste zu leiden innerhalb ihrer eigenen Grenzen, aber auch in den sie umgebenden Ländern, wo sie ihre Glaubensgenossen unterdrückt, geächtet und vertrieben sah.

Das Verhältnis zum Kaiser.

Vor allem kam hier die Haltung des Kaisers in Betracht, an welchen die katholischen Eidgenossen sich vollständig gebunden fühlten. Eine Zeitlang wurde 1539 unter den evangelischen Städten ernstlich die Frage erwogen, ob es nicht im Interesse ihres Glaubens geboten sei, sich an den schmalkaldischen Bund anzuschliessen. Ein einfältiges Büchlein, das ein Unterwaldner in Bern bei einem Buchführer wollte gesehen haben, gab den Anstoss zu einem so bittern Konflikt, dass von dieser Seite der Vorwurf der Bundbrüchigkeit ausgesprochen wurde und die offene Bedrohung nun auch auf der andern Seite jedes Bedenken zum Schweigen brachte.[1]

Im Jahre 1545 erhielt man so bedenkliche Berichte über Umtriebe des Papstes, dass auf einer geheimen evangelischen Konferenz vom 7. September die Meinung war, man solle den Protestanten Deutschlands helfen und zu diesem Zwecke dem Sakramentsstreit um jeden Preis ein Ende machen.[2] Namentlich sprach sich Bern sehr entschieden in diesem Sinne aus und wollte schon jetzt, als der Krieg unvermeidlich wurde, bestimmte Zusicherungen geben.[3] Ein Breve des Papstes und sein Bund mit dem Kaiser — August 1546 — schien keinen Zweifel mehr übrig zu lassen, „dass es jetzt gelte, die reformierte Religion im ganzen deutschen Lande mit dem Schwert zu vertilgen und zu unterdrücken".[4] Noch im November suchte man ein Einverständnis mit Frankreich zu stande zu bringen, und ein Berner äusserte damals mit Grund: „Wenn die von Zürich so willig gewesen wären, wie seine Herren, so hätte man dem Kaiser und Papst den Krieg erklärt."[5] Ungehindert liess man Freiwillige, selbst aus den regierenden Familien, den Protestanten zuziehen, und wie sehr man sich in Bern für den Gang des Krieges von 1546 und 1547

---

[1] E. A., IV, 1c, 1042, 1062 (Ev. Konf., 2. Februar 1539), 1074 (Kath. Konf., 18. März 1539).
[2] E. A., IV, 1d, 529.
[3] E. A., IV, 1d, 552.
[4] E. A., IV, 1d, 657.
[5] E. A., IV, 1d, 739.

interessierte, zeigen die Berichte des beauftragten Agenten, des Hartmann von Hallwyl, aus dem schmalkaldischen Lager.[1])

Die Erfolge des Kaisers weckten nun namentlich Besorgnisse um Konstanz. Zu spät erkannte man jetzt auch in Zürich die Grösse der Gefahr. Am 30. Januar 1547 fanden Verhandlungen statt zwischen Konstanz und Zürich, nachher auch zwischen Konstanz und St. Gallen, und am 28. Februar verlangte Bern vor der Tagsatzung in Baden entschiedenes Auftreten, und zwar der gesamten Eidgenossenschaft, gegen den Kaiser, „den Enkel des Herzogs von Burgund", und Hülfe für Konstanz, das man nicht in dessen Hände dürfe fallen lassen.[2])

Die Antworten lauteten erst ausweichend, dann entschieden ablehnend. Die katholische Konferenz in Luzern am 22. März wollte nichts von Beistand wissen für Protestanten, weder für Konstanz, noch für Strassburg. Die augenblickliche Missstimmung über eine polemische Schrift Rudolf Gwalthers in Zürich scheint zu dieser Haltung beigetragen zu haben.[3]) Nur aus dem Thurgau liefen Freiwillige den Konstanzern zu.[4])

Die Sorge um das nicht nur für die Evangelischen allein wichtige Konstanz wuchs, als die Belagerung begann. Nachdem die Stadt den Sturm vom 6. August 1548 erfolgreich abgewehrt hatte, wurden neue Anstrengungen gemacht. Auf der Tagsatzung zu Baden am 16. August erklärten sich jetzt sogar die katholischen Orte zum Beistande, respektive zur Vermittlung bereit, unter der Bedingung, dass Konstanz das kaiserliche Interim annimmt und dem Bischof und den Priestern wiederum die Thore öffnet.[5]) Damit war ein Eingreifen der Schweiz zum Schutze der Stadt unmöglich gemacht und diese ihrem Schicksal preisgegeben. Am 13. Oktober 1548 musste Konstanz sich dem Kaiser unterwerfen und „spanisch lernen". Im Januar 1549 fand die Huldigung statt, mit der Wiederherstellung des katholischen Kultus.[6]) Eine Anzahl Flüchtlinge aus der unglücklichen Stadt hatten schon zuvor im Thurgau Aufnahme gefunden.

Der Schreck vor dem Kaiser war jetzt derart, dass der geächtete Feldhauptmann des schmalkaldischen Bundes, Sebastian

---

[1] K. Geiser im Jahrb. f. Schw.-Gesch., XXI, 165—240.
[2] E. A., IV, 1 d, 764, 765, 774.
[3] E. A., IV, 1 d, 775, 776.
[4] E. A., IV, 1 d, 886.
[5] E. A., IV, 1 d, 1001 (16. Aug.).
[6] Laible, Gesch. d. Stadt Konstanz, 1896 (S. 173 u. ff.). — Marmor, Die Uebergabe der Stadt Konstanz. Wien 1864.

Schärtlin von Burtenbach, von der Tagsatzung ausgewiesen wurde[1]); er hatte in der Schweiz ein Asyl gesucht und in Basel wie in Bern manches Zeichen persönlicher Sympathie gefunden. Dagegen erhielt der ebenfalls geächtete Georg von Württemberg, Graf von Montbéliard, Erlaubnis, in Aarau seinen Aufenthalt zu nehmen.[2]) An die wackern Protestanten Magdeburgs, die allein im Sturme festhielten, sandte Bern im Jahre 1552 ein Geschenk von 200 Kronen nebst freiwilligen Steuern einzelner Bürger.

Das Verhältnis zu Frankreich.

Beinahe noch näher wurde die Schweiz berührt von der Lage in Frankreich. Und zwar waren die Beziehungen doppelter Natur. Einmal war die gesamte Schweiz durch ein Bündnis mit der französischen Krone verbunden, und dann wieder waren die reformierten Städte mit den französischen Protestanten verwandt, die sie, als Anhänger des calvinischen Bekenntnisses, im engsten Sinne als Glaubensgenossen betrachteten.

Franz I., humanistisch gesinnt, aber religiös indifferent, war jederzeit bereit, die Gewissensfreiheit und die Interessen des Glaubens preiszugeben, sobald es ihm zweckmässig schien zur Förderung seiner politischen Pläne. So begannen denn schon unter seinem Regimente die grausamsten Verfolgungen der evangelisch Gesinnten, so oft es galt, den Papst für sich zu gewinnen im Kampf mit dem Kaiser. Im Jahre 1537, am 17. Februar, trat eine Gesandtschaft der reformierten Stände der Schweiz[3]) vor den König, um für die Verfolgten Fürbitte einzulegen. Sie glaubten sich als treue Bundesgenossen zur Bitte berechtigt, dass er ihre Glaubensbrüder schone, denen ja kein Unrecht vorgeworfen werden könne; sie erfuhren indessen eine sehr unfreundliche Zurechtweisung.[4])

Man liess sich nicht abschrecken; am 20. Februar 1538 legte Bern schriftliche Fürsprache ein für den um seines Glaubens willen zum Tode verurteilten Oudriez Philippe aus Paris[5]), und

---

[1]) E. A., IV, 1e, 80 (20. Mai 1549). Ueber seinen Aufenthalt in Basel siehe Buxtorf-Falkeisen, a. a. O., I, 3, S. 5.
[2]) Stettler, Chronik, II, 161.
[3]) Die beiden Berner Hans Franz Nägeli und Johann v. Diesbach. Die ihnen mitgegebene Instruktion siehe E. A., IV, 1c, 813, wo auch einige zugehörige Akten.
[4]) So nach Zehenders K.-G. Die Fürbittschreiben für die Verfolgten in Nimes vom 13. November 1537 bei Herminjard, IV, 315.
[5]) E. A., IV, 1c, 939. Ueber Calvins Bemühungen bei den deutschen Fürsten vergl. den Brief vom Nov. 1539, Herminjard, VI, 119.

schon 1541 lag neue Veranlassung vor. Zwischen Basel und Strassburg fanden diesmal Verhandlungen statt über die zu Gunsten der Evangelischen einzuschlagenden Wege.¹) Bald darauf kam Farel in seinem alten Feuereifer nach Basel (6. Mai 1541), und wirklich wurde nun am 25. Juni wieder ein Schreiben an den König abgeschickt im Namen der vier evangelischen Städte.²)

Im Jahre 1545 fand dann jene fürchterliche Zerstörung des Waldenser Dorfes Mérindol statt³), und auch jetzt wollte die reformierte Schweiz nicht unthätig bleiben. Am 30. Mai schickten die Städte eine Abordnung nach Paris, die durch schriftliche und mündliche Vorstellungen den König überzeugen sollte von der völligen Harmlosigkeit der geächteten Bevölkerungen und der Ungerechtigkeit der über sie verhängten Behandlung.⁴) Franz I. nahm aber auch diese Einmischung sehr ungnädig auf. Die Frucht des gutgemeinten Schrittes war ein Antwortschreiben vom 27. Juni, worin es heisst: „Et trouvons bien estrange, que vous vous voulez méler au fait de mes subjetz et de la justice que nous leur administrons."⁵)

Genf war der Punkt, durch welchen die reformierte Schweiz mit Frankreich zusammenhing und alles mitempfand, was dort vorfiel. Calvin war unermüdlich thätig, nicht nur um seine Anhänger auf französischem Boden zu ermutigen und zur Ausdauer zu mahnen, sondern auch um ihnen Freunde und Unterstützung, moralischen und materiellen Beistand in andern Ländern zu suchen. Allein in Deutschland gelang es ihm nicht, das tiefe Misstrauen zu überwinden, welches die Lutheraner gegen allen reformierten Glauben hegten; so hielt er sich denn vorzugsweise an die reformierte Schweiz, wo er stets sicher war, die wärmste Teilnahme und Opferwilligkeit zu finden.

So wurden im Oktober 1552 wieder Gesandte nach Frankreich geschickt, als die Nachricht einlangte, es werden dort „viel Biederleute wegen des heil. Evangeliums verfolgt und kommen in Durächtung und Gefängnis". „In Paris, hiess es, seien 135 Personen des Glaubens wegen gefangen gesetzt, drei davon hingerichtet worden."⁶) Die Gesandten richteten wieder nichts aus,

---
¹) E. A., IV, 1ᵈ, 26.
²) Ibid., IV, 1ᵈ, 50.
³) „Von der grausamen erbärmklichen zerstörung der Christen zu Mérindol und Cabrier; verteutscht durch Hans Anthony Tillgier." Bern 1556, in 12°.
⁴) E. A., IV, 1ᵈ, 480, 482.
⁵) Zehender, II, 29, wo das Schreiben vollständig kopiert ist. Die in E. A., IV, 1ᵈ, 481, mitgeteilten Worte lauten weniger schroff.
⁶) E. A., IV, 1ᵉ, 656.

und der Züricher Bürgermeister Johannes Haab, der sich zufällig in Paris befand und dem König davon sprach, erhielt von diesem, Heinrich II., die alte Entgegnung: „Er bitte, ihn in seinem Königreich nicht zu beirren; diejenigen in seinem Reiche, welche dieser Religion anhangen, seien Aufrührer und böse Leute, die er nicht dulden wolle."[1]

Ganz besonders schmerzliches Aufsehen erregte in der Schweiz ein Vorfall vom Jahre 1553. Fünf junge Franzosen hatten auf der Akademie in Lausanne ihre theologischen Studien beendet und kehrten 1552 in ihre Heimat zurück, in der Absicht, dort als Prediger der reformierten Kirche das Gotteswort zu verkündigen. Sie übernachteten zusammen in einer Herberge in Lyon. Durch abscheuliche List wusste man die arglosen Jünglinge dahin zu bringen, dass sie vertrauensvoll von ihren Plänen und Absichten sprachen, in denen sie kein Unrecht sahen. Sie wurden verlockt, verraten und gefangen gesetzt, und nun machte man ihnen den Prozess als Anhänger ketzerischen Glaubens.

Ihre Jugendlichkeit erweckte Teilnahme; sie hatten nichts Uebles gethan, und die Richter waren in Verlegenheit, eine Anklage zu formulieren. Die Kunde von ihrem Schicksal kam nach Bern. Mit grossem Nachdruck nahm die Regierung sich der Sache an; die ganze reformierte Schweiz wurde in Bewegung gesetzt. Die Konferenz der evangelischen Städte beriet sich über die Mittel zur Befreiung der Unschuldigen. Zuerst ging ein Schreiben ab an den König, dann wieder eine Gesandtschaft. Man berief sich auf die alte Freundschaft, erinnerte an die geleisteten Dienste, man drohte, den Bund aufzusagen und die Soldtruppen zurückzuziehen; es war alles umsonst; der König gab trotzige Antwort. Am 16. Mai 1553 wurden alle fünf in Lyon lebendig verbrannt.[2] Nach allgemeinem Zeugnis war ihr Ende, in gemeinsamem Gebet und fröhlichem Psalmensingen, so überaus rührend, dass der Eindruck durchaus zu Gunsten der neuen Lehre nachwirkte. In der evangelischen Schweiz, besonders in Bern, das sich direkt beleidigt fühlte, war die Erbitterung gross gegen Frankreich, und es dauerte einige Zeit, bis die materiellen Interessen, die leidige Abhängigkeit von Pensionen und Soldzahlungen, das alte Verhältnis wieder herstellten.

Immerhin liess man sich nicht abhalten, neuerdings, sobald dazu Veranlassung war, für die Verfolgten einzutreten. Schon 1557

---

[1] E. A., IV, 1 c, 683 (29. Juli).
[2] Näheres bei Ruchat, V, 449—458, wo auch ihr Dankschreiben nach Bern, vom 5. Mai 1553. Vergl. Bulletin du prot. français, III, 505.

war das wieder der Fall. Heinrich II. führte in diesem Jahre, wenn auch unter anderm Namen, doch ziemlich unter den nämlichen Formen und mit der gleichen Tendenz, die Glaubensgerichte der Inquisition in Frankreich ein, ausserordentliche geistliche Gerichte zur Verfolgung der Ketzer, mit ungewöhnlichen Kompetenzen und ohne die sonst das Recht schützenden Vorbehalte. Unter den Waldensern im Angrognathale in dem zurzeit französischen Piemont wurde grausam gewütet.[1]) Wiederum ging eine evangelische Gesandtschaft aus der Schweiz ab, erhielt aber am 5. November auch diesmal einen Abschlag vom Könige, der sich jeden derartigen Schritt verbat mit den Worten: „... *priant les dits seigneurs des dits cantons, estre contants dorénavant, ne se donner peine de ce qu'il fera et excecutera en son royaume et moings du fait de la religion.*"[2]) Das heisst also kurz und deutlich: was der König thut in seinem Reiche, das geht Euch nichts an! Bereits begann auch die Auswanderung in die Schweiz, namentlich in ihren französisch sprechenden westlichen Teil.[3])

Farel und Beza waren nicht bloss in der Schweiz herumgereist[4]), um Teilnahme für die Verfolgten zu wecken, sie begaben sich noch einmal an die Höfe der deutschen protestantischen Fürsten, in der Hoffnung, sie zu einem gemeinsamen kräftigen Schritt zu bewegen; auch das war umsonst. Den evangelisch Gesinnten in Frankreich schien nichts anderes übrig zu bleiben, als Gehorsam oder Auswanderung. In Genf wurden in einem einzigen Monat 138 Franzosen ins Bürgerrecht aufgenommen.

Im August 1561 war Farel neuerdings, wie aus einem Briefe an Calvin zu ersehen, über Biel nach Basel und Mülhausen gezogen, um für die Glaubensgenossen zu wirken.[5]) Besonders wichtig aber war im September des gleichen Jahres die Beteiligung der schweizerischen Theologen an dem berühmten Religionsgespräch zu Poissy, wo zum erstenmal die reformierte Sache öffentlich zum Worte kam, und Beza aus Genf neben Peter Martyr aus Zürich mit so viel Freimut, Takt und geistiger Ueberlegenheit die Wahrheit und Christlichkeit des reformierten Glaubens vor dem König Karl IX. und seiner Mutter, Katharina von Medicis,

---

[1] Bern schickte denselben 60 Pfund als Steuer, 1561. (Haller-Müslin.)
[2] Zehender, K. Gesch., II, 65. — Die Gesandten der vier evangelischen Städte zu Heinrich II., im Archiv f. S.-G., XIV, 122—148.
[3] Liste des réfugiés français à Lausanne 1547—1574, im Bull. du prot-français, VII (2ᵉ sér.), 463.
[4] Sie waren um 22. April in Bern. (Haller-Müslin.)
[5] Brief vom 9. August 1561, in Epist. VI, fol. 902. St.-A. Bern.

verteidigten, dass man bereits die weitgehendsten Erwartungen hegte auf einen vollen Sieg der Reformation im französischen Königreiche.[1])

Das Resultat war allerdings die Herstellung eines gewissen Anfangs von Glaubensfreiheit durch den Frieden von St. Germain vom 7. Januar 1562. Allein es gab in Frankreich zu viel Leute, welchen die Duldung ketzerischer Gottesdienste religiös als ein Greuel, politisch als eine Gefahr für den Bestand des Königtums erschien. Nach dem Friedensbruch durch das sogenannte Blutbad von Vassy begann der Bürgerkrieg von neuem. Es war die Zeit der blutigen Rivalität zwischen der katholischen Familie der Guisen und den reformiert gesinnten Prinzen vom Hause Bourbon.

Die Schweiz wurde insofern in diesen Kampf hineingezogen, als man nicht nur beiderseits sich lebhaft mitbeteiligt fühlte an Sieg oder Niederlage der Glaubensgenossen, sondern beide Parteien auch thatsächlich Hülfe suchten bei ihren Freunden. Das Haupt der Hugenotten, der ritterliche Prinz Louis de Bourbon oder Condé, wie er gewöhnlich genannt wird, kam selbst nach Bern, um Beistand zu finden; er hoffte die Berner und mit ihnen auch die übrige reformierte Schweiz zu einem militärischen Zuzug bewegen zu können. Dazu wollte man sich indessen doch nicht entschliessen. So gross auch der Wunsch war, dass in Frankreich der Protestantismus zum Siege gelange, so hatte man doch Rücksichten zu beobachten, nicht allein gegen den König von Frankreich, dessen Feinde zu unterstützen durch das Bündnis untersagt war, viel mehr noch auf die katholischen Miteidgenossen, deren Freundschaft doch nicht preisgegeben werden durfte. Ein Hülfszug für die Hugenotten hätte sofort den Religionskrieg, welcher Frankreich zerstörte, in die Eidgenossenschaft hineingetragen. So erhielt denn Condé einen entschiedenen, wenn auch freundlich ausgesprochenen Abschlag.[2])

Die Versuchung zu aktiver Beteiligung am grossen Kampf der religiösen Gegensätze wurde aber um so mächtiger, als man wahrnehmen musste, dass die Katholiken ihrerseits nicht ebenso bedenklich seien, dass aus der innern Schweiz ganze Scharen von Kriegern, teils aus Fanatismus, teils auch wohl aus blosser Abenteuerlust, sich zur Armee der Guisen begaben. Unter solchen

---

[1] Die Königin Katharina verlangte von Bern die Ueberlassung von evangelischen Predigern. Siehe die Antwort vom Oktober 1561. Welsch Miss. D. 281.

[2] Evang. Konf. in Solothurn, 30. April 1562. E. A., IV, 2ᵃ, 206.

Umständen wurde die Haltung der Reformierten eine äusserst schwierige, und den vorsichtigen Staatsmännern wurde es nicht leicht, jede thatsächliche Parteinahme ihrer Bürger zurückzuhalten. Eine Schar Berner zog im Juni 1562 nach Lyon trotz aller Abmahnungen durch zwei Ratsherren, die ihnen nachgesandt wurden; sie kehrten erst im September zurück.[1]

Am 7. Juli 1562 schrieb der Rat an denjenigen von Zürich, der durchaus gleichen Sinnes war, wenn er auch der Sache nicht so nahe stand: Offene Hülfe von Staats wegen zu leisten sei nicht möglich, dagegen habe er die Werbung von Freiwilligen für die Hugenotten gestattet, sofern es ohne Geschrei geschehe und so, dass die Regierung sagen könne, sie habe nichts davon gewusst. Er habe übrigens den angeworbenen Söldnern unter der Hand Milderung der Strafe zugesagt und namentlich verordnet, dass solche verbotene Werbung keinen Ehrverlust nach sich ziehen solle. So weit glaubte man also gehen zu dürfen in der indirekten Aufmunterung.[2]

Wiederholt war davon die Rede, die streitenden Parteien in Frankreich zu versöhnen durch Vermittlungsversuche.[3] Die katholischen Stände lehnten jede Mitwirkung ab.

Besondere Schwierigkeiten bereitete die Frage nach der Erneuerung des französischen Bündnisses. War es klug, war es im politischen Interesse erlaubt und nach dem Worte Gottes gestattet, einen Bundesvertrag mit Fürsten zu schliessen, die den evangelischen Glauben verfolgten? Das Bündnis verpflichtete zur Lieferung von Truppen an den König, der dieselben gebrauchte, um dem Papste zum Siege zu verhelfen, um das Blut der Glaubensbrüder zu vergiessen! — Gegen solche Bedenken machten andere geltend, so lange das Bündnis bestehe, sei doch auch der König gezwungen, auf die Schweiz einige Rücksicht zu nehmen, und damit sei es möglich, den Gesinnungsgenossen gewisse Dienste zu leisten. Ohne Bund verlieren die reformierten Eidgenossen jeglichen Einfluss auf Frankreich.

Eifrigst wurde die Frage erörtert, und Schriften für und wider erschienen, die das eine oder andere als zweckmässig, als ehrenhaft oder pflichtgemäss darstellten. Haller in Bern und Bullinger in Zürich[4] waren beide der Meinung, dass der Bundesvertrag

---

[1] Haller-Müslin, 1562.
[2] Deutsch. Miss. D. D., S. 899. St.-A. Bern.
[3] E. A., IV, 2ᵃ, 377 (16. Nov. 1567).
[4] Bullingers Bedenken, „Ob einer christenlich freien Statt und land nutzlich und heilsam sey, sich mit der cron Frankreich zu einigen und zu verbinden." Kopie in Mss. H. H. 167 der St.-B. Bern.

jedenfalls nur dann zulässig sei, wenn er Bürgschaften biete gegen jede ungehörige Verwendung der Truppen und gegen eine Bekriegung der Hugenotten. In diesem Sinne wurde denn auch in Bern im April 1565 beschlossen, obwohl Condé und selbst Coligny entschieden für unbedingte Annahme des Bundes sich verwendet hatten. Allein nun wollte der König nichts von dem Vorbehalt wissen, und auch eine neue Verhandlung im August 1567 wurde vereitelt, „denn", sagt Haller, „Gott wachet abermalen." [1])

Die schlauen Diplomaten Frankreichs wussten freilich immer wieder die Warnungsstimmen durch Schmeicheln und Drohen, durch ihre Versprechungen und rechtzeitiges Geldausteilen unwirksam zu machen. Man begnügte sich mit mündlichen Friedensversicherungen und selbstverständlichen Zusagen und merkte die schmachvolle Tragweite der Verträge erst, wenn man im Netze war. So kam es, dass man den Freunden mit lebhafter Sympathie den Sieg wünschte, aber ihnen nicht bloss nicht zu helfen wusste, sondern vielmehr ihren Gegnern beistehen musste.

Da blieb dann nur eines übrig, um der Freundschaft mit den Verfolgten Ausdruck zu geben: Aufnahme der vertriebenen Auswanderer, kirchliche Fürbitte für ihre Sache und Geldunterstützung für diejenigen, welche für ihre Ueberzeugung leiden mussten. Im Jahre 1564 wurde in den evangelischen Kantonen lebhaft für die Hugenotten gesteuert. Bern schickte 650 Thaler nach Lyon und Macon zum Wiederaufbau zerstörter calvinischer Kirchen und Schulen und eine grosse Menge Korn in die durch den Krieg verwüsteten Provinzen.[2])

Die Witwe Christina Zumkehr in Bern vermachte sogar in ihrem Testamente 40 Pfund den „frömbden von gloubens wegen verfolgten". 1570 schenkte der Rat den flüchtigen Prädikanten und Studenten aus Frankreich auf die Fürbitte ihres Sprechers, Jean de la Classe, eine Gabe von 50 Pfund.

Auch an kriegerischer Hülfeleistung fehlte es nicht ganz. Die Zahl derjenigen, welche sich durch keine obrigkeitlichen Verbote abhalten liessen, zum Heere Condé's zu ziehen, war nicht gerade gering.[3]) Und was in Bern und in Zürich nicht möglich war, das vermochte in Biel und Neuenburg niemand zu verhindern. Hier in den von Farel bekehrten, an Frankreich anstossenden Gegenden

---

[1]) Haller-Müslin.

[2]) Im Sept. 1568 veranlasste die Aufnahme von evangelischen Flüchtlingen sogar die katholischen Stände zu Reklamationen. E. A., IV, 2a, 400.

[3]) Im September 1568 hatte Condé schon wieder einen Boten in Bern, der für ihn thätig war. (Haller-Müslin.)

war das Gefühl der Glaubensgemeinschaft am stärksten, und hier mangelte es zudem an einer Obrigkeit, welche Kraft genug gehabt hätte, dem populären Zuge Zwang anzuthun; die Tagsatzung aber lehnte jede Verantwortlichkeit ab, wenn der Gesandte Frankreichs Beschwerde erhob.

Warum sollte man auch allzu bedenklich sein? Der französische Hof stützte sich in seiner Kriegführung ganz vorzüglich auf die Truppen, welche ihm aus den VII Orten der katholischen Schweiz zuliefen. Der Luzerner Schultheiss Ludwig Pfyffer, der Mann, den man im Ausland oft den „Schweizerkönig" genannt hat, der in seiner Person die Tendenzen der Gegenreformation recht eigentlich verkörperte, war der erbittertste, aber auch der glücklichste Gegner des hugenottischen Feldherrn, des Admirals Coligny[1]; er war es, der dem König von Frankreich die Siege von Montcontour, von Dreux, von Jarnac hat erfechten helfen, der ihn durch den ruhmvollen Rückzug von Meaux vom Untergang gerettet hat.

Die bernische Bevölkerung war lebhaft interessiert und wenn nicht anerkannt und öffentlich, doch im geheimen wesentlich beteiligt bei den kühnen Feldzügen des Pfalzgrafen Casimir im Dezember 1567 und des Herzogs Wolfgang von Zweibrücken im Februar 1569.[2] Der Aufenthalt von 4000 „Eidgenossen", Pfyffers Söldnern, die nach Frankreich gingen, November 1567, verlief nicht ohne Thätlichkeiten in den Strassen[3]), weil die Bürger wohl wussten, wozu die Truppen gebraucht werden sollten.[4]

Eine gewaltthätige Verfolgung der Waldenser in den piemontesischen Thälern im Jahre 1560 erregte in der reformierten Schweiz grosse Teilnahme; doch dauerte die Not nicht lange, am 5. Juni 1561 wurde ein Duldungsedikt erlassen, dem die harmlosen Leute wieder eine Zeit der Ruhe verdankten.

Aber auch die Lage der Glaubensgenossen in England liess die evangelischen Eidgenossen nicht unberührt. Nachdem zuerst durch den despotischen Heinrich VIII. die Lossagung Englands von der Herrschaft des Papstes ausgesprochen und die Selbständigkeit der englischen Kirche proklamiert, dann aber unter Eduard VI. das Land auch der protestantischen Lehre geöffnet worden war, hatte der allzu frühe Tod des eben genannten Königs sein Werk

[1]) Segesser, Ludwig Pfyffer. Bern 1882. 4 Bde.
[2]) Der Herzog hatte in Bern Geldanleihen gemacht. E. A., IV, 1 b, 420.
[3]) Haller-Müslin.
[4]) Gobat, A. La républ. de Berne et la France pendant les guerres de religion. Paris 1891.

wieder der Zerstörung preisgegeben. Auf den Thron folgte ihm die Königin Maria, eine Tochter Heinrichs VIII. und der spanischen Prinzessin Katharina von Arragonien. Sie war durch Geburt und Erziehung zum streng katholischen Glauben bestimmt und hat sich den Zunamen „die blutige Maria" verdient.

Ihr erstes Ziel war, England wieder von der Ketzerei zu reinigen. Mit beispielloser Härte ging sie dabei vor. Die Führer und Lehrer der Protestanten wurden vertrieben oder hingerichtet. Der grösste Teil der Bevölkerung beugte sich, wenn auch nur zum Scheine, der neuen Herrscherin und ihrem Willen. Doch nicht alle. Es gab eine Anzahl, die ihren Glauben mehr liebten, als ihre bürgerliche Existenz, und sogar mehr, als ihr Vaterland. Sechzig Familien, zusammen 167 Personen zählend, entschlossen sich zur Auswanderung. Fluchtartig reisend, mussten sie ein Schiff besteigen und in das Meer hinausfahren, nicht wissend, wohin. Sie steuerten zuerst nach der deutschen Küste; hier hofften sie Aufnahme zu finden. Sie versuchen es in Hamburg, in Lübeck, in Rostock — überall heisst es: „Es sind Calvinisten! Sie dürfen nicht an das Land!" In Kopenhagen erfahren sie das nämliche Schicksal; sie müssen zurück in die Nordsee; endlich in Emden in Ostfriesland gestattet man ihnen nach monatelanger Seereise, an das Land zu gehen, doch selbst hier nur unter der Bedingung, dass sie es sofort wieder verlassen.

Nach mühseliger Wanderung kamen die Engländer, dem Laufe des Rheines folgend — manche blieben in der Pfalz — endlich in die Schweiz, und hier, wo schon 1537 einige von Heinrich VIII. vertriebene Evangelische und namentlich 1547 der verdiente John Hoper Zuflucht gefunden hatten[1]), empfing man sie mit offenen Armen. Zwar in Zürich mangelte es jetzt an Raum, da eben erst andere Flüchtlinge angekommen waren. Eine Anzahl fand Zuflucht in Genf.[2]) Bern richtete sich ein, die Engländer in seinem Gebiet aufzunehmen. 25 Familien langten hier an; den einen wurde Aarau, den andern Vivis zur Wohnung angewiesen, in zwei Kolonien, die nun als evangelisch-reformierte Gemeinden

---

[1]) Hottinger, III, 773. Für die Beziehungen Bullingers zu den englischen Protestanten in den Jahren 1551—1553 siehe die Briefe der Johanna Gray und des Erzbischofs Cramner, im Neujahrsblatt der Stadtbibliothek Zürich 1854. Ebenso: Zürich Letters. Korrespondenz zwischen den englischen Theologen und den Züricher Reformatoren, hgg. von der Parker-Gesellschaft. Cambridge 1842—1845.

[2]) Heyer, La colonie anglaise à Genève, 1555—60, in Mém. de l'institut genevois, 1re sér., tom. IX.

eingerichtet und mit eigenen Predigern versehen wurden. Wie Bullinger von Zürich aus aufs eifrigste für diese Vertriebenen sorgte, so war in Bern der Dekan Johannes Haller mit grosser Hingebung für sie thätig und suchte alle Schwierigkeiten und Bedenken zu heben, die sich in den Weg stellen mochten. An solchen Schwierigkeiten fehlte es nicht ganz. Die religiösen Vorurteile zeigten sich auch hier mächtig. Man hatte freie Religionsübung gestattet unter gewissen Vorbehalten. Allein die fremde Sprache, die abweichenden Sitten dieser Flüchtlinge gaben doch mancherlei Anstoss für die Aengstlichen und Kleinlichen.[1]

Zum Glück dauerte die Niederlassung doch nicht allzu lange. Die Königin Maria starb schon am 17. November 1558, noch ehe in England die Rekatholisierung ganz hatte durchgeführt werden können, ehe die Erinnerung an die frühere Zeit erloschen war. Auf Maria folgte ihre ganz reformiert erzogene Stiefschwester Elisabeth, deren Thronbesteigung nun alles wieder anders wendete.

Die Verbannten konnten wieder zurückkehren, und sie machten gerne von dieser Möglichkeit Gebrauch. Am 11. Januar 1559 zogen sie wieder von Aarau fort, mit lebhaftem Dank für die Aufnahme, die sie gefunden hatten.[2] Die bernische Obrigkeit gab ihnen Zeugnisse mit über ihr Wohlverhalten und empfahl sie eindringlich der Gunst der neuen Königin. Viele von diesen Männern wurden jetzt zu Aemtern und Würden erhoben, als Werkzeuge zur Begründung der englisch-protestantischen Kirche. Für die reformierten Städte der Schweiz aber blieb der wenn auch nur kurze Aufenthalt der Engländer nicht ohne tiefere Wirkung. Noch Jahrzehnte lang war das Verhältnis ein enges und inniges zwischen den Kirchenmännern der beiden Länder und das Gefühl der Zusammengehörigkeit bei allen äussern Verschiedenheiten ein ausserordentlich lebendiges. Wolfgang Musculus erhielt infolge dessen einen ehrenvollen Ruf nach England, den er jedoch abgelehnt hat. Bullinger namentlich wurde von den Engländern als das Haupt der reformierten Kirche im weitesten Sinne des Wortes, als Patriarch und Ratgeber auch für England verehrt und blieb mit den hervorragendsten Männern des Königreichs in dauernder persönlicher Verbindung durch brieflichen Verkehr. Der bedeutendste unter diesen Engländern war Thomas Lever, der sich in Aarau aufgehalten hatte und der dann Erzbischof von Salisbury wurde. Diese Leute haben dem Eindringen des reformierten calvinischen Geistes, im Gegensatz zu dem halb katholischen Hochkirchentum, in England die

---

[1] Bern, Ratsverhandlungen vom 6. Juni 1557.
[2] Haller-Müslin.

Wege gebahnt, wie denn nachher John Knox, der Reformator Schottlands, direkt Calvins Schüler gewesen ist. So stand damals die evangelische Schweiz, gebend und empfangend, im Zusammenhang nicht mit dem sprachverwandten Deutschland allein, sondern mit der ganzen protestantischen Welt. Für das innere Leben der Eidgenossenschaft indessen konnten diese Dinge nicht eben förderlich sein. Durch die Rückwirkung der Ereignisse im Ausland, namentlich derjenigen in Frankreich, wurde die Scheidung der beiden fast gleichmässig starken Bekenntnisse ausserordentlich verschärft und das Verhältnis der reformierten Orte zu den katholischen ein wenig freundliches, zu Zeiten nahezu unerträgliches.

Die gegenseitigen Schmähungen wurden immer wieder laut und zeugen von der leidenschaftlichen Erregung, wie die Reklamationen dagegen von der Empfindlichkeit, mit der man einander zu beobachten pflegte.[1])

Eine polemische Schrift Rudolf Gwalthers in Zürich, in welcher er den Beweis leistete, dass der Papst der „Antichrist" sei, machte zwar den Reformierten grosse Freude, überzeugte aber selbstverständlich keinen römisch Gesinnten, erregte nur einen gewaltigen Sturm der Entrüstung, der auch die Tagsatzung mehrfach beschäftigte und verbitternd selbst auf ihre Beschlüsse einwirkte.[2]) Die Konferenz der VII Orte in Luzern — 15. November 1547 — die sich über das Büchlein empörte, musste freilich gleichzeitig sich mit der Frage befassen, wie der „Liederlichkeit" ihrer Priester abgeholfen werden könnte.[3])

Gut gemeint und gewiss nicht ohne Eindruck war der Versuch der katholischen Stände, durch eigene Boten bei den vier Städten zum Frieden zu wirken. Mit eindringlichen Vorstellungen und Bitten um einträchtigen Sinn und Unterlassung der Schmachreden besuchten sie vom 22. bis 27. Oktober 1548 die Räte von Zürich und Bern, Basel und Schaffhausen. Zürich ging so weit darauf ein, dass eine eigene Kommission erwählt wurde zur Vorberatung. Eine evangelische Konferenz, am 25. November, sollte die gemeinsame Antwort festsetzen. Aller gute Wille war durch die Voraussetzung aufgehoben, dass das Zusammenhalten nur möglich sei auf dem Boden des alten katholischen Glaubens und

---

[1] Schmachlieder gegen Bern aus dem Jahre 1537 im Anzeiger für Schw.-Gesch., I, 276, u. VI, 60.
[2] E. A., IV, 1ᵈ, 758 (10. Januar 1547).
[3] E. A., IV, 1ᵈ, 877 (15. November 1547).

bezeugt werden müsse durch Annahme des päpstlichen Kirchenkonzils. Das musste man evangelischerseits als unmöglich erklären. Nur Basel wünschte weitergehendes Entgegenkommen zu zeigen und gab ein besonderes Antwortschreiben ab.[1])

Noch ehe diese Antworten überreicht werden konnten, kamen wieder aufregende Gerüchte von feindseligen Agitationen des Kaisers im Wallis, von argen Drohungen gegen die Ketzer: Bald werde auch in der Eidgenossenschaft alles wieder anders werden, das neue Testament werde in kurzem wieder verschwinden, und dergleichen mehr.[2])

Im Jahre 1560 hatte sich die „Jahrrechnung" zu Baden neuerdings mit der Klage zu beschäftigen über eine unter dem Titel „Sendbrief von der Messe Krankheit"[3]) verbreitete „Schmachschrift", und 1561 richtete sich der Zorn der katholischen Bevölkerungen gegen Schriften über das Konzil.[4]) Die eine derselben war von H. Bullinger verfasst; sie begründete die Unmöglichkeit für die Protestierenden, sich an der Versammlung zu beteiligen. Neuen Beschwerden rief 1563 eine Predigt, welche der Berner Abraham Müslin in Zofingen gehalten hatte.[5])

Gereizt durch solche Aeusserungen und durch deren Widerhall, traute man sich gegenseitig die schlimmsten Absichten zu. Die wichtigsten Beratungen fanden in den nach Konfessionen getrennten, halb geheimen Versammlungen statt. Die Evangelischen protestierten gegen Mehrheitsbeschlüsse der Tagsatzungen in Sachen des Glaubens, und Sache des Glaubens war alles.[6]) Sogar der gemeinsame Bundesschwur, auf dem die Existenz der Eidgenossenschaft beruhte, war unmöglich geworden: man konnte keine Eidformel finden. Die Züricher wollten nicht „bei den Heiligen" schwören, die VII Orte keinen Schwur als gültig erkennen, in welchem die Heiligen ungenannt blieben; so 1545, so wieder 1555.[7]) Man sah die Gefahr, die darin lag, aber die Schwierigkeit liess sich nicht überwinden.

[1]) E. A., IV, 1 d, 1046, 1064, 1070—74.
[2]) E. A., IV, 1 d, 1070.
[3]) E. A., IV, 2 a, 131 (24. Juni 1560).
[4]) E. A., IV, 2 a, 175 (14. April) und 179 (3. Juni 1561). Auch hier wiederholte sich beide Male die oben angedeutete Erscheinung: der gleichzeitige Jammer über das „unzüchtige Leben der Priester".
[5]) E. A., IV, 2 a, 295.
[6]) E. A., IV, 1 d, 682 (20. September 1546).
[7]) E. A., IV, 1 d, 459, 473, 489, 506, 517. — E. A., IV, 1 e, 1204, 1254, 1292, 1335, 1346.

Am schroffsten zeigte sich die gegenreformatorische Tendenz natürlicherweise in der innern Schweiz, Luzern an der Spitze, obwohl gerade hier es an Beweisen nicht mangelt, dass gewisse Selbständigkeitsgelüste sich regten und die Forderung nach einer „Reformation" keineswegs aufgegeben war.

Zu einem Ausbruch kam es in Zug. Hier war im Jahre 1555 ein Geistlicher, der in ernster Religiosität auf Besserung des Lebens drang bei solchen, die sich Christen nennen. Er begründete seine Mahnungen mit Sprüchen der heiligen Schrift. Das lautete nach „Luther". Er wurde verklagt[1]), und umsonst berief er sich darauf, dass er seine Lehre nicht von Luther, sondern aus der Bibel habe: da war eben die Bibel selbst verdächtig. Eine Untersuchung wurde angestellt, und alle Bibeln, welche sich im Lande befanden, wurden am 28. Januar 1556 öffentlich verbrannt.[2]) In den evangelischen Gebieten erregte die Thatsache ein überaus schmerzliches Aufsehen; die Konferenz der VII Orte dagegen — 26. Februar 1556 in Luzern[3]) — freute sich des Zeichens von Glaubensenergie. In Luzern selbst wurde 1559 der Architekt Joh. Linz aus Trient als Ketzer hingerichtet[4]) und in Unterwalden gleichzeitig ein Verkäufer „lutherischer Büchlein" getürmt und dabei verkündigt, dass man im Wiederholungsfalle Mann und Buch verbrennen werde.[5]) Auch im schwyzerischen Dorfe Lachen am obern Zürichersee wurden später, 1570, und zwar gegen den Willen der Bevölkerung, Bibeln und züricherische Büchlein vernichtet.

Mit dem Papste schlossen die V Orte ein besonderes Bündnis, das am 3. September 1565 in Luzern beschworen wurde. Die Orte verpflichteten sich hier zur Erhaltung des katholischen Glaubens, der heil. Vater versprach dafür, ihnen Geschütz zu liefern, wenn es zum Kriege kommen sollte mit den evangelischen Kantonen. Die Ernennung eines Nuntius in der Person des schlauen Ennius Filonardi, Bischof von Verulam, im Jahre 1540, hatte dem wiedererwachenden römischen Geiste eine mächtige Stütze gegeben, wenn auch seine weitgehenden Hoffnungen sich nicht alle erfüllten.

[1] E. A., IV, 1c, 1367.
[2] Hottinger, III, 821. Siehe den amtl. Bericht an Zürich vom 25. März 1556, abgedruckt in der Biogr. Bullingers von Hess, II, 408.
[3] E. A., IV, 2a, 2. — Wiederum die Erscheinung damit zusammenfallender Beratungen der katholischen Boten über die abscheuliche Wirtschaft mit den „Priester-Metzen".
[4] Ruchat, VI, 288. — Bericht über den Prozess in Mss. H. H., I, 43 (2) der St.-B. Bern.
[5] E. A., IV, 2a, 10.

Hier in den V Orten war der Fortbestand der katholischen Kirche gesichert; die Regungen eines dem reformierten Bekenntnisse mehr oder weniger verwandten Sinnes waren und blieben vereinzelt und die Bevölkerungen in ihrem Glauben wesentlich einig.

Einen beständigen Zankapfel bildeten dagegen die „Orte" mit kirchlich gemischten Gemeinden und die „gemeinen Herrschaften". Der kleinlichste Lokalstreit rief sofort beide Parteien geschlossen auf den Plan, und das Bewusstsein, die ganze Partei für sich zu haben, reizte erst recht zu übermütigem Anspruch und Streit. Dabei handelte es sich jeweilen auch um die Ordnung finanzieller Angelegenheiten, um den Unterhalt eines Kirchturms, um die Besoldung eines Sakristans u. dgl.

Das ist es, was diese steten Zänkereien so überaus widerwärtig machte. Wenn um Zinse und Einkünfte gestritten wird, so erhält man den Eindruck, es sei eigentlich um eine Machtfrage der beiden Bekenntnisse zu thun, und wenn die Verhandlung sich um religiöse Fragen dreht, ist man stets versucht zu glauben, dass dieselben nur den Vorwand bilden für materielle Interessen. Im August 1562 wandten sich die katholischen Stände mit der Bitte um Geld an den Papst: „Wenn man alle Wochen nur 400 Kronen gehabt hätte, wäre der neue Glaube gänzlich ausgerottet worden", wurde demselben versichert.[1])

In Glarus kam es zu ernsten Konflikten. Im Jahre 1531 hatte das in seiner grossen Mehrheit reformierte Glarus den Katholiken zugesagt, dass in drei Kirchen des Landes noch die Feier der Messe fortdauern solle. Das war nur teilweise wirklich geschehen, denn in der einen von den drei Gemeinden, in Schwanden, gab es gleich nachher nur noch so wenige Katholiken, dass von einem Bedürfnisse nicht mehr die Rede sein konnte.[2])

Während 25 Jahren waren die Dinge so geblieben; aber jetzt mischten die VII Orte sich ein. Zuerst wurde im Oktober 1555 über Benachteiligung der Altgläubigen in Glarus klageweise gesprochen[3]); im August 1556 fand eine katholische Konferenz in Glarus selbst deshalb statt[4]), und im Oktober 1556 erhoben die katholischen Stände schriftlich vor der Tagsatzung Beschwerde über Missachtung der beschworenen Verträge. Die Zusicherungen, welche Glarus daraufhin am 1. Februar 1557 erteilte[5]), wurden als

---
[1]) E. A., IV, 2a, 228.
[2]) J. J. Blumer, Die Reformation im Lande Glarus, im Jahrb. d. h. V. Glarus, Heft IX u. ff
[3]) E. A., IV, 1e, 1351.
[4]) E. A., IV, 2a, 16.
[5]) E. A., IV, 2a, 27.

ungenügend erachtet, und es brach der sogenannte „Tschudikrieg" aus, ein äusserst leidenschaftlicher Parteikampf, so genannt, weil Aegidius Tschudi und seine Familie als Hauptführer der Katholiken dastanden.

Im Oktober 1560 glaubte man den Streit beigelegt[1]); allein die VII Orte waren damit nicht zufrieden; sie wollten die Glarner nicht mehr als Eidgenossen anerkennen.[2]) Neue Verhandlungen erfolgten, aber auch Kriegsgerüchte und Kriegsrüstungen, im September 1561. Zwei Rechtstage zu Einsiedeln, am 16. Oktober 1561 und am 27. Juli 1562, führten zu keinem Ergebnis[3]), ebenso wenig ein Entscheid, den ein eidgenössisches Schiedsgericht am 24. Mai 1563 zu Baden zu treffen hatte. Dieser ging dahin, dass der Messpriester von Schwanden in Glarus wohnen, in Glarus selbst zwei Messpriester und ein evangelischer Prädikant angestellt sein, die Kirche gemeinschaftlich benützt und die öffentlichen Aemter gleichmässig geteilt werden sollen.[4]) Aber noch mussten die reformierten Glarner zugestehen, dass in der mit Schwyz gemeinsam regierten Vogtei Gaster in Religionssachen der erstere Stand hinfort allein zu gebieten habe[5]), und trotzdem wurde noch von dieser Seite Protest erhoben gegen die Einsetzung der von Glarus erwählten Beamten.[6]) Erst am 3. Juli 1564 wurde endlich eine Uebereinkunft im obigen Sinne als Vertrag zwischen den katholischen Orten und den Neugläubigen in Glarus angenommen.[7]) Fast komisch ist es, dass schliesslich nach errungenem Sieg die katholischen Glarner selbst aus Ersparnisrücksichten wieder die Zusammenziehung der zwei Pfründen in eine einzige wünschten.[8]) Bald nach diesen aufregenden Kämpfen, im Juni 1570, ist der Patriarch der Glarner Reformierten, der ehrwürdige Fridolin Brunner, 72 Jahre alt aus dem Leben geschieden.[9])

[1]) E. A., IV, 2ᵃ, 114.
[2]) E. A., IV, 2ᵃ, 149.
[3]) E. A., IV, 2ᵃ, 191, 223. Berichte nach Bern über die in Unterwalden herrschende konfessionelle Aufregung im Jahre 1561 im Anz. f. Schw.-Gesch., V, 227, 229.
[4]) E. A., IV, 2ᵃ, 255.
[5]) E. A., IV, 2ᵇ, 1434.
[6]) E. A., IV, 2ᵃ, 284.
[7]) Als Beilage VIII abgedruckt in E. A., IV, 2ᵃ, S. 1471. Einen Auszug gibt auch Ruchat, VII, 32—35. Dazu: Bäbler, Geschichte und Inhalt der alten Verträge zwischen den Reformierten und Katholiken im Kanton Glarus. Glarus 1836.
[8]) E. A., IV, 2ᵃ, 338.
[9]) Ueber ihn: Gottfr. Heer, Die Geistlichen der Kirche Betschwanden, im Jahrb. d. h. V. v. Glarus. 28. Heft 1893, S. 77—86.

Die Hand der VII Orte lag schwer auf dem **Freiamt**, dessen Rückkehr zum alten Glauben sie noch nicht ganz trauen durften. Dass der Leutpriester zu Bremgarten, Konrad Schmid, als er 1548 seinen Glauben änderte und ein Weib nahm, von seinem Amt entsetzt wurde, das ist natürlich; aber er wurde auch noch weiter dafür bestraft, seine Habe konfisziert und er selbst in Eisen gelegt, obwohl die Züricher sich für ihn verwendeten.[1] Im März 1549 beklagten sich die Bürger von Bremgarten und von Mellingen über Beschränkung ihrer religiösen Freiheiten durch ihre Herren der katholischen Kantone.[2] Umgekehrt führten die letztern 1555 Beschwerde darüber, dass im Freiamt die Feiertage nicht gehörig beobachtet werden.[3]

Dass 1561 einem Fremden aus Augsburg in **Baden**, weil er die Mutter Gottes gelästert haben sollte, von Amtes wegen und unter Billigung der Tagsatzung ein Nagel durch die Zunge geschlagen wurde[4], dass im folgenden Jahre ein Klingnauer Bürger seine Heimat verlassen musste, weil er evangelisch geworden[5], das geschah wohl nur, weil die Neigung zu dem mit Gewalt ausgerotteten reformierten Glauben noch nicht völlig überwunden war. Wirklich seufzten die katholischen Boten im Jahre 1567, „es seien in Klingnau mehrere Personen abgefallen"[6], und gleich darauf wurden sogar die Gemeinden der Freiämter — Hitzkirch, Boswyl, Hermetschwyl, Villmergen, Sarmenstorf, Wohlen, Niederwyl, Hegglingen, Tottikon und Wohlenschwyl — dazu gezwungen, zu Handen der VII Orte einen schriftlichen Revers auszustellen, „dass sie in Zukunft gehorsam sein und nie mehr vom kirchlichen Glauben abfallen wollen".[7] Es scheint, dass damals vom angrenzenden württembergischen Lande aus lutherische Prediger einzudringen versuchten.[8]

Sehr bedenklich war fortwährend die Lage der evangelischen Gemeinden im **Thurgau**, wo die katholischen Orte durch ihre Landvögte, der Bischof von Konstanz als kirchliche Oberbehörde und die zum grössten Teil altgläubig gebliebenen kleinen Gerichtsherren alles aufwandten, um eine richtige Entfaltung reformiert

---

[1] E. A., IV, 1ᵈ, 1033, u. 1ᵉ, 110.
[2] E. A., IV, 1ᵉ, 50.
[3] E. A., IV, 1ᵉ, 1261. Vergl. auch v. Liebenau, Reformation und Gegenreformation in Hitzkirch. Kathol. Schw.-Bl., Bd. IX.
[4] E. A., IV, 2ᵇ, 1101.
[5] E. A., IV, 2ᵇ, 1101.
[6] E. A., IV, 2ᵇ, 1102.
[7] E. A., IV, 2ᵇ, 1117, wo das Aktenstück selbst mitgeteilt ist.
[8] E. A., IV, 2ᵇ, 1103.

kirchlichen Lebens zu hindern.¹) Ein Bildersturm, der im Januar 1542 in Weinfelden losbrach, diente wie immer in solchen Fällen als willkommener Vorwand zu stärkerer Gegenwirkung. Dass eine Frau Anna Keller sich als allein schuldig an dem leidigen Vorfall bekannte, war deshalb recht unangenehm, und die Mehrheit der Tagsatzung liess sich nicht abhalten, nach weitern Thätern und Austiftern zu forschen.²) Katholische Kollatur-Inhaber hielten es für ihre religiöse Pflicht, die Wahl evangelischer Prediger in den Kirchen zu hintertreiben.³)

Zürich beklagte das ärgerliche Leben einiger Geistlichen im Thurgau; aber das einzige Mittel dagegen, der Anschluss an die Disciplin der Zürcher Synode, durfte nicht angewandt werden. Die katholischen Stände protestierten dawider und brachten, um Zürichs Einfluss im Wege zu stehen, eine eigene Synode in Frauenfeld für evangelisch Thurgau und Rheinthal in Vorschlag⁴); im Jahre 1567 wurde endlich entschieden, dass die Prediger im obern Thurgau zur St. Galler, die im untern zur Zürcher Synode sich halten sollen⁵); aber 1569 beschwerte sich der katholische Landvogt darüber, dass die Pfarrer diese Versammlungen besuchen.⁶) In Frauenfeld selbst fand der kleinliche Zank um die Stadtkirche immer neue Veranlassung.

Schwieriger noch war die Lage in den Gebieten der **Abtei St. Gallen**. Ueber Zwang zur Messe wurde schon 1538 Klage geführt⁷), und am 23. April dieses Jahres stellte hier die Landsgemeinde im **Toggenburg** ihre Forderungen auf, deren erster Artikel Glaubensfreiheit für die eigenen Kirchgemeinden verlangte, weil Gott allein den Glauben gibt, und damit die Gewissen nicht „verstrickt" werden.⁸)

Die absichtliche Vernachlässigung des Kirchenwesens bei den reformierten Unterthanen, die geflissentliche Störung jeder

---

¹) Sulzberger, Gesch. d. Gegenreformation in der Landgrafschaft Thurgau, in den Thurgauer Beiträgen zur Gesch., Heft 14 u. 15, sowie die verschiedenen von Pupikofer verfassten Thurgauer Neujahrsblätter von 1824 u. ff. mit den Ortsgeschichten von Arbon, Bischofszell, Diessenhofen, Weinfelden, Steckborn, Gottlieben etc.
²) E. A., IV, 1ᵈ, 107.
³) E. A., IV, 1ᵉ, 201 (Dussnang und Bichelsee 1550), 1159 (Sulgen 1555).
⁴) E. A., IV, 2ᵇ, 977. Vergl. Sulzberger, Geschichte der Kapitel im Thurgau, in Thurg. Beitr. z. Gesch., Heft 26.
⁵) E. A., IV, 2ᵇ, 1352, 1354.
⁶) E. A., IV, 2ᵇ, 1016.
⁷) E. A., IV, 1ᶜ, 930 (3. Februar 1538, Baden).
⁸) E. A., IV, 1ᶜ, 954 (23. April 1538).

kirchlichen Ordnung in der Wahl der Pfarrer, in Predigt und Kultus, in Seelsorge und Sittenzucht zeitigte und zeigte bald bedenkliche Folgen. Arge Verwilderung schien einreissen zu wollen[1]) und von den Früchten religiösen Lebens nichts übrig zu bleiben, als der Hass gegen die feindliche Konfession.

Der Abt verlangte die Beobachtung der kirchlichen Festtage auch von den Abgefallenen; diese weigerten sich.[2]) Aber jetzt wurde an eidgenössischen Tagen geklagt: die reformierten Toggenburger feiern weder die Sonntage, noch die Apostel- und Muttergottestage; sie halten an Sonntagen offenen Markt.[3]) Gutprotestantische Gesinnung meinten sie dagegen durch die Misshandlung ihres Landvogts Rychmuth von Schwyz zu beweisen.[4]) Erst 1553 wurde die Abhaltung einer jährlichen Synode zu Lichtensteig gestattet.[5]) Das Verhältnis des Abtes zu der Stadt St. Gallen gestaltete sich so unleidlich, dass der das Kloster von ihr scheidende Zaun seit 1567 durch eine steinerne Mauer ersetzt werden musste.[6])

Im untern Abt-st. gallischen Rheinthal wurde die Teilnahme am Sakrament des Altars vom Landvogt ohne Rücksicht auf das Bekenntnis als bürgerliche Pflicht gefordert und die Unterlassung bestraft[7]); den Bewohnern von Rorschach liess er 1570 die Wahl: entweder zur Messe oder aus dem Lande![8]) Als Zürich, um dem ärgerlichen Leben einzelner Geistlichen abzuhelfen, die Abhaltung jährlicher evangelischer Synoden und Visitationen in Vorschlag brachte, stiess es auch hier auf Widerstand, obwohl der Landvogt selbst dabei den Vorsitz führen sollte.[9]) Die Klage über unbefugte Einmischung in die Herrscherrechte des geistlichen Fürsten trat allen derartigen Bemühungen zum Bessern entgegen. Die Beobachtung der Feiertage wurde durch eine Verordnung vom 4. Juni 1543 geregelt[10]) und das Verhältnis der Glaubensparteien überhaupt 1558 in einer Uebereinkunft festgestellt.[11])

---

[1]) E. A., IV, 1ᵈ, 43 (1541).
[2]) E. A., IV, 1ᵈ, 300, 778 (1543, 1547).
[3]) E. A., IV, 1ᵈ, 43 (1541).
[4]) E. A., IV, 1ᵈ, 29 (1541). Siehe Sulzberger, Beitr. z. Toggenb. evang. K.-Gesch. St. Galler Mitt., III.
[5]) Finsler, K.-St., 251.
[6]) Hottinger, III. 901.
[7]) E. A., IV, 1ᵈ, 497 (1545).
[8]) Hottinger, III, 902.
[9]) E. A., IV, 2ᵇ, 976 (1557).
[10]) E. A., IV, 1ᵈ, 269.
[11]) E. A., IV, 2ᵇ, 1056.

Einige Uebertritte in **Sargans** im Jahre 1570 hatten keine weitern Folgen, dagegen gewann der Graf Ulrich Philipp von Hohensax die Kirchen seiner Herrschaft in Salez und Sennwald dauernd für das Evangelium.[1]) Das üble Verhalten des dortigen Priesters gab den ersten Anstoss dazu, dass die beiden früher zwangsweise katholisch gemachten Gemeinden jetzt wieder evangelische Prädikanten verlangten und am 3. August 1566 ihren Uebertritt offen erklärten. Nur das Dorf Haag hielt hier noch fest an der Messe.

Einen Gegenstand grosser Sorgen, lebhafter Teilnahme und schliesslich tiefer Betrübnis bildete für die reformierten Kirchen der Schweiz das Schicksal der evangelischen Gemeinde in **Locarno**.

Energischer und konsequenter, daher auch erfolgreicher als in Frankreich, arbeitete die Contrareformation in Italien. Im Jahr 1541 begann hier eine allgemeine Unterdrückung und Vertreibung aller derjenigen, welche ketzerischer Gesinnung verdächtig waren, und die meisten wandten sich damals auswandernd direkt in die ihnen zunächst liegenden Teile der Schweiz, wo sie Aufnahme und Hülfeleistung fanden.

Die Namen der wichtigsten Männer dieser Art haben wir bereits genannt. Viele von ihnen gehörten zur Richtung der Antitrinitarier, welche der reformierten Schweiz grosse Unruhe brachten, und manche sahen sich deshalb nach einiger Zeit gezwungen, auch diese Zuflucht wieder zu verlassen. Eine populäre Bewegung für die Reformation konnte in Italien niemals Raum finden; zur Gründung einer reformierten Gemeinde war es in Italien — von den Waldensern abgesehen — nur in einer einzigen Stadt gekommen, und zwar in der italienischen Schweiz, in den gemeinsamen Vogteien, welche die Eidgenossenschaft als einzige Beute aus den Feldzügen über den Gotthard sich erhalten hatte. Kirchlich gehörten diese Gebiete zum Bistum Mailand, wie sie vordem auch Teile des Herzogtums Mailand gewesen waren.

Vielleicht gerade unter dem Schutz der etwas sonderbaren staatlichen Einrichtungen regte sich hier schon früh die Neigung zur Annahme der Reformation. Zuerst vernehmen wir dies aus Lugano. Am 12. September 1533 meldete der dortige Vogt an die eidgenössischen Stände, dass der neue Glaube in Lauis

---

[1]) E. A., IV, 2ᵃ, 328. — Sulzberger, Die Reformation in der Grafschaft Sax, in Mitteil. d. hist. V. St. Gallen, Heft XIV. — R. Scheller, Johann Philipp, Graf von Hohensax, im Kirchl. Jahrb. der ref. Schweiz, 1888, S. 203—231.

einzudringen beginne.¹) Ein gewesener Mönch, Cornelius Siculus wird er genannt, predigte 1547 den neuen Glauben, was um so gefährlicher schien, weil gerade damals der Landvogt daselbst ein reformierter Berner und der Rat der Stadt ganz zwinglisch gesinnt war.²) Alle kirchliche Ordnung sei in Lauis aufgelöst, hiess es 1549³), und angesichts der abscheulichen Skandale, welche von einem Priester ausgegangen waren⁴), ist wenigstens die Abwendung von der alten Kirche mehr als begreiflich. Die positive evangelische Bewegung wurde dagegen rasch unterdrückt.

Nur in Locarno kam es schon 1536 zur Bildung einer reformierten Gemeinde, lange Zeit der einzigen, in deren gottesdienstlichen Versammlungen die biblische Lehre in italienischer Sprache gepredigt worden ist. Ihr Prediger war anfangs Joh. Beccaria, der gewesene Barfüsser-Mönch.⁵)

Die Gemeinde bestand zum Teil aus fremden, vertriebenen Italienern, welche hier ihre nächste Zuflucht gefunden hatten, aber überwiegend doch aus Eingebornen, und zwar aus den besten und angesehensten Familien der Stadt; sie soll 200 Seelen gezählt haben⁶); sie blühte und verhiess, in aller Stille wachsend, unter günstigen Umständen für Oberitalien zu werden, was diejenige von Genf für Frankreich und Savoyen geworden ist. Allein es sollte anders kommen. Als die Stimmung in der Schweiz zusehends wieder dem katholischen System zuneigte und die Reformierten überall zum Nachgeben sich gezwungen sahen, wenn sie den Frieden erhalten wollten, da begannen die VII Orte sich auch über die Duldung des ketzerischen Unglaubens in Locarno zu beschweren.⁷) Von da an mehren sich die bezüglichen Reklamationen; namentlich werden von der Frau eines entlaufenen und nun verheirateten Mönches unehrerbietige Aeusserungen über den katholischen Kultus berichtet⁸); als besonders thätig wird der

---

¹) E. A., IV, 1 b, 151.
²) E. A., IV, 1 d, 769, 791, 795, 810. Vergl. Urkunden zur Ref.-Gesch. in Tessin 1516—17, im Bollettino Storico, II, 52.
³) E. A., IV, 1 e, 101.
⁴) Die ärgerliche Aufführung des Peter Martyr Ghiringhelli in Lugano beschäftigte die Tagsatzung zu wiederholten Malen im Jahre 1545 (E. A., 1 d, 152 u. ff.).
⁵) Meyer, Ferd., Die evang. Gemeinde in Locarno und ihre Auswanderung. Zürich 1836, 2 Bde. — Benrath, Die Vertreibung der Evangelischen aus Locarno nach dem Berichte des Augenzeugen Thaddäus Duno. Barmen 1889. Ueber Beccaria siehe Neujahrsblatt der Stadtbibliothek Zürich, 1885.
⁶) Hottinger, III, 787.
⁷) E. A., IV, 1 e, 167, 184, 203, 234 (1549).
⁸) E. A., IV, 1 e, 386.

Apotheker Bedan genannt [1]), der eine Zeitlang weichen musste, aber neuerdings vertrieben werden sollte. Der gewesene Priester Becharys (Beccaria) sei jetzt nach Misox fortgezogen, aber dort habe er eine Schule eröffnet und die evangelischen Locarner geben ihre Kinder zu ihm ins Haus zur Erziehung. Diese Klagen sind freilich stets mit andern vermengt über „das schändliche Leben der Priesterschaft" in Locarno [2]), wo das Chorherrnstift sozusagen aufgelöst sei, wo die meisten Bewohner überhaupt weder zur Messe noch zur Predigt gehen [3]) und kirchliche Pfründen an sieben- und achtjährige Knaben verliehen werden, die später heiraten und ihre Aemter verschenken [4]); allein das verhinderte die VII Orte nicht, mit Strafmassregeln gegen die vorzugehen, welche unter solchen Eindrücken eine andere Kirchenform suchten.

Eine Disputation, von der einmal die Rede war, kam nicht zu stande [5]), die Bitte der evangelischen Konferenz vom 9. Mai 1554, dass man von aller Zwangsübung abstehen möchte, wurde nicht beachtet [6]) und hatte nur die Drohung zur Folge, man werde den Bund aufsagen, wenn nicht der Ketzerei in Luggarus ein Ende gemacht werde.

Ein Bericht des züricherischen Landvogts Esaias Röuchlin lautete ausserordentlich günstig für die Gemeinde: Es ist nichts Täuferisches darin. Die meisten Mitglieder sind gewerbsame Kaufleute und sonst Ehrenleute, viele von den besten Geschlechtern und von Adel, keine von den Liederlichen oder solchen, die andere ungläubig machen. Dabei Arme und Reiche, wie anderwärts, aber fast alle im Lande geboren. Ihre Führer sind Doktoren oder sonst gelehrte Personen; im ganzen sind über 140 Evangelische, neben ihnen wohnen nicht über 30 Katholische im Dorf. Er fügte ein vollständiges Namensverzeichnis bei und als Beilage noch das Glaubensbekenntnis zum Beweis, dass sie sich zur gesunden Lehre halten. [7])

[1] E. A., IV, 1e, 808 u. ff.
[2] E. A., IV, 1e, 453.
[3] E. A., IV, 1e, 828, 836.
[4] E. A., IV, 1e, 1271 (1557).
[5] E. A., IV, 1e, 836.
[6] E. A., IV, 1e, 921.
[7] E. A. VI, 1a, 959 (9. Juni 1554). — Locarnensium fidelium brevis confessio de articulis christianae fidei et sacramentis, dominis nostris illustr. quatuor rerum publicarum oblata nono mensis Julii 1554. — Vergl. dazu auch die Verteidigung der Locarner vom 7. und vom 15. November 1554. E. A., IV, 1e 1052 und 1077.

II. 5. Die Gegenreformation. Locarno.

Die reformierten Städte sahen es als ihre Ehrenpflicht an, ihre Glaubensgenossen nicht preiszugeben, aber nur mit Mühe und nach mancherlei Vermittlungsvorschlägen[1]) brachten sie es dahin, dass die Frage wenigstens nach eidgenössischer Uebung einem Schiedsgerichte zur Entscheidung übertragen wurde. Drei angeblich Unparteiische wurden bezeichnet. Ihr Obmann war Aegidius Tschudi, einer der grimmigsten Gegner der Reformation. Der Spruch scheint recht formlos gefasst worden zu sein; ein richtiger „Abschied" ist nicht vorhanden, die Beschlüsse selbst verschieden datiert.[2]) Die vier Städte, namentlich Zürich, verweigerten die Anerkennung. Aber der Ausgang konnte nicht zweifelhaft sein. Der Entscheid ging dahin, dass der Fortbestand eines evangelischen Gottesdienstes in Locarno untersagt und den Mitgliedern der Gemeinde befohlen wurde, sich der kirchlichen Ordnung zu fügen und die Beichte zu besuchen. Wer sich dazu nicht verstehen will, muss das Land verlassen.[3])

Die Evangelischen von Locarno, 211 Personen aus 60 Familien[4]), legten in einem Schreiben an die VII Orte Protest ein. Da das nichts mehr helfen konnte, entschlossen sich 98 Personen zur Auswanderung, während 111 in Locarno blieben und sich wenigstens teilweise den Kirchenstrafen unterzogen.[5]) Das einzige Zugeständnis, das die vier Städte erlangten, war das, dass die Verbannten ihre Güter verkaufen und ihr Vermögen mitnehmen durften. Die Austreibung selbst wurde mit so roher Rücksichtslosigkeit durchgeführt, dass nicht einmal eine angemessene Frist gelassen war. Trotz wiederholter Fürbitten von Zürich und Bern mussten die ihrem Glauben treu Bleibenden mit Frauen und Kindern am 3. März 1555 über den noch winterlich verschneiten Gotthard wandern.

Die meisten wandten sich nach Zürich. Für einige hatte Zürich in Chur Aufnahme erwirkt, wo Phil. Gallizius sich für sie verwendete.[6]) Der päpstliche Legat dagegen hatte vorher dafür gesorgt, dass man ihnen in Italien, sowohl in Venedig als in Mailand, die Niederlassung versagte.[7])

---

[1]) Vergl. namentlich E. A., IV, 1e, 988, 1050.
[2]) E. A., IV, 1e, 1076.
[3]) Der Vertrag vom 19. Nov. 1554, Baden, steht in E. A., IV, 1e, 1074.
[4]) E. A., IV, 1e, 1114 (16. Jan. 1555).
[5]) E. A., IV, 1e, 1150. Bericht an die Boten in Baden vom 11. März; S. 1163 steht dann ein neues Namensverzeichnis der Ausgewanderten.
[6]) E. A., IV, 1e, 1106, 1107.
[7]) E. A., IV, 1e, 1107.

Am 12. Mai 1555 langte der traurige Zug nach langer Mühsal endlich in Zürich an, wo die Flüchtlinge mit warmer Teilnahme empfangen wurden. Bern sandte 2000 Gulden, um für die ersten Bedürfnisse der Armen zu sorgen. Die meisten dieser Familien blieben in Zürich, einige siedelten sich später in Bern an. Ihre Prediger in Zürich waren zuerst wieder Beccaria, dann B. Occhino.[1]) Die bekanntesten, heute noch blühenden Geschlechter sind die Orelli, Pestalozzi und Muralto. Sie haben die Seidenindustrie nach Zürich gebracht und sind bald zu grossem Wohlstande gelangt, der auch hier der neuen Heimat zu gute gekommen ist.

Hauptangriffspunkt der Gegenreformation war aber Genf, die Stadt Calvins. Das Kirchenwesen war zwar jetzt fest organisiert, die Bevölkerung moralisch gebändigt, zum Teil sogar physisch erneuert und vor der Versuchung zum Rückfall gesichert. Die ordonnances ecclésiastiques de l'église de Genève, welche in Verbindung mit dem ordre des escoles de la dite cité, 1562, noch zu Lebzeiten des Reformators, erneuert worden waren, erlitten in der neuen Ausgabe von 1578 durch Beza nur ganz unwesentliche Aenderungen.[2]) Um so mehr war dagegen die äussere Lage der Stadt noch gefährdet. Ihre Macht reichte kaum über die Wälle hinaus und ringsum war sie von fremdem Gebiet eingeschlossen. Die Bevölkerung selbst war an Zahl nur gering. Mit Bern zwar war sie verbündet, aber zum eidgenössischen Bunde gehörte sie nicht, und die Katholiken der innern Schweiz zählten selbst zu ihren erbittertsten Feinden. Wiederholt bat Genf um Aufnahme in den Bund, und mehrmals schien das gelingen zu wollen. Allein immer wieder scheiterte der Plan.[3]) Die katholischen Stände wollten nichts davon hören, weil sie Genf hassten und das Uebergewicht der Protestanten in der Eidgenossenschaft nicht verstärken wollten. Zürich, Schaffhausen, St. Gallen und Basel waren durch ihr Bekenntnis den Genfern verwandt, aber die Stadt lag ihren Gebieten entfernt, sie fürchteten die Schweiz nur in Händel zu ziehen; und Bern, das sowohl religiös als politisch dabei interessiert war? Die Berner eiferten sich ebenfalls nicht allzusehr für die Aufnahme Genfs als Bundesglied; sie hätten diese Stadt lieber dem eigenen Gebiete zugefügt, nicht bloss aus Vergrösserungssucht, sondern wohl auch, weil sie dieselbe so am besten glaubten schützen zu können.[4])

[1]) S. oben S. 296.
[2]) Finsler, K. St., 524. Hier ist das Jahr 1576 genannt.
[3]) E. A., IV, 1e, 591 (1551). — E. A., IV, 2a, 69 (19. Juni 1558). — E. A. IV, 2a, 112 (5. Februar 1559).
[4]) Siehe oben S. 208, Anmerkg.

II. 5. Die Gegenreformation. Genf.

Der Herzog von Savoyen hatte weder mit Bern noch mit Genf Frieden geschlossen; der Kriegszustand dauerte fort, Jahre und Jahrzehnte lang, und beständig musste die Bürgerschaft zur Verteidigung gerüstet sein, wiederholt ihre Freunde um Hülfe anrufen. Im Jahre 1546 fanden ernste Beratungen statt über die Anlage neuer Befestigungen.[1]) Die Frage der Behandlung der von Genf ausgewiesenen „Banditen" und der oben näher berührte kirchenpolitische Streit brachte aber auch Bern mehrmals so sehr auf gegen die Genfer, dass sie sogar das Burgrecht aufsagten. Erst nach längerem Zaudern im November 1557 wurde es erneuert, aber die alte Freundschaft nicht vollständig hergestellt.

Im Jahre 1559 glaubte deshalb der Herzog von Savoyen der Erfüllung seiner Wünsche nahe zu sein. Er verlangte von Bern und Freiburg die Rückerstattung der ihm abgenommenen Lande, der Waadt und der nördlichen Teile von Savoyen, sowie die Preisgebung von Genf. Von den beiden Städten abgewiesen, richtete er seine Forderung an die Tagsatzung, und hier fand er nicht wenig Geneigtheit (am 11. Dezember 1559 und am 5. Februar 1560) bei denen, welche entweder Genfs Untergang wünschten oder doch die Wichtigkeit der Stadt für den Bestand der Eidgenossenschaft nicht einsehen wollten.[2]) Bern musste aus allen Kräften sich gegen solche Zumutungen wehren. Die Lage wurde für Genf jetzt um so bedenklicher, da nun die VI Orte — Freiburg hielt sich fern — einen Bund mit Savoyen abschlossen[3]), der eine ausdrücklich konfessionelle Tendenz hatte zum gemeinsamen Schutz des katholischen Glaubens.

Die Berner wurden darüber nicht im Zweifel gelassen, dass dieses Bündnis seine Spitze direkt gegen sie richte. Die katholischen Stände verweigerten ihnen jetzt jede Hülfeleistung zur Behauptung ihrer Eroberungen. Die nationalen Interessen der Stärkung der Eidgenossenschaft wurden so vollständig neben den einseitig kirchlichen zurückgesetzt, dass sie den Gewinn der Waadt mit Aerger und Missgunst, als Schädigung ihrer Parteisache ansahen und sich mit Savoyen verbanden, um Bern zum Verzicht auf seine Gebietsvergrösserung zu zwingen, und sogar die reformierten Eidgenossen waren verblendet genug, um diese Schwächung

---

[1]) E. A., IV, 1d, 573—78, 585.
[2]) E. A., IV, 2a, 105 u. 113.
[3]) Luzern, 11. Nov. 1560. Text abgedruckt als Beil. 4 in E. A., IV, 2b, 1461.

von Bern als einen Gewinn für sich selbst zu betrachten. Bern sah sich von allen seinen Bundesgenossen, selbst von Zürich, verlassen und musste sich schliesslich der traurigen Notwendigkeit beugen, da es allein der Macht von Savoyen, Frankreich und Spanien gegenüber stand, welche alle in die Frage sich zu mischen begannen und am gleichen Ziel arbeiteten.[1])

Im Jahre 1561[2]) fand mit den Abgeordneten des Herzogs Emanuel Philibert eine Zusammenkunft statt, wo Bern sich nun in Verhandlungen über die Abtretung des savoyischen Gebiets einliess und die eventuellen Bedingungen besprochen wurden. Auf einem neuen, zu diesem Zwecke angesetzten Tage, im Beisein von Gesandten aller eidgenössischen Stände und von Vertretern der Könige von Frankreich und von Spanien, am 25. April 1563 in Basel[3]), trat man der Frage noch näher. Unzweideutig erklärten nicht allein die katholischen, sondern ebenso die reformierten Regierungen den bernischen Boten, dass sie das streitige Gebiet nicht als einen Teil des eidgenössischen Landes gelten lassen, also Bern im Falle eines Angriffs auf dasselbe keinen bundesgemässen Beistand leisten würden. So durfte Bern es nicht zu einem Kriege kommen lassen, in welchem es alle Nachbarn gegen sich und niemand für sich zu haben erwarten musste. Unter dem Druck solcher Verhältnisse und dem Zureden ihrer schwächlichen Freunde entschlossen sich die Berner zum Nachgeben. Am 30. Oktober 1564 kam somit in Lausanne der berühmte Vertrag zum Abschluss, eine durch die Diplomaten von Frankreich und Spanien zu stande gebrachte Friedensvermittlung. Bern willigte ein, die beiden Landvogteien auf dem Südufer des Genfersees, Thonon und Ternier, nebst dem reichen Kloster Ripailles, und das im Nordwesten von Genf liegende Pays-de-Gex an seinen frühern Herrn, den Herzog von Savoyen, wieder herauszugeben, unter der Voraussetzung, dass dieser dagegen auf den ferneren Besitz des eigentlichen Waadtlandes für alle Zeiten verzichte und Bern als Herrn des Landes förmlich anerkenne.[4])

---

[1]. Wertvolle Einzelheiten über diese Zeit verdanken wir den Chronik-Notizen des Chorschreibers Samuel Zehender von Bern (gestorben 1564), abgedruckt im Archiv d. hist. Vereins, Bd. V.
[2] 11. bis 19. Februar in Neuenburg. E. A., IV, 2ª, 165. — 1.—3. Dezbr. 1562 in Nyon, ibid. 236.
[3] E. A., IV, 2ª, 252.
[4] Verhandl. E. A., IV, 2ª, 301. Vertrag als Beil. IX. S. 1477. Zu vergl. v. Gonzenbach, Die Rechtsgültigkeit des Lausanner Vertrags, Archiv d. h. V. Bern, XI, 175 u. ff.

Dabei war ausdrücklich die Bedingung gestellt, dass das von den Bernern eingeführte und von der Bevölkerung angenommene reformierte Bekenntnis auch in den zurückerstatteten Gebieten unangefochten bleibe und die Glaubensfreiheit von dem neuen katholischen Herrn zu garantieren sei. Der evangelische Gottesdienst solle wie bisher öffentlich geduldet und anerkannt und niemand um der Religion willen irgendwie belästigt oder zurückgesetzt werden. Am kirchlichen Zustand dürfe keine Aenderung stattfinden bis zur religiösen Ordnung durch das allgemeine Konzil. Die Könige von Frankreich und von Spanien verpflichteten sich, als Garanten des Vertrages, den Herzog von Savoyen zur Beobachtung dieser Zusage zu zwingen. Trotz allem dem, was vorausgegangen war, trotz der Einsicht in die Unmöglichkeit, die Eroberung noch länger festzuhalten, entschloss man sich in Bern nur mit äusserstem Widerstreben zur Annahme dieser Uebereinkunft, auch zog sich dessen Ausführung thatsächlich noch drei Jahre lang hinaus. Ein Teil der Bürgerschaft wollte nichts von dieser schwächlichen Nachgiebigkeit wissen, der Grossweibel Hans Schütz wurde sogar „in die Kefi" gelegt, weil er seinem Unwillen gegen die Regierung Luft gemacht hatte.[1]) Erst im August 1567 erfolgte die wirkliche Uebergabe und die Ersetzung der bernischen Beamten durch solche von Savoyen. Die Bürgerschaft noch mehr als die klugen Herren im Rate empfand diese Abtretung als eine Untreue gegen sich selbst und gegen die Bevölkerung jenes Gebietes, das sie nun 30 Jahre lang regiert und dem sie den neuen Glauben gebracht hatte. Man betrachtete in Bern diesen Tag als eine der allerschwersten Demütigungen, welche der Stadt jemals auferlegt worden sei, und eine tiefe Verbitterung gegen die Miteidgenossen, die schadenfrohen Feinde wie die schwachmütigen Freunde, vermehrte noch die schon stark bemerkbare Neigung zur Isolierung der Kantone, zur Auflösung des innern moralischen Zusammenhangs unter den Verbündeten.

Preisgegeben war dabei vor allem aus die Stadt Genf, welche nun nicht mehr, wie seit 1536, von bernischem Lande umgeben, von der bernischen Macht unmittelbar geschützt und wenigstens mittelbar in die Grenzen der Schweiz hineingezogen war. Durch das Pays-de-Gex, das bei Versoix bis an den Genfersee heranreichte, war Genf sogar wieder vollständig abgeschnitten von der

[1] Haller-Müslin. Ebendaselbst wird schon aus dem Jahre 1563 von einem Spottgedicht auf die Regierung erzählt, das am Zeitglockenturm angeschlagen gefunden wurde.

Schweiz, denn die einzige Strasse nach Bern führte durch savoyisches Land. Genf war ringsum von Feinden eingeschlossen; denn dass Savoyen trotz des Friedensvertrages ihm feindselig gesinnt sei, darüber täuschte man sich nicht, weder in Bern noch in Genf, so wenig als in Turin.

Es zeigte sich bald, dass nicht einmal das Waadtland selbst dadurch ernstlich gesichert sei, da Savoyen seine Hoffnungen noch keineswegs aufgegeben habe. Der Zug des Herzogs von Alba mit seinem spanischen Heere durch Burgund nach den Niederlanden, im Herbst 1566, weckte — nicht ohne Grund — die schlimmsten Befürchtungen und zeigte die ganze Grösse der Gefahr. Sofort begannen auch die Klagen über Verletzung der Glaubensfreiheit in den abgetretenen Gegenden.[1]) Bern musste deshalb noch einen Schritt weiter gehen und nach längeren, durch den Schultheissen Beat von Müllinen geführten Verhandlungen mit Savoyen ein Bündnis abschliessen, das dann am 11. Juni 1570 mit vielen Festlichkeiten, aber wenig Zuversicht und mit einem bösen Gewissen Genf gegenüber, feierlich beschworen worden ist.[2])

Sogar gegenüber Neuenburg regten sich die Bestrebungen der Gegenreformation, denn unverkennbar waren konfessionelle Hoffnungen wirksam, als — 1542 — durch mancherlei geheime Verhandlungen der Versuch gemacht wurde, die Pfandschaftsrechte über die Grafschaft in die Hand der katholischen Orte oder an Freiburg zu bringen.[3]) Der Kampf drehte sich hauptsächlich um die beiden Gemeinden Landeron und Cressier (Grissach), welche den Uebertritt zur Reformation nicht mitgemacht hatten. Bern, das die Kollatur zu Landeron besass, machte wiederholt Versuche, seinen Willen auch hier durchzusetzen; sie scheiterten an dem entschiedenen Widerstande der Bürger, die sich namentlich von Solothurn kräftig unterstützt sahen.[4])

Eine übereifrige Predigt, welche Farel im Sommer 1543 in nächster Nähe der beiden Ortschaften, in Lignières, hielt, weckte in Landeron so grossen Unwillen, dass die Wirkung eine durchaus ungünstige war und von allen Seiten entschuldigt und beschwichtigt werden musste.[5])

---

[1]) Welsch. Miss. D., 532, 539 1567.
[2]) Chronik von Haller-Müslin, 1570.
[3]) E. A., IV, 14, 257, 276.
[4]) E. A., IV, 14, 88, 89, 137, 138, 811, 820. Soleure et le Landeron, im Musée Neuch., VIII, p. 98.
[5]) E. A., IV, 14, 321–332.

Am 11. Mai 1544 wurde das Verhältnis Neuenburgs zu den Städten Bern, Freiburg und Solothurn durch Erneuerung der Burgrechtsverträge mit dem nunmehrigen Fürsten Franz von Orléans, Herzog von Longueville, bestätigt[1]; allein nach dem Tode desselben kam, am 9. Oktober 1551, die staatsrechtliche Stellung der Grafschaft neuerdings in Frage und wurde in einer Konferenz von Solothurn und Freiburg mit Luzern im Sinne der katholischen Interessen sehr eingehend besprochen.[2] Dass Farel wiederholt angefochten und 1552 mit Geldbusse belegt[3], und dass Michel Mullet, Prädikant zu St. Blaise, 1551 wegen Schmälung des alten Glaubens in die Flucht getrieben und förmlich abgesetzt wurde[4], beweist, welch ein starker Druck von Luzern ausgeübt worden ist. So vermochte denn auch Bern in Landeron nicht durchzudringen[5], und der Landesfürst selbst, der Herzog von Longueville, der Ende 1561 in Landeron eine evangelische Predigt hören wollte, wurde von den Bewohnern mit Gewalt daran verhindert.[6]

Einen Sieg erlangte Bern dagegen in seinen mit Freiburg gemeinsamen Herrschaften: eine neue Glaubensabstimmung ergab am 20. Juni 1554 in Orbe und am 26. November in Grandson eine Mehrheit für die reformierte Lehre. Sofort zogen nun, wie Haller-Müslin erzählt, Mönche und Messe zusammen fort und nach Freiburg, und im April des folgenden Jahres fand die Teilung der Kirchengüter zwischen Bern und Freiburg, damit auch die Anerkennung des definitiven Bekenntnisstandes, statt.[7] Die Mehrheit, die entschied, war in Orbe (am 15. August) eine sehr geringe gewesen, 123 Stimmen fielen für die Reformation, 104 für den alten Glauben. Allein es hiess auch hier: Wer sich nicht der Mehrheit fügt, wird ausgewiesen.[8] Von den zugehörigen Dorfgemeinden sind einige vorausgegangen, andere erst nachgefolgt.[9]

In Echallens dagegen wurde noch Messe gehalten, da hier die Abstimmung nicht ein Resultat ergab, wie die Berner es wünschten.

---

[1] E. A., IV, 1d, 374. Orig.-Urk. im Berner St.-A.
[2] E. A., IV, 1e, 640.
[3] E. A., IV, 1d, 944, 953; 1e, 655.
[4] E. A., IV, 1e, 734, 545, 583, 655.
[5] E. A., IV, 2s, 31, 39 (1555—57).
[6] Chronik von Haller-Müslin (28. Dezember 1561.
[7] E. A., IV, 1e, 1179 u. ff.
[8] E. A., IV, 1e, 979, 1080. Das Mandat der Einführung des reformierten Kultus ist abgedruckt in den Mémoires de P. de Pierrefleur, p. 263.
[9] Ruchat, IV, 130, und mit mehr Einzelheiten VI, 70—77.

Mit Freiburg gemeinsam machte Bern um die nämliche Zeit noch einen Landerwerb, welcher der Reformation zu gut kam. Die Grafen von G r e y e r z hatten länger als andere ihres Standes die alte Feudalherrschaft als grosse Dynasten aufrecht zu erhalten gewusst. Auch der Krieg von 1536, der sie als Lehensträger von Savoyen mit berührte, liess die Grafschaft fortbestehen. Aber der letzte Erbe des Hauses, Graf Michael von Greyerz, war schliesslich so in Schulden geraten, hatte alle seine Länder so hoch verpfändet, dass ein Ende gemacht werden musste. Ausländische Geldwechsler hatten die Pfandschaften in Händen; Bern und Freiburg aber hatten als nächste Nachbarn das grösste Interesse, dass das Gebiet weder zerstückelt werde, noch an fremde Herren komme.

Zuerst stritten sie sich darum; 1553 nahm zuerst Freiburg, nachher Bern, die zur Grafschaft gehörenden Herrschaften Oron und Palézieux mit Gewalt in Besitz[1]; dann verbanden sie sich zu gemeinsamem Handeln. Sie brachten die Pfandrechte an sich. Ein Geltstagsverfahren wurde eingeleitet von der Tagsatzung, die sich als natürliche Oberbehörde betrachtete, im Jahre 1555.[2]) Die beiden Städte kauften zusammen die Grafschaft um 85,000 Kronen und teilten sie nun unter sich. Bern erhielt das Thal von S a a n e n und die Landschaft Rougemont, die am 15. Februar der neuen Obrigkeit huldigten.[3])

Sofort wurde auch hier die reformierte Kirche eingerichtet, ohne Freude, aber auch ohne ernsten Widerstand von Seiten der Bevölkerung, die früher streng am alten Glauben gehalten hatte, jetzt aber sich in ihr Geschick ergab. Johannes Haller und Peter Viret wurden 1556 als Prediger hinaufgeschickt, um die notwendige Belehrung zu bieten. In den Seitenthälern Lauenen und Gsteig wurden eigene Kirchen erbaut, und in ganz kurzer Zeit hatten das deutsche Saanen wie das welsche Rougemont die Kirchenuniform des reformierten Berner Gebietes angezogen.[4]) Ein Versuch des Grafen, sein Land wieder einzulösen, da man ihm zu diesem Zwecke Geld angeboten hatte (März 1569), kam schon zu spät.[5])

Leider war der erstgewählte reformierte Prediger in Gsteig, der am 10. Dezember 1556 sein Amt antrat, sehr wenig dazu angethan, dem neuen Glauben Ehre zu machen. Er wurde 1558

---

[1] E. A., IV, 1 e, 847, 870.
[2] E. A., IV, 1 e, 1102.
[3] E. A., IV, 1 e, 1117.
[4] Haller an Bullinger. vom 16. Januar 1556, siehe Hottinger, III, 821. Näheres bei Ruchat, VI, 165 u. ff.
[5] E. A., IV, 2 a, 418.

abgesetzt, dann begnadigt, aber fünf Tage und Nächte „ins Loch" gesteckt und nachher an eine andere Kirche entfernt.[1] Gleich darauf erwarb Bern auch noch die dem Grafen von Greyerz gehörende, aber an Unterwalden verpfändete Herrschaft Oron durch Vermittelung des Schultheissen Johannes Steiger.

Im **Fürstbistum Basel** hatte sich anfangs das Verhältnis des Bischofs zu seinen protestantisch gewordenen Unterthanen ganz erträglich gestaltet; es war geordnet durch eine Uebereinkunft vom 30. Juni 1535.[2] In demjenigen Teil zwar, der zunächst mit Biel zusammenhing, im Erguel (St. Immerthal), hegte der Bischof noch 1555 die geheime Hoffnung, von Solothurn unterstützt den Katholizismus wiederherstellen zu können.[3] Als er indessen, nur ein Jahr später, sich umgekehrt bereit zeigte, seine fürstlichen Rechte im Erguel um 7000 Kronen ganz an die Stadt Biel abzutreten, waren es die evangelischen Bewohner des Thales welche das Regiment des Bischofs vorzogen und sich widersetzten, so dass der Kaufsvertrag dahinfallen musste.[4]

Auch die Doppelstellung des **Münsterthales** zu Bern und zum Bischof gab mehrmals zu Verhandlungen Anlass. Verträge vom 13. Juni 1540[5] und vom 24. 25. Juli 1542[6] suchten die Kompetenzen zu regeln, denn bis dahin scheint ein etwas merkwürdiger Zustand geherrscht zu haben; wenigstens schrieb der Pfarrer zu Münster, der übrigens selbst ziemlich sonderbare Alexandre le-Bel: „Nous vivons aux montainges ung chacun comme nous voulons et selon la guise qu'il plaist."[7] Die Pfarrer sollen sich jetzt an das Kapitel Nidau halten. Im Jahr 1546 (23. Dezember) erneuerte Bern sein Burgrecht mit den Leuten des Propsteigebietes und damit sein Schutzverhältnis für die protestantische Glaubensfreiheit. Aber gleich darauf begannen auch die Klagen über Beeinträchtigungen. Der Prädikant von Münster, Jean Basset, war nach Bern gekommen und hatte berichtet: Der Propst missachte die Verträge, ein unordentliches Leben reisse mehr und

---

[1] Lohner, die ref. Kirche Berns, S. 220.
[2] E. A., IV, 1 c, 520.
[3] E. A., IV e, 1160.
[4] Ruchat, VI, 115—156.
[5] E. A., IV, 1 c, 1220 -1222.
[6] E. A., IV, 1 d, 169. — Mss. H. H., XIII, 136 (3) St.-B. Bern enthält ein Heft: „Der Stadt Bern Religionsrecht im Münsterthal."
[7] Herminjard, VI, 98 A. Vergleiche über ihn seinen Brief an Fare vom 21 Oktober 1539, Herminjard, VI, 82—107, sowie die Anmerkungen auf S. 97 u. 99.

mehr ein; die Prediger werden verhöhnt; man rufe ihnen zu: sie sollen „ihre Schuhe bläzen", sie werden bald aus dem Lande weichen müssen; ihre Einkünfte werden ihnen entzogen u. s. w. Der Rat, der bereits Aehnliches vernommen hatte, schickte am 10. September 1547 den Ratsherrn Johannes Steiger nach Münster, die Beschwerden zu untersuchen. Er sollte die Bewohner versichern, man werde ungeachtet aller gefährlichen Zeitläufe und aller Drohungen sie nicht verlassen; sie möchten deshalb nicht erschrecken, bei ihrem Glauben verharren, aber auch alles Aergernis in ihrer Mitte abstellen.[1]) Die Sache wurde beigelegt, aber noch 1549 kamen Gewaltthaten vor, für welche der Bischof den reformierten Prediger verantwortlich machen wollte.[2])

Auch 1557 ist der Versuch, bei Gelegenheit der Burgrechtserneuerung das Land kirchlich an Bern anzuschliessen, misslungen. Am 15. August 1563 und am 24. Januar 1564 kamen neue Verträge zu stande, welche das Verhältnis zum Bischof einerseits und zu dem stets eifersüchtigen Solothurn anderseits ordneten.[3])

Weniger günstig war die Lage der evangelischen Gemeinden im nördlichen Teile des Bistums[4]); sie fanden in Basel nicht den mächtigen Rückhalt, der jenen von Bern aus geboten wurde; dagegen drückte hier das katholische Solothurn um so näher. Basel wurde vollständig eingeschüchtert. Der Bischof meldete der Stadt im Januar 1549, er sei vom Kaiser aufgefordert worden seine Rechte, aus denen man ihn verdrängt habe, wieder geltend zu machen.[5]) Die Ansprüche, die der angebliche Dompropst Ambrosius von Gumpenberg auf die Einkünfte des Basler Domstifts (1550) vor der Tagsatzung verfocht, wurden sehr ernst genommen.[6]) Im Jahre 1553 (Januar) erfolgten Angriffe des Bischofs auf die religiösen Freiheiten der Dörfer Therwyl und Ettingen[7]), und bald darauf, im September, die gewaltsamen Ueberfälle von Arlesheim und Therwyl durch den bischöflichen Vogt und die Wegführung von 40 Männern, weil sie sich dem Willen

---

[1] E. A., IV, 1 d, 853.
[2] E. A., IV, 1 e, 60.
[3] Eine Sammlung von Akten betreff. die Gegenreformation im Münsterthale befindet sich in Mss. H. H., XV, 26 Nr. 1 der St.-B. Bern.
[4] Burckhardt, Jakob, Die Gegenreformation in Zwingen, Pfäffingen u. Birseck. Basel 1855. — Kasser, H., in Nippolds Berner Beiträgen.
[5] E. A., IV, 1 e, 23.
[6] E. A., IV, 1 e, 333, 355, 388.
[7] E. A., IV, 1 e, 753.

ihres Fürsten widersetzten.¹) Basel wurde aufgefordert, ihre Burgerrechte anfzugeben und die einst unter ihrem Schutz evangelisch gewordene Gegend ihrem Schicksal zu überlassen.²) Die wiederholten Predigten Farels in der Gegend von Pruntrut, zuletzt noch 1557, blieben nicht ohne Beifall, aber ohne weitere Folgen.³)

Wenn so teilweise noch von neuen Eroberungen für die reformierte Kirche gesprochen werden kann, so mussten doch die evangelischen Stände anderseits sogar innerhalb ihrer eigenen Gebiete den Druck der Gegenreformation mächtig empfinden. Zürich kam 1543 mit dem Kaiser in Streit, da dieser nicht zugeben wollte, dass die — damals zürcherische — Stadt Stein am Rhein in Ausübung ihres Kirchensatzrechtes im Dorfe Ramsen einen evangelischen Prediger einsetze⁴), und der Kauf der Herrschaft Wädischwyl am Zürchersee, die dem Johanniter Ritterorden gehörte, durch die Stadt, wurde 1549 von den katholischen Orten beanstandet und so lange als möglich hintertrieben.⁵)

Bern machte die gleiche Erfahrung. Der Deutsche Orden reklamierte Ende 1550 den durch Einziehung der Klöster ihm entrissenen Besitz zu Köniz und zu Sumiswald. Die Johanniter folgten 1555 dem Beispiel rücksichtlich der Komthurei Münchenbuchsee, und schliesslich rückte, 1556, auch noch das Kloster St. Peter im Schwarzwalde an wegen seiner alten Rechte auf Herzogenbuchsee. In allen drei Fällen musste Bern weichen. Die Forderungen wurden so kräftig vom Kaiser und von den katholischen Orten unterstützt, dass auch die evangelischen Bundesgenossen zum Nachgeben rieten. Köniz und Sumiswald wurden zurückerstattet, Münchenbuchsee und Herzogenbuchsee mit Geldentschädigungen erkauft.⁶)

Im Jahre 1545 musste Bern auf Verlangen der Solothurner seinen Prediger in Messen entfernen, weil sie sich über seine konfessionellen Aeusserungen beklagten⁷), und im April 1564 wurde der Pfarrer Joh. Jenzer zu Eriswyl sogar, als er einmal

---

¹) E. A., IV, 1ᵉ, 812.
²) E. A., IV, 1ᵉ, 1325, 1335.
³) Farel dans les Franches-Montagnes, 10. Dezember 1556, im Musée Neuchâtelois, IV, 277.
⁴) E. A., IV, 1ᵈ, 261—262.
⁵) E. A., 1ᵉ, 184, 388. — Kägi, J. H., Geschichte der Herrschaft u. Gemeinde Wädischwyl, Festgabe zur 100jährigen Kirchweihfeier, 1867.
⁶) E. A., IV, 1ᵉ, 451, 590, 600, 1059. — IV, 2ᵃ, 10. Vergleiche auch Haller-Müslin z. Jahr 1555.
⁷) E. A., IV, 1ᵈ, 527.

die Grenze überschritt, in Luzern gefangen genommen wegen angeblicher Schmähungen des katholischen Glaubens. Ein eigener Gesandter musste ihm wieder die Freiheit verschaffen.[1])
Sehr eigentümlich lautet die im Jahre 1552 von den katholischen Ständen erhobene Klage über „schnöde Büchlein", die in Bern gedruckt werden.[2]) Nicht wenig Aufsehen machte es, dass im Sommer 1556 der gewesene Bischof von Montauban nach Bern kam, sich als Konvertit verheiratete und die Herrschaft Aubonne im Waadtland erwarb.[3]) Im Oktober 1571 starb in Bern als Konvertitin „Frau Ursula Falkin" von Freiburg, Witwe des dortigen Schultheissen Praroman, welche dann zur Erkenntnis evangelischer Wahrheit gekommen war und sich zum zweiten Male mit Hans Wunderlich verehelicht hatte.[4])

Im Wallis war 1545 der Zustand so, dass die katholischen Tagsatzungsboten seufzend bekannten, die wichtigsten Männer seien dort der neuen Lehre zugethan; es sei notwendig, an die Regierung des Thales eine Mahnung zu schicken; man müsse namentlich dem Missbrauch wehren, dass die angesehenen Familien ihre Söhne zur Erziehung in Berner, Basler und Strassburger Schulen schicken, wo sie „lutherisch" werden.[5]) Weitere Verhandlungen darüber fanden 1550 statt. Sogar der Pfarrer von Visp, Peter Kaufmann, galt als Anhänger und offener Förderer der Kirchenreform. Beim Landeshauptmann in Brieg fanden evangelische Versammlungen statt.

Im Jahr 1553 wurden freilich einige Bekenner des evangelischen Glaubens des Landrechts verlustig erklärt und eine Bibelverbrennung in Scene gesetzt.[6]) Seit 1555 begann eine systematische Bearbeitung des Wallis durch die VII Orte[7]), aber noch 1560 (21. Juli) konnte Joh. Haller in einem Briefe an Bullinger die freudigste Zuversicht aussprechen, dass die Bevölkerung des Wallis evangelisch werden würde.[8]) Eine Zeitlang herrschte arge

[1] Haller-Müslin, 1561.
[2] E. A., 1e, 719 u. 736. Von diesen Büchlein werden drei näher bezeichnet: 1. „Die heilig Fraue sant Interim", „daruf eine selzame Figur, gedruckt zu Bern, anno 1552." — 2. „Ein klegliche botschaft, dem Papst zukommen." — „Das dritte Büchlein hat etlich sondere bedänkliche Buchstaben." Sind wohl diese Schriften ganz verschwunden?
[3] Haller-Müslin, 1556.
[4] Ibid. 1571.
[5] E. A., IV, 1d, 538, 570.
[6] Hottinger, III, 522.
[7] E. A., IV, 1e, 1330.
[8] Hottinger, III, 816.

Unruhe¹), und es wurde sogar behauptet, die Mehrheit des Volkes sei protestantisch gesinnt. In zwei der bedeutendsten Ortschaften, in Sitten und im Städtchen Leuk, bestanden starke reformierte Gemeinden. Im Bade Leuk wurde längst keine Messe mehr gelesen.²) Genfer Prediger besuchten das Unterwallis, während die Leute im Oberwallis sich an die Kirchen des Berner Oberlandes hielten.

Mit der Wahl des Bischofs Hildebrand von Riedmatten im Jahr 1565 begann die entschiedene Wendung im Sinne der Gegenreformation. Trat auch Riedmatten anfangs mit Rücksicht auf die Volksstimmung sehr schonend und vorsichtig auf, so schritt er doch fest und unaufhaltsam auf sein Ziel los. Er wusste reformierte Prediger fern zu halten, den Verkehr mit den protestantischen Kantonen zu erschweren und so die Anhänger des evangelischen Glaubens in einer Weise zu isolieren, dass ein reges, religiöses Leben allmählich erstickt und der Erfolg für eine konsequente Bearbeitung von anderer Seite erleichtert wurde. Die leitenden Geister wurden vertrieben. „Johannes Bräunlin, Schulmeister zu Sitten, ein geborner Walliser, hätte zu grossen Ehren kommen können; er verliess alles um Christi willen." Er kam nach Bern, wurde Prediger im Siechenhause und ist in hoher Achtung am 27. Januar 1578 als Pfarrer zu Bümpliz gestorben.³) Noch war indessen die Stimmung so, dass ein Beschluss des Landrates 1579 dem Bischof von Vercelli, der als päpstlicher Nuntius eine Agitations- und Missionsreise ins Wallis unternehmen wollte, den Eintritt verwehrte.⁴)

Ein gewisses Aufsehen erregte eine Zeitlang der niederländische Mönch Ludovicus Colesianus, der in Sitten als scharfer Eiferer gegen die Missbräuche des Pfaffentums predigte, grossen Anhang fand, dann aber in protestantische Bahnen einlenkte und die Flucht ergreifen musste. Er kam anfangs 1578 nach Bern, trat zur evangelischen Kirche über und wurde unter die theologischen Stipendiaten in Lausanne aufgenommen. Allein er entfernte sich von dort vor Abschluss seiner Studien und soll hernach wieder Mönch geworden sein.⁵)

¹) Die kath. Konferenz vom 23. Juli 1562 liess den Wallisern melden, sie seien bereit, ihnen zu helfen, wenn sie mit der „Matze" gegen die Neugläubigen ziehen wollen. E. A., IV, 2ª, 222.
²) E. A., IV, 2ª, 336 (1567).
³) Haller-Müslin, 1578.
⁴) Haller-Müslin, 1579.
⁵) Haller-Müslin, 1578.

In Graubünden nahm die Predigt des Gotteswortes eben jetzt einen neuen kräftigen Aufschwung.[1]) Man spricht geradezu in diesen Thälern von einer zweiten Reformation, die von 1540 bis 1640 dauerte. Es war auch dieses Wiederaufleben der anderswo bereits erstarrten religiösen Begeisterung eine Wirkung der freien Gemeindeverfassung, vermöge deren in jedem Augenblick eine Massenbekehrung stattfinden konnte, wenn ein Prediger es verstand, auf die Ueberzeugung zu wirken und zur That hinzureissen.

Zuerst wurde, schon im Herbst 1538, in Ardez im Unter-Engadin durch Mehrheitsabstimmung die Messe beseitigt. Freilich unter starkem Widerstande einer katholischen Partei, welche später die Anwesenheit von Abgeordneten der Bundesregierung als Vermittler nötig machte. 1542 folgte die Nachbargemeinde Fettan, 1550 auch Süss. Es war namentlich der früher schon genannte Ulrich Campell, der, anfangs nicht als Pfarrer sondern in Privatversammlungen, für die Ausbreitung des Evangeliums wirkte, und meistens ging es dabei friedlich zu, in der Weise, dass die Gemeinden den Tod oder Weggang ihres Messpriesters abwarteten, um denselben dann durch einen reformierten Prädikanten zu ersetzen. Im Unter-Engadin blieb schliesslich nur noch Tarasp, eine österreichische Enclave, katholisch.

In dem ebenfalls von Oesterreich beherrschten Prättigau ging es anfangs scharf gegen verheiratete Priester; dass das Volk sich dann 1546 durch einen Bund mit Frankreich verpflichtete, machte die Sache nicht besser; erst 1550 wurde Schiers durch die Predigt von Fabricius evangelisch und 1565 endlich das ganze Thal.[2] Der ehrwürdige Comander ist 1557 in Chur gestorben.

Die oberengadinischen Gemeinden, sowie diejenigen im Bergell und Puschlav, nahmen fast gleichzeitig die Reformation an; Misocco und Roveredo wurden seit 1540 von Locarno aus durch Beccaria bekehrt[3]), beide Thäler wurden indessen später wieder zum Abfall gebracht. Nach dem Ober-Engadin kam der schon genannte Peter Paul Vergerio, der, von Bergamo her als Lutheraner verdächtigt, im Juli 1549 sich ins Veltlin und von da ins Innthal zog. Er betrat das Dorf Pontresina, als eben der dortige Pfarrer

---

[1] Kind, Chr. Imm. Die Reformation in den Bistümern Chur und Como. Chur, 1858.
[2] Fient, das Prättigau, 1897.
[3] Kind, Beccaria und die Reformation in Misox, in Graubündner Vierteljahrsschrift, III, 97.

gestorben war; er kehrte beim Ammann der Gemeinde ein, der zugleich das Gasthaus führte. Auf dessen Bitte wurde dem Fremden bewilligt, eine Predigt zu halten, und diese gefiel so sehr, dass nun die Gemeinde ihn bat, bei ihnen zu bleiben und ihre Kanzel zu versehen. Vergerio blieb und wirkte während des Winters mächtig und mit Erfolg. Pontresina entschloss sich, als erste reformierte Gemeinde des Thales, Bilder und Altäre zu entfernen. Dem Beispiele folgte bald Silvaplana, dann Samaden und Zuz. Der angesehene Edelmann Johann von Travers änderte noch in hohem Alter seinen Glauben und rief 1554 den Reformator Philipp Gallicius (1504—60) herbei, der nun unter gewaltigem Zulauf predigte, bis die grosse Mehrheit sich für die neue Lehre entschied.[1])

Es hatte das für Bünden um so mehr zu bedeuten, als mit dieser Wendung im Innthale nun auch die Mehrheit der Gemeindestimmen im Gotteshausbunde der evangelischen Sache zufiel. Durch den gelehrten Juristen Jakob Biveroni von Samaden erhielt das Engadin eine Bibelübersetzung in der romanischen Landessprache.[2])

Wechselvoller noch und unruhiger waren die Kirchenverhältnisse in den rätischen Unterthanenländern Cleven, Veltlin und Worms, wo die Parteien sich aufs heftigste bekämpften und politische Befreiungsgelüste, Familienfeindschaften und Handelsinteressen sich mit den religiösen Beweggründen mischten. Zu der Verwirrung trug aber noch ein anderer Umstand nicht wenig bei. Es waren hier, wie in Puschlav und Bergell, meistens evangelische Flüchtlinge aus Italien, welche die ersten Prediger wurden. Die rätische Bundesversammlung hatte diesen Vertriebenen die Niederlassung in den Thälern bewilligt; ihr Wirken war meist um so mehr willkommen, da fast keine einheimischen Geistlichen zur Verfügung standen.

Aber nur mit Mühe gelang es der Bündner Synode, diese fremdartigen Leute zur Beobachtung der gemeinsamen Regeln in Lehre und Kultus anzuhalten. Manche unter ihnen zeichneten sich durch begeisterten Eifer und Gelehrsamkeit aus, während freilich andere durch freies Leben Anstoss gaben oder in ihren Predigten Absonderlichkeiten verkündigten, welche die Gewissen zu ver-

---

[1]) Leonhardi, Phil. Gallicius, Reformator Graubündens. Bern 1865. Allg. D. Biographie, VIII, 335.
[2]) Vergl. Haller, Bibl. d. Schw. Gesch., II, Nr. 461. — Leu, Helv. Lex., IV, 117.

wirren geeignet waren. Die einen neigten den Ansichten der Wiedertäufer zu, andere gehörten zu den Antitrinitariern. Neben einem Augustin Mainardi, der in Chiavenna während 20 Jahren und bis zu seinem Ende (31. Juli 1573) treu und trefflich seine Herde weidete, begegnen uns die Namen eines Paulus Gadius, Julius von Mailand, Ulisses von Martinenga, und die geradezu als Anabaptisten bezeichneten Camillus in Cleven und Titianus im Veltlin. Den Antitrinitariern wurde mit mehr oder weniger Grund auch der schon genannte P. P. Vergerius zugezählt, indem er im Veltlin aus Eigenmächtigkeit und Eitelkeit in einer Weise wirkte, dass es zweifelhaft sein kann, ob nicht der Schaden, den er stiftete, noch grösser war als der Nutzen.[1] Er hat nach einem äusserst unstäten Wanderleben am 4. Oktober 1565 in Tübingen Ruhe gefunden.[2]

Wegen der durch diese Leute veranlassten Wirren wurde 1545 das zweite Religionsgespräch zu Süss abgehalten. Um der unbegrenzten Lehrfreiheit einige Schranken zu setzen, verfasste Gallicius ein Glaubensbekenntnis, die „Confessio Rhaetica", die dann, auch von Bullinger gebilligt, im folgenden Jahre, 1552, von der gemeinsamen Synode angenommen wurde und noch später, selbst neben der helvetischen Konfession, in hohem Ansehen blieb als symbolische Schrift der evangelischen Kirche in Bünden.[3]

Die unnatürliche religiöse Aufregung liess aber 1556 im Veltlin eine Art von Geisslersekte entstehen[4]), und der Unfug, den sie trieb, weckte neues Misstrauen gegen die geistlichen Flüchtlinge; eine Zeitlang wurde deshalb sogar der Grundsatz der Religionsfreiheit in diesem Unterthanenlande im einseitigen Interesse der öffentlichen Ruhe wieder ganz aufgehoben, bis dann ein Bundestag zu Ilanz, am 26. Januar 1557, beschloss, dass in Veltlin, Cleven und Worms der evangelische Glaube ungehindert sein, aber fremde Prediger fern gehalten werden sollen.[5] Im Oktober 1561 wurde dieser Entscheid nach der geschickten Fürsprache von Gallicius bestätigt und damit namentlich die Jesuitenpredigt ferngehalten.[6]

---

[1] Vergl. das auffallend harte Urteil von Trechsel in Antitrinit. II, 108.
[2] Sixt, P. P. Vergerius, Braunschweig 1855. — Dazu mit Ergänzungen, teilweisen Berichtigungen und zahlreichen weiteren Quellenangaben, Allg. D. Biographie, Bd. 39, S. 621, von Th. Elze.
[3] Finsler, K. St., 280.
[4] Ruchat, VI, 182. Hottinger, III, 825.
[5] Hottinger, III, 870. — Ruchat, VI, 386.

Der Zustand im Veltlin blieb jedoch ein sehr bedenklicher. Der Prediger von Morbegno, Franciscus Cellarius, fiel 1569 als ein Opfer des Glaubenshasses, indem er gewaltsam entführt, nach Rom gebracht und dort lebendig verbrannt worden ist.[1]) In einer andern Kirche wurde 1571, während der Predigt, von zwei französischen Mönchen auf den Prediger geschossen; die Kugel streifte ihn bloss, da er sich, gewarnt, etwas abgewendet hatte; aber der Warnende, ein alter Mann, wurde von den ergrimmten Mönchen sofort niedergestochen: vielsagende Zeichen, dass für Bünden die Zeit der leidenschaftlichsten religiösen Parteikämpfe noch keineswegs überwunden sei.

Die jährliche Synodalversammlung der Prediger bildete im übrigen das einzige, sehr lockere Band, das die reformierten Gemeinden des Landes zusammenhielt. Sie forderte 1551 die Kompetenz für sich, ungeeignete Geistliche und Unruhestifter auszuschliessen; weitergehende Centralisation zeigte sich als unmöglich. Der Versuch, die Leitung der Synode dem ersten Pfarrer von Chur als ständigem Präsidenten zu übergeben und dadurch etwas mehr Festigkeit und Stätigkeit in die Behandlung der Geschäfte zu bringen, 1567, scheiterte an dem eifersüchtigen Widerstande, den der Gedanke erregte; der Vorsitz blieb in der Hand des wechselnden „Minister synodi."[2])

In fortwährendem Kriegszustande hatten in der ganzen Eidgenossenschaft die beiden Konfessionen als gegnerische Parteien Eroberungen zu machen und sich nach Kräften zu schädigen versucht, mit Benutzung der Macht, wo diese sich zufällig bot, mit Benutzung namentlich der Schwäche des Gegners, wo er solche zeigte, aber beide Bekenntnisse mit Verkennung ihrer tiefern religiösen Aufgaben; das katholische im allgemeinen mit mehr Glück und Erfolg, hauptsächlich deshalb, weil der Begriff der Kirche als Heilsanstalt ihr die Anwendung von Zwangsmitteln in viel weitergehendem Masse gestattete, als dies für den protestantischen Standpunkt der Fall war.

Vom Konzil zu Trient bis zum Abschluss des Borromäischen Bundes, 1562—1586.

System, Konsequenz, Schwung und alles erdrückende Siegeszuversicht erhielt die Gegenreformation von der Zeit an, als es der katholischen Kirche gelungen war, ihre äussere Rekonstruk-

[1]) Näheres bei Anhorn, Wiedergeburt der Rhät. Kirche, p. 59.
[2]) Finsler, K. Stat., 280.

tion und innere Erneuerung auf dem Konzil zu Trient zu einem gewissen Abschluss zu bringen, und als nun auch im Jesuitenorden das Werkzeug vollständig bereit lag, welches dazu dienen sollte, die Tendenzen des Konzils zur Geltung zu bringen. Bald stand die Hierarchie wieder in ihrem alten Glanze da, und bald wurden auch die Massen wieder so bearbeitet, dass sie von neuem an die Wahrheit und Göttlichkeit der katholischen Kirche wirklich glauben konnten und zu glauben begannen: es gab jetzt wieder begeisterte, aufrichtig-fanatische Katholiken — was es lange nicht mehr gegeben hatte. —

Am 29. November 1560 wurde die Einberufung des Konzils proklamiert, das auf Ostern des folgenden Jahres wieder in Trient zusammentreten sollte, sich dann aber verzögerte bis zum 18. Januar 1562. Die Einladung lautete auch diesmal allgemein, sie war auch an die Protestanten gerichtet; freilich weniger als je in der Meinung, dass dieselben als gleichberechtigte Glieder der christlichen Kirche betrachtet, angehört und berücksichtigt werden sollten, vielmehr in dem Sinn, dass sie immer noch unter die Autorität des päpstlichen Stuhles gehören und verpflichtet seien, der von der Kirche aufgestellten Ordnung Gehorsam zu leisten.

Davon konnte ernsthaft jetzt nicht mehr die Rede sein. Die ablehnende Haltung verstand sich für die Reformierten von selbst und wurde kaum nur in Frage gezogen.[1]) Immerhin war das Gefühl der Wichtigkeit der Trienter Versammlung für die Zukunft der Christenheit noch so weit lebendig, dass z. B. in Bern die Obrigkeit während dieser Zeit die Abhaltung ausserordentlicher Gebete zum Heil der Kirche angeordnet hat. In den katholischen Kantonen dagegen war jetzt die Ergebenheit gegen die Geistlichkeit derart gewachsen, dass sie, der Einladung des heil. Vaters folgend, gemeinschaftlich einen Abgesandten nach Trient zu schicken sich entschlossen. Die Wahl fiel auf den Ritter Melchior Lussi aus Altorf, der nun in Trient den Sitzungen beiwohnte, die Wünsche und Anschauungen der Innerschweiz im Kreise der Prälaten vertrat und in regelmässigen Berichten in die Heimat von den Beschlüssen der Kirchenversammlung Kenntnis gab. Mit der 25. Session schloss am 3. Dezember 1563 das Konzil, welches durch wenigstens teilweise Beseitigung der schlimmsten Missbräuche des mittelalterlichen Kirchenwesens für die Erneuerung des Katholizismus von der grössten Bedeutung geworden ist, aber

---

[1]) Das wahrscheinlich von H. Bullinger verfasste Antwortschreiben bei Ruchat, VI, 482—488.

freilich mit seinen halben Massregeln den Fortbestand einer eigenen, getrennten protestantischen Kirche weder ungeschehen noch unnötig zu machen vermochte.[1]

So konnte das Resultat nicht das gewollte, nicht das bei der ursprünglichen Forderung gehoffte sein; nicht eine Einigung der Christenheit auf dem Boden eines gemeinsamen Glaubens und eines gemeinschaftlichen Gottesdienstes, sondern nur die schärfere Fixierung der trennenden Grenzen und eine Neubelebung der katholischen Religiosität; die Begründung einer specifisch-katholischen, über alle Länder sich verbreitenden aber einheitlich geleiteten und nach einheitlichem Plane arbeitenden „ultramontanen" Partei. Noch 1565 (10. April) schlossen die VII Orte einen speciellen Bund mit dem Papst.[2] Das Wort „Reformation" bedeutet jetzt die Durchführung der tridentinischen Kirchenordnung, d. h. die Bekämpfung der Reformation.[3]

Dadurch aber ist das Trienter Konzil auch für die Geschichte der protestantischen Kirche wichtig geworden; denn im gleichen Verhältnis, wie jetzt die katholische Kirche innerlich erstarkte, begann die bewusste Verfolgung der von ihr Abgefallenen, und das Bestreben nach Widergewinnung der in Zeiten der Schwäche und Wehrlosigkeit verlorenen Gebiete. Darunter hatte auch die reformierte Schweiz aufs schwerste zu leiden, innerhalb ihrer eigenen Grenzen, aber auch in den sie rings umgebenden Ländern, wo sie ihre Glaubensgenossen unterdrückt, geächtet und vertrieben sah.

Den eigentlichen Wendepunkt zum Anschlagen einer schärfern Tonart und zur konzentrierten Anspannung aller gegen-reformatorischen Kräfte können wir in der Pariser Bluthochzeit erblicken, in der Nacht vom 23./24. August 1572. Wir haben hier die Ereignisse der Bartholomäusnacht nicht zu erzählen; wir wollen auch nicht versuchen, eine Vorstellung zu geben von der Aufregung, von dem beispiellosen lähmenden Entsetzen, welches die Kunde aus Paris in der reformierten Schweiz hervorgebracht hat. Nur das Nachlesen der damals eingetroffenen Berichte und der bald darauf überall hin verbreiteten Schriften kann uns ahnen lassen, was die Glaubensgenossen empfanden, als immer neue

---

[1] Ruchat gibt — ganz Sarpi folgend — über die Verhandlungen ziemlich eingehenden Bericht, Bd. VI, 507—532.
[2] E. A., IV, 2 b, der Beil., S. 1517.
[3] Noch am 17. März 1578 wurde in der Konferenz der VII katholischen Orte zu Baden der Wunsch ausgesprochen, der Papst möchte einen Nuntius schicken zur Vornahme einer „allgemeinen Reformation." E. A., IV, 2 a, 645.

Scharen von Flüchtlingen ankamen, von denen jeder wieder Schrecklicheres als der andere zu erzählen wusste oder selbst erlebt hatte an sich und den Seinen.[1]

Schon auf die ersten Nachrichten hin wurde sofort eine evangelische Konferenz nach Aarau zusammenberufen, um die Schritte zu beraten, die zu thun seien. Am 22. September 1572 versammelt, stand sie unter dem Eindruck, dass jetzt ein allgemeiner Gewaltausbruch, ein Krieg beider Religionsparteien gewärtiget werden müsse. Man gab sich das Versprechen gegenseitiger Hülfeleistung und beschloss, nicht nur die gleichgesinnten Zugewandten, sondern selbst die Freunde der evangelischen Sache in andern Gegenden, wie in dem noch geteilten Wallis, davon zu verständigen.[2] Die Besorgnis vor den katholischen Bundesgenossen wurde durch den Umstand verstärkt, dass auch jetzt, wie in den frühern Bürgerkriegen, die Schweizersöldner den besten Teil der Blutarbeit verrichtet hatten. Der Mörder des Admirals Coligny war aus dem katholischen St. Gallergebiet.[3] Das Rechtfertigungsschreiben der Königs, welches am 7. Dezember vom französischen Gesandten der Tagsatzung vorgelegt wurde, konnte nur teilweise beruhigend wirken.[4]

Der zweite Gedanke galt den Opfern des greulichen Ereignisses selbst, der Aufnahme und Pflege der Flüchtigen und der Hülfeleistung an die Zurückgebliebenen. Es wurde in grossartigem Massstabe gesammelt und gesteuert. Es lohnt sich wohl, die Zahlen, so weit sie noch erhalten sind, in Erinnerung zu rufen, als Zeugnis des warmen Mitgefühls für die Bekenner der gleichen Konfession, als eine der bedeutsamsten Aeusserungen des religiösen Lebens der Zeit. Bern schickte, nur aus der Stadt allein, schon in den ersten Tagen 600 Kronen nach Genf und 300 nach

---

[1] Solche Berichte in E. A., IV, 2a, 499. — Vergleiche auch Fazy, la Saint-Barthélemy et Genève, in den Mém. de l'Institut national Genevois, tom. XIV. — Michel Roset, sur la St-Barth., in Bull. hist. du protestantisme français, VIII, 78. — Aktenstücke zur Geschichte der Bartholomäusnacht, im Archiv f. Schw.-Gesch. (Zürich 1829), II, 449. — Zehenders K.-G., II, 93. — Dem sehr verdienten Zürcher Theologen Johannes Wolf soll die Erschütterung über die Nachricht den Tod gebracht haben (17. Nov.). Hottinger, III, 906.

[2] E. A., 2a, 540.

[3] Urk. z. Bartholomäusnacht, im Anz. f. Schw.-Geschichte, II, 249. — Vaucher, F., Noch etwas über den Anteil der Schweizer an Colignys Tod. Anz. f. Schw.-Gesch., II, 283. — Hungerbühler, Die Beteiligung der Schweizer an Colignys Tod. St. Gallen 1889. — Vergl. Segesser, Ludwig Pfyffer, a. a. O.

[4] E. A., IV, 2a, 566.

Lausanne[1]); Thun steuerte 200 Pfund, und das übrige Berner Oberland — es werden uns die Dörfer Amsoldingen, Aeschi, Reichenbach, Hasli, Saanen, Erlenbach, Kirchdorf und Blumenstein genannt — schickte 358 Pfund.[2]

Besonderes Interesse erregte die Familie des ermordeten Admirals. Seine Witwe, seine Tochter und zwei Söhne flohen in die Schweiz. Sie hielten sich zuerst in Mülhausen, dann in Bern, eine Zeitlang in Basel, und dann wieder während drei Jahren, 1573—76, in Bern auf, von wo aus man amtliche Schritte that, um ihnen wenigstens einen Teil ihres Vermögens zu retten. Simon Wurstemberger wurde am 28. September 1578 eigens nach Paris gesandt, um die Vorstellungen zu ihren Gunsten zu unterstützen, aber erst 1576 und 1577 gelang es endlich, denselben sichere Rückkehr nach Frankreich zu erwirken.[3]

Die Zahl der Flüchtlinge, welche in der Schweiz Schutz suchten in ihrem Schrecken, war gross. Nach Genf kamen schon in den ersten Tagen 2300 Personen, unter ihnen Männer von Ruf und Bedeutung. Wir nennen namentlich den berühmten Juristen Franz Hotman (Hottomannus). Calvins Empfehlung hatte ihm schon 1547 eine Professur in Lausanne verschafft; er war dann in sein Vaterland zurückgekehrt und musste nun zum zweiten Male fliehen. Zuerst in Genf, dann in Basel thätig, schickte er seine heftigen Anklageschriften gegen die Urheber der Mordnacht in die Welt hinaus, eifrig bemüht, den ersten Eindruck des Ereignisses wach zu erhalten und zu Gunsten der Hugenotten zu verwerten.[4] Einzelne dieser Flüchtlinge haben freilich auch mitunter schweres Aergernis gegeben; so 20 Jahre später in Basel Anton Lescalier, der 1595 ausgewiesen werden musste, weil er gegen die Pfarrer aufgehetzt hatte, und dann noch aus der Ferne den Rat verleumdete.[5]

[1] Im Oktober 1572, Haller-Müslin.
[2] Mörikofer, Die religiösen Flüchtlinge in der Schweiz. — Zehender, K.-G., II, 97.
[3] Ochsenbein, G. F. Ein Flüchtling aus der Bartholomäusnacht, und derselbe: Die Pariser Bluthochzeit und die Kinder des Admirals Coligny in Bern, 1572, im Berner Taschb., 1880.
[4] Ehinger, Biogr. Hotmans in Basler Beitr., N. F., IV. — Vergl. auch über die Umtriebe des französischen Gesandten gegen die Aufnahme der Flüchtlinge: Van Muyden, le Droit d'asyle en Suisse au XVIe siècle, im Chrétien évangélique, 1891, und Bernus, Trois Pasteurs échappés aux massacres de la Saint-Barthélémy. Bull. du prot. fr.).
[5] Amtliche Erklärung von Bürgermeister und Rat der Stadt Basel, vom 27. Aug. 1595. S. auch Burckhardt, die französ. Flüchtlinge in Basel,

Begreiflich ist es, dass die Entrüstung neuen Anlass gab zu leidenschaftlichen Ausfällen gegen den Katholizismus und damit zu Reklamationen und Beschwerden wegen Religionsschmähung und Verletzung des Landfriedens. In einer Konferenz der katholischen Orte in Luzern (11. Nov. 1572) wurde gesagt, der Prediger von Biel habe „schändliche Worte gegen die Katholiken" gesprochen.[1])

Es blieb nicht bloss bei Worten. Beim Ueberfall der Stadt Besançon, im August 1574, sollen neben flüchtigen Franzosen auch Parteigänger aus dem Berner- und dem Neuenburgerland beteiligt gewesen sein, namentlich wurde der Freiherr von Aubonne dessen beschuldigt.[2]) Der zeitweise Aufenthalt des Prinzen Condé in der Schweiz, in Lausanne, 1574 und 1575, gab deshalb, nicht ohne Grund, dem französischen Hof, aber auch den katholischen Eidgenossen, gewaltigen Anstoss.[3])

Bei dem Zuge, den der Pfalzgraf Casimir im Dezember 1575 nach Frankreich führte, um den Hugenotten zu helfen, gingen Freiwillige mit aus Biel, Mülhausen, Neuenburg und Neuenstadt, während Bern seine Leute, nicht ohne Schwierigkeit, zurückzuhalten vermochte.[4]) Die Fürstin von Neuenburg wurde wiederholt und offen als im Einverständnis mit den Feinden Frankreichs stehend bezeichnet.[5]) In dem neuen Feldzug vom September 1577 liess sich Bernhard Tillmann, ein angesehener Berner, mitreissen; er durfte nicht mehr in die Heimat zurück.[6]) Doch wurde mehr gedroht als gestraft. Der Eifer für die Verteidigung der protestantischen Sache entschuldigte jetzt den verpönten Söldnerdienst. Doch wurde jetzt, 1577, die Erneuerung des Bündnisses mit König Heinrich III. in Bern abgelehnt, und als die Tagsatzung endlich, 1582, den Bund doch zum Abschluss brachte, da fehlten Zürich, Bern und Basel in der Reihe der Annehmenden. Nur Schaffhausen liess sich ein, nebst den Zugewandten St. Gallen, Biel und Mülhausen.[7])

Basler Beitr., VII. Nach Finslers Bibliogr. d. ref. Kirche besitzt die Bibl. des Antistitiums in Basel eine handschriftl. Geschichte dieses Streites.

[1] E. A., IV, 2ª, 546.
[2] E. A., IV, 2ª, 573.
[3] E. A., IV, 2ª, 552, 573. — Wie die kath. Stände den Interventionen zu Gunsten der Evangelischen in Frankreich entgegenarbeiteten durch Schreiben und Gesandtschaften, zeigen die Verhandlungen der Konferenz in Luzern vom 13. Juli 1580. E. A., IV, 2ª, 719.
[4] Haller-Müslin, zum 25. Nov. 1575.
[5] E. A., IV, 2ª, 587, 589, 603.
[6] E. A., IV, 2ª, 628.
[7] E. A., IV, 2ª, 788.

Immer entschiedener und offener nahm die evangelische Schweiz Partei für den Thronprätendenten Heinrich von Bourbon, den protestantisch erzogenen Sohn des Königs von Navarra, der nun mit wachsendem Glück seine Ansprüche auf die Krone verfocht.

Unter diesen Verhältnissen hatte ganz besonders Genf zu leiden. Gegen diese Stadt richtete sich der konzentrierteste Hass aller Katholiken.[1]) Wiederholte Anregungen zur Aufnahme von Genf in den eidgenössischen Bund fanden keine Beachtung. Wenn die — neben Bern — zunächst interessierten Stände Freiburg und Solothurn sich geneigt zeigten, so wurden sie von ihren Freunden abgemahnt[2]); sogar der Papst hielt sie von solchen Gedanken zurück.[3])

Am 28. September 1578 erneuerten die katholischen Orte ihren entschieden gegenreformatorischen Bund mit Savoyen[4]), und erst jetzt kam der berühmte Vertrag von Solothurn zu stande, welcher dazu bestimmt war, die Zukunft Genfs nach allen Seiten sicher zu stellen.

Durch diesen Vertrag vom 8. Mai 1579 wurde die Stadt unter den Schutz von Frankreich, Bern und Solothurn gestellt. Ein Genfer der Gegenwart nennt diese Uebereinkunft „l'un des actes les plus importants du droit public genevois."[5]) Dass hier Frankreich in erster Linie steht, musste gewiss Bedenken erregen, aber es galt von zwei Uebeln das geringere wählen, wurde doch den Solothurnern ihre Beteiligung ernstlich verdacht[6]) und den Genfern der Anschluss an die Eidgenossenschaft, selbst als „zugewandter Ort", noch 1583 neuerdings verweigert.[7]) Dagegen gelang

---

[1]) Ruchat, VI, wo eine bez. Stelle aus P. Sarpi, Gesch. d. Trid. Konzils angeführt ist. Vergl. Intrigues politiques contre Genève (1555—1625), im Bull. de l'Inst. Nat. Genevois, VII, 199 u. ff.

[2]) E. A., IV, 2ᵃ, 476, 479 (1571), 523 (1573).

[3]) E. A., IV, 2ᵃ, 529, Anmerk. (11. Juni 1574).

[4]) E. A., IV, 2ᵃ, 659. Der Text als Beilage 25 in IV, 2ᵇ, 1581.

[5]) H. Fazy, Genève, le parti huguenot et le Traité de Soleure (1574—79), in den Mém. de l'Inst. Nat. Gen., tom. XV (1883). Dazu: Aubert, H., Documents diplomatiques relatifs au Traité de Sol. (Pages d'histoire dédiées à M. P. Vaucher, Genève 1895), p. 281. Den Text des Vertrags siehe als Beil. 21 in E. A., IV, 2ᵇ, S. 1556—1562.

[6]) E. A., IV, 2ᵃ, 686. Die Luzerner wollten mit den Genfern nichts zu thun haben: es sei „ein gottloses Volk", es habe „einen fulen Glauben." E. A., IV, 2ᵃ, 689, 783.

[7]) E. A., IV, 2ᵃ, 802.

es, auch Zürich heranzuziehen; es schloss am 30. August 1584 mit Genf ein förmliches Burgrecht ab.[1]) Am 23. April 1582 wurde in Genf ein Verräter geviertelt, weil er die Stadt an Savoyen hatte bringen wollen.[2])

Selbst der Besitz der Waadt war noch keineswegs sicher; es zeigte sich bald, dass Savoyen im Lausanner Vertrag doch nur zum Schein verzichtet habe und nur auf günstige Gelegenheit warte, auch diesen Teil des verlornen Gebietes zurückzunehmen und die Reformation rückgängig zu machen. Das letztere war sicher Hauptmotiv in Luzern und bei seinen katholischen Freunden, als sie ihr konfessionell zugespitztes Bündnis mit Savoyen eingingen; sie verweigerten ebenso bestimmt eine unzweideutige Erklärung, dass die neue Bundespflicht — für Savoyen — sich nicht auf das Waadtland beziehe[3]), wie sie den Einschluss des letztern in die Hülfspflicht der alten — eidgenössischen — Bünde ablehnten. Dieser Abschlag wurde 1583 wiederholt[4]); dagegen konnte Bern jetzt im nämlichen Jahre (21. Januar) die Züricher endlich bewegen, dass sie die Waadt als Berner Gebiet im Sinne der Bundesverträge anerkannten; ebenso Freiburg (17. Mai 1584), das ja selbst beteiligt war, und Schaffhausen und Basel; am 6. September 1584 liess sich endlich auch Glarus dazu herbei.[5]) Ende 1582 (29. Dezember) hatte Frankreich durch eine förmliche Deklaration die bernische Eroberung in den ewigen Frieden aufgenommen.[6]) Es war hohe Zeit, denn die Absicht des Herzogs von Savoyen, unterstützt durch die allgemeine Stimmung der Gegenreformation und mit Hülfe der katholischen Partei in der Eidgenossenschaft sich des Waadtlandes wieder zu bemächtigen, trat immer unzweideutiger hervor.

Aehnliche Kämpfe hatte Bern im Bistum Basel zu bestehen. Im Jahre 1575 trat Christof Blarer von Wartensee an die Spitze der Diözese, und dieser Prälat, der ganz in die Pläne der jesuitischen Kirchenpolitik einging[7]), betrachtete es nun als seine eigentliche Lebensaufgabe, die verlorne kirchliche Macht wieder zu gewinnen und seine Unterthanen wieder zum römischen Glauben

---

[1]) Beil. 28 in E. A., IV, 2b, 1587—1590.
[2]) Haller-Müslin.
[3]) E. A., IV, 2a, 683 (1579) u. 711 (1580).
[4]) E. A., IV, 2b, Beil. 27, S. 1585.
[5]) E. A., IV, 2b, 1586. Anmerk.
[6]) E. A., IV, 2b. Beil. 26, S. 1584.
[7]) Seine Korrespondenz ist hgg. von X. Kohler, in Actes de la Société jurass., XX, 42.

zu bringen. Um gegen Bern sich zu stärken, schloss er am 28. September 1579 mit den VII Orten einen Bund zum gemeinsamen Schutz der katholischen Religion¹) und begann nun systematisch die Durchführung der Tridentiner Beschlüsse.

Die Evangelischen im Münsterthal, die sich durch diesen Bund beunruhigt fühlten und nun Zusicherung der bisherigen religiösen Freiheiten wünschten, erhielten keine Antwort²); dagegen erhob jetzt der Bischof vor einer katholischen Konferenz Klage darüber, dass seine Unterthanen durch die Prediger von Bern und Basel „vom Glauben abwendig gemacht werden."³) Umgekehrt wollte Bern Protest einlegen gegen die kirchlichen Neuerungen des Bischofs. Die andern Stände zogen es vor, einen Beschluss zu verschieben; aber nach einigen Monaten brachte auch Basel seine Beschwerden vor, da der Bischof von Vercelli, als päpstlicher Nuntius, mit Bann und Exkommunikation vorging gegen zwei Statthalter im Pruntruter Gebiet: „Das ist nicht zu dulden! das ist der Anfang der Inquisition!"⁴)

Das war 1580; im folgenden Jahre hielt der Bischof eine grosse Synode ab, um überall die Zügel der kirchlichen Ordnung wieder straffer anzuziehen und auch seine weltlichen Unterthanen wieder seinem Kirchenregiment zu unterwerfen. Zur Beförderung dieses Zweckes ergriff er das allerdings wirksamste Mittel: er berief den Jesuitenorden nach Pruntrut, richtete ihm hier, in seiner Residenz, den lauten Widerspruch der Bürgerschaft nicht achtend, eine eigene Niederlassung ein, an deren Spitze der gelehrteste und energischte aller damaligen Schweizer Jesuiten, Petrus Canisius, der Vorsteher des Ordenshauses in Freiburg, gestellt wurde.⁵)

Persönlich kam der Bischof nach dem Dorf Arlesheim, las hier nach langer Zeit wieder einmal die Messe und erklärte damit dieselbe nunmehr als zu Recht bestehend an Stelle der reformierten Predigt. Die Bewohner mussten dies geschehen lassen. Was hier so wohl gelungen war, wurde gleich darauf in Pfeffingen ausgeführt. Nur in der Stadt Laufen ging es nicht ganz so

---

¹) E. A., IV, 2ᵃ, 699, u. als Beil. 23 in IV. 2ᵇ, S. 1570.
²) E. A., IV, 2ᵃ, 707.
³) E. A., IV, 2ᵃ, 710.
⁴) E. A., IV, 2ᵃ, 713. 728.
⁵) Wetzer-Welter, Kath. Kirch. Lexikon. — „Aller Jesuiteren Grossvater" nennt ihn die Chronik von Haller u. Mülslin.

leicht, da sie an Basel einen Rückhalt suchte und fand; aber Widerspruch und Widerstand wurden überwunden.[1])

Biel musste sogar für das St. Immerthal fürchten und versammelte deshalb am 19. März 1582 alle Ortsvorsteher im Erguel, um sich ihrer Treue und Ergebenheit an den reformierten Glauben zu versichern. Die Besorgnis war nicht unbegründet, denn 1583 wagte es der Bischof, von der Stadt Basel, mit Unterstützung des Kaisers, die Restitution des Münsters und des Domschatzes und die Auflösung der Burgrechte mit den Landgemeinden seines Fürstentums zu verlangen.[2]) Die Tagsatzung gab ihm wenigstens teilweise recht, und durch einen schiedsgerichtlichen Vertrag wurde Basel am 15. Juni 1585 gezwungen, sein Schutzverhältnis zu den bischöflichen Dörfern zu lösen. Die Evangelischen blieben damit sich selbst überlassen, und jetzt ging es vorwärts.

Ebenso ernsthaft machte sich auch der Bischof von Konstanz ans Werk. Synodalstatuten, die 1567 aufgestellt worden, waren dazu bestimmt, durch neu organisierte bischöfliche Visitationen für die strenge Durchführung der Trienter Dekrete in Kirche und Schule, in Disciplin und Kultus zu sorgen.[3]) Das hatte man im ganzen Umkreis der Diözese — auch im protestantischen Teile — zu spüren. Diessenhofen im Thurgau wurde 1577 zur Rechenschaft gezogen, weil es einen „Lutherischen" zum Schultheissen erwählt hatte[4]); zur Beobachtung der katholischen Feiertage sollten auch die Evangelischen verpflichtet sein.[5]) In Gachnang wurde auf Befehl des dortigen Gerichtsherrn, angeblich auf den Wunsch seiner Unterthanen, die Messe wieder eingeführt.[6]) Ueber die Gerichtsbarkeit im Kloster Paradies hatte Schaffhausen mit den Eidgenossen 1569 lange Kämpfe zu bestehen[7]), die erst 1574 damit endeten, dass ihm das Kloster völlig abgesprochen wurde; am 18. Juli wurde hier der letzte evangelische Gottes-

---

[1]) Burckhardt, J., Gegenreformation in Zwingen etc. Basel 1855. — Kasser, die Gegenreformation, in Nippolds Berner Beitr. — Buxtorf-Falkeisen, a. a. O, I, 3, S. 81—101 u. 136.
[2]) Baden, 16.—18. Dezbr. 1583. E. A., IV, 2ᵃ, 811, 812. Februar und März 1584. Ibid. 819.
[3]) Lütolf, K., Die Gegenreformation in der Konstanzer Diözese, Kath. Schw.-Blätter, 1894.
[4]) E. A., IV, 2ᵇ, 1052.
[5]) E. A., IV, 2ᵇ, 1046.
[6]) E. A., IV, 2ᵇ, 1047.
[7]) E. A., IV, 2ᵇ, 1033 u. ff.

dienst und dann an dessen Stelle, zu Allerheiligen 1576, wieder die erste Messe gefeiert.¹)

Im Rheinthal zeigte sich 1580 einige Neigung „vom Glauben abzufallen"; der Landvogt wurde aufgefordert, dagegen einzuschreiten²), und als 1582 in der Gemeinde Widnau von Anstellung eines zwinglischen Predigers die Rede war, beriet die Tagsatzung darüber, durch welche Mittel dies verhindert werden könnte.³) Hingegen waren die Chorherren in Zurzach naiv genug, trotz der Tridentiner Beschlüsse die Beibehaltung ihrer Konkubinen zu verlangen, als man sie ihnen nehmen wollte.⁴) Der Abt von St. Gallen benützte seine weltliche Herrschaft über das Abteigebiet mit aller Energie, um frühere Zugeständnisse kirchlicher Freiheit zurückzunehmen und seinem Glauben, seinem Kultus wieder Eingang zu verschaffen, so im Toggenburg und in seinen Besitzungen im Rheinthal und Thurgau.

Ihren Schwerpunkt hatte die Gegenreformation auch in diesen Jahren in Luzern und in der Innerschweiz. Von hier aus konnte sie um so mehr von einem Siege zum andern geführt werden, weil Männer an der Spitze standen, welche wussten, was sie wollten. Von dem politischen Führer, dem Schultheissen Ludwig Pfyffer von Luzern, war schon die Rede. Mit der Autorität eines gebornen und erfahrenen Staatsmannes und dem blinden Fanatismus eines frommen Laien wirkte er im Geiste des Tridentiner Konzils, im Sinne der Wiederherstellung des strengen hierarchischen Systems.

Neben ihm standen jetzt auch Geistliche von nicht gewöhnlicher Bedeutung: der oben genannte Peter Canisius von Freiburg aus, und — noch mehr im Vordergrund stehend — Carl Borromaeus.

Sein Name lautet nicht gut in der Schweizergeschichte; es darf uns dies nicht hindern, den warm religiösen Eifer, die volle Aufrichtigkeit seines Glaubens, die sittliche Reinheit seines Charakters und seines Wandels und die beispiellose zielbewusste Thätigkeit, der sein Leben geweiht war, anzuerkennen, Eigenschaften, vermöge deren er im stande war, die Abgefallenen nicht nur äusserlich, sondern innerlich wieder der katholischen Kirche zurückzugewinnen; denn da war religiöses Leben, religiöse

---

¹) Harder, Beitr. z. Gesch. Schaffh., I, 211—218.
²) E. A., IV, 2ᵇ, 1079.
³) E. A., IV, 2ᵇ, 1067.
⁴) E. A., IV, 2ᵇ, 1104—1105 etc. (1580).

Innigkeit, die nicht ohne Eindruck bleiben konnte, und die allein die Erklärung gibt für die ungewöhnlichen Erfolge. Carlo Borromeo[1]), aus der edlen Familie der Grafen von Arona am Langensee, war ein Neffe des Papstes Pius IV. und wurde, durch diese Gunst gehoben, erst 22 Jahre alt, am 21. Januar 1561 Bischof von Mailand und Kardinal. Allein er war nicht einer jener weltlichen Prälaten, welche die Einkünfte ihrer Pfründen genossen und sonst nichts vom Priester an sich hatten. Von 1570 an begann er seine eigentliche Wirksamkeit als Bekehrer im grossen Massstabe, zunächst in den tessinischen Vogteien, die zu seiner Diözese gehörten und welche er nun durch ebenso viel Klugheit als Kraft von den letzten Spuren evangelischer Gesinnung zu reinigen wusste. In Locarno hatte es immer noch Leute gegeben, die nicht zur Beichte gehen wollten, die ihre Kinder „lutherisch" taufen liessen und „ketzerische" Bücher lasen von Bullinger, Peter Martyr und andern. Solche Bücher wurden verbrannt und ein Franz Barnaba deshalb mit Busse bestraft.[2]) Noch 1582 wurde die ganze Gemeinde arger kirchlicher Nachlässigkeit beschuldigt, namentlich war von einem Zanini und Rosalin als verdächtigen Leuten oftmals die Rede.[3]

Allein Borromaeus dehnte seine Wirksamkeit über die Grenzen seines Bistums hinaus, auf Luzern und die alten Kantone, wo er in Pfyffer den richtigen Bundesgenossen fand. Und hier handelte es sich nun nicht sowohl um die Bekehrung Abgefallener, als vielmehr um die Schürung des konfessionellen Sonderbewusstseins in seinem Einfluss auf die übrige Eidgenossenschaft. Um diesen Geist zu nähren, stiftete der Bischof von Mailand das Kollegium Borromacum oder „Collegium Helveticum", in welchem 40 Jünglinge aus der Eidgenossenschaft auf seine Kosten Erziehung und höhern Unterricht empfangen sollten, um dann — eine Parallele zu den Genfer Studenten aus Frankreich — als Streiter für Rom, als brauchbare Werkzeuge der Gegenreformation, in der Schweiz Dienste leisten zu können.[4]) In gleicher Absicht bewog er den Papst zur Errichtung einer ständigen Nuntiatur in der Schweiz,

---

[1]) v. Liebenau, Der heil. Carl Borromaeo u. die Schweizer, in den „Monatrosen". Luzern 1884. — Decreti e lettere, publ. p. Rosetti im Boll. storico von E. Motta, IV.
[2]) E. A., IV, 2 b, 1277, 1278, 1281.
[3]) E. A., IV, 2 b, 1283.
[4]) Schneller, Verkommnis der V Orte mit Karl Borromaeo, betreff. die kirchl. Zustände der ennetbirgischen Vogteien, Geschichtsfd. d. V Orte, Bd. XX, 231 u. ff.

d. h. zur Bezeichnung eines höhern Prälaten, der die engste Verbindung mit Rom herstellen und ein geistiger Mittelpunkt sein sollte für alle katholischen Bestrebungen. 1574 wurden die Jesuiten nach Luzern berufen durch ihren ergebenen Bewunderer Pfyffer, und 1580 veranlasste Borromaeus einen andern katholischen Orden zur Niederlassung in der Schweiz, der für das niedere Volk und dessen Bekehrung zum katholischen Glauben in Wirklichkeit vielleicht mehr gethan hat als die Jesuiten, nämlich die K a p u z i n e r, die zeitgemässe Umgestaltung des alten Barfüsser-Ordens. Noch im gleichen Jahre, 1580, bauten die Kapuziner in Stans und in Altorf Klöster und eröffneten in kurzer Zeit einen gewaltigen und vielfach siegreichen Kampf gegen die reformierten Kirchen.[1] Es folgten Luzern 1583, Schwyz 1585, Appenzell und Solothurn 1588, Baden und Frauenfeld 1591, Zug 1595, Rheinfelden 1598, Rapperswyl 1602, Sursee 1606, Freiburg 1608, St. Maurice 1611 u. s. f.

Es ist natürlich, dass dadurch die Anhänger der Reformation in nicht geringe Aufregung gerieten und eine arge gegenseitige Erbitterung und Verfolgung sich einstellte. Die Erneuerung des Bundesschwurs musste immer wieder unterbleiben, weil man keine Formel fand, und der Vorschlag von Solothurn und Freiburg, „bei Gott dem Allmächtigen" zu schwören, wollte ihren Freunden nicht gefallen.[2] Die gemeinschaftlichen Tagsatzungen beschränkten sich nur mehr auf die gewöhnlichsten Verwaltungsgeschäfte über äusserliche Dinge. Die wichtigsten Angelegenheiten wurden nur noch in den getrennten, halb oder ganz geheimen Versammlungen beraten; zu Beckenried, Luzern oder anderswo fanden sich die katholischen Boten zusammen; zu Aarau wurden meistens die evangelischen Konferenzen abgehalten, und beide standen auf einer Art von Kriegsfuss gegeneinander, so sehr, dass auch in diesen evangelischen Konferenzen nicht etwa die gemeinsame Pflege und Kräftigung des religiös-kirchlichen Lebens, sondern eben der Kampf gegen die Bekenntnisgegner, die Verteidigung gegen alle wirklichen oder vermeintlichen Angriffe auf kirchliche Rechte und kirchliche Grenzen, ausschliesslich das Interesse beherrschte.

Am 10. Dezember 1580 reiste der päpstliche Nuntius, der Bischof von Vercelli, von Luzern nach Freiburg; er nahm seinen Weg durch das ketzerische Bern, unterliess es jedoch, in der

---

[1] Chronica provinciae Helveticae ordinis sancti Francisci Capucinorum. Solodori 1884—87.
[2] E. A., IV, 2ª, 711 (19. Apr. 1580).

damals üblichen Weise als Fremder sich amtliches Geleit zu erbitten. Es war ein Dienstag und Markttag, als er in Bern durch die Strassen ritt; man erkannte das geistliche Kleid, und nun geschah es, dass er, wohl absichtlich, von der Strassenjugend mit Schneeballen beworfen wurde. Aus diesen Schneeballen entstand eine furchtbare Lawine von Beschwerden in der ganzen Eidgenossenschaft, ein Geschrei, das mit Kriegsdrohungen endete und nur mit grösster Mühe durch Vermittlungspersonen zum Schweigen gebracht werden konnte.[1] Der angesehene Pfarrer Samuel Schnenwli (Nivinus) wurde wegen scharfen Aeusserungen in dieser Angelegenheit von seiner Stelle am Münster entlassen und nach Thun versetzt (Januar 1581), um den Zorn zu beschwichtigen.

Das gegenseitige Schimpfen war so sehr an der Tagesordnung, die Schmähung des kirchlichen Gegners galt so sehr als das sicherste Zeugnis für die eigene Frömmigkeit, dass die Polemik gegen den Papst und den „römischen Aberglauben" stets einen Hauptteil in der reformierten Predigt bildete. Die Berner Regierung erliess daher am 19. März 1581 ein Mandat an ihre Geistlichkeit mit der Aufforderung: *„dass Ihr in Eurer Lehr das Gebot ernstlich treibet, ein gottselig, friedverständig Leben vor Gott zu führen; — den Papst und das Papstthum, auch desselben Anhänger zu bekriegen, uns, der Obrigkeit, so das Schwert trägt, anheimsetzend und Euch des Friedens nit beladind, sonder Euer Amt in Vermahnung des Volkes zum Gebet, Busse, friedlichem und gottesfürchtigem Leben vermahnind, und dasselbe, wie sich gebürt, thügind;* (dagegen) *Lästeren, Schmähen der Päpstlichen überhebind. Daran thut Ihr unser Gefallen.*[2]

Allein trotz dieser wohlgemeinten Bemühungen verschärfte sich der Gegensatz je länger je mehr, namentlich als die katholischen Kantone immer offener mit den Feinden der Reformation ausserhalb der Schweiz sich verbanden.

Das merkwürdigste Anzeichen, wie weit die konfessionellen Vorurteile alles beherrschten und jede natürliche, verständige Ueberlegung unmöglich zu machen vermochten, liegt in einer Erscheinung, die wir eben nur aus diesem Grunde hier erwähnen müssen: wir meinen die Ablehnung der **Kalender-Reform**. Nachdem im Laufe der Jahre die astronomischen Fehler der

---

[1] E. A., IV, 2ª, 729, 730, 733—34.
[2] Chronik v. Haller-Müslin. — Zehenders K.-G., II, 102.
[3] Zehender, K.-Gesch., II, 103.

Julianischen Zeiteinteilung immer bedenklicher zu Tage getreten waren, hat Papst Gregor XIII. 1582 die Verbesserung unternommen und durch ein Schreiben an sämtliche Regierungen Europas dieselbe zur Annahme und gleichzeitigen Einführung empfohlen. Wie alle protestantischen Fürsten, so haben auch die reformierten Kantone der Schweiz[1]) sich geweigert, diese Verbesserung aus der Hand des Papstes anzunehmen[2]), und sogar die Einführung in den gemeinen Herrschaften verhindert, mit der Begründung, dass vertragsgemäss „in der Religion" keine Aenderungen vorgenommen werden dürfen.[3])

So konnte sich die kleine Schweiz denn auch noch 120 Jahre lang einer zweifachen Zeitrechnung erfreuen, weil die Reformierten fürchteten, sich sonst als Unterthanen des heil. Vaters zu bekennen. Noch 1608 mussten Schmähungen wegen des Kalenders ausdrücklich verboten werden.[4])

Die Spaltung wurde immer drohender. Schwyz verlangte jetzt auch in seiner mit Glarus gemeinsamen Vogtei Windegg und Gaster die strenge Durchführung der kirchlichen Vorschriften, d. h. die Bestrafung aller „Abgefallenen" (3. August 1584).[5]) In Freiburg wurden die reformierten Berner, wenn sie nach der Stadt kamen und es unterliessen, die Bekreuzungen und Kniebeugungen mitzumachen, nicht nur vom Pöbel misshandelt, sondern von den Beamten mit Bussen belegt.[6]) Es wurden Gerüchte verbreitet, dass die Berner einen Ueberfall auf Freiburg planen.[7])

. Die Behandlung, die der Konvertit Jost Alex in Freiburg erlitt[8]) (1585), schüttete Oel ins Feuer, und nicht weniger eine Schmähschrift, die von der nämlichen Stadt ausging und wichtig genug schien, um die Abhaltung einer evangelischen Konferenz zu veranlassen.[9]) Bessere Wirkung als von einer polemischen

---

[1]) Anfangs wollte auch Unterwalden nichts davon (E. A., IV, 2ᵃ, 821), was beweist, dass auch die blosse Macht der Gewohnheit grossen Teil daran hatte. Zehender, K.-G., II, 119, hat der Angelegenheit ein eigenes Kapitel gewidmet. Vergl. die „Bedenken gegen den Gregor. Kalender", von Marx Escher aus Zürich, in Mss. H. H., VI, 54 (Nr. 36) d. St.-B. Bern.
[2]) E. A., IV, 2ᵃ, 823. (Ev. Konf. in Aarau, 24. März—3. April 1584.)
[3]) E. A., IV, 2ᵃ, 835.
[4]) E. A., IV, 1ᵇ, 1417.
[5]) E. A., IV, 2ᵃ, 838.
[6]) E. A., IV, 2ᵃ, 850.
[7]) E. A., IV, 2ᵃ, 852.
[8]) Archiv des hist. V. Bern, IV, 71.
[9]) E. A., IV, 2ᵃ, 846.

Antwort durfte man sich von einem Schritte freundlichen Entgegenkommens versprechen, der nun angesichts der Gefahr versucht worden ist. Die vier evangelischen Städte liessen ein Schreiben abgehen an die V Orte, nebst Freiburg und Solothurn und die andern Mitstände, worin sie sich ernstlich beschwerten über die Aufreizungen und das gegenseitige Misstrauen, über die vom Auslande her geschürte Zwietracht, und die ebenso unbegründeten als unerträglichen Missverständnisse, die nur zur Trennung der Eidgenossenschaft angezettelt werden. Der Glaube der Reformierten wurde nochmals als wahrhaft christlich dargestellt und schliesslich der Gedanke ausgesprochen, dass es doch möglich sein sollte, auch bei verschiedenem Religionsbekenntnis friedlich mit einander im Bunde zu leben. Der Vortrag wurde im November 1585 durch eigene Abordnungen zu allen Orten gebracht.[1]

Glarus und Appenzell antworteten freundlich, die V ganz katholischen Orte dagegen, — welche zuerst am 10. Dezember in einer Konferenz zu Luzern die Sache verschoben, „bis man sehe, ob man den schönen Worten trauen dürfe", — mit einer sehr scharfen Erwiderung, welche keinen Zweifel mehr gestattete. Das Uebel selbst wurde anerkannt, aber alle Schuld nur den Evangelischen und ihrem Abfall von der wahren Kirche zugemessen: „Den Reformierten", sagten sie, „sei eben jeder Glaube recht, wenn er nur nicht katholisch sei. Wäre es ihnen ernst gewesen, sich im Glauben zu einigen, so wären sie zum Konzil nach Trient gekommen. Die heilige Gottesmutter werde verachtet, da man ihr ja im evangelischen Lande den englischen Gruss vorenthalte; die lieben Heiligen werden geschmäht, wo man ja ihre Bilder nicht verehre." Der tiefe Hass gegen die Stadt Calvins wurde auch bei diesem Anlass nicht verhehlt und zum Schlusse gesagt: Die Einigkeit der Eidgenossenschaft hänge an der Rückkehr zum alten Glauben. Wenn sie, die Reformierten, das nicht wollen, so wissen ihre katholischen Bundesbrüder nichts mehr zu reden oder zu raten.[2]

---

[1] E. A., IV, 2a, 895—901 (18.—29. Nov. 1585), wo der Vortrag abgedruckt ist. In Freiburg erst am 20. und in Solothurn am 22. Jan. 1586, in Glarus und Appenzell im Februar.

[2] E. A., IV, 2a, 939—940, ohne eigenes Datum; mündlich abgegeben im Laufe April 1586.

Vom Abschluss des Goldenen Bundes bis zum Ende des Jahrhunderts.

So weit war es also gekommen. Die Mahnung hatte nichts gefruchtet; die katholische Partei war siegesgewiss und schritt über alle Bedenken hinweg. Ludwig Pfyffer und Karl Borromaeus arbeiteten zusammen: am 5. Oktober 1586 — nachdem der letztere eben gestorben — wurde zu Luzern der sogenannte „Goldene oder Borromäische Bund" abgeschlossen von den Abgeordneten der VII Orte, also Freiburg und Solothurn mit inbegriffen: *„Gott dem Allmächtigen, seiner würdigen Mutter Maria und dem ganzen himmlischen Heere zu Lob und Ehre, dem Vaterlande zum Trost und zur Wohlfahrt, allen guten Freunden und Glaubensgenossen zur Freude, den missgünstigen und hochmütigen Stiefbrüdern aber zum Schrecken."* [1]

Mit grossem kirchlichem Pompe, der durch das Eintreffen des neuen päpstlichen Nuntius Santonio, Bischof von Tricarico, erhöhten Glanz erhielt, folgte am nächsten Tage die Beschwörungsfeierlichkeit. Hier konstituierte sich, unter dem Einfluss von Spanien und Savoyen, die katholische Schweiz in offen feindseligem Sinne neben und gegen die evangelische Schweiz.[2]

Die sich verbündenden Stände gelobten nämlich in dieser „Verpflichtung und Bruderschaft" nicht nur gegenseitige Hülfeleistung gegen allen Abfall vom Glauben in der eigenen Mitte, sondern auch Hülfe gegen andere; *„und keine alten noch neuen Bündnisse sollen uns daran irren, gar Niemand ausgeschlossen, der nicht unseres allein wahren Glaubens ist."* Die Hülfeleistung ist geboten nicht nur zur Verteidigung, sondern auch *„für die, welche sich gezwungen sehen, den Krieg anzufangen, gleich als ob sie wären bekriegt worden."*

Allgemein war der Eindruck, dass der Goldene Bund nichts Geringeres sei als eine Kriegserklärung, um so mehr, als nun am 12. Mai 1587 noch ein weiterer Separatvertrag die katholischen Stände mit Spanien verband.[3]

---

[1] E. A., IV, 2ᵃ, 954—955. Der Text der Urkunde in E. A., IV, 2ᵇ, 1580—91, Beil. 29 — Siehe Streuber, Die erste Berufung der Jesuiten nach Luzern und die Stiftung des Borr Bundes, Basler Beitr., IV, 321.

[2] Balthasar, Vorrede zu einer Geschichte der Nuntiatur in der Schweiz. Schweizer. Museum, 1816. Balthasar, Fragmente und Nachrichten von der päpstlichen Nuntiatur in der Schweiz. Helvetia, Bde. VII u. VIII. — Die päpstliche Nuntiatur in der Schweiz, in Schreibers Taschenbuch. 1844.

[3] E. A., IV, 1ᵃ, 22. Der Text als Beil. 1 auf S. 1829. — Vergl. auch Archiv f. R.-G., 1, 667.

Um sich für alle Fälle seines Volkes zu versichern, hatte Bern am 21. Februar 1585 seine Bürgerschaft mit ausnahmsweisem Ernst zu einer allgemeinen Huldigungsfeier im Münster versammelt und im folgenden Monat die Massregel in den Kirchen des Landes wiederholt.¹) Die Freundschaft mit den Glaubensgenossen wurde gepflegt und erneuert. Im Mai 1584 kam eine grosse Schar von Zürichern mit 350 Pferden nach Bern und wurde mit besonderer Gastlichkeit öffentlich empfangen. Gleichzeitig — und es dürfte dies auf konfessionell-politische Bedeutung auch des Zürcherbesuchs hinweisen — waren Boten aus Strassburg anwesend, welche eine Verbindung zwischen den Städten berieten.²) Schon im April 1582 hatte der bekannte Strassburger Rektor Johann Sturm sich in Bern aufgehalten.³) Immerhin — es mag das hier ausdrücklich gesagt sein — war nie von einer andern als einer defensiven Stellung die Rede.

Mit Konstanz hingegen war jetzt die Verbindung vollständig gelöst. Mit besonderer Befriedigung wurde an einem Tage der katholischen Orte im Mai 1587 berichtet: „In Konstanz herrscht gute katholische Ordnung, die lutherischen Leute ziehen von da fort."⁴) Um so wichtiger war jetzt das Verhältnis zu einer andern süddeutschen Stadt, zu dem verbündeten Mülhausen, das während einiger Zeit die grösste Aufmerksamkeit auf sich zog. Hier zeigte es sich, wie wenig es bedurfte, um von solcher Aufregung zum Ausbruch eines wirklichen Religionskriegs zu kommen.

Mülhausen hatte wie das Basler Bekenntnis, so auch die zweite Helvetische Konfession angenommen. Innere Parteiungen, politischer oder socialer Natur, entzweiten aber die Bürgerschaft, so dass schon seit 1584 die Tagsatzungen sich mit der ohnehin gefährdeten Stadt zu beschäftigen hatten.⁵) Ein geringfügiger Anlass führte weiter. Zwei Mülhauser Bürger, die Brüder Mathias und Jakob Finninger, hatten 1586 einen Eigentumsprozess gegen die Stadt zu führen.⁶) Mit ihrer Forderung abgewiesen, wütend über vermeintlich erlittenes Unrecht, zogen sie aus, begaben sich

---

¹) Haller-Müslin.
²) Ibid.
³) Ibid.
⁴) E. A., V, 1ᵃ, 23.
⁵) E. A., IV, 2ᵃ, 849, 878.
⁶) Krause, Die Unruhen in M. 1587, in Basler Beitr., I, 246. — Vergl. den Bericht von Abrah. Musculus in Mss. H. II., VII der St.-B. Bern (Haller Bibl. V, Nr. 616), u. Weyermanns, History der Eroberung von M., mitgeteilt von Hafner in Anz. f. S.-G., III, 388. — Josua Fürstemberger, Mülhauser Geschichte, abgedruckt in Le vieux Mulhouse, tom. II, 175—209.

in die katholische Schweiz und wussten hier die ohnehin gegen die ketzerische Stadt eingenommenen Bevölkerungen durch ihre leidenschaftlichen Klagen dermassen in Erregung zu bringen, dass die VII Orte ohne weiteres, ohne jede Untersuchung der Sachlage, ohne Anfrage bei den mitbeteiligten Eidgenossen, den Mülhausern den Bund aufsagten.[1]) Die beiden Finninger kehrten triumphierend nach ihrer Stadt zurück und hetzten nun auch hier einen Teil der Bürgerschaft gegen die Behörden auf; es entstand eine kleine Revolution, wie sie in den Stadtrepubliken eben nicht selten vorkamen; der bisherige Rat wurde abgesetzt und ein angeblich demokratischer, in Wirklichkeit sehr stark anarchischer Magistrat gewählt. Eidgenössische Vermittlungsboten vermochten nichts auszurichten, um die Ordnung wieder herzustellen.[2]) Es wurde beschlossen, mit Gewalt vorzugehen gegen die Stadt; am 14. Juni 1587 wurde Mülhausen von einer Armee der reformierten Kantone, unter dem Berner von Erlach, in nächtlichem Sturm erobert. Die alte Regierung wurde wieder eingesetzt, einer der Aufständischen sofort geköpft und eine eidgenössische Besatzung in die Stadt gelegt, die dann bis zur völligen Beruhigung der Parteien, im Jahre 1588, dablieb. Der eine der Brüder Finninger, der Anfänger des Handels, wurde in Bern nachher gefangen genommen und nach kurzem Prozess hingerichtet, als ein gefährlicher Mensch und Unruhestifter. Vielleicht lag dem Zwist eine rein politische Bewegung gegen die Herrschaft der städtischen Familien-Aristokratie zu Grunde; damals jedenfalls wurde in der Schweiz die Angelegenheit nur vom konfessionellen Gesichtspunkte angesehen, und nach diesem teilten sich die Parteien. Die katholischen Kantone, welche eine Gegenschrift zur Widerlegung der reformierten Darstellung zu veröffentlichen sich beeilten[3]), haben ihren Bund mit der doppelt und dreifach verhassten Stadt nicht mehr erneuert, die Bitte um Wiederherstellung auch später schroff abgelehnt[4]), und so blieb denn Mülhausen zuletzt wehrlos der Uebermacht Frankreichs preisgegeben.

Bald wurden indessen die Blicke nach einer andern Seite gelenkt. Durch die offene Sympathie der Innerschweiz ermutigt, machte Savoyen unzweideutige Anstrengungen, sich der Waadt

[1] Am 1. Oktober 1586, dem Tage, an welchem der Goldene Bund geschlossen worden ist. E. A., IV, 2ᵃ, 955.
[2] E. A., V, 1ᵃ, 7 (1587, 5. März) u. 24 (24.—28. Mai).
[3] E. A., V, 1ᵃ, 63. — Haller, Bibl. d. S.-G., V, 190.
[4] E. A., V, 1ᵃ, 326, 370 (1595), 683 (1603).

wieder zu bemächtigen. Im Frühling 1588 fühlte man, dass der Friede bedroht sei. Die Religionskriege in Frankreich, die Feldzüge der Spanier gegen die Niederlande vermehrten die Beunruhigung und gaben den ärgsten Gerüchten von Ueberfall und Verrat nur allzuviele Wahrscheinlichkeit. Die Berner Regierung, wie diejenige Zürichs, suchte die Verbindung mit Strassburg neu anzuknüpfen.[1]) Die Besorgnis war so gross, dass man es für ratsam hielt, sich auf alle Fälle wenigstens der Stimmung des eigenen Volkes zu versichern.

Auf den 9., 13. und 16. März 1588 wurden aus jeder Kirchgemeinde des Gebietes je zwei der achtbarsten Männer nach Bern berufen, um sich mit ihnen zu beraten. Der Schultheiss von Mülinen schilderte die Lage und mahnte zur Ruhe, aber auch zur Kriegsbereitschaft für den Fall der Not. Es zeigte sich, dass auf dem Land ebenso viel Einsicht in die Gefahr, aber mehr Mut, ihr zu begegnen, vorhanden sei, als unter den Ratsherrn. Die Oberländer Abgeordneten waren unter Begleitung von 100 Pferden in Bern eingerückt, zum Zeichen freudiger Bereitwilligkeit zu kräftigen Entschlüssen. Nachher wurden auch die Dekane des Landes berufen, um durch sie auf die Geistlichkeit zu wirken, damit in der Predigt zu Glaubenstreue und Gottvertrauen aufgefordert werde. Die Dekane wurden sogar in diesem Sinne von neuem beeidigt.[2])

Grund dazu war vorhanden. Es verlautete jetzt in Bern, dass es dem Herzog von Savoyen gelungen sei, einige angesehene Bürger von Lausanne ins Interesse zu ziehen und einen Teil der Bewohner gegen die neue Ordnung aufzureizen. Man vernahm, es sei ein Mordanschlag geplant: Der bernische Landvogt, die Prädikanten und Professoren sollen in einer Nacht erwürgt werden. Am 12. und 13. Dezember solle es losgehen. Eine savoyische Hülfsschar werde über den See den Aufständischen zu Hülfe kommen und sich der Stadt Lausanne bemächtigen[3]); dann werde auch Genf mit leichter Mühe überwältigt. Der Anschlag — was dabei wirklich geplant war, lässt sich nicht mehr mit Gewissheit sagen — wurde indessen verraten und Lausanne mit bernischen Truppen besetzt. Die Folge war ein Wiederausbruch des Krieges zwischen Bern

---

[1]) Das Bündnis von Strassburg mit Zürich und Bern, 1588, in der Zeitschrift für die Geschichte des Oberrheins, Bd. 48, S. 638. — Jakubowski, Die Beziehungen von Zürich und Bern mit Strassburg, 1898.

[2]) Zehender, K.-G., II, 180.

[3]) Tillier, G. v. Bern, III, 476. Vergl. Du Bois-Melly, le baron de Hermance et les pratiques secrètes de Ch. Em. duc de Savoie, 1589. Mém. de la soc. d'hist. de Genève, XIX, p. 85 (1877).

und Savoyen, im Jahr 1589. Das neue Verlangen an die katholischen Orte, den Bernern den Besitz ihres savoyischen Landes sicher zu stellen, war diesmal kaum mehr ernstlich gemeint; es wurde der Form wegen ausgesprochen, aber nach einer Konferenz in Luzern schroff abgelehnt.[1])

Das Berner Landvolk war es, das die zaudernde Regierung drängte, hauptsächlich weil man Genf, den Schlüssel der Schweiz, nicht den Feinden des evangelischen Glaubens preisgeben dürfe. Ebenso wenig aber konnte man gestatten, dass die Stadt, die bereits — 19. April 1589 — mit Heinrich III. gegen Savoyen ein Bündnis einging[2]), sich völlig Frankreich in die Arme werfe.

Der Krieg begann, aber er wurde — so gering war in dieser Periode der Kontrareformation auch unter reformierten Staatsmännern der Glaube an die eigene Sache — überaus lässig und kraftlos geführt, so dass das bernische Heer in geradezu schmachvoller Weise geleitet und schliesslich sein Führer, der Schultheiss Johannes von Wattenwyl, als Verräter erklärt, vor Gericht gestellt und seiner Würde entsetzt worden ist. Er war ein Sohn des hochverdienten, am 26. Mai 1560 vorzeitig verstorbenen Johann Jakob von Wattenwyl, Herrn zu Colombier, von welchem oben wiederholt die Rede war.

Der Friedensschluss zu Nyon, am 11. Oktober 1589[3]), machte dem elenden Feldzug ein Ende.

Glücklicherweise konnten diesmal die Genfer sich behaupten ohne die Berner, die Gefahr wurde abgewendet[4]). In der Umgegend aber zog jetzt die Gegenreformation mit aller Macht ein. Der Vertrag von Lausanne wurde in keiner Hinsicht gehalten. Die Bewohner von Nordsavoyen, die ein volles Menschenalter im reformierten Glauben gelebt, deren gesamte junge Generation aus dem Berner Katechismus unterwiesen und aus der Bibelpredigt erbaut worden war, wurde wieder katholisch gemacht. Allerdings nicht mit offener Gewalt, aber um so wirksamer durch Ueberredung und Beeinflussung, durch Begünstigung der

---

[1]) E. A., V, 1ᵃ, 139 (10. Januar 1589).

[2]) E. A., V, 1ᵃ, 155, und V, 1ᵇ, 1890, als Beil. IV.

[3]) E. A., V, 1ᵃ, 191. Ueber diesen Krieg und den nachfolgenden Prozess s. Tillier, a. a. O., III, 483—496. — Fazy, H., La guerre du pays de Gex, 1589, Genève 1897, besond. S. 70. — Eine ältere Darstellung: Beschreibung des Savoyerkrieges, in der „Berner Monatsschrift" von 1825, Heft 1 u. ff.

[4]) Ueber die Beteiligung von Basel am Kriege siehe Buxtorf-Falkeisen Bd. I, 3, S. 107.

Abfallenden und Zurücksetzung der „Halsstarrigen", ganz vorzüglich aber auch — das muss anerkannt werden — durch den gewaltigen Eindruck eines Mannes von apostolischem Eifer, von beispielloser Hingebung an die Aufgabe, die er sich stellte, oder die er sich von Gott gestellt glaubte.

Es ist dies Franz von Sales, Titularbischof von Genf und dadurch berufen, die abgefallene Bevölkerung wieder seiner alten Kirche zuzuführen. Mild und liebenswürdig, persönlich fromm und aufopferungsfähig, ein Mystiker von tiefer Devotion, ein Asket von streng sittlichem Wandel, dem es wirklich um Bekehrung der Seelen zu thun war, weil er die im Ketzerglauben Lebenden für verdammt hielt und zu retten wünschte, war Franz von Sales ganz der Mann, um ein durch seine reformierten Prädikanten doch vielfach auf recht dürre Weiden und zu trockenen Brunnen geführtes Volk wieder für die alte Lehre zu gewinnen, ihm mit dem Vertrauen zu seiner Liebe, mit der Bewunderung vor seiner Heiligkeit auch den Glauben an die Wahrheit einer Kirche einzuflössen, die er als einzigen Hort der Seligkeit anpries.

In den Jahren 1591—98 soll dieser Missionär der Gegenreformation nicht weniger als 6000 Personen wieder zum Katholizismus bekehrt haben, wobei wir freilich uns erinnern müssen, was die katholische Kirche unter „Bekehrung" versteht.¹) Einen Teil des leichten Gelingens verdankte der Bischof jedenfalls auch dem Beistand der Staatsgewalt; je grösser die Zahl der Bekehrten war, und je weniger Bern mit seinen Bundesgenossen eben damals daran denken konnte, die Beobachtung der Verträge erzwingen zu wollen, um so ungescheuter trat Gewalt der Ueberredung zur Seite, sie unterstützend und wohl auch nicht selten ersetzend. Nach Ruchats Angabe wurden 1598 die evangelischen Prediger aus ihren Kirchen vertrieben.²)

Im Jahre 1602 machte der Pfarrer Colladon in Morges öffentlich darauf aufmerksam, wie unerträglich die Reformierten in Savoyen Verfolgung leiden müssen. Man beklagte es, aber es fehlte alle Kraft, um Einsprache zu thun, weil man doch den Worten keinen Nachdruck zu geben vermochte, und gegen bescheidene Beschwerden berief man sich katholischerseits darauf, dass die Leute sich ja freiwillig bekehren, dass ihnen keinerlei Zwang angethan werde. Welche Mittel in Anwendung kamen, um diese Freiwilligkeit zu stande zu bringen, das liess sich selten oder

---

¹) In Thonon wurde 1894 mit grossen Festlichkeiten die Rückkehr zum Katholizismus vor 300 Jahren gefeiert.
²) Tom. IV, 114.

niemals beweisen, und so musste man, trotz aller Pergamenturkunden, geschehen lassen, was geschehen wollte, und man konnte es noch als ein Glück betrachten, dass 1602 das Pays de Gex aus den Händen des Herzogs von Savoyen in die Gewalt des französischen Königs Heinrich IV. überging, von dem doch wenigstens keine Religionsverfolgung zu erwarten war.

Zu Anfang des 17. Jahrhunderts war im ganzen ehemals bernischen Nordsavoyen keine Spur mehr von reformierten Gemeinden, von evangelischen Kirchen und protestantischem Gottesdienst. Savoyen war wieder ein ganz katholisches Land.

Immer rücksichtsloser durfte jetzt auch der Bischof von Basel in seinem Fürstentum auftreten. 1588 wurden die Bürger von Laufen gezwungen, die katholischen Feiertage wieder einzuführen; die widerstrebenden reformierten Prediger wurden wegen ihres Ungehorsams gegen die rechtmässige Obrigkeit bestraft und vertrieben[1]), und 1589 die Kirche des Städtchens vollends wieder dem römischen Kultus geweiht. Das war am 30. April, und bald wagte niemand mehr nur sich selbst daran zu erinnern, dass er einst auf den evangelischen Glauben getauft worden sei.

Jenseits der Aarebrücke des bernischen Städtchens Büren, in dem auf bischöflichem Boden stehenden, aber zur reformierten Kirche von Pieterlen gehörenden Dörfchen Reiben, liess der Fürstbischof im Jahre 1587 eine Säule aufrichten mit einem Marienbilde, und den Bürgern von Büren wurde zugemutet, dass sie den Hut davor ziehen. Es wurde dann von der dortigen Jungmannschaft nächtlich zerstört, zum grössten Verdruss der „Pfaffenknechte" zu Reiben und des Meyers in Biel.[2])

Nicht nur die mit Basel verbündeten Gemeinden, sondern die Unterthanen der Stadt soll der Bischof gegen ihre Obrigkeit aufgereizt haben.[3])

Die Stadt selbst hatte darunter zu leiden. Eingeschlossen von den Gebieten des Bischofs in Pruntrut und dem noch österreichischen Frickthal, durfte sie sich nicht regen. Die Lage war hier so ausserordentlich gespannt und von Misstrauen erregt,

---

[1] E. A., V, 1ᵃ, 115.
[2] Handschriftliche Aufzeichnungen des Pfarrers Hutmacher in Büren (1577—1588), laut verdankenswerter Mitteilung des Herrn Stadtschreibers Schmalz daselbst. Dieser Pfarrer Hutmacher war freilich auch, trotz seines Eifers gegen die Pfaffenknechte, kein Mustergeistlicher; er musste wegen ärgerlichen Zanks mit seinem Helfer fünf Tage und Nächte im Gefängnis zubringen und versetzt werden. (Lobner, Die ref. Kirchen v. Bern, S. 552).
[3] E. A., V, 1ᵃ, 282 (1582).

dass schon im Jahre 1599 die blosse Durchreise eines habsburgischen Erzherzogs und seiner Frau die Bürgerschaft in die grösste Angst versetzte. Man befürchtete von der Anwesenheit dieses hohen Herrn und seiner allerdings auffallend zahlreichen Begleitung nichts Geringeres als einen Handstreich und eine Mordnacht, um die Stadt zu überrumpeln und an Oesterreich auszuliefern.[1])

Basel wagte es denn auch damals nicht, dem Bündnis der reformierten Städte Bern und Zürich mit Strassburg beizutreten, nicht weil es des Schutzes nicht bedurfte, aber weil es völlige Stille für sicherer hielt.

Bevor noch das Jahrhundert zu Ende ging, glaubte der Bischof noch einen Schritt weiter gehen und in gleicher Weise, wie die Bewohner von Laufen, nun auch die Münsterthaler behandeln zu dürfen. Obwohl diese erst 1596 ihr Burgrecht mit Bern erneuert hatten, wurden ihre kirchlichen Freiheiten ungescheut vom Bischof und seinen Beamten missachtet. Derselbe liess 1597 alle Exemplare des bernischen Reformationsediktes, die sich in Münster vorfanden, wegnehmen und jeden kirchlichen Verkehr mit Bern untersagen. François Parisot und zwei andere Geistliche, die sich darüber beschwerten, wurden als Verbrecher bestraft.[2])

Durch solche Streitigkeiten ermüdet, liess sich jetzt Bern schliesslich zu einem sehr bedenklichen Abkommen herbei, über welches später berichtet werden muss.

Nicht nur mit Freiburg, sondern auch mit Solothurn hatte Bern fortwährend Anstände zu bereinigen. Vom letztern konnte es 1594 nicht ohne Mühe das Zugeständnis erlangen, dass den Angehörigen seiner sogenannten „Hochgerichte" im Bucheggberg der Besuch des Gottesdienstes in den Bernerkirchen auch fernerhin gestattet blieb.[3])

Unter dem Druck des tridentinisch-borromäischen Geistes wurde auch in Appenzell der konfessionelle Streit seit 1579 wieder angefacht. Namentlich wird dem Nuntius die Schuld zugeschrieben. Den wenig zahlreichen evangelischen Bewohnern des katholisch gebliebenen Hauptorts und seiner Umgebung wurde der Besuch des Gottesdienstes in den Aeussern Rhoden mit allen

---

[1] Ochs, Gesch. v. Basel, Bd. VI, 316 u. ff.
[2] Tillier, Gesch. v. Bern, III, 345.
[3] E. A., V, 1a, 339 (11. März 1594). — „Das Religionswerk im Bucheggberg", Zusammenstellung der kirchlichen Verträge zwischen Bern und Solothurn bis 1676. Mss. H. H., XIII, 155. Nr. 3 der St.-B. Bern.

Mitteln verwehrt, und bald war der Zwist so heftig[1]) und so unheilbar, dass 1588 nur mit grösster Mühe die eidgenössische Vermittlung den Bürgerkrieg zu verhindern vermochte.

Am 24. April 1588 wurde hier den Reformierten in Appenzell die übliche Wahl gestellt von Bekehrung oder Auswanderung.[2]) Unerwartet viele zogen das letztere vor; aber diese Vertreibung konnte nur neue Bitterkeit wecken, und als die Innern Rhoden gegen den Willen der Aeussern sich mit Spanien verbanden[3]), schien nichts anderes übrig zu bleiben, als völlige staatliche Trennung der bereits kirchlich Getrennten.

Der Gedanke wurde von evangelischer Seite mit Freuden als Rettung aus unhaltbarer Lage begrüsst, vom 31. August 1597 an in Herisau näher geprüft und in Vertragsartikel gefasst, die dann am 7. und 8. September allseitige Zustimmung fanden. Dieselben bestimmten, dass die dem reformierten Bekenntnis anhangenden Rhoden von Urnäsch, Herisau, Hundwyl, Teufen, Trogen und Gais sich bürgerlich sondern sollten von den Innern, und zwar in dem Sinne, dass wer in den Innern reformiert, oder in den Aeussern katholisch sein will, in angesetzter Frist auswandern soll in eine Gemeinde seiner Konfession.[4]) Am 22. Oktober 1597 konstituierten sich die Aeussern Rhoden auf einer Landsgemeinde zu Trogen als selbständiger reformierter Kanton.

So vollzog sich am Schluss des Reformationsjahrhunderts eine der merkwürdigsten Folgen der Religionsspaltung, der gegenseitige geographische Austausch der kirchlichen Minoritäten und eine politische Neubildung auf Grund der konfessionellen.[5])

Für den Fortbestand der evangelischen Kirche im Appenzeller Lande war diese verhältnismässig ruhige, friedliche Ausscheidung sicher ein Vorteil. Die Zumutung des Abts von St. Gallen, sein Recht des Kirchensatzes im ganzen Lande wieder herzustellen, wurde 1598 sogar von den katholischen Ständen als unzeitgemäss abgelehnt.[6]) Die reformierten Gemeinden hatten sich seit 1590 wieder an die St. Galler Synode angeschlossen, bestellten jedoch

---

[1]) Einzelheiten siehe Hottinger, III, 948 und 949.
[2]) E. A., V, 1ᵃ, 101 und 102.
[3]) E. A., V, 1ᵃ, 422, wo der Vertrag abgedruckt ist.
[4]) Vertrag vom 8. Sept. 1597, als Beil. VII in E. A., V, 1ᵇ, 1861.
[5]) Vergl. Heim, Ein Blatt aus der Ref.-Gesch. Appenzells (Volksblatt für die ref. Schweiz, 1888, 11. Febr.). — Ders., Entwicklung der ref. Landeskirche in App. Appenzeller Jahrb.. 1886. — Dazu: Rusch. Beitr. zur Gesch. der Glaubensspaltung in Appenzell, im Archiv des Pius-V., Bd. II, 497 u. ff.
[6]) E. A., V, 1ᵃ, 468.

1600 ein besonderes Ehegericht und hielten auch seit 1602 wieder eigene Geistlichkeitsversammlungen — in Trogen oder Herisau — ab.[1] Die Folge davon war ein Zusammenschluss der autonomen Gemeinden zu einem landeskirchlichen Verbande unter Leitung der gemeinsamen Staatsobrigkeit.[2]

Beinahe schien es, als ob Glarus dem Vorgang von Appenzell folgen müsse. Verträge wurden geschlossen, aber Verträglichkeit wollte trotzdem nicht einkehren. Die Näfelser Fahrt, welche die politische Einheit zum Bewusstsein bringen und zu gemeinschaftlichem Dank gegen die Vorsehung zwingen sollte, gab immer wieder Anlass zu Hader und Zank. Der Dekan Abraham Wild, Pfarrer der evangelischen Kirche zu Glarus, schrieb 1586 seine „Ehrenrettung des Landes Glarus", worin er beweisen wollte, dass das Vorgeben der Katholiken, durch den Vertrag von 1532 sei die Feier der Messe für das ganze Land zugesagt worden, durchaus nicht der Wahrheit entspreche.[3] Die Leidenschaften wurden dadurch nicht beschwichtigt: 1595 brachen die Evangelischen in Schwanden den Messaltar ab in der von beiden Konfessionen benutzten Kirche[4], und 1596 wurden umgekehrt die Reformierten im Linththal aus der Kirche hinausgedrängt und mussten von der Tagsatzung Wiedereinsetzung in ihre Rechte verlangen.[5] Der Streit wurde so arg, dass die Konferenz der katholischen Stände zu Gersau, im September 1602, den Plan einer Teilung von Glarus erwog[6]; vielleicht war es nur die Eigenart des eingeschlossenen Thales, die eine solche unmöglich machte.

Wie vorher schon der untere Thurgau, so trat 1589 auch der obere Teil der Landgrafschaft, soweit er der evangelischen Lehre anhing, in enge kirchliche Verbindung mit Zürich, aus dessen Schulen seine Geistlichen herkamen, aus dessen Stadtbürgerschaft viele Pfarrer stammten, und dessen Kirchenleiter bei den Wahlen meistenteils von den Gemeinden zu Rate gezogen wurden. Allein dieser überwiegende Einfluss von Zürich konnte der katholischen Schweiz nicht gefallen, sie forderte wiederholt, dass die Evangelischen im Thurgau eine eigene Synode, sei es in Frauenfeld, Weinfelden oder Steckborn, einrichten sollen, so 1591, 1592 und später.[7]

---

[1] Finsler, K. St., 223, 226.
[2] Baumann, J., Rechtsgeschichte der ref. Kirche v. App. A.-Rh., 1897.
[3] Haller, Bibl. d S.-G., V, 1356. — Mss. H. H., VII, 108(Nr. 1) d. St-B. Bern.
[4] E. A., V, 1ᵃ, 391.
[5] E. A., V, 1ᵃ, 411.
[6] E. A., V, 1ᵃ, 613.
[7] E. A., V, 1ᵇ, 1354. 1355, 1357, 1362.

Am meisten aber gab während einigen Jahren der Streit über Arbon und Horn zu reden, indem der Bischof von Konstanz die ihm in den beiden Ortschaften zustehenden gerichtsherrlichen Kompetenzen im konfessionellen Interesse auszunützen versuchte.[1] Er wollte, gegen den Einspruch der Bewohner, den katholischen Gottesdienst wieder einführen und verlangte im Januar 1596 von der Tagsatzung eine Erklärung, dass „die von Arbon und Horn ihm, als ihrem rechtmässigen Herrn, gehorsam sein sollen, da er von jeher die hohen und niedern Gerichte daselbst unangefochten besessen habe, sie auch nicht zu der Landgrafschaft gehören und nicht im Landfrieden begriffen seien."[2] Erst im Juni 1598 wurde die viel besprochene Angelegenheit dahin geordnet, dass in Arbon und Horn nur die katholische Religion geübt werden, dagegen für die Dörfer Egnach und Roggwyl eine eigene evangelische Kirche erbaut und den Bewohnern der erstern Ortschaften der Besuch des Gottesdienstes in derselben ungehindert erlaubt werden solle.[3] Damit war freilich niemand zufrieden, und die Frage konnte noch längere Zeit nicht zur Ruhe kommen. Wie in Frauenfeld, so störten auch in Zurzach die Kapuzinerpredigten, 1596, den Frieden[4], und der evangelischen Minderheit in Klingnau wurde der Schutz der Landsfriedensbestimmungen abgesprochen.[5]

Aehnliches mussten natürlich die Unterthanen des Abts von St. Gallen erfahren: Reformierte Toggenburger wurden 1588 aus dem Lande gewiesen.[6] Mehrmals, 1596 (26. August) und 1598 (25.—27. August), fanden Vermittlungskonferenzen statt, um den Abt mit seiner unzufriedenen Landschaft auszusöhnen und den Evangelischen die Anerkennung ihrer bestrittenen religiösen Freiheiten wahren zu helfen.[7] 1589 wurde das Rheinthal von der Zürcher Synode getrennt; Zürich besass indessen eine Anzahl von Kollaturen daselbst, in andern Kirchen wenigstens ein Vorschlagsrecht, und da der grösste Teil der reformierten Prediger zudem geborne Züricher waren, blieb der kirchliche Einfluss dieser Stadt immer noch ein recht bedeutender. Das Bekenntnis vermochte sich zu halten. Anderseits wollten die Freiherrn von

---

[1] E. A., V, 1 b, 1351. — S. Bartholdi, Gesch. Arbons, in der Zeitschr. des Bodensee-Vereins, Bd. X, 16 u. ff.
[2] E. A., V, 1 b, 1346.
[3] E. A., V, 1 a, 471.
[4] E. A., V, 1 a, 411.
[5] E. A., V, 1 b, 1469.
[6] E. A., V, 1 a, 115.
[7] E. A., V, 1 a, 416, 478.

Sax auch in der letzten noch am alten Glauben hängenden Gemeinde Haag nur noch den reformierten Gottesdienst dulden.[1]) Vollständigen Sieg hat die Gegenreformation im Wallis errungen.[2]) Sobald es einmal, mit kluger Benützung der topographischen Lage des Thales, gelungen war, die noch sehr zahlreichen Evangelischgesinnten kirchlich zu isolieren, musste ein reges religiöses Leben allmählich erlöschen, und als nun erst einmal eine gewisse Gleichgültigkeit gegen den tiefern Glaubensunterschied Raum gewonnen hatte, wurde nun auch alles in Bewegung gesetzt, um den specifisch-katholischen Geist wieder zu wecken.

Ein Beschluss des Landrates, von 1592, der allen gebot, entweder den katholischen Gottesdienst zu besuchen oder das Land zu verlassen, konnte zwar nicht buchstäblich ausgeführt werden. Einige zogen fort, andere liess man gewähren. Allein während die reformierten Stände keinen Schritt zu thun wagten[3]), stärkte sich die Gegenpartei durch immer engern Anschluss an die Innere Schweiz und bereitete sich vor zum endlichen völligen Sieg.

Was im centralisierten Wallis geschehen konnte, die allmähliche Unterdrückung einer starken Minderheit durch die Mehrheit, war im locker zusammengehaltenen Rätien nicht möglich. Zwar fand auch hier die Gegenreformation einen starken Halt an den katholischen Orten, die sich seit 1584 mit wachsender Siegeszuversicht überall einmischten, wo sich Gelegenheit fand[4]); aber 1583 nahmen die Gemeinden im Domleschg das reformierte Bekenntnis an. Dagegen wurde die höhere Studienanstalt, welche zur bessern Bildung evangelischer Geistlicher im Jahre 1584 zu Sondrio gegründet worden, noch im nämlichen Jahre mit Gewalt wieder zerstört[5]), und 1583 zogen die Jesuiten im Misoxer Thal

---

[1]) E. A., V, 1a, 291.
[2]) Meine — noch zahlreicher Ergänzungen bedürftige — Abhandlung: Das Ende der Reformation im Wallis, in Meilis Theol. Z., 1880. — Näf, Coup d'œil sur l'état religieux du Valais à la fin du XVIe siècle et au commenc. du XVIIe, Revue suisse, XVI. — Die Bundeserneuerung des Wallis mit den VII Orten, in den „Walliserblättern", Bd. I, 389—411 1895. — Die neueste sehr fleissige Arbeit von katholischer Seite, von Dr. Sebast. Grüter, im Geschichtsfreund der V Orte, Bd. LII, gibt im wesentlichen das nämliche Bild, führt indessen die Geschichte des Protestantismus im Wallis in dem ersten Dezennium des 17. Jhr. noch weiter aus.

[3]) Der Versuch, Prediger aus Genf zu erhalten, misslang 1610. Finslers K.-St., 476.

[4]) E. A., IV, 2a, 820, 839, 852.

[5]) Hottinger, III, 921.

ein.¹) Im Veltlin setzte 1594 die Thätigkeit des Priesters Simon Cabassus in Tirano, namentlich seine freche Schmähung gegen Calvin, die Bevölkerung in Aufregung. Von einer Disputation in Tirano, am 13. Oktober 1595, hoffte man Entscheid und Beruhigung²), doch umsonst, und ein zweites Religionsgespräch, das im folgenden Jahre geplant war, wurde durch die Abmahnungen der katholischen Stände verhindert.³) So wogte hier die Schlacht noch mit zweifelhaftem Ausgang, aber mit um so grösserer Leidenschaft, ins folgende Jahrhundert hinein.

Als eine auffallende Erscheinung der Zeit ist die nicht geringe Zahl von Uebertritten anzusehen von der einen Konfession zu der andern: 1581 wurde Simon Wiedmer von Konstanz, gewesener Priester in Schwyz, nach seiner Bekehrung in den Zürcher Kirchendienst aufgenommen und im folgenden Jahre zum Pfarrer nach Kyburg erwählt; 1591 kam in gleicher Weise Gabriel Gerber von Luzern, früher Magister und Chorherr zu Beromünster; er erhielt 1595 die Pfarrstelle zu Bülach. Beide machten übrigens dem neuen Glauben keine Ehre: der erstere wurde wegen Trinken und Fluchen nach vergeblicher Warnung versetzt, und auch der zweite gab durch seine Trunksucht Grund zu amtlichen Beschwerden. Die nämliche Erfahrung machte man in Bern: Hans Meinrad Imfanger aus Unterwalden, nach seinem Uebertritte nach einander Pfarrer zu Bremgarten bei Bern, zu Lauperswyl, Bürglen, Ferenbalm und Hasli bei Burgdorf, wurde 1595 „wegen des dritten Ehebruchs" entsetzt und aus Stadt und Land verwiesen.

Auch der umgekehrte Fall kam vor, nämlich dass Kaspar Linder, Pfarrer zu Wynau und nachher Provisor in Thun, 1583 wegen Lästerungen der Religion abgesetzt, als Apostat nach Luzern ging. Ein ehrbarer Mann war dagegen Jakob Sümi, ein früherer Leutpriester in Unterwalden, der dann 1553 Prediger im Siechenhaus bei Bern und in Kranchthal, zuletzt in Spiez geworden war und hier 1565 mit vielen andern der Pest zum Opfer fiel.

Dass die Zurückführung zur katholischen Kirche in einem grossen Teil der Schweiz eine durchaus künstliche gewesen ist, geht aus allem hervor. Selbst jenseits des Gotthards regte es

---

¹) von Liebenau, Die Berufung der Jesuiten nach Misocco, in Kathol. Schw.-Bl., 2. Nov., Bd. III.
²) Hottinger, III, 957. Die Verhandlungen erschienen im Druck: Disputationis Tiranensis inter pontificios et ministros verbi Dei in Rhaetia anno 1595 et 1596 habitae partes IV. Basileae 1602.
³) E. A., V, 1ᵃ, 428.

sich immer von neuem. „In Luggerus haben sich wieder Evangelische niedergelassen", klagt die katholische Konferenz im Jahre 1588.[1]) Die Stände betrieben aus Rücksicht darauf, 1600, den Bau eines Kapuzinerklosters daselbst [2]), und noch 1602 bestärkten sie sich gegenseitig im Entschluss, „in Locarno kräftig einzuschreiten gegen den überhandnehmenden Ketzerglauben."[3])

Dies Bewusstsein, einer unnatürlich rückläufigen Bewegung gegenüber zu stehen, verbitterte den Kampf der Konfessionen je länger je mehr. Nicht nur musste der Bundesschwur unterbleiben, 1596 erklärten die katholischen Stände, sie wollen künftig nicht mehr Tagsatzung halten in Ortschaften, in welchen kein Gottesdienst ihres Glaubens gefeiert werde.[4]) Während die Kapuziner predigten: für Türken und andere Heiden dürfe man Gott bitten, für Evangelische sei dies dagegen nicht gestattet, *„denn die dis gloubens synd, mässtind — Gott behüt uns — des Tüfels sin"* [5]), stellte man doch an diese Leute die naivsten Zumutungen. Der Nuntius lobte im Januar 1597 die versammelten Boten der katholischen Stände um ihres Eifers willen, mit dem sie sich der Ehre Gottes und der Religion angenommen und forderte sie auf, bei Gelegenheit der nächsten Tagsatzung mit den „Nichtkatholischen" zu sprechen: „damit die frommen Kapuziner, Priester und Brüder, die zur Bekehrung der Nichtgläubigen so viel wirken, sicher und unangefochten in deren Gebiet wandeln können", und dass „keine lutherischen Bücher, die so viel verborgenes Gift enthalten, verbreitet werden."[6])

Angesichts der geschlossenen Macht, mit welcher die römische Kirche auftrat, und der zahlreichen Bündnisse mit den Nachbarstaaten, durch welche die Innere Schweiz nach allen Seiten ihre Stellung verstärkt hatte, empfanden auch die Evangelischen, besonders in Zeiten besonderer Beunruhigung, das Bedürfnis nach kräftigem Anschluss. Im April 1592 ging Johann Jakob Grynaeus, Professor in Basel, im Auftrag der reformierten Städte nach Heidelberg, um eine Verbindung anzuknüpfen mit dem Kur-

---

[1]) E. A., V, 1ᵇ, 1648.
[2]) E. A., V, 1ᵇ, 1611.
[3]) E. A., V, 1ᵇ, 1514.
[4]) E. A., V, 1ᵃ, 411.
[5]) E. A., V, 1ᵃ, 676.
[6]) E. A., V, 1ᵃ, 430. Als Verbreiter von Schmähschriften gegen den Papst auf dem Markte in Zurzach wurde 1605 insbesondere der Buchdrucker Le Preux in Lausanne genannt, der deshalb „den Tod verdient habe." Bern musste ihn mit Busse strafen. (E. A., V, 1ᵃ, 744.)

fürsten von der Pfalz¹), und wieder im August 1604 in Aarau stellte Zürich den förmlichen Antrag: „Da man in der Eidgenossenschaft das Evangelium immer mehr zu unterdrücken versuche und allerlei seltsame Praktiken vorgeben, so halte es für nötig, dass auch die evangelischen Orte und Zugewandten sich näher aneinander schliessen und zum Schirm der evangelischen Religion und zum Schutzen und Schrecken ihrer Widerpart eine Vereinung und Religionsverständnis aufrichten." Auch diesmal war es speciell um einen Bund mit dem Pfalzgrafen zu thun.²) Es geschah nichts, aber was davon verlautete, diente nur dazu, das Misstrauen zu nähren und die Entrüstung zu steigern.

So ging das Jahrhundert zu Ende, nicht im Streben nach dem wahren Christentum, nur in der Abwehr derjenigen Form, die man als irrig verdammte.

¹) E. A., V, 1ª, 283.
²) E. A., V, 1ª, 709.

III. Das Staatskirchentum des XVII. Jahrhunderts.

1. Der Anfang des Jahrhunderts.

Der Beginn des XVII. Jahrhunderts bildet in kirchlicher Hinsicht einfach eine Fortsetzung der frühern Periode; er steht noch durchaus im Zeichen der Kontrareformation und zeigt das gleiche unerfreuliche Bild, noch unerfreulicher insofern, als an den angeblichen Religionsstreitigkeiten die Religion einen immer geringern Anteil hatte. Man kämpfte nicht mehr um die Wahrheit, nur noch um die Macht; man rang nicht mehr um die Seelen, nur noch um die Einkünfte; man wehrte sich um den Sieg der Partei, nicht mehr um das Recht des Gewissens. Aufrichtiger Fanatismus wurde seltener, wilde Grausamkeit immer allgemeiner, und bereits zeigen sich die Anfänge eines glaubenslosen Indifferentismus, welcher der Frömmigkeit nur noch Worte und Formeln entlehnt, aber sich jeder Gelegenheit freut, wo man die innere Rohheit ungestraft loslassen darf.

In besonderem Grade zog wieder die Stadt Genf die Aufmerksamkeit von Freund und Feind auf sich.

Schon 1601 wurden wieder Besorgnisse laut auch für ihre Sicherheit, und mehr als jemals erkannte man jetzt, wenigstens auf reformierter Seite, die Wichtigkeit derselben für den Bestand der ganzen Eidgenossenschaft: „Käme Genf in eines böswilligen Fürsten Hand", hiess es, „so würde es ein rechtes Raubhus wider unser ganzes Vaterland."[1]

Zwar wurde jetzt wenigstens der König von Frankreich nicht mehr als ein „böswilliger Fürst" angesehen. Gross war die Freude in der evangelischen Schweiz, als es Heinrich von Bourbon endlich gelungen war, in Paris einzuziehen und sich im ganzen Reiche anerkannt zu sehen. Gerne vergass man, dass diese Anerkennung um den Preis der Verleugnung des Glaubens erkauft worden sei; denn war Heinrich IV. nicht mehr Calvinist, so hoffte man doch,

---

[1] E. A., V, 1ᵃ. 555.

dass er seine frühern Glaubensbrüder nicht länger als rechtlos betrachten, sondern ihnen Duldung und bürgerlichen Schutz gewähren werde. Es war denn auch, insbesondere für Genf, ein Jubeltag, als in Frankreich noch kurz vor dem Schlusse des Jahrhunderts, am 13. April 1598, nach fast vierzigjährigem Bürgerkrieg und namenlosen Grausamkeiten, wieder Frieden, Ruhe und Ordnung einkehrten durch das Edikt von Nantes, das den Fortbestand einer reformierten Kirche, eines reformierten Kultus, in dem Lande sicher stellte.

Allein Savoyen, das Genf jetzt wieder ringsum umschloss, ruhte nicht. In der Nacht vom 12. Dezember 1602 zog in Stille und Dunkelheit eine Schar savoyischer Soldaten unter die Mauern von Genf, stieg von mehreren Seiten auf Sturmleitern hinein und stürzte sich, siegbrüllend, bereits in die Strassen; doch die Bürger wurden im letzten Augenblicke geweckt; sie warfen die Eingedrungenen wieder hinaus und verjagten den Feind. Als ein Wunder, als eine offenbare Gottesthat, wurde diese Rettung, die „Escalade", betrachtet und mit Jubel- und Dankpsalmen gefeiert.[1]

Die evangelischen Stände schickten jetzt Truppen zum Schutz von Genf; die katholischen Orte, obwohl dazu aufgefordert, verweigerten die Mitbeteiligung.[2] Im Juli 1602 kamen die Friedensverhandlungen in St. Julien zum Abschluss[3], brachten aber, so gross war die Erbitterung gegen das protestantische Rom, auch jetzt keine Sicherheit und kein Vertrauen.[4] Am 5. September 1605 trat dann auch Zürich dem Schutzvertrag über Genf bei.[5] Bald darauf, am 13. Oktober 1605, ist Beza hochbetagt gestorben, in froher Zuversicht, dass Gott die Stadt nicht werde untergehen lassen, welche als feste Burg dastand gegen alle Angriffe des „Antichrists" in Rom. Simon Goulard, 1543 zu Senlis geboren und als Hugenott auf Schweizerboden geflüchtet, wurde jetzt das Haupt der Genfer Geistlichkeit.

Trotz des Friedensvertrags machte Herzog Karl Emanuel I. immer neue verrätherische Angriffe auf die verhasste Stadt, so

---

[1] Gaberel, Les guerres de Genève aux XVIe et XVIIe siècles, et l'Escalade. Genève 1880. — Dufour, Deux Relations de l'Escalade, Genève 1880. — Praget, Histoire de l'Escalade, avec une introduction et des notes im Bull. de la Soc. d'Hist., XXV. — Vergl. auch die bez. Berichte an die Ev. Konf. vom 2. Jan. 1603 in E. A., V, 1ᵃ, 621. — Die ältern Schriften in Hallers Bibl., V, Nr. 701—707.

[2] E. A., V, 1ᵃ, 620.

[3] E. A., V, 1ᵃ, 640, u. Beil. XV, in V, 1ᵇ, S. 1898.

[4] E. A., V, 1ᵃ, 675 (Dez. 1603).

[5] Beil. XIX, in E. A., V, 1ᵇ, 1931.

1608, 1609, 1610 und 1611, und ohne den Beistand Heinrichs IV., der nun neben Bern Genfs Unabhängigkeit aufrecht erhielt, wäre es 1614 beinahe gelungen, den Bischof von Genf in seine alte Residenz zurückzuführen.

Auch auf das Waadtland machte Savoyen immer von neuem Ansprüche und rechnete dabei auf die Unterstützung der katholischen Partei der Eidgenossen.[1]) Erst am 23. Juni 1617 erfolgte endlich der förmliche Verzicht des Herzogs für sich und seinen Nachfolger auf das an Bern abgetretene Land; und diesmal war die Erklärung ernst gemeint, die Herstellung des Friedens wurde sofort durch Abschluss eines Bündnisses zwischen Bern und Savoyen besiegelt[2]), das nun auch Genf zu gute kam.

Als indessen Bern versuchte, auch in der Landvogtei Echallens die Reformation zur Herrschaft zu bringen, musste es eine Niederlage erleiden. Eine Abstimmung von 1602 hatte schon ein ungünstiges Resultat ergeben; 1617 wurde eine neue Zählung vorgenommen, und jetzt sprach sich, wie behauptet wird, eine kleine Mehrheit für das Evangelium aus. Allein nun erhob Freiburg, von Spanien unterstützt, einen derartigen Lärm, dass Bern für gut fand, davon abzustehen.[3]) Echallens wurde katholisch, nur die zwei Dörfer Poliez-le-Grand und Penthéréaz hielten sich zur evangelischen Kirche.

In einen schlimmen Handel wurde Bern von Seite des Bischofs von Basel verwickelt. Er hatte den Bernern einen geheimen Vertrag angeboten, vom 21. September 1598, wonach diese ihr Schirmrecht über Münster aufgeben sollten, der Bischof dagegen ihnen die Stadt Biel abzutreten bereit war.[4]) Die Abmachung war gewiss, rein politisch-staatsrechtlich betrachtet, für beide Teile günstig, und Bern liess sich zur Annahme verleiten; allein der Bischof triumphierte zu laut, dass er nun bald auch die Münsterthaler wieder katholisch machen werde. Diese wollten ihren Glauben nicht lassen, und auch die Bieler wollten wohl

---

[1]) E. A., V, 1ᵃ, 1089, 1101, 1105, 1114.
[2]) E. A., V, 1ᵇ, 1965, Beil. XXVI u. 1971 Beil. XXVII.
[3]) „Berne baissa la voix, les cantons catholiques élevèrent la leur; Zurich et les villes réformées pressèrent Berne d'entrer dans les voies d'accommodement." Ruchat, IV, 539.
[4]) Text im Auszug in E. A., V, 1ᵃ, 495. S. darüber namentlich Blösch Gesch. v. Biel, II, 219—259, u. die 1615 veröffentlichte Schrift: Apologia einer Statt Bern, das ist warhaffte Widerlegung u. Gegenbericht wider dess Bischoffen von Pruntrut Discurs, betreffend: das Münsterthalische Burgrecht, die Religions-Enderung im Münsterthal u. Byelischen Tauschhandel. 4°.

III. 1. Der Beginn des XVII. Jahrhunderts. Bistum Basel.

Berns Bundesgenossen, aber nicht Berns Unterthanen sein. Es gab allseitig Unruhe und eine Aufregung, die bald die ganze Eidgenossenschaft ergriff. Die VII Orte sahen den Vertrag als „dem Glauben ungünstig" an und suchten den Bischof davon abzuhalten; der päpstliche Nuntius war anderer Meinung, er drängte zur Annahme und Ausführung. Solothurn half den Bielern, wohl aus Furcht vor einer Verstärkung der bernischen Macht. Bern dagegen weigerte sich, davon abzustehen; erst nach langen und peinlichen Verhandlungen wurde anfangs 1607 der unglückliche Tauschvertrag rückgängig gemacht.[1]) Biel hatte seine politische Selbstständigkeit, Münster seine evangelische Kirche für einmal wieder gerettet. Allein der Bischof wusste noch andere Wege, um zu seinem Ziele zu gelangen, und rechnete dabei auf die durch die Tauschverhandlungen entstandene Missstimmung gegen Bern. Im Jahre 1613 kam der bischöfliche Statthalter als weltlicher Beamter nach Münster; er brachte einen Priester mit als Hauslehrer seiner Kinder; dieser begann nun die Messe zu lesen, anfangs im Hause, nur für seine Familie, dann auch öffentlich für andere, die man herbeizog. Auf einmal hiess es, es seien 45 Personen zum Katholizismus übergetreten; die Herstellung des katholischen Kultus für diese Leute, sei notwendig geworden. Der Bischof verlangte die Einräumung einer Kirche. Doch jetzt protestierten die Berner und konnten Weiteres noch rechtzeitig verhindern. Sie erneuerten ihr Burgrecht mit der Thalschaft am 15. August und 12. September 1613. Aber noch ruhte der Bischof nicht, da er stets die katholischen Orte gegen Bern für sich hatte.[2]) Sein Bündnis mit diesen Freunden wurde am 16. Mai 1610 erneuert, um seine Unterthanen bei ihrer katholischen Religion zu schützen und die Ungehorsamen — d. h. die Reformierten — zum Gehorsam — d. h. zum Messehören — zu zwingen[3]), und darauf gestützt konnte er den Bernern erklären, sie hätten ihm in Sachen der Religion im Münsterthal überhaupt nichts vorzuschreiben.[4]) Der Pfarrer zu Court, Peter Viret, wurde 1612 auf Befehl des Bischofs verhaftet und ein Messpriester an seine Stelle gesetzt.

[1]) E. A., V, 1ª, 499, 507, 630, 781, 831.
[2]) E. A., V, 1ª, 1139, 1151.
[3]) Beil. XXI in E. A., V, 1ᵇ, 1945.
[4]) E. A., V, 1ª, 1139. Vergl. auch die Verhandlungen der Evang. Konf. vom 12. Juni 1609 in E. A., V, 1ª, 927, u. vom 12. März 1612 in E. A., V, 1ª, 1074.

Erst 1616 erhielt die protestantische Bevölkerung einen festern Halt, einen geordneten Jugendunterricht und Aufsicht über die Amtsführung ihrer Prediger, als es endlich gelang, die reformierten Gemeinden des Münsterthales mit Zustimmung des Bischofs in das Kapitel Nidau einzufügen und damit zu einem Bestandteil der Berner Landeskirche zu machen.

Die kirchlichen Verhältnisse des St. Immerthales wurden nach mühsamen schiedsgerichtlichen Verhandlungen zwischen dem Bischof und der Stadt Biel durch einen Vertrag vom 14. Juni 1610 bleibend geregelt.[1]

Während noch über den unglücklichen Tausch um Biel und Münster verhandelt wurde, war Freiburg plötzlich mit einem ähnlichen Plan hervorgetreten, indem seine Boten vor der Tagsatzung 1598 an die Berner die überraschende Forderung stellten, dass eine Teilung ihrer gemeinsamen Herrschaften vorgenommen werde.[2] Das harmlos aussehende und mit Gründen der Zweckmässigkeit wohl motivierte Verlangen hatte natürlich im Hintergrunde keine andere Bedeutung, als die Absicht einer Rekatholisierung der dabei an Freiburg fallenden Gebiete, sei es nun Murten, Schwarzenburg oder Grandson. Den Glaubensgenossen gegenüber wurde auch diese Absicht keineswegs verhehlt, im Gegenteil deren Unterstützung nachgesucht, weil Freiburg „dann seine Unterthanen wieder zum katholischen Glauben zu bringen hoffe".[3] Die Innerschweiz trat denn auch mit Eifer darauf ein, aber mit nicht geringerer Heftigkeit widersetzte sich Bern dem während einiger Jahre immer wieder auftauchenden Ansinnen.[4]

Selbst der Versuch, die Berner durch eine Reihe von kleinlichen Streitfällen zu ermüden und von der Unerträglichkeit des gegenwärtigen Verhältnisses zu überzeugen, führte zu nichts; nachdem 1606 eine eigene Tagsatzung um dieses wichtigen Geschäftes willen angesetzt worden[5], fiel dasselbe endlich 1609 dahin mit dem Beschlusse, dass die gemeinschaftliche Verwaltung fortdauern, aber alle vier Herrschaften der Religion wegen frei sein sollen für beiderlei Gottesdienste.[6] Freiburg kam zwar auch

---

[1] E. A., V, 1ᵃ, 1845.
[2] E. A., V, 1ᵇ, 1680.
[3] Ibid., 1691.
[4] Die Geistlichkeit mahnte sehr entschieden ab: Siehe „Fürtrag der Kirchen- und Schuldiener" vom 21. April 1607, in Mss. H. H., III, 37 (Nr. 1) St.-B. Bern.
[5] E. A., V, 1ᵇ, 1692—1700.
[6] Vermittlungskonferenz in Solothurn vom 31. Aug. bis 2. Sept. 1609. — E. A., V, 1ᵃ, 1836, u. V, 1ᵇ, 1708.

später noch auf seinen Wunsch zurück; da aber Bern erklärte, dass es selbst einem allfälligen Mehrheitsbeschluss der Eidgenossen nicht weichen würde[1]), so blieb die immerhin recht sonderbare Doppelherrschaft auch fernerhin bestehen.

Mitten in dieser so äusserst unruhigen Zeit that die bernische Landesobrigkeit einen Schritt, der zu den äusserlich unscheinbarsten, aber nach seiner innern Bedeutung folgenreichsten gehört und unzweifelhaft von fast überraschend weitblickender Einsicht Zeugnis gibt. Es ist dies der Erlass einer allgemeinen Landschulordnung oder die Gründung der Volksschule durch das Mandat vom 12. April 1616: *„Habend wir"*, heisst es hier, *„die pflicht unsers oberkeitlichen Ampts zu syn erkannt, nit allein für die zytliche wolfart unser von Gott anbevolchner undertanen, sonders auch das heil ihrer seelen zu trachten, derwegen nach mittlen gesinnet, dardurch die Unseren, besonders die jugendt, in besserer Gotts forcht, mehrem bericht der erkanntnuss sines heil. worts und der geheimnuss der heil. sakramenten und durchus ires gloubens sollen ufferzogen, angefürt und underrichtet werden mögindt."* — *„Harzu dan wir dhein bequemer mittel noch befürderung befinden können, dann dass an orten, da grosse gemeinden sind, zu lehr und underwisung der jugendt schulmeister angestellt und erhalten werdint."*

Wenn dieser Erlass schon durch diese Motivierung sich als eine unmittelbar kirchliche, staats- und landeskirchliche Massregel darstellt, so bildet er eine der Kirchengeschichte angehörende Thatsache auch deshalb, weil er gleichzeitig auch den Grund gelegt hat zum späteren Unterweisungsunterricht, und zwar durch die Anordnung, dass *„unsere Kirchendiener die jugendt zu gwüsser zyt vor haltung des heil. nachtmals in der kirchen oder pfrundhus in bisin zweier Chorrichteren oder anderer erbaren, tugendlichen personen... underwysen und berichten sollend."* Dem entsprechend wird auch ausdrücklich gestattet, dass zur Besoldung der Lehrer, da wo andere Mittel nicht vorhanden sind, das Kirchengut der Gemeinden in Anspruch genommen werden darf.[2]) Eine ähnliche Weisung war schon früher, am 31. Dezember 1606, an die Pfarrer gerichtet worden[3]); wahrscheinlich war jedoch bisher — und

---

[1]) E. A., V, 1ᵇ, 1710. Noch 1617 war davon die Rede, ibid., S. 1712.

[2]) Vollständig abgedruckt von Ad. Fluri: Die erste gedruckte bernische Landschulordnung von 1628, nebst einer Einleitung über die Entstehung unserer Volksschulen, im Schw. Evangel. Schulblatt, 1897, Nr. 22 u. ff. — Vergl. Fetscherin, B., Geschichte des Bern. Schulwesens, im „Pionier", 1894, Nr. 12. — Frikart, Kirchengebräuche, S. 69.

[3]) Frikart, a. a. O., S. 107. — Fetscherin, W., Schul- und Kulturgeschichtliches von Bern im XVII. Jahrhundert, im Berner Taschb., 1878.

vielleicht noch auf längere Zeit — dieser Unterricht in Wirklichkeit auf ein blosses und wohl oft recht oberflächliches Abfragen des anderswo Gelernten beschränkt geblieben.

Zugleich wurde auch ein Schulrat eingesetzt, der die Ausführung der Ordnung überwachen sollte. Diese grundlegende Schulreform war übrigens die direkte Frucht einer Synode oder eines Generalkapitels, welches im Mai 1615 nach längerer Unterbrechung wieder einmal angeordnet worden war. Dem Dekan Stephan Fabricius, der gewiss dazu aufgefordert und getrieben hat, verdanken wir einen eingehenden, aber ungedruckten Bericht über die Verhandlungen.[1]) Da die regelmässige Abhaltung solcher Landessynoden aber wieder unterblieb, die einzelnen Bezirkskapitel aber wenig Kompetenzen besassen, lag die Kirchenleitung, soweit von einer solchen überhaupt gesprochen werden kann, ausschliesslich im Kirchenkonvent der Hauptstadt. Er bestand aus den drei Pfarrern und drei Helfern am Münster, von denen der erste zugleich als oberster Dekan den Vorsitz führte, und aus fünf Professoren, später auch den Pfarrern an der Nydeck und zum heil. Geiste und demjenigen der französischen Gemeinde. Diese Behörde machte jetzt auch die Vorschläge für die Wahlen der Pfarrer auf dem Lande.

Eine schon lange angestrebte Neuerung fand jetzt Eingang: vom Kapitel Bern wurde neuerdings der Antrag vor den Rat gebracht, es sei künftig gewöhnliches Speisebrot beim heiligen Mahle zu brauchen, da nur solches dem Sinne der Feier als einer Speisung zum ewigen Leben wirklich entspreche. Ein Gutachten des geistlichen Konvents erklärte sich diesmal mit der Ansicht einverstanden, und der Rat gab am 18. April 1605 seine Zustimmung; durch einen Erlass des Konvents an die Geistlichkeit, vom 22. April, wurde davon Kenntnis gegeben und am 30. Juli angeordnet, dass mit aller Vorsicht, und namentlich unter erläuternden Predigten, die Aenderung bei nächster Gelegenheit vorzunehmen sei. Das Waadtland folgte erst ein Jahr später.

Um dieselbe Zeit wurde beim Gottesdienst auch auf dem Lande die Lobwasser'sche Psalmenübersetzung allgemein üblich.[2]) Im Jahr 1604 hatte man auch die seit der Reformation geschlossen gebliebene Kirche zum heil. Geist wieder dem Kultus geöffnet, indem jetzt Sonntags und Donnerstags hier, nach den Anordnungen des Praepositus im „Kloster", die Kandidaten abwechselnd eine Predigt hielten. Die Kollatur der Kirchen zu Lützelflüh und zu

[1]) Kopien in Mss., H. H., VII, 144, Nr. 9 u. 10 der St.-B. Bern.
[2]) Frikart, a. a. O., S. 45.

Rüegsau, welche beide zur Freiherrschaft Brandis gehörten, kamen 1607 durch Kauf an den Staat.

In Zürich wurde 1603 das Dorf Wipkingen und 1614 auch die Predigerkirche vom Grossmünster getrennt, 1610 Grüningen und 1616—18 Hirzel bei Horgen zur selbständigen Pfarrgemeinde erhoben.[1]) Auf bessere Bildung der Kirchendiener zielte die Errichtung des „Collegium humanitatis", welche 1601 in Verbindung mit einer allgemeinen Reorganisation des Schulwesens zu stande kam.[2]) Die Wochenpredigten wurden jetzt auf dem Lande meist an den Dienstagen gehalten, teilweise aber sogar mit Arbeitsverbot; in der Stadt sammelte sich seit 1616 die Gemeinde zu einem Abendgebet. Der Religionsunterricht erhielt unmittelbaren Zusammenhang mit der Zulassung zum Abendmahl. Auch die Beerdigungsfeier wurde jetzt kirchlich geordnet, die „flattierenden Leichenreden" im Interesse der Gleichheit durch eine von Antistes Breitinger verfasste Liturgie verdrängt. In diese Periode (1607) fällt das Entstehen der Thormannschen Stiftung für Theologen.[3])

Im innerkirchlichen Leben konnte somit mancher unscheinbare Fortschritt sich vollziehen. Doch nahmen die Bekenntnisgegensätze stets in erster Linie das öffentliche Interesse in Anspruch. Während Bern gegen Westen hin die Sache des Protestantismus in steter Kampfbereitschaft zu vertreten hatte, boten die gemeinen Vogteien der Ostschweiz kaum weniger Angriffspunkte dar, und hier war es Zürich, das beständig in den Riss stehen musste.

Am 8. Juni 1605 langten Ratsboten der V katholischen Orte in Zürich an und brachten vor:

„Seit einiger Zeit müssen sie mit Bedauern bemerken, wie Zürich sich von der alten Vertraulichkeit abwende, besonders in Sachen der Mitregierung in den gemeinen Vogteien; und da sie nicht länger stillschweigend darüber hinweggehen können, haben sie sich entschlossen, ihre Beschwerden in guter Wohlmeinung zu eröffnen":

1. „Zürich hat eigenmächtig und ungeachtet des Rechtsbots den neuen Taufstein in der Stiftskirche in Zurzach an einen andern Ort setzen lassen."

2. „Es müsse sich in den gemeinen Vogteien, ungeachtet es nur Eines der regierenden Orte sei, mehr Autorität und Rechte

---

[1]) Strickler, Geschichte der Kirchgemeinde Horgen. Horgen 1882.
[2]) Hottinger, III, 971.
[3]) Finsler, Zürich im XVIII. Jahrhundert, S. 118—124.

an, als die andern regierenden Orte zusammen, wie jüngst in Zurzach geschehen sei, und wie es noch täglich im Thurgau geschehe durch wiederholtes Botenschicken, scharfe Schreiben u. a. m. hinter dem Rücken der andern Orte und ohne Kenntnisgabe an die Landvögte und Gotteshäuser, gleich, als ob es da allein Herr wäre."

3. „Es beeinträchtige die Gotteshäuser im Thurgau in Kirchen- und Religionssachen; wenn aber die katholischen Orte etwas zur Förderung der Ehre Gottes und ihrer Religion daselbst wünschen, so sperre es sich dagegen und komme immer mit Neuerungen zu Gunsten seiner Religion."

4. „Erlassene Beschlüsse über Sachen in den gemeinen Vogteien wolle es nicht gelten und die Mandate nicht vollziehen lassen, wie noch jüngst mit der Verkündung des Ave Maria ab den Kanzeln in den gemeinen Vogteien geschehen sei, während dieses doch ein altes Herkommen sei und etliche Prädikanten nichts dagegen einwenden. Desgleichen wolle es den Landvögten nicht gestatten, seine Religionsgenossen zu bestrafen, wenn sie bussfällig werden, obschon diese ebensowohl den V Orten als Zürich „zu versprechen stand", wodurch die Unterthanen gewöhnt werden, nur auf Zürich zu achten und die V Orte nicht mehr als ihre Herren anzusehen, und noch dazu über diese verächtlich sich äussern."

5. „Zürich habe bisher den Vertrag bezüglich des Synodums der thurgauischen Prädikanten nicht zur Vollziehung gelangen lassen."

6. „Es schreite nicht ernsthaft ein gegen die schändlichen Schmähschriften wider den katholischen Glauben und wolle, wenn man sie ihm auch verzeige, die Dichter, Verfasser und Drucker derselben nicht strafen und gestatte sogar, dass dergleichen Dinge wider die V Orte und ihre Religion in Kirchen, Häusern und auf der offenen Strasse gesungen werden." [1]

Zürich antwortete hierauf am 7. November 1605 [2] und hielt auch seinerseits mit seinen Klagepunkten keineswegs zurück. Der Befehl der katholischen Stände vom 31. Januar 1605, dass die reformierten Prediger in den gemeinen Herrschaften in ihren Kirchen den „Englischen Gruss" vorsprechen sollen [3], hatte allerdings nicht in Zürich allein, sondern auch anderswo Bedenken

---

[1] E. A., V, 1ᵃ, 742.
[2] E. A., V, 1ᵃ, 765.
[3] E. A., V, 1ᵃ, 726; V, 1ᵇ, 1362.

erregt. Von den Gotteshäusern und einzelnen Gerichtsherren wurden alle Mittel moralischen Zwanges in Anwendung gebracht, um dem alten Glauben wieder die Herrschaft zu gewinnen; so wollte (1603) der Abt von Fischingen die Wahl eines Lehrers nur bestätigen, wenn er zur katholischen Kirche zurückkehre.[1]) In der Kirche zu Müllheim wurde 1607 die Messe wieder eingeführt und der Prediger Wolfgang Jäger, der sich dawider wehrte, nur mit Mühe vor einem Absetzungs-Urteil geschützt.[2]) Ein Tumult, der im September 1609 in Frauenfeld zu Bildersturm und Kirchenschändung führte, vermehrte die Erbitterung, aus welcher er hervorgegangen.[3]) Die Entvölkerung der Gemeinde Leutmerken infolge der Pest gab 1611 dem Gerichtsherrn daselbst willkommenen Anlass, mit katholischen Bewohnern auch den katholischen Kultus neu einzusetzen.[4])

Am ärgsten wurde es aber im Dorfe Gachnang bei Frauenfeld. Hier waren die Bewohner ohnehin durch das Gerücht, dass ihr Gerichtsherr, der Uruer Hektor von Beroldingen, sie katholisch machen wolle, aufgeregt[5]), und nun kam es am 20. Mai 1610, bei Anlass einer Bauernhochzeit, zu einer gewöhnlichen Wirtshausrauferei. Im Eifer des Kampfes wurden konfessionelle Schlagworte ausgerufen und plötzlich hiess es, die Unterliegenden seien um ihrer Religion willen geschlagen worden; ihre Freunde eilten zu Hülfe, ganze Dörfer liefen zusammen; es wurde eine Kirche erstürmt, es wurden Bilder und Altäre zerbrochen, die Wohnung des Junkers Beroldingen geplündert und ein grässlicher Unfug angerichtet.[6])

Dass die VII Orte Klage führten über diese Friedensstörung, ist nur zu begreiflich.[7]) Die Tagsatzung musste sich mit der Sache beschäftigen, und nur durch sehr weitgehende Nachgiebigkeit, d. h. durch übermässig strenge Bestrafung der wirklichen oder angeblichen Anstifter, war es möglich, den heftig erregten katholischen Ständen die verlangte Genugthuung zu bieten und dem Ausbruch eines innern Krieges zuvorzukommen. Es ist dies

[1] E. A., V, 1 a, 631.
[2] A. E., V, 1 b, 1363—1396.
[3] E. A., V, 1 a, 941—53. Näheres darüber ibid., 978. Später stellte sich heraus, dass die Berichte arg übertrieben hatten, ibid., 1079.
[4] Kirchenblatt 1857, S. 75.
[5] E. A., V, 1 a, 968 ff. Februar 1610. Ebenso in Ellikon und Aadorf.
[6] Der Gachnanger Handel, in Balthasars Helvetia, II, 535.
[7] Tagsatzung zu Frauenfeld, 9. Juni 1610. E. A., V, 1, 980. Kath. Konf. in Luzern vom 19., 25., 26. Juni und 2.—3. Juli 1610.

der sogenannte Gachnanger Handel, der trotz der rechtzeitigen Beilegung auf beiden Seiten einen Stachel der Erbitterung hinterlassen hat.[1]) Das Ineinandergreifen der zürcherischen Grafschaft Kyburg und der Landvogtei Thurgau bot Vorwände genug zu derartigen Reibungen. Zürich selbst sah sich genötigt, im Dorfe Rheinau eine katholische Kirche erstellen zu lassen[2]), die erste und lange Zeit einzige innerhalb seiner Grenzen, und wurde auch 1616 am Kaufe der Herrschaft Pfyn von den katholischen Ständen verhindert.[3])

Gewiss war Unverträglichkeit und blindes Vorurteil auf beiden Seiten, aber es fehlte der Periode auch nicht an einem Ereignisse, das tiefere Teilnahme wachrief und auch duldsam Gesinnte mit ernster Entrüstung wider die katholische Kirche erfüllte, nämlich die Hinrichtung eines braven Mannes, der als Blutzeuge seines evangelischen Glaubens zu Sursee sterben musste.

Martin Du Voisin, ein ehrlicher Basler Krämer, der mit seinen Waren die innere Schweiz zu bereisen pflegte, verkaufte in der Gegend von Sursee auch einige Bibeln. Es scheint, dass sich daraus eine kleine religiöse Bewegung entwickelte, ein gegenseitiges Vorlesen der heil. Schrift in den Häusern einiger Familien. Der Priester von Sursee merkte etwas, erhob Klage über Propagandamacherei der Reformierten, und als Du Voisin das nächste Mal nach Sursee kam, wurde er verhaftet und nach Folterung und angeblichem Geständnis wegen Lästerung der heil. Jungfrau hingerichtet; das war im Oktober 1608.[4]) In Basel war die Aufregung gewaltig über ein solches Verfahren, das allen Grundsätzen des eidgenössischen Bundes, aller natürlichen Rücksichtsnahme auf verbündete Stände widersprach. Die ganze Bürgerschaft fand sich in diesem Mitbürger beleidigt; der erste Theologe

---

[1]) Vermittlungskonferenzen vom 3.—13. Juli in Baden, am 29. August in Frauenfeld. — E. A., V, 1ª, 983—1015, endlich in Winterthur, im November 1611. E. A., V, 1ª, 1070. Der Gerichtsherr wurde dann, den Verträgen zuwider, noch 1612 von der kath. Konf. ausdrücklich ermächtigt, dass er zu Gachnang „mit Einführung der Messe und der Abkurung der Pfrund forttrucken möge." E. A., V, 1ª, 1078.
[2]) E. A., V, 1ª, 953 1046.
[3]) E. A., V, 1ª, 1241, 1272.
[4]) E. A., V, 1ª, 891. Vergl. die Beschwerde von Basel an der Evang. Konf., 8. Dezember 1608, V, 1ª, 901 2 und das von der Kath. Konf. gebilligte Rechtfertigungsschreiben der Luzerner, 15. Dezember (S. 903). Näheres noch S. 932.

Basels, Johann Jakob Grynaeus, hielt dem Getöteten eine Leichenrede, und die heftigsten Ausfälle gegen die Verfolgungssucht der Katholiken, die „das Wort Gottes hassen und dafür Götzen anbeten, das Evangelium mehr fürchten als die Sünde", waren nicht gespart in dieser Rede[1]; solche Worte fanden in der ganzen Eidgenossenschaft ihren Widerhall. Aber auch die äussere Sicherheit war fortwährend gefährdet. Um Mülhausen war man in beständiger Sorge, um so mehr, weil hier die Evangelischen allein hilfsbereit waren.[2] Basel musste es geschehen lassen, dass 1605 spanische Truppen seine Rheinbrücke als bequemsten Uebergangspunkt behandelten, ohne jede Rücksicht auf die Rechte der Stadt.[3] Dagegen wagte man kaum, sich in Verteidigungszustand zu setzen, aus Furcht, zum Angriff zu reizen.

Der von Zürich 1608 erneuerte Vorschlag auf Abschluss eines engern Religionsverständnisses zwischen den evangelischen Städten blieb ohne Folge[4], und der von der Pfalz betriebene Beitritt zur protestantischen Union wurde zaghaft abgelehnt.[5] Erst 1612 kam nach längerm Beraten und Erwägen eine nachbarliche Vereinbarung von Zürich und Bern mit dem Markgrafen von Baden-Hochberg zu stande[6] und 1615 ein Bund mit Venedig, der aber erst im Mai 1618 beschworen werden konnte.[7] Beide Verträge hatten selbstverständlich eine konfessionelle Bedeutung.

Mutlos, kraft- und wehrlos mussten die Evangelischen zusehen, wie die katholische Partei jetzt ihre Anstrengung verdoppelte, um in Wallis dem Protestantismus ein Ende zu machen.

Eine Botschaft der katholischen Orte reizte im Mai 1609 in Sitten gegen die „Sektischen"[8], und ihre Frucht war im folgenden Jahre der Abschluss einer engern Verbindung.[9] — „Fast alle

---

[1] Hottinger, III, 982. Vergl. Prozess und Urteil gegen M. Du Voisin, 1608; auch französisch erschienen; hier wird der Betr. irrtümlich Courvoisier genannt. Ausführlich wird die Sache erzählt auch in Buxtorf-Falkeisen, Basler Stadtgeschichten. Basel 1872, Bd. II, S. 18 u. ff.

[2] E. A., V, 1 a, 1025 (1610), 1259 (1616).

[3] Ochs, a. a. O., VI, 518.

[4] E. A., V, 1 a, 901.

[5] E. A., V, 1 a, 982, 1021 (1010 April—Aug.). Die Ev. Orte versicherten nachher, dass sie „die Union fördern" werden, 1617. E. A., V, 1 a, 1288.

[6] E. A., V, 1 a, 1073, 1078, 1100, und als Beil. XXII in E. A., V, 1 b, 1916. Vergl. auch den Vortrag des markgräflichen Gesandten mit der erneuten Aufforderung zum Anschluss an die prot. Union. V, 1 a, 1134 (16. Sept. 1613).

[7] E. A., V, 1 a, 1162, 1282 V, 2 a, 12 und der Text in E. A., V, 1 b, 1954.

[8] E. A., V, 1 a, 538.

[9] E. A., V, 1 a, 571.

Vorgesetzten seien im Glauben krank und vergiftet." „Die calvinischen Prediger sollen nicht geduldet werden; keine andere Religion darf im Lande vorkommen!" „Ernsthafte Gegenwirkung muss versucht und das Wallis gänzlich vom Unkraut gereinigt werden." „Der Papst hat seine Hülfe zugesagt", — so hiess es in den katholischen Konferenzen im Laufe des Jahres 1603[1]), während die evangelischen Stände ihrerseits — ohne Energie und ernstlichen Nachdruck — Entfernung der hetzenden Kapuziner vorschlugen.[2]) Im Dezember fürchtete man im Wallis den Ausbruch eines Bürgerkrieges.[3])

Im April 1604 kam dann in Weggis eine Abmachung zu stande, wonach alle Protestanten aus dem Wallis ausgeschlossen wurden[4]); der neugewählte Bischof, Hildebrand Jost, soll nur unter der Bedingung vom Papst anerkannt worden sein, dass er der Ketzerei nicht länger zusehe. Ein Aufruhr in Lenk im Mai erschwerte noch die Stellung der Widerstrebenden. Drei der namhaftesten Führer, der Landvogt Schweizer, Bartholomäus Albi oder Wyss und Michael Magron, wurden aufgefordert, innerhalb zwei Monaten ihren Entscheid zu treffen. Wyss wählte die Auswanderung und kam nach Bern, wo er das Bürgerrecht erwarb.

So ihrer charaktervollsten Männer beraubt, musste die evangelische Sache rasch unterliegen. Wenn im September 1605 Besorgnis geäussert wurde vor einer Konspiration gegen die Katholischen im Wallis[5]), und wieder, im Juni 1606, vor einem gewaltsamen Einfall der Berner zu gunsten ihrer Glaubensgenossen[6]), so haben wir darin kaum etwas anderes zu sehen als einen Vorwand für eigene gründliche Verfolgungsmassregeln, um dem eingewurzelten Neuglauben ein Ende zu machen.[7]) Erst Kapuziner, dann Jesuiten, haben hier die Bekehrung gründlich vollbracht.[8]) Nur als vorwiegend politische, antibischöfliche oder antispanische, von Seite Frankreichs begünstigte Partei vermochte die Opposition sich noch einige Jahre zu behaupten.[9])

[1] E. A., V, 1ᵃ, 653, 655, 656, 659, 664.
[2] E. A., V, 1ᵃ, 653.
[3] E. A., V, 1ᵃ, 675.
[4] E. A., V, 1ᵃ, 686, 687.
[5] E. A., V, 1ᵃ, 778.
[6] Ibid, 927.
[7] Ibid, 925. — Vergl. Finsler, K. Stat., 177.
[8] Die erste Jesuitenniederlassung im Wallis (1628—27), in Walliser „Geschichtsblätter", Bd. I, 207—222 1891.
[9] Vergl. ein Schreiben des französischen Gesandten, welches vom Bündnis mit Spanien abmahnte, E. A., V, 1ᵃ, 727 (27. Jan. 1605). Doch ist hier noch noch von „ketzerischen Büchern" die Rede, die im Lande verbreitet seien.

Noch haben wir von Bünden zu berichten. Im Veltlin hatte der Glaubenshass eine Höhe erreicht, dass die Bevölkerung für jede Einwirkung von aussen, für jede Aufreizung durch fremde Mächte und im Interesse fremder Zwecke zugänglich wurde. Die Spanier, als Herren des Herzogtums Mailand, versuchten es mit Erfolg, in dem Thale wieder Fuss zu fassen, das ja zum Herzogtum gehört hatte.

Es kam immer mehr System und Konsequenz in das Intriguenspiel von List und Gewalt gegen die evangelischen Gemeinden. Im Jahre 1603 wurde am Comersee die furchtbare Feste Fuentes erbaut, welche den Spaniern erlaubte, den Ausgang aus dem Veltlin nach Italien vollständig zu beherrschen und dem Verkehr der Bewohner die grössten Schwierigkeiten in den Weg zu legen. Alle Proteste führten zu nichts und die reformierte Schweiz — Bern hatte 1602 seinen Bund mit den drei Bünden erneuert[1]) — vermochte nicht zu helfen. Von Mailand aus wurden die Bedingungen diktiert für einen ruhigen Besitz des von den Bündnern eroberten Landes, an welchem ihre materielle Wohlfahrt und ihr Nationalstolz gleichermassen hing. Die Spanier betrieben vor allem die Lösung der Bündnisse, welche Rätien mit Frankreich und mit Venedig verbanden. Bald wurde das Volk, bald dessen Regierungen in diesem Sinne bearbeitet.

Damit begannen die Verwicklungen religiöser und politischer Art, welche nun während Jahrzehnten die armen und sonst so friedlichen Thäler an den Quellen des Rheins heimgesucht haben.

Im Prättigau brach 1607 ein furchtbarer Aufstand los. Die empörte Bevölkerung erhob sich gegen den von Oesterreich eingesetzten Landvogt, Kaspar Baselgia, erklärte ihn als Landesverräter und führte ihn zur Hinrichtung. Eidgenössische Boten sollten vermitteln, aber Spanien und der Papst boten Hülfe an wider die Gegner des Glaubens und reizten die Leidenschaften immer heftiger auf. Der Bischof von Chur verliess das Land, weil auch er sich nicht mehr sicher glaubte. Allein 1612 besetzten die Oesterreicher wieder das Prättigau und die verheerende Sturzwelle kehrte zurück. Die evangelischen Prediger wurden vertrieben und durch Kapuziner ersetzt.[2])

Mit dem Jahre 1608 begann ein Feldzug gegen die Reformation im Misox. Im Oktober klagte eine katholische Tagsatzung über starke Ausbreitung der neuen Lehre daselbst, im November

---

[1]) E. A., V. 1ᵇ, 1894, als Beil. XIV 3. Sept. 1902.
[2]) Barth. Anhorn, Der Püntner Aufruhr im Jahr 1607. Chur 1862.

pflegte eine zweite darüber Beratung, wie man den dortigen Prädikanten „abschaffen" könnte; im Februar 1609 gingen Gesandte dahin ab, um ihn wirklich zu vertreiben, und triumphierend haben diese berichtet, „er werde wohl nicht wiederkommen".[1]

Dagegen hielt gerade jetzt die evangelische Predigt ihren Einzug in andern Gemeinden von Bünden: 1606 in Seewis, wo Georg Saluz, ein Sohn des 1573 verstorbenen Reformators Gallicius, die Bekehrung zu stande brachte, 1613 in Zizers, 1616 — nicht ohne Gewaltthat — in Trimmis, und bald darauf auch in Churwalden, Untervatz und Haldenstein.[2]

Dass die wissenschaftlich-theologische Arbeit in solcher Zeit fast ganz von den Gesichtspunkten der Polemik beherrscht war, bedarf weder einer Begründung noch eines Beweises; 1608 erschien in Bern von unbekanntem Verfasser das kleine Büchlein: „Antidotus contra scandalum apostasiae"[3], und des Pfarrers Hermann Lignaridus (Dürrholz) am Münster Schriftlein: „De jubileo tractatus."[4] Demselben Bedürfnisse entsprangen Christoph Lüthardts: „Assertio veritatis evangelicae" von 1617, und nachher Nicolaus Henzis: „Catechesis religionis christianae" von 1622.

Ebenfalls vorwiegend politisch-kirchlicher Natur war die Thätigkeit des grossen Genfer Theologen Benedict Turrettini, geboren am 9. März 1588, von einer aus Lucca eingewanderten Familie stammend. Seit 1612 Professor in Genf, Abgeordneter nach Dortrecht und lange Zeit beherrschende kirchliche Autorität, ist er am 4. März 1631 gestorben.[5]

Ganz der stillen Gelehrtenarbeit dagegen war das Leben des Basler Theologen Joh. Buxtorff (des Aeltern) gewidmet, welcher, 1564 in Westfalen geboren, seit 1591 als Professor der hebräischen Sprache in Basel, wegen seiner „Synagoga judaica" (1603) und seines „Lexicon chaldaicum, talmudicum et rabbinicum" (1607) zu den grössten Orientalisten aller Zeiten gezählt wird. Er ist am 13. September 1629 von der Pest weggerafft worden.[6]

---

[1] E. A. V. 1ª, 886, 900, 989.

[2] Sulzberger, Die Ref. in Bünden. — Michel, Die Ref. in den V Dörfern. 1611—1780, in Graub. Mitteil., 1881, S. 157.

[3] Antidotus c. sc. apost. datum ab iis qui ab ecclesiis evangelicis ad papatum deficiunt, una cum demonstratione errorum papatus etc. Bernae Helvetiorum 1608.

[4] ... conscriptus in gratiam eorum, qui quidnam de jubileis, qui tanto numero passim in papatu celebrantur, ex verbo Dei statuendum sit, scire desiderant. Editio 2ª, Bernae Helvetiorum 1608.

[5] François Turrettini: B. P., notice biographique, Genève 1871, av. portr.

[6] Buxtorff-Falkeisen, J. B. der Vater. Basel 1860.

Hier in Basel ist auch 1603 die grosse und selbständige Bibelübersetzung herausgekommen, welche der Schlesier Polanus von Polensdorf, der Schwiegersohn des Antistes Johann Jakob Grynaeus, mit Fleiss und Geschick bearbeitet hat. Trotz ihrer von Mezger hervorgehobenen Vorzüge[1]) vermochte sich dieselbe indessen neben derjenigen Luthers weder im Hause noch in der Kirche im Gebrauche zu behaupten und ist bald verschwunden.

2. Die Dortrechter Synode.

Von dem Augenblicke an, wo durch Aufstellung und Anerkennung der Confessio fidei Helvetica II von 1566 der Lehrbestand festgestellt war, meinten die reformierten Regierungen ihrer obrigkeitlichen Pflicht des Schutzes über die Kirche nicht besser genügen zu können, als dadurch, dass sie jede abweichende Ansicht sofort mit Macht niederschlugen und das Bekenntnis als Ausdruck unabänderlicher Wahrheit gegen jeden wirklichen oder scheinbaren Angriff aufrecht erhielten. Die reformierten Kirchen waren auf diese Weise, ohne dessen selbst inne zu werden, in dem allerwesentlichsten Grundsatze auf die Bahn des Katholizismus getreten, indem sie die menschliche Tradition — jetzt freilich die protestantische Tradition — als Norm des Glaubens an die Stelle der heil. Schrift setzten. Die Starrheit der Lehre, die im Bekenntnis schriftlich, urkundlich feststeht und die der junge Geistliche einfach zu lernen, der amtierende Pfarrer einfach zu lehren hat, das ist das charakteristische Kennzeichen der Zeit.

Den Lehrstreitigkeiten entging man aber trotz des Bekenntniszwanges nicht ganz. Haben auch in der reformierten Schweiz die ärgerlichen Zänkereien über dogmatische Fragen und über die richtige Auslegung der heil. Schrift niemals die grosse Rolle gespielt, wie in der lutherischen Kirche Deutschlands, so hat es doch nicht völlig daran gefehlt. Es entstand sogar das Bedürfnis nach einer noch genaueren Fixierung des Dogmas, so dass uns am Beginn des 17. Jahrhunderts die äusserst merkwürdige Erscheinung einer grossen internationalen Synode sämtlicher reformierten Kirchen, am Ende der Periode sogar die Abfassung einer neuen Bekenntnisformel begegnet.

Die Lehre von der absoluten Gnadenwahl musste trotz ihrer religiösen Tiefe und philosophischen Schärfe doch immer wieder

---

[1] Mezger, a. a. O., S. 291 u. ff.

den Widerspruch des moralischen Gefühls und des gemeinen Menschenverstandes herausfordern. Der Streit gegen Samuel Huber, wie die Massregelung des Claudius Albericus, hatten aber deutlich gezeigt, wie sehr man gewillt sei, bei der einmal aufgestellten Lehrform zu beharren, auch wenn man in Wirklichkeit nicht mehr daran glaubte und im gemeinen Leben kein Mensch daran dachte. Noch deutlicher trat aber diese Aengstlichkeit gegen alles, was eine Neuerung war oder schien, bei jenem Wiederaufnehmen theologischer Verhandlungen hervor, welches, als der Arminianische Streit bezeichnet, die Schweiz kaum weniger als Holland bewegte.

Jakob Arminius, geboren 1560, ein Schüler des Simon Grynaeus in Basel und Beza in Genf, erst Pfarrer in Amsterdam, dann Professor in Leyden, ein Mann von grossem Scharfsinn und dabei von einfach praktischer Frömmigkeit, konnte mit dem Dogma von der Gnadenwahl sich nicht zurecht finden; er nahm Anstoss an dem Gedanken, dass unser Heil von Gottes Willkür und nicht von unserm eigenen Verhalten abhängen solle, weil diese Lehre den Schmerz über die Sünde hemme, der Natur des Menschen widerspreche und Gott zum Urheber der Sünde mache.[1]) Er lehrte deshalb, bei der Erwählung des Menschen sehe Gott, vorauswissend, auf ihren Glauben; der Glaube sei nicht die Frucht der Erwählung, sondern die Erwählung erfolge umgekehrt um des vorhandenen Glaubens willen. Christus sei also für alle Menschen am Kreuze gestorben und ihre Schuld, die Schuld der Einzelnen, sei es, wenn ihnen dieser Erlösungstod nicht zum Heil gereichen könne. Der Mensch vermöge allerdings nicht selbst den Glauben zu wirken, der eine Gabe des heil. Geistes sei, aber er könne der Wirkung des heil. Geistes und den Forderungen des Glaubens Widerstand leisten und so dem Gnadenwillen Gottes sich entgegenstellen.

Des Arminius Rechtgläubigkeit wurde, obwohl er keineswegs direkt polemisch auftrat, in Zweifel gezogen; allein er starb 1609, ohne dass es zu einer gerichtlichen Verurteilung gekommen wäre. Seine Lehren entsprachen indessen zu sehr demjenigen, was die grosse Menge denkt und der gesunde Menschenverstand als natürlich ansieht, als dass er nicht hätte Nachfolger finden sollen. Simon Episcopius lehrte jetzt im gleichen Sinne, und Anhänger dieser neuen Richtung waren unter andern auch der

---

[1]) Schweizer, Centr.-Dogmen, II, S. 60.

Held der niederländischen Freiheit, Olden Barneveld, sowie der grösste Gelehrte, welchen Holland damals besass, Hugo Grotius. An der Spitze der Gegenpartei stand als Theologe ein jüngerer Kollege des Arminius, Franz Gomarus, der den strengen und unbedingten Grundsatz der Prädestination verfocht und jede Abschwächung desselben ohne weiteres als gefährlichen Irrtum verdammte. Man hätte glauben sollen, dass der Standpunkt der allgemeinen Denkweise und des praktischen Bedürfnisses den Sieg davontragen müsse über die den meisten unverständlichen Behauptungen einer einseitigen theologisch-gelehrten Spekulation. Allein die letztere hatte die gesetzliche Geltung der Bekenntnisschriften für sich, und dieser Umstand entschied. Wiederholt zusammenberufene holländische Provinzialsynoden, so besonders 1610 und 1615, sprachen sich gegen die Arminianer aus. Diese „remonstrierten" gegen die Verfügungen, deren Rechtmässigkeit sie sich anzuerkennen weigerten, und nannten sich deshalb „Remonstranten". Die Frage wurde so leidenschaftlich verhandelt, nicht in den geistlichen Synoden allein, sondern in den Ratssälen, in den Schulen, ja auf den Strassen und Marktplätzen, dass die Regierung der Niederlande eine Massregel nötig fand, die geeignet sei, die Einigkeit und den Frieden herzustellen.

Eine solche glaubte man zu finden in der Berufung auf eine höhere kirchliche Autorität, auf eine Versammlung von Abgeordneten aller reformierten Kirchen. Es war hohe Zeit, denn es kam bereits über diese Frage zum offenen Aufstand. Olden Barneveld wurde als Rebell hingerichtet, Hugo Grotius ins Gefängnis gesetzt. Der Beschluss wurde gefasst, dass eine allgemeine Synode stattfinden sollte, und zwar am 1. November 1618 zu Dortrecht, damit hier die Wahrheit über die streitige Lehre erörtert und festgestellt werden könne mit Zustimmung aller zum Entscheid Berechtigten.[1])

So kam die Einladung zur Beteiligung auch an die evangelischen vier Städte der Schweiz[2]), 14. August 1618. Diese hatten anfangs wenig Lust, sich zu beteiligen. Die Furcht vor den Gefahren der Behandlung solcher misslichen dogmatischen Fragepunkte, die Besorgnis, dass nichts oder höchstens neuer Streit daraus entstehen werde, allermeist aber die unglaubliche Engherzigkeit, mit welcher jede, auch die kleinste Kirche, sich auf die Interessen des eigenen Kantonsgebietes beschränkte, ohne nur

---

[1]) Siehe darüber besonders Schweizer, C.-D., II. 71—85.
[2]) Evgl. Konf. in Aarau. E. A., V. 2ª, 33.)

einen Blick auf die grössern gemeinsamen Interessen zu wagen, brachte eine mit Mehrheit ablehnende Antwort zu stande.[1])

Allein die Holländer verzichteten nicht so leicht auf das Mittel, das ihnen den kirchlichen Frieden verhiess. Am 18. September, als die evangelische Konferenz in Aarau neuerdings beieinander sass, erschien eine Gesandtschaft der Vereinigten Niederlande und brachte nochmals mit allem Nachdruck ihr Begehren vor im Namen ihres mit der Eidgenossenschaft durch politische und kirchliche Verwandtschaft verbundenen Volkes. Diesmal liess man sich von der Wünschbarkeit des Unternehmens überzeugen und beschloss, dass jede der vier Städte einen ihrer Theologen schicken solle.[2])

Sehr rasch fand nun die Erwählung dieser Männer statt; es waren der Züricher Antistes Johann Jakob Breitinger, ein würdiger Mann, der mit grosser Umsicht und Klugheit, im Geiste seines Vorgängers Bullinger, die Züricher Kirche in schwierigen Zeiten geleitet hat[3]), sodann Sebastian Beck und Wolfgang Meyer aus Basel, Konrad Koch von Schaffhausen und der noch junge wohlbegabte, aber bis dahin wenig hervorgetretene Marx Rütimeyer, Helfer in Bern (geboren 1580)[4]); mit ihnen noch Joh. Diodati aus Genf.[5]) In aller Eile wurden jetzt die Vorbereitungen zur langen Reise getroffen. Am 30. September bereits fand von Basel aus die gemeinsame Abfahrt statt. Zu Schiffe fuhren sie auf dem Rhein über Heidelberg bis Köln.

Schon unterwegs im Schiffe fing das Disputieren an, und es zeigte sich grosse Unsicherheit über das, was man wollte, arge Aengstlichkeit über die zu beobachtende Haltung, vor allem aber bedenkliche Uneinigkeit. Die Instruktionen waren so abgefasst, dass jede Neuerung abgelehnt und unterdrückt werden sollte[6]); aber nicht so einfach war die Frage, was als Neuerung zu betrachten sei, und noch schwieriger war es, über die Mittel zum Zwecke sich untereinander zu verstehen. So kam denn nicht, wie man gehofft hatte, eine gemeinsame Erklärung der gesamten Schweizerkirchen zu stande; jedem blieb es überlassen, so zu reden und zu stimmen, wie er glauben mochte, es vor seiner heimatlichen Oberbehörde verantworten zu können.

[1]) E. A., V, 2ᵃ, 33.
[2]) E. A., V, 2ᵃ, 39.
[3]) Ueber ihn später.
[4]) Trechsel, in B. T.-B., 1868.
[5]) De Budé, Vie de Jean D., théologien genevois, Lausanne 1869.
[6]) E. A., V, 2ᵃ, 10—42.

Am 21. Oktober langten die sechs Schweizer Theologen in Dortrecht an. Sie fanden hier eine grossartige Versammlung von Abgeordneten aus Deutschland, Frankreich, England, Polen und Ungarn, neben denjenigen von Holland selbst; 84 von ihren Gemeinden gewählte Mitglieder und 18 weltliche Bevollmächtigte waren vereinigt; am 13. November wurde die Synode eröffnet. Indessen wurde bald offenbar, dass die Grossartigkeit dieser ersten und letzten reformierten Kirchenversammlung nur im äussern Glanze liege, dass in Wirklichkeit ein sehr enger und kleiner Geist dieselbe regiere. Es war nicht eine Zusammenkunft von Gelehrten, welche frei und unbefangen die Wahrheit der streitigen Lehre untersuchen und die rechte Art ihrer Anwendung auf das praktische kirchliche Leben feststellen sollte, sondern ein geistlicher Gerichtshof, der bestimmt war, die Unvereinbarkeit des Arminianismus mit der feststehenden Lehre der Bekenntnisschriften nachzuweisen und auf Grund dieses Beweises die Verdammung und Unterdrückung des erstern auszusprechen. Die Remonstranten wurden nicht angehört als Mitglieder[1]), sondern als Angeklagte verhört und schliesslich mit weit überwiegender Mehrheit verurteilt, nicht weil ihr Glaube unwahr oder unbiblisch ist, sondern weil er nicht dem Wortlaut der gesetzlich gültigen Bekenntnisschriften entspricht, als eine Abweichung von der kirchlichen Ueberlieferung erscheint. Am 6. Mai 1619, nach einer langen Reihe von Sitzungen, war man zu diesem Ergebnis gelangt. Drei Tage später wurde die Synode geschlossen.

Die Schweizer Theologen haben an den Verhandlungen und ihrem Ausgang nur sehr bescheidenen Anteil. Nur Breitinger sprach in längerer Rede seine Ansicht aus und vertrat die ihm mitgegebene Instruktion; die Basler Deputation gab dann eine kurze Erklärung ab, die übrigen schwiegen und schlossen sich der Mehrheit an. Sie kehrten dann sofort zurück, und am 7. Juni wurde bereits in Bern der Bericht der Abgesandten vom Rat entgegengenommen und gebilligt.

Die Verhandlungen wurden nachher gedruckt und das Ergebnis für alle Glieder der reformierten Kirche als massgebend und verbindlich erklärt. Der schroffe Calvinismus, in einer Schärfe wie sie Calvin selbst zwar als seine Ansicht ausgesprochen, aber nicht als kirchliche Lehre aufgestellt hatte[2]), wurde hier als

---

[1]) Nur drei waren als solche erwählt worden.

[2]) Wenn auch in der etwas abgeschwächten infralapsarischen Fassung — Vergleiche darüber Schweizer, C.-D., II, 184.

rechtgläubig bezeichnet und die Grenzen der Lehrfreiheit danach bestimmt. Die helvetische Konfession, neben ihr aber auch der Heidelberger Katechismus, wurden als symbolische Schriften der evangelisch-reformierten Kirche anerkannt, allein beide durch die Dortrechter Beschlüsse selbst in einem Sinne ausgelegt, welcher über das bisher Angenommene hinausging, sowohl in der Fassung der Gedanken, als auch besonders in der Verbindlichkeit, mit welcher sie nun vorgeschrieben wurden. Zweifellos steht die calvinische Prädestinationslehre religiös wie philosophisch hoch über der etwas oberflächlichen Vermittlung, durch welche die Arminianer im Interesse der Gemeinverständlichkeit das unlösbare Geheimnis der Allwirksamkeit Gottes und der menschlichen Freiheit zu lösen versuchten; auffallend ist es dessenungeachtet, dass die Kirchenbehörden, und noch mehr, dass die Staatsmänner diesem Dogma ihre Zustimmung erteilen und es als Gesetz für ihre Völker proklamieren konnten; denn es ist sicher, dass dieselben wie Arminius dachten und glaubten, und nicht wie Gomarus.[1]

Der Entscheid der Dortrechter Synode hat dem religiösen und sittlichen Leben schweren Schaden angethan, weil er eine religiöse Wahrheit, die als solche nur wenigen zugänglich und nur — wenn wir so sagen dürfen — eine Offenbarung an die Auserwählten ist, als gesetzliche Vorschrift hinstellte, die jeder glauben oder doch bekennen muss, auch wenn er sie nicht begreift und er in seinem Sinne sich die Dinge ganz anders denkt. Es wurde damals, und das ist das Wesen der jetzt aufkommenden Orthodoxie, eine Kluft befestigt zwischen Ueberzeugung und Bekenntnis, und der verhängnisvolle, moralisch wie religiös gefährliche Irrtum genährt, dass das Glaubensbekenntnis und die Kirchenlehre etwas von der Staatsgewalt Vorgeschriebenes sei, dem man Gehorsam und Ehrerbietung schulde, das aber mit dem innern Denken und Glauben nichts zu schaffen habe.

Der nämliche Geist einer unbegreiflichen Aengstlichkeit und eines grossen Mangels an Vertrauen in die Macht und den Sieg der Wahrheit zeigte sich vorzüglich auch in der Art, wie die reformierten Regierungen den Studierenden der Theologie den Besuch gewisser Hochschulen untersagten, um sie vor Ansteckung durch Irrlehre zu schützen. Dass früher die lutherischen Univer-

---

[1] Histoire du Synode de Dortrecht, par N. Chatelain, Paris 1841. — Handschriftliche Quellenberichte in der Stadtbibliothek Zürich; abschriftlich die Erzählung Breitingers auch in der Stadtbibliothek Bern. Mss. H. H., V. 77, und VII, 1; die letztere gedruckt herausgegeben von Wolfensberger im Züricher Taschenbuch, 1878.

sitäten gemieden worden sind, wo die lästernde Polemik gegen
Zwingli und Calvin als Beweis des wahren Glaubens galt, dass
deshalb die schweizerischen Theologen auf ihren Studienreisen
eine Zeitlang nur Strassburg, Marburg und etwa noch die holländischen Schulen aufsuchten [1]), lässt sich begreifen. Allein die
Enge in dieser Beziehung nahm noch zu und erstreckte sich im
Laufe des XVII. Jahrhunderts sogar auf Universitäten des nämlichen Bekenntnisses, sofern in dessen Auslegung und Anwendung
ein Unterschied beobachtet wurde. Man glaubte auf diese Weise
die Reinheit der Lehre vor allen Gefahren sicher zu stellen und
bemerkte nicht, dass dadurch nichts anderes befördert werde,
als die religiöse Gleichgültigkeit, das Auseinandergehen von Religion und Theologie, von wirklichem Glauben und offiziellem
Bekennen, von Laienwelt und Geistlichkeit, und schliesslich eine
grauenerregende religiöse Unwissenheit und sittliche Verwilderung,
welche allen Sitten-Mandaten zum Trotz die protestantische Kirche
vollends an den Rand des Verderbens gebracht hat.

3. Der dreissigjährige Krieg.

Unter solchen Umständen war die reformierte Kirche sehr
wenig in der Verfassung, einen Sturm auszuhalten, wie derjenige
war, welcher nun in der ersten Hälfte des XVII. Jahrhunderts das
ganze mittlere Europa durchzog und nicht allein Throne und
Kirchen wegfegte, sondern Städte und Dörfer, Felder und Wälder
zerstörte und der gesamten christlichen Kultur im weitesten Sinne
ein Ende zu machen drohte.

Die Schweiz blieb zwar wunderbarer Weise von den direkten
Folgen des dreissigjährigen Krieges verschont [2]), eine Grenzgegend ausgenommen, die darunter viel zu leiden hatte; dagegen
war das Land der drei Bünde in Rätien, das scheinbar so
weltabgeschieden in seinen Bergthälern gesicherte, zu Zeiten der
Schauplatz und das Opfer der ärgsten Kriegsgreuel, und die
Eidgenossenschaft konnte während dieser traurigen Zeit den

---

[1]) Haller, Akad. Beziehungen von Bern zu den niederländischen Hochschulen, Archiv des hist. '. Bern, Bd. VIII, S. 281 u. ff.

[2]) Akten zur Gesch. . 30jähr. Krieges, hgg. v. Rodt im Geschichtsforscher, Bd. XII. — Eb... von Hunziker im Archiv f. Schw.-Gesch., Bd. I,
205. — Schreiben aus dem 30jähr. Kriege in Basler Beitr., Bd. VIII. — Stern,
Ol. Flemmings Depeschen aus d. Schweiz von 1629—1640, im Anzeiger für
Schw.-Gesch., III, 89.

äussern Frieden nur dadurch erhalten, dass man mit einer ganz unglaublichen Empfindlichkeit jeden Anlass zu konfessionellen Reibungen zu verhüten trachtete und alles unterdrückte, was auch nur von ferne schien gefährlich werden zu können. Wie im Alpenthal zur Zeit des Föhnsturms aus Angst vor möglichen Feuerausbrüchen auch das friedliche Herdfeuer gelöscht werden muss und das Kochen und Backen eingestellt wird, so wurde damals jede wärmere Regung religiösen Lebens, jedes Anzeichen einer herzlichen Begeisterung für den eigenen Glauben als eine Gefahr für den innern Frieden und für das Wohl des Landes betrachtet und deshalb so rasch als möglich im Keime erstickt.

Der dreissigjährige Krieg, der an den Grenzen wütete, war in seinem Ursprung ein Religionskrieg. Jede Konfession nahm aufs eifrigste Partei für Sieg oder Niederlage der Glaubensverwandten. Der kleinste Anlass musste genügen, um auch hier den Bürgerkrieg mit allen seinen unabsehbaren Konsequenzen zu entzünden; es war wohl der Mühe wert, zur Abwendung dieses äussersten Unheils alles aufzubieten und grosse Anstrengungen zu machen. Es ist gelungen; aber der Zustand dieses allseitigen Druckes, dieses beständigen stummen Kriegs, war nicht sehr gemütlich und für das Leben und Wirken der reformierten Kirchen im höchsten Grade bedenklich. Die letztern mussten weit mehr leiden, als die katholische, deshalb, weil diese in ihrer Geschlossenheit und grössern Rücksichtslosigkeit in der Wahl der Bekehrungsmittel einen Ersatz fand, die reformierte dagegen mit ihrer Unentschlossenheit und dem Mangel an wahrer innerer Hingebung für die eigene Sache keine moralische Kraft zu entwickeln vermochte. Eine protestantische Kirche ohne Glauben ist ein jämmerliches Ding!

Im Jahre der Dortrechter Synode begann der furchtbare Krieg, allein das unerträgliche Misstrauen zwischen den beiden Bekenntnissen war längst vorhanden und musste sich in der Schweiz, bei der Kleinheit der Verhältnisse, ganz besonders fühlbar machen, vornehmlich da, wo die Mischung der Bevölkerungen von Gemeinde zu Gemeinde zu beständiger Berührung beider Anlass gab und manchmal nur Zufall und Laune die Grenzen festgestellt hatte.

Nach allem, was vorausgegangen, war das Verhältnis der beiden Konfessionen ein derart gereiztes, dass das geringste Vorkommnis einen allgemeinen Ausbruch herbeiführen konnte.

„Ihr sollt wissen, dass ein Afrikaner oder Indianer, der katholisch ist, euch näher verwandt ist und ihr ihm mehr Gunst zu erweisen schuldig seid, als einem Schweizer und Landsmann, der ein Ketzer wäre." Diese Worte, mit welchen der spanische Gesandte die in Luzern zur Konferenz versammelten Boten vor jeder Gemeinschaft mit den Ungläubigen warnte (18. Dezember 1624[1]), sind der richtige Ausdruck der Gesinnung, wie sie damals herrschend war; sie wurde in weitgehendem Masse von der andern Seite erwidert, wenn auch die Reformierten „die bösen Worte der libertà de conscienza und der razzione di stato" nicht ganz ebenso als „aus dem Abgrund der Hölle entsprungen" ansehen konnten.

Vor allem schwierig war die Stellung nach aussen zu den kriegführenden Mächten, da mehr als jemals die Versuchung nahe lag, den mühsam unterdrückten Sympathien Ausdruck zu geben und sich gleichzeitig durch Bundesgenossen gegen wachsende Bedrohung zu stärken.

Schon im ersten Jahre des Krieges wurden die militärischen Hülfsmittel besprochen, über welche man im Falle der Not verfügte. Bern nannte 40,000, Zürich über 15,000 Bewaffnete.[2]) Es stand Hülfeleistung an den Markgrafen von Baden in Frage, durch welche gleichzeitig auch Basel und Mülhausen geschützt worden wäre. Man wagte es nicht und gab ausweichende Antwort, ebenso der Stadt Strassburg gegenüber, für welche Basel um Beistand nachsuchte[3]); aber als am 30. Mai 1622 in Aarau ein Schreiben des Grafen von Mansfeld verlesen wurde, in welchem er die evangelischen Schweizer aufforderte, den König von Böhmen (Friedrich von der Pfalz) nicht im Stiche zu lassen, verriet wenigstens Bern einige Neigung, sich in eine derartige Verbindung einzulassen, „da ja die Päpstler das auch thun."[4]) Offenes Eintreten in den Waffengang schien kirchlich und politisch richtiger zu sein, als die Fortdauer eines Zustandes, der alle Nachteile, aber keinen Vorteil des Krieges in Aussicht stellte.[5])

Im Dezember 1631 handelte es sich um einen förmlichen Bundesvertrag mit dem Schwedenkönige Gustav Adolf, der nun die protestantische Sache vertrat und der evangelischen Schweiz sehr ernsthafte Vorschläge machte; erst nach längerer Erwägung entschloss man sich zur Ablehnung.[6]) Allein im September 1633, als die feindlichen Armeen, des Kaisers und der

---

[1]) E. A., V, 2ᵃ, 418.
[2]) E. A., V, 2ᵃ, 85.
[3]) E. A., V, 2ᵃ, 63, 133, 141.
[4]) E. A., V, 2ᵃ, 282.
[5]) E. A., V, 2ᵃ, 325 (16. Jan. 1623). 388 (5. Aug. 1624).
[6]) Fäh, Franz, Gustav Adolf und die Eidgenossen. 1629—1632. Bericht der Realschule in Basel, 1887. — Roget, Am., Rapports de Gust.-Ad. avec Genève. Mém. et doc. de Genève, Iʳᵉ sér., XVII, 329.

Schweden, in der Gegend am Bodensee lagen, kam bei Konstanz
von Seiten der schwedischen Truppen unter Graf Horn eine Grenz-
verletzung vor, ein Durchzug über ein Stück Schweizerboden,
den die militärisch mangelhaft gerüsteten Eidgenossen nicht zu
verhindern vermochten. Der Hauptmann der schwachen schweizerischen Besatzung, Oberstwachtmeister Kilian Kesselring, wurde
von den Katholiken der pflichtwidrigen Begünstigung der Schweden
beschuldigt. Dass derselbe als eifriger Reformierter den Feinden
des Kaisers den Sieg wünschte und wünschen musste, ist nicht
zu bezweifeln, und etwas Weiteres konnte ihm nicht nachgewiesen
werden. Allein die evangelischen Stände wagten es nicht, dem
drohenden Auftreten der Gegenpartei zu widerstehen; der wackere
Mann musste preisgegeben werden: er wurde als Hochverräter
gefoltert und entging nur mit Mühe dem Tod durch den Henker.[1]
Man betrachtete ihn jetzt als einen protestantischen Märtyrer, die
Feindseligkeit der Gesinnung wurde dadurch vermehrt, und um
so grösser war die Lust, noch während der Aufregungen des
Prozesses, im Frühjahr 1634, mit den Schweden wenigstens ein
„vorteilhaftes Verständnis und Korrespondenz" einzugehen, das
kein Bund sein, aber doch den Wert eines solchen haben sollte.
Zürich und Bern waren dafür; Basel und Schaffhausen mahnten ab.[2]

Der Glaube jedoch, dass „Bern rüstet", war für die katho-
lischen Stände genügend, um sie im Juni 1634 zum Bündnis mit
Spanien, und gleich darauf, im Oktober, zu einem solchen mit
Savoyen zu bewegen.[3]

Das Jahr 1637 brachte die kriegführenden Heere neuerdings
an die Schweizergrenzen, und jetzt schien die Begründung eines
allgemeinen protestantischen Bundes notwendiger und auch näher
bevorstehend als je. Im November 1637 war die Evangelische
Konferenz in Baden versammelt. Der englische Resident zu Zürich,
Oliver Fleming, eröffnete im Namen des Königs von Grossbritannien,
sein König habe mit denjenigen von Frankreich, Dänemark und
Schweden, sowie mit den Staaten in Holland ein Bündnis geschlossen zu gegenseitiger thätlicher Hülfeleistung und Restitution der
evangelischen deutschen Fürsten und Stände. Zu diesem Ende

---

[1] Keller, J. J., Der kriegsgerichtliche Prozess gegen K. K. Frauenfeld,
1881. — Das zu Schwyz ausgefällte Urteil vom 23.—29. Jan. 1635 siehe E.
A., V, 2ᵃ, 914. — Das Gegenprojekt der Evang. Konf. vom 19. Dez. ibid.,
S. 968.
[2] E. A., V, 2ᵃ, 836, 837, 853.
[3] E. A., V, 2ᵇ, Beil. XXII u. XXIII.

solle eine Zusammenkunft nach Hamburg oder nach dem Haag angesetzt werden, um die Beschwerden der Vertriebenen und Notleidenden anzuhören. Dieselben werde man dann dem Kaiser notifizieren, mit dem Begehren, alles in den vorigen Stand zu setzen, widrigenfalls man die Herstellung mit Gewalt erzwingen werde. Die evangelischen Orte möchten ihrerseits nach Gelegenheit ihr Bestes thun. Der Antrag — denn ein solcher war es — wurde „unter Anerbietung aller guten Korrespondenz und Freundschaft" verdankt und „ad referendum" genommen.[1])

Die Versuchungen zu einer aktiven Beteiligung am Parteikriege gingen vorüber, aber auch die Vorkehren zur gemeinsamen Verteidigung entsprachen in keiner Weise dem Ernst der Lage. Die Aufstellung einer eidgenössischen militärischen Organisation zum gemeinsamen kräftigen Grenzschutze, des „Defensionswerkes", wurden von der Hand gewiesen, jede Rüstung der einzelnen Stände mit Misstrauen angesehen; die alten Orte unterhielten deshalb Spione im Bernergebiet.[2]) Dass Frankreich sich einmischte und 1629 mit dem Antrag hervortrat, 6000 Mann als „armée volante" in seinen Sold zu nehmen[3]), konnte gewiss Bedenken erregen. Die Evangelischen waren dazu bereit, Freiburg und Solothurn wollten helfen, aber die andern wollten nichts davon wissen, und Schwyz sah die einzige Bedingung zum Zusammenstehen überhaupt in der „Rückkehr zur alten Glaubenseinigkeit."[4])" Nicht einmal unter sich vermochten die Evangelischen einig zu werden, und selbst die offene Bedrohung von Mülhausen 1637 und von Basel 1640 war nicht im stande, die Rücksicht auf die nächsten, engsten Einzelinteressen in den Hintergrund zu drängen. Waren die einen kühn, so waren die andern zaghaft. Nur im Februar 1628 schien eine kräftigere Stimmung alle erfüllen zu wollen. Man kam damals in Zürich in dem „einhelligen Entschluss" überein, „zu Erhaltung der geistlichen und leiblichen Freiheiten unter Gottes Beistand das Aeusserste daran zu setzen und davon nichts fahren zu lassen."

Es war wie eine Jubelfeier der Erinnerung an die Tage, welche Bern vor 100 Jahren erlebt, als man beschloss: „Da man stündlich nicht wissen kann, wann und wo man angegriffen wird, so soll sich jedes Ort unverzüglich mit Speise und Munition versehen, das Kriegsvolk und andere erforderliche Dinge gerüstet

[1] E. A., V, 2ᵃ, 1061
[2] E. A., V, 2ᵃ, 398, 510, 571, 576.
[3] E. A., V, 2ᵃ, 621.
[4] E. A., V, 2ᵃ, 628.

halten, auch auf die Grenzen ein wachsames Auge haben. Mit Gottes Hülfe solle alles mannhaft an die Hand genommen werden, soll man wie ein Mann zusammenstehen und mit Gut und Blut einander zu Hülfe kommen nach dem Exempel der frommen Altvordern, die zur Zeit der Reformation zu Behauptung der wahren evangelischen Religion und ihrer Freiheiten alle Gefahren hintangesetzt haben.[1]" Doch diese Begeisterung ist bald wieder verflogen und machte, wenn es zur That kommen sollte, der kleinlichsten Bedenklichkeit Platz.

Wenn die kirchlich geschlossenen eidgenössischen Staaten vermöge dieser weitgetriebenen Beschränkung auf das eigene Gebiet sich behaupten konnten, so stand es anders da, wo konfessionell gemischte Gemeinden in lockerem politischem Verband zusammenhalten sollten. Weitaus am schwersten wurde daher Graubünden hergenommen von den allgemeinen Wirren der Zeit, und zwar in ganz besonderem Grade die Bündner Unterthanenländer, Cleven, Veltlin und Bormio, sowie das mitverbündete, aber noch österreichische Prättigau.[2]

Im Veltlin mit seiner italienisch-leidenschaftlichen Bevölkerung waren die Gemüter aufs heftigste gereizt und der Gegensatz gestaltete sich hier um so erbitterter, weil die Grenzen zwischen den Bekenntnissen mehr als anderswo noch im Flusse waren, und weil zudem die materiellen Interessen der Regierenden einerseits, der Ingrimm gegen die Fremdherrschaft anderseits sich mit den Religionsvorurteilen verband. Die Bündner verwalteten das Thal durch Vögte aus ihren vornehmen Familien, die wohl manche Unzufriedenheit bei dem heissblütigen Volk erregen mochten; ihre beste Stütze aber waren die reformierten Gemeinden, die sie deshalb mit aller Macht begünstigten, aber eben damit doppeltem Hasse aussetzten.

Aufreizungen, Versprechungen und Lockungen, namentlich von Mailand her, thaten das ihre in der ohnehin durch ein fast beispielloses Naturereignis[3] aufgeregten Landschaft. Nachdem schon seit 1618 die eidgenössischen Tagsatzungen sich mit den Bündner Angelegenheiten hatten beschäftigen müssen und das Gerücht von einer Verschwörung der evangelischen Orte mit den Bündnern „zur Ausrottung der katholischen Religion" verbreitet

---

[1] E. A., V, 2ª, 537, 538 (22.—23. Febr. 1620).
[2] B. Reber, Graubünden im 30jähr. Kriege, in Basler Beitr., VII.
[3] Zerstörung der reichen Stadt Plurs durch einen Bergsturz am 25. Aug. 1619.

worden war, kam es 1620 zu einem Ereignisse, das zu den abscheulichsten des ganzen an entsetzlichen Thaten so überreichen dreissigjährigen Krieges gehört.

Ein gewisser Jakob Robustella, welcher 1618 zu Thusis von einem ziemlich tumultuarischen Strafgerichte betroffen worden war[1]), sammelte im Sommer 1620 im geheimen eine Schar von Gleichgesinnten, um sein Veltlin von Bünden zu befreien und zugleich der Ketzerei im Thal mit einem Schlage ein Ende zu machen. Am 19. Juli ertönten die Sturmglocken, und nun ging das Morden an. Von Stadt zu Stadt, von Dorf zu Dorf zogen die Wütenden und machten in einem acht Tage lang dauernden Blutbad alles nieder, was sich zum reformierten Glauben bekannte. Am ärgsten war es im Hauptorte Tirano, deshalb, weil hier die Zahl der Reformierten am bedeutendsten war. 500 Personen, darunter acht Prediger, wurden im ganzen umgebracht.[2])

Der Schreck, den die Nachricht in Graubünden und in der übrigen Schweiz erregte, war unbeschreiblich.[3]) Man feierte einen allgemeinen Busstag mit einem Gottesdienst, der in Basel (am 10. September) von morgens 8 Uhr bis abends 5 Uhr dauerte, dazu wurde eine Steuer für die Bedrängten aufgenommen, die 867 Pfund ergab.[4]) Nachher folgte die Entrüstung über eine That, die von der katholischen Kirche als eine hochverdienstliche gefeiert wurde. Die Züricher und Berner beschlossen sofort, den Bündnern zu Hülfe zu eilen und ihnen im Veltlin wieder Ordnung schaffen zu helfen. Ein Heer wurde gerüstet und nach Bünden geschickt; allein die innere Schweiz, für die Mörder günstig gesinnt, legte seinem Durchmarsch Hindernisse in den Weg. Wollte es denselben nicht mit Gewalt erzwingen und so direkt den Bürgerkrieg herbeiführen, so mussten gewaltige Umwege gemacht werden. Endlich kam diese reformierte Truppe ins Veltlin, allein eine Unvorsichtigkeit des Führers der Berner, des tapfern und kühnen Niklaus von Mülinen, brachte ihm den Heldentod und der ganzen Schar den Untergang.[5]) Nur Ueberreste kehrten zurück.

---

[1] Ueber dieses Gericht siehe neben den bereits genannten Bündner Geschichtsschreibern: Kind, Das zweite Strafgericht zu Thusis, im Jahrbuch f. Schw.-Gesch., Bd. VII, 277.

[2]) Hott., III, 1030.

[3]) Versammlung der Ev. Konf. in Aarau am 30. Juli 1620, wegen den „mordtlichen Pratiken in Bünten". — E. A., 2ᵃ, 143 u. ff. — Burkhardt, Bericht eines Augenzeugen über den Veltl. Mord, im Arch. f. Schw.-Gesch., VI.

[4]) Buxtorf-Falkeisen, II, 1, S. 44.

[5] Hidber, Die Berner im Veltlin. Berner Neujahrsblatt, 1862, u. Mohr, Der Feldzug der Zürcher, Berner und Bündner in das Veltlin, 1620, im Archiv f. S.-G., IV, 359.

Mailand besetzte jetzt das Thal mit Soldaten und Kapuzinern, um mit weltlichen und geistlichen Waffen das Werk zu vollenden.[1]) Die noch stehenden Kirchen wurden den Katholiken eingeräumt und der römische Gottesdienst wieder zur Alleinherrschaft gebracht. Es ist das der scheussliche Veltlinermord, den die reformierten Schweizer noch heute nicht vergessen haben.[2])

In Bünden machte das Ereignis um so tiefern Eindruck, weil gleichzeitig die Oesterreicher von Nordosten her ins Land eindrangen. Sie erneuerten ihre Ansprüche auf das rebellische Prättigau und zugleich auf das schon früher abgefallene Engadin. Mit Truppen rückten sie heran, um das Prättigau zu unterwerfen. Bis Mayenfeld gingen sie vor, willens, in Chur den Bischof wieder einzusetzen.[3]) Die reformierten Prediger wurden verjagt, Kapuziner traten an ihre Stelle. Die von Oberst Baldiron proklamierten „Artikel" brachten die Prättigauer zum äussersten[4]); da unternahmen sie ihren Freiheitskampf. Fast ohne Waffen stürzten sie sich, am 24. April 1621, auf das österreichische Heer und drängten es mit ihren „Keulen der Verzweiflung" in unwiderstehlichem Ansturm aus dem Thale hinaus.[5]) Das Haupt der Kapuziner, der nachher „selig" gesprochene Pater Fidelis, fand hierbei seinen Tod.[6])

Am 3. Juli beschwor die Landschaft von neuem ihren Bund mit den übrigen Teilen von Rätien. Allein schon anfangs September war die Uebermacht wieder Herr geworden; das Prättigau wurde neuerdings besetzt, die „Widerwilligen" begünstigt, die „Gutherzigen"[7]) gequält, und nur das auf jede Ausdehnung der österreichischen Macht eifersüchtige Frankreich trat mit seiner Vermittlung rechtzeitig ein, um eine vollständige Unterdrückung des unglücklichen Volkes zu verhindern. In Lindau wurde 1622 eine Uebereinkunft abgeschlossen, welche nach den furchtbaren

---

[1]) Bericht über die Lage im Veltlin in der Evangel. Konf. in Zürich vom 25. Aug. in E. A., V, 2ᵃ, 153.

[2]) Reinhard, Der Veltlinermord, im Geschichtsfreunde der V Orte, Bd. 40, 169. — Vergl. Päpstliche Instruktionen betr. Veltlin und Genf (1621—23, im Archiv für Schw.-Gesch., VI, 281, u. XII, 181.

[3]) Verhandlungen der Tagsatz. zu Baden im Nov. 1621. — E. A., V, 2ᵃ, 239.

[4]) E. A., V, 2ᵃ, 275. Sie wurden von Basel der Evangel. Konf. vorgelegt zum Beweise, dass die Prättigauer in berechtigter Notwehr zum Aufstand gegriffen.

[5]) Berichte darüber: E. A., V, 2ᵃ, 279.

[6]) Anhorn, Heilige Wiedergeburt etc., S. 155 u. ff. — Murer, Helvetia sancta, S. 131.

[7]) So in der Ev. Konf. genannt.

Kämpfen wieder einen rechtlichen Zustand herstellte. Die politische Selbständigkeit wie die religiöse Freiheit war untergegangen, die nackte Existenz allein war gerettet.[1]

Die Gemüter waren aber viel zu sehr erbittert, als dass im Lande hätte Ruhe werden können. Wo die einen übermütig Unrecht thun und die andern knirschend Unrecht leiden, ist kein Friede möglich. Der Bischof, mit den Oesterreichern im Rücken, verlangte in Chur, dass die Schlüssel der Hauptkirche ihm wieder ausgeliefert und die kirchlichen und politischen Kompetenzen eingeräumt werden. Die eingeschüchterten und für den Augenblick wehrlosen Bündner mussten so weit nachgeben, dass sie schliesslich Verträgen zustimmten[2]), durch welche 75 Kirchen, in denen seit 50, zum Teil seit 100 Jahren die evangelische Predigt verkündigt worden war, wieder hergegeben werden mussten, und ebenso viele evangelische Schulen wurden geschlossen. Noch weiter gehende Forderungen konnten mit Hülfe der Eidgenossen abgelehnt werden.

Im Jahre 1623 machte nun noch der Graf Trivulzio Ansprüche auf das Thal von Misox, und gleichzeitig begannen die Kaiserlichen auf dem Luziensteig eine Festung zu bauen.[3]) Die Lage war so, dass man es begreifen muss, wenn die reformierten Bündner endlich Beistand suchten, wo sie solchen fanden, bei den falschen Freunden, die sie nur missbrauchten, um sich im Ringen um die Weltherrschaft gegen Spanien und Oesterreich dienen zu lassen, nämlich bei Frankreich, das eben damals immer ernstlicher in den Krieg eingriff.[4])

Dadurch erreichte Bünden allerdings einen augenblicklichen Erfolg, schuf aber eine schwere Gefahr für die Zukunft des Landes. Es gab jetzt keine Bündner Patrioten mehr, nur noch Parteigänger Frankreichs und solche des Kaisers, die sich gegenseitig mit nicht geringerer Verbissenheit schädigten, als die Fürsten und Feldherrn der beiden Armeen.

Im November 1624 mussten die Spanier und Mailänder weichen: Worms ergab sich den Bündnern, Cleven und Veltlin wurden von den Franzosen besetzt. Erst 1626 wurde dann auch Veltlin wieder an die Bündner übergeben; allein — und darin zeigte

---

[1]) Vertrag vom 30. Sept. 1622. E. A., V, 2ᵃ, 303—307. Der Text als Beil. VI ibid., V, 2ᵇ, 2085.
[2]) Dem lange bestrittenen Madrider Traktat vom 25. April 1621, E. A., V, 2ᵇ, Beil. I, S. 2031.
[3]) E. A., V, 2ᵃ, 330 u. 351.
[4]) Evangel. Konf. in Aarau vom 10. März 1622. E. A., V, 2ᵃ, 264.

sich nun die gefährliche Freundschaft mit einem Hofe, der selbst das Evangelium verfolgte — nur unter der Bedingung, dass die einmal zerstörte reformierte Kirche nicht hergestellt, die katholische allein geduldet werde.[1]) Vergeblich protestierte ein Teil der evangelischen Bündner gegen diese Bestimmung; sie wurden von ihren Glaubensgenossen in der Schweiz zu schwach unterstützt, um durchdringen zu können.

Doch noch mehrmals wechselte das Glück der Waffen in dem Lande, welches der Alpenpässe wegen für den europäischen Krieg so grosse Wichtigkeit hatte.

Aber auch andere Teile der Eidgenossenschaft waren zu Zeiten aufs ärgste bedroht. Die Stadt Basel ordnete im Bewusstsein ihrer exponierten Lage eine Neubefestigung ihrer Mauern an. Im Jahre 1622 wurde der eifrige hugenottische Schriftsteller und Kriegsmann Agrippa d'Aubigné herbeigerufen, um sie mit neuen Türmen, Thoren, Gräben und Schanzen zu versehen, und die Stadt musste eine ständige Besatzung von 150—900 Mann unterhalten, um sich gegen Ueberfälle zu sichern.[3]) Allein schon 1623 wurde ein Stück ihres Landgebietes abgerissen. Die Herzoge von Oesterreich, als Landgrafen im Elsass, hatten der Stadt Basel schon vor alten Zeiten das Städtchen Gross-Hüningen verpfändet. Längst hatte man diesen Besitz als definitiven betrachtet; Hüningen war, wie das ganze Basler Gebiet, zur Reformation übergetreten. Jetzt kam plötzlich die vorderösterreichische Regierung, bezahlte die Pfandsumme und verlangte die Herausgabe des Städtchens, gestützt auf den Wortlaut der alten, längst vergessenen Verträge. Umsonst beriefen sich die Basler darauf, dass der gegenwärtige Preis nicht mehr dem vor 300 Jahren festgesetzten entsprach; sie mussten weichen, Hüningen ging Basel für immer verloren, und sofort wurde hier wieder der katholische Gottesdienst eingeführt. Die Stellung Basels war dadurch aufs äusserste geschwächt und namentlich seine Verbindung mit Mülhausen bedeutend erschwert.[4])

Die Folgen blieben nicht lange aus. Im Winter 1624 hatte der kaiserlich-bayrische Feldherr Tilly monatelang sein Lager im sog. Markgrafenlande, am rechten Ufer des Rheins, unterhalb Basel, bei Röthelen und Lörrach. Der Markgraf von Baden selbst

---

[1]) Der Vertrag von Monzon vom 5. März 1626 zwischen Frankreich u. Spanien, E. A., V, 2b, Beil. XIII, S. 2123. Dazu zu vergleichen S. 2131 und 2132.
[2]) E. A., V, 2a, 185, 490, 491.
[3]) Näheres in Buxtorf-Falkeisen, Basler Gesch., II, 1, S. 47—53.
[4]) Buxtorf, a. a. O., II, 1, S. 53.

musste sein Land verlassen und hinter den Mauern Basels Sicherheit suchen; aber nur um so mehr mussten nun die Basler besorgen, dass sich Tilly gegen sie selbst wenden könnte, und jeden Abend mussten besondere Vorsichtsmassregeln getroffen werden gegen die vor den Thoren liegenden, zu jeder Gewaltthat und Abscheulichkeit in Bereitschaft stehenden Feinde.[1]

Jede solche Gelegenheit wusste der Bischof trefflich zu nützen, um in Sachen der Gegenreformation seine Geschäfte zu machen und die stete Bekehrungsarbeit der Jesuiten und Kapuziner durch offene Gewalt oder doch durch Furcht vor solcher zu unterstützen. 1627 wurde der reformierte Pfarrer des Dorfes Allschwyl in der Nähe von Basel ganz einfach von den bischöflichen Beamten verjagt. Er war der letzte in der dortigen Kirche, denn während der Nacht wurden Kreuz und Altar wieder aufgerichtet, Messe und Beichte wieder eingeführt; die Bevölkerung fragte man nicht.[2]

In der Stadt Basel zeigten sich Jesuiten provozierend auf den Strassen und sogar in den Hörsälen der Universität.[3]

Im Jahre 1629 war die Siegesgewissheit und übermütige Zuversicht des Bischofs — seit 1628 war es der landesfremde Joh. Heinrich von Ostein oder Ostheim — so sehr gewachsen, dass er es wagen durfte, die Anwendung des Restitutionsedikts auf seine alten Rechte zu verlangen, und zwar forderte er vom Kaiser nichts Geringeres als Rückerstattung des Basler Münsters, als seiner Kathedrale, an den katholischen Kultus. Der Kaiser soll bereits, obwohl auch er auf dem Boden der Eidgenossenschaft nichts mehr zu gebieten hatte, grundsätzlich zugestimmt und den Befehl zur Exekution erteilt haben. Es fehlte nichts mehr als die wirkliche Macht, die günstige Gelegenheit, dem Befehle Folge zu leisten. Ein anerkannter Rechtszustand war ja überhaupt nicht mehr vorhanden. Alles hing von der Gewalt des Augenblicks ab und von der nötigen Schlauheit und Brutalität in der Benützung der zu Gebote stehenden Mittel.[4]

[1] Vergl. Basler Neujahrsblatt für 1880 u. 1881: Alb. Burkhardt, Basel zur Zeit des 30jähr. Krieges.
[2] Burkhardt, die Gegenref. in Zwingen, Pfeffingen u. Birseck. Basel 1855. — Strenber, Die kath. Reaktion im Bist. Basel, Basler J.-B., 1858. — Kasser, in Nippolds Beitr.
[3] Buxtorf-Falkeisen, a. a. O., II, 1, 108.
[4] Mitunter war übrigens der Bischof auch toleranter, oder sagen wir aufgeklärter, als die protestantischen Obrigkeiten. Er wählte 1629 den berühmten Kalendermacher Jakob Rosius von Biel zum Pfarrer nach Pieterlen; aber in Bern wurde demselben die Bestätigung verweigert, weil er ein „Atheist" sei. (Lohner, II, 585.) Ueber Rosius als Astronomen siehe Graf, J. H., Gesch. d. Math. u. Naturwiss. in Bern. Landen. Bern 1888, S. 31 u. ff.

Dass der Kaiser damals hoffte, Basel wieder von der Schweiz zu lösen und ans Reich zurückzubringen, bewies er durch eine ganze Reihe von Prozessen, durch Berufung der Stadt und ihrer Bürger vor das Reichskammergericht, dessen Einmischungen sie sich nur mit Mühe entschlagen konnte. Gustav Adolf war auch hier der Retter aus der Not, der das Schlimmste abgewendet hat. Je mehr indessen im Fortschritte der Zeit der 30jährige Krieg seinen anfänglichen Charakter als Religionskrieg verlor und ein allgemeiner Raub- und Zerstörungskrieg wurde, um so mehr mussten die isolierten Grenzstädte auch gegen die angeblichen Freunde auf ihrer Hut sein. Als 1631 die Schweden in die Nähe von Basel rückten, war der allgemeine Schrecken kaum geringer; gebrannt und verwüstet wurde von den einen, wie von den andern. Der eidgenössische Bund vermochte wenig Schutz zu versprechen; jeder Stand musste auf die eigene Sicherheit und Ruhe bedacht sein und konnte nicht für die andern sorgen.

Die Lage von Basel, dessen Rat dabei in zwei Parteien — von grösserer und von geringerer Nachgiebigkeit — gespalten war, wurde erst recht gefährdet, als der Krieg sich noch mehr in die Umgegend verlegte. Das war von 1635 an der Fall, seitdem Frankreich sich mit den Schweden verbunden. Am 18. März zog der Herzog von Rohan durch die Stadt über den Rhein, wenige Tage später, am 1. April, ebenso der Herzog von Lothringen mit einem spanisch-kaiserlichen Heere. Im November lagerten die Schweden[1], im Dezember die Kaiserlichen in Delsberg und Pruntrut. Basel musste von allen Seiten Lasten tragen und von beiden Seiten sich Vorwürfe gefallen lassen wegen angeblicher Begünstigung der Gegner. Den Höhepunkt erreichte diese fortwährende Beunruhigung, als im Februar 1638 bei Rheinfelden gekämpft, am ersten Tage die einen, am folgenden Tage die andern aufs Haupt geschlagen wurden.

Schaffhausen, das durch seine Lage innerhalb des schwäbischen Kreises und jenseits des Rheins beinahe noch mehr gefährdet war, wurde fast Jahr um Jahr, und zu Zeiten selbst Tag um Tag, von den an den Grenzen herumstreifenden fremden Heeren geängstigt, und wenn die schwedischen Soldaten nur mit Brand und Plünderung drohten, so brachte die Nähe der Kaiserlichen, wie man sehr wohl wusste, jedesmal zugleich die Gefahr

---

[1] Kohler, X., Les Suédois dans l'évêché de Bâle, Actes de la Société Jurassienne, 34. — Châtelain, Les Suédois dans les Montagnes neuchâteloises. Musée neuchât., XXI et XXII.

eines gewaltsamen Umsturzes der kirchlichen Einrichtungen und einer Wiederherstellung der römischen Kirche mit sich.[1]

Das Restitutionsedikt von 1629 — und der Seitenblick auf die in der Nähe stehenden kaiserlichen Truppen — gaben auch dem Bischof von Konstanz den Mut, seine bischöflichen Rechte im reformierten Teile des Thurgaus und des Rheinthals wieder zu beanspruchen. Er verlangte nichts Geringeres, als Rückerstattung der Kirchensätze, d. h. also das Recht der Pfarrwahl, in den durch die Glaubensänderung von seiner Diözese abgetrennten Gemeinden, und Wiederherstellung der geistlichen Gerichtsbarkeit.

Schon vorher, 1619, sollte in Mammern wieder die Messe eingeführt werden, und Zürich, das sich im Thurgau in der Stellung eines evangelischen Bischofs fühlte, hatte sich dem mit um so grösserem Rechte widersetzt, als der bereits eingesetzte Messpriester durch seinen Wandel Anstoss erregte.[2] In der Kirche zu Aadorf wurde mit Rücksicht auf einige katholische Einwohner erst die Aufrichtung eines Altars, dann die Anstellung eines Priesters, der ihn bediene, und endlich die Einräumung eines Pfarrhauses für denselben verlangt (1626—1628), und aller Einspruch war umsonst[3].) Die evangelischen Frauenfelder mussten sich gefallen lassen, noch mehr „Kreuze" zu sehen in den Strassen und der Umgebung der Stadt.[4]

Jetzt kam neue Energie in diese Prätentionen. Unterstützt von dem Abt von St. Gallen, der in gleicher Lage war, trat der Bischof vor die Tagsatzung und erwirkte hier in Frauenfeld am 29. Oktober 1630 einen Beschluss, wonach die hergebrachte kirchliche Verbindung der thurgauischen Gemeinden mit Zürich aufgelöst wurde.[5] Zwei neugewählte Prediger in Bernegg und Altstätten wurden nicht in ihre Aemter zugelassen.[6] Zürich berief sich auf den Landesfriedensvertrag, der jene Einrichtung als zu Recht bestehend anerkannt hatte.[7] Bern war bereit, Zürich zu helfen, Basel und Schaffhausen hielten Nachgeben für klüger. Ein

---

[1] Mezger, Die Stellung u. die Geschicke des Kt. Schaffh. während des 30jähr. Krieges, im Jahrb. f. Schw.-Gesch., IX, 109.

[2] E. A., V, 2ᵇ, 1557.

[3] E. A., V, 2ᵇ, 1558—1561.

[4] E. A., V, 2ᵇ, 1562, 1563.

[5] E. A., V, 2ᵇ, 1628.

[6] E. A., V, 2ᵃ, 629, 630. Einer derselben ist der bekannte Jakob Philipp Forer aus Bern. Ueber ihn s. hiernach.

[7] Siehe hierbei eine interessante Schilderung des kirchl. Zustandes im Thurgau von Seiten der Züricher in E. A., V, 2ᵇ, 1565—1569.

Ausspruch der vermittelnden Orte zu Baden, am 28. August (7. September) 1632, hob endlich, nach verschiedenen gescheiterten Beilegungsversuchen, jenen Frauenfelder Beschluss wieder auf und liess den bisherigen Zustand bestehen.¹) Die Anmassung des Bischofs war damit grundsätzlich abgelehnt, aber in jedem einzelnen Falle wiederholte sich das Gezänke. Geläute, Kinderlehrstunden, Zehnten, Verlesung obrigkeitlicher oder kirchlicher Mandate, Evangeliumlesen, Festtage, gemischte Ehen, Sigristenwahlen — alles ist streitig, und noch 1643 erhielt der Landvogt im Thurgau einen Verweis, weil er die Evangelischen nicht zur Feier der katholischen Festtage anhielt, resp. zu leicht davon dispensierte.²)

Die Gemeinden Burg und Eschenz wurden deshalb 1642 kirchlich getrennt³), und um des Friedens willen 1643 die bisher von beiden Konfessionen gemeinsam benützte Kirche zu Frauenfeld den katholischen Bewohnern überlassen; die Reformierten mussten sich eine neue erbauen. Ein Kirchenbau zu Uttweil gab dagegen noch längere Zeit Anlass zu Klagen und Tagsatzungsverhandlungen. Umsonst wünschte Zürich, um solchem zu entgehen, die Wahl eines eigenen Ausschusses für die Behandlung der „Religionsbeschwerden". Der Antrag wurde mehrmals verschoben⁴) und damit die Möglichkeit einer festen Regel verhindert. Jahrelang mussten die Evangelischen im Thurgau in steter Furcht leben, dass auch bei ihnen, bei günstiger Wendung des Kriegsglückes, die Experimente der Gegenreformation versucht werden möchten. Wiederholt kam es daher zu neuen Anständen, die sich 1645 bis zu Gewaltdrohungen steigerten.⁵)

Willkürlicher noch verfuhr der Abt von St. Gallen in seinen Gebieten im Rheinthal und im Toggenburg, indem er ohne Rücksicht auf das Bekenntnis Prediger ein- und absetzte, das Unterlassen der Hauptentblössung beim Ave Marialäuten mit Strafe bedrohte und den kirchlichen Verkehr mit Zürich nach Kräften, auch mit kleinlich-störenden Mitteln, erschwerte. Dem Schiedsspruche von Baden (1632) verweigerte er die Anerkennung und fusste seinerseits auf den Frauenfelder Beschluss, den Zürich als „eine ungehörige Procedur" bestritt. Im Juli 1634 nahm die Evangelische Konferenz eine längere Rede des Antistes Breitinger entgegen, in welcher er die Klagen der Toggenburger vorbrachte;

---

¹) E. A., V, 2ᵃ, 705; V, 2ᵇ, 1541.
²) E. A., V, 2ᵇ, 1539—1579, namentlich auch V, 2ᵃ, 1236.
³) E. A., V, 2ᵇ, 1578.
⁴) E. A., V, 2ᵇ, 1491.
⁵) E. A., V, 2ᵃ, 1357, 1358.

aber, obwohl er bewies, dass man befugt sei, denselben zu helfen und dass sie der Hülfe würdig seien, scheiterte jeder Versuch, dem Abte Vorstellungen zu machen, und das Resultat der Beratungen beschränkte sich auf den Rat zu Vorsicht und Behutsamkeit an die armen Prädikanten.[1]) Einige Personen, die sich 1641 zum evangelischen Glauben bekehrten, wurden als „Landesfriedensbrecher" bestraft.[2])

Der Graf Johann Philipp von Hohensax-Forstegg, dem die Grafschaft Sax ihre Erhaltung beim evangelischen Glauben verdankte, war zwar am 10. Mai 1596 ermordet worden, aber sein Nachfolger verkaufte die Grafschaft 1615 an Zürich, und jetzt wurden 1637 die drei Kirchen Sax, Sennwald und Salez endgültig der Züricher Kirche als ein Teil des Seebezirks einverleibt.

Die Wirkung der Kriegsgefahr und der Eindruck des Restitutionsedikts machte sich aber auch in den übrigen gemeinen Vogteien bemerkbar. In der Grafschaft B a d e n wurde namentlich über den Gottesdienst zu Dietikon, über den Sigristen und den Taufstein in Würenlos und einen Altar in der Kirche zu Zurzach endlos hin und her gestritten.[3])

In G l a r u s wurden immer neue Verträge notwendig, um durch genaue Umschreibung der Befugnisse den Frieden unter den beiden Bekenntnissen herzustellen. Allein weder die Uebereinkunft vom 10. März 1622, noch diejenige vom 17.—21. Mai 1638[4]) vermochte auf die Dauer diesen Zweck zu erfüllen, da es — wohl beiderseits — an gutem Willen und an Aufrichtigkeit fehlte. Die Evangelischen wollten, 1641, nicht mehr teilnehmen an der Näfelserfahrt, weil die Altgläubigen darauf bestanden, das Bild des heil. Fridolin der Prozession voranzutragen. Dass die katholische Konferenz nun den Rat gab, das Bild im „Sarg" einzuschliessen und so verborgen mitzunehmen[5]), zeugt für den Geist, welcher in diesem Kampf sich bethätigte. Die kirchliche Verbindung mit der Züricher Synode wurde 1621 gelöst; aber 1647 war der Zwist wieder so arg, dass „kein vertrauliches Verhältnis" mit den Andersgläubigen mehr möglich war und nichts anderes mehr ratsam erschien als vollständige Teilung von Aemtern, Stellen, Gerichten und Gütern. Die Vogtei Werdenberg sollte

---

[1] E. A., V, 2ª, 880, 886, 883.
[2] E. A., V, 2ª, 1215—1217.
[3] E. A., V, 2b, 1680, 1688, 1694.
[4] E. A., V, 2ª, 258 u. 1083.
[5] E. A., V, 2ª, 1192.

Bloesch, Gesch. der schweiz.-ref. Kirchen.

demnach ganz von den Evangelischen, diejenige von Uznach und Gaster von den „Papisten" abwechselnd mit Schwyz besetzt werden. Aber auch darüber konnten die Parteien sich nicht einigen.[1]

Das kaiserliche Restitutionsedikt wurde auch vom Bischof von Lausanne-Genf angerufen, der seine weltlichen Besitzungen und kirchlichen Rechte im W a a d t l a n d e von Bern zurückverlangte; nur die Siege des Schwedenkönigs Gustav Adolf hiessen solche Gedanken wieder schweigen und machten den drohenden Verwicklungen ein Ende.

Mit F r e i b u r g dagegen hatte Bern einen ernstlichen Anstand wegen der gemeinen Herrschaft Echallens (Tscherlitz). Nachdem diese sich längst mit Mehrheit zum katholischen Glauben erklärt, wollte Bern im August 1619 sein Glück in einer neuen Abstimmung versuchen, um wenigstens einzelne Gemeinden der Landvogtei zu gewinnen. Zu Poliez-le-Grand und zu Penthéréaz war dies — durch „Pratiken", wie Freiburg behauptete — wirklich gelungen. Die beiden Priester wurden sofort entlassen, Bilder und Altäre aus den Kirchen geschafft; aber Freiburg beschwerte sich, verlangte von der Tagsatzung die Wiederherstellung des frühern Zustandes und erneuerte das Begehren, dass eine Teilung der Herrschaften vorgenommen und Echallens ihm völlig überlassen werde.[2] Es setzte die diplomatische Einmischung von Spanien, Lothringen, Burgund und Savoyen in Bewegung und selbst der französische Gesandte half ihm jetzt gegen Bern.[3] Doch Bern widersetzte sich mit aller Kraft, vorzüglich auch deshalb, weil Freiburg sich mit Spanien verbündet und hierbei freien Durchzug für die Truppen des Königs durch alles freiburgische Gebiet vertraglich zugesagt hatte. Es lag gewiss nicht im Interesse der Schweiz, dieses Gebiet noch zu vergrössern und eine solche Möglichkeit näher zu rücken, als sie schon war.[4]

Wie ängstlich Bern nach dieser immer noch gefährdeten Seite seines Gebietes bemüht war, den „Papismus" fern zu halten, beweist die Hinrichtung des flandrischen Priesters Franz Folck in Vivis. Auf der Durchreise begriffen, um seines Priesterkleides willen pöbelhaft beschimpft, hatte er sich zu der Aeusserung hinreissen lassen: Die Religion seiner Angreifer sei falsch, bös und

---

[1] E. A., V, 2ª, 1123.
[2] Die Klage der Freiburger und der Bericht der Berner an Zürich über diese Abstimmung siehe E. A., V, 2ª, 91 u. 93.
[3] E. A., V, 2ª, 101, 104.
[4] Zehender, K.-G., II, 286.

schlechter als der Teufel, und wurde nun als Gotteslästerer verhaftet, verurteilt und am 29. September 1643 enthauptet.[1])

Bern, das sich, ebenso wie Genf, Basel und Zürich, in diesen Jahren veranlasst sah, die mittelalterlichen Mauern der eigenen Hauptstadt durch neue Schanzen zu befestigen, geriet auch mit seinem nordwestlichen Nachbarn, Solothurn, in einen äusserst traurigen Zwiespalt.

Ins Jahr 1632 fällt der sogenannte Cluserhandel. Eine Abteilung bernischer Truppen (50 Mann), die durch solothurnisches Gebiet nach Mülhausen dieser Stadt zu Hülfe eilen wollte, wurde im Engpass der Clus von den katholischen Solothurner Bauern überfallen und schändlich niedergemetzelt, ein Ereignis, welches den Bernern zeigte, wie die konfessionelle Verhetzung nunmehr schon auf dem Punkt angelangt sei, dass es selbst den ältesten und treuesten Bundesgenossen, Solothurn, um des Glaubens willen eingebüsst habe; angesichts der Thatsache, dass bernisches und solothurnisches Land, reformierte und katholische Gemeinden, vielfach durcheinander gewirrt sind, war das eine Entdeckung, welche die bedenklichsten Aussichten in die Zukunft eröffnete.[2]) Es dauerte lange, bis die Angelegenheit friedlich beigelegt war, noch länger, bis das frühere Vertrauen sich wieder einstellte.

Wegen Kriegstetten und Buchegggberg fanden 1635, 1637 und wieder 1647 und 1648 neue Auseinandersetzungen statt, die doch alle das nun einmal bestehende Mischverhältnis nicht definitiv zu regeln vermochten. Während Solothurn die reformierten Buchegggberger bestrafte wegen Verletzung der Fastengebote, verlangte Bern die Einverleibung der dortigen Gemeinden in die bernische Kirche mit Einrichtung von Chorgerichten und Rechtsprechung in Ehesachen.[3])

Neuenstadt am Bielersee versicherte sich des bernischen Schutzes gegen den Bischof von Basel durch Erneuerung seines Burgrechts am 14. Juli 1633.[4]) Biel selbst hatte 1647 Anstände

---

[1]) Stammler, Die Hinrichtung des Franz Folck (Kath. Schweizerbl., 1886). Vergl. dazu das Büchlein: Réfutation du libelle infamatoire en fait de l'exécution de Fr. Folque, prestre à Vevey. Berne 1644. Es ist dies ohne Zweifel die von Stammler erwähnte von Rhagor besorgte französische Uebersetzung einer im amtlichen Auftrag von Prof. Chr. Lüthardt verfassten Entgegnung (Stammler, S. 4 u. 5).
[2]) Amtlichen Bericht darüber s. E. A., V, 2ᵃ, 710. S. Amiet, J. J., Der Cluserhandel (die Schweiz, illust. Zeitschr. Bern 1885).
[3]) E. A., V, 2ᵃ, 913, 1015, 1144, 1457.
[4]) Beil. XXI in E. A., V, 2ᵇ, 2143.

mit seinem Fürsten, indem es ihm die gewohnte Huldigung versagte und dafür von den eidgenössischen Boten verklagt wurde.[1])

Das Land der drei Bünde hatte die Zeiten der Stürme noch nicht überwunden. Waren überall sonst die kirchlichen Grenzen nur zu sehr scharf und hart geworden, so waren sie hier noch nicht einmal festgestellt, weder geographisch für die Gemeinden, noch religiös für die Individuen.

Dass zwar 1626 das Veltlin wieder unter die Herrschaft der Bündner zurückkehrte, aber die evangelischen Gemeinden daselbst nicht wieder hergestellt werden konnten, wurde oben erwähnt.[2]) Das folgende Jahrzent hat den unglücklichen Zustand fortdauern lassen und die zeitweise Besetzung durch die Franzosen ihn nicht besser gemacht.

Der Herzog von Rohan, der, ein eifriger Hugenott, als Abgesandter Frankreichs im Jahr 1633 der Evangelischen Konferenz seine Dienste anbot: „afin d'employer le reste de mes jours au service de l'église de Dieu" [3]), stand 1635 an der Spitze einer französischen Heerschar in Bünden. Er konnte nur Hoffnungen wecken, nicht sie erfüllen.

Erst am 3. September 1639 wurde endlich ein leidlich ruhiger Zustand geschaffen durch Anerkennung jenes bis dahin bestrittenen Vertrags, den Abschluss der Kapitulation der drei Bünde mit König Philipp IV. von Spanien, die Religion und die Regierung in Veltlin, Worms und Cleven betreffend. Das Ergebnis war trostlos genug, der Artikel 37 bestimmte: „dass im Veltlin und beiden Grafschaften keine andere Religion sein solle, als die katholisch-apostolisch-römische", und zwar mit ausdrücklicher Ausschliessung „aller andern Uebungen und Gebräuche einer andern Religion, die da nicht sei die katholische". Ja, Artikel 33 sagte noch deutlicher: „Es soll nicht zugelassen sein einige Wohnung noch Haushaltung einiger Personen, welche nicht katholisch sei", vorbehalten einzig das Haus der Amtleute, während der Zeit ihrer Amtsführung.[3])

Das war das Ende: der unwiderrufliche Untergang der Reformation in diesen einst so blühenden Gemeinden, die, auf italienischem Boden erwachsen, so grosse Ausblicke eröffnet hatten

---

[1] E. A., V, 2ª, 1406.
[2] Oben S. 411.
[3] E. A., V, 2ᵇ, Beil. XXVIII. S. 2197. Die angeführten Stellen, S. 2204 u. 2206.

für die Fortpflanzung der evangelischen Predigt nach dem Süden Europas. Im Engadin dagegen wurden 1633 die Messaltäre zerstört und sieben Kapuziner vertrieben[1]), und 1638 die reformierten Gemeinden zu Schleins, Remüs und Süs im Unterengadin wieder in den Besitz ihrer Kirchen gesetzt. Das Jahr 1644 brachte die Ordnung der konfessionellen Angelegenheiten in der Landschaft Davos durch den sogenannten Waserschen Spruch vom 11. Januar[2]), und die Beilegung der Streitigkeiten in den Kirchen von Zizers, Trimmis und Untervaz bei Chur[3]); das Jahr 1648 dagegen in den kleinen Ortschaften Sagens bei Ilanz, Almens bei Thusis und in dem hochgelegenen Stalla neuen Streit, der die Tagsatzung beschäftigte, aber noch lange nicht beigelegt werden konnte.[4]) Erst 1649 ist es dem Prättigau gelungen, sich von allen Verpflichtungen gegen Oesterreich loszukaufen und damit auch kirchlich selbständig zu werden.[5])

Das Verhängnis der Zeit war das, dass nicht allein nach dem leidigen Grundsatze des „cujus regio ejus et religio", die Bevölkerungen mit dem Wechsel der Obrigkeiten auch ihren Glauben vertauschen mussten, sondern dass jetzt, in den Kriegsjahren, dieser Wechsel der Regierungen durchaus von der Schärfe des Schwertes und den Zufällen des Schlachtenglücks abhing. Grosse Gegenden, welche als Kriegsschauplatz zu dienen hatten, waren am Morgen nicht sicher, ob sie nicht am Abend anbeten mussten, was sie jetzt noch verspotteten. Was Wunder, dass das Bekenntnis je länger je mehr als etwas rein Aeusserliches angesehen wurde, nicht als ein Stück der eigenen Persönlichkeit, sondern als ein Kleid, das man anzieht und ablegt, je nachdem es Mode und Bequemlichkeit will, Zwang und Notwendigkeit fordert.

Diejenigen reformierten Gegenden, deren verhältnismässig gesicherte kirchliche Zustände die Möglichkeit derartiger Wechsel ausschlossen, konnten in den meisten Fällen ihren Dank gegen die Vorsehung für diese Gunst und ihre Teilnahme für die Verfolgten nur durch Gastfreundschaft und durch Geldspenden bethätigen. Im allgemeinen hat die evangelische Schweiz die

[1]) E. A., V, 2ᵃ, 759, 760.
[2]) E. A., V, 2ᵃ, 1301, 1304.
[3]) E. A., V, 2ᵃ, 1313, 1315, 1335.
[4]) E. A., V, 2ᵃ, 1454.
[5]) Auskauf der österreichischen Rechtsame in den Gerichten im Prättigau und dem Landgericht Churwalden. Innsbruck, 10. Juni 1649, als Beil. I in E. A., VI, 1ᵇ, 1046.

daherigen Pflichten mit Wärme und Aufopferung zu erfüllen gesucht. Im Jahr 1623 wurde in den reformierten Städten eine allgemeine Liebessteuer aufgenommen für die verwüstete Pfalz. Die Sammlung, am 17. Juni, ergab in Bern nicht weniger als 5000 Kronen[1]); die Summe wurde dem pfälzischen Gesandten übergeben zur Austeilung. Drei Jahre später, 1626, wurden aber im gleichen Lande die reformierten Prediger ihrer Stellen entsetzt und zum Teil verbannt. Von neuem wurde für sie und ihre Familien gesammelt, 1000 Kronen konnte man ihnen zuschicken. Manche flohen aber, heimatlos geworden, in die reformierte Schweiz.

Im Jahre 1629 kam besonders Basel in die Lage, sich seiner Nachbarn aus Colmar anzunehmen. Auf Anstiften des Bischofs von Basel und des Erzherzogs Leopold von Oesterreich, als Oberlandvogt im Elsass, fand in der fast ganz protestantischen Reichsstadt eine Religionsverfolgung statt, die 1628 mit der Berufung der Jesuiten begann und damit endete, dass eine nicht unbedeutende Zahl von Bürgern sich zur Auswanderung gezwungen sah und in Basel eine neue Heimat suchte. Sie wurden hier ins Bürgerrecht aufgenommen, und die meisten kehrten, auch nach der Wiederherstellung des protestantischen Kultus in Colmar, 1633, nicht mehr dahin zurück, da nunmehr eine stark ausgeprägte lutherische Ausschliesslichkeit eingezogen war.[2]) Dazu wurden 1633 für die Reformierten in Zweibrücken, Isenburg und Frankenthal bei 2000 Pfund zusammengesteuert; 1641 eine gleiche Summe für die „Kirchen- und Schuldiener" in der Pfalz.[3]) Im Jahre 1638 wird die Zahl der religiösen Flüchtlinge, welche Basel beherbergte, auf 7000 angegeben.[4])

Dann waren es die Kirchen des Hanauerlandes, welche durch die kriegerischen Plünderungen und Verheerungen, die sie zu erleiden hatten, sich genötigt sahen, in der glaubensverwandten Schweiz Mitleid zu wecken und Hülfe zu suchen. Die dortigen Prediger schickten ein langes lateinisches Schreiben mit der Schilderung ihres kirchlichen Jammers nach Bern.[5]) Zürich hatte schon 1641 für das dortige Gymnasium 500 Rheinthaler geschickt. Im Juli 1638 beschloss die Evangelische Konferenz die Aufnahme

---

[1]) Zehender, K.-Gesch., II, 208.
[2]) H. Rocholl, Die Aufnahme evangel. Flüchtlinge aus der Reichsstadt Colmar, in den Basler Beitr., N. F., Bd. IV, S. 340 u. ff.
[3]) Buxtorf-Falkeisen, a. a. O., II, 2, 31.
[4]) E. A., V, 2a, 1605.
[5]) Litterae ministrorum Hanoviensium ad ecclesiam Bernensem. Mss. Kopie vom 18. April 1637 u. 8. April 1642. Stadtbibl. Bern, Mss. H. H., I,

einer Kirchenkollekte für die Vertriebenen aus Zweibrücken. 1640 sammelte Zürich für die aus der Reformationszeit in gutem Andenken stehende, jetzt abgebrannte Stadt Isny. An die Fürsten von Anhalt und die Grafen von Erbach gaben die evangelischen Stände im Juni 1642 eine „Verehrung", Zürich und Bern zusammen 1200, Basel und Schaffhausen zusammen 500 Gulden, und ebenso erhielten die evangelischen Grafen von Isenburg 1643 eine Beisteuer für die Kirchen und Schulen ihres Landes; Zürich und Bern gaben je 300, Basel und Schaffhausen je 100 Gulden.

Theodosius Judikofer, ein Flüchtling aus Hanau, wurde 1629 Pfarrer zu Mammern und nachher zu Dägerlen im Kanton Zürich[1]), und auch in Bern haben einige Vertriebene solche Verwendung gefunden; so Georg Zink, ein „Pfälzischer Exulant", war 1625 Pfarrer zu Bümpliz, Abraham Friedrich Pitiscus, „ein Pfälzer", 1628 zu Diessbach bei Büren[2]), der aus Chiavenna gebürtige Franz Stampa 1628 Pfarrer zu Diessbach bei Thun, und Adam Tegonius aus dem Herzogtum Zweibrücken ist 1638 als Helfer zu Nidau gestorben. Ein Doktor Molitor, ebenfalls aus der Pfalz, wurde Professor zu Lausanne und hat dort 50 Jahre lang treffliche Dienste geleistet; als Lehrer der hebräischen Sprache hat er unter andern den berühmten Orientalisten Johann Heinrich Ott unterrichtet, von welchem später zu erzählen ist.[3])

Man that, was man konnte. Der Hass gegen die katholische Kirche hatte doch wenigstens auch das entsprechende Gegenstück, ein inniges Gemeinschaftsgefühl, eine wahrhaft grossartige Hingebung und Opferwilligkeit für die Glaubensbrüder, denen man sich um ihres Bekenntnisses willen nahe fühlte, so dass man alles mit ihnen teilte.

168, Nr. 32. — In Zehenders K.-G., III, 10—13 u. 14—17 sind beide Schreiben vollständig abgeschrieben.

[1]) E. A., V, 2 *, 1094. 1156, 1259. Vergl. dazu Mörikofer, Die relig. Flüchtlinge, u. Das Kollekten- oder Steuerbuch von 1620-1694, von Hrn. J. J. Breitinger angefangen und von seinen Nachfolgern continuiert. Kopie in d. Stadtbibl. Bern, Mss. H. H., VII. 9, Nr. 10.

[2]) Zehender, III. 7, nennt als weitere Pfälzer Pfarrer in Bern von 1628 bis 1639: Georg Hopf, cand. Palatinus, Justus Rhodius, Georg Paraeus, Martinus Staupisius. Zehender beruft sich auf Ottius; wir haben diese Namen sonst nicht konstatieren können.

[3]) Siehe darüber noch Zehender, K.-G., II, 301, 302.

4. Das innere Leben der reformierten Kirchen.

Der Glaubenseifer, der als Zeitgeist alles beherrschte und der nicht selten in den ärgsten Verzerrungen sich zeigte, war zum mindesten aufrichtig gemeint. Wir sehen es in der Art, wie derselbe das ganze Leben und die öffentliche Sitte durchdrang, ja bis zu einem Grade sogar zu idealisieren vermochte. Volk und Obrigkeit waren vollkommen einig in dem Bestreben, alles mit dem Worte Gottes, so wie man es verstand, in Einklang zu setzen.

Als im Jahre 1622 in Bern, nach den Plänen des berühmten Hugenotten Agrippa d'Aubigné, die Schanzen erbaut wurden zum Schutze der Hauptstadt gegen einen erwarteten kriegerischen Angriff, da wurde diese Angelegenheit durchaus als eine religiöse Sache betrachtet und demnach betrieben. Die gesamte Bürgerschaft, ohne Unterschied der Stände, wurde in Rotten eingeteilt, abwechselnd unter Trommelschall zur Arbeitsstelle geführt, begleitet von einem Prediger im Ornat, der dann ein Gebet verrichtete und das Tagewerk dem Segen des Höchsten empfahl, dessen heiliges Wort und dessen Kirchen es zu schützen bestimmt war.[1]

Unter dem Eindruck der grössten Besorgnisse wurde dann ebenso im Jahre 1628 das Jubelfest der Gedächtnis an die vor 100 Jahren eingeführte Reformation mit einem allgemeinen, aber durch und durch ernst-religiösen Feste gefeiert. Die ganze Gemeinde der Bürger wurde im Münster versammelt; der Dekan Stephan Fabricius hielt die Predigt, der Schultheiss Anton von Graffenried nachher eine eindringliche Rede, in welcher er die Wohltaten der Glaubensverbesserung pries, die Erkenntnis des wahren Gottesworts, die Befreiung vom Aberglauben und die Trennung von einer vom Evangelium abgefallenen Kirche, worauf er alle aufforderte, durch einen von ihm vorgesprochenen Eid feierlich zu beschwören, dass sie bereit seien, Gut und Blut und Leib und Leben daran zu setzen, um sich und ihre Kinder beim wahren Glauben und im Besitze der heil. Schrift zu erhalten und für die Reformation einzustehen überall, wo sie gefährdet sei durch die Anstürme des Widerchrists.[2]

[1] Zehender, K.-Gesch., II, 293.
[2] Zehenders K.-G., II, 302 u. ff.

Es war offenbar ein ergreifender Auftritt, der die volle Einmütigkeit des gesamten Volkes bekundete, dem seine Obrigkeit in der Ehrerbietung vor dem religiösen Erbe, in der bewussten Unterordnung unter das, was als Gottes Wille erkannt wird, mit gutem Beispiel voranging, und das sich willig und aus voller Ueberzeugung dieser Leitung seiner mit ihm ganz auf gleichem religiösen Boden stehenden Herren überliess.

Wir haben die zwei Punkte herausgehoben, weil sie das religiöse Denken der Zeit in seiner Eigenart schärfer charakterisieren, als jede Schilderung dies vermöchte.

So wie in Bern, so war es in den übrigen Städten der reformierten Schweiz — so namentlich auch in Genf — wo der Geist Calvins noch mächtig nachwirkte und die Gefahr der Lage ganz besonders eindringlich alle Tage predigte, dass nur die äusserste moralische Anstrengung, die Ueberwindung alles dessen, was zu Laxheit oder Unordnung führen könnte, die Freiheit der Stadt zu verbürgen vermöge, dass aber dieses Gut auch der höchsten Opfer würdig sei.

Im übrigen brachte es gerade diese Art des Kirchentums mit sich, dass vom innern Leben äusserst wenig zu berichten ist, weil jede Aenderung an dem einmal Bestehenden zum voraus als gefährlich und Unruhe stiftend abgelehnt wurde. Das Bestreben der weltlichen und kirchlichen Behörden ging fast ausschliesslich dahin, durch Sorgfalt für die Autorität der kirchlichen Lehre, der kirchlichen Gebräuche und der Personen den erzieherischen Einfluss der Religion zu verstärken und durch die negativen Massregeln der Zucht und Strafe das Leben des Volkes dem Ideal einer christlichen Gemeinde näher zu bringen. Immer wieder wurden die Pfarrer durch ihre Obrigkeiten aufgefordert, mit aller Strenge einzuschreiten, die Sittenmandate einzuschärfen, dabei den Unterricht in Predigt und Kinderlehre nicht zu vernachlässigen, selbst aber auch durch würdigen Wandel ein wirksames Vorbild zu bieten.

Diese Verordnungen und Strafandrohungen brachten nichts Neues, sie wurden nur sichtlich immer hölzerner und polizeimässiger, je einseitiger die Regenten — ohne eigene religiöse Wärme, „die Gottesfurcht" des Volkes vorwiegend nur als ein Mittel anzusehen sich gewöhnten, um die „Unterthanen" im richtigen, loyalen Gehorsam gegen die Herren zu halten. Immerhin wurde in der Regel trefflich für das Nötige gesorgt.

Zürich erhielt wieder eine Reihe neuer Pfarrkirchen, indem entweder bereits bestehende Filialen selbständig gemacht oder für allzugrosse und volkreiche Gemeinden eine Trennung vorgenommen wurde. Utikon, bisher Tochterkapelle von Altstetten, erhielt schon 1615, hier durch Stiftung eines Privaten, eine eigene Kirche. Es folgten 1631 Herliberg, vorher zu Küsnacht gehörig, 1638 Volketsweil bei Uster, 1642 Dägerlen bei Andelfingen, 1651 Bauma und Seen bei Oberwinterthur. 1618 wurden die Kollaturrechte des Ordenshauses Bubikon über die Kirche von Wangen abgekauft, 1628 diejenigen, welche das Kloster St. Blasien in Lufingen besass.

Und es fehlte nicht an trefflichen Predigern, welche die Kanzeln zu versehen wussten; wir nennen Joh. Rud. Stucki, 1626 Diakonus am Fraumünster, 1630 Professor des Hebräischen und der Logik und 1639 der Theologie. — Hans Jakob Ulrich, geboren 1580, der nach langem Studium in Marburg, Heidelberg, Leipzig, Wittenberg, Erfurt und Tübingen den Magistertitel mit sich brachte, 1600 Leutpriester am Grossmünster, 1607 Professor der Katechetik und der Theologie geworden und 1638 gestorben ist. Als kräftig eifriger Redner galt Johann Theobald Dürreisen aus Tann im Elsass, der zuerst katholischer Priester in Schwyz gewesen, in Zürich übergetreten und 1634 in das geistliche Ministerium aufgenommen worden war; er kam 1635 als Pfarrer nach Wangen und später nach Winterthur. Seine Predigt bewegte sich, wie es scheint, im Geiste der Zeit mit Vorliebe auf dem Gebiet der Polemik gegen den von ihm verlassenen Irrtum des Papsttums.[1]) Wir erwähnen ferner den Pfarrer Johannes Wirz zu Winterthur, der 1638 Dekan, 1639 Professor für neutestamentliche Theologie in Zürich und 1653 Präsident der Zürcher Synode gewesen ist. Er zeichnete sich auch als Dichter und Schriftsteller aus.[2]) Der Freund des Kirchengesangs, Raphael Egli, wurde schon oben genannt.

Alle aber übertraf bei weitem, wie an Gelehrsamkeit, so an geistiger Bedeutung und entsprechendem Ansehen im weitesten Kreise der 1613 zum Antistes der Zürcher Kirche erwählte Johann Jakob Breitinger, Diakon zu St. Peter. Hervorragend als Theologe und Redner und zugleich als Geschichtsforscher, war er ohne jeden Zweifel in jenen Jahren der einflussreichste Mann der evangelischen Schweiz in allem, was kirchliche Angelegenheiten

---

[1] Ein anderer Konvertit war Kaspar von Moos aus Luzern, gewesener Chorherr in Münster; er kam 1611 nach Zürich, wurde nach seinem Uebertritt ins Bürgerrecht aufgenommen und 1613 zum Pfarrer in Kyburg, 1618 in Wangen erwählt. Als solcher ist er 1625 gestorben.

[2] Alle diese Angaben nach Wirz, Das Zürcher Ministerium.

betraf. Von seiner Thätigkeit als Haupt der Abordnung nach Dortrecht haben wir bereits berichtet. Für die Zürcher Kirche werden ihm insbesondere Verdienste zugeschrieben um die bessere Abhaltung der Kinderlehre und die Einführung des Kirchengesangs, erst für die Jugend, dann, seit 1619, auch für die Erwachsenen. Die allgemeine Volksschule wird als sein Werk bezeichnet, ebenso die Ordnung der Armenpflege und 1634 die Einrichtung von regelrechten Kirchenbüchern auch auf dem Lande. Nicht weniger beachtenswert ist seine Arbeit für die Bibelübersetzung, deren Ergebnis „auf Anordnung und Eifer einer ehrsamen Oberkeit zu gutem ihrer Statt und Landschaft" 1638 erschien und 1642 und 1656 in neuen Abdrucken herauskam.[1]) Er war ein strammer Verfechter des kirchlichen Rechtes gegen alle Anstürme der Gegenreformation, ein Freund und Beschützer der flüchtigen Glaubensgenossen. Am 1. April 1645 ist er gestorben[2]), ein Repräsentant seiner Zeit, allerdings auch in ihren Schwächen.

Es kostete gewaltige Mühe, in dieser Periode einreissender Roheit den geistlichen Stand einigermassen rein zu erhalten. Von Ehebruch und namentlich von Trunksucht ist entsetzlich oft die Rede in den Verzeichnissen der Kirchendiener: 1618 ergriff der Pfarrer zu Weiach die Flucht, weil er im Zorn seine Frau erstochen hatte; 1633 wurde der Pfarrer zu Hirzel wegen unerlaubten Verhältnisses zu seiner Stieftochter enthauptet, während 1632 ein Kandidat das gleiche Schicksal erlitt wegen „unschicklichen Aeusserungen über das heil. Abendmahl.[3]) Auf Breitingers Anregung wurde 1628 zur Prüfung der Kandidaten eine eigene Behörde eingesetzt.[4])

Zürich verdankte dieser Periode ein neues Gesangbuch, indem 1636 alle 150 Psalmen nach der Lobwasserschen Uebersetzung, mit den Melodien Goudimels versehen und mit einer Anzahl von Festgesängen erweitert, beim Gottesdienst allgemein in Gebrauch kamen. Dagegen wurde der Versuch, den vierstimmigen Gesang einzuführen, wieder aufgegeben; es hatte bei einem Teil der Geistlichkeit grosses Missfallen erregt, dass „die Kirchen-

---

[1]) Mezger, a. a. O., 222—227.

[2]) Mörikofer, J. J. Breitinger und Zürich, ein Kulturbild aus der Zeit des 30jähr. Krieges. Leipzig 1873. — Schmyder, Antistes B., Lebensbild, 1883. Eine handschr. K.-Geschichte von Zürich, verfasst von Br., besitzt die Stadtbibl. Bern in einer Abschrift von J. R. Steiner, 1600. Mss. H. H., VII. 4 der St.-B. Bern.

[3]) Wirz, Das Zürcher Ministerium.

[4]) Finsler, K. St., 585.

leute mehr auf die Noten und den Ton, als auf die Worte des heil. Geistes achten".[1]

Der Berner Rat scheute gleicherweise vor keinen Opfern zurück, wenn es galt, im Sinne einer „christlichen Obrigkeit" das Kirchenwesen zu pflegen. Es war keine blosse Redensart, wenn die regierenden Herren im Eingang zu ihren Mandaten erklärten, sie hätten sich's „*zu Herzen geführt, dass wir Obrigkeitshalber schuldig* (sind), *vorderist die förderung der Unseren von Gott* (zu) *lieben anbefohlenen Underthanen zu Statt und Land Seelen Heil und Wohlfart uns angelegen sein zu lassen, und uns auch Höheres nicht angelegen ist.*"

Das ganz isolierte Schangnau sah 1618 eine eigene Kirche entstehen, ebenso 1621 Habkern, das aber noch bis 1665 Filiale von Unterseen blieb; 1632 wurde das alte Kirchlein zu Bremgarten bei Bern wieder mit einem eigenen Pfarrer versehen, nachdem es eine Zeitlang mit der Kirche zum heil. Geist verbunden gewesen war; in der letztern wurde seit 1650 für sonntägliche Predigt durch Studenten gesorgt. Mit Rücksicht auf die starke Zunahme der Täufer wurde Eggiwyl im obern Emmenthal 1648 von der Kirche zu Signau getrennt.

Auch im Waadtlande errichtete die Regierung mehrere neue Pfarrstellen. Der Wunsch der Waadtländer und die einflussreiche Unterstützung des französischen Gesandten, des Hugenotten de la Suze, erwirkte 1623 die Einrichtung eines regelmässigen französischreformierten Gottesdienstes in der Hauptstadt. Der Genfer Timotheus Ducat war der erste Prediger der neuen Gemeinde, die bald durch fromme Vergabungen entsprechend ausgestattet werden konnte.[2]

Unter den Berner Geistlichen ragte besonders Christoph Lüthardt hervor, der zweite dieses Namens, seit 1585 Pfarrer zu Köniz, dann in Aarberg, seit 1591 in Bern. Er wurde 1610 oberster Dekan und erwarb sich durch Gelehrsamkeit und praktisches Geschick als Kirchenmann grosses Ansehen; er ist der Vater des Professors Christoph Lüthard, der uns später begegnen wird. Als ein ausgezeichneter Prediger galt Stephan Schmid (Fabricius), der seit 1596 in Bern, im Jahre 1622, nach dem Tode des oben Genannten, oberster Dekan geworden und am 2. April 1648 gestorben ist. Er hat eine grosse Menge seiner Predigten im Druck herausgegeben, nebst einigen gelehrten Kommentaren.[3] Dr. Markus

---

[1] Wirz, K. u. Sch., I, 107.
[2] Zehender, Bern. K.-Gesch., II, 294 u. ff.
[3] Leu, Helv. Lexik., XVI, 384.

Rüttimeyer, der Vertreter Berns an der Dortrechter Synode, der 1613-17 als Professor der Philosophie treffliche Dienste leistete, ist 1647 als Helfer am Münster gestorben, ehe er diejenige öffentliche Stellung und den amtlichen Einfluss erlangte, die ihm gebührten.[1]

Ein Mann von Geist und Charakter, aber offenbar mit manchen Eigentümlichkeiten behaftet, war Johann Rudolf Philipp Forer, geboren 1598, seit 1620 Pfarrer in Langnau und 1622 Feldprediger der Berner im Veltlin; 1629 nach Aarberg und 1652 nach Burgdorf versetzt und an beiden Orten zum Dekan erwählt, gab er 1666 auch die letztere Stelle auf und ist ins Rheinthal gezogen. „Ein gelehrter Mann und hatte grosse Korrespondenz mit in- und ausländischen Gelehrten." „Ein beherzter Mann und grosser Eiferer für die gute Kirchenzucht".[2] Bedeutendes Ansehen als Theologe genoss auch Cornelius Henzi, Pfarrer in Erlach und in Madiswyl, als Dekan seines Bezirkes 1669 gestorben.

Ein für Berns wissenschaftliche Anstalten wichtiges Ereignis, das sich freilich zunächst in der Stille vollzog, war der Gewinn der Bongarsischen Bibliothek, die mit ihrem überaus kostbaren Handschriftenschatze im Jahr 1631 aus dem Besitz des Herren Jakob von Graviseth von Liebegg an die öffentliche Bibliothek in Bern überging.[3] Für die letztere bestand seit 1623 ein eigener Bibliothekrat.[4]

Eine praktische Frucht der erwähnten Erinnerungsfeier Berns war das „Reformationswerk", wie man es nannte, das heisst eine Erneuerung und Vermehrung der Mandate, die seit der denkwürdigen Zeit der Kirchenreinigung erlassen worden waren, in einer durch eine besondere Behörde, die „Reformationsherren", angefertigten Zusammenstellung. Dieselbe erschien am 27. Februar 1628 gedruckt mit dem Titel: „*Christenliche Mandaten, Ordnungen und Satzungen Schultheissen, klein und grossen Raths der Statt Bern, zu beförderung Gottes Ehr, erhalt- und pflanzung aller Gottsäligkeit, Zucht, Ehrbar- und Frombkheit, christenlichen handels und*

---

[1] Trechsel, M. Rüt., Zeitbild aus dem Anfang des XVII. Jahrh., im Bern. Taschb. 1868.
[2] J. R. Gruners handschr. Genealogie der Berner Geschlechter, Bern. Stadtbibl. Die Stadtbibl. verdankt ihm sehr wertvolle Briefsammlungen aus dem XVI. Jahrh. u. viele handschr. Aufzeichnungen. Vergl. Archiv d. hist. V. Bern, Bd. XII, S. 282. Er hat auch eine Chronik oder Tagebuch von Aarberg hinterlassen.
[3] Hagen, Catalogus codicum Bernensium. Bern 1875. Praefatio.
[4] Zehender, K.-G., III, 4.

wandels, in allen ihren von Gott gegönten und anbefohlenen Stätten, Herrschaft- und Landschaften hievor angesehen, nun aber erfrischet, vermehrt und uf gegenwärtige zyt gestellt und gerichtet."

Alle diese Verordnungen und Strafandrohungen brachten nichts Neues, doch war damit eine weitere Verbesserung des Schulwesens verbunden, welche Erwähnung verdient. Das „Reformationswerk" enthält nämlich einen besondern Abschnitt über „die Schulen in den Dörfern", und hier ist nicht nur die Errichtung von Schulen, wie die Anstellung ordentlich geprüfter Schulmeister allen Kirchgemeinden anbefohlen, sondern zugleich allen Eltern der Schulbesuch ihrer Kinder vom 13. bis zum 14. Altersjahre gesetzlich und bei Strafe vorgeschrieben. Wir haben somit hier nichts Geringeres als die Einführung des Schulzwangs.[1]) Den Pfarrern und Dekanen war hierbei eine Hauptaufgabe zugeteilt, wie denn „die Kapitel" den Anstoss scheinen gegeben zu haben. Seinen Eifer für den höhern Unterricht bekundete der 1655 verstorbene Dekan Samuel Haberrenter von Thun durch eine reiche Stipendienstiftung zu gunsten der Schulen von Thun, Bern und Lausanne.[2]) Die Akademie in Lausanne wurde 1624 einer teilweisen Reorganisation unterworfen.

Auf den Wunsch der Landgeistlichkeit war 1619 ein neues religiöses Lehrbuch bearbeitet worden, das nun neben dem Heidelberger Katechismus gebraucht werden sollte. Es trägt den Titel: *„Kurzer christlicher Underricht aus Gottes Wort"* und enthält besondere Belehrungen: *1. „für die, welche ihre Kinder durch die Taufe der Gemeinde Gottes wellend inleiben lassen, wie auch für die, so zu Zeugen bei der hl. Taufe erbetten werden, 2. für die, so das Nachtmahl des Herrn niessen, und 3. sich in den Ehstand begeben wollen."* Ein *4.* Teil beschäftigt sich besonders mit *„Amt und Stand der Obrigkeit."*

Ueber Amt und Stand der Obrigkeit zu belehren, d. h. zum Gehorsam gegen das bürgerliche Gesetz zu erziehen, wurde jedenfalls als eine Hauptaufgabe der bernischen Kirchen betrachtet. Die Religion war mehr Mittel als Selbstzweck.

Besonders wichtig im Geiste der Zeit wurde aber für die Berner Kirche die „Satzung und Ordnung des Chorgerichts", welche nach einer 1091 vorgenommenen Revision der bezüglichen

---

[1] Fluri, Ad., Die erste gedruckte bernische Landschulordnung von 1628, im Schweiz. Ev. Schulblatt 1897, Nr. 40. Hier ist zum ersten Mal auf die bis dahin unbeachtet gebliebene Verordnung aufmerksam gemacht worden.
[2] Lohner, a. a. O., I, 340. Kopie des Testamentes in Mss. H. H., I, 108 f. der St.-B. Bern.

Vorschriften im Jahr 1634 im Druck herauskam; 1640 folgte eine französische Ausgabe, die „loix consistoriales", für die welschen Gebiete. In das Jahr 1636 fällt die wenig ändernde Neubearbeitung der Liturgie, die dann unter dem Titel: „Kanzel- und Agendbüchlein der Kirchen zu Bern" in den Jahren 1639 und 1643 erschien; 1638 wurde auch die umfassende „Predigerordnung" einer Revision unterworfen und neu gedruckt.[1]) Im Kultus fand einzig die kleine Neuerung Eingang, dass 1620 im Interesse der Uniformität die in einigen Kirchen übliche Schrifvorlesung während der Abendmahlsfeier von Amtes wegen allgemein befohlen wurde.[2])

Der Handhabung äusserer Ordnung wurde dabei immer ein ungebührlich grosser Wert beigelegt. Laut einer Weisung vom 8. Juli 1626 musste jeden Sonntag während des Gottesdienstes in Städten und Dörfern ein polizeilicher Rundgang von Mitgliedern des Chorgerichtes in Begleitung von Weibeln vorgenommen werden, um allfällige Widerhandlungen zur Strafe zu ziehen, und auch die Wochengottesdienste waren durch strenge Gesetzesbestimmungen vor jeder Störung geschützt.[3]) Wegen des Verbots von Fuhrungen an Sonntagen scheute man 1676—79 nicht zurück vor einem ernsthaften Konflikt mit Freiburg.

Dieses Vorherrschen des einseitig staatlichen Standpunktes machte sich sogar bemerkbar in der Predigt des göttlichen Wortes. Sie wurde einerseits immer gelehrter, mit lateinischen und griechischen Citaten geschmückt, anderseits immer trivialer moralisierend, mit Donnergepolter über die Laster der Welt und über die „Galgenbuben", wie ein Berner Pfarrer damals seine Zuhörer zu betiteln für gut fand. Die Unterweisung ging je länger je ausschliesslicher darauf aus, die jungen Christen ohne innerlich religiöse Belebung durch Auswendiglernen der Katechismusfragen mit dem notwendigen dogmatischen Wissen auszurüsten und durch Kenntnis der Unterscheidungslehren gegen mögliche oder auch nur eingebildete Bekehrungsversuche von Seiten der „Papisten" zu waffnen. Die Seelsorge aber, in den amtlich-geistlichen Haus- und Krankenbesuchen, war dahin verknöchert, dass der Pfarrer von Zeit zu Zeit ein Verhör anzustellen hatte, ob im Hause gebetet,

---

[1]) Ordnungen der „Prädikanten, wie sich die Dekanen, Juraten, Prädikanten und Helfer... halten und tragen sollend". Bern 1638, fol. — Frikart, S. 6. Derselbe hält den Professor Lüthardt für den Verfasser der Liturgie von 1643 (S. 31).

[2]) Das Schreiben vom 30. März 1620 bei Zehender, K.-G., II. 287.

[3]) Frikart, S. 9.

ob Familienandachten abgehalten, ob Kinder und Gesinde zur Predigt geschickt werden, und ob keine sektirerischen Bücher vorhanden seien. Während einiger Zeit machte man die Sache noch einfacher; man fand, dass zu solcher Seelsorge eigentlich kein Pfarrer nötig sei. Durch eine Verfügung, die allerdings nicht lange in Kraft blieb, erhielten in dieser Periode die sogenannten „Feuergschauer" den Befehl, wenn sie sich in allen Häusern von der vorschriftsmässigen Anlage der Feuerherde und der Oefen überzeugen, auch gleich nachzusehen, ob auch Bibel und Gesangbuch im Hause nicht fehlen. In den Sonntag-Abendpredigten pflegte man bis 1624 die Sonntags-Evangelien zu behandeln, von da an wurden, wohl im Hinblick auf die religiöse Unwissenheit, eigentliche Katechismus-Predigten üblich über die sogenannten Hauptstücke: Gesetz, Glauben, Gebet und Sakrament.[1])

Bürgerliche und religiöse Pflicht war so sehr eins und dasselbe geworden, dass 1648 ein Bürger von Zofingen vom Chorgericht mit Busse belegt worden ist, weil er „ohne Mantel und Wehr" (Degen) zum Pfarrhelfer gegangen war, um sein Kind zur heil. Taufe einschreiben zu lassen.[2]) 1621 wurde eine „Neuordnung" der Spitäler und 1643 eine sogenannte „Klosterreformation" vorgenommen, d. h. die Beseitigung einiger Missbräuche, die in der Verwaltung der obrigkeitlichen Wohlthätigkeits-Anstalten sich allmählich eingeschlichen hatten.[3])

Gewiss auch mehr im staatlichen, als im kirchlichen Interesse hielt die Regierung darauf, die Kollatur-Rechte zu beschränken und wo möglich zu erwerben; es gelang dies 1644 mit der Kirche zu Schüpfen, die bis dahin der Familie von Erlach von Spiez gehört hatte, und später, 1652, auch mit derjenigen von Hilterfingen, die mit dem Besitz der Herrschaft Oberhofen verbunden gewesen war.

Aus dem Jahre 1645 berichtet Frikart über den Versuch einiger Geistlichen im Aargau, den Kirchenbann als Zuchtmittel einzuführen. Derselbe hatte keine Folge, obgleich nicht ohne Grund bemerkt wird, dass sie sich dabei auf den Heidelberger Katechismus stützen konnten.[4])

---

[1] Zehender, K.-G., II, 299. In einem Schreiben von Schaffhausen, welches Auskunft verlangt hatte, wurde eine vollständige Schilderung der bernischen Kirchengebräuche gegeben. Dasselbe steht in extenso bei Zehender, K.-Gesch., III, 37.

[2] Frikart, S. 28.

[3] Stettler, F., Hist. und rechtliche Darstellung der von ehemaligen Klöstern herrührenden Spendverhältnisse. Bern 1841.

[4] Frikart, S. 116.

Doch einen Zug wissen wir aus dieser Zeit anzuführen, der beweist, dass das Gefühl des Unterschiedes zwischen bürgerlichen und religiösen Pflichten nicht ganz verloren gegangen sei. Die beliebteste, weil bequemste Strafe für gewisse Verbrechen war damals in Bern die „Bannisierung", d. h. zeitweilige Verbannung aus dem Staatsgebiet. Die davon Betroffenen pflegten nun mit Vorliebe nach dem Guggisberg sich zu begeben, das als gemeine Herrschaft nicht zum eigentlichen Bernerland gerechnet wurde. Hier entstand nun 1649 die Frage, wie es mit dem Abendmahle gehalten werden solle, ob man den so Bestraften die Teilnahme an der Feier gestatten dürfe, oder ob sie als aus der bürgerlichen Gemeinschaft Ausgestossene auch aus der kirchlichen Gemeinde ausgeschlossen seien. Es wurden darüber Gutachten von den andern reformierten Kirchen eingeholt, und diese gingen dahin, dass kein Grund zum Ausschluss vorhanden sei für diejenigen, welche das Abendmahl zu feiern begehren, oder, wie das Züricher Gutachten sagt: „Relegatio per se neminem excludit ab eucharistia". Ob die traditionelle Abneigung gegen die Exkommunikation überhaupt mitwirkte, ist nicht zu erkennen, jedenfalls wurde in diesem humanen Sinne entschieden.[1]

Eine damit verwandte Frage war 1646 ebenso erörtert worden, diejenige nach der Taufe der Zigeunerkinder. Sie wurde in gewiss recht verständiger Weise dahin beantwortet, dass solche nicht zulässig sei, weil die Kindertaufe notwendig eine christliche Erziehung zur Voraussetzung habe.[2] Wir erkennen hier einen gewiss echt reformierten Gegensatz gegen alles abergläubische Vertrauen auf ein „opus operatum".

Fügen wir hier gleich das Gebiet des Bischofs von Basel an, so ist hier nur zu sagen, dass trotz des Widerstandes, den der Fürst den Bielern entgegenstellte, zu Renan im obersten Teil des sogenannten Erguel eine Kirche erbaut wurde, als Filiale derjenigen von St. Immer, und dass Neuenstadt seit 1639 — statt eines Helfers — einen zweiten Pfarrer, und seit 1648 auch eine Lateinschule erhalten hat.

Die evangelische Kirche der Stadt Basel erneuerte für sich und ihre Untertbanenlande 1634 ihre schon 1602 revidierte Kirchenordnung und führte 1642 nach dem Vorgang der Berner den

---

[1] Zehender, K.-G., III, 35.
[2] Zehender, III, 24—32, wo die bez. Gutachten von Zürich, Basel und Schafthausen vollständig kopiert sind.

Gebrauch gewöhnlichen Brotes im Abendmahl ein.[1]) Charakteristisch für die Zeit ist der Titel der 1637 von Staates wegen erlassenen „Christenlichen Reformation und Polizeiordnung". Schon seit 1611 galt hier die sonderbare Sitte, dass die Prediger der Landschaft, um Proben ihrer Befähigung abzulegen, der Reihe nach wöchentlich im Münster zu predigen hatten.

Die Universität war nicht zahlreich, aber nicht selten von ausgezeichneten, an Rang hochstehenden Fremden besucht.[2]) Bedeutende Stipendien trugen dazu bei, ihr Ansehen zu heben; von den Sitten der Studenten wird dagegen nicht bloss Löbliches berichtet.[3]) Im Jahre 1627 hat auch der berühmte Patriarch Cyrillus Lucaris, der unglückliche Reformator der griechisch-orthodoxen Kirche, sich in Basel aufgehalten und mit den Theologen verkehrt.

Massgebenden Einfluss übte hier nach dem Tode des Johann Jakob Grynaeus (Antistes von 1585—1618) der allerdings schon 1629 im 43. Altersjahre an der Pest verstorbene Antistes Johannes Wolleb aus, der als Verfasser einer grossen Anzahl von theologischen Schriften fortlebt. Sein „Compendium Theologiae" — erst nach seinem Tode 1634 erschienen — verschaffte ihm den Ruf eines der tüchtigsten Dogmatiker und galt noch lange als das verbreitetste und brauchbarste Lesebuch der reformierten Kirche.[4])

Ein gewaltiger Kirchenmann im Stil der Zeit war sein Nachfolger Theodor Zwinger, gestorben am 27. Dezember 1654.[5]) Der mehr als Sonderling, denn als Theologe zu erwähnende Johann Jakob Grasser (gest. 1627) verband mit dem Amt eines Pfarrers zu Bennwyl und dann eines Diakonus an der St. Klarakirche noch die Titel eines Ritters, Römischen Bürgers und eines Pfalzgrafen des heil. Römischen Reiches.[6])

Auch Schaffhausen, welches 1607 seine Agende erneuert hatte, wünschte sich seit 1643 der Aenderung im Abendmahls-Ritus anzuschliessen, welche in der Westschweiz bereits allgemein geworden war; die abmahnende Stimme der Züricher liess die Durchführung indessen noch verschieben.[7]) Im Jahre 1645 wurde

---

[1]) Buxtorf-Falkeisen, a. a. O., II, 2, S. 99.
[2]) Eine Anzahl von Namen nennt Buxtorf-F., a. a. O., II, 1, 113.
[3]) Ibid., II, 2, 111.
[4]) Hagenbach, Die theol. Schule Basels, S. 23 u. 24. Ein Verzeichnis seiner Schriften gibt auch Leu, Helv. Lexik., XIX, 573.
[5]) Hagenbach, Die theol. Schule Basels, S. 24 u. 27.
[6]) Buxtorf-F., a. a. O., II, 1, 110.
[7]) E. A., V, 2ᵃ, 1287, 1310, 1361 (Juli 1645), bez. Schreiben in Abschrift in Zehender, Bd. III, 37 u. ff.

hier auf wiederholtes Andrängen der Geistlichkeit eine epochemachende Landschulordnung[1] erlassen (8. August), und für die höhere Bildung 1647 das „Collegium humanitatis" begründet[2]), sowie 1652, zur Verbesserung der Kirchenzucht, die Errichtung der Stillstände oder Kirchengerichte in den einzelnen Pfarrgemeinden beschlossen, denen man anfangs sogar die Befugnis zur Exkommunikation einzuräumen gedachte.[3]) Lutherbibel und Heidelberger Katechismus kamen allmählich in Gebrauch; Mezger, welcher das Jahr 1629 als entscheidend nennt, sieht die Ursache dafür in den Pfälzer Predigern, die, aus der Heimat vertrieben, in die durch die Pest verwaisten Pfarrämter eingesetzt wurden.[4]) Die Gemeinde Siblingen verlangte und erhielt 1640, von Neunkirch sich trennend, eine eigene Kirche. Auch nach der Neuorganisation des Armenhauses erhielt sich in Schaffhausen die sonderbare Sitte des „Brütscheli-Mannes", der vor den Hausthüren Liebesgaben sammelte.[5])

Neben den vier evangelischen Städten ist jetzt als fünfte Genf zu nennen. Die Feier des Abendmahles mit ungesäuertem Brote wurde in der Genfer Kirche seit 1623 üblich. Die Verteidigung der religiös-politischen Selbständigkeit gegen äussere Feinde beherrschte das geistige Leben und machte jedem Bürger die ungeschmälerte Erhaltung des Bestehenden zur höchsten Pflicht. Eine sonderbare aber bald wieder unterdrückte religiöse Bewegung veranlasste im Jahre 1631 das Auftreten eines Nicolas Antoine aus Lothringen, der in Genf als Prediger und Schulvorsteher Anstellung fand, dann aber anfing, für das Judentum zu schwärmen und die Wiederaufrichtung alttestamentlicher Sitten zu fordern. Er wurde als Apostat und Gotteslästerer verklagt und am 28. April 1631 mit dem Feuer hingerichtet.[6])

Evangelisch Glarus, das sich bis dahin ganz an Zürich gehalten, organisierte sich seit 1621 als eigene Kirche mit halbjährlichen Synodalversammlungen, zu welchen auch die reformierten Gemeinden der Herrschaft Werdenberg, sowie Wartau im

---

[1] Bächtold, Schaffh. Schulgeschichte bis 1645 in Schaffh. Beitr., Bd. V, 72–112.
[2] Lang, Rob., Das Koll. hum. von 1648–1727. Leipzig 1893.
[3]) Finsler, K.-St., S. 207.
[4]) Mezger, S. 207. — Bächtold (Beiträge z. Schw.-Gesch., V, 133), für die Einführung des Heidelberger Katechismus das Jahr 1642.
[5]) Harder, Das Armenhaus in Schaffh., in Schaffh. Beitr. zur vat. Gesch., Heft III (1871).
[6]) Hottinger, III, 1046. — Zehender, K.-Gesch., III, 8.

Rheinthal gehörten.¹) Die evangelischen Mitglieder des Rates wohnten als weltliche Abgeordnete diesen Synoden bei; 1631 wurde auch ein eigenes Ehegericht eingesetzt.²) Dem Schul- und Bildungswesen wurde trotz aller Schwierigkeiten mehr und mehr Beachtung geschenkt.³)

Die Stadt St. Gallen führte 1614 den Heidelberger Katechismus ein, ohne doch den Gebrauch des alten St. Galler Büchleins auszuschliessen.⁴)

Aus dem eben erwähnten Rheinthale ist wenig zu berichten. Das kleinliche konfessionelle Gezänke von Gemeinde zu Gemeinde, von Haus zu Haus, und die fortwährenden Klagen über Bedrückung, die von beiden Seiten vor die Tagsatzung gelangten, vertraten — zertraten — jedes andere religiöse Interesse. Wo eifrige Prediger, wie der Pfarrer Kaspar Müller zu Rheineck und der nicht genannte Prädikant zu Thal, vom eidgenössischen Landvogt den Befehl erhielten, die Katechismuslehre einzustellen, da solches bisher nicht Uebung gewesen, wo die Tagsatzungsboten an Landvogt und Landschreiber amtlich Weisung gaben, sie sollen nicht zu viel auf Zürichs Schreiben achten⁵), da lässt sich von stetigem Einfluss kirchlicher Institutionen nicht viel erwarten, noch weniger von Früchten innern kirchlichen Lebens. Das Nämliche ist aus dem Thurgau zu sagen und aus dem Toggenburg, dessen kirchliche Einrichtungen von Seiten des Abtes von St. Gallen fortwährend störende Einmischungen zu erfahren hatten, und nicht besser stand es in den vereinzelten Ueberresten evangelischen Glaubens in der Grafschaft Baden, wo der Landvogt (1629) dem Prädikanten zu Dietikon die Abhaltung von sogenannten Nachpredigten an Festtagen verbot.⁶) Umsonst machte Zürich wiederholt aufmerksam auf die Notwendigkeit amtlicher und förmlicher Installation der Prediger in den gemeinen Herrschaften. Die kirchliche Anarchie bot günstigere Gelegenheiten für die weltlichen Obern.⁷)

---

¹) Die St.-B. Bern besitzt in Mss. H. H., VII, 117 (88) eine „Satzung und Ordnung eines ehrwürdigen Kapitels evangel. Kirchendienern des Landes Glarus im Jahr 1621", mit den Namen der teilnehmenden Prädikanten.
²) Finsler, K.-St., 133. — Hottinger, III, 1089).
³) Heer, G., Gesch. des Volksschulwesens, im Glarner hist. Jahrb., Hefte 18 u. 19, u. Geschichte des höhern Schulwesens ebends. Heft. 20.
⁴) Mezger, a. a. O., 369.
⁵) E. A., V, 2ᵇ, S. 1634, 1635, (1627—1641).
⁶) E. A., V, 2ᵇ, 1680.
⁷) E. A., V, 2ᵇ, 1491.

Bünden dagegen vermochte mitten in den unruhigsten Zeiten sein Kirchenwesen zu reorganisieren. Veranlasst durch die Klagen über allgemeinen Sittenverfall wurden durch eine Synode in Domleschg, am 22. Juni 1628, grosse Anstrengungen gemacht, um durch Einrichtung kirchlicher Gemeindevorstände eine schärfere Zucht und Aufsicht zu ermöglichen. Die Ausschliessung vom Abendmahl, welche als Strafmittel vorgesehen war, fand freilich nicht überall Eingang. Die Synoden, an welchen nun auch weltliche Beisitzer regelmässig teilnahmen, entwickelten eine lebhafte und erfolgreiche Thätigkeit; ihnen wurden meistens auch die Pfarrwahlen von den Gemeinden anheimgestellt. Die theologische Lehranstalt in Chur, welche 1624 untergegangen war, konnte 1632 durch die Errichtung eines neuen evangelischen Gymnasiums ersetzt werden. Die unmittelbare Vorbereitung zum Predigtamt blieb der Praxis unter Leitung einzelner Theologen überlassen. Einen hervorragenden Mann, den Pfarrer Bartholomäus Anhorn in Meyenfeld, haben die unglücklichen Wirren von 1621 aus dem Lande getrieben. Als Pfarrer zu Gais im Kanton Appenzell hat er mit allen Vorzügen und Nachteilen eines Mitlebenden und Mitleidenden die Geschichte des „Püntner Ufrurs" und des „Graubünter Krieges" beschrieben.[1]) Sein gleichnamiger und gleichgesinnter Sohn, geboren 1616, soll 24 ehemals katholische Kirchen zum Gebrauch für Protestanten geweiht haben. Er war eine Zeitlang Pfarrer in Bischofszell und ist 1700 im Kanton Zürich gestorben.[2]) Mitten in den unruhigsten Zeiten verfasste 1611 Pfarrer Gabriel Schukan ein kirchliches Lehrbuch, in welchem der Bäumlerische Katechismus mit dem Heidelbergischen zusammengearbeitet war, für die romanischen Schulen des Landes, und 1620 entstand der Katechismus von Stephan Gabriel, Pfarrer und Dekan zu Ilanz.[3])

Auffallend gross ist immer noch die Zahl der Konvertiten, die in den reformierten Kirchendienst traten, allerdings auch jetzt meistens Leute, die man besser den Gegnern gelassen hätte. Die Predigerverzeichnisse von Zürich nennen eine ganze Reihe. Schon 1619 kam Deogratius Knecht von Ueberlingen, aus dem dortigen Barfüsserkloster geflohen, nach Zürich und wurde, nachdem er in die Hände seiner Verfolger gefallen war, 1620 Pfarrer zu Wetzikon. Wegen geschlechtlicher Vergehungen wurde er 1628 wieder flüchtig. Johannes Fidler, gewesener Konventual in Wettingen, trat 1628 über und erhielt 1632 die Pfarre Greifensee,

---

[1]) Kind, in der Allg. Deutschen Biogr., I. 464.
[2]) Wirz, Z. Minist., 42.
[3]) Mezger, a. a. O., 180, 181.

wurde aber noch im gleichen Jahre wieder „wegen Vergehungen" abgesetzt und starb im Spital. Peter de Sossi, von Pruntrut, Kapuziner in Zug, kam 1628 nach Zürich, wurde 1631 Pfarrer in Zell, aber 1640 abgesetzt. 1634 langte wieder ein Kapuziner aus Baden in Zürich an, gewesener Provinzial-Vikar des Ordens; er wurde nach seinem Uebertritt ebenfalls Pfarrer zu Greifensee. Von ihm heisst es ausdrücklich: „hielt sich gut". Er ist 1669 gestorben. Das Gleiche scheint zu gelten von Johannes Meyer aus dem Klettgau, vorher Barfüsser in Luzern, dann 1636 bekehrt, 1639 ordiniert und 1642 Pfarrer in Spannweid, und von Wilhelm Ostermeyer aus Luzern, erst katholischer Priester im Solothurnergebiet, dann 1641 Pfarrer zu Altikon-Dorlikon; wogegen Hans Jakob von Landenberg, gewesener Chorherr zu Kreuzlingen, 1642 in Zürich übergetreten und 1643 Pfarrer zu Dietlikon geworden, bald darauf mit seiner Köchin nach Italien floh und wiederum katholisch wurde. Andreas Schwilgi endlich, von Taun im Elsass und zuerst Mönch in Oesterreich und Italien, fand 1647 Aufnahme im Zürcher Ministerium, verliess aber seine Pfarre Spannweid, und wurde in Deutschland Lutheraner.

In Bern musste man ähnliche Erfahrungen machen: Michael Ritter zwar, der 1648 aus dem Wallis herkam, wirkte als Pfarrer zu Goldiwyl und Blumenstein bis in sein hohes Alter tadellos. Jean Louis de Rouvray dagegen, ein anderer Konvertit, war erst Helfer in Iferten, 1646—48 Pfarrer an der französischen Kirche in Bern, kehrte aber, eben als Pfarrer nach Payerne ernannt, zur katholischen Kirche zurück und veröffentlichte 1650 in Paris sein Buch „L'abomination du Calvinisme". In Basel vollzog 1635 ein Mönch aus Mainz, 1639 ein solcher aus Regensburg und 1645 einer aus Mailand den Uebertritt. Der erstere, Heinrich Kesselbach, fand Aufnahme in den Kirchendienst, wurde 1657 Professor der Physik und starb als Vater von fünf Kindern.[1])

Solche Uebertritte waren immer eine grosse Angelegenheit und wurden möglichst feierlich begangen. Die Chroniken erzählen uns, dass 1622 in Bern ein „Türken-Knab" getauft worden ist, den Hauptmann A. Hermann in Dalmatien gekauft, und 1652 ein „Türken-Töchterlein", welches der bekannte Oberst Gabriel Weiss ebenfalls aus Dalmatien von seinem Feldzug im Dienste Venedigs mitgebracht hatte. Im Jahre 1641 ist aber auch ein junger Mann aus den regierenden Familien, J. J. Manuel, zur katholischen

---

[1]) Buxtorf-Falkeisen, II, 2, 99.

Kirche übergetreten und trotz der Vorstellungen des gelehrten Helfers Marx Rütimeyer bei seinem Entschlusse geblieben.¹)

Obwohl die kantonalen Staatskirchen sich immer ängstlicher auf ihr eigenes Gebiet zurückzogen, waren doch die Abgeordneten zu den Evangelischen Konferenzen beständig in Bewegung. Seit 1617 wurde Appenzell A.-Rh. jetzt als eigener Stand zur Beschickung eingeladen. 1639 schien sich sogar das Gefühl engerer kirchlicher Einheit wieder zu regen. Als die fremden Armeen sich von der Grenze entfernt, beschlossen die reformierten Orte am 15. März die Feier eines gemeinsamen Fast- und Bettages, um „dem Herrn der Heerscharen mit demütigem Fussfall und geistlicher Bewaffnung" Dank zu sagen für die Bewahrung vor dem Kriege.²) Auf Antrag der Berner wurde auch 1640 ein allgemeiner (evangelischer) Bettag um den Frieden begangen, aus welchem schliesslich der Gedanke eines regelmässigen jährlichen Bettages erwuchs.

Die Evangelische Konferenz ist es gewesen, welche gegen das anfänglich entschiedene Widerstreben der katholischen Stände es dazu brachten, dass die Eidgenossenschaft sich am Friedenskongress zu Münster durch einen Abgeordneten beteiligt hat.³) Wie wichtig diese Sendung werden sollte, ist bekannt; sie bildet den Uebergang zur zweiten Hälfte des XVII. Jahrhunderts.

5. Die Unionsbestrebungen.

Neben der schroffen Ausbildung des Konfessionalismus geht eine andere Bewegung neben her, die in der äussern Erscheinung weit weniger hervorgetreten ist und in den ältern kirchengeschichtlichen Darstellungen fast ganz ignoriert wird, weil sie scheinbar keinen Erfolg gehabt hat, die aber doch von einem vorhandenen Bedürfnisse zeugt, von einer wärmern Strömung unter der Eisdecke der Buchstaben-Orthodoxie; eine Bewegung, deren stetes Wiederauftauchen auch in den allerungünstigsten Zeiten den Beweis ihrer natürlichen Unabweisbarkeit und Stärke gibt und immerhin der Zukunft vorgearbeitet hat: es sind dies die mit der Ausschliesslichkeit und Unduldsamkeit in sonderbarem Kontrast stehenden Versuche einer Vereinigung der getrennten Kirchen.

¹) Mss., H. H., I. 108 (31) der St.-B. Bern.
²) E. A., V, 2ᵃ, 1123.
³) E. A., V, 2ᵃ, 1373, 1374, 1378, 1379 1646).

Diese Bestrebungen gingen teilweise aus religiöser Gleichgültigkeit, aus Unterschätzung des kirchlichen Gemeinschaftslebens hervor, teilweise aber gerade aus einer besonders lebendigen Frömmigkeit, die über die blosse Gewohnheit äusserer Sitten und menschlicher Formen hinausging und deshalb das gemeinsam Christliche in jedem Bekenntnisse um so freudiger anzuerkennen vermochte. Die Not der Kriegsjahre, welche neben der innern Unnatur der kirchlichen Spaltungen auch deren äussere und materielle Folgen so entsetzlich deutlich demonstrierte, musste, wie bei den Weltlichdenkenden den vollendeten Indifferentismus, so bei den Edelsten den Plan einer Versöhnung der Konfessionen erwecken.

Sogar die Idee einer Wiedervereinigung der protestantischen und der katholischen Kirche war nicht völlig untergegangen, sie tauchte immer wieder auf, und zwar nicht nur in der Form der römischen Bestrebungen nach Rückkehr der Abgefallenen zum Gehorsam gegen den Papst, sondern in aufrichtigerer Meinung. Die Schweiz bot sich da durch ihre geographische Lage wie durch ihre Mittelstellung zwischen den Bekenntnissen, zum Teil auch wegen der für Fernerstehende schwer begreiflichen Thatsache des Zusammenlebens der Konfessionen, immer als naheliegende Vermittlerin dar, und wir müssen deshalb diesen Versuchen einige Aufmerksamkeit schenken.

Es ist bekannt, dass der konsequenteste Feind der Hugenotten Frankreichs, der Kardinal von Lothringen, Karl von Guise, nicht nur selbst Einsicht genug hatte, um die Reformbedürftigkeit des Papsttums anzuerkennen, und dass er zu allgemeinem Staunen in seiner Diözese als Erzbischof mehrmals in ganz protestantischen Gedanken gepredigt hat, sondern dass er im Jahr 1561 mit dem Herzog Christoph von Württemberg zu Elsass-Zabern eine Zusammenkunft hatte zu einer Besprechung über die Annahme des Augsburgischen Bekenntnisses in Frankreich, in der Hoffnung, dadurch die religiöse Einheit in dem zerrissenen Lande wieder herzustellen. Der nämliche Mann, der Bruder des bei den französischen Protestanten mit besonderm Fluch beladenen „Schlächters von Vassy", reiste im Jahr 1563, von dem Konzil zu Trient nach Frankreich zurückkehrend, durch die Stadt Basel, besuchte bei dieser Gelegenheit den Gottesdienst im Münster und hörte eine Predigt Simon Sulzers an.[1]) So nahe war man sich trotz allem damals noch!

---

[1]) Hott., III, 875.

Weit notwendiger, aber auch weit leichter möglich, weil in der Natur der Sache liegend, schien allerdings die Wiedervereinigung der beiden protestantischen Glaubensparteien, der Lutheraner und der Calvinisten. Calvins Bemühungen freilich, das trennende Misstrauen der deutschen Protestanten gegen die Hugenotten Frankreichs zu beseitigen, fanden einzig Verständnis in der selbst reformierten Pfalz. Der abenteuerliche Pfalzgraf Johann Casimir war es, der 1577 die lutherischen und reformierten Theologen zu einer Zusammenkunft nach Frankfurt einlud, um in persönlicher Besprechung der Lehrunterschiede einen gemeinsamen Ausdruck des Glaubens zu suchen und geeinigt der erdrückenden Contrareformation gegenüber zu stehen. Die Berner Geistlichen, die ja so zahlreiche Beziehungen mit den Hugenotten pflegten und deshalb das Interesse eines solchen Versuches wohl erkannten, zeigten sich geneigt und schlugen der Obrigkeit die Beteiligung an der Konferenz vor; allein die Züricher, die soeben ihren Bullinger verloren hatten, wollten nichts davon wissen, und ohne Zürich konnte auch Bern nicht vorgehen. Die Sache unterblieb, und die meisten Deutschen fuhren fort, mitleidlos zuzuschauen, wie Frankreich die protestantische Regung unterdrückte, weil sie selbst die Anhänger Calvins als verdammungswürdige Ketzer betrachteten. So mussten auch die reformierten Schweizer den Ereignissen ihren Lauf lassen.

Beza war auch in dieser Hinsicht der Erbe des Calvinischen Geistes. Wie er beim Gespräche zu Poissy im September 1561 im Verkehr mit den katholischen Theologen ein sehr weitgehendes Entgegenkommen gezeigt hatte, wie er wiederholt nach Deutschland reiste, an Höfe und Universitäten, um die Sache der Hugenotten als gemeinsame Angelegenheit aller Protestanten zu empfehlen, so nahm er auch 1586 an dem Gespräch zu Mömpelgard teil, als der Herzog von Württemberg ihn zur Konferenz mit Jakob Andreae, Ehrhard Schnepf und Lukas Osiander einlud. Im September des folgenden Jahres kam dann eine Gesandtschaft des Herzogs von Württemberg, bestehend aus Dr. Schmidlin und Lukas Osiander, selbst nach Bern, um eine kirchliche Union anzubieten und anzubahnen. Diesmal wollte man in Bern sich nicht einlassen, weil man sich auf die Erfahrung stützte, dass nichts so sehr den Gegensatz verschärfe, als verunglückte Versöhnung.[1])

Neue Anregungen gingen nun aber von Frankreich aus, wo einige Provinzialsynoden sich im Sinne einer Glaubenseinigung

---

[1]) Zehender, K.-Gesch., II, 176.

aussprachen, so in Gap und in Charenton im Jahre 1604. Der Gedanke fand Anklang auch in der französischen Schweiz. Noch im gleichen Jahre 1604 fragte die Waadtländer Geistlichkeit in Bern von Amtes wegen an, was man hier davon halte; ein Abgeordneter aus Frankreich, Antoine Renaldus (Renaud), aus Bordeaux, sei zu ihnen gekommen mit Anträgen einer Synode zu Gap im Sinne kirchlicher Vereinigung aller Protestanten.[1])

Gerade während der Zeit des dreissigjährigen Krieges nun wurde dieses Ziel mit besonderer Energie und eigentlicher Begeisterung verfochten von einem Manne, der keinerlei hohe kirchliche Würde bekleidete und ohne amtlichen Auftrag handelte, aber diesem menschenfreundlichen Ideale sein ganzes Leben gewidmet hat. Während sein bekannterer Zeitgenosse Georg Calixt in Helmstädt beinahe ausschliesslich schriftstellerisch für die Union thätig war und sich auf Deutschland beschränkte, hat derselbe in seinem unermüdlichen persönlichen Wirken nicht am wenigsten gerade in der reformierten Schweiz seinen Stützpunkt gesucht.

Es war dies der Schotte John Durie oder Duraeus, der Sohn eines presbyterianischen Geistlichen in Edinburg, geboren c. 1590. Durch eine in seiner Heimat ausgebrochene Verfolgung wurde er schon jung zur Auswanderung nach Holland gezwungen. Er studierte in Leiden, 1611, Theologie, kehrte dann nach England zurück und setzte die Studien in Oxford weiter fort. Im Jahre 1627 wurde er Prediger zu Elbing in Friesland, und hier fasste er schon im folgenden Jahre den Vorsatz, den er nun als seine Lebensaufgabe ansah und mit Einsetzung aller seiner Kräfte zu verwirklichen suchte.[2])

Sein Bildungsgang, der ihn mehr als die meisten Geistlichen der Zeit zu Kirchen verschiedener Kultusformen und verschiedener Bekenntnisworte geführt und mit Leuten aus allerlei Volk bekannt gemacht hatte, legte in ihm den Grund zu der allmählich reifenden Ueberzeugung, dass die wahre Anbetung Gottes im Geist und in der Wahrheit hoch über den von Menschenscharfsinn ausgedachten und in Menschensprache festgestellten Worten stehe, dass es wahre Christen in allen Konfessionen gebe, gerade so gut, wie unwürdige, die ihrer Kirche Schande machen, und dass darum eine Einigung möglich sein sollte.

[1] Zehender, K.-G., II, 213—218, wo die bez. Schreiben der Classe von Lausanne (8. Jan. 1604) u. von den Geistlichen von Genf (22. April 1604) in lat. Wortlaut stehen.
[2] Hubler, John Duraeus u. seine Einigungsversuche, in Nippolds Berner Beitr. Auch Joss, Die Vereinigung der christl. Kirchen. Leiden 1877.

Nur von der Begeisterung für diesen Gedanken und von der innern Zuversicht auf dessen siegreiche Wahrheit getragen, kehrte Duraeus 1630 nach England zurück und begann zunächst von dort aus seine Thätigkeit mit der Abfassung eines Programms, das er dann verschiedenen einflussreichen Kirchenmännern vorlegte, um sie dafür zu gewinnen.[1]) Er reiste nachher auf den Kontinent, besuchte Gustav Adolf in Deutschland und setzte ihm seine Ansichten mit so überwältigendem Eifer auseinander, dass derselbe ganz darauf einging und sich anschickte, seine im Augenblicke entscheidende Macht in dieser Richtung zu verwenden. Es war kurz vor seinem Ende. Der blutige Tod des Schwedenkönigs kam dazwischen.

Nun suchte Duraeus Anknüpfung in der Schweiz, wo er nicht ohne Grund Empfänglichkeit glaubte voraussetzen zu dürfen. Er traf 1633 mit dem Züricher Antistes Johann Jakob Breitinger in Heilbronn zusammen. Dieser zeigte sich einverstanden, und der Verkehr beider Männer wurde schriftlich fortgesetzt. Breitinger wirkte auf das Ziel hin in den reformierten Kirchen der Schweiz. Es fanden wiederholte Besprechungen statt. Eine Anfrage in Genf wurde nicht ungünstig aufgenommen; man schien dort sogar einige Hoffnung auf das Gelingen zu haben. Die Züricher Kirche erklärte sich grundsätzlich dafür und beschloss, es sollen die helvetischen Kirchen als solche über die wichtige Sache beraten, doch sei dabei jedenfalls nur gemeinsam zu handeln; keine Stadt solle etwas thun oder sich zu etwas verpflichten, ohne der Zustimmung der andern sicher zu sein. Zürich nahm das Geschäft in die Hand und wandte sich nach Schaffhausen und Bern, wo die Programmschrift des Duraeus hingeschickt wurde. Bern antwortete am 4. Juli 1633. Die Meinung ging dahin, es sei im Namen der gesamten helvetischen Kirche der heiligen Aufgabe, welche Duraeus auf sich genommen, und dem Eifer, mit dem er sie betreibe, volles Lob zu sagen und alle Geneigtheit auszusprechen.

Allein bereits zeigte sich auch die Schwierigkeit. Duraeus hatte auch die englisch-bischöfliche Kirche mit in die kirchliche Gemeinschaft zu ziehen gedacht, indem er auch sie als einen Teil der protestantischen Kirche betrachtete. Das wurde nun in Bern entschieden abgelehnt, da die Bischofswürde und das halb katholische Ceremonienwesen der Hochkirche schwere Vorurteile gegen

---

[1]) Später gedruckt unter dem Titel: Concordiae inter Evangelicos quaerendae consilia, 1654.

sich hatte, und namentlich die von ihr gerade damals gegen die schottisch-calvinische Kirche geübte Unterdrückung schwer missbilligt wurde. Noch zurückhaltender äusserte sich dann die Kirche von Basel, wo man von solchen Verhandlungen nur neuen kirchlichen Zank befürchtete. Immerhin war man damit einverstanden, dass eine Zusammenkunft von Abgeordneten der Geistlichkeit aus den verschiedenen schweizerischen Kirchen veranstaltet werde, um über gemeinsames Vorgehen zu berathen.

Noch ehe diese zu stande kam, fand Duraeus unerwartet ermutigende Stimmung bei dem evangelischen Fürstentag zu Frankfurt, 1634, wo er persönlich sein Programm vorlegen durfte. Geringern Erfolg dagegen hatte er in Holland, das er nun zunächst bereiste. Hier wirkte noch der Geist der Dortrechter Synode und die Erinnerung an die Kämpfe mit dem Arminianismus. Des Duraeus Gleichgültigkeit gegen die dogmatischen Unterscheidungslehren, sein Dringen auf die moralische Seite des Glaubens schien allzuviel Aehnlichkeit zu haben mit jener als ketzerisch verdammten Richtung, um nicht Misstrauen zu erregen. Noch weniger freundlich war der Empfang in Schweden, wo die Theologen durch jeden Verkehr mit Duraeus in den Verdacht calvinischer Gesinnung zu gerathen besorgten. Sie erklärten ihm, sie können mit den Reformierten keinen Frieden schliessen, so lange diese nicht ihren „dem Grund der christlichen Religion verderblichen Irrthümern" entsagen. Damit war diese Thüre geschlossen.

Im Jahr 1639 bereiste der eifrige Mann Dänemark, dann Braunschweig und Lüneburg, doch ohne andere Frucht, als im günstigsten Falle zustimmende Worte zu finden. Bessere Aussichten eröffneten sich, als der kirchliche Verkehr mit England sich wieder anzubahnen begann. Schon 1640, als man von den Bedrückungen der schottischen Presbyterianer durch die englische Hoch- und Hofkirche hörte, wandten sich die reformierten Schweizerkirchen schriftlich an den Erzbischof Laud, und gleichzeitig an die schottische Presbyterialkirche, in der Absicht, in dem zwischen ihnen ausgebrochenen Streit zu vermitteln. Die Schweizer beriefen sich dabei, nach beiden Seiten, auf die Gemeinsamkeit des Glaubens, die ihnen Recht und Pflicht zu solcher Einmischung verleihe.

Der Bischof erwiderte ziemlich kurz, die Schotten dagegen in einem langen Schriftstücke, vom 1. April 1640, in welchem sie ihren Standpunkt rechtfertigten und die ganze Sachlage auseinandersetzten, namentlich aber Protest erhoben gegen den

Vorwurf der Rebellion, den ihnen die Engländer machten.[1]) Später, 1641, wurde der Briefwechsel noch einmal aufgenommen.

Inzwischen ging von der Tochter Gustav Adolfs, der später katholisch gewordenen Königin von Schweden, im April 1651 eine neue Anregung aus. Sie stiess aber schon in Basel auf Bedenklichkeiten. Der Antistes Theodor Zwinger riet zum vorsichtigen Abwarten, da „solche Versuche bisher stets sehr übel und für die Reformierten verkleinerlich ausgeschlagen haben".[2]) Auch aus Amsterdam erhielt 1652 der Pfarrer Ulrich von Zürich ein bezügliches Schreiben, das Gegenstand von Verhandlungen wurde und beweist, dass der Gedanke nie ganz einschlafen konnte.[3])

Als es nun aber in Grossbritannien doch zum Aufstande kam, das Königtum beseitigt wurde und Oliver Cromwell als allmächtiger Protektor an die Spitze der englischen Republik trat, da war er es, der in seinen grossartigen religiös-politischen Plänen wieder eine nähere Verbindung unter den protestantischen Staaten zu stande zu bringen suchte und auch die reformierten Schweizer in seinen Bund gegen die katholischen Mächte hereinzuziehen wünschte.

Cromwell war nicht nur Republikaner und Revolutionär, sondern er war vor allem aus strenger Calvinist und Puritaner.

Bekannt ist die Sendung des klugen Schaffhauser Stadtschreibers Johann Jakob Stockar, zu welcher sich die Evangelische Konferenz 1653 entschlossen hat, um im Zwist zwischen England und den Niederlanden zu vermitteln. Stockar hatte mehrere wichtige Unterredungen mit dem Protektor, und es gelang ihm wenigstens teilweise, seine Aufgabe zu erfüllen. Die Sendung hatte keinen direkt kirchlichen Zweck, wurde aber doch mit dem „Nutzen des gemeinsamen Glaubens" begründet und diente mittelbar zur Förderung der Vereinigungsplane [4]), wie denn auch der Wunsch erwachte, die Beziehung zu dem befreundeten England

---

[1] Zuschrift u. Antwort, beides in lateinischer Sprache, in der kirchenhistorischen Sammlung des Dekans De Losea, Mss. H. H., I, 108 (Nr. 30), S. 561—584; der St.-B. Bern.

[2] E. A., VI, 1ª, 50. — Vergl. Buxtorf-Falk. a. a. O., II, 1, 112. Ueber die Aengstlichkeit gegen den lutherischen Gottesdienst des (1647) eine Zeitlang in Basel residierenden Markgrafen von Baden, siehe ebendas. II, 2, 99.

[3] E. A., VI, 1ª, 100.

[4] Stockars Gesandtschaftsbericht ist vielfach gedruckt und bearbeitet worden, so in Balthasars Helvetia, Bd. I (Zürich 1823). Die Berner Stadtbibl. besitzt nicht weniger als sechs Abschriften, gewiss ein Beweis, dass man die Angelegenheit mit mehr als gewöhnlichem Interesse verfolgte. — Haller, Bibl. der Schw.-Gesch., V, Nr. 1086.

durch Anstellung eines ständigen Residenten in diesem Reiche zu unterhalten.[1]

Jetzt begann auch Duraeus seine Thätigkeit von neuem, und dies mit um so grösserer Hoffnung auf Erfolg, da die in England herrschend gewordene Independentenrichtung dem schweizerischen Calvinismus so viel näher verwandt war, als es die bischöfliche Hochkirche gewesen. Cromwell, der ganz in die Gedanken des schottischen Theologen einging, schickte 1654 seinerseits eine Gesandtschaft in die Schweiz und Duraeus mit ihr, um neben der politischen Verbindung zugleich die Voraussetzung derselben, die Bekenntnisunion, zu betreiben.

In der Evangelischen Konferenz, welche am 23. Juni 1654 in Aarau stattfand, traten John Pell und John Duraeus, „vom Protektor mit dem Auftrage betraut, um den Kirchenfrieden zu unterhandeln", vor die Boten der reformierten Stände. Duraeus erklärte: dass er, durch seinen freundlichen Umgang mit dem eidgenössischen Gesandten Stockar aufgemuntert, sich dem Protektor zu diesem Friedenswerke angeboten habe, dasselbe auch bei den Eidgenossen, den rechtgläubigsten Bekennern und Stiftern der reformierten Kirche, zu beginnen am zweckmässigsten erachte und daher die evangelischen Stände ersuche, ihm Erlaubnis und Anleitung zu den erforderlichen Verhandlungen mit ihren Theologen zu gewähren.

Zürich legte nun die schon am 30. Mai von Duraeus den Dienern der Zürcher Kirche übergebene Denkschrift vor, in welcher auseinandergesetzt war, wie er durch Besprechung mit den Theologen und mit den akademischen Kollegien der eidgenössischen Stände „die Gemeinsame der Heiligen unter den Protestierenden zu erzielen, die Aergernisse, die den freien Lauf des Evangeliums bisher verhindert haben, aus dem Wege zu räumen und die gemeinsame Sache der Evangelischen wider die gemeinsamen Feinde mit gemeinsamem und zwar geistlichem Rat und Zuthun zu beschirmen und zu fördern" beabsichtige.[2]

Als Mittel dazu betrachtete er den Nachweis einer wesentlichen Verwandtschaft aller protestantischen Bekenntnisse unter sich wie mit den Symbolen der alt-christlichen Kirche; keine Abschaffung der Konfessionen, aber eine vergleichende Zusammen-

---

[1] E. A., VI, 1ᵃ, 226. Vergl. Balthasar u. Stehlin, Beitr. z. Schw.-Gesch. aus englischen Manuscripten. Urk. von 1513—1682 in Archiv f. S.-G., XII, 37—114. — Stern, A., Die Beziehungen der ref. Schweiz zu England, im Jahrb. f. S.-Gesch., Bd. III, 1—18.

[2] E. A., VI, 1ᵃ, 219.

stellung derselben, durch welche von selbst die Uebereinstimmung offenbar werde, die „Harmonia confessionum". Duraeus wünschte geradezu, die reformierte Schweiz zum Mittelpunkt seiner Bestrebungen zu machen. Zürich und Bern sollten vorangehen.

Das schriftliche Gutachten der Züricher Theologen lautete nicht ungünstig; es sprach die Hoffnung aus, dass es dem in dieser Sache thätigen und erfahrenen Mann gelingen werde, „die bisher unter ihrem unsichtbaren Haupte Christus Vereinigten auch vor aller Welt Augen als eine brüderliche Gemeinschaft darzustellen".[1]) Auch in Bern, wohin sich Duraeus persönlich verfügte, fand er gewichtige Freunde, wie den würdigen Professor Christoph Lütkardt und den spätern Dekan Heinrich Hummel, der schon selbst durch seine Reisen in fremde Länder über die Grenzen des Gewohnten hinauszuschauen gelernt hatte.[2]) Die Antwort der Berner Kirche an den begeisterten Schotten schloss mit dem Satze: „Wir befehlen daher dem allmächtigen Gott das ganze Geschäft und wir bitten von Herzen, dass er Euer Ehrwürden Leben und Stärke geben wolle, das auszurichten, was zur Beförderung seiner Ehre dienet." Im gleichen Sinne wurde ein eigener Zusatz zum Kirchengebete angeordnet. Dagegen fand Duraeus auch diesmal in Basel sehr wenig Geneigtheit.[3])

Am 5. März des folgenden Jahres (1655) stand Duraeus wieder vor der Konferenz in Aarau und konnte berichten von dem befriedigenden Verlauf seiner Reise und freundlicher Aufnahme in Biel, Neuenstadt, Neuenburg, Genf[4]) und Lausanne, wo er überall einen guten Empfang und Verständnis für seine Absichten gefunden habe.[5]) Er wollte sie weiter verfolgen und die Gesandten gaben ihm ihrerseits Empfehlungsschreiben mit an die Kurfürsten von Brandenburg und von der Pfalz und an den Landgrafen von Hessen.

Allein bei diesen schönen Worten ist es geblieben. Cromwell starb 1658, ehe etwas zu stande kam, und damit war der zugleich eifrigste und mächtigste Förderer gefallen. Im gleichen Jahre

---

[1] E. A., VI, 1ᵃ, 229.
[2] Fetscherin, W., Dekan Joh. H. H., Berner Neujahrsblatt, 1856.
[3] S. Buxtorf-Falkeisen, a. a. O., II, 101. Hier sind die Worte wiedergegeben in welchen D. den Eindruck ausgesprochen hat, den er in Basel empfing.
[4] Die Ansicht der Genfer ist gedruckt in dem Judicium ecclesiæ et academiæ Genevensis de Concordia ecclesiastica inter Evangelicos studio. Tiguri 1655, 4°.
[5] E. A., VI, 1ᵃ, 240.

kehrte Pell nach England zurück, und als Duraeus sich später, 1662, nochmals an die evangelischen Boten wandte, traf er andere Leute und andere Gesichter.¹) Dass er schliesslich versuchte, sich auf den Boden der alten „Wittenberger Konkordie" zu stellen, hat in der Schweiz wohl eher verstimmend als begeisternd gewirkt. Im November 1662 nahm er seinen Abschied von der Schweiz.²) Der hochgesinnte Mann, der zu frühe gelebt hat, ist dann, 85 Jahre alt, im Jahr 1680 gestorben, mit einem zuversichtlichen Bekenntnis seiner Hoffnung, nicht ohne Eindruck auf die Bessern seiner Zeitgenossen, aber ohne den geringsten sichtbaren Erfolg.

Erst 1666 war dann noch einmal in der Evangelischen Konferenz von der „Harmonia confessionum" vorübergehend die Rede; aber man begnügte sich jetzt mit dem näher liegenden Zwecke, wenigstens dem eifersüchtigen handelspolitischen Streit der glaubensverwandten Staaten, Holland und England, entgegenzuwirken. „Dr. Hottinger" von Zürich — wohl kein anderer als der berühmte Orientalist Joh. Heinrich II. — wird zuletzt als besonders thätig genannt.³)

Die Idee der kirchlichen Union unter den dogmatisch Getrennten, gegründet auf den protestantischen Grundsatz, dass die Religion nicht aufgeht in den Menschensatzungen, war und blieb einstweilen das Vorrecht eines kleinen Kreises von Auserwählten, welche das Unglück, aber auch die Ehre hatten, damals ganz allein zu stehen und bei der Menge wenig Verständnis zu finden.

6. Bauernkrieg und Religionskrieg.

Die Schweiz musste sich glücklich preisen, dass wenigstens über die schlimmste Zeit hinaus und mit den grössten Anstrengungen, mit Nachgiebigkeiten und Demütigungen aller Art, ein erträglicher Friedenszustand festgehalten werden konnte. Kaum war der europäische Friede, im Oktober 1648, hergestellt, als es im Innern der Eidgenossenschaft nun doch zum Ausbruch des so lange zurückgehaltenen Religionskrieges kommen sollte; Beweis

---

¹) Doch blieb wenigstens Christoph Lüthardt noch in schriftlichem Verkehr mit dem englischen Diplomaten Fleming; bez. Briefe vom Jan. 1669 in Mss. H. H., VI, 36 (6) der St.-B. Bern.
²) E. A., VI, 1ᵃ, 577.
³) E. A., VI, 1ᵃ, 689.

genug, dass es nicht die wahre Duldung, nicht die Achtung vor der Religion des Andern war, was die Schweiz voraus hatte, sondern höchstens die grössere Angst und grössere Vorsicht in der Verhütung des offenen Streites.

Doch bevor dieser Glaubenskrieg zur Thatsache wurde, hatte die Schweiz noch einen andern innern Krieg zu überwinden, der scheinbar mit dem Kirchenwesen nicht zusammenhing und doch nach Ursachen und Folgen so viele Beziehungen zu den kirchlichen Zuständen aufweist, dass wir ihn hier nicht übergehen können. Schon die Ursachen, die zu diesem allgemeinen Aufstand führten, waren teilweise auch kirchlicher Natur. Es ist dies der sogenannte grosse Bauernkrieg von 1653. Fälle von Missverwaltung von Seite untauglicher oder habsüchtiger Beamten, die sich als Tyrannen fühlten und betrugen, sind überall und zu allen Zeiten vorgekommen; was die Landleute der Schweiz, und zwar fast aus allen Kantonen gleichzeitig, zum Aufruhr gegen ihre Obrigkeiten trieb, war noch etwas anderes, als Beschwerden über einzelne Ungerechtigkeiten.

Die Reformation hatte dem mittelalterlich naiven Verhältnis zwischen den Städten und den von ihnen erworbenen Landgebieten ein Ende gemacht; der Begriff des Staates als einer göttlichen Institution war entstanden, und als jetzt von Frankreich her der königliche Absolutismus die frühern im Feudalwesen liegenden Schranken beseitigte und die Vorstellung vom Recht des Staatsoberhauptes immer höher steigerte, da teilte sich diese Anschauung von dem göttlichen Rechte des Fürsten über seine Untertanen auch den schweizerischen Regierungen mit, und diese, namentlich die aristokratischen Stadtregenten, fühlten sich bald ebenso erhaben über ihre Landgebiete, wie die Monarchen. Jeder Landvogt schrieb sich das Recht zu, als Herr über die ihm Untergebenen zu walten und über alte Vorrechte und Sitten rücksichtslos hinwegzugehen, wo die gemeinsame Ordnung, das Interesse des Ganzen, oder auch nur die Autorität der „Gnädigen Herren", dies zu verlangen schien. Der Begriff der christlichen Obrigkeit, der in der Reformationszeit die Geister aus unhaltbaren Zuständen befreit und so viel dazu beigetragen hatte, neue kirchliche Einrichtungen zu ermöglichen, wurde jetzt in einem Sinne ausgedehnt und übertrieben, welcher den Obrigkeiten nicht nur alle Pflichten, sondern auch alle Rechte zuwies, nachdem mit einer selbständigen Kirche diejenige Macht weggefallen war, welche in frühern Perioden die idealen und unveräusserlichen Menschenrechte in ihrer Art vertreten hatte.

Die Regierungen, die sich gewöhnten, auch über das Bekenntnis und den religiösen Glauben ihrer Unterthanen nach Willkür zu verfügen, gingen nun in gleicher Weise auch über andere Rechte und Ueberlieferungen hinweg, keine andern Gesetze kennend als diejenigen, die sie selbst proklamierten. Unmittelbare Veranlassungen kamen dazu, um die dumpfe Unzufriedenheit über diese neue Gestaltung des Staatswesens zu nähren. Die Völker der Schweiz liessen sich doch nicht ganz so viel gefallen, als deutsche oder französische Bauern. Schon 1641 war es zu sehr ernstlichen Aufstandsversuchen gekommen, so im Berner Oberlande gegen Schloss und Stadt Thun, doch wurde die Bewegung damals leicht und rasch unterdrückt.[1]) Zürich hatte 1646 mit seinem Bauernaufruhr in Wädischwyl und im Knonaueramte zu schaffen.

Viel ernsthafter war die Sache im März und dann wieder im Mai 1653. Der Aufstand brach jetzt gleichzeitig in der ganzen mittlern und nördlichen Schweiz aus; die Völker aus dem Aargau und Baselland, aus Solothurn und aus Luzern fühlten sich mit denen aus dem Emmenthal zu einer grossen Gemeinschaft vereinigt, als eine Eidgenossenschaft der Völker neben derjenigen der Herren, und dies Bewusstsein gab dem Aufstand nicht nur eine sehr gefährliche Macht, sondern unverkennbar auch einen gewissen geistigen Schwung, indem er als Träger höherer Zukunfts-Ideale dastand. Die Ereignisse selbst haben wir hier nicht zu erzählen.[2])

Vom Standpunkte der Kirchengeschichte aus kommen vorzüglich zwei Seiten in Betracht.

Erstens die Haltung der Geistlichkeit. Es entspricht vollkommen dem oben Gesagten, wenn wir die Bemerkung machen müssen, dass die reformierte Geistlichkeit fast ohne Ausnahme sich nur noch als Organ und Dienerin der Staatsgewalt betrachtete, dazu bestimmt, das Volk, d. h. „die Unterthanen", durch das Mittel der Gottesfurcht zum Gehorsam gegen den Staat und dessen Beamte zu ermahnen. Wir besitzen ziemlich viele Erzählungen, Berichterstattungen und Einzelnachrichten über den Bauernkrieg aus der Feder von Landpfarrern[3]); sie stimmen alle darin überein, dass sie keinerlei Verständnis haben für das, was an den Wün-

---

[1] E. A., V, 2ª, 1199. Tillier, Gesch. v. Bern, Bd. IV, 102 u. ff.
[2] Vergl. darüber die gründliche, aber freilich nur einen Teil (Luzern) ins Auge fassende Darstellung von Th. v. Liebenau, Jahrb. f. Schw.-Gesch., XVIII-XX; für Bern s. Lauffer u. Tillier a. a. O., IV, 143 u. ff., im übrigen Müller, Schw.-Gesch., X v. Vulliemin, 3–88.
[3] Mss., Hist. Helv. der Stadtbibl. Bern, I. 114; VI, 39 (5, 6); VI, 47 (5, 6); VI, 101, etc.

schen und Forderungen, an den Beschwerden und Ideen der Bauern berechtigt war; sie stehen alle einfach auf der Seite der Obrigkeit, deren Recht ganz selbstverständlich ist, und haben nur verurteilende und verdammende Worte für die „abscheulichen und gottlosen Rebellen". Es hing dies wohl zum Teil mit der Thatsache zusammen, dass die Landpfarrer selbst fast alle aus den Kreisen der Stadtbürger hervorgegangen waren; so nicht nur in Bern, sondern ganz ebenso in Zürich und in Basel und selbst in Luzern und Solothurn; es hatte aber seinen tiefern Grund in der Stellung, welche die Kirche einnahm.

Was alle diese Pfarrer zeigen, ist entsetzliche Angst vor dem Beginnen der Landleute; Angst für ihre Autorität und ihre Einkünfte, und dazu einen ganz unglaublich servilen Geist, der nur in gewaltsamer Unterdrückung des Aufstandes und in strenger Bestrafung der Schuldigen, ja in der Beseitigung aller bisher noch stehen gebliebenen Reste alter Volksfreiheit die nötige Bürgschaft für eine gesicherte Ordnung erblickte. Diese Erscheinung war so auffallend, dass während des Aufstandes ein bernischer Bericht geradezu sagt: „Das ganze Land ist in Aufruhr; von Thun bis Brugg ist niemand mehr der Obrigkeit treu, als die Pfarrer!" Manche unter ihnen dienten auch als Spione und geheime Berichterstatter über das Thun und Treiben der Rebellen, und zwar nicht bloss aus übertriebenem Pflichteifer, wie es scheint, sondern auch aus weniger schönen Motiven, die ihnen und der Kirche nicht zur Ehre gereichten.

Zwei Männer allerdings können wenigstens in Bern teilweise als Ausnahmen genannt werden, und es sind dies, gewiss nicht zufällig, die überhaupt geistig Höchststehenden, welche Bern damals hatte: Der nachherige Dekan Heinrich Hummel und der Professor Christoph Lüthardt, die uns schon als Freunde des Duraeus begegnet sind, waren unendlich bemüht, als Vermittler zu dienen, die Friedensvorschläge der Regierung ins Lager der Aufständischen und die Forderungen der Volksführer an die Räte zu überbringen und zu empfehlen.[1]) Schon am 15. März, ehe es noch zu Gewaltthaten gekommen, hatten diese beiden gelehrten Theologen ihre Mittlerthätigkeit begonnen, und noch unmittelbar vor dem grossen Hauptschlag, der Erstürmung des Friedhofs von Herzogenbuchsee am Pfingstsonntag den 28. Mai 1653, versuchten sie, freilich umsonst, dem Blutvergiessen zu wehren und einen Kapitulationsvertrag zu stande zu bringen.

[1]) Für die Unerschrockenheit und den Freimut Hummels siehe die von Vulliemin (Müller, Schw.-Gesch., X, 292) citierte Stelle aus einer Predigt.

Ihr guter Wille hatte keinen Erfolg, darum wurde er vergessen. Die Haltung der übrigen aber blieb nicht unbemerkt und darum auch nicht ohne Nachwirkung für die weitere Gestaltung des Kirchenwesens und das Verhältnis des Volkes zu seinen Predigern. Man darf sich billig darüber wundern, dass während der Zeit, da das Land in Aufruhr war, alle diese Landpfarrer vollkommen sicher und unangefochten geblieben sind; es geschah keinem ein Leid, aber das Zutrauen war doch ernstlich gestört. Das wieder zum Gehorsam gezwungene Volk musste mehr als je auch seine Pfarrer als einen Teil der verhassten Obrigkeit betrachten und die von ihnen gepredigte Religionslehre als ein Stück des ihnen von den Herren auferlegten Joches, das man trägt, weil man es nicht abzuschütteln vermag.

Die Pfarrer haben selbst noch diese Kluft vergrössert, die sich infolgedessen aufzuthun begann. Es gab solche unter ihnen, welche nach der Herstellung der Regierungsautorität so unverständig und unanständig auf der Kanzel über die Aufrührer und alle ihre Anhänger schalten, so eifrig jetzt in ihren Predigten über „Widerspenstigkeit" und „Untreue" loszogen, dass die Regierung selbst sich bewogen sah, durch Vermittlung des Konvents ein eigenes Rundschreiben an die Geistlichkeit zu erlassen, worin sie solches untersagte und die Prediger ernstlich ermahnte, nicht zur Verbitterung, sondern zum Frieden zu reden; nachdem die unvermeidliche Strafe ausgesprochen und vollzogen, sei jetzt die Sache nicht mehr öffentlich zu berühren.[1])

Die Volkstümlichkeit der Kirche und ihr nachhaltiges Wirken auf die Gemüter wurde dadurch schwer geschädigt, dass die Pfarrer sich zuerst als Diener des Landvogts und erst nachher als Diener Gottes fühlten. Die Folge konnte keine andere sein als die, dass man ihnen eben auch nur so gehorchte, wie man, willig oder unwillig, sich dem Beamten unterzog, dem man Ehrerbietung zeigte, auch wenn man sie nicht empfand. Kirche und Religion wurden weniger als je als eine Sache für sich betrachtet, sondern als Angelegenheit der Obrigkeit, und viele Erscheinungen, die uns später begegnen werden, haben ihre Wurzeln zweifellos in dieser Zeit des Bauernkrieges, der das Volk von seinen weltlichen und geistlichen Herren schied. Waren die reformierten Kirchen vor dem Bauernkriege Landes- und Volkskirchen, so sind sie nachher nur noch einseitige Staatskirchen geworden.

---

[1]) Zehender, K.-Gesch., III, 152. Dasselbe ermahnte: „Operam dare, ut spiritu lenitatis et mansuetudinis lapsi erigantur, eorumque vulneri non acetum sed oleum infundatur."

Das zweite, was hier in Betracht fällt, ist eine Erscheinung von ganz anderer Natur. Der Bauernaufstand ist nicht bloss ausgebrochen in den reformierten Kantonen; Luzern und Solothurn wurden nicht weniger davon ergriffen. Ja, der erste Anstoss ging vom streng katholischen Entlebuch aus. Aussendlinge aus diesem Thale wurden im stammverwandten und benachbarten Emmenthal vielfach bemerkt; aber auch aus der Gegend von Thun, aus Steffisburg wird von solchen berichtet, die zum Aufstand reizten und zu gemeinsamen Schritten aufforderten.

Das Merkwürdigste aber ist, dass diese Katholiken des Entlebuchs im April 1653 eine Zuschrift an den geistlichen Konvent der reformierten Berner Kirche gerichtet haben, in welcher sie ihre Klagepunkte auseinander setzten, ihre moralische Berechtigung zum Aufruhr verteidigten und die Berner Geistlichkeit um Fürsprache bei ihren Regierungen ansuchten. Am 9. April antwortete der Kirchenrat auf dieses Schreiben, indem er, auf die Sache selbst wenig eintretend, eine ernste Mahnung zur Ordnung und zur Vermeidung aller Gewaltthaten an die Entlebucher richtete.[1]) Wir haben somit die wunderliche Thatsache, dass, in der Zeit der höchsten konfessionellen Verhetzung und der ausgebildetsten Absonderung zwischen den einzelnen Kantonen, eine katholische Landsgemeinde mit einer reformierten Kirchenbehörde eines andern Staates schriftlich und amtlich verkehrt.

Aber das ist nicht das Einzige: Luzerner und Berner, Solothurner und Züricher schlossen unter Anrufung des Dreieinigen Gottes ihren Bund und beschworen ihn auf den Knien mit heiligen Eiden. Die Tagsatzungen hatten es nicht mehr dazu gebracht, die alten Bünde zu beschwören; hier aber bei den Bauern finden sich Katholiken und Reformierte in diesen feierlichen Augenblicken der höchsten patriotischen Begeisterung auf gemeinsamem religiösem Boden, ohne daran Anstoss zu nehmen oder selbst nur etwas Auffallendes darin zu sehen. Emmenthaler und Entlebucher standen vor Gott zusammen, als ob nie die Reformation eine Glaubensgrenze zwischen ihnen gezogen hätte.[2]) Da sehen wir eine positive Union von unten herauf, die natürlich gewachsen, populär entstanden und besser gelungen war, als diejenige, welche Duraeus mit den Theologen und Staatsmännern

---

[1]) Zehender, K.-Gesch., III, 119 u. ff.
[2]) Darauf bezieht sich sicher auch das Gerücht, durch welches man in Bern nicht ohne Erfolg gegen die Bauern aufreizte: „dass sie das Volk katholisch machen wollen." Tillier, a. a. O., IV, 180.

versucht hat. So lebhaft war sogar in dieser Zeit das Gefühl gleicher religiöser Bedürfnisse und — im tiefsten Grunde — des gleichen frommen Glaubens, trotz der verschiedenen Formen.

Mit dem Bundesvertrag und der Eidgenössischen Landsgemeinde ist auch diese religiöse Vereinigung der Konfessionen rasch wieder in sich zusammengefallen, aber das kurze Auftauchen dieses Gedankens genügt uns, um daraus den Schluss zu ziehen, dass der gegenseitige Glaubenshass etwas Künstliches und Gemachtes gewesen ist, etwas Aufgezwungenes und Unwahres, weder mit der Erkenntnis erfasst, noch im wirklichen Gefühl gewurzelt, eine grelle aber dünne Farbschicht, welche einen ganz anders gearteten Inhalt verdeckte. Die Farbe war verschieden, das Innere des Körpers dagegen, d. h. die wirklich vorhandene Religiosität, auf beiden Seiten im Grunde nach ihrer psychologischen Beschaffenheit ganz ausserordentlich nahe verwandt.

Aber gerade jetzt sollte auch der religiöse Hader wieder seine Opfer haben: Der schweizerische Religionskrieg brach aus, zum Glück erst nach der Beendigung des allgemeinen europäischen, und deshalb ohne Gelegenheit zu geben zu fremder Einmischung, auch mit raschem Verlauf und ohne allzu nachhaltigen Schaden, wenigstens für den äussern Bestand der Eidgenossenschaft.

Das offizielle Verhältnis der Konfessionen war längst wieder ein recht ungemütliches geworden. Die gemeinen Herrschaften bildeten stets den Zankapfel; keine Tagsatzung ging vorüber, ohne mit Beschwerden über Beeinträchtigung der Religionsfreiheit und über Landesfriedensbruch behelligt zu werden.

In den thurgauischen Dörfern Lustorf und Uttweil waren 1650 Ungehörigkeiten vorgefallen; die katholischen Stände wollten die Gemeinden mit Entzug ihrer kirchlichen Freiheiten strafen, Zürich verhinderte dies. Gesandtschaften und Schreiben wurden deshalb gewechselt und Konferenzen abgehalten, aber im September 1651 war die Missstimmung so weit gestiegen, dass man den Kriegsausbruch für unvermeidlich hielt und sich beiderseits zur Abwehr rüstete. Nichts ist bezeichnender für den innern Zustand der Eidgenossenschaft, als die Berechnung der Hülfsmittel und Aussichten, wie sie der „Geheime Kriegsrat" der katholischen Orte in seinen Beratungen zu Luzern am 28. und 29. September aufgestellt hat.[1]) Erst nach mehreren Vermittlungstagen, bei welchen ganze Listen von Beschwerdepunkten gegen einander aufgeführt

---

[1]) E. A., VI, 1ᵃ, 79.

worden sind, ist der gehässige Zwist endlich beigelegt worden; es gelang in Besprechungen, die zuerst in Baden, dann, vom 27. November bis 9. Dezember 1651, in Frauenfeld stattgefunden haben.¹)

Aber gleich darauf begann auch die theologische Polemik von neuem. Es erschien der „Hercules catholicus, Hydrae Ursinae decem capitum domitor" (s. l. 1651, 4°) des päpstlichen Protonatarius Jakob Schueler in Freiburg und die entsprechende Antwort des Joh. Heinrich Musculus: „Stabulum Augiae expurgatum seu oratio invectiva in Jacobum Schuelerum, sacrificulum Friburgi, Bernae 1652."

Und jetzt, im Sommer 1652, wurden wieder neue Klagen laut, namentlich im Thurgau, bald über Verhinderung, bald über Begünstigung von gemischten Ehen, dann wieder über das Gebot des Hutabziehens beim Ave Maria-Läuten, in Frauenfeld über die Benützung der Kirchen²), in Sitterdorf sogar über gewaltsame Vertreibung des evangelischen Pfarrers und Anzünden seines Hauses.

Die katholischen Kirchen-Kollatoren wollten bei Pfarrwahlen nicht gebunden sein an die Vorschläge von Zürich. In Diessenhofen „steht es mit dem Glauben schlecht", wurde vom katholischen Boten berichtet, es solle darum der dortige Stadtschreiber dafür gewonnen werden, in ihrem Sinne zu wirken.³)

Aus dem Rheinthal gelangte eine Liste von 25 Klagartikeln vor die Evangelische Konferenz vom Januar 1653. In Glarus zankten sich die Glaubensparteien über die Näfelserfahrt und über ein reformiert geborenes, aber katholisch getauftes Kind. Toggenburg beschwerte sich über den Abt und bat umsonst, im Oktober 1655, durch eine feierliche Deputation um Abhülfe.⁴) Aus dem Wallis kam die Nachricht, dass das Land die Jesuiten einführen und sich ganz an Spanien übergeben wolle; es handelte sich hier um die letzten Zuckungen evangelischen Lebens. Ein Termin von drei Monaten, hiess es im Juli 1655, sei den noch übrigen Verdächtigen gestellt worden, innerhalb dessen sie entweder ihre Religion ändern oder das Land räumen sollen. Hiltbrand Gunter, Hauptmann und alt Bürgermeister von Sitten, und Samuel Allet von Leuk werden mit Namen genannt.⁵)

---

¹) E. A., VI, 1ᵃ, 89.
²) Darüber wurden Verträge abgeschlossen 1653 und wieder 1668.
³) E. A., VI, 1ᵇ, 1186.
⁴) E. A., VI, 1ᵃ, 50, 270.
⁵) E. A., VI, 1ᵃ, 54, 259, 268.

Bünden blieb von diesen Händeln nicht verschont. Ein gewaltthätiger Tumult gegen eine katholische Prozession aus Rhäzüns und Ems im Juli 1654 war Folge, aber auch Ursache konfessioneller Verbitterungen, wie gleichzeitig der Versuch, in dem reformierten Zizers einen Kapuziner anzustellen.[1])

Die Führer der Innerschweiz sorgten dafür, dass in Sargans, in Bünden und in den tessinischen Vogteien das Volk durch Ordensleute bearbeitet werde, bis schliesslich nicht allein die Reformierten sich über die auffallende „Zunahme der Mönchsgeschmeisses" entsetzten, sondern selbst eine katholische Konferenz seufzte über die „grosse Zahl der Bettelmönche und allerlei in geistlichem Habit steckendes Gesindel".[2])

Der direkte römische Einfluss machte sich in steigendem Masse bemerklich; besonders stachelnd und reizend wirkten die Ermahnungen des päpstlichen Nuntius, Carl Caraffa, damals Bischof von Aversa.[3]) Obwohl das Eingreifen von dieser Seite in die Wahl des Abts zu Wettingen das offene Missfallen der katholischen Stände erregt hatte (1650)[4]), fand der Vertreter des Römischen Stuhles doch immer Gehör und Gehorsam, wenn es darum zu thun war, den bestrittenen Titel „katholisch" für seine Anhänger in Anspruch zu nehmen, das Zustandekommen unvorteilhafter Vermittlungen zu hintertreiben, die Bündnisse mit den reformierten Orten zu lockern und umgekehrt diejenigen mit katholischen Mächten zu befestigen. Am 14. April 1651 erneuerten die VII Orte ihren Bund mit Savoyen, am 18.—22. Oktober 1655 in Pruntrut auch denjenigen mit dem Bischof von Basel, nachdem sie unter sich am 3. und 4. gleichen Monats den Borromäischen Bund feierlich bestätigt und den Stifter desselben als Patron der katholischen Schweiz proklamiert hatten.[5]) Dagegen kam der längst gewünschte eidgenössische Bundesschwur noch immer nicht zu stande, alle Pläne eines engeren nationalen Zusammenschlusses fanden kühle Aufnahme. Ueber ein in Königsfelden vorgelegtes Projekt[6]) urteilte die katholische Tagsatzung vom Juli 1655: „Man fände es ganz gut, wenn Einigkeit gesucht werde, aber man müsse darauf achten, alles zu vermeiden, was zur Benach-

---

[1]) E. A., VI, 1ᵃ, 224, 225.
[2]) E. A., VI, 1ᵃ, 50, 268. Vergl. auch S. 566.
[3]) E. A., VI, 1ᵃ, 218. Carlo C., Neffe des Papstes Paul IV. u. Cardinal, wurde 1661 auf Anordnung Pius IV. erdrosselt.
[4]) E. A., VI, 1ᵃ, 35.
[5]) E. A., VI, 1ᵃ, 272, 267. Die Verträge VI, 1ᵇ, 1608 u. 1630.
[6]) E. A., VI, 1ᵇ, 1752 (13. Mai 1655).

teiligung der katholischen Religion führen könnte, worauf es von protestierender Seite wohl abgesehen sei".[1]

Alles was der innern Wohlfahrt zu dienen bestimmt war, scheiterte am kirchlichen Zwiespalt der beiden eidgenössischen Parteien, von welchen die eine vermöge ihrer Zahl und Macht, die andere gestützt auf geschriebene Rechte, den Vorrang für sich in Anspruch nahm. Vielleicht war es nötig, nach 125 Jahren durch einen neuen Waffengang das Verhältnis wieder festzustellen.

Die Veranlassung zum wirklichen Kriegsausbruch war, wie so oft, eine an sich geringfügige.[2] In Arth am Zugersee, aber auf Schwyzergebiet, hatte sich aus Anregungen, die nicht genauer bekannt sind, aber ziemlich weit zurückzugehen scheinen[3], ein kleiner Kreis von wenigen Familien zu gemeinschaftlichem Bibellesen zusammengefunden. Es waren formlos religiöse Erbauungsstunden, da nur Laien anwesend waren und jede geistliche Leitung fehlte. Weil sie gewöhnlich abends oder nachts zusammenkamen, nannte man die Leute Nicodemiten.[4] Sie wurden verklagt; die kirchlichen Obern beschwerten sich über den Unfug, wie sie es nannten; die weltlichen Autoritäten glaubten sich zum Einschreiten verpflichtet, und es erfolgte die Verurteilung aller derjenigen, die sich den Anordnungen der katholischen Kirche nicht fügen wollten. Fliehend verliessen einige die Heimat, 21 Männer und 14 Frauen, zu sechs verschiedenen Familien gehörig[5]; einer der Männer hatte die Seinigen in Arth zurücklassen müssen.

---

[1] E. A., VI, 1ᵃ, 257.

[2] Eine Samml. von Aktenstücken zur Geschichte dieses Handels findet sich in E. A., VI, 1ᵇ, 1766—1790. Vergl. auch „Collectanea politica" von Joh. Rud. Steiner, von 1661, in Mss., H. H., VI, 67; ebenso Mss., VI, 87, St.-B. Bern.

[3] Von katholischer Seite wurde geklagt: „Wie das gottlose Geschlecht der Ospitaler seit der Kappelerschlacht immer Ungelegenheiten bereitet habe." E. A., VI, 1ᵃ, 267. — S. v. Liebenau, Zur Geschichte d. Nicodemiten in Arth, 1544, im Anz. f. S.-G., II, 8.

[4] Eine Darstellung vom kath. Standpunkte aus gibt Denier, Die Nicodemiten in Arth, 1655, im Geschichtsfreund der V Orte, Bd. 36, S. 113. Nicht ohne selbständiges Interesse ist auch: „Memoriale desjenigen, so mir Martin Garth, Schuhmacher von Arth, am 24. Febr. 1664 mündlich erzellt betreffend die Prozedur derer von Schwyz wider underschidlich Personen von Arth." Mss., H. H., VII, 145 (Nr. 14).

[5] Der Bericht der Schwyzer Boten an die kathol. Konf. in Luzern, am 3. und 4. Okt. 1655 (E. A., VI, 1ᵃ, 267) spricht von vier Haushaltungen welche „ausgerissen" und deren Hab und Gut mit Arrest belegt worden sei. Hier ist auch von „verkleideten Prädikanten" die Rede, welche die Bewegung unterhalten und verbreitet hätten.

Ihr Haupt und Führer war Johann Rudolf Hospital, der einzige, der eine gewisse Bildung besass und die Feder zu führen verstand.[1]) Am 14. September langten sie in Zürich an.

Die Züricher nahmen sich eifrigst der armen Leute an und verlangten von Schwyz — was man allerdings für selbstverständlich halten sollte — am 27. Oktober, dass man den Ausgezogenen ihr Vermögen ausliefern möchte. Doch dieses hatte Schwyz konfisziert, und die Forderung von Zürich wurde durch die Gegenforderung erwidert, dass die Flüchtlinge als Verbrecher ausgeliefert werden sollen. Da Zürich darauf nicht einging, wurden die zurückgebliebenen Verwandten (20 Personen) ins Gefängnis gesetzt und als Mitschuldige behandelt. Zürich appellierte gegen solche Massregeln an die andern reformierten Städte. Eine Gesandtschaft der letztern nach Schwyz richtete nichts aus, und am 10. November tagte bereits der geheime Kriegsrat der Katholischen in Küsnacht. Eine gemeinsame Tagsatzung vom 21. November bis 8. Dezember anerkannte das Souveränitätsrecht der Schwyzer, durch Zusicherungen gegen Bern im Falle eines Sieges wurde auch Solothurn dafür gewonnen. Glarus, Appenzell und der Abt von St. Gallen erklärten sich dagegen neutral.[2]) Eine zweite Versammlung der eidgenössischen Boten am 28. Dezember in Baden kam zu keinem Beschlusse, denn gleichzeitig war in Brugg die Konferenz der Evangelischen vereinigt.

Auch diese letztere hatte aber einen stürmischen Verlauf und führte zum Zwiespalt unter den reformierten Boten und ihren Ständen selbst. Die Züricher verlangten mit der grössten Heftigkeit, dass sofort an Schwyz der Krieg erklärt werde. Dazu konnten die übrigen sich nicht entschliessen. Die Züricher rüsteten jetzt trotzdem, gegen Rat und Willen ihrer Freunde. In Bern dagegen erklärte nicht nur die Obrigkeit, sondern auch der darum angefragte Kirchenkonvent, nach der heil. Schrift liege zum Kriege keine genügende Ursache vor, da die Personen der Flüchtigen sich in Sicherheit befinden und sie in Zürich ihres Glaubens leben könnten, so dass es sich einzig und allein um den Vermögensanspruch handle. Sie mahnten mit allem Ernste vom Krieg ab, da ein solcher jetzt gegen Gottes Willen verstosse und auf den Beistand von Oben nicht zu rechnen sei.[3]) Der gleichen Ansicht

---

[1]) Seine Darstellung (Hall. Bibl., V, 1150) in Kopie: Mss., H. H., XII, 145 der St.-B. Bern.

[2]) E. A., VI, 1ᵃ, 283 u. ff.

[3]) Zehender, K.-Gesch., III, 263 u. ff., nach den Akten im sog. Konventsarchiv.

war man in Basel.¹) Allein alle Vermittlungsversuche, an denen sich auch der unvermeidliche französische Gesandte beteiligte, blieben erfolglos. Weder die Schwyzer, noch die Züricher wollten von ihren Bedingungen abgehen. Die noch immer beratende Tagsatzung löste sich auf, am 4. Januar ritten die Gesandten nach Hause.²)

Zürich ging voran, und jetzt konnten auch die Bundesgenossen, so wenig sie auch damit einverstanden waren, es nicht im Stiche lassen, sollten nicht für alle Zukunft die reformierten Stände unter sich durch einen unheilbaren Riss getrennt werden. Am 6. Januar erschien das Manifest, durch welches der Krieg erklärt und begründet wurde.³)

Der Krieg war bekanntlich ebenso kurz als unglücklich für die evangelische Sache. Noch am 6. Januar 1656 zogen die Berner aus mit einem wohlgerüsteten Heere unter dem General Sigismund von Erlach, dem Besieger der Bauern. Er kam nach Lenzburg und schlug sein Lager bei Vilmergen auf. Allein eine gewisse Siegeszuversicht, unvorsichtiger Uebermut, Unterschätzung des allerdings sehr wenig zahlreichen Gegners liess die Berner die allergewöhnlichsten Sicherungsmassregeln versäumen; vielleicht wirkte auch der Unwille mit gegen den aufgezwungenen, unnötigen Krieg, jedenfalls die bestimmte Erwartung, dass es nicht zur Schlacht kommen werde. Eine kleine aber wohlgeführte Schar von Luzernern machte einen Ueberfall auf das Lager und verbreitete eine ungeheure Furcht, so dass das bernische Heer eine schwere Niederlage erlitt und in eiliger Flucht sein Heil suchen musste. Es war für die katholische Partei ein gänzlich unverhoffter, aber vollständig entscheidender Sieg.⁴)

Nach den Angaben des Solothurners Hafner sollen nicht weniger als 2200 Berner gefallen sei, nach andern Berichten 1500; noch andere dividieren diese Zahlen mit zehn. Die Gerüchte von der Menge der Toten sind wohl nur so viel wert, dass sie uns beweisen, wie gross der moralische Eindruck der Ereignisse war.

---

¹) Zehender, K.-Gesch., III, 204.
²) E. A., VI, 1ᵃ, 295.
³) „Manifest oder offenes Ausschreiben der wichtigen Ursachen, welche die reform. Stände der Eidgenossenschaft genötiget, wider die von Schwyz offenlich zu Feld zu zeuchen." Zürich 1655. (Nach dem alten Kalender vom 27. Dez. datiert. 4°. Abgedruckt in E. A., VI, 1ᵃ, 303 u. ff. Ebendaselbst auch die „Warhafft und gründliche Widerlegung" der Gegenpartei.
⁴) Keller, A., Die erste Schlacht bei Vilmergen, Argovia, Bd. XXIII (1892), 1 u. ff.

Interessanter als die Zahl der Gefallenen ist für uns die Thatsache, dass von den Katholischen behauptet wird, die Calvinisten hätten sich gegen Kugeln fest gemacht „durch Teufelische Künste", und ebenso die Streiter für den alten Glauben durch allerlei Kapuzinerzettel, Segnungen, Amulette und Sprüche, die sie bei sich trugen.

Ebenso unglücklich fiel der Versuch der Zürcher aus, die Stadt Rapperswyl zu erobern.

Der Kriegsentscheid war so rasch gefallen und war so wenig zweifelhaft, dass auch der Friede schnell zu stande kam. Schon am 22. Januar traten die vermittelnden Orte, Basel, Freiburg, Solothurn und Schaffhausen, zum Schiedsgericht in Solothurn zusammen.¹) Man eilte damit, denn sowohl der savoyische als auch der französische Gesandte gaben die Erklärung ab, ihre Staaten würden den Papisten helfen, sofern ihre Vermittlungsanträge nicht zum Ziele führen würden. Nachdem vorerst ein Waffenstillstand bis zum 18. Februar festgesetzt war, trat am 13. Februar in Baden eine gemeineidgenössische Tagsatzung zusammen²), und der Friedensvertrag ist vom 26. Februar des alten, vom 7. März neuen Kalenders datiert.³)

Im wesentlichen wurde der frühere Zustand wieder hergestellt. Jeder Stand solle der Religion halber ungestört von dem andern bei seiner Selbständigkeit und Souveränetät verbleiben. Gemeinsame Rechte und Verhältnisse, die zu Streitigkeiten Anlass bieten, sollen sobald als möglich auf friedlichem Wege ausgeschieden und geteilt werden. In den gemeinen Herrschaften soll jeder seinen Besitzstand behalten und keine Aenderung der Religion gestattet werden. Die Teilung des Thurgaus, die im Plane lag, ist indessen unterblieben.⁴) Von den Flüchtigen aus Arth war gar nicht mehr die Rede; erst später, im November 1656, legten die Zürcher Gesandten der Evangelischen Konferenz drei Verzeichnisse vor, von welchen das erste die im September 1655 Ausgewanderten nannte: Alexander Anna mit Frau und sechs Kindern; Sebastian v. Hospital mit Frau und zwei Kindern; Martin v. Hospital, Witwer, mit seinen vier Kindern; Hans Baschi (Sebastian) v. Hospital, dessen Weib und Kinder zurückgeblieben sind; Balthasar Bürgi mit Frau und vier Kindern; Hans Balthasar Hammer mit Frau und vier Kindern; Katharina v. Hospital,

---
¹) E. A., VI, 1ᵃ, 312.
²) E. A., VI, 1ᵃ, 319.
³) Als Beil. IX in E. A., VI, 1ᵇ, 1633.
⁴) Ueber die Friedensbestimmungen s. Finsler, K.-Stat., S. 6 u. 7.

Witwe, und vier Kinder; Hans Schlumpf, dessen Weib und Kinder zurückgeblieben sind; im ganzen 36 Personen. Das zweite verzeichnete diejenigen Personen, „welche auf Lebenszeit der Inquisition in Mailand überliefert wurden", mit Namen: Alexander Anna, Alexanders Sohn, 34 Jahre alt; Maria Elisabeth v. Hospital, Lienhards Hausfrau, Tochter des obgenannten Sebastian, 40 Jahre alt; Katharina v. Hospital, Franz Zismonds Ehefrau, Schwester der letztern, 27 Jahre alt. Im dritten waren die genannt, die in Schwyz hingerichtet wurden, nämlich Georg Chamer, Sebastion Känel, Melchior von Hospital und Frau Barbara v. Hospital.[1]) Einer, wurde gemeldet, Balthasar Anna, habe, aus der Gefangenschaft in Schwyz nach Zürich entronnen, nach einem Aufenthalt von neun Monaten in die Heimat zurückgekehrt und dort wieder gefangen gesetzt, schliesslich öffentlichen Widerruf gethan.

Das Ende war der Antrag Zürichs, dass die andern Städte einen Anteil zur Unterstützung der Flüchtigen beitragen möchten.[2])

Das Ergebnis war, in Anbetracht des gewaltigen Sieges der Katholiken, nur ein verhältnismässig glimpfliches, freilich nach der äussern Seite betrachtet; der moralische Einfluss der reformierten Partei war furchtbar geschwächt; die Zuversicht und Rücksichtslosigkeit der römischen mächtig gewachsen. Hatten sie doch jetzt das Bewusstsein, dass sie, wenn auch an Zahl und Gebietsumfang dem Gegner nachstehend, doch in vollstem Masse ihm an kriegerischer Macht gewachsen seien und mit Hülfe ihrer Verbindungen mit dem Auslande es jederzeit mit ihm zu neuem Waffengange dürfen kommen lassen. Im gleichen Masse war bei den Reformierten die Entmutigung und Zaghaftigkeit grösser geworden als je.

Schwer war es den evangelischen Staatsmännern gemacht, hinfort für die missachteten Rechte ihrer Glaubensgenossen in die Schranken zu treten; war es doch sogar den Predigern nicht leicht, den Glauben an die Wahrheit einer Lehre aufrecht zu erhalten, die so sichtlich von der Vorsehung schien verlassen zu sein. Die Angst vor der Möglichkeit neuer Konflikte zog es vor, alles zu dulden und gehen zu lassen, überall zurückzuweichen, wo die Katholiken vordrangen.

---

[1]) Vergl. auch: Beschreibung derjenigen Personen, so zu Schwyz im Jahr 1655 im Novemb. um der evangelischen Wahrheit willen hingerichtet worden. Mss., H. H., X, 110 (Nr. 24) der St.-B. Bern.

[2]) E. A., VI, 1ᵃ, 353.

Den Friedensartikeln zuwider wurden — als offene Drohung gegen Zürich[1]) — die Befestigungen von Rapperswyl nicht nur erhalten, sondern verstärkt. Für Besatzung sollten Rom und Spanien sorgen.[2])

Ein merkwürdiger Handel war derjenige um das Dorf Ramsen.

Die früher selbständige Stadt Stein am Rhein hatte schon 1539 das grosse Dorf Ramsen bei Schaffhausen als Pfand angekauft. Im Jahre 1656 nun wollte der Erzherzog Ferdinand von Oesterreich als Herr der Grafschaft Nellenburg, dasselbe wieder aus der Pfandschaft lösen. Man wusste auf beiden Seiten, dass es nur darum zu thun sei, dasselbe dem katholischen Kultus zurückzuerobern und dem von Schaffhausen aus eingeführten evangelischen Glauben wieder ein Ende zu machen[3]), hatte doch schon 1642 der Bischof von Konstanz die Bekenner desselben mit dem Banne bedroht.[4]) Die Bewohner von Stein, das jetzt zum Gebiet von Zürich gehörte, setzten sich ernstlich zur Wehr, und schliesslich musste Oesterreich 1659, trotz der Unterstützung seines Plans durch die VII Orte, abstehen vom Versuch vollständiger Lösung; allein der Hauptzweck war erreicht: Bedingung des Verzichts auf die weltliche Herrschaft war, dass die katholische Religion hinfort als die allein geduldete und zu Recht bestehende anerkannt werde. Es wurde über die Frage unendlich viel geredet, geschrieben und gedruckt; der Ausgang beweist, dass auch den reformierten Regierungen mitunter mehr an der Erweiterung ihres Machtgebietes als an der Ausbreitung des Evangeliums gelegen war.

Sofort begannen aber auch in den gemeinen Herrschaften die Reibungen von neuem. Im Toggenburg wurden einzelne Bewohner verfolgt wegen angeblicher Teilnahme am Kriege, so der Pannerherr Bösch, den 1657 ein Urteil mit dreissigjährigen Galeeren strafen wollte.[5]) Schon jetzt wurde wieder in katholischen

---

[1]) Vergl. die Motivierung. „Dass der noch immerdar bi denen von Zürich gegen uns verderbte Magen noch gar nicht zurechtgekommen, und also vermutlich sein will, dass sie solche böse dämpf nochmalen und ferneres auszulassen gemeint seien."
[2]) E. A., VI, 1ᵃ, 327, und VI, 1ᵇ, 1592.
[3]) Amtliche Darlegung der Verhältnisse in E. A., VI, 1ᵃ, 493. Vergl. Beitr. z. Gesch. d. Streitigkeiten mit Oesterreich wegen Ramsen in d. Berner Monatsschrift 1825, S. 172 u. ff.
[4] E. A., VI, 1ᵇ, 1243.
[5] E. A., VI, 1ᵃ, 969 (Juni 1657).

Sondertagsatzungen über Kriegsbereitschaft und in evangelischen Konferenzen über den Abschluss eines engern Bundes beraten.[1]

Umsonst suchten die Schiedorte den Bestimmungen des „Landesfriedens" über die Religionsverhältnisse durch einen „modus vivendi" eine genauere Auslegung zu geben; die katholischen Stände reichten Gegenvorschläge ein, und die Zweifel blieben bestehen.[2] So gab denn die Angelegenheit einer reformiert gewordenen Familie Kappeler im Thurgau wieder Anlass zu verbitternden Erörterungen, welche mehrere Tagsatzungen beschäftigten und erst im Januar 1664 durch einen Vergleich beigelegt wurden.[3]

Jetzt aber drohte eine schwere Störung des Friedens in dem sogenannten Wigoltinger Handel.[4] Einige von dem Luzerner Hauptmann Jost von Fleckenstein für den spanischen Dienst angeworbene katholische Soldaten verhöhnten am Pfingsttag 1664 im thurgauischen Dorfe Wigoltingen den Gottesdienst in der evangelischen Kirche. Eine aufgeregte Weibsperson, deren überreizte Phantasie bereits die Bewohner niedergemetzelt und das Dorf von Brandstiftern zerstört sah, lief voll Angst und Schrecken unter greulichem Mordgeschrei aus der Kirche und brachte die Bevölkerung auf die Beine, die nun herbeieilte und ohne jede Ueberlegung oder Untersuchung über jene Soldaten herfiel. Einige derselben wurden niedergemacht, andere gefangen. Der Landvogt im Thurgau sollte das Gericht abhalten über die Schuldigen, allein nun mischte sich die reformierte Bevölkerung der Nachbardörfer, aus Thurgau und selbst aus Zürich in die Sache, nahm in heftigster Weise für die angeklagten Glaubensgenossen Partei, erklärte sie für unschuldig und verhinderte mit Gewalt das ordentliche Gerichtsverfahren des Landvogtes.

Anderseits hatte die katholische Konferenz in Luzern von Anbeginn an die Absicht, „die Sache so anzufangen, dass sie zu grösserer Reputation der Obrigkeiten und zum Trost der katholischen Glaubensgenossen, sowie zum Schrecken der unkatholischen Unterthanen diene."[5] Die Tagsatzung vom 6. Juli in Baden verlief stürmisch, giftige Reden wurden gewechselt, und die Verhandlungen der im Thurgau regierenden Kantone unter sich, am

---

[1] E. A., VI, 1ᵃ, 342 (Juli 1656); 395 (Nov. 1657).
[2] E. A., VI, 1ᵃ, 460 (Dez. 1658).
[3] E. A., VI, 1ᵃ, 592, 593, 607; vollständige Erörterung VI, 1ᵇ, 1217.
[4] Schweizer. Gesch.-Forscher, Bd. II. — Balthasars Helvetia, Bd. V, u. Amstein, G., in Thurgauer Beitr., Heft 21.
[5] E. A., VI, 1ᵃ, 623.

17. Juli in Frauenfeld, waren mehrmals dem Abbruch nahe¹); umsonst suchte Zürich seine Bauern mit dem Missverständnis zu entschuldigen. Die Parteien standen sich kampfbereit gegenüber, und das Unglück wollte, dass in diesem Augenblicke eines der gewohnten Feuerzeichen, durch Zufall oder Absicht, in Flammen geriet, so dass das ganze Land dafür halten musste, es sei bereits zum Kriege gekommen. Nur gewaltige Anstrengungen der Nüchternen von beiden Seiten vermochten so weit zu beruhigen, dass am 15.—19. September ein gnädiges, auch für Zürich annehmbares Urteil erging.²)

Im Rheinthal wurde 1658 der Pfarrer Rüegg in Altstetten vom Abt von St. Gallen willkürlich abgesetzt; aber noch mehr Aufsehen erregte die Behandlung, welche im Toggenburg der aus Basel stammende evangelische Pfarrer zu Lichtensteig, Jeremias Braun, durch die Beamten des Abtes wegen Lästerung der katholischen Lehre in einer Predigt erlitt. Nur mit einer Busse von 50 Dukaten und Landesverweisung konnte er sich von der über ihn ausgesprochenen Strafe des „Zungenschlitzens" loskaufen.³) Eine zum evangelischen Glauben übergetretene Weibsperson wurde deshalb hier an den Pranger gestellt, und einem Jakob Brücker von Lichtensteig nahm man aus gleichem Grunde seine Kinder und sein Vermögen. Alles das konnten die reformierten Orte trotz ihres Widerspruches nicht hindern.⁴) Aber auch der regelmässige Gottesdienst wurde vielfach erschwert, die Abhaltung von Kinderlehren nur alle vier oder acht Wochen gestattet und den Pfarrern verboten, nach evangelischem Glauben zu lehren, dass es den Menschen nicht möglich sei, die Gebote Gottes zu erfüllen. So konnte man freilich aus jedem Dogma eine Sache der weltlichen Obrigkeit machen; so halfen alle Verträge nichts, durch welche freie Religionsduldung versprochen war. Die Wirksamkeit der evangelischen Synode wurde dadurch gehemmt, dass der Abt den Beisitz weltlicher Gemeindeabgeordneter untersagte, dagegen forderte, 1666, dass sein Landvogt anwesend sei, um sich zu überzeugen, dass dabei nichts Staatsgefährliches, nichts der gemeinen Ordnung Widerstrebendes verhandelt und keine Verschwörungen gegen seine Herrscherrechte angezettelt werden.

---

¹) E. A., VI, 1ᵃ, 625, 628, 632.
²) E. A., VI, 1ᵃ, 639—641.
³) E. A., VI, 1ᵃ, 417, 614. Vergl. Lichtensteig, etc. St. Gallen 1826, S. 57—61.
⁴) E. A., VI, 1ᵃ, 614.

Berufung auf die ererbten Freiheiten des toggenburgischen Landrechts wurde sogar mit Enthauptung bedroht.[1]) Gewaltsame Kinderentführung wegen Konfessionswechsel kam auch in der Grafschaft Baden vor; hier gab indessen der Bau einer evangelischen Kirche zu Tägerfelden noch mehr zu reden, der 1662 von der Gemeinde unternommen, aber von den mitregierenden katholischen Orten längere Zeit verhindert wurde.[2])

In Glarus erreichte der Hader um den Glauben von 1660 an wieder einen unerträglichen Grad, so dass die Evangelischen ihren Bundesgenossen in Aarau erklären mussten, im Falle eines Krieges sollten sie sich keines Beistandes aus ihrem Thale versehen, weil sie im eigenen Lande genug zu schaffen haben würden. Eine Aufzählung von Klagen und Gegenklagen wurde den Tagsatzungsabschieden beigelegt.[3])

Bern hatte seine alten Anstände mit Solothurn betreffend die Rechtsverhältnisse in Kriegstetten und im Bucheggberg. Ein eidgenössisches Schiedsgericht, das vom 30. November bis 6. Dezember 1658 in Aarau tagte, vermochte keine Lösung zu finden.[4]) Das Doppelverhältnis fand seine endliche Bereinigung durch den Wynigcr-Vertrag vom 18. November 1665. Das erstgenannte Dorf, in welchem endlich der katholische Gottesdienst doch wieder hatte eingerichtet werden müssen, wurde ganz dem Kanton Solothurn einverleibt; die reformierten Gemeinden im Bucheggberg dagegen durch ordentlichen Anschluss an die Berner Landeskirche vor allen fernern Beeinträchtigungen sicher gestellt.[5]) Doch gelang es den fortgesetzten Bemühungen von Solothurn her, in Lüsslingen nach und nach 14 Personen zum Uebertritt zu bewegen und damit den Zustand schon wieder in Frage zu setzen.[6])

Im Jahre 1665 machte auch der Bischof von Basel neue Anstrengungen vor dem Reichstag zu Regensburg, damit ihm das Recht zugestanden werde auf den Besitz des Basler Münsters und des dazu gehörenden Kirchenschatzes. 1672 wiederholte er dieses Begehren, und es wurde dasselbe nicht etwa als illusorisch angesehen, sondern als eine sehr ernste Angelegenheit behandelt; die formelle Anerkennung eines solchen Rechtes konnte bei günstiger

[1] Vergl. die Beschwerden vom 24.—26. April 1664; E. A., VI, 1a, 620.
[2] E. A., 1a, 611, u. VI, 1b, 1325, 1526.
[3] E. A., VI, 1a, 491, 504 (4. Juli 1660).
[4] E. A., VI, 1a, 152.
[5] Den Text dieses Vertrags siehe E. A., VI, 1b, 1810.
[6] E. A., VI, 1a, 791.

Gelegenheit mindestens als Vorwand oder zur Beschönigung von Gewaltthaten dienen.¹)

Im Münsterthale versuchte er gleicherweise einen neuen Ansprung, indem er 1670 im ehemaligen Propsteihause, das ihm eigentümlich zustand, wieder Messe lesen liess. Nun sollte 1671 auch die alte lange nicht benützte Kirche für den katholischen Kultus eingerichtet werden, um das verlorene Gebiet allmählich zurückzuerobern. Sogar die Rückkehr der Chorherren wurde besprochen. Bern protestierte, sich auf die frühern Verträge berufend und unterstützt von den andern evangelischen Ständen. Der Bischof suchte und fand seinerseits Hülfe bei seiner Glaubenspartei und erklärte vor der katholischen Konferenz am 3. und 4. August in Luzern: er sei entschlossen, das katholische Religionsexerzitium in Münster wieder einzuführen; er werde sein Schloss in Verteidigungszustand setzen und bitte die katholischen Orte um Mannschaft, um seine ungehorsamen Unterthanen exemplarisch zu strafen.²) Man versprach ihm Beistand, mahnte ihn aber auch zu Klugheit und Geduld; die Sache unterblieb³), und die kirchliche Verbindung der münsterthalischen Gemeinden mit dem bernischen Kapitel Nidau konnte neu geregelt werden.

Wiederholt verlangte Basel eidgenössische Besatzung zum Schutz nach Aussen, so im Mai 1674. Besonders gefährdet war aber immer noch die Stellung von Genf, für dessen Erhaltung die evangelischen Kantone auf den 24. Mai 1660 einen ausserordentlichen Bettag anordneten.⁴) Im Dezember 1666 begann Savoyen den Bau von Befestigungen in unmittelbarer Nähe der Stadt. Aber während Frankreich angerufen werden musste, um Savoyen zur Beobachtung der Verträge anzuhalten, war in der Eidgenossenschaft selbst keine Hülfe zu finden. Die nationale Rücksicht trat hinter dem konfessionellen Standpunkte vollständig zurück. Nidwalden verweigerte ausdrücklich jeden allfälligen Beistand bei einem feindlichen Angriff auf Genf und erhielt für diese „pia e catolica risoluzione" vom Nuntius einen besondern Lobspruch.⁵)

Zürich und Bern schlossen nun um die schwer bedrohte Grenzstadt am 14. Oktober 1667 einen neuen Schutzvertrag ab⁶),

¹) E. A., VI, 1ᵃ, 803.
²) E. A., VI, 1ᵃ, 812—841.
³) Nach Hottinger, III, 1085, hätte Frankreich ihn zur Nachgiebigkeit bewogen, weil Bern die Werbung von Truppen für den König einstellte.
⁴) E. A., VI, 1ᵃ, 502.
⁵) E. A., VI, 1ᵃ, 723.
⁶) E. A., VI, 1ᵃ, 724.

suchten aber auch die allgemeine Tagsatzung zu Baden, am
19. Februar 1668, nochmals zu überzeugen, wie wichtig, abgesehen
von der religiösen Seite der Sache, die Behauptung Genfs sein
müsse für die Unabhängigkeit der Schweiz.[1]) Die Einsicht war
da, aber das Vorurteil stärker: es ist kaum glaublich, wie man
sich wandte, um der klaren Folgerung sich zu entziehen, so in
einer katholischen Konferenz vom 12. und 13. März. Erst eine
zweite Tagsatzung am 18. März brachte es endlich dazu, dass
auch von dieser Seite eine teilweise Zusage ausgesprochen wurde,
auch Waadt und Genf schützen zu helfen, so fern es „zur Konservation und Wohlfahrt gemeiner Eidgenossenschaft dienlich sei."
Allein noch war die Zusage durch mancherlei Reservationen entwertet, und im Juli mahnte der Nuntius Aquaviva die katholischen
Stände, ja nichts zu thun zur Beschützung von Waadt und Genf,
als „vergifteten Wässern der Religion"[2]). Im Mai 1670 haben
sie demgemäss wieder jede Verteidigungspflicht von sich abgelehnt.[3]) Im Juni 1672 sprach es der savoyische Gesandte, dadurch
ermutigt, aus, dass der Herzog den Vertrag von St. Julien, auf
welchen Bern sich berief, überhaupt nicht mehr als gültig anerkenne. Zürich und Bern, deren Boten darauf hin am 24. und
25. Juni in Aarburg zusammentraten, sahen darin nichts Geringeres
als eine Kriegserklärung.[4]) Allein im September entschuldigte
sich Savoyen und trat von seiner Haltung zurück, und Genf war
wieder einmal gerettet.

Unter solchen Umständen blieb den Regierungen wirklich
nichts anderes übrig, als die Bemühung, nach allen Seiten die
Dinge so zu erhalten, wie sie waren, und die kirchlichen Angelegenheiten im Interesse des Friedens ganz nach der gleichen
rein juristischen Schablone zu behandeln, wie die übrige Staatsverwaltung. Die kirchlichen Grenzen zwischen den Konfessionen
mussten so befestigt und verschanzt werden, mit Gräben und Fallgattern, ja mit Fussangeln versehen, damit niemand mehr hinein- oder hinausgehen könne. Nach der Ueberzeugung, nach dem
Gewissen wurde nicht mehr gefragt; sie hatten mit der „Religion"
nichts mehr zu thun; diese letztere war Sache der Polizei. Ein
solcher Zustand musste aber auch seine Rückwirkung üben auf
das innere religiöse Leben der Kirchen, indem auch diese sich
darauf beschränkten, den geltenden Glaubensstand intakt zu

---

[1]) E. A., VI, 1ª, 739.
[2]) E. A., VI, 1ª, 757.
[3]) E. A., VI, 1ª, 780.
[4]) E. A., VI, 1ª, 847.

erhalten. Je mehr das Glaubensbekenntnis zur Versteinerung wurde, um so sicherer konnte man sein, dass nicht irgendwo unerwartet ein Keim aufgehe und die Decke durchbreche.

7. Pestzeiten und Hexenwesen.

Die Frömmigkeit war in dieser Periode in den reformierten Schweizerkirchen, soweit nicht direkt der Gegensatz zur katholischen Konfession und zum Antichrist in Rom in Betracht kam, vollständig beherrscht von dem Momente der Furcht: Religion ist nicht Gemeinschaft mit Gott, sondern Abhängigkeit von Gott, und die Kirche hat den Menschen zu helfen, um Gott, d. h. seinen Strafen, zu entgehen. Die protestantische Dogmatik mit ihrer Rechtfertigkeitslehre und ihrer starken Betonung der Erlösungsbedürftigkeit war schon dahin getrieben worden, die Schrecken des Gerichts kräftig auszumalen, von welchem uns der Tod Christi befreit, die Strafe erschütternd zu schildern, welche der Erlöser für uns getragen hat. Eine roher gewordene Generation, welche die religiöse Wahrheit ins Grobe übersetzte, kam jetzt nur zu leicht dazu, die Religion selbst vorwiegend nur als ein Mittel anzusehen, um der Hölle zu entfliehen und die Strafe zu vermeiden, die uns sonst unfehlbar treffen müsste. Wurde nun noch weiter auch noch der Begriff der Strafe veräusserlicht und auf jeden sinnlichen Schmerz oder irdischen Schaden bezogen; wurde die Gerechtigkeit Gottes als despotische Willkür vorgestellt, welche sich gewissermassen freut, die Menschen durch Schreckmittel in beständiger Angst zu erhalten, so haben wir die Erklärung für den Charakter, den die Religiosität in der Zeit des XVII. Jahrhunderts im allgemeinen an sich trug.

Gott ist für den Durchschnittsmenschen der Periode das unsichtbare aber sehr persönlich gedachte Wesen, welches vor allem aus Regen und Sonnenschein macht, dadurch fruchtbare oder unfruchtbare Jahre bedingt, Ueberfluss oder Hunger, Gesundheit oder Krankheit, Leben oder Tod. Der Gehorsam gegen Gottes Gebot, insbesondere aber der kirchliche Gottesdienst hat den direkten und fast ausschliesslichen Zweck, den Allmächtigen zufrieden zu stellen, damit er uns mit seiner Strafe verschone. Christus ist für jenes Geschlecht weder der Lehrer der Wahrheit, noch das Vorbild der Heiligkeit, oder der König des Gottesreichs, sondern ganz allein der Erlöser von der Strafe, und zwar der sinnlich gedachten Strafe.

Drei Dinge sind es, welche diese Furcht-Religion besonders befördern und die Richtung der Frömmigkeit in diesem Sinne bestimmen: Der Krieg, die Pest und der Hexen- und Teufelsglaube. Dass der Mensch mit allem, was er hat und ist, der Vergänglichkeit unterliegt, das wurde den damals Lebenden ganz anders deutlich zu Gemüte geführt als einer spätern Zeit. Der fortwährende Kriegszustand, bei welchem weder das Leben des Einzelnen, noch Haus und Hof von einem Tag zum andern sicher waren; wo man sich hinter Stadtmauern versteckte vor den herumstreifenden Feinden, dann wieder auf das offene Feld fliehen musste vor dem Feuer, das die hölzernen Häuser ergriff; wo der Bauer auf dem Acker und der Reisende auf der Strasse jeden Augenblick überfallen werden konnte, und man unaufhörlich die greuelhaftesten Schreckensscenen vor den Augen hatte; wo es Leute gab, die dreissig Jahre alt wurden, ohne nur zu wissen, was der Friede ist und wie die Welt im Frieden aussieht — dieser Kriegszustand war nur zu sehr geeignet, das Bewusstsein der Vergänglichkeit nahe zu legen und es dem Menschen zu sagen, dass das irdische Dasein bloss ein provisorischer Zustand ist, der kaum in Betracht kommt gegenüber der Ewigkeit. Jeder stand im heissen Kugelregen der Schlacht und konnte jede Minute zum Tode getroffen werden. Daher die unvergleichliche Tapferkeit der einen, welche ruhig ihres Weges gehen und sich herumstossen lassen, aber auch die entsetzliche Furcht bei den andern, bei denen neben dieser einen übermächtigen Regung ein anderes religiöses Motiv kaum mehr Raum zu finden vermag.

Bald nach dem Ausbruch des grossen Krieges, dessen verhängnisvolle Bedeutung man wohl ahnen mochte, gebot Bern (5. Oktober 1619), täglich Gebetsstunden und jeden Morgen früh eine Predigt zu halten.[1])

Aber die Schrecken des Krieges wurden verstärkt durch die Schrecken der Pest, und wenn die Schweiz von jenem nur zum Teil betroffen wurde, so ist dagegen diese nicht an ihr vorübergegangen. Bekanntlich waren schon in der Mitte des XIV. Jahrhunderts die meisten Länder von Europa durch den sogenannten „Schwarzen Tod" heimgesucht worden; dann ist mitten im Reformationszeitalter die Seuche wieder aufgetreten; Melanchthon war von derselben ergriffen, Zwingli hat in der Pestzeit die Probe seiner Hingebung ablegen können. Dann hörte man

---
[1]) Frikart, 30.

eine Zeitlang weniger davon. Mit besonderer Heftigkeit wütete sie in der Schweiz wieder im Winter 1564 auf 1565. Einige, wenn auch jedenfalls nur vereinzelte und ungenaue statistische Zahlen sind uns darüber aufbehalten und können dazu dienen, einigermassen den Eindruck nachempfinden zu lassen, unter dem die Zeitgenossen lebten.[1]) Geben wir vorerst einige Angaben aus Bern. In der damals noch nicht 8000 Seelen zählenden Stadt sollen in einer einzigen Woche, im Dezember 1564, 122 Personen gestorben sein, im ganzen Winter 1200, darunter 39 Pfarrer in der Stadt[2]); auf dem Lande etwa 37,000 Personen, im Umfang des Thuner Kapitels allein innerhalb eines Tages „12 Personen minder denn 12,000".

Es wurde deshalb die Zahl der Helfer am Münster vermehrt, um den ausserordentlichen Anforderungen an die Seelsorge zu genügen. Abraham Müslin, Wolfgangs Sohn, das spätere Haupt der Berner Kirche, kam bei diesem Anlasse von Thun her nach Bern. Der Chronist selbst, der uns diese Nachrichten gibt, der Dekan Johannes Haller, verlor in der Zeit vom 24. Oktober bis zum 16. November 1566 nicht weniger als drei Söhne und drei Töchter, und dazu noch einen Neffen.[3]) Die Schule wurde eingestellt, weil 80 Schüler gestorben.

Nicht anders war es in der übrigen Eidgenossenschaft: in Herisau starben im nämlichen Jahre 1564 mehr als 3300 Personen, während im Toggenburg ganze Dörfer verödet wurden. In Basel wütete die Seuche ganz besonders heftig.[4]) Mülhausen verlor 800 Personen. Dabei waren hervorragende Männer, deren Tod besondern Eindruck machte. In Schaffhausen wurde am 10. März der verdiente Chronist Jakob Rüegger, in Winterthur am 6. Dezember Ambrosius Blaurer weggerafft; in Zürich am 24. September Theodor Bibliander und am 16. Dezember 1565 der treffliche Conrad Gesner. Bekanntlich glaubte auch H. Bullinger sich bereits dem Tode verfallen.

Nur sieben Jahre später (1573) erlebte Bern eine neue solche Schreckenszeit[5]), ebenso wieder im Herbst 1576. In 25 Wochen im Sommer 1576 wurden in Bern 1536, am 13. September allein 28 Personen begraben, und ernst erörtert wurde damals die Frage,

---

[1]) Hottinger, III, 888. Vergl. auch: Mss., H. H., VII, 78 der St.-B. Bern.
[2]) Die letztern werden mit Namen aufgezählt, die Ziffer muss deshalb als durchaus sicher betrachtet werden.
[3]) Chronik von Haller-Müslin, 1566.
[4]) Buxtorf-Falkeisen, a. a. O., I, 3, S. 52.
[5]) Zehender, K.-Gesch., II, 99.

ob die Pest eine natürliche oder eine übernatürliche, direkt von Gott als Strafe verhängte Krankheit sei. Damit hing die andere Frage zusammen, über die man sich ereiferte, ob es ein Heilmittel gebe dagegen oder nicht, und, wenn ein solches gefunden werde, ob es auch dem Christen erlaubt sei, von demselben Gebrauch zu machen, und ob man durch die Flucht der Epidemie sich entziehen dürfe. Manche meinten, die Anwendung eines Heilmittels als Auflehnung gegen Gottes Willen oder doch als Mangel an Ergebenheit in die Fügung der Vorsehung verurteilen zu müssen, und dem sonst so hochgeehrten Beza wurde es allen Ernstes zur Sünde gerechnet, dass er sich aus Genf entfernte, als daselbst die Pest ausbrach. Es fehlte nicht an Streitschriften, welche aus der heil. Schrift ihre Beweise herholten, um das eine oder andere damit zu erhärten.

Eine unsägliche Angst lastete in solchen Tagen auf der Seele der Bevölkerungen, ein dumpfes Gefühl des Zornes Gottes, dessen Ursache man nicht kannte, dessen Thatsache und Wirkung aber unzweideutig genug war. Das einzige erlaubte Mittel, dem zu entgehen, erblickte man in der Busse, in der Demütigung vor Gott und im Gebet um Gnade. Deshalb wurde angeordnet, einen eigentlichen Busstag in jeder Woche zu begehen; es wurde der Donnerstag gewählt, und es ist dies der erste Anfang eines gemeinschaftlichen Bettags für die reformierte Schweiz. Im Jahre 1583 starben im Dorfe Sigriswyl am Thunersee, nur die fünf letzten Monate gezählt, 350 Menschen an der Pest, darunter 40 kriegstüchtige Männer; im Jahre 1584 folgte dann, das Entsetzen vor den Zuchtruten Gottes vermehrend, das grosse Erdbeben, das die weinreiche Gegend von Yvorne im untern Rhonethale durch einen Bergsturz verwüstete.[1])

In furchtbarem Grade verheerte die Seuche wieder das Land in den Jahren 1610—12. In Basel, wo die Einwohnerzahl auf 16,120 Seelen angegeben wird, sind 1609--11 nicht weniger als 4020 Personen gestorben, während etwa 2000 von der Krankheit befallen, aber wieder hergestellt wurden.[2]) In der Stadt Bern sind damals bei 800 Personen der Pest zum Opfer gefallen; ganze Häuser sollen ausgestorben sein. Die Schilderungen, welche uns die Zeitgenossen geben, sind geradezu grässlich.

Die Erscheinung wiederholte sich 1626 und 1628, und hier haben wir nun auch etwas genauere Ziffern. Im September des

[1]) Vergl. das Büchlein: Aubery, Histoire du village d'Yvorne, accablé par un tremblement de terre 1584. Lausanne 1586, in-12°.
[2]) Buxtorf-Falkeisen, a. a. O., II, 1, S. 71.

letztgenannten Jahres starben in Bern 790 Personen, im ganzen Jahre 2758, d. h. vielleicht der dritte Teil der Bewohner.¹) Unter ihnen war der regierende Schultheiss, Anton v. Graffenried, der mitten aus seiner Amtsthätigkeit schied. Auch diesmal wurde ein eigener Busstag angeordnet und auf den 7. September gesetzt, an welchem Tage alsdann im Münster drei besonders für den Anlass eingerichtete Predigten für nachhaltigen Eindruck sorgen mussten. Auf dem Lande fanden zwei solche Predigten statt; Busspsalmen wurden gesungen, und selbst die Sitte des Fastens wurde wieder hervorgeholt und öffentlich geboten als ein Mittel, den offenbaren Zorn des Schöpfers zu besänftigen.²)

Im Jahr 1667 wütete die Krankheit wieder in Basel, wo ihr grosses Volk zum Opfer fiel.³) Ganz besonders heftig trat sie 1669 in den Gebirgsgegenden auf.⁴) Dabei that sich der Pfarrer Johann Erb zu Grindelwald durch seine Unerschrockenheit und aufopfernde Hingebung hervor. Er wurde als Anerkennung 1670 auf eine bessere Pfründe versetzt.⁵) Die Kandidaten wurden zu Zeiten mit Rücksicht auf die Ansteckungsgefahr durch das Los zu ihren Funktionen berufen.⁶) Der Dekan Zehender, der hundert Jahre später lebte, behauptet in seiner Berner Kirchengeschichte, dass noch zu seiner Zeit die Erinnerung an die fürchterliche Schreckenszeit lebendig gewesen sei.

Solche Eindrücke wirkten auf die Einbildungskraft, drückten auf das Gemüt und bestimmten die ganze Richtung der Gedanken. Die Erfahrung des Todes, der rechts und links, und vorn und hinten, Verwandte und Familienglieder, Freunde und Nachbarn niedermähte, nahm dem irdischen Leben seinen Wert und drängte die Menschen dahin, in der Religion Trost und Beruhigung zu suchen und für das Jenseits wenigstens sich Gottes Erbarmen zusichern.⁷)

Die von der Furcht beherrschte Phantasie sah nicht nur Kometen als Zuchtruten, rote Wolken als Vorzeichen kommender

---

¹) Ein Verzeichnis der 1628 und 29 in Bern an der Pest Verstorbenen gibt Mss. H. H. III, 80, Nr. 47 der St.-B. Bern.
²) Zehenders K.-Gesch., II, 310.
³) Ein handschriftliches Verzeichnis der in Basel 1667 gestorbenen Personen nennt 1626 Seelen, neben 419 Taufen in der gleichen Zeit. Mss. H. H., VII, 119, der St.-B. Bern.
⁴) Türler, die Pest im Berner Oberlande, 1669, Bern 1893.
⁵) Leu, Helv. Lex. (VI, 385) nennt ihn auch als Verfasser einiger erbaulicher Schriften.
⁶) Zehender, K.-Gesch., III, 248.
⁷) Für den Eindruck auf die Landleute ist die von v. Mülinen herausgegebene „Chronik von Brechershäusern" z. Jahr 1626 zu vergleichen.

blutiger Ereignisse an, sie schrak vor allem Ungewöhnlichen und Unerklärlichen und deshalb Unnatürlichen zusammen. Ein auffallender Platzregen, ein starker Hagelschlag, eine sonderbare Krankheit an Menschen oder Tieren, alles wurde dementsprechend ausgelegt. Nach einem heftigen Erdbeben am 8. August 1601, bei welchem einige Steinstücke vom Münsterturm herunterfielen, wurde sofort ein ausserordentlicher Bettag ausgeschrieben, und zwar, wie den Predigern anbefohlen wurde, „mit starker Busspredigt".

Das dritte Moment aber, das massgebend auf die Frömmigkeit der Zeit einwirkte und ihr eine besondere Färbung gegeben hat, ist der Glaube an den Teufel und seine Werkzeuge, die Hexen. Der Ursprung des Hexenglaubens geht, wie anerkannt, ins Heidentum zurück. Am Ende des 15. Jahrhunderts war derselbe auf einmal wieder besonders stark hervorgetreten und hatte manchen Unfug verschuldet. Die Reformation mit ihrem klaren und freudigen Gottesglauben hat dann den finstern Wahn in den Hintergrund zurückgedrängt; allein nur für einige Zeit; das XVII. Jahrhundert sah plötzlich wieder eine erschreckende Zunahme derartiger Erscheinungen. Diese Periode ist die Blütezeit der Hexenprozesse, und zwar gilt dies von den reformierten Ländern kaum weniger, als von den katholisch gebliebenen.

Die religiöse Unwissenheit, die moralische Roheit, die unter dem Zwang des Bekenntnisses und der Kirchensitte gross geworden war, zeigten sich den Schrecken der Zeit nicht gewachsen. Der Hexenglaube ist ebenso sehr Produkt der speciellen Zeitfrömmigkeit, wie er auf diese zurückgewirkt hat. Was man Tag für Tag vor Augen sah, war so arg, so entsetzlich, dass die ungebildete Phantasie sich nicht begnügte mit der einfachen Erklärung, die der Katechismus gab. Die tausendfachen Uebel, unter denen man beständig litt, überwogen so sehr das Gute und Schöne, das man in der Welt erblickte, dass man geneigt war, dem Fürsten der Finsternis ebensoviel Macht zuzuschreiben, als dem Herrn der Wahrheit, und von dem Erstern jedenfalls mehr zu reden als vom Letztern. Der Glaube an den Teufel war auf einmal thatsächlich für die religiösen Vorstellungen wichtiger geworden, als der Glaube an Gott, und was Gottesfurcht heisst, ist oft richtiger Furcht vor dem Teufel zu nennen.

Die Schweiz wurde vom Hexenglauben nicht gerade in hervorragendem Masse heimgesucht, immerhin stark genug, um für die Kirchengeschichte ernstlich in Betracht zu kommen. Zebender vergleicht, obwohl noch nicht über ganz jene Zeitvorstellung hinausgehend, die ganze Erscheinung ausdrücklich mit einer

Krankheit, und als Epidemie, als eine Art von Parallele zur Pest, muss der Hexenglaube sowohl bei denen betrachtet werden, welche andere der Hexerei beschuldigten, als auch bei denen, welche Hexen zu sein meinten.

Mehr oder weniger trat diese Krankheit überall zu Tage. Aus Basel wird von Hexenprozessen und Hexenverbrennungen berichtet aus den Jahren 1532, 1550, 1557, 1602, 1619, 1624, 1627; dann wieder, nach einer Periode grösserer Zurückhaltung: 1664, 1681, 1692 u. s. w.[1]) Doch müssen wir uns hier grösstenteils auf Berner Nachrichten beschränken, da sie aus andern Kantonen nicht zusammengestellt sind, weil die ältere Kirchengeschichte wenig darauf achtete.

Den Verlauf eines ältern Hexenprozesses aus Oron, von 1576, erzählt Trechsel in sehr eingehender Weise.[2]) Eine Uebersicht gibt der Nämliche über das Hexenwesen im Kanton Bern von 1454 bis 1680.[3]) Im Dorfe Ins im bernischen Seeland wurden am 28. August 1568 mit einander vier Hexen hingerichtet, drei mit dem Feuer und eine mit dem Wasser. In Büren kam die gleiche Scheusslichkeit im März 1576 vor, und unter den vieren war eine 80jährige Frau; in Thun warf man im Dezember 1582 sogar eine Hexe ins Feuer, welche 102 Jahre alt war.[4]) Eine handschriftliche Chronik-Aufzeichnung aus der Stadt Aarberg[5]) erwähnt ganz kurz nach einander zwei öffentliche Hexenverbrennungen; es war das in den 40er Jahren des XVII. Jahrhunderts, und wir dürfen wohl annehmen, dass dies den Höhepunkt der ganzen traurigen Erscheinung bezeichnet. Genaueres erfahren wir teilweise aus der französischen Schweiz[6]), und verhältnismässig recht vollständig, wenn auch auf einen engen Bezirk bezüglich, sind die Nachrichten aus der Gemeinde Tessenberg am Bielersee über eine Verhandlung von 1657. Hier ist sogar die Zahl der Hexenhinrichtungen aus den einzelnen Jahren angegeben. Demnach

---

[1]) Fr. Fischer, Basler Hexenprozesse, Basel 1846. Einzelnes auch bei Ochs und Buxtorf-Falkeisen, a. a. O.

[2]) Episode zur Geschichte der Hexenprozesse, im Berner Taschenb., 1869.

[3]) Bern. Taschenb. 1870. Vergl. dazu: Urkunden über Hexenprozesse, aus dem Berner Archiv, von 1651, in Basler Beitr., VI, 284 u. ff.

[4]) Haller-Mülin.

[5]) Von dem obengenannten Pfarrer Jakob Philipp Forer; jetzt in Privatbesitz.

[6]) Revel, Procès de sorcellerie à Neuveville, 1607—48, in Actes de la Soc. d'émulat. du Jura, V, 76. — Quiquerez, Sorcières du Val-de-Ruz et Neuchâtel, Mus. neuchat., IV, 1 u. ff. — Vergl. auch die Notiz vom Sept. 1654. Ibid., tome XIV, 27.

wurden in dem kleinen, halb zur bernischen Landvogtei Nidau, halb zum Basler Fürstbistum gehörenden, nur vier Dörfer umfassenden Bezirke von 1611 bis 1667 nicht weniger als 60 Personen „pour cause de sorcellerie" hingerichtet.[1]) Eine neuere Zusammenstellung der urkundlich konstatierten Fälle zählt für die erste Hälfte des Jahres 1615 nicht weniger als 33 Hinrichtungen, fast alle übrigens aus dem Waadtlande.[2])

Wichtiger als diese Einzelheiten ist für uns, die Stellung der Kirche und der kirchlichen Behörden zum Hexenwesen zu kennen, und dazu bietet sich am besten eine Reihe von Aktenstücken aus dem Jahre 1651.[3])

Im Herbst dieses Jahres fühlte sich der Rat von Bern durch das häufige Auftreten von Hexen so sehr beunruhigt, dass er am 5. September ein Schreiben an den geistlichen Konvent richtete mit der Anfrage, was man von der Sache halte und wie derselben zu begegnen sei. An der Thatsache selbst, dass Menschen sich in den Dienst des Bösen begeben und dann, von diesem als Werkzeuge gebraucht, selbst Macht und Vermögen empfangen, zum Schaden anderer sich übernatürlicher Kräfte und Künste zu bedienen, — dass es also wirklich Hexen gebe, daran zweifelten die Herren keinen Augenblick, ebenso wenig daran, dass es ihre Pflicht sei, gegen solche Personen einzuschreiten, sie an der Ausübung ihrer bösen Künste zu hindern und nach dem Vorgang andrer Obrigkeiten zur Hinrichtung der Ueberführten vorzugehen. Dagegen waren sie vorsichtig genug, nicht jede Anschuldigung ohne weiteres schon als Beweis zu betrachten und sich nicht, wie dies sonst vielfach üblich war, auf blosse Aussagen und Denunziationen hin, ohne eigentliche Untersuchung, zur Tötung zu entschliessen.

Die Frage an die Geistlichen, als die in solchen Dingen Sachverständigen, ging deshalb insbesondere dahin: „Woran sind die wirklichen Hexen zu erkennen? Sind die gemeinlich angenommenen Anzeichen genügend, um eine Angeschuldigte als zweifellose Hexe zu erkennen?" Es gab zwei solche Kennzeichen, durch welche man untrüglich sich glaubte überzeugen zu können, ob eine Person mit dem Teufel im Bunde stehe: 1. Wenn sie selbst am hellen Tage von Hexenkünsten zu reden anfing; denn

---

[1] Schw. Geschichtsforscher, V, 252.
[2] Schaffroth, Geschichte des bern. Gefängniswesens (Bern 1898), S. 47 und 48.
[3] Für die offizielle Stellung der kath. Kirche vergl. Eine kirchliche Instruktion für Hexenprozesse in Kath. Schw.-Blätter, 2. Serie, Bd. IV.

man nahm an, dass sich darin gleichsam unwillkürlich die Beschäftigung mit solchen Geheimnissen verrate; 2. die sogenannte „Nadelprobe". Diejenigen nämlich, welche sich dem Satan ergeben hatten, wurden unempfindlich an gewissen Stellen des Leibes; man stach also mit einer Nadel in die Haut, und wenn kein Blut floss und kein Schmerz empfunden wurde, so galt dies als Beweis der Zauberei und genügte zur Begründung des Todesurteils.

Der Berner Rat nun war der Sache nicht ganz sicher und trug Bedenken gegen dieses überall übliche Prozessverfahren. Er sagte sich in durchaus logisch unanfechtbarer Weise, dass der Satan, wenn er doch einmal zu zaubern versteht und zudem der Vater der Lüge ist, wohl auch im stande sein dürfte, mit solchen Kennzeichen die Menschen absichtlich zu täuschen, seine Anhänger von der Bestrafung zu retten und dagegen Unschuldige als schuldig erscheinen zu lassen. Daher die Frage, ob der Richer auf solche Zeichen sich verlassen dürfe.

Die Antwort gereicht der Geistlichkeit nicht zur Unehre. Zwar dass auch die theologisch gelehrte Behörde den Aberglauben der Zeit teilte, braucht nicht erst gesagt zu werden; dass es Hexen gebe, daran zweifelten die Prediger so wenig als die Ratsherren; indessen machten die Herren vom Konvent darauf aufmerksam, dass in vielen Fällen wohl physische Krankheitszustände bei diesen armen Leuten vorliegen dürften und es deshalb zweckmässig sein würde, auch von erfahrenen und frommen Aerzten — ausdrücklich wird der damalige hochberühmte Stadtarzt Wilhelm Fabricius Hildanus genannt[1]) — Gutachten einzuholen, ehe man zu einem Todesurteil schreite. Sie stellten die Möglichkeit absolut untrüglicher Kennzeichen in Abrede und mahnten auch nach dieser Seite zur höchsten Vorsicht in der Untersuchung der einzelnen Fälle; sie verwiesen auf die Unzuverlässigkeit der Denunziationen durch rachsüchtige oder neidische Nachbarn oder leichtgläubige Leute, und nicht am wenigsten auf die Unmöglichkeit, durch das Mittel der üblichen Tortur wahrheitsgemässe Angaben zu erhalten, da die Gequälten im höchsten Grade des Schmerzes sagen, was man von ihnen verlangt, um nur losgelassen zu werden. Nicht weniger bemerkenswert ist aber, wie das Gutachten darauf dringt, dass die Hauptschuld des traurigen Aberglaubens in dem Mangel an richtiger Belehrung und

---

[1]) Derselbe verdient hier um so mehr eine Stelle, weil er 1621 eine Sammlung geistlicher Lieder und Gesänge herausgegeben hat.

Unterricht, in dem fehlerhaften Zustand der Kirche zu suchen sei, die in keiner Hinsicht ihrer wahren Aufgabe entspreche. In ungewöhnlich kräftigen Worten — sie dürften wohl von dem freimütigen Heinrich Hummel herstammen — wird dieser Zustand am Schlusse folgendermassen geschildert: „Die frommen Prediger s o l l e n nicht predigen, weil man ihre Rede ungerne hört; die Ungeschickten k ö n n e n nicht, weil sie eben untüchtig sind; die Geizigen, Heuchler und Weinsäufer w o l l e n nicht, weil ihnen nicht daran gelegen ist; die Lasterhaften d ü r f e n nicht, weil diese abgesetzt werden. Damit stehet dem Satan die Thüre offen!"[1])

Weitere Gutachten über die Hexenfrage hatte der Rat auch von der juridischen und von der medizinischen Fakultät in Basel verlangt (12. September 1651), ebenso vom Kollegium der Insel- (Spital-) Aerzte in Bern (8. September). Alle waren darin einig, dass sie nichts von unfehlbaren Zeichen wissen wollten und deshalb zur grössten Zurückhaltung rieten.

Infolgedessen erliess nun die Obrigkeit am 29. Dezember 1651 ein eigenes Mandat über das Verfahren gegen die Hexerei, eine Verfügung, die in allem Wesentlichen offenbar direkt auf die geistliche Denkschrift zurückgeht. Darin wurde befohlen äusserste Beschränkung der Tortur, nämlich auf solche Personen, deren Schuld die Untersuchung bereits herausgestellt hat und bei denen nur noch das Geständnis fehlt. Die Fälle, in welchen überhaupt die Folter angewendet werden dürfe, wurden speciell aufgezählt, und auch über das Mass und die Grade derselben nähere Verhaltungsregeln gegeben. Streng verboten wurde die Folter da, wo es um Nennung der Mitschuldigen zu thun war; ja die Frage selbst nach Mitschuldigen sollte unterbleiben, um die Ansteckung nicht zu fördern. Belehrung aber solle der Richter versuchen, sowohl bei den Anklägern als bei den Beschuldigten, und Belehrung aus der Schrift über die Macht und Weisheit Gottes wird schliesslich überhaupt empfohlen, als das wichtigste Mittel, um der aus Unglauben und Wahn, aus Furcht und Misstrauen geborenen Seuche Einhalt zu thun.[2])

---

[1] Zehender, Kirch.-Gesch., III, 15 u. ff., hier ist die Angelegenheit sehr weitläufig behandelt.

[2] Alle diese Akten in Zehenders Kirch.-Gesch., zum Teil sind sie abgedruckt von Türler in der Schweiz. Zeitschr. für Strafrecht. — Das Mandat wurde auch als „Ordonnance souveraine" für das Waadtland französisch publiziert (Kopie in Mss. H. H., I, 43 Nr. 3) des St.-B. Bern).

Am 9. März des folgenden Jahres wurde eine ähnliche Anfrage gestellt speciell wegen der Zustände im Waadtlande, wo, wie schon angedeutet, weitaus am meisten Hexenprozesse vorgekommen sind. Hier muss es teilweise bedenklich ausgesehen haben. Wie klagte doch der uns bereits bekannte Berner Theologe Marx Rütimeyer in einer freilich sehr stark rhetorisch gehaltenen Rede, welche für bessere Schulen eintrat: „Gehet in euer Waadtland", rief er den Staatsmännern zu, „da sehet ihr ganze Wagen voll Giftmischer und Giftmischerinnen — es sind natürlich damit Hexen gemeint — die zum Scheiterhaufen geführt werden. Scharenweise begegnen euch Menschen, die sich dem Satan verschrieben haben. Blicket auf zum Jorat, dieser mit Räuber- und Mörderfamilien bevölkerten Höhle!" Die Klage deutet auch schon die Ursache an: allgemeine Vernachlässigung des Volkslebens oder vielmehr die Anwendung unrichtiger, einseitiger Mittel.

Die Antworten aus den verschiedenen kirchlichen Bezirken oder Klassen lauteten ganz dem entsprechend: sie kamen alle zum Schlusse, dass der Aberglaube eingerissen sei, weil es am religiösen Unterricht fehle. Der Mangel an der nötigen Zahl von Predigern wird insbesondere als Uebelstand genannt; manche Pfarrer müssen drei bis vier Kirchen und Gemeinden versehen; auf diese Weise sei nichts auszurichten; die Jugend wächst auf fast ohne andere Belehrung über die göttlichen Dinge, als die Gespräche unwissender und abergläubischer Nachbarn; da müssen Irrtum und Wahnglauben wachsen. Es wird die Anstellung von tüchtigen Schulmeistern auch in den Dörfern verlangt, damit diese den Pfarrer im Unterricht der Jugend unterstützen können, aber auch, als weitere Konsequenz, dass die Jugend in gewissen Jahren zwangsweise angehalten werde zum Schulbesuch, damit niemand ganz ohne Lehre aufwachse.[1]) Durch das christliche Vertrauen auf Gottes Vorsehung hofften sie am besten wenn nicht den Glauben an die Hexen, so doch die Furcht vor ihrer Macht vertreiben zu können.

Noch mehr zeugt es von Einsicht und richtiger Beobachtung über das Wesen der Hexerei, wenn speciell verlangt wurde, es sollen die Chorrichter acht haben auf diejenigen Leute, welche die Armen unbillig drücken und sie so zur Verzweiflung und zum Menschenhass treiben. Die Regierung ging denn auch vollständig auf diese Auffassung ein und ordnete infolgedessen an, dass die

---

[1] Zehender, K.-G., III, 67. Es wurde zu diesem Zwecke 1665 vom Konvent ein eigenes Formular ausgearbeitet. Ibid., III, 214.

Kinderlehren nicht nur fleissig und sorgfältig gehalten werden, sondern auch dass die dazu Verpflichteten aufgeschrieben und die Anwesenheiten kontrolliert werden sollen. 1673 dehnten Schultheiss und Rat diese Vorschrift sogar dahin aus, dass zur wirksamen Bekämpfung des Aberglaubens und der religiösen Unwissenheit eigentliche Unterweisungen auch mit den Erwachsenen abgehalten werden sollen.[1]) Der Befehl wurde 1677 und 1680 wiederholt, jetzt allerdings noch aus anderem Anlass.

Diese ebenso klugen als wahrhaft humanen Vorschläge gingen freilich nur von den obersten Leitern in den kirchlichen Behörden aus; einzelne Missgriffe und Roheiten durch ungebildete Landpfarrer sind dadurch nicht ausgeschlossen, so wenig als Irrtümer und Grausamkeiten von Seiten beschränkter Richter und Beamten.

Der oben bereits angeführte Prozess aus der Landvogtei Oron (1576) beweist, wie leicht es sein musste, durch Erpressung von Geständnissen und durch Missbrauch der Gewalt Anklagen gegen die, welche man hasste, zu stande zu bringen; wie schwer dagegen, in Zeiten der Aufregung gegen einmal ausgesprochene Anklage auch nur Zweifel zu äussern, natürliche Ursachen zu suchen für das, was die Menge als Wirkung des Teufels ansehen wollte, wie schwer endlich gar, der Volkswut ein bereits ausersehenes Opfer zu entreissen.

Jedenfalls aber haben jene Massregeln, wenn auch nur langsam, ihr Ziel vollkommen erreicht. Die Erscheinung hat auch in den vom Wahne am meisten ergriffenen Gegenden bald nachgelassen. Die Zahl der angeschuldigten und verurteilten Hexen war gross genug, immerhin nicht so gross wie anderswo, und später kam der Glaube nur noch vereinzelt, nicht mehr in der Form einer moralischen Epidemie vor. Das Staatskirchentum zeigte sich hier von seiner vorteilhaftesten Seite, indem es Gewähr dafür gab, dass die Staatsbehörde in einer so wichtigen und tiefgreifenden Angelegenheit nichts verfügte ohne den Rat der an Bildung, Lebenserfahrung und Menschenkenntnis voranstehenden Geistlichen, und dass diese selbst sicher waren, für ihre wohlerwogene Ansicht auch ungeteiltes Vertrauen und geneigtes Gehör zu finden, selbst da, wo sie einem allgemein verbreiteten Vorurteil entgegentreten mussten. Die Uebereinstimmung von Staat und Kirche hat hier der bessern Einsicht und reinern Erkenntnis eine Autorität

---

[1]) Kopie des Erlasses in Mss., H. II., XVII. 129 (Nr. 12 der St.-B. Bern. — Zehender, K.-Gesch., III, 270.

verliehen, welche ihr den Sieg über einen mächtigen und tiefgewurzelten Irrwahn möglich machte. Bemerkenswert ist immerhin, dass wie die Wiedertäufer zur Reform kirchlicher Schäden, so die Hexen zur durchgängigen Einführung der Volksschule und des Schulzwanges den Anstoss geben mussten.

Damit kommen wir zurück auf den Einfluss, den diese die Phantasie des Zeitalters beherrschenden Erscheinungen auf den Charakter der religiösen Denkweise und der Ausbildung des kirchlichen Lebens ausgeübt haben. Sie reflektieren sich zunächst im Ton der obrigkeitlichen Erlasse.

Auch der Bauernkrieg erschien unter diesem Gesichtspunkte als ein Beweis des göttlichen Zornes. Schultheiss, Rat und Burger von Bern geboten eine Proklamation von allen Kanzeln zu verlesen, durch welche „*zur Bezeugung Christlicher Bussfertigkeit ein abermaliger, allgemeiner Fest-, Buss- und Bettag*" auf Montag den 14. März ausgeschrieben wurde: „*So wird ganz hoffentlich alsdann der Erbarmende Gott seinen gerechten Zorn von uns abwenden und alle landesverderbliche Auflähn- und Empörungen zurückhalten.*" [1]

Die Begehung eines regelmässigen und gemeinsamen jährlichen „Busstags" in den reformierten Kirchen seit 1650 war durch die nämlichen Gedanken begründet [2]; bei besondern Veranlassungen wollte man sich damit nicht begnügen; denn man bezeichnete von Amtes wegen: „*Ohneingestellte Bussfertigkeit und Besserung des Lebens als das fürnemste und beste Präservativ und Cur-Mittel gegen die Pestilenz.*" [3]

Auf 21. Juli 1665 wurde eine evangelische Konferenz nach Aarau zusammengerufen, „durch die sorglichen Zeiten und Welthändel und den sichtbaren Kometen als traurige Vorboten von allerhand Strafen" veranlasst. Hier wurde berichtet, wie Schaffhausen vorangegangen sei. Der Rat habe hier in Hinblick auf den Kometen die Neujahrsmahlzeiten verboten auf Zünften und in Privathäusern, dagegen am Neujahr eine Abendmahlfeier angeordnet. Diesem Beispiel folgend, wurde die Abhaltung eines „gleichförmigen Buss- und Bettags" beschlossen, „dabei durch eifrige Busspredigten die Laster, besonders Schwören, Fluchen, Tanzen, Ueberfluss in Essen, Trinken und Kleidern, Entheiligung des Sonntags, Meineid, schändliches Praktizieren (Intriguieren),

---

[1] Mandat vom 9. März 1653.
[2] Der Eidg. Bettag. Referat von Pfarrer Bion, Verhandlungen der Schweiz. Prediger-Gesellschaft, 1862.
[3] Zehenders K.-Gesch., III. 257.

ungebührliches Eindringen ins Regiment, Neid, Hass, Rachgierigkeit abgestellt, Frömmigkeit und Gottesfurcht und christliche Tugend gepflanzt werden solle."[1])

In der Konferenz vom 3. Juli 1672 beantragte dann wieder Zürich durch seine Gesandten den Beschluss eines gemeinsamen Bettags: „entweder das, oder dann wenigstens ein gemeinsames Gebet auf einen bestimmten Tag"[2]), und im September 1673 wurde wirklich von den reformierten Ständen „zur möglichsten Stillung des brennenden Zornes Gottes" auf den 20. November ein ausserordentlicher Fest-, Bet-, Dank- und Busstag angeordnet und alle nicht vertretenen evangelischen Orte davon in Kenntnis gesetzt.[3]) Ebenso war es 1682, wo man den 17. August feierte, und zwar „da sich dieses Jahr durch Erdbeben und Viehprästen Gottes Zorn, wie hinwieder durch die reiche Erndte und die schöne Augenweide an dem Weinstock seine Güte geäussert hat."[4])

Ganz der gleiche Sinn bewog 1672 die Glarner Abordnung dazu, den Wunsch auszusprechen, dass allerseits zwischen die Abendmahlfeier von Pfingsten und diejenige von Weihnachten noch eine Herbstkommunion eingeschoben werden möchte.[5]) Bern, das diese Sitte bereits eingeführt, hatte 1655 noch die Anordnung getroffen, dass das Abendmahl in den vier Festzeiten je an zwei sich folgenden Sonntagen, somit acht Mal des Jahres, in den Kirchen begangen werden solle.[6])

Im übrigen gestattete man sich im Kultus keine Aenderungen. Einzig der Musik wurde jetzt teilweise erhöhte Aufmerksamkeit geschenkt. Johannes Schrämli, Pfarrer in Zweisimmen, führte dort 1666 den vierstimmigen Kirchengesang ein; in Thun bestand ein eigenes „Collegium musicum", das zur Verschönerung des Gottesdienstes mitwirkte.[7]) In Burgdorf, wo ein solches Musikkollegium später ebenfalls bestanden hat[8]), machte sich gleichzeitig der „lateinische Schulmeister" Franz Ludwig Moschard um die Hebung des Kirchengesanges verdient, und seine Bemühungen (1669 bis 1681) fanden bei der Bevölkerung so viel Anerkennung, dass die

[1] E. A., VI, 1ᵃ, 644, 645.
[2] E. A., VI, 1ᵃ, 833.
[3] E. A., VI, 1ᵃ, 893.
[4] E. A., VI, 2ᵃ, 56.
[5] E. A., VI, 1ᵃ, 816.
[6] Zehender, K.-Gesch., III, 195.
[7] Nach einer Denkschrift von Herrn A. Schärer, Organist in Thun, von 1881.
[8] Handschriftliche Chroniknotizen aus Burgdorf, in Privatbesitz.

Stadt ihm das Bürgerrecht schenkte. Ulrich Sulzberger gab 1676 in Bern ein neues Psalmenbuch mit Noten heraus, für welches ihm die Tagsatzung ein Privilegium bewilligte.[1])

Auch die neuenburgische Kirche blieb nicht zurück im erwachenden Interesse für Kirchenmusik.[2]) In Genf hielt man dagegen noch so fest an der alten calvinischen Strenge, welche jedes nicht biblische Moment vom Kultus ausschloss, dass ein Vorschlag auf Einführung des Weihnachtsfestes wieder einmal verworfen wurde. Als Begründung galt, dass ja der wahre Geburtstag Jesu doch nicht sicher bekannt sei.[3])

Einige Abwechslung bot in Zürich wieder einmal, am 21. März 1657, das feierliche Schauspiel einer Türkentaufe dar, während am 16. November 1662 mit nicht geringerem Triumphgefühl die Menge in der Predigerkirche in Bern den bekehrten Katholiken Kaspar Streit aus Wien sein evangelisches Glaubensbekenntnis ablegen hörte.[4])

Der gleichen Absicht, in guten Treuen Gottesfurcht zu pflanzen, um dem Zorn Gottes zu entgehen, entsprang die Sorge für die äussere kirchliche Ordnung und für Errichtung neuer Predigerstellen und Gotteshäuser überall da, wo das Bedürfnis offenbar war.

Zürich[5]) begründete neue Pfarrgemeinden: 1651 in Bauma, 1658 in Dorf, 1661 in Oetenbach und Aussersihl, 1670 in Oberrieden, 1675 in Feuerthalen, 1683 in Dietlikon, und dazu 1685 noch die französische Gemeinde für die Réfugiés. Endlich gelang es auch der Züricher Kirche, eine richtige Verbindung herzustellen mit den ausserhalb des Kantonsgebietes liegenden evangelischen Gemeinden. Sax und Senuwald im Rheinthal wurden 1679 dem Seekapitel, Zurzach und Dägerfelden in der Grafschaft Baden dem Kapitel Eglisau zugeteilt.[6]) Ohne Zweifel war es auch direkt die grosse Sterblichkeit unter den Geistlichen zur Zeit der Pest, welche 1666 in Zürich zur Gründung der Prediger-Witwen-Kasse, des ersten Institutes dieser Art in der Schweiz, veran-

---

[1]) E. A., VI, 1ᵃ, 889.
[2]) Chants de l'église au XVIIᵉ siècle, im Mus. Neuch., VIII (1870), 100. u. Petitpierre, le Psautier à Neuch. en 1700; ibid. XIV (1877), 258 u. ff.
[3]) Frikart, a. a. O., 17.
[4]) Mss., H. H., VII, 144 (Nr. 14), der St.-B. Bern.
[5]) Dazu: Schweizer, A., Die theologisch-ethischen Zustände in der 2. Hälfte des XVII. Jahrhunderts in d. züricherischen Kirche, Züricher Monatsschrift, 1. Jahrg. (1856), u. des Näml.: Die theologisch-kirchlichen Zustände etc., in Züricher Akadem. Vorträge, 1857.
[6]) Finsler, K.-St., 585.

lassung gab.¹) Sie diente zugleich, im Streben nach einer gewissen Ausgleichung, zur Aufbesserung schlecht besoldeter Pfarrstellen.

In Bern entstanden durch amtliche Fürsorge neue Pfarreien: 1659 zu Wattenwyl — das Kirchengebäude erst 1683 — hier ausdrücklich „um der Zunahme der Täufer zu wehren"; 1664 zu Roggwyl, 1665 zu Habkern, 1692 zu Schwarzenegg, 1699 in Zimmerwald und 1704 für das ganz kleine, aber weit entlegene Dörflein Abländschen. Die Obrigkeit fuhr fort, die Patronatsrechte an sich zu ziehen; 1652 erwarb sie die Kollatur der Kirche zu Hilterfingen, 1675 diejenige von Langenthal; 1698 kaufte sie die Kirchen von Trachselwald, Affoltern (im Emmenthal) und Dürrenroth aus dem Besitz des Deutschen Ordens.²) In Ringgenberg wurde 1674 in den Ruinen der alten Burg ein neues Gotteshaus erbaut und 1657 in der zweisprachigen Gemeinde Ligerz am Bielersee für deutsche Predigt neben der französischen Vorkehren getroffen.

Das Waadtland wurde dabei keineswegs vergessen. Die Einzelangaben fehlen uns hier, nach Ruchat stieg die Zahl der Pfarrkirchen in der Waadt von 102 im Jahre 1584 auf 124 im Jahre 1650. 1686 wurde in Lausanne und 1692 auch in Aelen eine deutsche Pfarrstelle gestiftet. Im bischofbaslerischen Münsterthal gelang es endlich 1670, die kirchlichen Verhältnisse so weit in Ordnung zu bringen, dass von Bern aus eigene „Hauts inspecteurs de la prévôté" ernannt werden konnten zur Ausübung regelmässiger Aufsicht über Pfarrer und Gemeinden. Meistens war es der Pfarrer zu Ligerz, dem dieses Amt übertragen wurde. So konnte denn 1679 im Erguel die Trennung der Dörfer Renan und La Ferrière von der Kirche zu St. Immer durchgeführt werden. Die Stadt Biel selbst nahm dabei mit ihrem Pannergebiet eine gewisse Selbständigkeit von der Bernerkirche in Anspruch, indem sie 1678 ein eigenes „Kanzel- und Agendbüchlein" aufstellte und in Zürich drucken liess.

Der kirchliche Eifer, der auf dem Boden der Furcht vor der Strafe erwuchs, warf sich aber ganz besonders auf die Erhaltung christlicher Zucht und Ehrbarkeit, durch welche man in erster Linie Gottes Gnade — d. h. „gesunde und fruchtbare Witterung" — dem Lande zu sichern hoffte.

In Zürich wurde jetzt, 1681, auch in der Stadt für jede Pfarrkirche ein eigener Stillstand eingesetzt und diese sittenpoli-

---

¹) Finsler, K.-Stat., 80 u. 330. — Wirz, K. u. Sch., I, 402, nennt das Jahr 1673.

²) Nach Lohner wurden hierfür 36,0 0 Reichsthaler bezahlt.

zeiliche Institution überhaupt dadurch erweitert, dass neben den von den Gemeinden ernannten „Ehegaumern" auch die Obervögte und Landvögte, die Gerichtsherren, Amtleute und weltlichen Gemeindebeamten Sitz und Stimme in der Behörde erhielten.[1]) Die Sittenmandate wurden 1656 neu mit neuen Strafdrohungen eingeschärft und 1685 (1693) um specielle Ermahnungen in Bezug auf Kinderzucht vermehrt.[2]) Den nämlichen Absichten entsprang in Bern die „Satzung und Ordnung des Ehegerichts" vom 18. März 1661, sowie die erneuerte (fünfte) „Chorgerichtssatzung" von 1667. Um insbesondere dem Luxus zu steuern, wurde 1672 eine „Kleiderreformation" aufgestellt und 1676 erneuert; die Handhabung war Aufgabe einer eigenen Behörde, der „Reformationskammer".[3]) Von der Predigerordnung erschienen revidierte Ausgaben in den Jahren 1657 und 1667.

Ein teilweises Absehen vom einseitigen Polizei-Kirchentum lag allerdings in der eben deshalb bemerkenswerten Thatsache, dass 1675 der Rat die Wahrung des Beichtgeheimnisses als unter Umständen erlaubt erklärte, nämlich dann, wenn daraus kein Schaden entsteht und es im Interesse der Seelsorge geboten erscheint, mit Rücksicht auf die Möglichkeit einer Gewissenserleichterung.[4])

Im Jahre 1666 hat auch Basel seine Kirchenordnung erneuert. Das gleiche Datum trägt ein neues „Agendbuch oder christliche Kirchengebräuch".[5]) Besonders charakteristisch sind in demselben die neu eingefügten Gebetsformeln für die aufziehende und für die abziehende Wache in der Stadt Basel.[6]) In ihrem Antistes Theodor Zwinger (1630—54) hatte die dortige Kirche einen gewaltigen Eiferer für die Aufrechterhaltung guter Sitten, für die Bekämpfung jeglicher Zuchtlosigkeit.[7]) Die Furcht vor der Strafe musste auch in der Landschaft der Gottesfurcht häufig nachhelfen.[8])

---

[1]) Finsler, Kirch.-Stat. 43. — Wirz, K. und Sch., I, 130.

[2]) Wirz, K. und Sch., II, 127.

[3]) Dazu: Franz Studer, Aus den Verhandlungen der Reformationskammer, 1676 bis 1686, im Berner T.-B. für 1879. — Kopie aller obrigkeitlichen Mandate und Ordnungen, die Kirche und Schulen ansehend, seit der Reformation bis dato. 2 Bde. Fol., Mss. der St.-B. Bern.

[4]) Kreisschreiben von Schultheiss u. Rat von Bern an die Dekane, vom 3. Dez. 1675. Orig. des Dekanates Büren in Mss. XIX, 7–20 der St.-B. Bern.

[5]) „Alte Basler-Agenden", Bd. I.

[6]) Abgedruckt bei Ochs, a. a. O., VII, 335 und 336.

[7]) Vergl. seine: Entwicklung und Rettung der reinen Lehre von dem Abendmahle unseres Herrn. Basel 1655.

[8]) Kirchliche Zustände in Basel bis zu Ende des XVII. Jahrhunderts in der Zeitschrift „Vom Jura zum Schwarzwald", 1887.

Schaffhausen, das, vielleicht ebenfalls unter dem Druck abergläubischer Angstgefühle, 1662 die Verbannung aller Juden aus seinen Gebieten aussprach[1]), erliess 1658, und dann wieder 1672, seine „Christentliche ordnung und brauch der Kirchen in der Statt und Landschaft"; das reformierte Appenzell 1659 seine „Kirchenordnung und Gebrauch der Ausseren Rhoden", und 1688 (ebenso 1690) erschien die „Kirchenordnung der christlichen Gemeinde der Statt St. Gallen, sammt beigefügten Fragen für junge Leute, welche zum Tische des Herrn gehen wollen" (gedruckt in Basel). Sittenpolizeiliche Vorschriften und kultische Verordnungen gehen hier stets durcheinander.

Man war wirklich der Meinung, die Gottesfurcht durch Gesetz und Gebot einpflanzen, die christliche Tugend aufzwingen zu können, und wollte nichts unterlassen, was irgend dazu helfen konnte, um wo möglich dem Zorn Gottes zu entrinnen.

8. Die Formula consensus.

Ein rohes und im ganzen unwissendes, von den gemeinmenschlichen Trieben regiertes, aber in sehr einfachen Verhältnissen lebendes und dazu hart arbeitendes Volk in die äussern Formen christlicher Gesittung hineinzugewöhnen, das vermochte in der That diese stete Bedrohung mit irdischer und ewiger Strafe. Allmählich regte sich aber doch hier und dort das Gefühl, dass diese staatsbürgerliche Kirche in ihrer dermaligen Einrichtung der Aufgabe, das Reich Gottes zu bauen, nicht ganz genüge.

Der Begriff der Rechtfertigung aus Gnaden allein war in dem Bekenntnis so einseitig ausgebildet, ja überspannt worden, dass man in der Wirklichkeit — vom Bedürfnis der Ergänzung geleitet — unvermerkt bei der unbedingtesten Werkheiligkeit, der „justicia civilis", angelangt war. Hier, im Begriffe der Gnade, musste auch die Umkehr einsetzen, indem sie denselben wieder religiös zu vertiefen und eben damit wieder im Sinne des Evangeliums als sittliches Motiv zu verwenden suchte. Der bisherigen dogmatischen Starrheit und polizeilichen Legalität gegenüber erschien die neue Richtung als eine freiere Auffassung von Glauben und Leben.

Es ist kein Zufall, dass dieselbe von Frankreich her eingedrungen ist und zunächst in der stammverwandten Westschweiz

---

[1]) Beiträge zur vaterl. Gesch. Schaffhausens, Heft I (1863).

Empfänglichkeit fand; die feinere Geistesbildung hatte ohne Zweifel grossen Anteil an der Abneigung gegen die mit Aberglauben und sittlicher Roheit versetzte Furchtreligion.

Noch haben wir freilich weniger von dieser Richtung selbst, als vielmehr von dem Widerstand zu sagen, auf welchen ihre erste Regung in der reformierten deutschen Schweiz gestossen ist.

Der Arminianismus, diese etwas zur Oberflächlichkeit des gemeinen Menschenverstandes neigende, aber dabei menschlich-praktische und vor allem wieder wirklich und aufrichtig geglaubte Lehre, war in Dortrecht aus dem Bürgerrechte innerhalb der reformierten Kirche hinausgedrängt worden. Der Name war jetzt verpönt, wie etwa im XV. Jahrhundert der Name der Hussiten; aber die Lehre selbst tauchte immer wieder auf unter anderer Bezeichnung, zuerst als Amiraldismus. Moses Amyraut selbst, nach welchem man sie nannte, ging seinerseits zurück auf die Anregungen des Schotten Johann Camero.

Camero, aus Glasgow gebürtig, war Professor in Bordeaux, dann in Saumur und in Montauban. Der schweizerische Kirchengeschichtsschreiber Joh. Jak. Hottinger macht ihm den Vorwurf, dass er darauf ausgegangen sei, den Unterschied zwischen Reformierten und Lutheranern zu verwischen, und dass er eigentlich nichts anderes gewesen sei, als eben ein Arminianer. Wir werden vielmehr sagen müssen, dass es sein Bestreben war, die calvinische Prädestinationslehre mit denjenigen Postulaten in Uebereinstimmung zu bringen, welche die Moral erhebt, wenn nicht das Beste und Gewisseste des Christentums, ja jeder Religion, dabei Schaden leiden soll. Camero wollte die Ethik neben der Dogmatik in ihre unveräusserlichen Rechte einsetzen und behauptete, indem er zwischen Religion und Theologie unterschied, dass nicht unsere Theologie uns selig macht, sondern unsere Frömmigkeit. Er bestritt aber von diesem Standpunkte aus auch den Glauben an die absolute Vorherbestimmung, wie sie in Dortrecht festgestellt worden war. Der Gegensatz spitzte sich hier auf die Frage zu, ob Christus für Alle, oder aber nur für die Auserwählten gestorben sei. Zum Unterschied vom Universalismus der Arminianer und dem Partikularismus der Dortrechter Orthodoxie lehrte Camero den sogenannten hypothetischen Universalismus, in dem Sinne, dass Christi Tod zwar für alle bestimmt gewesen und auch für alle zur Erlösung genügend wäre, sofern diese ihn als Erwählte mit wahrem Glauben angenommen hätten.[1]

---

[1] Schweizer, C.-D., II, 239 u. ff.

An diese Auffassung schloss sich nun Moses Amyraut an. Derselbe war 1596 geboren, hatte zuerst Jurisprudenz, dann aus innerem Drange Theologie studiert und sich schon früh, wie durch Gelehrsamkeit, so namentlich durch charaktervolles Auftreten und feines Benehmen vorteilhaft hervorgethan; 1633 wurde er Professor in Saumur und hob nun, in Gemeinschaft mit seinen Freunden, diese Bildungsstätte der reformierten Geistlichkeit Frankreichs bald zu ungewöhnlicher Blüte, so dass sie, vorzüglich auch von der Schweiz her, viel besucht zu werden pflegte. Seine Freunde und teilweisen Gesinnungsgenossen waren Josua Placaeus mit seiner von der hergebrachten Ausdrucksweise abweichenden Ansicht von der Zurechnung der Sünde Adams, und vor allem Ludovicus Capellus, der berühmte Exeget und Bibelforscher, der, man kann wohl sagen, „die Entdeckung" gemacht hat, dass der Text des Alten Testaments ohne Vokalzeichen geschrieben, somit nur in den ursprünglichen Konsonanten, nicht aber in den von den Auslegern beigefügten Vokalen, als kanonisch und göttlich inspiriert anzusehen sei. Im Jahre 1634 veröffentlichte nun Amyraut seinen „Traité de la prédestination", in welchem die bedingte Allgemeinheit der göttlichen Gnade, der Wille Gottes, Alle selig zu machen, gelehrt und biblisch begründet wurde.[1])

Die Schrift machte sofort grosses Aufsehen und erregte bei strengen Traditions-Theologen ernste Bedenken. Der Streit über diese auf einmal wieder mit viel Leidenschaft und Rechthaberei erörterte Frage entbrannte so arg, dass eine französisch-reformierte Nationalsynode, zu Alençon 1637 abgehalten, einschreiten musste. Amyraut hatte sich zu rechtfertigen gegen die wider ihn erhobenen Anschuldigungen auf Leugnung des Glaubensbekenntnisses, und es gelang ihm dies auch so gut, dass man ihn von dem Vorwurf der Heterodoxie vollständig freisprach und beiden streitenden Parteien Stillschweigen gebot.

Dieser Ausspruch wurde zwar in Frankreich ziemlich beobachtet, anders aber in Holland und in der Schweiz, wo man in die entsetzlichste Aufregung geriet. Besonders war es der gelehrte Friedrich Spanheim — Spanhemius — in Genf, der in einem 1856 Seiten langen Buche: „Exercitationes de gratia universali" die Lehren Amyrauts zu widerlegen suchte und dessen Rechtgläubigkeit in Zweifel zog. Obwohl eine neue französische Synode, zu Charenton 1644, das frühere günstige Urteil über Amyraut wiederholte, seine Lehre als unbedenklich und mit der heil. Schrift durchaus

---

[1]) Marthaler, Amyraut als Ethiker, in Nippolds Berner Beitr.

vereinbar erklärte; obwohl Amyraut selbst eine ausführliche Verteidigungsschrift an den damaligen Züricher Antistes Irminger[1]) sandte, untersagten Zürich und nach seinem Beispiel auch die andern reformierten Kirchen ihren Studenten den Besuch der Akademie von Saumur als Sitz einer äusserst glaubensgefährlichen Ketzerei und ereiferten sich im höchsten Grade wider alles, was von dorther kam oder was den dortigen Lehren ähnlich sah.

Die Furcht vor grundstürzenden Neuerungen war allerdings diesmal nicht nur grösser, sondern auch begründeter, als oft sonst, da es sich, wie angedeutet, nicht nur einzig um die Prädestinationslehre handelte; durch die Ansicht des Capellus nämlich schien plötzlich der Grundstein der gesamten reformierten Dogmatik, die Autorität der heil. Schrift, in Frage gestellt und damit alles zweifelhaft gemacht, was man darauf gebaut. Besass man keinen absolut zuverlässigen, authentischen Bibeltext, so konnte man sich nicht mehr auf denselben berufen und die wichtigste Waffe, mit welcher die protestantische Theologie in Apologetik und in Polemik gegen den Katholizismus zu Felde gezogen und bisher wenigstens wissenschaftlich siegreich gewesen war, drohte ihr auf einmal entwunden zu werden. Selbst der Glaube an die Vorsehung war — vom Standpunkt der Buchstaben-Inspiration — erschüttert und untergraben, wenn Gott nicht Vorsorge getroffen hat für absolute Sicherung der Ueberlieferung seines Offenbarungswortes.

Begreiflich ist daher der Schreck der protestantischen Geistlichkeit vor der Irrlehre des Capellus. Der grösste Orientalist der Zeit, der den Louis Chapelle an allgemeiner Kenntnis der hebräischen Sprache und der rabbinischen Litteratur wohl noch überragte, aber dabei von traditionellen Vorstellungen sich nicht frei machen konnte, Johannes Buxtorf von Basel, trat deshalb gegen die Behauptungen von Saumur auf. Mit einem ungeheuren Aufwande von Gelehrsamkeit suchte er Capellus zu widerlegen und die hergebrachte Ansicht zu stützen, dass auch die Vokalzeichen des Alten Testaments vom heil. Geist eingegeben, als unmittelbare Offenbarungen Gottes zu betrachten seien.

Im Jahre 1647 schickten die schweizerisch-reformierten Kirchen Zuschriften an die Schwesterkirche in Frankreich, um sie zu warnen und auf die religionsgefährlichen Konsequenzen aufmerksam zu machen. Auch des Amiraldus Schrift zu seiner Rechtfertigung,

---

) Johann Jakob Irminger, vorher Pfarrer zu St. Peter, gestorben 1649. Wirz, Z. Minist., S. 66.— Leu, Helv. Lex., X, 600.

sein „Apologeticus", den er 1647 zum Druck gab und verbreitete, vermochte nur die Unruhe zu steigern, in die man sich unerwartet wieder versetzt sah. Schaffhausen stellte 1648 den Antrag, dass die evangelischen Stände Massregeln ergreifen möchten gegen den Besuch der Akademien in Frankreich „wegen spitzfindigen und schädlichen Opinionen".[1])

Einstweilen kam es zu keinem Beschluss, aber rasch nahm die Anfregung zu und ergriff auch die nicht theologischen Kreise. Michael Zingg, Pfarrer zu Altstätten, dann in St. Jakob bei Zürich, wurde seines „Salmurianismus" wegen mit „Einmauerung und Feuertod" bedroht und sah sich 1661 so sehr dem Fanatismus preisgegeben, dass er sich in aller Eile mit Zurücklassung seiner Kinder flüchten musste, noch ehe er zur Absetzung und Verbannung verurteilt worden war.[2])

Das Gefühl, dass die gesamte Rechtgläubigkeit und damit der Boden, auf welchem die menschliche Gesellschaft stand, ins Wanken geraten könnte, steigerte die Anstrengungen. Es erschien 1662 der „Syllabus controversiarum", in welchem der Basler Antistes Lucas Gernler [3]), gemeinsam mit Joh. Buxtorf und Joh. Rud. Wettstein, als Hüter der reinen Lehre, seine wohlgemeinte aber arg beschränkte Warnungsstimme erliess gegen alle theologischen Neuerungen und deren für Religion, Staat und Sitten verderbliche Konsequenzen.[4])

In Bern fürchtete man übrigens auch das Eindringen der cartesianischen Philosophie, welche um ihrer Methode willen als dem Glauben schädlich erschien. Der Cartesianismus wurde an der Akademie durch den Professor der Philosophie, David Wyss [5]), nicht ohne Geschick vertreten. Gegen ihn trat Heinrich Hummel auf, der in der Jugend selbst als der Hinneigung zu dem System des Cartesius für verdächtig gegolten hatte. Dagegen gelang es nicht, den berühmten Dogmatiker Samuel Maresius von Gröningen zur Unterstützung der Rechtgläubigkeit nach Bern zu ziehen (1661). Am 2. Dezember 1668 wurde dann ein obrigkeitliches Verbot gegen des Cartesius Lehre erlassen: „Hæc philosophia

---

[1]) E. A., V, 2ᵃ, 1455 (21.—23. Jan. 1648. Aarau).

[2]) Wirz, Züricher M., 89. — Schweizer, C.-Dog., II, 479. Wir verweisen hier auch auf Gelzer, II., Die drei letzten Jahrhunderte der Schweizergesch. (Aarau u. Thun 1839), ein Werk, das die kirchliche Geschichte stark berücksichtigt und manche Einzelheiten gibt.

[3]) Geboren 1625, Antistes seit 1656. — Allg. D. Biogr., IX, 37.

[4]) Hagenbach, Die theol. Schule Basels, S. 32.

[5]) Gestorben 1689 als Professor der Theologie.

videtur periculosa et theologiae non inserviens." Nach einem Gutachten des theologischen Konvents wurde sogar das Studium der Werke Descartes' für unzulässig erklärt, da er ein „nicht approbierter Autor" sei, und am 21. März 1669 alle Bücher des Philosophen den Studenten abgefordert und eingezogen. Laut Befehl von 1671 sodann sollte die religionsgefährliche Lehre weder heimlich noch öffentlich „traktiert" werden. Ein Schreiben an alle Dekane machte die gesamte Geistlichkeit auf diesen Willen der Obrigkeit aufmerksam, und noch am 17. März 1680 wurde der Befehl wiederholt.[1])

Ganz besonders aber richteten sich die Besorgnisse gegen das Eindringen der Lehren von Saumur. Denn zu den Heterodoxien der bereits verdächtigen Akademie war seit 1666 noch der Pajonismus gekommen, als Claude Pajon, geboren 1626, ebenfalls Professor daselbst, seine Ansicht von der subjektiven innern Wirksamkeit des heiligen Geistes vorzutragen begann.[2])

Der Streit wurde bald allgemein und der Eifer nicht geringer, nachdem Joh. Buxtorf aus den Lebenden geschieden war.[3]) Genf wurde durch seine französischen Studenten am nächsten berührt. Je natürlicher und selbstverständlicher der Amiraldismus aussah, um so heftiger setzte sich die Geistlichkeit, in welcher Franz Turrettini den leitenden Einfluss ausübte, dagegen.[4]) Ihr kamen nun die übrigen Schweizer-Kirchen zu Hülfe. Dieselben richteten am 29. Juli 1669 ein Mahnungsschreiben an die Genfer, das sie zum kräftigsten Widerstande aufforderte gegen einschleichende Irrtümer und sie einlud, die reine reformierte Lehre unversehrt und ungeschwächt den künftigen Geschlechtern zu erhalten. Wirklich wurde in Verschärfung der bisherigen Uebung jetzt individuelles Unterschreiben der Glaubensartikel gefordert.[5]) Allein auch diese Massregel genügte nicht, den gefährdeten Ruf der Stadt herzustellen. Die Fürsorge gegen die von Genf her drohende Ansteckung wurde in der evangelischen Konferenz von 1674 sehr ernsthaft besprochen.[6])

Was man verhüten wollte, das wurde freilich nur gefördert. Aus Furcht vor unnützem Gelehrtenstreit wollten insbesondere die

---

[1] Fetscherin, W., Bernische Verordnungen wider die Cart. Philos., Archiv d. hist. V. Bern, III, 2, S. 63.
[2] Schweizer, Prot. C.-D., II, 570 u. ff.
[3] Am 17. Aug. 1664.
[4] Geboren 17. Okt. 1623, gestorben 28. Sept. 1687. E. De Budé, Fr. T., théologien genevois. Lausanne 1871.
[5] Schweizer, Prot. C.-D., II, 480.
[6] E. A., VI, 1a, 935.

Berner Kirchenväter nichts vom Salmurianismus wissen und ihre Studenten nicht von dieser „Seelen-Pest" anstecken lassen; aber jetzt erst entbrannte der Streit in allen Kirchen und auf allen Kanzeln, mit einem theologischen Gezänk, das an die schlimmsten Zeiten des lutherischen Rechtgläubigkeitsfanatismus erinnerte. Nicht über die Gnade Gottes wurde jetzt gepredigt, sondern darüber, ob diese Gnade universalistisch oder partikularistisch zu verstehen sei, und nicht zum Glauben an den Inhalt der heil. Schrift wurde gemahnt, sondern zum Glauben an die Eingebung der Vokale und Buchstaben und zur Verdammung derjenigen, die aufrichtig genug waren, der Wahrheit die Ehre zu geben.

Diese Beunruhigung der Kirchen, nicht sowohl durch die Lehre von Saumur, als durch die Bestreitung derselben, wurde so arg, dass die Kirchenmänner sich zuletzt im Interesse des Friedens zur Aufstellung eines neuen Glaubensbekenntnisses, als Norm der Lehrfreiheit, entschlossen.[1])

Die Geistlichkeit der vier evangelischen Städte trat unter sich in eifrige Verhandlungen ein: Franz Turrettini in Genf, Heinrich Heidegger in Zürich, Lucas Gernler in Basel und Heinrich Hummel in Bern. Am eifrigsten mahnte jetzt Basel, dessen Schreiben vom 16. August 1674 die Absicht, von der man ausging, klar darlegt: „Ob es gut sei, eine solche Formel wider den Amyraldismus zu richten, könnte bezweifelt werden wollen, da der Streit ja die Fundamente des Glaubens nicht beschlage und in Frankreich ein Schisma provoziert werden könnte. Allein jene Lehre ist doch immerhin ein schwerer Irrtum, der den Weg bahnt zur remonstrantischen und sozinianischen Lehre. Auch wollen wir ja nur die reine Lehre schützen und nennen niemand. Dass die bisherigen Konfessionen nicht schützen, beweist Genf. Ein Schisma in Frankreich besorgen wir nicht, da der Salmurianismus dort niemals kirchlich gutgeheissen worden, sondern nur den Brüdern, welche ihm anhangen, Duldung gewährt worden ist. Wir aber

---

[1]) Schweizer, Prot. C.-D., II, 482 u. ff. — Oehsenbein, M., Die Streitigkeiten über die Form. cons., im Berner Taschenb. 1869. — Eine ausführliche Darstellung findet sich auch in Leonhard Meyers Helvetische Scenen der Schwärmerei und Intoleranz, Zürich 1788, wo die Entstehungsgeschichte der Formel sehr eingehend, aber allerdings stark im Geist und Ton des XVIII. Jahrhunderts erzählt ist. — Wir nennen hier auch die ältere, wahrscheinlich von J. J. Hottinger verfasste „Succincta et solida ... formulae consensus historia", von 1723. Die übrigen Schriften, entweder Angriffe oder Rechtfertigungen, erwähnen wir später, wenn von der Aufhebung der Formel die Rede sein wird.

schützen unsere eigenen Anstalten, dass kein Anhänger dieser Lehre bei uns ins Amt komme. Wir sind die Wächter der reinen Lehre und Gott als solche verantwortlich. Die Gefahr wächst, da der Amyraldismus öffentlich in Frankreich, privatim in Genf, zum Teil auch in Holland und Deutschland, gelehrt wird." [1]

Es fehlte nicht an Warnungen. Joh. Kaspar Schweizer in Zürich [2], Joh. Rud. Wettstein in Basel, sprachen sich in scharfen Worten gegen das Vorhaben aus, letzterer in Briefen sowohl an Heidegger, als auch an Hummel in Bern [3]; allein es hatte das nur die Folge, dass man die Sache in Stille betrieb und „den Entwurf durchaus geheim zu halten beschloss, bis alle Orte sich geeinigt hätten und er der Obrigkeit zur Sanktion gesandt werden könne als ein Symbol, von welchem niemand abweichen dürfe." [4]

Im März 1675 vereinigten sich die Gesandten der vier Orte zu folgendem Abschied: *„Dem Amyraldismus soll durch eine Formel gesteuert werden*, deren Text mit deutscher Uebersetzung Zürich an die drei andern Orte sendet. Nach erfolgter Vereinbarung unter diesen ist sie dann auch an Glarus, Appenzell, St. Gallen, Mülhausen und Biel mitzuteilen. Sie soll als Gesetz und Regel dienen. Nach der Ratifikation ist sie an Genf zu übersenden; sie soll aber nicht durch den Druck veröffentlicht werden." [5]

Ohne Zweifel lag damals das Schriftstück bereits vollendet vor. [6]

Einer der Hauptförderer der Formel, der als Antistes von Basel — seit 1656 — hochverdiente aber streng autoritäre Lucas Geroler [7], war soeben, am 19. Februar 1675, gestorben, Dekan Hummel von Bern schon am 8. März 1674 vorausgegangen, jetzt hatte der Zürcher Heidegger den Auftrag erhalten, die Redaktion zu besorgen. Er unterstellte den Wortlaut zuerst den Zürcher Geistlichen und dann in ihrem Namen den übrigen Kirchen.

---

[1] Schweizer, C.-D., II, 486.

[2] Werdmüller, Der Glaubenszwang der Zürcher Kirche im XVII. Jahrh. Zürich 1845.

[3] Schweizer, a. a. O., II, 666 u. 667.

[4] Auszüge aus den Protokollen des Berner Kirchen-Konvents von 1659 bis 1675 gibt Mss., H. H., III, 61 (12) der St.-B. Bern.

[5] So nach Heideggers Bericht, s. Schweizer, Prot. C.-D., II, 491.

[6] Es scheint dies Schweizer entgangen zu sein, ergibt sich aber offenbar aus der Thatsache, dass die Ratifikation durch die evang. Orte unmittelbar auf den Beschluss folgte, noch am 6. März.

[7] Hagenbach nennt ihn „eine kräftige, hierarchische Natur". (Die theol. Schule Basels, S. 31.) Seine zahlreichen Werke s. Leu, Helv. Lex., VIII, 440.

Die Formula consensus[1]), wie ihre Urheber sie nannten, enthält 25 (26) Artikel; sie lassen sich zusammenfassen in die zwei Sätze:

1. Dass hinfort im Widerspruch gegen Capellus gelehrt werden müsse, auch die Vokalzeichen des Alten Testaments seien inbegriffen in der Inspiration der heiligen Schrift;

2. Es sei Christus nicht für alle Menschen gestorben, sondern nur für die durch den ewigen Ratschluss Gottes zur Seligkeit Auserwählten, und — damit kein Missverständnis möglich sei — Gott habe nicht den Vorsatz gehabt, sich Aller zu erbarmen, sondern nur eines Teiles der Menschheit.

Mit dem grössten Nachdruck wurde dabei gewarnt vor jeder Neuerung in der Lehre; nur die ausdrückliche Verdammung der Andersgläubigen vermochten die Eiferer nicht durchzusetzen.

Die Formel wurde am 6. März in Basel[2]), am 13. in Zürich und nachher von den Obrigkeiten der andern Städte angenommen, unterzeichnet und den übrigen Verbündeten vorgelegt, und endlich im Juni 1675 feierlich zum Symbol der helvetischen Kirche erhoben, im gleichen Range mit den ältern Konfessionen, als „ein Zaun und eine Vormauer des Eidgenössischen Glaubensbekenntnisses", wie man sich sagte. Die Annahme hatte die Bedeutung, „dass die Formel von allen Kirchen- und Schuldienern, auch den Professoren, unterzeichnet, auch keinem, der sich der unbedingten Unterzeichnung weigert, der Zutritt zum Ministerium gestattet werde."[3])

Der gegen Calixt und seine Unions-Tendenzen gerichtete lutherische „Consensus repetitus" von 1664 war damit nicht bloss nachgeahmt, sondern insofern noch überboten, als jener eine Ausgeburt des theologischen Fanatismus geblieben ist und niemals staatliche Anerkennung als Gesetz zu erlangen vermocht hat.

Nach Genf, dessen Laienwelt, im Gegensatz zur Geistlichkeit, bereits der dogmatischen Enge und Strenge durchaus abhold war, wurde die Formel, der Abrede gemäss, erst nachher zur Mitunterzeichnung gesandt, und man bequemte sich hier wirklich erst 1679 zur Annahme derselben. Neuenburg, noch direkter von Frankreich beeinflusst, wusste sich sogar ganz zu entziehen.

---

[1]) Der Text, der wirklich erst später, c. 1720 ohne Jahresangabe, in 12°, die Ausgabe von 1723 in 4° ist die dritte) gedruckt heraus kam, ist vollständig wiedergegeben in E. A., VI. 1ᵇ, 1826. Eine Anzahl anderer, darauf bezüglicher Aktenstücke vorher auf S. 1823.

[2]) Ochs, VII, 124—131. Auch Bern ratifizierte noch im März. E. A., VI, 1ᵃ, 983.

[3]) E. A., VI, 1ᵃ, 976.

Damit war denn die reformierte Scholastik auf dem Gipfel angelangt, die ewige Wahrheit für ein und allemal in Worte gefasst und an die Stelle der heil. Schrift, als Wahrheits-, Lichts- und Lebensquelle, die von Menschen redigierte theologische Tradition gesetzt. Im Augenblick, da man die Bibel am höchsten zu stellen meinte und schien, hatte man sie glücklich wieder als zur Seligkeit nicht genügend, ja gewissermassen als entbehrlich erklärt; und eben da man die Unterscheidungslehren gegen den Katholizismus am schärfsten zu fassen vermeinte, war man unversehens bei dem katholischen Grundsatz angelangt, dass die Kirche es ist, die dem einzelnen Gläubigen das Heil vermitteln und verbürgen muss: „extra ecclesiam nulla salus". Wenn je die Geschichte uns etwas zu lehren hat, so ist es hier!"¹)

Mit dem Verbote des Besuches der verdächtigen Akademie von Saumur, mit dem Ausschluss derjenigen Kandidaten, welche etwa trotzdem dahin gingen, begnügte man sich übrigens keineswegs: es kam zu eigentlichen Inquisitions- und Ketzergerichten auf Grund der Konsensusformel, die von ihren Gegnern von Anfang an eine „Formula dissensus" genannt worden ist. Ein Pfarrer Keller im Kanton Zürich, der den Spruch: „Also hat Gott die Welt geliebt", in seiner Predigt so auslegte, dass er unter dem Worte „Welt" alle Menschen verstand, wurde zur Rechenschaft gezogen, gefangen gesetzt, zu Hausarrest verurteilt und zuletzt genötigt, sein Amt niederzulegen.

Der Pfarrer Johannes Hochholzer in Eglisau, dann in Rickenbach im Kanton Zürich, der 1687 das Zeugnis eines „hochgelehrten und exemplarischen Herren" erhalten hatte, wurde 1690 als Socinianer verdächtigt und abgesetzt. Nach 52 Dienstjahren war er gezwungen, „mit einer 80jährigen Frau und einer dreissigköpfigen Familie" aus seinem Pfarrhause auszuziehen.²) Die Aengstlichkeit ging so weit, dass sogar die akademische Erörterung, ob die Sonntagsfeier zum jüdischen Ceremonialgesetz oder zu den allgemein verbindlichen Moralgeboten gehöre, als gefährlich angesehen und 1680 in Bern verboten wurde.³) Der Züricher Rat proklamierte 1684 eine eigene Verordnung „gegen die Irrlehren".⁴)

---

¹) Man vergl. hierzu die scharfen Urteile des Züricher Theologen, Joh. Kasp. Schweizer und des Baslers Joh. Rud. Wettstein, bei Schweizer, C.-D., II, 666 und 667.
²) Wirz, Z. Minist., 117.
³) Frikart, a. a. O., 8.
⁴) Wirz, K. u. Sch. in Z., I, 135.

Man liess es jetzt mitunter sogar die französischen Religionsflüchtlinge empfinden, dass ihre Rechtgläubigkeit zweifelhaft sei und man sie nicht ohne Vorbehalt als Glaubensgenossen betrachte. Namentlich den flüchtigen Predigern wurden deshalb bei ihren Funktionen mehrmals Schwierigkeiten bereitet.

Durch die Unglücksformel hatte die evangelische Schweiz nicht nur die Scheidemauer gegen die katholischen Miteidgenossen höher aufgeführt als je; sie hatte auch die Lutheraner weit von sich gestossen und selbst die kirchliche Gemeinschaft mit den Reformierten Deutschlands in Frage gestellt. Der grosse Kurfürst Friedrich Wilhelm von Brandenburg, der, als persönlich reformierten Glaubens, ein meistens dem Luthertum anhängendes Volk zu regieren hatte, empfand dies ganz besonders schmerzlich. Er bat schon 1686, besonders mit Rücksicht auf die französischen Réfugiés, um Abstand von solcher dogmatischer Engherzigkeit.[1]

Die Ahnung, dass man einen Fehler begangen, regte sich bald. An manchen Orten verlor die Formel allmählich ihre gesetzliche Kraft, indem man sich thatsächlich immer weniger daran zu halten anfing. Am heftigsten waren aber jetzt die Magistrate von Bern dafür eingenommen; sie sahen die gesetzliche Feststellung dessen, was man zu glauben habe, für so wichtig an, dass die Forderung der verpflichtenden Unterschrift unverbrüchlich durchgeführt wurde. Immerhin scheint man es anfänglich auch in Bern damit nicht allzu genau genommen und Ausnahmen gestattet zu haben. Nach Ottius wurde die Unterzeichnung abverlangt „ita tamen, ut viros de ecclesia bene meritos de officio non arceat, modo respectu adversorum articulorum silentium promittant".[2]

Aber der Widerspruch reizte. Die im Jahre 1676 vorgenommene „Reform" der Lausanner Akademie war ohne Zweifel eingegeben von der nicht unbegründeten Befürchtung vor dem Eindringen des „französischen Giftes". Nicht nur die Studierenden wurden sorgfältig auf ihre Rechtgläubigkeit untersucht; es wurden selbst ausserordentliche Unterweisungskurse abgehalten mit den Erwachsenen, um den Katechismus recht in Erinnerung zu bringen. Der Wille, eine feste Glaubensregel zu besitzen, versteifte sich nach und nach dermassen gerade auf die neueste Konfession, dass die Regierung noch über dieselbe hinausging und sich nicht scheute, einen Konflikt mit den Theologen von Lausanne durchzukämpfen,

---

[1] Vergl. z. B. E. A., VI, 2 a, 169.
[2] Zehender, K.-G., III, 270.

einen Konflikt, der das ganze Waadtländer Volk gegen die bernische Herrschaft aufbrachte und schwere politische Konsequenzen gehabt hat.

Dieser ängstlich misstrauischen Stimmung, wie es scheint, fiel nun, ehe noch der Höhepunkt erreicht war, ein Werk zum Opfer, das unter andern Umständen von grossem Segen hätte werden können. In Zürich wurden die biblischen Studien fortwährend mit Eifer betrieben und für die stete Verbesserung der gewohnten Züricher Bibelübersetzungen verwertet. Gelehrte, wie Johann Heinrich Hottinger, Johann Kasp. Schweizer und Johann Heinrich Heidegger, hatten neue Anregungen gebracht. Da sich das Bedürfnis nach einer neuen Ausgabe einstellte, richtete 1660 der Antistes Ulrich[1]), namens der Züricher die Einladung an die Berner Kirche, sich mit ihnen zu gemeinschaftlicher Arbeit zu verbinden, damit diese „das Band unter den Gliedern der schweizerisch-reformierten Kirche enger schliesse, insbesondere aber die audacia Philistacorum einigermassen gezügelt werde."

Allein in Bern war man wenig geneigt. Eine wiederholte Anfrage vom 29. März wurde, gestützt auf ein Gutachten von Dekan Hummel, dahin beantwortet, dass man die Mitwirkung auch der andern reformierten Schweizerkirchen wünschen müsse, und damit war die Ausführung unmöglich geworden. Bei einer Evangelischen Konferenz in Aarberg, am 27. März 1660, versprachen zwar die Berner, „die Bibelangelegenheit in Gang zu setzen[2]); in Wirklichkeit waren die Verhandlungen abgebrochen.

Zürich ging jetzt für sich allein vorwärts; ein eigenes „Collegium biblicum" vereinigte sich, stellte am 31. Januar 1662 ein Programm auf und arbeitete so fleissig, dass im Jahre 1665 das Neue und 1667 das Alte Testament mit obrigkeitlicher Genehmigung erscheinen konnte.[3]) Bern sah sich bald darauf genötigt, ebenfalls für eine kirchlich anerkannte deutsche Bibelausgabe zu sorgen und wählte dazu die Uebersetzung des Johannes Piscator. Dieselbe wurde durch Beschluss vom 19. Januar 1681 amtlich eingeführt und 1684 in der neuen bernischen Bearbeitung dem Gebrauch übergeben.[4]) Basel dagegen blieb bei seiner Lutherbibel, weil hier jede Abweichung vom Bestehenden gefährlich

---

[1] Joh. Jak. Ulrich, Antistes von 1649–1668.
[2] E. A., VI, 1 a, 502.
[3] Mezger, Gesch. d. Bib., 239–254.
[4] Mezger, a. a. O., 287–293. — Steck, R., Die Piscatorbibel, Rektoratsrede. Bern 1886.

schien.¹) Die günstige Gelegenheit, die evangelische Schweiz in ihrer religiösen Denk- und Sprechweise durch ein gemeinsames und volkstümliches Bibelwerk sich näher zu bringen und damit einer wenigstens idealen kirchlichen Einheit vorzuarbeiten, war unwiederbringlich vorüber gelassen. Es sei hier beigefügt, dass um dieselbe Zeit, 1679, das Engadin eine evangelische Bibelübersetzung in seiner Landessprache erhalten hat, die Arbeit von Jakob Anton Vulpius, Pfarrer in Fettan, und Jakob Dorta a Vulpera, Pfarrer in Schuls.²)

Eine so weit getriebene Beschränkung der Lehrfreiheit konnte dem wissenschaftlichen Leben nicht förderlich sein. Die Theologen der Zeit zeichneten sich mehr durch grossartigen Umfang des Wissens aus, durch Belesenheit und litterarische Gelehrsamkeit nach Art der Scholastik, als durch Selbständigkeit der Gedanken und Scharfsinn.

Immerhin haben wir einige zu nennen, deren Namen in der angedeuteten Richtung mit Ehren fortleben; so vor allen den schon genannten Johann Buxtorf selbst, den am 13. August 1599 geborenen Sohn des ältern Joh. Buxtorf. Er wurde 1630 der nicht unwürdige Nachfolger seines grossen Vaters. Sein Hauptwerk ist die gegen des Capellus critica sacra gerichtete „Anticritica seu vindiciae veritatis hebraicae adversus Ludovici Capelli criticam." (Basel 1653.) Er starb schon 1664 (17. August) und hinterliess wieder einen Sohn, welcher sein Nachfolger und der Erbe seines Ruhms war. Dieses fast hundert Jahre lang im ersten Range stehende Geschlecht von Orientalisten verschaffte der Basler Universität ausserordentlichen Glanz.

Auch Zürich pflegte seine Bildungsanstalten; es hatte 1646 sein höheres Schulwesen einer Neuorganisation unterworfen und erliess jetzt 1658 auch eine erste allgemeine Landschulordnung.³) Als eine vielsagende Konzession an berechtigte Wünsche ist es sicher zu betrachten, dass man 1665 sich zur Errichtung einer eigenen „Professio ethica" entschloss⁴); man hoffte damit den laut werdenden Forderungen nach vermehrter Berücksichtigung der moralischen Seite der christlichen Lehre entgegenzukommen. Seinen hervorragendsten Theologen hatte Zürich, nachdem

---

¹) Mezger, a. a. O., 303. Hier werden neue Ausgaben erwähnt von 1665, 1675, 1678 u. 1691.
²) Finsler, K. Stat., 293.
³) Wirz, Kirchen u. Schulen in Z., I, 229 u. 363.
⁴) Wirz, K. u. Sch., I, 237.

Breitinger 1645 gestorben, an Joh. Heinrich Heidegger, geboren 1. Juli 1633, der in Heidelberg bei dem ebenfalls aus Zürich gebürtigen Hebraisten Joh. Heinrich Hottinger[1]) gebildet und eine Zeitlang in Deutschland thätig, 1665 in Zürich Professor der Theologie geworden ist. Obwohl selbst ein Förderer der protestantischen Unionsbestrebungen und als solcher im Verkehr mit den Kirchenmännern des Auslandes, war er doch der eigentliche Verfasser der Consensus-Formel. Nach Alexander Schweizers Darstellung hat er die Redaktion übernommen, um die Verurteilung von Amyraut nicht so scharf ausfallen zu lassen, wie die andern Eiferer wollten, und namentlich eine förmliche Verdammung auch der cartesianischen Philosophie und der coccejanischen sogenannten Foederal-Theologie zu verhüten. Als ein ausgezeichneter Gelehrter und persönlicher Freund auch von manchem unter seinen theologischen Gegnern, ist er am 18. Januar 1698 gestorben.[2])

Neben Heidegger haben wir in Zürich namentlich den bedeutend jüngern Johann Jakob Hottinger zu nennen, den Sohn des am 1. Dezember 1652 gebornen, oben genannten Hebraisten Joh. Heinrich, den äusserst fleissigen Kirchenhistoriker, welchem wir die einzig vollständige Kirchengeschichte der Schweiz verdanken, ein Werk, das jedem, der es einmal benutzte, die grösste Achtung vor seinem Verfasser einflössen muss, trotz seiner heftigen und mitunter überflüssigen Polemik gegen die katholische Kirche. Johann Jakob Hottinger, der anfangs die Kirche zu Stallikon versehen hatte, ist als Pfarrer am Grossmünster in hohem Alter am 18. Dezember 1735 gestorben.[3]) Hans Heinrich Ott, geboren 1617, Professor der Beredsamkeit, später der Kirchengeschichte, gestorben 1682, war vielfach als Schriftsteller thätig, nicht weniger sein 1642 geborener Sohn, Hans Rudolf Ott, der als Professor der Philosophie und Chorherr im Oktober 1716 starb; Felix Weiss, Pfarrer am Fraumünster, gestorben 1666, ein vorzüglicher Prediger und feiner Kenner der patristischen Litteratur; der Antistes Hans Kaspar Waser, gestorben 1677; Johannes Ulrich (1622—1682), Professor des Hebräischen, als Dichter und Schriftsteller bekannt; Jost Grob aus Wattwyl im Toggenburg, Pfarrer

---

[1]) Steiner, Der Zürcher Theologe Johann Heinrich Hottinger. Zürich 1886, 4°.
[2]) Seine Selbstbiogr. in L. Meisters: Berühmte Zürcher. Basel 1782. S. Allg. D. Biogr., XI, 295.
[3]) Ein Verzeichnis seiner Schriften giebt Leu, Helv. Lex., X, 316—320. S. Allg. D. Biogr., XIII, 193 (G. v. Wyss).

und Dekan zu Wädenschwyl (1611—1692); der hochgelehrte Chorherr Johannes Lavater (1624—1695); Hans Kaspar Wolf (1638 bis 1710), Professor und Chorherr; das waren Männer in Kirche und Schule, die in ihrer Art arbeiteten am geistigen Leben von Stadt und Land, während allerdings Anton Klingler, der seit 1688 als Antistes die Züricher Kirche leitete (gestorben 1713), sich ebenso sehr durch ängstliches Wachen über der orthodoxen Dogmatik, wie durch Gewaltthätigkeit gegen Hexen und Sektierer gefürchtet gemacht hat. Aberglaube und Geschmacklosigkeit, die durch Derbheit der Menge imponiert, haben wohl nie einen schweizerischen Antistes so wie diesen gekennzeichnet.[1])

Ein ehrenvoller aber schwerer Verlust war es für Zürich, dass es, wie früher seinen Hottinger, so jetzt den Hans Heinrich Schweizer an die Pfälzer Universität verlieren musste. 1646 in Zürich geboren, hatte derselbe 1684 als Professor der Philosophie mit Auszeichnung in Lehre und Schrift das System des Cartesius vertreten, bis er, durch Angriffe verbittert, seine Vaterstadt verliess. Er ist 1705 Professor in Heidelberg geworden, aber noch im nämlichen Jahre aus dem Leben geschieden.

Auch Bern hat damals einen Orientalisten hervorgebracht, der den Buxtorf und Hottinger nicht unwürdig an der Seite stand: Johann Heinrich Ott (Othius). Er war 1673 Professor der hebräischen Sprache in Lausanne, im spätern Alter Pfarrer in Rüegsau und in Grosshöchstetten. Sein Hauptwerk, das noch heute geschätzte „Lexicon rabbinico-philologicum", das 1675 in Genf erschienen ist, verschaffte ihm den Ruf, einer der besten Kenner der rabbinischen Litteratur zu sein.[2]) Seinen „Conspectus historiæ ecclesiasticæ Bernensis (Mss. H. H., XI, 83, der St.-B. Bern), der dem von uns so oft benutzten Zehender als Vorlage diente, haben wir eingangs unter den Quellen genannt.

Als gelehrte Berner Theologen galten ferner der schon genannte Professor Christoph Lüthardt (III., gestorben 1663),

---

[1]) Wirz, Z. Minist. Vergl. die wahrhaft greuliche Charakteristik, welche A. Schweizer, Centr.-Dog., II, 742, von diesem Theologen gibt. Bekannt ist der vielbesprochene „Teufelsspuk" in seinem Pfarrhause (1705) und der Prozess der daraus entstand. „Ausführliche Beschreibung des in dem Pfarrhof zu Zürich dem Herrn Dekan und Antistes Ant. Kl. erregten Unruhe eines vermeinten Polter-Gespenstes und daraus erwachsenen Kriminal-Prozedur aus den Actis publicis von 1701 bis 1705", von J. R. Gruner. Mss. H. H., XII, 134 der St.-B. Bern.

[2]) Vuilleumier, Un hébraïsant suisse du XVIIe siècle. Lausanne 1881. (Revue de théol. et de philos.) — Rüetschi, in d. Samml. Bern. Biogr., II, 255 u. ff.

der neben seinen polemischen und konfessionell apologetischen Schriften[1]) auch eine lateinische Predigt-Anweisung verfasst hat, und Samuel Henzi, Professor der griechischen Sprache, seit 1686 Pfarrer zu Vinelz und gestorben 1700. Um die Katechetik machten sich verdient Anton Herport durch seine „Erklärung des Heidelbergers", Bern 1678, und Rudolf Rodolph, der uns später noch begegnen muss, mit einem denselben Gegenstand behandelnden Werke, der „Catechesis Palatina" von 1697. Eine bedeutende Sammlung von theologischen und philosophischen Dissertationen aus den Jahren 1662—1715 beweist, dass in der Berner Akademie, welche 1682 an Stelle des jetzt grösstenteils abgebrochenen alten Barfüsserklosters erbaut worden war, wenn nicht ein freier wissenschaftlicher Geist, so doch anerkennenswerter Arbeitsfleiss zu Hause war.

Damit steht freilich in sonderbarem Widerspruch, wenn behauptet wird, dass in dieser Zeit in Bern während 20 Jahren keine exegetischen Vorlesungen gehalten worden seien.[2]) Im Jahre 1697 wurde die Zahl der theologischen Lehrstühle vermehrt durch die Wahl eines Professors Theologiæ didacticæ. Das Gymnasium besuchten (1676) 200—250 Studierende. In dieselbe Zeit fällt die Stiftung des Frisching-Stipendiums für Theologen, welche in der Fremde ihre Studien zu ergänzen wünschten.[3])

Die auffallende Vorliebe der schweizerisch-reformierten Theologen für die hebräischen Studien scheint zu verraten, dass forschende Geister auf diesem Boden unwillkürlich mehr Befriedigung zu finden hofften, als in der abgeschlossenen und gegen neue Gedanken misstrauischen Dogmatik.

Die ausschliessliche Hervorhebung der pädagogischen Aufgabe der Kirche, als eines göttlichen Institutes zur moralischen Volkserziehung, erdrückte jede andere Rücksicht, den freien Wahrheitssinn wie das specifisch religiöse Glaubensleben. Dass man dabei so streng am Dogma von der Gnadenwahl festhielt, hatte seinen Grund nicht darin, dass man wirklich daran glaubte, sondern einzig in der Furcht vor jeder Neuerung in dem, was zu Recht bestand, vor jeder Erörterung dessen, was nun einmal als Rechtgläubigkeit galt.

---

[1]) Unter diesen ist von mehr als vorübergehender Bedeutung: Disputationis Bernensis explicatio, 1642).
[2]) Mezger, a. a. O., S. 215.
[3]) Zehender, K.-Gesch., III, 258.

www.ingramcontent.com/pod-product-compliance
Lightning Source LLC
Chambersburg PA
CBHW051200300426
44116CB00006B/383